de Gruyter Studienbuch

Thomas von Aquin: Die *Summa theologiae*

Werkinterpretationen

herausgegeben von
Andreas Speer

Walter de Gruyter · Berlin · New York

♾ Gedruckt auf säurefreiem Papier,
das die US-ANSI-Norm über Haltbarkeit erfüllt.

ISBN 3-11-017125-2

Bibliografische Information Der Deutschen Bibliothek

Die Deutsche Bibliothek verzeichnet diese Publikation in der Deutschen
Nationalbibliografie; detaillierte bibliografische Daten sind im Internet über
http://dnb.ddb.de abrufbar.

Printed in Germany
Umschlaggestaltung: Hansbernd Lindemann, Berlin
Druck und buchbinderische Verarbeitung: AZ Druck und Datentechnik GmbH,
Kempten

Vorwort

Nicht in erster Linie Fortgeschrittene, sondern Anfänger hatte Thomas von Aquin eigenem Bekunden nach im Blick, als er seine *Summa theologiae* konzipierte und schrieb. So zumindest lesen wir in seinem Eröffnungsprolog. Denn gerade die Anfänger würden durch die Vielzahl nutzloser Fragen, Artikel und Argumente sowie durch häufige Wiederholungen verwirrt und schließlich der Sache überdrüssig. Was Thomas mit Bezug auf die Studienkurse „in sacra doctrina" und die entsprechende Studienliteratur seiner Zeit sagt, das könnte heutzutage auch von der Thomas-Literatur und von der Thomas-Forschung gesagt werden. Sie ist – und das nicht nur für den Anfänger – unübersehbar, mitunter in ihrer Gegensätzlichkeit verwirrend und setzt häufig ein hohes Maß an Vorwissen voraus: nicht nur der Werke des Thomas, sondern auch der jeweiligen Forschungskontexte, auf welche die einzelnen Autoren sich beziehen.

Doch Thomas hat uns selbst ein Œuvre von ebenso großem Umfang wie hoher Komplexität hinterlassen, das sich nicht ohne weiteres ‚auf den Punkt bringen' läßt. Das gilt auch von der *Summa theologiae*, die sich bei näherem Hinsehen schon sehr bald als alles andere als ein ‚handbook for beginners' erweist. Ebenfalls nicht als ein Handbuch, wohl aber als ein Studienbuch versteht sich der vorliegende Band, als eine Einführung in das Denken des Thomas und seiner Auslegung in der Thomas-Forschung am Leitfaden der *Summa theologiae*, um eine Einführung zur Einführung also und damit um ein Ziel, daß Thomas, wenn wir ihn beim Wort nehmen, mit seiner *Summa* selbst verfolgte. Dies geschieht anhand von sechzehn Schlüsselthemen, die einen thematischen Bogen durch die drei Teile der *Summa theologiae* spannen, in der Thomas den Versuch unternimmt, noch einmal eine umfassende Systematik seines Denkens zu entwickeln, wenn auch kein System.

An dieser Stelle gilt es nun Dank abzustatten: An erster Stelle den Kollegen, die sich, auf dieses Experiment eingelassen haben, das nicht zuletzt durch die offene Diskussion bei unserer gemeinsamen

Arbeitskonferenz zu einem Erfolg geworden ist. Diese fand vom 30. Mai bis 2. Juni 2002 in der Bibliothek des Instituts für Philosophie der Bayerischen Julius Maximilians-Universität Würzburg im wundervollen Ambiente der Würzburger Residenz statt. Ein ganz besonderer Dank gilt an dieser Stelle der Fritz Thyssen-Stiftung, die durch ihre großzügige Unterstützung diese Arbeitskonferenz ermöglicht hat. Meinen damaligen Würzburger Mitarbeitern an der Forschungsstelle für Mittelalterliche Philosophie und am Lehrstuhl für Systematik und Geschichte der Philosophie sei an dieser Stelle für ihren Einsatz herzlich gedankt. Ihnen und meinen Würzburger Studenten der Jahre 2000 bis 2004 sei dieser Band in besonderer Weise zugeeignet. Mein Dank gilt ferner Frau Lydia Wegener vom Thomas-Institut der Universität zu Köln für die umsichtige Mitarbeit bei der Drucklegung des Bandes, ferner Herrn Thomas Jeschke und Frau Julia Wittschier für die Erstellung des Abkürzungsverzeichnisses und des Namenregisters. Schließlich sei an dieser Stelle Frau Dr. Gertrud Grünkorn vom Verlag Walter de Gruyter herzlich gedankt, die sich die Idee zu diesem Studienbuch sofort zueigen gemacht hat, sowie Frau Dr. Sabine Vogt für die abschließende redaktionelle Betreuung und Frau Annelies Aurich für die sorgfältige Drucklegung.

Köln, im August 2004   Andreas Speer

Inhalt

Die *Summa theologiae* lesen – eine Einführung

ANDREAS SPEER (Köln)

I. Historische Situierung und ,Sitz im Leben'

An der *Summa theologiae* scheiden sich die Geister. Den einen gilt sie als Muster eines scholastischen Gedankengebäudes, als gedankliche Kathedrale von einzigartiger Geschlossenheit und Durchsichtigkeit. Andere sehen gerade in jener Formalisierung der Darstellung und der Argumentation eine Versteinerung des Denkens ganz im Sinne von Hegels Invektive gegen die ,stroherne Verstandesmetaphysik' der mittelalterlichen scholastischen Philosophie, die sich in grundlosen Verbindungen von Kategorien und Verstandesbestimmungen herumtreibe[1]. Wiederum anderen gilt die *Summa* als die klassische christliche Dogmatik schlechthin, ausgestattet mit der ganzen Autorität des Kirchenlehrers, zu dem Thomas im Jahre 1567 von Papst Pius V. erklärt wurde. Gerade diese postulierte Normativität der thomasischen Theologie stößt aber auf ebenso vehementen Widerspruch. Vor allem jedoch gilt die *Summa theologiae* als Inbegriff der scholastischen Synthese von Vernunft und Glauben, von Philosophie und Theologie, und die thomasische Synthese als Modell für das mittelalterliche Philosophieverständnis. Doch gerade dieses Modell wurde bereits zu Lebzeiten und vor allem in den Debatten des letzten Viertels des 13. Jahrhunderts, also gleich nach dem legendenumrankten Tod des Thomas von Aquin in der umbrischen Zisterzienserabtei Fossanova am 7. März 1274, auf das heftigste bestritten[2].

---

[1] Siehe G. F. W. Hegel, Vorlesungen über die Geschichte der Philosophie (Teil II), Theorie-Werkausgabe 19 (hgg. v. E. Moldenhauer u. K. M. Michel), Frankfurt a. M. 1989, S. 589.

[2] Das entsprechende Material findet sich bereits bei M. Grabmann, Die theologische Erkenntnis- und Einleitungslehre des hl. Thomas von Aquin auf Grund seiner Schrift ,In Boetium de Trinitate' im Zusammenhang der Scholastik des 13. und beginnenden 14. Jahrhunderts, Freiburg/Schweiz 1948, sowie bei J. Koch, Durandus de S. Porciano O.P. Forschungen zum

Thomas, der den Widerspruch nicht scheute und seine Überzeugungen mit großer Konsequenz verteidigte, hätte an diesen mitunter heftigen Kontroversen, in denen sich Denkschulen zu formieren beginnen, sicherlich selbst lebhaft teilgenommen, so wie er es zu Lebzeiten getan hat: etwa an den großen Debatten zur Ewigkeit der Welt, zur Einheit des Intellekts oder zur Willensfreiheit. Die gleichnamigen Streitschriften oder *Quaestiones disputatae* aus der Zeit seines zweiten Pariser Magisteriums legen hiervon beredt Zeugnis ab[3]. Es sind die Jahre 1268 bis 1272, als Thomas auf Wunsch seines Ordens zum zweiten Mal den dem Dominikanerorden vorbehaltenen Theologielehrstuhl für ‚Ausländer' an der Sorbonne einnimmt, den er etwa zwei Jahrzehnte zuvor 1256 gegen den erbitterten Widerstand der übrigen Theologieprofessoren schon einmal errungen und dann bis zum Jahre 1259 innehatte[4]. Diese Streitigkeiten zwischen den Bettelorden und den Säkularklerikern dauerten im übrigen auch während des zweiten Pariser Magisteriums an. Doch für unseren Zusammenhang bedeutsamer ist die gleichfalls in diese bewegte Zeit fallende Verurteilung von 13 Thesen Pariser *Artes*-Magister (also Philosophieprofessoren) durch den Pariser Bischof Stephan Tempier am 10. Dezember 1270, welche die Unvereinbarkeit einiger philosophischer Lehren, die vor allem auf Aristoteles und seinen arabischen Kommentator Averroes (Ibn Rushd) zurückgehen, mit dem christlichen Glauben feststellen[5].

Streit um Thomas von Aquin zu Beginn des 14. Jahrhunderts. Erster Teil: Literargeschichtliche Grundlegung (BGPhMA; Bd. XXVI), Münster 1927. Einen Einblick in die neuere Forschung vermittelt der Band 97/1 der Revue Thomiste von 1997: ‚Saint Thomas au XIVe siècle'.

[3] Genannt seien vor allem die beiden Streitschriften *De aeternitate mundi* und *De unitate intellectus* sowie die sechste *Quaestio disputata de malo*: „De libero arbitrio". Alle diese Schriften zeigen unverkennbare Anklänge an die Kontroversen der Jahre 1270/1; siehe hierzu J.-P. Torrell, Magister Thomas, Freiburg i. Br. 1995, S. 195-211, ferner S. 350 und 360f.

[4] Wie hitzig – im Vergleich mit heutigen Kontroversen – die Auseinandersetzung im sogenannten Mendikantenstreit war, zeichnet Torrell, Magister Thomas (wie Anm. 4), S. 94-114, anschaulich nach.

[5] Vgl. F. Van Steenberghen, Die Philosophie im 13. Jahrhundert, hg. v. M. A. Roesle, München – Paderborn – Wien 1977, S. 389-452; A. de Libera, Philosophie et censure. Remarques sur la crise universitaire parisienne de 1270-1277, in: J. A. Aertsen/A. Speer (Hgg.), Was ist Philosophie im Mittelalter? Akten des X. Internationalen Kongresses für mittelalterliche Philosophie der S.I.E.P.M. vom 25. bis 30. August 1997 in Erfurt (Miscellanea Mediaevalia; Bd. 26), Berlin – New York 1998, S. 71-89.

Hier tut sich eine Fragestellung von grundsätzlicher Bedeutung auf, von der sich Thomas – das zeigen seine Schriften – immer wieder herausgefordert sah. So ist es auch keine Überraschung, sondern Ausdruck einer auf argumentative Wahrheitssuche ausgerichteten Intellektualität, daß Thomas in diesen Pariser Jahren Ende der 60er und Anfang der 70er Jahre des 13. Jahrhunderts seine großen Aristoteleskommentare verfaßte[6]. Der zur gleichen Zeit in Paris entstandene zweite Teil seiner *Summa theologiae* läßt die Aristoteleslektüre vor allem der *Nikomachischen Ethik* deutlich erkennen.

Im übrigen ist aber in der *Summa theologiae* – ganz im Gegensatz zu anderen Schriften des Thomas aus dieser Zeit – nur wenig von den zeitgenössischen Diskussionen zu spüren. Nicht die strittigen Meinungen der Professorenkollegen, sondern die Positionen der philosophischen und theologischen *auctoritates* dienen ihm als Ausgangspunkt seiner Fragestellungen und Antworten. So kann mitunter der Eindruck einer allein der inneren Systematik folgenden, gleichsam objektiven Darstellung entstehen. Die *Summa* als Vermächtnis des Thomas, als die abschließende Synthese seines Denkens?

Diese Vorstellung hat nicht selten zu einer – mitunter problematischen – Dekontextualisierung der *Summa theologiae* geführt. Mit Blick auf die entsprechende Forschungsliteratur möchte ich vor allem drei Punkte benennen, die der Sache nach durchaus gegensätzliche Fragen ansprechen: (i) zum ersten die Ignorierung des theologischen Gesamtentwurfs zugunsten einer rein philosophischen Lektüre; diese methodische Abstraktion verkennt, wie nachhaltig die theologische Gesamtperspektive die Ausarbeitung der einzelnen Fragestellungen betrifft; (ii) zum zweiten die Ausklammerung der Tatsache, daß die sieben Jahre der Entstehung der *Summa theologiae* durch die Arbeit an den großen Aristoteleskommentaren begleitet wurden; diese bilden in vielerlei Hinsicht den philosophischen Subtext der *Summa*, der auch die theologischen Fragen in einem erheblichen Maße beeinflußt; und schließlich (iii) nicht zuletzt die Versuche, den *ordo disciplinae* der *Summa* zu einem Systemdenken zu stilisieren – so unlängst noch Wilhelm Metz, der in der ,inneren Architektonik' der *Summa theologiae* zugleich jene Sphäre erblickt, in der alle Einzelgedanken des Thomas

---

[6] Hierzu Torrell, Magister Thomas (wie Anm. 4), S. 239-260 und S. 355-358.

gleich einer gotischen Kathedrale ihre eigentümliche Formung und letzte Hinordnung erhalten[7]. Doch ist die *Summa* wirklich die *determinatio magistralis*, die abschließende magistrale Antwort auf alle in ihr angesprochenen Fragen?

Dagegen spricht schon die von Thomas selbst geäußerte Absicht, mit der *Summa* einen – modern gesprochen – theologischen Grundkurs vorlegen zu wollen. Vor allem Leonhard Boyle und Jean-Pierre Torrell haben auf den ‚pastoralen‘ Hintergrund der *Summa theologiae* als dem eigentlichen ‚Sitz im Leben‘ aufmerksam gemacht[8]. Thomas selbst spricht in seinem Prolog davon, daß er seine *Summa theologiae* nicht so sehr für Fortgeschrittene (*provecti*), sondern vor allem für Anfänger (*novitii, incipientes*) konzipiert und geschrieben habe, würden doch gerade die Anfänger durch die Vielzahl nutzloser Fragen, Artikel und Argumente sowie durch häufige Wiederholungen verwirrt und schließlich der Sache überdrüssig. Was es mit dieser Didaktik *in sacra theologia* auf sich hat, darauf werden wir später im Rahmen des Aufbaus der *Summa* noch einmal zu sprechen kommen.

Ihre Entstehung verdankt sich also zu einem guten Teil der offenkundigen Unzufriedenheit mit der Form der *Sentenzen*, dem damaligen Standardlehrbuch der Dogmatik, für die Zwecke der theologischen Ausbildung der Mitbrüder, vor allem *in moralibus* und zum Behufe der Beichtpastoral. Für diese Ausbildung war Thomas, der zuvor bereits vier Jahre seine Ordensbrüder in Orvieto unterrichtet hatte, an dem neu begründeten Ordensstudium in Rom verantwortlich. Die Idee zu einem eigenen theologischen Grundkurs fällt zusammen mit der Entscheidung in den Jahren 1265-1266, die Überarbeitung seines eigenen Sentenzenkommentars aus den frühen Pariser Jahren aufzugeben. Diese pastorale Intention scheint durch den Umstand bestätigt zu werden, daß die der ‚speziellen Moral‘ gewidmete zweite Hälfte des zweiten Teils (die sog. *Secunda secundae*) die umfangreichste, zum Teil auch separate, handschriftliche Überlieferung erfahren hat[9].

---

[7]   Vgl. W. Metz, Die Architektonik der Summa Theologiae des Thomas von Aquin. Zur Gesamtsicht des thomasischen Gedankens (Paradeigmata 18), Hamburg 1998, S. 19, 40, 65 und öfter.

[8]   Vgl. L. Boyle, The Setting of the Summa theologiae of Saint Thomas (The Etienne Gilson Series; Bd. 5), Toronto 1982; Torrell, Magister Thomas (wie Anm. 4), S. 160-176.

[9]   Hierzu mit allen weiteren Angaben Torrell, Magister Thomas (wie Anm. 4), S. 175f.

Doch hat Thomas den ersten Teil (die *Prima pars*) – bei allen Freiheiten, die er als verantwortlicher Studienmagister genoß – wirklich während seines Aufenthaltes in Rom unterrichtet? Wer einmal einige der Quästionen durchgearbeitet hat, dem kommen Zweifel, ob dieses Werk wirklich ein Handbuch für Anfänger ist – bei aller Brillanz des Autors, die oftmals verzweigten Debatten seiner Zeit auf die wesentlichen Argumente zuzuspitzen. Und wie steht es mit den übrigen Teilen, die in den folgenden Jahren 1268-1273 zunächst in Paris und dann Neapel entstanden? Thomas ist zu dieser Zeit wieder ganz im wissenschaftlichen Milieu seiner alten Pariser Universität engagiert und verfaßt, wie bereits erwähnt, parallel zur Arbeit am zweiten Teil der *Summa* seine umfangreichen Aristoteleskommentare. Auch dies gehört zum ‚Sitz im Leben‘ der *Summa theologiae*. An die Stelle des Unterrichts von Ordensnovizen treten in der Zeit seines zweiten Parisaufenthalts die Auseinandersetzungen mit Siger von Brabant und seinen jungen Kollegen an der Artistenfakultät vornehmlich um die bereits erwähnten Streitfragen, die der Pariser Bischof Stephan Tempier schließlich im Jahre 1277 zum Anlaß für die Abfassung eines zweiten, weitaus umfangreicheren Syllabus nimmt, der nunmehr 219 Thesen umfaßt[10].

Auch wenn Thomas im Unterschied zu manchem seiner Kollegen an der theologischen und an der philosophischen Fakultät der Sorbonne von diesen Auseinandersetzungen – zumindest zu Lebzeiten – nicht direkt betroffen ist, so sieht er in ihnen gleichwohl eine notwendige Klärung widersprüchlicher Streitfragen, die nicht mehr ohne weiteres in das Modell einer einheitlichen *doctrina christiana* integriert werden können. Die Frage nach der Zuordnung und der Integration des sich immer weiter ausdifferenzierenden Wissens, das den bis in das 12. Jahrhundert in Geltung befindlichen Ordnungsrahmen der *septem*

---

[10]   Siehe etwa De malo, q. 6 (Ed. Leon.), S. 145-153: „De electione humana" und „De unitate intellectus" (vgl. Anm. 4); zum Kontext: R. Hissette, Enquête sur les 219 articles condamnés à Paris le 7 mars 1277 (Philosophes Médiévaux; Bd. XXII), Louvain – Paris 1977; D. Piché, La condamnation parisienne de 1277. Texte latin, traduction, introduction et commentaire, Paris 1999; J. A. Aertsen/K. Emery, Jr./A. Speer (Hgg.), Nach der Verurteilung von 1277. Philosophie und Theologie an der Universität von Paris im letzten Viertel des 13. Jahrhunderts. Studien und Texte (Miscellanea Mediaevalia; Bd. 28), Berlin – New York 2000.

artes liberales, der sogenannten sieben freien Künste, inzwischen bei weitem sprengt, bedeutet für Thomas eine stetige Herausforderung. Die damit verbundene Klärung in der Sache gehört für ihn zu den Aufgaben eines Lehrers der katholischen Wahrheit (*catholicae veritatis doctor*), als den er sich sieht und als der er auch seine *Summa theologiae* verfaßt[11]. Diese Aufgabe ist für ihn jedoch eine Aufgabe der Vernunft, die von Natur aus nicht nur nach Wissen, sondern auch nach Wahrheit strebt. Für Thomas kann daher die Zielrichtung des Strebens nach Wissen nur affirmativ verstanden werden: Der nach Wissen Strebende will stets etwas erkennen. Dieses Wissensstreben kommt erst dann zur Ruhe, wenn etwas auch der Sache, d. h. seinem Wesen nach erkannt ist. Mit großer Konsequenz ist daher die Argumentation des Thomas stets auf die Klärung des in der jeweiligen Frage angesprochenen Sachverhalts ausgerichtet.

II. Theologie als Wissenschaft

Mit diesen Überlegungen sind wir bereits in jenen Diskurs eingetreten, den Thomas für das Projekt seiner *Summa theologiae* wählt: den wissenschaftlichen Diskurs, den er offenkundig auch als die geeignete Form für seine pastoralen Anliegen betrachtet. Der Wissenschaftsdiskurs zeichnet sich dadurch aus, daß er sich seines Erkenntnisgegenstandes in einem der logischen Form des Arguments verpflichteten Begründungsverfahren versichert. Thomas' Vorliebe für scharfsinniges Argumentieren und für das disputative Für und Wider kommt also nicht von ungefähr. Das auf diese Weise erzeugte Wissen ist bezogen auf ein als zusammengehörig aufgefaßtes Feld von Gegenständen und wird – unter der Maßgabe argumentativer Kohärenz – als Erkenntnis aus Ursachen verstanden. Es war dieses Wissenschaftsverständnis der *Zweiten Analytik*, das im Zuge der sogenannten Aristotelesrezeption – der Wiederaneignung des gesamten *Corpus Aristotelicum* als Folge einer umfassenden Übersetzungs- und Kommentierungsanstrengung – im 13. Jahrhundert seinen unaufhaltbaren Siegeszug antrat und schnell zum Leitdiskurs vor allem an den neu gegründeten Univer-

---

[11] Siehe Scg I, c.1 und S.th. I, prol.

sitäten wurde[12]. Auch für die Theologie wurde dieses Wissenschaftsverständnis zur Eintrittsbedingung in die Universitäten. Daß die
Theologie so zu einer Wissenschaft unter anderen Wissenschaften
wurde, welche die methodischen Bedingungen und die aristotelische
Wissenschaftssprache hierfür mit den übrigen Wissenschaften teilte,
war keineswegs unumstritten: weder auf seiten der Theologie noch
auf seiten der Wissenschaften.

So hat Thomas sein Projekt gleich zu Beginn zu rechtfertigen versucht. Er tut dies in einer einleitenden *Quaestio*, die dem ersten Teil
seiner *Summa* gewissermaßen vorgeschaltet ist (S.th. I, q. 1). In dieser
Quaestio geht es um die Möglichkeit und um die Eigentümlichkeit
der Theologie als Wissenschaft und um ihr Verhältnis zu den übrigen
Wissenschaften[13]. Wie die Diskussion zeigt, ist die Möglichkeit zum
einen gebunden an die methodischen Anforderungen, zum anderen
daran, daß der Gegenstand dieser Wissenschaft der menschlichen
Vernunft auf natürliche Weise zumindest insoweit zugänglich ist, daß
eine Wissenschaft in den Grenzen der Erkennbarkeit ihres eigentümlichen Objekts möglich ist. Klarer als viele seiner Zeitgenossen sieht
Thomas die aus dem Wissenschaftsanspruch der Theologie folgenden
Spannungen, und deutlicher als diese macht er die kritischen Fragen
zum Ausgangspunkt seines theologischen Grundkurses.

Dies gilt bereits für den Theologiebegriff selbst. Bei Aristoteles
hatte die Theologie einen klar umrissenen Platz: Sie bezeichnete wie
die Metaphysik oder die erste Philosophie jene erste und höchste
Wissenschaft, die den Ausgangs- und Zielpunkt des Wissensstrebens,
das nicht weiter ableitbare und beweisbare Prinzip eines auf die Vernunft gegründeten Wissens selbst in den Blick nimmt. Zugleich
verknüpft Aristoteles seine Lehre vom Vorrang des Weisheit (oder
erste Philosophie oder Metaphysik oder eben Theologie) genannten
Wissens zu Beginn des ersten Buches der *Metaphysik* (I, 1-2) mit
der Auffassung vom Vorrang der betrachtenden Lebensweise, die auf

---

[12] Siehe hierzu im Überblick R. Berndt u. a. (Hgg.), ‚Scientia' und ‚Disciplina'.
    Wissenstheorie und Wissenschaftspraxis im 12. und 13. Jahrhundert (Erudiri
    Sapientia; Bd. III), Berlin 2002; M. Lutz-Bachmann u. a. (Hgg.), Metaphysics
    in the Twelfth Century. On the Relationship among Philosophy, Science and
    Theology (Textes et Études du Moyen Âge; Bd. 19), Turnhout 2004.
[13] Siehe hierzu den Beitrag von Jan A. Aertsen in diesem Band, S. 30-36.

die vollkommene Verwirklichung der menschlichen Vernunftnatur
gerichtetet ist, im zehnten Buch der *Nikomachischen Ethik* (X, 7-
8). Ja, er verbindet die auf einen solchen letzten Konvergenzpunkt
zielende Erkenntnisdynamik mit der Aufforderung zu einem Leben
gemäß der vollkommensten und zugleich dem Menschen spezifischen
Vernunfttätigkeit. In einem solchen Leben sieht er für den Menschen
zugleich die vollendete Glückseligkeit, sofern es sich auf das Göttliche
in uns richtet, das unser vornehmster und bester Teil ist. Dieses weis-
heitliche Philosophieverständnis, das die Wahrheit der Lehre mit der
Richtigkeit der Lebensführung verbindet, ist, wie Pierre Hadot gezeigt
hat, charakteristisch für die antiken und spätantiken Philosophen-
schulen[14]. In diese Tradition konnte sich das spätantike Christentum
offensichtlich ohne größere Brüche einschreiben. Augustinus hat ein
solches Modell einer umfassenden *doctrina christiana* entworfen, das
eine große Wirkung entfaltet hat. In diesen Zusammenhang gehört
auch der Versuch einer rationalen Verantwortung des christlichen
Glaubens und seiner dogmatischen Lehrgehalte in den theologischen
Traktaten des Boethius. Für den Autor der *Consolatio philosophiae* hat
die Theologie gemäß dem von Aristoteles übernommenen Verständnis
der *theologiké philosophía* ihren wissenssystematischen Ort im Ord-
nungsgefüge der theoretischen Wissenschaften und nimmt dort den
Rang einer ersten Philosophie oder Metaphysik ein. Als oberste der
spekulativen Wissenschaften handelt die Theologie, wie Boethius am
Anfang des zweiten Kapitels von *De Trinitate* ausführt, von dem, was
ohne Bewegung und abstrakt ist und betrachtet als ‚erste Philosophie‘
die unbewegliche und unstoffliche Substanz Gottes[15].

Doch dieses scheinbar unproblematische Verhältnis theologischer
und philosophischer Weisheit unter dem gemeinsamen Dach der
einen *sapientia christiana* ändert sich im Zuge der Aristotelesrezeption. Die ‚wiederentdeckte‘ aristotelische ‚göttliche Wissenschaft‘ oder
Weisheit trifft auf eine christliche Theologie, die sich – nunmehr in

---

[14] Vgl. P. Hadot, Wege zur Weisheit oder Was lehrt uns die antike Philosophie?,
      Berlin – Frankfurt a. M. 1999 (frz.: Qu'est-ce que la philosophie antique?,
      Paris 1995).
[15] Vgl. Boethius, De Trinitate II, hgg. v. H. F. Stewart/E. K. Rand/S. J. Tester
      (LCL; Bd. 74), S. 8f.; vgl. M. Elsässer, A. M. S. Boethius, Die Theologischen
      Traktate (PhB; Bd. 397), Hamburg 1988, S. 8f.

aristotelischer Wissenschaftssprache – gleichfalls als erste und göttliche
Wissenschaft versteht. Die bereits genannten Debatten des 13. Jahr-
hunderts haben im Grunde ihre tiefere Ursache in der erforderlichen
Grenzziehung zwischen den beiden ‚göttlichen Wissenschaften'[16]. Für
Thomas hängt diese Frage auf das engste mit der Bestimmung der
Möglichkeiten zusammen, über welche die menschliche Vernunft
verfügt. Diese begreift er mit allen Konsequenzen von ihren anthro-
pologischen Bedingungen her. Die sich daraus ergebenden Beschrän-
kungen der menschlichen Vernunft haben Folgen vor allem für das
Verständnis der obersten der drei theoretischen Wissenschaften, der
Theologie.

Es ist wohl kein Zufall, daß Thomas seine grundlegende Antwort
auf diese Frage in seinem Kommentar zu einem der theologischen
Traktate des Boethius formuliert: dem Traktat ‚Über die Trinität'
– *De trinitate*. Thomas schreibt seinen Kommentar in den Jahren
1257-1258 oder Anfang 1259 – soweit bekannt als einziger im 13.
Jahrhundert. Gegenüber der von Boethius vorgegebenen Einteilung
der theoretischen Wissenschaften in Physik, Mathematik und Theologie, die dem aristotelischen Modell im sechsten Buch der *Metaphysik*
folgt[17], unterscheidet Thomas eine zweifache göttliche Wissenschaft
(*scientia divina*): zum einen eine Theologie der Hl. Schrift (*theologia
sacrae Scripturae*), deren Gegenstand Gott ist, und in der er betrachtet
wird, wie er in sich selbst ist; eine solche Theologie, welche die Grenzen
der natürlichen Vernunft überschreitet, ist nur als Offenbarungstheo-
logie möglich. Zum anderen eine philosophische Theologie (*theologia
philosophica*), in der Gott betrachtet wird, sofern wir ihn erkennen
können, das heißt in den Grenzen der natürlichen Vernunft; hier ist
Gott nicht der eigentümliche Gegenstand der Wissenschaft, sondern
fungiert lediglich als Prinzip des Gegenstandsbereiches – eine der

---

[16]　Siehe hierzu A. Speer, *Sapientia nostra.* Zum Verhältnis von philosophischer
　　　und theologischer Weisheit in den Pariser Debatten am Ende des 13. Jahrhun-
　　　derts, in: J. A. Aertsen/K. Emery, Jr./A. Speer (Hgg.), Nach der Verurteilung
　　　von 1277. Philosophie und Theologie an der Universität von Paris im letzten
　　　Viertel des 13. Jahrhunderts. Studien und Texte (Miscellanea Mediaevalia;
　　　Bd. 28), Berlin – New York 2000, S. 248-275.

[17]　Vgl. Aristoteles, Metaphysica VI, 1 (1025a-1026b); Boethius, De Trinitate
　　　II, hgg. v. H. F. Stewart/E. K. Rand/S. J. Tester (LCL; Bd. 74), S. 8f.; vgl.
　　　Elsässer, Boethius (wie Anm. 17), S. 6ff.

klassischen Grundlösungen in der Diskussion über den Gegenstand der Metaphysik im 13. und 14. Jahrhundert[18]. Thomas setzt somit an die Stelle eines Integrationsmodells ein Differenzierungsmodell, das vor allem den Wissenschaftscharakter von Theologie und Philosophie betrifft. Während die Philosophie allein auf den Prinzipien der natürlichen Vernunft gründet, tritt bei der Theologie ein auf Offenbarung beruhendes Wissen hinzu, das für die theologische Wissenschaft Prinzipcharakter besitzt. Thomas spricht sogar von einer zweifachen Wahrheit in Hinblick auf das von Gott Erkennbare: eine, zu der das Forschen der Vernunft aufgrund des natürlichen Lichts der Vernunft zu gelangen vermag, und eine andere, die alles Vermögen der Vernunft übersteigt und deshalb auf die Weise der Offenbarung zu uns herabsteigt[19]. Daraus folgt die Eigenständigkeit beider Wissenschaften, ohne daß die eine der anderen untergeordnet wäre. Die Philosophie ist für Thomas nicht die Magd der Theologie. Als Wissenschaften sind beide nach Maßgabe der Wissenschaftsordnung aufeinander bezogen, entspringen sie doch gleichermaßen dem natürlichen Wissensverlangen des Menschen, das in der Gottesschau seine Vollendung findet.

III. Der Aufbau der *Summa theologiae*

Diese epistemische Differenzierung des Theologiebegriffs bildet im Rahmen des zugrunde gelegten Wissenschaftsdiskurses auch in der *Summa theologiae* die Grundlage für die Unterscheidung zwischen Theologie und Philosophie und für ihre Zuordnung. Sofern dieser Wissenschaftsdiskurs sich wesentlich an den Erkenntnismöglichkeiten

---

[18] Vgl. Thomas, Super Boet. De trinitate V, 4, c. (Ed. Leon.), S. 153f. – A. Zimmermann, Ontologie oder Metaphysik? Die Diskussion über den Gegenstand der Metaphysik im 13. und 14. Jahrhundert. 2. erw. Aufl. (RTPM – Bibliotheca 1), Leuven 1998, S. 154f. und S. 211-222. Ferner J. A. Aertsen, Was heißt Metaphysik bei Thomas von Aquin?, in: I. Craemer-Ruegenberg/A. Speer (Hgg.), *Scientia* und *ars* im Hoch- und Spätmittelalter (Miscellanea Mediaevalia; Bd. 22), Berlin – New York 1994, S. 217-239, bes. S. 220-229.

[19] Siehe hierzu vor allem Scg I, c. 4 und Scg IV, c. 1, mit Blick auf die *Summa theologiae* ferner den Beitrag von Jan A. Aertsen in diesem Band, S. 32-38.

der menschlichen Vernunft bemißt, ist dieser Zuordnung ein klares epistemisches Kriterium vorgegeben, das auch das Verhältnis von Glauben und Vernunft bzw. von Glauben und Wissen betrifft und beide Erkenntnishabitus wechselseitig in ihrem Geltungsbereich beschränkt. Der Einsicht in die wechselseitige Beschränkung entspricht zugleich die Überzeugung, daß Vernunft und Glauben ebenso wie Philosophie und Theologie aufeinander angewiesen sind, soll das Ganze der Wirklichkeit in den Blick kommen. Diese Einsicht liegt dem zugrunde, was in der Forschung die thomasische Synthese genannt wird[20].

Doch gerade darin ist Thomas' Position nicht so repräsentativ, wie ihr Leitbildcharakter für unser Verständnis mittelalterlicher Philosophie suggeriert. Dies gilt zum einen für die wissenschaftstheoretische Unterscheidung der beiden ‚Weisheiten‘, der philosophischen und der (offenbarungs-)theologischen, vor allem jedoch für die im Brennpunkt der *Summa theologiae* stehende anthropologische Vermittlung von philosophischer und theologischer Fragestellung. Hierbei beeindruckt die Konsequenz, mit der Thomas das Spannungsverhältnis aus theologischem Gesamtentwurf und der Auseinandersetzung mit den philosophischen, d.h. der natürlichen Vernunft zugänglichen Grundlagen unseres Wirklichkeitsverständnisses thematisiert und durchdenkt.

Verstehen bedeutet für Thomas vor allem Unterscheiden, Differenzieren und Klassifizieren, Herausarbeiten der spezifischen Differenz, Schärfung der Begriffe, Erkennen des Wesentlichen im Unterschied zum Beiläufigen. Die daraus resultierende unbändige Lust am Differenzieren und Einteilen zeigt sich nicht nur in der für Thomas eigentümlichen zumeist sehr analytischen Argumentationsweise; sie spiegelt sich auch im Aufbau der *Summa theologiae*, der uns zugleich einen Einblick in ihre Programmatik verrät. Allerdings kann im folgenden nur eine sehr grobe Übersicht über den verästelten Aufbau der *Summa* gegeben werden; weitere Einblicke vermitteln die einzelnen Beiträge dieses Buches.

---

[20] Vgl. W. Kluxen, Philosophische Ethik bei Thomas von Aquin, Hamburg 1988³, S. 1-20.

Prima pars: De Deo – *Gott, der Dreieine und Schöpfer*
<–1266-1268 in Rom>
    De sacra doctrina: Theologie als Wissenschaft (q. 1)
– Dasein und Wesen Gottes (qq. 2-26) – *De Deo uno*
– die Personen in Gott (qq. 27-43) – *De Deo trino*
– der Ausgang der Geschöpfe von Gott (qq. 44-119) – *De creaturis*
    die Schöpfung im allgemeinen (qq. 44-46)
    die Unterscheidung der Geschöpfe (qq. 47-102)
        die Engel (qq. 50-64)
        das Sechstagewerk (qq. 65-74)
        das Geschöpf nach dem Bilde Gottes: der Mensch (qq. 75-102)
    von der Erhaltung und Regierung der Welt (qq. 103-119)

Secunda pars: De motu rationalis creaturae in Deum
    – Die Bewegung des vernünftigen Geschöpfes zu Gott
Prima secundae: Der Mensch als Ursprung seiner Werke –
Allgemeine Moral
<1270 in Paris>
    – vom letzten Ziel und von der Glückseligkeit (qq. 1-5)
    – die menschlichen Handlungen (qq. 6-48)
        die dem Menschen eigentümlichen (moralischen) Akte (qq. 6-21)
        die *passiones animae* (qq. 22-48)
    – die intrinsischen Prinzipien menschlicher Handlungen (qq. 49-89)
        allgemeine Habituslehre (qq. 49-54)
        allgemeine Tugendlehre (qq. 55-70)
        Laster und Sünden (qq. 71-89)
    – die extrinsischen Prinzipien menschlicher Handlungen (qq. 90-114)
        das Gesetz im allgemeinen und die Formen des Gesetzes (qq. 90-97)
        das Alte Testament (qq. 98-105)
        das Neue Testament (qq. 106-108)
        die Gnade (qq. 109-114)

Secunda secundae: Konkrete Sittlichkeit – Spezielle Moral
<1271 in Paris>
    – die theologischen Tugenden (qq. 1-46)
    – die Kardinaltugenden (qq. 47-170)
    – die besonderen Lebensformen, Charismen und Stände (qq. 171-189)

Tertia pars:
De Christo, qui, secundum quod homo, via est nobis tendendi in Deum
    – Christus, der als Mensch für uns der Weg zu Gott ist
<Winter 1271/2 in Paris – 6. 12. 1273 in Neapel>
    – von Christus, dem Erlöser (qq. 1-59) – *De Christo*
    – von den Sakramenten der Kirche (qq. 60-90) – *De Sacramentis*
        allgemeine Sakramentenlehre (qq. 60-65)
        besondere Sakramentenlehre: Taufe (qq. 66-71), Firmung (q. 72),

Eucharistie (qq. 73-83), Buße (qq. 84-90 – *Abbruch*),
Weihe (*fehlt*), Ehe (*fehlt*)
– vom ewigen Leben: Eschatologie (*fehlt*)[21]

Diese Rekonstruktion des Ordnungsschemas folgt den zahlreichen Hinweisen, die uns Thomas vor allem in seinen Prologen zu den einzelnen Teilen seiner *Summa* gibt. Bisweilen finden sie sich auch an anderen markanten Stellen, etwa am Beginn einer der größeren thematisch zusammenhängenden Quästionen, wenn Thomas das Thema in die verschiedenen Fragen einteilt. Der wahrscheinlich meistdiskutierte Hinweis zum Aufbau der *Summa* findet sich am Beginn der zweiten *Quaestio* der *Prima pars*:

> Die vorrangige Absicht dieser heiligen Lehre liegt also darin, Gott zu erkennen, und zwar nicht nur wie er in sich ist, sondern auch sofern er Ursprung und Ziel der Dinge und insbesondere des vernünftigen Geschöpfes ist, wie aus dem Gesagten offenbar ist; indem wir diese Lehre auszulegen beabsichtigen, handeln wir erstens über Gott, zweitens über die Bewegung des vernünftigen Geschöpfes zu Gott hin und drittens über Christus, der als Mensch für uns der Weg zu Gott ist.[22]

Marie-Dominique Chenu hat diesen Hinweis im Licht des neuplatonischen Schemas von *exitus* (*egressus*) und *reditus* (*regressus*), von Ausgang und Rückkehr gelesen[23]. Diese Interpretation bildet bis heute den Ausgangs- und Bezugspunkt der Diskussion um den Aufbau und bezüglich des Strukturschemas der *Summa theologiae*.

---

[21] Die fehlenden Teile werden gewöhnlich aus den entsprechenden Quästionen des Sentenzenkommentars ergänzt, erstmals wahrscheinlich schon von seinem Schüler Reginald von Piperno, der nach dem Tode des Thomas dessen Werke sammelte und eventuell auch den dritten Teil der *Summa theologiae* vervollständigte. Siehe M. Turrini, Raynald de Piperno et le texte original de la Tertia Pars de la Somme de Théologie de S. Thomas d'Aquin, in: RSPhTh 73 (1989), S. 233-247.

[22] S.th. I, q. 2: „Quia igitur principalis intentio huius doctrinae est Dei cognitionem tradere, et non solum secundum quod in se est, sed etiam secundum quod est principium rerum et finis earum et specialiter rationalis creaturae, ut ex dictis est manifestum, ad huius doctrinae expositionem intendentes primo tractabimus de Deo, secundo de motu rationalis creaturae in Deum, tertio de Christo, qui secundum quod homo via est nobis tendendi in Deum.“

[23] Vgl. M.-D. Chenu, Das Werk des Hl. Thomas von Aquin, Graz – Wien – Köln 1982², S. 340-360.

Dieses Schema bezieht Chenu auf die *Prima pars* (*exitus*) und die *Secunda pars* (*reditus*), wodurch die *Tertia pars*, wie er selbst einräumt, zu einem nachträglich angefügten Teil wird – in der Folge der zentrale Punkt der Kritik an Chenus Interpretationsmodell. Kritisch diskutiert wird ferner die Notwendigkeit des Rückgriffs auf ein ‚abstraktes' neuplatonisches Schema sowie dessen Leistungsfähigkeit als Organisationsschema der *Summa*. Die Kritik führt schließlich zu zwei alternativen Lösungsvorschlägen: (i) zum einen zur heilsgeschichtlich-christologischen Interpretation, welche den Kreislaufgedanken als einen biblisch-heilsökonomischen auszuweisen sucht[24]; (ii) zum anderen zur sogenannten theologiegeschichtlichen Interpretation, welche die *Summa theologiae* nicht als ‚prinzipielle Novität', sondern im gattungsgeschichtlichen Kontext der Summenliteratur ihrer Zeit begreift[25].

In der Tat steht Thomas' *Summa* in einem breiten Traditionszusammenhang scholastischer Literatur- und Wissenschaftsgeschichte. Scholastik meint in diesem Zusammenhang zunächst nichts weiter als die schulmäßig betriebene Wissensvermittlung, die in den Kathedralschulen des 12. und in den Universitäten des 13. Jahrhunderts ihre markante institutionelle Ausprägung erfährt[26]. Doch nicht nur die Anzahl derer, die an dieser Wissensvermittlung Anteil haben,

---

[24] Die Diskussion ist zusammengefaßt bei Torrell, Magister Thomas (wie Anm. 4), S. 168-170. Siehe ferner M. Seckler, Das Heil in der Geschichte. Geschichtstheologisches Denken bei Thomas von Aquin, München 1964; O.-H. Pesch, Um den Plan der Summa Theologiae des hl. Thomas von Aquin, in: MThZ 16 (1965), S. 128-139; ders., Thomas von Aquin. Grenze und Größe mittelalterlicher Theologie. Eine Einführung, Mainz 1988, bes. S. 381-400.

[25] Vgl. L. Boyle, The Setting of the Summa theologiae of Saint Thomas (The Etienne Gilson Series; Bd. 5), Toronto 1982; repr. in: Ders., Facing History: A Different Thomas Aquinas (Textes et Études du Moyen Âge; Bd. 13), Louvain-la-Neuve 2000, S. 65-91; R. Heinzmann, Die Theologie auf dem Weg zur Wissenschaft. Zur Entwicklung der theologischen Systematik in der Scholastik, in: MThZ 15 (1974), S. 1-17; demgegenüber W. Metz, Die Architektonik der Summa Theologiae (wie Anm. 8), S. 171-192.

[26] Noch immer grundlegend ist der Artikel ‚Scholastik' von J. Koch, in: RGG, Bd. 5 (3. Aufl., Tübingen 1961), Sp. 1494-1498; siehe ferner R. Schönberger, Artikel ‚Scholastik', in: Lexikon des Mittelalters, Bd. 7, Sp. 1521-1526; ders., Was ist Scholastik?, Hildesheim 1991.

nimmt erheblich zu und erreicht völlig neue Bildungsschichten; insbesondere das Wissen selbst wächst gerade in dem genannten Zeitraum exponentiell und sprengt die traditionellen, an den *septem artes liberales* bemessenen Einteilungsschemata[27]. So entstehen neue Organisationsformen des Wissens, die gleichermaßen systematischen wie didaktischen Interessen Rechnung tragen und sich an den vorrangigen Lehrformen des Schulunterrichts – dies sind vor allem die *lectio* und die *disputatio*, also Textauslegung und Disputation – orientieren. Hierzu zählt auch die Gattung der *Summa*, die Robert von Melun pointiert als *singulorum brevis conprehensio*, als ein bündiges Begreifen von Einzelnem, und als *singulorum conpendiosa collectio*, als kurze Zusammenfassung bzw. knappe Sammlung von Einzelnem bezeichnet. Denn das Ganze (*summa*) lehrt nicht, wer das Einzelne übergeht, und zur höchsten Form der Lehre gelangt nicht, wer die Kenntnis des Einzelnen nicht besitzt[28]. Ein vergleichender Blick in die ausgedehnten Kommentare oder in die großen *Quaestiones disputatae* zeigt, wie sehr sich Thomas in seiner *Summa theologiae* diese Knappheit zu eigen macht und zugleich das hermeneutische Spannungsverhältnis zwischen dem Ganzen und dem Einzelnen meisterhaft beherrscht.

Als klassisches Paradigma der scholastischen Methode finden sich Summen in allen Wissensbereichen. Neben theologischen Summen wie der *Summa aurea* des Wilhelm von Auxerre, der *Summa fratris Alexandri* (oder *Summa Halensis*) des Alexander von Hales oder der *Summa theologiae sive de mirabili scientia Dei* Alberts des Großen gibt es philosophische Summen wie die *Summae de bono* Philipps des Kanzlers oder Alberts des Großen und Logiksummen wie die *Summulae logicales* Wilhelms von Ockham, ferner Rechtssummen des

---

[27] Für einen ersten Überblick siehe den Artikel Artikel ‚Artes liberales', in: Lexikon des Mittelalters, Bd. 1, Sp. 1058-1063, ferner J. Weisheipl, Classification of Sciences in Medieval Thought, in: Mediaeval Studies 27 (1965), S. 54-90.

[28] Robert von Melun, Sententie, Bd. I (hg. v. R. M. Martin, Louvain 1947 [Spicilegium sacrum Lovaniense; Bd. 21]), S. 3, 10-16: „Quid enim summa est nisi singulorum brevis conprehensio? Ubi ergo singula inexplicata relinquuntur, ibi eorum summa nullo modo docetur. Singulis namque ignoratis, summam sciri impossibile est, siquidem summa est singulorum conpendiosa collectio. Quare nec summam docet qui singula pretermittit, nec ad summe pervenit doctrinam qui singulorum neggligit cognitionem."

zivilen wie kanonischen Rechts sowie vor allem auf die Beichtpraxis
ausgerichtete moraltheologische Summen oder Bußsummen; auch
die *Secunda secundae* fand unmittelbar Eingang in die Beichtpastoral
der Dominikaner und wurde zu diesem Zweck handbuchartig auf-
bereitet[29]. Allen diesen Summen gemeinsam ist eine zugrundeliegende Ordnungsidee, die als Organisationsprinzip für die behandelten
Fragen fungiert. Dieser systematische Anspruch, der sich aus der
scholastischen Methode begrifflichen, argumentativen und systematischen Denkens und Lehrens ergibt, darf allerdings nicht als ein
Systemdenken mißverstanden werden[30].

Das gilt insbesondere auch für die *Summa theologiae* des Thomas
von Aquin. Ihre Ordnungsidee erhellt nicht zuletzt im Vergleich mit
Thomas' eigenem Sentenzenkommentar, der aus den Vorlesungen
während des ersten Lehraufenthaltes in Paris in den Jahren 1252-
1254 hervorgegangen ist, und der anderen großen *Summa*, der
noch während des letzten Jahres seines ersten Pariser Magisteriums
1259 begonnenen und dann in den Jahren 1260-1265 in Neapel
und Orvieto abgeschlossenen *Summa contra gentiles*[31]. Der Sentenzenkommentar folgt dem Einteilungsschema des zugrundeliegenden
dogmatischen Lehrbuches des Petrus Lombardus: Gott, Schöpfung,
Christus und Tugenden, Sakramente und Eschatologie[32]. In seinem

---

[29] Vgl. Torrell, Magister Thomas (wie Anm. 4), S. 176.
[30] Der systematische Anspruch, der der Organisationsidee der Summen zugrunde liegt, ist vom Systemanspruch etwa eines spekulativen Systemdenkens klar
zu unterscheiden. Zum Ganzen siehe den Artikel ‚Summa‘, in: Lexikon des
Mittelalters, Bd. 8, Sp. 306-312; noch immer meisterhaft M. Grabmann,
Die Geschichte der scholastischen Methode nach den gedruckten und un-
gedruckten Quellen dargestellt, für unseren Zusammenhang vor allem der
Band 2: Die scholastische Methode im 12. und beginnenden 13. Jahrhundert
(Freiburg i. Br. 1911, repr. 1961).
[31] Hierzu Torrell, Magister Thomas (wie Anm. 4), S. 115-135; ferner R.-A.
Gauthier, Saint Thomas d'Aquin: Somme contre les gentils. Introduction,
Paris 1993.
[32] Vgl. Petrus Lombardus, Sententiae in IV libris distinctae, Editio tertia, Grotta-
ferrata 1971/1981 (Spicilegium Bonaventurianum; Bd. IV & V); zu Thomas' Sentenzenkommentar siehe R. Friedman, The Sentences Commentary,
1250-1320. General Trends, the Impact of the Religious Orders, and the Test
Case of Predestination, in: G. R. Evans (Hg.), Medieval Commentaries on
the Sentences of Peter Lombard. Current Research, Bd. I, Leiden – Boston
– Köln 2002, S. 41-128.

Prolog unternimmt Thomas jedoch den Versuch, im Ausgang von
Sir. 24, 40-42[33] die vier Sentenzen-Bücher als die vier Flüsse bzw.
Manifestationsweisen der einen göttlichen Weisheit aufzufassen,
durch welche die Geheimnisse Gottes offenbar werden, zuvörderst
durch die göttliche Selbstoffenbarung (*manifestatio* – Buch I), sodann durch die Schöpfung (*creatio* – Buch II) und die Erlösung
(*restauratio* – Buch III), und endlich durch die Vollendung (*perfectio*
– Buch IV)[34]. Die Einteilung der gleichfalls vier Bücher der *Summa
contra gentiles* entspringt der zweifachen Erkenntnis des Menschen
vom Göttlichen gemäß der zweifachen Wahrheit von dem an Gott
Erkennbaren: „eine, zu der das Forschen der Vernunft gelangen
kann, eine andere, die alles Vermögen der menschlichen Vernunft
übersteigt". Beide aber werden mit Recht von Gott dem Menschen
zu glauben vorgelegt[35]. Entsprechend dieser hermeneutischen Vorgabe
folgen die ersten drei Bücher dem bezeichneten Weg der natürlichen
Gotteserkenntnis, durch die allein der menschliche Intellekt sich über
das Sinnenfällige erhebt und in der, wie Thomas zu zeigen versucht,
das vollkommene Gut des Menschen besteht, während das vierte
Buch das den Verstand übersteigende, uns geoffenbarte Wissen von
Gott behandelt[36]. Infolgedessen kommt es zu einer klaren Trennung
der Traktate *De Deo uno* und *De Deo trino*; auch die Frage nach der
Vollendung des Menschen, d. h. nach seiner Glückseligkeit erfährt
erst im vierten Buch ihre endgültige Antwort aufgrund der Einsichten
und Zeugnisse, die wir der Offenbarung verdanken.

---

[33] Thomas folgt der lateinischen Vulgata-Zählung, die an dieser Stelle von der
     Standardzählung abweicht.

[34] Vgl. In I Sent., prol.

[35] Scg I, c. 4: „Duplici igitur veritate divinorum intelligibilium existente, una
     ad quam rationis inquisitio pertingere potest, altera quae omne ingenium
     humanae rationis excedit, utraque convenienter divinitus homini credenda
     proponitur." – Hierzu Torrell, Magister Thomas (wie Anm. 4), S. 126-130,
     und R. Schönberger, Thomas von Aquins ‚Summa contra gentiles', Darmstadt
     2001.

[36] Scg IV, c. 1: „Sed quia perfectum hominis bonum est ut quoquo modo Deum
     cognoscat, [...] datur homini quaedam via per quam in Dei cognitionem
     ascendere possit: ut scilicet [...] ipse ab inferioribus incipiens et gradatim
     ascendens in Dei cognitionem proficiat." – Hierzu Torrell, Magister Thomas
     (wie Anm. 4), S. 126-130, und R. Schönberger, Thomas von Aquins ‚Summa
     contra gentiles', Darmstadt 2001.

Wenn wir nun noch einmal die *Summa theologiae* in den Blick nehmen, so erkennen wir sogleich den neuen systematischen Zugriff auf
den zu behandelnden Stoff. Gotteslehre und Schöpfungslehre werden
in einem engen Zusammenhang gemeinsam im ersten Buch entfaltet.
Die Christologie bildet zusammen mit der Sakramentenlehre und
der Eschatologie das dritte Buch. Selbst wenn man den Abbruch
der Arbeiten am dritten Buch in Rechnung stellt, so übertrifft das
zweigeteilte zweite Buch die anderen beiden Bücher zusammengenom-
men an Umfang. Der Prolog zur *Prima secundae* gibt uns hierfür den
Schlüssel in die Hand. Dort ist die Rede vom Menschen und seiner
Sonderstellung im Rahmen der universalen Rückkehrbewegung der
Schöpfung zu Gott als ihrem Ursprung und Ziel. Diese Sonderstellung gründet in dem besonderen Verhältnis der rationalen Kreatur
zu ihrem schöpferischen Urbild: Der Mensch ist *imago Dei*, Bild
Gottes, und diese *imago*-Natur ist nach Thomas durch Intellektbesitz,
Entscheidungsfreiheit und Selbstmächtigkeit ausgezeichnet[37]. Nur die
vernunftbegabte geschaffene Natur, so Thomas, hat eine unmittelbare Hinordnung auf Gott, denn allein sie erkennt den universalen
Charakter von Gut und Seiend und erfährt damit eine Ausrichtung
auf den universalen Ursprung des Seienden[38]. Von einer transzendentalen Offenheit der menschlichen Erkenntnis hat Jan A. Aertsen
gesprochen. Dieser Offenheit korrespondiert jedoch die Gebundenheit der menschlichen Vernunft an die konkreten Bedingungen der
Körperlichkeit. In diesem Sinne ist der Mensch Horizont (*horizon*)
und Grenzscheide (*confinium*) von geistiger und körperlicher Natur,
sofern er gleichsam die Mitte zwischen beiden ist und ebenso an den
geistigen wie an den körperlichen Gutheiten teilhat[39]. Dieser dezidiert

---

[37] Vgl. S.th. I-II, prol.; siehe hierzu den Beitrag von A. Speer in diesem Band,
        S. 144f.

[38] S.th. II-II, q. 2, a. 3, c: „Sola autem natura rationalis creata habet immedia-
        tum ordinem ad Deum. [...] natura autem rationalis, inquantum cognoscit
        universalem boni et entis rationem, habet immediatum ordinem ad universale
        essendi principium."

[39] In III Sent., prol.: „Homo enim est quasi horizon et confinium spiritualis et
        corporalis naturae, ut quasi medium inter utrasque, utrasque bonitates parti-
        cipet et corporales et spirituales." – Siehe hierzu J. A. Aertsen, Natur, Mensch
        und der Kreislauf der Dinge bei Thomas von Aquin, in: A. Zimmermann/A.
        Speer (Hgg.), Mensch und Natur im Mittelalter (Miscellanea Mediaevalia;
        Bd. 21/1), Berlin – New York 1991, S. 143-160.

anthropologische Erkenntnishorizont bestimmt die epistemische Perspektive der *Summa theologiae*. Die Möglichkeit und die Artikulation der Theologie ergibt sich aus den Bedingungen der menschlichen Vernunft: ihrer transzendentalen Offenheit und gleichermaßen ihrer Endlichkeit; beides verleiht dem Streben des Menschen nach Wissen und Vollendung seine besondere Form.

Dieses Spannungsverhältnis zwischen den natürlichen Voraussetzungen und der Möglichkeit einer übernatürlichen Teilhabe am göttlichen Prinzip bestimmt in weiten Teilen den Aufbau und die einzelnen Fragen der *Summa theologiae*. Im Vergleich mit dem Sentenzenkommentar und mit der *Summa contra gentiles* basiert ihr Organisationsprinzip auf einer Integration von natürlicher und theologischer Ordnung: Die zweifache Leseordnung der *Summa contra gentiles* wird zum Schlüssel für die relecture des im Prolog des Sentenzenkommentars angesprochenen Kreislaufmotivs, das uns in der *Summa theologiae* folglich auch nicht als abstraktes neuplatonisches Einteilungsschema entgegentritt, welches schematisch den einzelnen Teilen der *Summa* zugeordnet wird. So ist in der *Prima pars* nicht nur vom Ausgang der Geschöpfe aus ihrem schöpferischen Prinzip die Rede, im Grunde werden bereits die Voraussetzungen für die Rückkehr behandelt – allerdings in theoretischer Perspektive; mit der *Secunda pars* wird die Frage der Rückkehr sodann unter dem Leitgedanken des Glücks und der Vollendung in praktischer Hinsicht thematisiert. Auf diese Weise erhält auch der Kreislaufgedanke eine spezifisch anthropologische Ausformung. Der Kreislauf ist die eigentümliche Bewegung der rationalen Kreatur. Dies zeigt sich insbesondere in der diskursiven Struktur des schlußfolgernden Denkens als des eigentümlich menschlichen Vernunftvollzugs, den Thomas als einen Prozeß von Ausgang und Rückkehr analysiert, als einen Kreislauf, dessen Ursprung und Ziel identisch sind[40].

Nun gehört aber zur Bestimmung des Wesens des Glücks (*ipsa essentia beatitudinis*) nach der Ansicht des Thomas ganz wesentlich seine Erlangung (*adeptio*); ja, letztlich hängt an der Frage ihrer Er-

---

[40] Vgl. In De div. nom. IV, lect. 4, n. 330 (Ed. Marietti), S. 108; siehe A. Speer, Artikel ‚Vernunft; Verstand. III. Mittelalter, D. Hochscholastik‘, in: Historisches Wörterbuch der Philosophie, Bd. 11, Sp. 781f.; ferner den Beitrag von W. Goris in diesem Band, S. 131-134.

langung und ihres Besitzes (*possessio*) die Möglichkeit der Glückseligkeit[41]. Dieser Frage geht Thomas im zweiten Teil der *Summa* in aller
Ausführlichkeit nach und analysiert die intrinsischen ebenso wie die
extrinsischen Bedingungen, die natürlichen Voraussetzungen ebenso
wie deren Grenzen und die Notwendigkeit der Erlösung und der
gnadenhaften Vollendung. Hieraus ergibt sich nicht selten eine doppelte Behandlung derselben Fragen etwa in der speziellen Tugendlehre
der *Secunda secundae*[42]. Auf diese Weise erhält die auf Offenbarung
gründende Theologie im Unterschied zur allein der natürlichen Vernunft verpflichteten Metaphysik, deren praktische Bedeutung Thomas
anders als einige *Artes*-Magister seiner Zeit deutlich einschränkt[43],
eine betont praktische Zielrichtung: Sie allein hält die heilsmächtigen
Antworten bereit, und wir betreiben sie nicht so sehr aus theoretischer
Neugierde, sondern – in praktischer Hinsicht – um unseres Heiles
willen, auch wenn Thomas das letzte Ziel des Menschen im theoretischen Ideal der Gottesschau (*visio Dei*) erblickt[44].

Der dritte Teil der *Summa* nimmt diese Frage gleichfalls auf und
führt sie weiter, insofern Inkarnation, Sakramente und Eschatologie die
heilsgeschichtlichen Formen der übernatürlichen Vervollkommnung
des natürlichen Strebens nach Vollendung (*perfectio*) artikulieren. Damit gewinnt der Kreislaufgedanke eine spezifisch geschichtliche Form
und steht für das Verständnis christlicher Eschatologie überhaupt.
Otto Hermann Pesch hat zutreffend von der Geschichtsoffenheit
des Exitus-Reditus-Schemas gesprochen, das bei Thomas den Her-

---

[41] Vgl. S.th. I-II, q. 3, a. 1; siehe hierzu den Beitrag von A. Speer in diesem
     Band, S. 157-161.
[42] Siehe hierzu die Beiträge von C. Steel, S. 325-328 und 337-341 und S. Ernst,
     S. 347-354.
[43] Hierzu J. A. Aertsen, Mittelalterliche Philosophie – ein unmögliches Pro-
     jekt? Zur Wende des Philosophieverständnisses im 13. Jahrhundert, in: J. A.
     Aertsen/A. Speer (Hgg.), Geistesleben im 13. Jahrhundert (Miscellanea
     Mediaevalia; Bd. 27), Berlin – New York 2000, S. 12-27, und A. Speer,
     Sapientia nostra. Zum Verhältnis von philosophischer und theologischer
     Weisheit in den Pariser Debatten am Ende des 13. Jahrhunderts, in: J. A.
     Aertsen/K. Emery, Jr./A. Speer (Hgg.), Nach der Verurteilung von 1277.
     Philosophie und Theologie an der Universität von Paris im letzten Viertel
     des 13. Jahrhunderts. Studien und Texte (Miscellanea Mediaevalia; Bd. 28),
     Berlin – New York 2000, S. 248-275.
[44] Siehe hierzu S.th. I, q. 1, a. 4 und S.th. III, prol.

vorgang (*processio*) der Geschöpfe von Gott und ihren Weg zu Gott als ihrem Ziel (*finis*) bezeichnet[45]. Auch die Prologe zu den einzelnen Teilen der *Summa* legen eine solche heilsgeschichtliche Deutung des Kreislaufmotivs im Spannungsfeld von Schöpfungstheologie und Eschatologie nahe, das seine Vollendung in Christus erfährt, der – und eben nicht der Mensch – den Kosmos letztlich zu seinem Ursprung zurückführt.

Rückblickend zeigt sich deutlich der explizite systematische Anspruch der *Summa theologiae* – und dies nicht nur gegenüber den schulmäßigen Auswüchsen und der Arbitrarität anderer Lehrbücher. An diesem Anspruch hängt in Thomas' Augen vielmehr die Überzeugungskraft seines Programms und seiner Lehrabsicht. Mit Bedacht wählt er die Form der Summe. Dies gilt es zu beachten, wenn nach der explikativen Kraft der strukturierenden Schemata gefragt wird. Der systematische Anspruch – die Ausarbeitung einer theologischen Synthese, die den am aristotelischen Standard orientierten Anspruch der Wissenschaftlichkeit mit der Eigenart eines Glaubenswissens zu verbinden sucht – kommt im besonderen Maße in den Prologen (*prologi*) und Einleitungen (*principia*) zum Ausdruck, die nicht nur den organisatorischen Gesamtrahmen der *Summa theologiae* bezeichnen, sondern deren zentrale Thematik artikulieren: Geschichtlichkeit und Anthropologie. In der Sonderstellung des Menschen, der *rationalis creatura*, verbinden sich zugleich philosophische und theologische Argumentation als Konsequenz aus dem Wissenschaftsanspruch, der selbst nur aus der Perspektive menschlicher Erkenntnismöglichkeiten begründet werden kann. Somit ist der Mensch der Schlüssel zum Verständnis der kontingenten Wirklichkeit – auch in ihrem Verhältnis zum schöpferischen Ursprung sowie in christologischer Perspektive (*secundum quod homo*) zum Verständnis ihrer Vollendung und wie diese gedacht werden muß.

---

[45] Vgl. O. H. Pesch, Thomas von Aquin. Grenze und Größe mittelalterlicher Theologie, Mainz 1988, S. 389-391; siehe auch den Beitrag von G. Wieland in diesem Band, S. 223-244.

IV. Die *Summa theologiae* lesen

Von den didaktischen Absichten, die Thomas von Aquin mit seiner *Summa theologiae* verfolgte, war bereits zu Beginn die Rede. Doch wie findet man sich als Leser in diesem Buch zurecht, und wie liest man es?

Was gegenüber den heute zumeist in Traktatform geschriebenen wissenschaftlichen Abhandlungen auffällt, ist der formalisierte Darstellungsstil mit Argumenten und Gegenargumenten, einem zentralen Antwortteil und nachfolgenden Widerlegungen. Diese Form der Darstellung spiegelt den Ablauf einer universitären Disputation wider, der damals gängigsten Unterrichtsform. Die Disputation war ein öffentliches Ereignis, in dem sich der Magister, d. h. der Professor, zu bewähren hatte. Das gilt insbesondere für die großen, bisweilen mehrtägigen Disputationen, die einem strengen Reglement unterlagen. Zunächst wurden alle relevanten Argumente bezüglich der zu behandelnden Frage gesammelt und geordnet nach Pro und Contra vorgetragen. Hierbei konnte der Magister die Hilfe seiner Schüler in Anspruch nehmen. Durch diese Anordnung der Argumente – bisweilen über dreißig auf jeder Seite – wurde bereits der Boden für die anschließende Antwort des Magisters, die *Responsio*, bereitet. Zum Abschluß der Disputation setzte sich der Magister mit den Einwänden auseinander, insbesondere mit den Gegenargumenten, die er im Lichte seiner Antwort zu widerlegen bzw. zu entkräften suchte[46].

Derartige Disputationen hatten in der Regel ein vorgegebenes Thema. Doch gab es auch die sogenannten *Disputationes quodlibetales*, bei denen der Magister aktuelle Fragen aus dem Publikum beantwortete, die ihm nach Belieben (*de quolibet*) gestellt wurden[47]. Derartige Disputationen vermitteln einen guten Einblick in die intellektuellen Debatten ihrer Zeit. Anschließend wurden die Quästionen zumeist schriftlich ausgearbeitet und gegebenenfalls zu sogenannten Quästionensammlungen zusammengefaßt. Thomas selbst hat uns einige umfangreiche Quästionensammlungen aus seinen Pariser Magisterjahren

---

[46] Vgl. L. Hödl/L. Miller, Artikel ‚Disputatio(n)‘, in: Lexikon des Mittelalters, Bd 3, Sp. 1116-1120; Chenu, Das Werk (wie Anm. 24), S. 317-324.

[47] J. Decorte, Artikel ‚Quodlibet‘, in: Lexikon des Mittelalters, Bd. 7, Sp. 377.

hinterlassen: Die *Quaestiones disputatae De veritate, De malo* und *De potentia* – benannt jeweils nach den Eingangsquästionen – behandeln eine Vielzahl von Themen, die zur damaligen Zeit an der Universität von Paris diskutiert wurden. Daneben gibt es Quästionensammlungen zu einzelnen Themen: die *Quaestio disputata De anima, De spiritualibus creaturis, De virtutibus* und *De unione verbi incarnati,* und schließlich zwölf *Quaestiones de quolibet,* in denen nicht weniger als 260 verschiedene Fragen behandelt werden, von praktischen Themen des Alltags bis hin zu spekulativen Problemstellungen[48].

Besonders umfangreiche Quästionen wurden gewöhnlich in Unterfragen unterteilt; Thomas nennt diese gewöhnlich ‚Artikel'. Die *Summa theologiae* ist nach diesem Modell von Quästionen und Artikeln eingeteilt[49]. Am Beginn einer jeden *Quaestio* gibt Thomas in der Regel die Einteilung der Hauptfrage in die Unterfragen. Auch für thematisch zusammenhängende Quästionen findet sich bisweilen ein derartiger Überblick in Form einer vorangestellten kurzen Einleitung (*principium*).

Die geschriebene Form der *Disputatio* ist die *Quaestio.* Sie kann auf eine mündliche Disputation zurückgehen und ist dann entweder als Zuhörermitschrift (*reportatio*) oder als ausgearbeitete und autorisierte Autorfassung (*ordinatio*) überliefert. Darüber hinaus hat sich die *Quaestio* als eine selbständige literarische Gattung entwickelt, die der formalen Struktur der mündlichen Disputation nachgebildet ist. Die *Quaestio* erlaubt dem Autor, ein bestimmtes Thema unter einer bestimmten Fragestellung zu behandeln und (wie man heute gerne zu sagen pflegt) zu problematisieren[50].

Diese Problematisierung geschieht zunächst in Form der Frage selbst. Diese kann auf dreifache Weise gestellt werden: als offene Frage ohne eine bestimmte Erwartungshaltung oder aber als Entschei-

---

[48] Einen knappen Überblick gibt Torrell, Magister Thomas (wie Anm. 4), S. 348-351.

[49] Zur Artikel-Struktur der *Summa theologiae* siehe W. Metz, Die Architektonik der Summa Theologiae (wie Anm. 8), S. 109-117.

[50] Vgl. L. Hödl, Artikel ‚Quaestio, Quaestionenliteratur', in: Lexikon des Mittelalters, Bd. 7, Sp. 349-350; B. C. Bazán/F. J. Wippel, Les questions disputées et les questions quodlibétiques dans les Facultés de théologie, de droit et de médicine. Typologie des sources du moyen âge occidental, fasc. 44/45), Turnhout 1985.

dungsfrage, die eine verneinende oder bejahende Antwort erfordert und oftmals bereits erkennen läßt, in welcher Richtung der Magister seine Antwort zu entwickeln gedenkt. Dies hat Auswirkungen auf die Präsentation der Argumente und des sogenannten *Sed contra*, des Gegenarguments. Im Fall einer offenen Präsentation lassen auch die Argumente keine besondere Gewichtung erkennen, wohin die Meinung des Magisters tendiert: Sie repräsentieren dann vielmehr den Stand der Forschung bzw. der aktuellen Debatte. Anders verhält es sich im Fall einer Frage, die eine bejahende oder verneinende Antwort erfordert. Bereits die Argumente sind dialektisch zugespitzt und führen auf die entscheidenden Probleme der gestellten Frage hin. Thomas ist ein Meister in dieser Kunst. Dabei ist es für ihn eine Selbstverständlichkeit, auch die ‚gegnerischen‘ Positionen in aller Stärke zu präsentieren. Nicht selten erscheint das Argument, das Thomas in seiner eigenen Antwort bestreitet, sogar stärker als bei dem betreffenden Autor selbst. Das hängt sicherlich mit Thomas' Begabung zusammen, Argumente zu ‚bauen‘, aber auch mit seinem intellektuellen Ideal einer argumentativen, auf dem Prinzip der Unterscheidung, Differenzierung und Begriffsklärung beruhenden Wahrheitssuche, dem er sich stets verpflichtet fühlt. Oftmals fällt die Antwort gar nicht so eindeutig aus, wie es die Frage erwarten ließ, sondern Thomas kommt in der Auseinandersetzung mit den vermeintlich ‚gegnerischen‘ Argumenten zu einer sehr abgestuften Problemlösung.

Dieser analytische Zugriff bestimmt auch die Art und Weise, in der Thomas seine Antwort formuliert. Zumeist beginnt er das *Corpus articuli* – in der *Summa* stets eingeleitet mit *Respondeo dicendum* – mit einigen Unterscheidungen, in denen bereits der Schlüssel für die weitere Argumentation liegt. Gewöhnlich fallen die Antworten sehr differenziert aus, auch wenn sich Thomas in der *Summa theologiae* – gemäß seiner eigenen methodischen Vorgabe – im Vergleich mit seinen *Quaestiones disputatae* und denen anderer Magister gewöhnlich äußerst kurz faßt und sich auf das Wesentliche beschränkt. Es folgt die magistrale Auseinandersetzung mit den eingangs präsentierten Argumenten, die in aller Regel einzeln, manchmal auch zusammenfassend behandelt werden. Nicht immer beschränkt sich Thomas auf eine bloße Widerlegung. Oftmals nimmt er seine Antworten zum Anlaß für wichtige Ergänzungen, weiterführende Bemerkungen und zusätzliche Differenzierungen.

Wer also das ganze Argument einer Frage verstehen will, muß der argumentativen Struktur einer *Quaestio* bzw. eines Artikels folgen und darf sich nicht etwa nur auf die Antwort des Thomas im *Corpus articuli* beschränken. Die quästionale Hermeneutik, der sich Thomas mit Absicht bedient, ist mehr als eine nur äußerliche Präsentationsform. Sie gehört vielmehr intrinsisch zur Argumentationsweise und zum Verständnis der behandelten Fragen. Im besten Sinne der scholastischen Tradition setzt Thomas nicht auf die Autorität des Arguments, sondern auf seine Schlüssigkeit und Gültigkeit, die durch den dialektischen Wahrheitsentscheid ermittelt wird. Als ‚scholastischer‘ Formalismus ist diese Form des Argumentierens Gegenstand mancher Polemik geworden, die jedoch vor allem von Unverständnis zeugt – oder aber von einem gewandelten Wissensbegriff.

Auch Thomas' *Summa theologiae* ist später in Traktatform umgearbeitet worden, wodurch jedoch die Offenheit des disputativen Stils, der auf den Widerspruch angelegt ist, verlorengeht. Nicht zuletzt dadurch konnte der Eindruck eines starren Lehrgebäudes und eines rigiden scholastischen Formalismus entstehen, der jedoch dem äußerst lebendigen Argumentieren des Thomas gänzlich abgeht. Davon kann sich jeder überzeugen, der sich einmal durch das Widerspiel der Pro- und Contra-Argumente, der Antwort und der Widerlegungen eines Artikels und einer *Quaestio* hindurchgelesen oder vielmehr hindurchgearbeitet hat.

Gegen mancherlei Vorurteile möchte ich daher das hohe Maß an intellektueller Durchsichtigkeit und argumentativer Disziplin der quästionalen Darstellungsform hervorheben, die Thomas für seine *Summa theologiae* gewählt hat. Sie ist zugleich eine Einübung der Leser in die Form des disputativen Argumentierens. Ich habe mir schon mehr als einmal gewünscht, daß wir in unseren gegenwärtigen Diskussionen zu jenen disputativen Tugenden der mittelalterlichen Universitätsdebatten zurückfänden, in denen die Autorität des Magisters wenig, die Kraft seiner Argumente und die profunde Sachkenntnis einschließlich der Vertrautheit mit der zugehörigen Tradition hingegen viel zählten. Alle diese Tugenden verkörpert Thomas' *Summa theologiae* auf exemplarische Weise. Sie gilt daher mit Recht als Modell des scholastischen Wissenschaftsideals.

V. Zur Einführung in die *Summa theologiae*

Allein schon wegen ihres Umfangs wird kaum ein Leser auf den Gedanken kommen, die *Summa theologiae* von Anfang bis Ende kursorisch durchzulesen, zumal es nach wie vor keine vollständige deutsche Übersetzung gibt. Die in den dreißiger Jahren begonnene ‚Deutsche Thomas-Ausgabe‘ ist nach wie vor unvollständig und leidet auch an der Ungebräuchlichkeit vieler älterer Sprachwendungen sowie an dem Prinzip der ‚Eindeutschung‘ auch solcher Begriffe, die längst zur philosophischen Fachterminologie gehören. Doch auch die Form der Darstellung zwingt nicht zu einer kursorischen Lektüre der *Summa theologiae*. Die einzelnen Quästionen und selbst die einzelnen Artikel können in den meisten Fällen auch als einzelne Fragen und Antworten auf bestimmte Problemstellungen gelesen und mit anderen Quästionen zur selben Thematik bei Thomas oder bei anderen Autoren verglichen werden. Dies ist im übrigen von Anfang an geschehen.

Andererseits bestimmt die Systematik der *Summa theologiae* aber nicht nur die äußerliche Anordnung der Quästionen, sondern auch die Artikulation der behandelten Thematik und ihre Problematisierung. Exemplarisch genannt seien die Partizipationslehre im Kontext der Schöpfungslehre, die Erkenntnislehre im Zusammenhang der Anthropologie, die Glückslehre als Auftakt eines expliziten Ethiktraktats oder die Frage von Glauben und Wissen im Kontext der Tugendlehre. So gilt es auch das Ganze im Blick zu haben, will man die Sinnspitze der Fragestellung eines Artikels, einer oder mehrerer Quästionen in allen Facetten erfassen. Hierzu will dieser Band eine Orientierung geben.

Darüber hinaus soll der Versuch unternommen werden, die verschiedenen Innovationen der Thomas-Forschung in den letzten Jahren anhand des hermeneutischen Leitfadens der *Summa theologiae* zusammenzuführen. Hierbei ist es das Ziel des vorliegenden Bandes, die gewählten Schlüsselthemen in das Gesamtgefüge der *Summa theologiae* einzuordnen und inhaltlich wie auch methodisch so miteinander zu verzahnen, daß der Zusammenhang zwischen den Themen und dem Gesamtentwurf der *Summa* wie der thomasischen Philosophie und Theologie zur Sprache kommt. Die Werkinterpretationen, die sich – gewissermaßen in Form eines kooperativen Kommentars – anhand von sechzehn Schlüsselthemen der thomasischen Philosophie und

Theologie jeweils auf eine Sequenz von Quästionen beziehen, wollen zugleich einen die drei Teile der *Summa* umspannenden Bogen schlagen. Die ausgewählten Schlüsselthemen zur Gotteslehre und Metaphysik, zur Erkenntnis- und Wissenschaftslehre, zur Anthropologie und Ethik, zur Handlungs- und Tugendlehre, zum Verhältnis von Natur und Gnade, von Glauben und Wissen sowie zu Gesetz und Geschichte und schließlich zur Christologie und zur Sakramentenlehre führen zugleich in das Zentrum des thomasischen Denkens.

Die einzelnen Beiträge sind so konzipiert, daß sie einen Einblick in den Stand der Forschung zur *Summa theologiae* und zu den behandelten Themen bieten, jedoch nicht nur für Spezialisten geschrieben sind; sie können und sollen gerade im universitären Unterrichtsbetrieb als Studienbuch zu einem Klassiker- und Schlüsseltext, als der die *Summa theologiae* ohne Zweifel gelten muß, dienen. Es geht also gewissermaßen um die exoterische Vermittlung der Thomas-Forschung aus der Perspektive der Novizen an ein interessiertes Publikum, das auch die Fachkollegen einschließt. Hierbei werden verschiedene Interpretationsansätze berücksichtigt, und es kommen unterschiedliche ‚Thomasschulen‘ zu Wort. Diese Eigenart spiegelt sich auch in den einzelnen Beiträgen wider.

Die bibliographischen Anmerkungen am Ende eines jeden Beitrages geben erste Hinweise für ein vertiefendes Studium der jeweils behandelten Themen und Texte. Auch die bibliographischen Angaben am Ende des Buches wollen eine erste Orientierung hinsichtlich der Textausgaben und – sofern vorhanden – der deutschen Übersetzungen sowie hinsichtlich der wichtigsten Arbeitsinstrumente bieten. Hingewiesen wird etwa auf den *Index Thomisticus*, auf Speziallexika und Bibliographien. Genannt werden ferner einige allgemeine Einführungen und einige der wichtigsten Studien zu Thomas von Aquin und seinem Denken und insbesondere zur *Summa theologiae*.

Was an dieser Stelle abschließend zu sagen bleibt, ist eine Einladung zum Studium der *Summa theologiae*. Der anfängliche Respekt des von Thomas selbst angesprochenen Novizen vor dem Umfang des Werkes wird schnell der Faszination weichen, wenn man sich das erste Mal in die subtilen Argumentationen einer *Quaestio* oder eines Artikels verliert. Daß die Orientierung im Ganzen nicht verlorengeht, dazu möchte dieses Buch einen Beitrag leisten – und das nicht nur für Thomas-Novizen.

Literatur in Auswahl:

Boyle, L., The Setting of the Summa theologiae of Saint Thomas (The Etienne Gilson Series; Bd. 5), Toronto 1982; repr. in: Ders., Facing History: A Different Thomas Aquinas (Textes et Études du Moyen Âge; Bd. 13), Louvain-la-Neuve 2000, S. 65-91.

Chenu, M.-D., Das Werk des Hl. Thomas von Aquin, Graz – Wien – Köln 1982².

Pesch, O. H., Thomas von Aquin. Grenze und Größe mittelalterlicher Theologie. Eine Einführung, Mainz 1988.

Torrell, J. P., Magister Thomas. Leben und Werk des Thomas von Aquin, Freiburg – Basel – Wien 1995 (frz.: Initiation à saint Thomas d'Aquin. Sa personne et son œuvre, Fribourg – Paris 1993).

Ders., La ‚Somme de théologie‘ de saint Thomas d'Aquin, Paris 1998.

Weisheipl, J. A., Thomas von Aquin. Sein Leben und seine Theologie, Köln – Graz – Wien 1980 (engl.: Friar Thomas d'Aquino. His Life, Thought and Works, Washington 1974, 1983²).

Zimmermann, A., Thomas lesen (legenda 2), Stuttgart-Bad Cannstatt 2000.

Die Rede von Gott: die Fragen, ,ob er ist' und ,was er ist'.
Wissenschaftslehre und Transzendentalienlehre

(S.th. I, qq. 1-12)

JAN A. AERTSEN (Köln)

In diesem Beitrag sind die Quästionen 1-12 im ersten Teil der *Summa theologiae* Gegenstand der Analyse; sie konzentriert sich auf vier Themen, die für eine philosophische Lektüre dieser Schrift besonders relevant sind. (I.) Am Anfang der *Summa* untersucht Thomas die Eigenart der ,heiligen Lehre' (*sacra doctrina*), die von Gott redet. In *Quaestio* 1 legt er die Notwendigkeit einer von der Philosophie verschiedenen Lehre dar – eine Stellungnahme, die unmittelbare Konsequenzen für den Status der Philosophie hat – sowie ihren Charakter als ,Wissenschaft' (*scientia*). Wissenschaftstheoretische Überlegungen bestimmen den Aufbau der *Summa*. (II.) *Quaestio* 2 behandelt die Vorfrage jeder Wissenschaft: Existiert das Subjekt dieser Wissenschaft? Das heißt im Falle der Theologie: *an est Deus?* Hier entwickelt Thomas seine *quinque viae*, fünf Beweise für das Dasein Gottes. (III.) *Quaestio* 3 handelt von einer weiteren Vorfrage, der nach dem *quid est* des Subjekts. Radikaler als jeder andere Denker im 13. Jahrhundert betont Thomas allerdings die Unmöglichkeit einer quidditativen Gotteserkenntnis. Aber wie ist dann überhaupt ein Fortgang in der Wissenschaft über Gott möglich? (IV.) Exemplarisch für Thomas' philosophische Durchdringung der Thematik ist die Lehre von den ,Transzendentalien'. Ausführliche Darstellungen dieser im 13. Jahrhundert herausgebildeten Lehre finden sich in den *Quaestiones* 5 und 6.

I. Die Notwendigkeit einer von der Philosophie verschiedenen Wissenschaft (q. 1)

1. Die Notwendigkeit der ‚heiligen Lehre' (a. 1)

Die allererste *quaestio* in der *Summa* lautet: „Ist es notwendig, außer den philosophischen Disziplinen noch eine andere Lehre zu besitzen?" Was diese ‚andere' Lehre ist, wird erst im Verlauf der Darstellung deutlicher; es handelt sich um eine sich auf göttliche Offenbarung gründende Lehre, die *sacra doctrina* oder ‚christliche' Theologie. Thomas' Fragestellung im ersten Artikel ist indes vielsagend: Nicht die Philosophie hat sich gegenüber der Theologie zu rechtfertigen, sondern umgekehrt. Eine ‚andere' Lehre scheint ‚überflüssig' zu sein (Einw. 1), weil die philosophischen Disziplinen eine durchaus hinreichende Weltorientierung vermitteln, handeln sie doch von allen Bereichen des Seienden, auch von Gott. Der ‚Philosoph' (Aristoteles) hatte in seiner Einteilung der theoretischen Wissenschaften (im VI. Buch seiner *Metaphysik*, c. 1), den höchsten Teil, die ‚Erste Philosophie', als ‚Theologie' bezeichnet (Einw. 2).

In Thomas' Antwort auf die Frage fällt eine für sein ganzes Unternehmen grundlegende Entscheidung: „Für das menschliche Heil ist es notwendig, daß es neben den philosophischen Disziplinen, die durch die menschliche Vernunft (*ratio*) erforscht werden, eine Lehre gemäß göttlicher Offenbarung (*revelatio*) gibt." Diese Stellungnahme hat unmittelbare Konsequenzen für den Status der Philosophie. Sie enthält eine implizite Kritik, nicht so sehr an der Philosophie als solcher als vielmehr an ihrem Anspruch, den (exklusiven) Weg zur menschlichen Glückseligkeit zu bilden. Thomas verwirft das philosophische Lebensideal, das zeitgenössische Professoren der Artesfakultät in Paris vertraten. Gemäß einem dieser Magistri, Boethius von Dacien, der eine Schrift ‚Vom höchsten Gut' (auch ‚Vom Leben des Philosophen' betitelt) verfaßte, ist ein Philosoph „jeder Mensch, der das beste sowie das letzte Ziel des menschlichen Lebens erreicht hat"[1].

---

[1] Boethius von Dacien, De summo bono, hg. v. N. G. Green-Pedersen (Corpus Philosophorum Danicorum Medii Aevi; Bd. 6, 2), Copenhagen 1976, S. 377: „Philosophum autem voco omnem hominem viventem secundum rectum ordinem naturae, et qui acquisivit optimum et ultimum finem vitae

Dieser Auffassung gegenüber betont Thomas die Notwendigkeit einer anderen Lehre. Wie begründet er diese?

Thomas' Hauptargument lautet:

> Der Mensch ist auf Gott hingeordnet als auf ein Ziel, welches das Verständnis der Vernunft übersteigt [...]. Das Ziel muß aber dem Menschen vorher bekannt sein, wenn er seine Absichten und Handlungen darauf einstellen soll. Deshalb war es für das Heil des Menschen notwendig, daß ihm durch göttliche Offenbarung manche Dinge bekannt wurden, welche die menschliche Vernunft übersteigen[2].

Das Argument ist sehr knapp gefaßt; insbesondere die erste Prämisse des Syllogismus – die Zielgerichtetheit des Menschen – bedarf weiterer Erklärung. Hier ist es hilfreich, q. 12 („Wie Gott von den Geschöpfen erkannt wird") in die Analyse einzubeziehen, weil Thomas dort die menschliche Finalität ausarbeitet.

Den Hintergrund seiner Überlegungen bildet ein Charakteristikum des Menschen, das Aristoteles programmatisch im Anfangssatz seiner *Metaphysik* (980a 21) zum Ausdruck gebracht hatte: „Alle Menschen verlangen von Natur nach Wissen." Im Menschen gibt es das natürliche Verlangen, die Ursache der Phänomene zu erkennen; er wundert sich über das, was er sieht – und das Staunen ist der Anfang der Philosophie (q. 12, a. 1). Thomas verbindet das natürliche Wissensverlangen mit der neuplatonischen Lehre von der Kreisbewegung der Wirklichkeit, die ein Grundmotiv seines Denkens darstellt[3]. Die

---

humanae." Zum Hintergrund: C. Steel, Medieval Philosophy: An Impossible Project? Thomas Aquinas and the ‚Averroistic‘ Ideal of Happiness, in: J. A. Aertsen/A. Speer (Hgg.), Was ist Philosophie im Mittelalter? (Miscellanea Mediaevalia; Bd. 26), Berlin – New York 1998, S. 152-174; J. A. Aertsen, Mittelalterliche Philosophie: ein unmögliches Projekt? Zur Wende des Philosophieverständnisses im 13. Jahrhundert, in: J. A. Aertsen/A. Speer (Hgg.), Philosophie im 13. Jahrhundert (Miscellanea Mediaevalia; Bd. 27), Berlin – New York 1999, S. 12-28.

2   S.th. I, q. 1, a. 1, c: „homo ordinatur ad Deum sicut ad quendam finem qui comprehensionem rationis excedit [...] Finem autem oportet esse praecognitum hominibus, qui suas intentiones et actiones debent ordinare in finem. Unde necessarium fuit homini ad salutem, quod ei nota fierent quaedam per revelationem divinam, quae rationem humanam excedunt."

3   Vgl. J. A. Aertsen, Thomas von Aquin: Alle Menschen verlangen von Natur nach Wissen, in: Th. Kobusch (Hg.), Philosophen des Mittelalters, Darmstadt 2000, S. 186-201.

Vollendung eines Dinges besteht in der Rückkehr zu demjenigen, aus dem es hervorgegangen ist, dem Göttlichen. Ursprung und Ende, Prinzip und Ziel sind identisch. In der Rückkehr der Dinge zum ersten Prinzip nehmen die vernunftbegabten Geschöpfe eine Sonderstellung ein, insofern der Mensch fähig ist, durch seine Tätigkeit sich selber Gott zuzuwenden. Seine Rückkehr vollzieht sich im Verlangen nach Wissen. Die Kreisbewegung schließt sich erst, wenn die erste Ursache aller Dinge erkannt wird.

Das letzte Ziel des Menschen, das ‚Glückseligkeit' heißt, besteht nicht in irgendeiner Gotteserkenntnis, sondern ausschließlich in der Schau der Wesenheit Gottes (*visio Dei*), der Antwort auf die Frage, ‚was er ist'. In q. 12, a. 5 spricht Thomas der menschlichen Vernunft die Möglichkeit ab, durch ihre natürlichen Vermögen (*per sua naturalia*) die göttliche Wesenheit zu betrachten. Dieses negative Moment in der menschlichen Gotteserkenntnis ist ein immer wiederkehrendes Thema in der *Summa*. Thomas' Philosophiekritik gründet sich auf eine Vernunftkritik: Eine Wesenserkenntnis Gottes übersteigt die Fähigkeiten der menschlichen *ratio*. Das Glück des Menschen kann deshalb nicht im philosophischen Leben bestehen; eine weitere Lehre ist heilsnotwendig. In den nächsten Artikeln der ersten *Quaestio* wird die Beschaffenheit dieser auf Offenbarung beruhenden Lehre näher untersucht.

2. Die Wissenschaftlichkeit der Theologie (aa. 2ff.)

Frage und Antwort im Artikel 2 sind aufschlußreich. Die Frage, „Ob die heilige Lehre eine *scientia* ist?", ist für das 13. Jahrhundert charakteristisch, weil sie den Verwissenschaftlichungsprozeß widerspiegelt, der durch die Rezeption des *Corpus Aristotelicum* im lateinischen Westen ausgelöst worden war. Thomas' Antwort belegt eine wichtige Erneuerung: die Geburt der christlichen Theologie als einer von der Philosophie verschiedenen Wissenschaft. Bisher war das von Boethius (ca. 500) angeregte Modell maßgeblich gewesen, das nicht an einer klaren Grenzziehung zwischen der philosophischen und einer auf Offenbarung gegründeten Theologie interessiert war, sondern an ihrer Einheit.

Scientia übersetzen wir meistens mit ‚Wissenschaft', aber der Terminus hat in der klassisch-aristotelischen Tradition eine spezifischere

Bedeutung als der moderne Begriff. ‚Wissenschaft‘ ist ein begründetes Wissen, Wissen aufgrund eines Beweises. Das, wovon Wissenschaft durch einen Beweis gesucht wird, ist eine Schlußfolgerung, in welcher ein Prädikat von einem Subjekt (*subiectum*) ausgesagt wird. Wißbar im eigentlichen Sinne sind deshalb die aus den Prämissen abgeleiteten Konklusionen eines Beweises.

Diese Wissenschaftsstruktur führt unvermeidlich zum Problem der Letztbegründung. Die Erkenntnis der Prämissen kann das Ergebnis eines vorangehenden Syllogismus sein, aber dieser Rückgang kann nicht bis ins Unendliche weitergeführt werden, weil das Unendliche nicht zu durchlaufen ist. Aristoteles schließt in seinen *Analytica Posteriora* (I, c. 3), daß die Prinzipien des Wissens selbst nicht ‚gewußt‘, d. h. demonstrativ nachgewiesen werden können, sondern durch sich bekannte Sätze sind. „Jede Wissenschaft geht aus durch sich bekannten (*per se nota*) Prinzipien hervor“, heißt es dann auch bei Thomas im ersten Einwand (q. 1, a. 2). Gerade an dieser Struktur scheint die Wissenschaftlichkeit der ‚heiligen Lehre‘ zu scheitern, denn sie ergibt sich aus Prinzipien, die in den Artikeln des Glaubensbekenntnisses formuliert und somit nicht evident sind.

Thomas’ Lösung besteht in der Unterscheidung zweier Arten von Wissenschaft. Die eine geht von Prinzipien aus, welche durch das natürliche Licht des Verstandes bekannt sind, wie z. B. die Arithmetik. Die andere gründet sich auf Prinzipien, welche durch das Licht einer höheren Wissenschaft bekannt sind. So geht die Wissenschaft der Musik von Prinzipien aus, welche von der Arithmetik hergeleitet sind. Auf diese ‚untergeordnete‘ Weise ist die Theologie eine *scientia*. Sie entlehnt ihre dem Menschen nicht selbstverständlichen Prinzipien einer höheren Wissenschaft, nämlich dem Wissen Gottes. Der Mensch hat an diesem Wissen teil, insofern er im Glauben die göttliche Offenbarung annimmt. „Wie die Musik die ihr vom Arithmetiker überlieferten Prinzipien glaubt, so glaubt die Theologie die von Gott offenbarten Prinzipien.“[4]

Das Lösungsmodell des Thomas, das einer über- und untergeordneten Wissenschaft, ist von späteren Denkern (Heinrich von Gent, Duns Scotus, Wilhelm von Ockham) kritisiert worden, weil

---

[4]   S.th. I, q. 1, a. 2, c: „Unde sicut musica credit principia tradita sibi ad arithmetico, ita doctrina sacra credit principia revelata sibi a Deo.“

seine Analogie zwischen ‚Musik‘ und ‚Theologie‘ als subalternierten Wissenschaften nicht überzeugt; die Ordnung zwischen dem Wissen Gottes und ‚unserer‘ Theologie ist grundsätzlich von der zwischen Arithmetik und Musik verschieden. Das Ingeniöse in Thomas' Lösung ist jedoch, daß er gerade dasjenige, wodurch die Theologie nicht dem Anspruch des aristotelischen Wissenschaftsbegriffs entsprechen zu können scheint, benutzt, um ihren Wissenschaftscharakter zu sichern. Denn wenn Aristoteles auch den Ausdruck ‚untergeordnete Wissenschaft‘ nicht kennt, so erkennt er doch an (*Anal. Post.* I, c. 13, 78b 34ff.), daß es Wissenschaften gebe, welche ihre Prinzipien anderen Wissenschaften entlehnen, ohne daß dadurch ihre Wissenschaftlichkeit aufgehoben wird.

Die Beschaffenheit der theologischen Wissenschaft wird in den folgenden Artikeln spezifiziert, um die Einheit dieser Wissenschaft und ihren Unterschied zur Philosophie zu klären. Diese Spezifikation entwickelt Thomas von zwei Grundbegriffen her: dem *obiectum* (a. 3) und dem *subiectum* (a. 7) des Wissens.

‚Wissenschaft‘ ist für Aristoteles eine ‚Verfassung‘ (*habitus*) der menschlichen Seele. Was diesem Habitus oder Vermögen gegenübersteht, heißt das *obiectum* einer Wissenschaft. Die Verschiedenheit der Objekte bewirkt die Verschiedenheit der Wissenschaften; aber nicht die materielle Diversität der Gegenstände ist dafür maßgeblich, sondern die formelle. Ausschlaggebend ist der bestimmte Aspekt, unter dem das Objekt zum Habitus in Beziehung steht. „Eigentlicher Gegenstand eines Vermögens oder Habitus ist das, auf Grund dessen sich alles auf jenes Vermögen oder jenen Habitus bezieht. So beziehen sich Mensch und Stein auf den Gesichtssinn, sofern sie Farbe haben; also ist das Farbige das eigentümliche Objekt des Gesichtssinnes" (q. 1, a. 7). Der formale Aspekt des Objektes (*ratio formalis obiecti*) der theologischen Wissenschaft ist das *revelabile*: Die Theologie betrachtet Gegenstände, insofern sie von der göttlichen Offenbarung betroffen sind oder werden können. Diese Betrachtung kann sich auf das natürlich Erkennbare, das in verschiedenen philosophischen Disziplinen (Metaphysik, Ethik) behandelt wird, erstrecken, aber der maßgebliche Gesichtspunkt bleibt von dem der Philosophie verschieden. Die *revelabilitas* bestimmt also die Eigenart der theologischen Betrachtungsweise.

Im 7. Artikel wird nach dem eigentümlichen Subjekt (*subiectum*) der Theologie gefragt. Der Sinn dieser Fragestellung ist vor dem

Hintergrund der *Analytica Posteriora* zu verstehen, in denen Aristoteles dargelegt hatte, die Einheit einer Wissenschaft bestehe in ihrem Subjekt. Der Terminus ist von der prädikativen Struktur der Wissenschaft her zu verstehen. Das im Sinne der Wissenschaft Gewußte ist ein Satz, insofern dieser bewiesen ist. In jedem Satz wird etwas von etwas anderem ausgesagt. Der Satzgegenstand, der den Aussagen einer Wissenschaft zugrunde liegt, heißt das eigentümliche *subiectum* dieser Wissenschaft; so ist das gemeinsame Subjekt der Physik z. B. das in Bewegung befindliche Seiende. In der Theologie ist Gott der formale Gesichtspunkt (*ratio*), unter dem Aussagen vom Subjekt gemacht werden. Also, schließt Thomas, ist Gott das eigentümliche Subjekt dieser Wissenschaft.

Thomas' Schlußfolgerung macht den wissenschaftstheoretischen Unterschied zwischen der philosophischen Theologie (oder Metaphysik) und der christlichen Theologie klar. Das eigentümliche Subjekt der Metaphysik ist nicht Gott, sondern das Seiende als Seiendes. Gegenüber der theologischen Metaphysikkonzeption, die bei den griechischen Aristoteleskommentatoren vorherrschte, betont Thomas in seinem Metaphysikkommentar den ontologischen Charakter der Ersten Philosophie[5]. Gott wird in dieser Wissenschaft nur betrachtet, insofern er Ursache des Seienden ist. Das Subjekt der christlichen Theologie dagegen ist Gott selber.

Thomas' Ausführungen in der ersten *Quaestio* könnten den Eindruck erwecken, „als stelle sich der Theologe schlechthin auf den Standpunkt Gottes und beanspruche damit totale Zuständigkeit für alles Wissen"[6]. Aber das wäre ein Mißverständnis. Thomas versteht die Theologie als eine menschliche Wissenschaft, die sich nicht mit dem ‚Daß' der Offenbarungsdaten zufriedengibt, sondern argumentativ vorgeht, Einsicht und Begründung sucht und sich mithin auf das durch die *ratio* Erkennbare einlassen muß. Deshalb benutzt die Theologie auch die ‚Autorität der Philosophen' (q. 1, a. 8 ad 2). Immer wieder wird an der mittelalterlichen Philosophie kritisiert,

---

[5] Thomas von Aquin, In Metaph., prol. (Ed. Marietti), S. 2: „Ista scientia [...] considerat [...] ut subiectum [...] ipsum solum ens commune."

[6] W. Kluxen, Thomas von Aquin: Das Seiende und seine Prinzipien, in: J. Speck (Hg.), Grundprobleme der großen Philosophen. Philosophie des Altertums und des Mittelalters, Göttingen 1972, 1983³, S. 177-220, hier S. 187.

daß sie zu einer ‚Magd‘ der Theologie herabgesetzt worden sei.
Die Darlegungen in den qq. 2-11 – über die Gottesbeweise und
die Eigenschaften Gottes – werden zeigen, daß die Philosophie die
Hauptarbeit zu leisten hat.

II. Die Frage ‚Ob Gott ist‘ (*an est*). Die Gottesbeweise (q. 2)

1. Die Vorfragen jeder Wissenschaft

Der Aufbau der *Summa* ist von der Unterscheidung zwischen den
Fragen ‚Ob Gott ist?‘ (q. 2) und ‚Was Gott ist?‘ (q. 3) bestimmt. Diese
Ordnung gründet sich auf wissenschaftstheoretische Überlegungen.
Der Weg zum Wissen ist ein Fragen. Im zweiten Buch der *Analytica
Posteriora* (c. 1, 89b 22ff.) hatte Aristoteles das Fragen systematisiert.
Alles Fragbare läßt sich auf vier Fragen zurückführen: das ‚Daß‘, das
‚Warum‘, ‚ob es ist‘, ‚was es ist‘. Die ersten zwei Fragen sind aus
einem Subjekt und Prädikat zusammengesetzt, die letzten zwei (*an est*
und *quid est*) sind ‚einfache Fragen‘, z. B. – das Beispiel stammt von
Aristoteles – ‚ob ein Zentaur oder Gott ist oder nicht ist‘. „Haben wir
aber erkannt, *daß* etwas ist, so fragen wir, *was* es ist, z. B. was ist nun
Gott, oder was ist der Mensch?" Hinsichtlich des Verhältnisses beider
Fragen bemerkt Aristoteles noch (c. 7, 92b 5-8), daß die Was-Frage
auf die Ob-Frage folgt: „Wer das Wesen des Menschen [...] kennt,
muß notwendig auch wissen, daß er ist. Denn von dem, was nicht
ist, weiß niemand, was es ist."
  Nun ist es offenkundig, daß Wissenschaft, gerade indem sie sich auf
einen Schlußsatz bezieht, in welchem eine notwendige Eigenschaft von
einem Subjekt ausgesagt wird, bestimmte Vorkenntnisse voraussetzt.
Erstens muß feststehen, *daß* das Subjekt ist (*an est*); die Voraussetzung
jeder Wissenschaft ist, daß sie von einem Seienden handelt. Zweitens muß das ‚Was‘ (*quid est*) des Subjekts ebenfalls bekannt sein, da
diese Wesenserkenntnis im Beweis den Mittelterminus darstellt, der
die Verbindung von Subjekt und Prädikat im Schlußsatz begründet.
Gemäß dieser Wissenschaftsordnung geht Thomas in der *Summa* vor.
Theologie ist eine Wissenschaft, deren Subjekt Gott ist (q. 1, a. 7).
Also sind die ersten Fragen, die beantwortet sein müssen: *an est Deus*
(q. 2) und sodann *quid est* (q. 3).

2.

Ist das Dasein Gottes *per se notum* (q. 2, a. 1)? In diesem Artikel setzt Thomas sich kritisch mit dem berühmtesten Gottesbeweis des Mittelalters auseinander, dem ,ontologischen' Argument des Anselm von Canterbury (1033-1109)[7]. Wesentlich für dieses Argument ist der Gedanke, der Name ,Gott' bezeichne „dasjenige, über dem nichts Größeres gedacht werden kann". Da der Sinngehalt dieses Ausdrucks sich verstehen läßt, muß das Bezeichnete wenigstens im Verstand existieren. Was aber im Intellekt *und* in der Wirklichkeit besteht, ist größer als das, was nur im Intellekt besteht. Also muß „dasjenige, über dem nichts Größeres gedacht werden kann", d.h. Gott, auch in der Wirklichkeit existieren. Anders wäre er nicht das, über dem nichts Größeres gedacht werden kann.

Thomas deutet das anselmische Argument als einen Exponenten der Auffassung, das Dasein Gottes sei durch sich bekannt. Wer den Namen ,Gott' versteht, weiß zugleich, daß er existiert. Thomas lehnt diese Auffassung ab. Eine Aussage ist *per se notum*, wenn das Prädikat zum Begriff des Subjekts gehört. Nun ist an sich die Aussage ,Gott ist' durch sich bekannt, weil das Prädikat mit dem Subjekt identisch ist. Gottes Wesen ist das Sein selbst, wie später gezeigt werden wird (Thomas verweist auf q. 3, a. 4: „Sind in Gott Wesenheit und Sein identisch?"). Aber er betont wieder das negative Moment in der menschlichen Gotteserkenntnis. Weil wir von Gott nicht wissen, was er ist, ist die Aussage ,Gott ist' für uns nicht *per se notum*, sondern sie muß nachgewiesen werden.

3.

Mithin muß die zweite Möglichkeit zur Beantwortung der Ob-Frage geprüft werden: Ist das Dasein Gottes beweisbar (q. 2, a. 2)? Die Hauptschwierigkeit für solch einen Beweis besteht darin, daß der Mensch nicht zu erkennen vermag, was Gott ist. Wie kann man dann beweisen, *daß* er ist (Einw. 2)?

---

[7] Zu Anselms Gottesbeweis siehe B. Mojsisch (Übers. u. Hg.), Kann Gottes Nicht-Sein gedacht werden? Die Kontroverse zwischen Anselm von Canterbury und Gaunilo von Marmoutiers, Mainz 1989 (mit weiterführender Literatur).

Thomas' Erwiderung auf den Einwand enthält zwei Elemente. Erstens: Obwohl die Was-Frage erst nach der Ob-Frage kommt, ist es richtig, daß, um von einem Ding zu wissen, ob es ist, irgendeine Erkenntnis seines ,Was' notwendig ist. Vom uns völlig Unbekannten können wir nicht fragen und wissen, ,ob es ist'. Aber die Was-Erkenntnis, die der Frage *an est* vorangehen muß, betrifft nicht das Wassein oder die Wesenheit eines Dinges, sondern die Bedeutung seines Namens. Wer beweisen will, daß Gott ist, muß wissen, was der Name ,Gott' bezeichnet.

Das zweite Element in Thomas' Erwiderung besteht in der Unterscheidung zweier Arten von Beweisen. Die erste geht von der Ursache, dem ontologisch Früheren, aus und schließt auf die Wirkung – sie heißt in der scholastischen Terminologie ein ,Warum-Beweis' (*propter quid*). Die andere Art von Beweis – der sogenannte ,Daß-Beweis' (*quia*) – geht von der Wirkung aus und schließt aufgrund der Abhängigkeit der Wirkung von der Ursache auf das Dasein der Ursache. Nur auf die letztere Weise – von den sichtbaren Wirkungen her – ist das Dasein Gottes beweisbar.

Die zwei Elemente in Thomas' Antwort gehören wesentlich zusammen. „Nun werden die Namen Gottes von den Wirkungen her genommen, wie wir später zeigen werden (q. 13). Deshalb können wir, wenn wir das Dasein Gottes aus der Wirkung beweisen, die Bedeutung des Namens ,Gott' als Mittelterminus im Beweis nehmen" (ad 2). Wer beweisen will, daß Gott ist, muß beweisen, daß es etwas gibt, das Ursprung und Ursache von allem ist. „Denn das will man mit dem Namen ,Gott' bezeichnen" (S.th. I, q. 13, a. 8 ad 2).

4. Die ,fünf Wege'

Die in Artikel 2 bejahte Möglichkeit, das Dasein Gottes zu beweisen, wird in Artikel 3 verwirklicht: „Daß Gott ist, läßt sich auf fünf Wegen (*quinque viae*) beweisen." Alle Wege sind Argumente, die von der Wirkung zur Ursache führen. Der erste Weg geht von der ,Bewegung' aus, der zweite von der Wirkursache, der dritte vom Möglichen und Notwendigen, der vierte von den Seinsstufen in den Dingen, der fünfte von der Lenkung der Welt. Um Thomas' Vorgehensweise in seinen Gottesbeweisen zu verdeutlichen, gehen wir dem ersten, dem ,manifesteren' Weg, nach.

Aufgrund der sinnlichen Wahrnehmung ist es evident, daß es in der Welt Bewegung gibt. ‚Bewegung' ist in einem weiten Sinne zu verstehen; der Terminus umfaßt jegliche Veränderung und Prozessualität. Der erste Schritt im Beweis greift die aristotelische Formulierung des Ursächlichkeitsprinzips auf: „Alles, was bewegt wird, wird von einem anderen bewegt." Dieser Grundsatz folgt aus dem Bewegungsbegriff; Bewegen ist nichts anderes, als etwas von einer Möglichkeit (Potenz) in die entsprechende Wirklichkeit (Akt) zu überführen. Was bewegt wird, ist in Potenz zu einer bestimmten Wirklichkeit (Holz z. B. ist heiß in Potenz), das aktive Bewegende ist tatsächlich dieser Akt (z. B. Feuer). Die Überführung von der Potenz in den Akt kann nur durch ein Seiendes in Akt geschehen. Das aktiv Bewegende kann selbst wieder von einem anderen bewegt werden, aber die Reihe, in der Bewegendes und Bewegtes aufeinander folgen, kann nicht unendlich sein. Dann wäre jedes Glied in der Reihe abhängig und damit die ganze Reihe. Die Unmöglichkeit eines unendlichen Regresses führt dazu, daß ein erster Beweger angenommen werden muß, der selbst nicht von einem anderen bewegt wird, sondern die Bewegungsreihe transzendiert. Unter diesem ersten unbewegten Beweger, so schließt Thomas seinen ersten Beweis, „verstehen alle Gott".

Die ‚fünf Wege' des Thomas sind in der Forschung sehr kontrovers diskutiert worden, sie „haben vielleicht mehr lebhafte Debatten, Zweifel und Mißverständnisse veranlaßt als jeder andere Artikel in der *Summa*"[8]. Die thomasischen Gottesbeweise sind einerseits als ‚unvollständig' und ‚unschlüssig' kritisiert worden, haben aber andererseits in der Apologetik manchmal eine fast sakrale Bedeutung erhalten. Für eine ausgewogene Beurteilung der fünf Wege ist folgendes zu berücksichtigen:

---

[8] J. A. Weisheipl, Thomas von Aquin. Sein Leben und seine Theologie, Graz – Wien – Köln 1980, S. 211. Zu den Gottesbeweisen des Thomas besteht eine umfangreiche Forschungsliteratur. Vgl. A. Kenny, The Five Ways: St. Thomas Aquinas' Proofs of God's Existence, Notre Dame, Ind. 1980; F. Van Steenberghen, Le problème de l'existence de Dieu dans les écrits de St. Thomas d'Aquin, Louvain-la-Neuve 1980; J. F. Wippel, The Metaphysical Thought of Thomas Aquinas. From Finite Being to Uncreated Being, Washington, D.C. 2000, S. 442-500.

(i) Die theoretische Aufgabe der Gottesbeweise ist von ihrem wissenschaftstheoretischen Ort in der *Summa theologiae* her zu verstehen. Sie wollen eine Antwort auf die Vorfrage jeder Wissenschaft geben, nämlich ob das ‚Subjekt‘ der in q. 1 als Wissenschaft bezeichneten Theologie ‚ist‘ (*an est*). Die Gottesbeweise stehen am Anfang der *Summa*, sie sind nicht das letzte Wort. Wenn man sie aus ihrem wissenschaftstheoretischen Rahmen löst, werden sie überfordert[9].

(ii) Zur Erbringung eines Beweises, daß Gott ist, ist eine minimale vorgängige Kenntnis des *quid est* erforderlich, d. h. Einsicht in die Bedeutung des Namens ‚Gott‘. Dieser Mittelterminus wird in den ‚fünf Wegen‘ nicht expliziert, sondern kommt in den häufig vernachlässigten Formulierungen der Schlüsse zum Ausdruck: „Dieses nennen alle Gott.“

(iii) Die Theologie geht argumentativ vor. Um das Dasein Gottes zu beweisen, verwendet Thomas eine Quelle, die er in der *Quaestio* 1 als legitim anerkannt hatte: die ‚Autorität der Philosophen‘. Aus der Tradition sammelt er mehrere ‚Wege‘, die zu Gott führen. So gründet sich der erste Weg auf die Ausführungen des Aristoteles im VIII. Buch der *Physik*. Die Gottesvorstellung des ‚Philosophen‘ mag noch so sehr von der des Thomas verschieden sein – für den Aquinaten ist Gott Ursache des Seins, nicht nur der Bewegung –, an diesem Ort in der *Summa* zählt das nicht.

III. Die Frage nach dem ‚quid est‘

1.

Nach der Frage *an est* – so heißt es in der Einleitung zur *Quaestio* 3 – ist das *quid est* zu untersuchen. Hier stößt jedoch die Wissensordnung auf eine grundlegende Schwierigkeit. „Aber weil wir von Gott nicht wissen können, was er ist (*quid sit*), sondern vielmehr, was er nicht ist, können wir von Gott nicht betrachten, wie er ist, sondern

---

9   Vgl. J. A. Aertsen, Der wissenschaftstheoretische Ort der Gottesbeweise in der *Summa Theologiae* des Thomas von Aquin, in: E. P. Bos (Hg.), Mediaeval Semantics and Metaphysics. Studies dedicated to L. M. De Rijk, Nijmegen 1985, S. 161-193.

vielmehr, wie er nicht ist." Radikaler als jeder andere Denker im 13. Jahrhundert betont Thomas die Unmöglichkeit einer quidditativen Gotteserkenntnis für die menschliche Vernunft[10].

Die Unmöglichkeit geht aus der spezifisch menschlichen Erkenntnisweise hervor. Als vernunftbegabtes Lebewesen ist der Mensch für seine Erkenntnis von der sinnlichen Erfahrung, von Vorstellungsbildern (phantasmata), abhängig. „Unsere natürliche Erkenntnis reicht so weit, als uns das Sinnfällige führen kann" (q. 12, a. 12). Daraus folgt, daß für die menschliche Vernunft die Washeiten der stofflichen Dinge erkennbar sind. Was unstofflich und folglich nicht sinnlich erkennbar ist, kann durch die Vernunft nicht in seinem Wesen erfaßt werden. Die Frage, was es ist, läßt sich nicht beantworten. Im Hinblick auf Gott ist eine quidditative Erkenntnis dem Menschen verwehrt.

Aber wie ist dann überhaupt ein Fortgang in der Wissenschaft über Gott möglich? Nach Thomas können wir von Gott betrachten, wie er nicht ist (quomodo non). Dieser negative Weg kann nur weiterführen, wenn er sich auf eine positive Einsicht gründet. Jede Verneinung setzt eine Bejahung voraus. Diese Voraussetzung der negativen Gotteserkenntnis zeigt sich in der dritten Quaestio. Im ersten Artikel legt Thomas dar, daß Gott nicht ein Körper ist. Seine Argumente gründen sich auf eine Affirmation, für welche er auf q. 2, a. 3 verweist. Gott ist nicht ein Körper, weil er ‚der erste unbewegte Beweger' ist, ‚das erste Seiende' und ‚das vornehmste von allen Wesen'. Hier stellt sich heraus, daß die ‚Grundlage' der thomasischen Betrachtung die Bejahung des Daseins Gottes in der vorangehenden Quaestio ist, wo durch Ursächlichkeitsargumente nachgewiesen worden ist, daß Gott ist und das Erste ist[11].

10　Vgl. J. A. Aertsen, ‚Von Gott kann man nichts erkennen, außer daß er ist' (Satz 215 der Pariser Verurteilung). Die Debatte über die (Un-)möglichkeit einer Gotteserkenntnis quid est, in: J. A. Aertsen/K. Emery, Jr./A. Speer (Hgg.), Nach der Verurteilung von 1277. Philosophie und Theologie an der Universität von Paris im letzten Viertel des 13. Jahrhunderts (Miscellanea Mediaevalia; Bd. 28), Berlin – New York 2001, S. 22-37.

11　Thomas selber verwendet den Ausdruck fundamentum in S. th. I, q. 32, a. 1.

2.

Die Denkbewegung des Thomas in den ersten *Quaestiones* der *Summa theologiae* kann durch seinen Rückblick in q. 12, a. 12 näher bestimmt werden. In diesem Text stellt er fest, daß wir durch die Wirkungen von Gott nicht nur wissen können, daß er ist (*an est*), sondern auch, was ihm zukommen muß, insofern er die erste Ursache aller Dinge ist, die alles von ihm Verursachte übersteigt. Somit erkennen wir von ihm (a) seine Beziehung zu den Geschöpfen, nämlich daß er Ursache aller Dinge ist; (b) den Unterschied zwischen den Geschöpfen und ihm, nämlich daß er nicht von der Art des Verursachten ist; und (c) daß diese Entfernung nicht wegen eines Mangels in Gott besteht, sondern weil er alles überragt.

In diesem Text beschreibt Thomas die drei von ihm in q. 2ff. verfolgten ‚Wege‘, auf denen der Mensch, anstatt eine quidditative Gotteserkenntnis zu erlangen, Fortschritte in der *scientia* über Gott machen kann. Diese drei ‚Wege‘, die Thomas von Dionysius dem Areopagiten übernommen hat, sind der Weg der Ursächlichkeit (q. 2), der Weg der Differenz oder Verneinung (q. 3), „durch die jede Zusammensetzung von ihm entfernt wird“, und der Weg der Eminenz oder Übersteigung (q. 4 über die Vollkommenheit und qq. 5 und 6 über das Gute). Die Ordnung dieser Wege ist nicht eine beliebige. Der Weg der Ursächlichkeit geht dem der Entfernung voran, da eine Bejahung die Grundlage einer Verneinung ist. Dem Weg der Entfernung muß der Weg der Eminenz folgen, wie in der Einleitung zur q. 3 angedeutet wird: „Weil in den körperlichen Dingen das Einfache unvollkommen ist, muß danach die Vollkommenheit untersucht werden.“

3.

In *Quaestio* 3 handelt Thomas von der Einfachheit (*simplicitas*) Gottes. Daß er gerade mit dieser Eigenschaft beginnt, wird durch den Weg der Verneinung bedingt. Er diskutiert mehrere Formen von Zusammengesetztheit, die in bezug auf Gott verneint werden: die Zusammensetzungen aus Materie und Form (a. 2), aus Wesenheit oder Natur und dem Einzelträger (a. 3), aus Wesenheit und Sein (a. 4), aus Gattung und Differenz (a. 5), aus Substanz und Akzidenz (a. 6). Im 7. Artikel schließt er, daß keine einzige Form von Zusammensetzung

Gott zukommen kann; er ist schlechthin einfach. Der philosophische Sinn dieser verschiedenen Formen von Zusammensetzung wird in der *Summa* nicht eigens thematisiert. Thomas hatte sie in seiner Jugendschrift *De ente et essentia* (‚Über Seiendes und Wesenheit‘) ausführlich analysiert.

Dieses Werk fragt nach der Wesenheit der Dinge. Diese Untersuchung muß mit der *essentia* der zusammengesetzten Substanzen beginnen, denn diese sind uns bekannter als die einfachen, von der Materie ‚getrennten‘ Substanzen (Kap. 1). Deshalb werden zuerst die Zusammensetzung aus Materie und Form (Kap. 2) und die aus Gattung und Art (Kap. 3) diskutiert. Im 4. Kapitel erörtert Thomas die Wesenheit in den unstofflichen Substanzen. Obwohl sie rein geistige Wesen sind, sind sie doch nicht schlechthin einfach, sondern besitzen eine Zusammensetzung aus Wesenheit und Sein (*esse*). In Gott allein sind Wesenheit und Sein identisch. Im Kapitel 5 faßt Thomas die Ergebnisse seiner Analyse zusammen: In Gott ist die Wesenheit sein Sein selbst (*ipsum suum esse*); in den geistigen Substanzen ist das Sein von der Wesenheit verschieden, weil ihre Essenz nicht das Sein einschließt; in den stofflichen Substanzen gibt es außerdem noch eine Zusammensetzung aus Form und Materie, weil die Wesenheit in der Materie aufgenommen ist. Im Kapitel 6 wird schließlich die Zusammensetzung aus Substanz und Akzidenz behandelt.

Aus dem flüchtigen Vergleich mit der Schrift *De ente et essentia* wird klar, daß die verschiedenen Arten von Zusammensetzung die Seinsweise (*modus essendi*) der Dinge betreffen. Entscheidend ist die Zusammensetzung aus Wesenheit und Sein, weil sie für das endliche Seiende charakteristisch ist. Diese Zusammensetzung wird von Thomas in q. 3, a. 4 behandelt. Eines seiner Argumente für die Identität von *essentia* und *esse* in Gott gründet sich auf das für Thomas eigentümliche Seinsverständnis: ‚Sein‘ ist nicht dasjenige, was der Fall ist, sondern die ‚Verwirklichtheit‘ (*actualitas*) jeder Form oder Natur. Gutheit z. B. bezeichnen wir nur als wirklich, insofern sie *ist*. Das Sein verhält sich deshalb zur Wesenheit wie der Akt (Verwirklichung) zur Potenz (Möglichkeit). Weil es in Gott nichts Unverwirklichtes, Potentielles gibt, ist seine Wesenheit nicht vom Sein verschieden. Er ist ‚das subsistierende Sein selbst‘ (*ipsum esse subsistens*). Diese Bezeichnung ist die adäquateste Weise, auf welche der Mensch die Seinsweise Gottes von seinen Wirkungen her bestimmen kann.

Diese Einsicht markiert zugleich den Fortgang in der *scientia* über Gott in der *Summa*. Die Bezeichnung ‚das subsistierende Sein selbst' findet sich nicht in den Gottesbeweisen in q. 2, sondern ist die tragende Idee bei der Ableitung der Eigenschaften Gottes (Vollkommenheit, Unendlichkeit, Einheit). Später in der *Summa theologiae*, in der Abhandlung über die Schöpfung (q. 44, a. 1), steht diese Gottesbezeichnung zentral im Argument für die Geschaffenheit der Welt, wobei ausdrücklich auf q. 3, a. 4 verwiesen wird: „Nun wurde es bei der Einfachheit Gottes gezeigt, daß Gott das subsistierende Sein selbst ist. Ebenso wurde gezeigt, daß dieses in sich gegründete Sein nur ein einziges Sein sein kann." Aufgrund dieser beiden Feststellungen ergibt sich, daß alles andere als Gott nicht sein eigenes Sein ist, sondern das Sein durch Teilhabe besitzt. Es ist vom ersten Seienden verursacht, es ist durch Schöpfung.

IV. Die Lehre von den Transzendentalien

1.

Was unsere besondere Aufmerksamkeit verdient, ist die Tatsache, daß im I. Teil der *Summa* eine im 13. Jahrhundert herausgebildete philosophische Lehre eine prominente Rolle spielt: die Lehre von den Transzendentalien (*transcendentia*), zu denen ‚Seiendes', ‚Eines', ‚Wahres' und ‚Gutes' gerechnet werden. Die Quästionen 5 und 6 handeln ausführlich vom *bonum*, *Quaestio* 11 vom *unum* und *Quaestio* 16 vom *verum*. Die Lehre hat drei allgemeine Aspekte, deren philosophische Relevanz hier kurz umrissen sei[12].

Der erste Aspekt ist ein ontologischer und wesentlich für das Metaphysikverständnis des Thomas. Er versteht die Erste Philosophie als eine allgemeine Wissenschaft (*scientia communis*), die vom Seienden und von den Eigenschaften, die dem Seienden als solchem zukommen, handelt. Die Transzendentalien bezeichnen nun gerade das, was jedem Ding gemeinsam ist; sie können von allem ausgesagt werden und heißen deshalb die *communissima*. Wegen ihrer Allgemeinheit

---

[12] Ausführlicher zu dieser Lehre: J. A. Aertsen, Medieval Philosophy and the Transcendentals. The Case of Thomas Aquinas (STGMA, Bd. 52), Leiden – New York – Köln 1996.

übersteigen sie die besonderen Seinsweisen, welche Aristoteles die ‚Kategorien‘ (‚Substanz‘, ‚Quantität‘, ‚Qualität‘ usw.) nannte, und werden aus diesem Grund als *transcendentia* bezeichnet. ‚Transzendental‘ steht im Mittelalter ‚kategorial‘ gegenüber. Die transzendentalen Termini sind auch dadurch gekennzeichnet, daß sie miteinander vertauschbar (*convertibilis*) sind. ‚Konvertibilität‘ ist ein Ausdruck aus der Prädikationstheorie, der besagt, Satzgegenstand und Prädikat verhalten sich so zueinander, daß sie in der Aussage vertauschbar sind. So finden wir bei Thomas die These „Seiendes und Gutes sind konvertibel“, d. h. was Seiendes ist, ist gut, und was gut ist, ist Seiendes.

Ein zweiter Aspekt betrifft die Erkenntnisordnung: Transzendentalien sind die ‚Ersten‘ in kognitiver Hinsicht; in jedem Erkannten werden sie implizit miterfaßt. ‚Seiendes‘, ‚Eines‘, ‚Wahres‘ und ‚Gutes‘ sind die ersten Konzepte des menschlichen Verstandes, welche die Grundlage aller wissenschaftlichen Erkenntnis bilden. In seiner klassischen Darstellung in *De veritate*, q. 1, a. 1 begründet Thomas die Ordnung dieser Begriffe. ‚Seiendes‘ ist der Erstbegriff schlechthin, die weiteren Transzendentalien bezeichnen nicht eine andere Natur als ‚Seiendes‘, sondern fügen diesem Begriff etwas hinzu, das noch nicht durch das Wort ‚Seiendes‘ selbst ausgedrückt wird. Sie explizieren gleichsam den Sinn des ‚Seienden‘.

Drittens: ‚Seiendes‘, ‚Eines‘, ‚Wahres‘ und ‚Gutes‘ sind zugleich Gottesnamen. Die Analyse der transzendentalen Bestimmungen ist deshalb eine wesentliche Bedingung für die philosophische Erkenntnis des Transzendenten. Diese enge Verbindung wird durch den Aufbau der Summa bestätigt: In *Quaestio 5* analysiert Thomas ‚das Gute im allgemeinen‘, dann in Quaestio 6 ‚die Gutheit Gottes‘. *Quaestio 11* handelt von der ‚Einheit Gottes‘; im 1. Artikel untersucht er das transzendentale Eine; im 3. Artikel fragt er, ‚ob Gott Einer ist‘.

In den nächsten Abschnitten werden wir verfolgen, wie sich die drei genannten Aspekte der Transzendentalienlehre in der *Summa* gestalten.

2.

Jedes Seiende ist, als Seiendes, gut. Für die Transzendentalität des Guten führt Thomas in q. 5, a. 1 und a. 3 ein Argument an, das aus vier Schritten besteht. Ausgangspunkt ist der Sinngehalt des ‚Guten‘, für den er auf Aristoteles' Definition am Beginn seiner *Ethik* verweist: „Das Gute ist dasjenige, wonach alle Dinge streben." Das Gute ist das ‚Erstrebenswerte' (*appetibilis*).

Der zweite Schritt identifiziert das ‚Erstrebenswerte' mit dem ‚Vollendeten' (*perfectum*): „Nun ist klar, daß ein Ding erstrebenswert ist, insofern es vollkommen ist, denn alle Dinge streben nach ihrer Vollkommenheit" (q. 5, a. 1). Der Begriff ‚vollkommen' war Gegenstand der vorangehenden *quaestio* in der *Summa*. ‚Perfekt' ist dasjenige, was zu seinem Ziel gelangt ist; es ist voll-endet, vollständig.

Der dritte Schritt besteht in der Identifikation des ‚Vollkommenen' mit demjenigen, was im Akt oder verwirklicht ist. Ein Ding ist nicht vollendet, wenn seine Möglichkeiten noch nicht verwirklicht sind. Es ist erst vollständig, wenn es zu seinem Akt gelangt ist; dann ist es, was es sein kann.

Mittels des Begriffs ‚Akt' kann Thomas jetzt die Verbindung zwischen dem ‚Guten' und dem ‚Seienden' herstellen, „denn das Sein (*esse*) ist die Verwirklichung jedes Dinges". Mit diesem Schritt hat Thomas die Grundlage der These, ‚jedes Seiende sei gut', erreicht: „Es ist daher klar, daß Gutes und Seiendes real identisch sind." Trotzdem sind sie begrifflich voneinander verschieden, denn das Gute hat den Sinngehalt ‚erstrebenswert'.

Der Angelpunkt im Argument ist Thomas' Verständnis vom Sein als ‚Aktualität' und deshalb als Vollkommenheit. Das Eigentümliche des Seinsaktes besteht darin, daß dieser die Bedingung für die Wirklichkeit jeder weiteren Vollkommenheit ist. Wer nach Weisheit strebt, erstrebt, daß sie wirklich ist. „Deshalb wird in allem irgendein Sein erstrebt. So ist nichts erstrebenswert und folglich nichts gut als nur das Seiende" (q. 5, a. 2 ad 4).

Die These von der Transzendentalität des Guten richtet sich gegen eine andere Lehre vom Verhältnis zwischen Sein und Gutheit, den Manichäismus, der für das frühchristliche Denken (Augustin) die größte Herausforderung bildete. Der Manichäismus, der im Hochmittelalter durch die Bewegung der Katharer neue Aktualität erhielt, lehrte einen radikalen Dualismus zweier gleichursprünglicher Seinsprinzipien, eines Prinzips des Guten und eines des Bösen. Der manichäischen These ‚jedes Seiende ist entweder gut oder schlecht' stellt die Transzendentalienlehre aus philosophischen Gründen die These von der Konvertibilität des Seienden und des Guten entgegen.

3.

Diese These hat noch eine weitere polemische Spitze; sie richtet sich auch gegen die platonische Auffassung, das Gute sei ‚jenseits des Seins'. Thomas war mit dieser Lehre durch die Schriften des (Pseudo-)Dionysius Areopagita bekannt. Das 13. Jahrhundert ist nicht nur das Zeitalter der Aristotelesrezeption, sondern auch die Epoche eines intensiven Studiums des *Corpus Dionysiacum*. Thomas selber hat einen Kommentar zu Dionysius' Schrift *De divinis nominibus* (‚Von den göttlichen Namen') verfaßt.

Dionysius Areopagita ist das Pseudonym eines christlichen Autors, der ca. 500 n. Chr. im griechischen Osten gelebt haben muß, sich aber als ein Schüler des Apostels Paulus – der in der *Apostelgeschichte* (17, 34) erwähnte Dionysius – ausgibt. Ein wichtiger Hinweis für die Datierung des dionysischen Schrifttums besteht in der Tatsache, daß es stark von den Schriften des Proklos († 485), des letzten großen Vertreters des paganen Neuplatonismus, abhängig ist[13].

In seinem Werk *De divinis nominibus* versucht Dionysius jene Gottesnamen zu erklären, welche die Ursächlichkeit des ersten Prinzips bezüglich der Geschöpfe bezeichnen, wie ‚Gutes', ‚Seiendes', ‚Leben' und ‚Weisheit'. Von diesen Namen ist ‚Gutes' der primäre, vorrangig auch gegenüber dem ‚Seienden'. Dionysius' Argument für den Primat des ‚Guten' ist, daß die Ursächlichkeit des Guten umfassender ist als die des Seienden: Sie erstreckt sich auf das, was ist, und auf das, was nicht ist. Der Vorrang des ‚Guten' vor dem ‚Seienden' bei Dionysius zeigt, so bemerkt Thomas (*De malo*, q. 1, a. 2), daß sein Horizont durch die platonische Denkweise bestimmt ist.

In q. 5, a. 2 („Ist das Gute begrifflich früher als das Seiende?") setzt Thomas sich mit der platonisch-dionysischen Metaphysik des Guten auseinander. In den Einwänden zitiert er mehrere Aussagen des Dionysius, welche die Priorität des Guten vor dem Seienden belegen. In seiner Antwort legt Thomas zuerst dar, daß ‚Seiendes'

---

[13] Für eine erste Orientierung zum Leben und Werk des Dionysius: G. O'Daly, Dionysius Areopagita, in: Theologische Realenzyklopädie, Bd. 8, Berlin – New York 1981, S. 772-780. Vgl. W. Beierwaltes, Dionysios Areopagites – ein christlicher Proklos?, in: W. Beierwaltes, Platonismus im Christentum, Frankfurt a. M. 1998, S. 44-84; T. Boiadjiev/G. Kapriev/A. Speer (Hgg.), Die Dionysius-Rezeption im Mittelalter, Turnhout 2000.

begrifflich früher ist als ‚Gutes‘. Dasjenige ist begrifflich früher, was vom Verstand zuerst erfaßt wird. Das erste vom Verstand Erkannte aber ist ‚Seiendes‘, weil etwas nur erkennbar ist, insofern es im Akt ist. Was nicht ist, können wir nicht erkennen. Von der transzendentalen Perspektive her ist ‚Gutes‘ begrifflich später als ‚Seiendes‘, weil es dem Sinngehalt des ‚Seienden‘ etwas hinzufügt.

Zugleich versucht Thomas in diesem Artikel jedoch, die dionysische Denkweise zu rechtfertigen. In der Ordnung der Aussage (*praedicatio*) haben das Seiende und das Gute den gleichen Umfang; das eine ist nicht umfassender als das andere: ‚Seiendes‘ und ‚Gutes‘ sind miteinander vertauschbar. Aber in der Ordnung der Ursächlichkeit besteht ein anderes Verhältnis zwischen dem Seienden und dem Guten. Da das Gute den Sinngehalt des ‚Erstrebenswerten‘ hat, besitzt es den Charakter einer Zielursache. Das Ziel ist nun die erste unter den Ursachen; es ist ‚die Ursache der Ursachen‘, denn das Ziel ist der Grund der Ursächlichkeit der weiteren Ursachen: Die Wirkursache wirkt nur um eines Zieles willen, und die Wirkung der Form und der Materie ist wieder von der Wirkursache abhängig. So ist im Verursachen (*in causando*) das Gute früher als das Seiende (ad 1).

Der Unterschied zwischen den Ordnungen der Aussage und der Ursächlichkeit bestimmt Thomas’ Deutung der dionysischen Denkweise. Dionysius handelt nicht von den transzendentalen Bestimmungen als solchen, sondern von den Gottesnamen. Diese Namen beinhalten eine kausale Beziehung zu Gott, denn der Mensch benennt Gott, wie er eine Ursache von ihren Wirkungen her benennt. Dionysius betrachtet deshalb die göttlichen Namen unter dem Gesichtspunkt der Ursächlichkeit. Da das Gute im Verursachen früher ist als Seiendes, läßt es sich verstehen, daß für ihn ‚Gutes‘ und nicht ‚Seiendes‘ der erste unter den Gottesnamen ist.

4.

Quaestio 13 handelt von den Gottesnamen; sie bilden das Thema des nächsten Beitrages zu diesem Band. Hier beschränken wir uns auf die Relevanz der Transzendentalienlehre für diese *quaestio*. Ihre Bedeutung ergibt sich daraus, daß der Mensch Gott nur von seinen Wirkungen her benennen kann und das Verhältnis zwischen Gott und den transzendentalen Bestimmungen der Dinge ein ursächliches ist. Da, was allen Dingen gemeinsam ist, die eigentümliche Wirkung der göttlichen Kausalität ist, sind die transzendentalen Namen die geeigneten Gottesnamen.

Die Bedeutung der Transzendentalienlehre zeigt sich insbesondere in q. 13, a. 11, wo Thomas die Frage behandelt: „Ob der Name ‚Der Seiende‘ am meisten der Eigenname Gottes ist?“ Er führt zwei Argumente für den Primat dieses Namens an, die zum Kern seiner Transzendentalienlehre gehören: die Erstheit des Seienden und das Verständnis des Seins als ‚Aktualität‘.

Das erste Argument ist von semantischer Art. Der Name ‚Der Seiende‘ ist am meisten der Eigenname Gottes ‚wegen seiner Bedeutung‘. Namen bezeichnen die Form oder Wesenheit eines Dinges, aber dieser Name bezeichnet nicht irgendeine Form, sondern das Sein selbst (*ipsum esse*). Nun ist es Gott eigentümlich, daß das Sein seine Wesenheit ist. Deshalb benennt ‚Der Seiende‘ am eigentlichsten Gott.

Das zweite Argument gründet sich auf die Allgemeinheit des Namens. Alle anderen Namen sind entweder weniger allgemein (die kategorialen Namen) oder fügen, wenn sie mit ihm konvertibel sind, dem ‚Seienden‘ begrifflich etwas hinzu; in diesem Sinne determinieren auch die übrigen transzendentalen Namen ‚Seiendes‘. Thomas verbindet dann die Universalität des Namens mit dem negativen Moment in der menschlichen Gotteserkenntnis. Eine Wesenserkenntnis Gottes ist für den Menschen unmöglich; in welcher Weise er auch dasjenige, was er von Gott versteht, bestimmt, er versagt immer vor der Weise, wie Gott in sich ist. Je weniger bestimmt und je allgemeiner die Namen sind, um so eigentlicher können sie von Gott gesagt werden. Durch jeden anderen Namen wird die Seinsweise eines Dinges bestimmt. Der Name ‚Der Seiende‘ bezeichnet jedoch keine bestimmte Seinsweise, sondern verhält sich unbestimmt zu allen. Wegen seiner absoluten Transzendentalität ist dieser Name der passendste Gottesname. Wenn in einem Einwand, der dionysischen Tradition entsprechend, behauptet wird, ‚Gutes‘ sei der geeignetste Gottesname, erwidert Thomas, daß ‚Gutes‘ der Hauptname Gottes ist, insofern er Ursache ist, nicht aber einfachhin, denn das ‚Sein‘ schlechthin wird vor der ‚Ursache‘ verstanden (ad 2).

Literatur in Auswahl:

Aertsen, J. A., Thomas von Aquin: Alle Menschen verlangen von Natur nach Wissen, in: Th. Kobusch (Hg.), Philosophen des Mittelalters, Darmstadt 2000, S. 186-201.

Ders., Medieval Philosophy and the Transcendentals. The Case of Thomas Aquinas (Studien und Texte zur Geistesgeschichte des Mittelalters, Bd. 52), Leiden – New York – Köln 1996.

Chenu, M.-D., La théologie comme science au XIIIe siècle, 3e éd. revue et augm., Paris 1969.

Kluxen, W., Thomas von Aquin: Das Seiende und seine Prinzipien, in: J. Speck (Hg.), Grundprobleme der großen Philosophen. Philosophie des Altertums und des Mittelalters (UTB Wissenschaft, Bd. 196), Göttingen 1972, 1983³, S. 177-220.

Wippel, J. F., The Metaphysical Thought of Thomas Aquinas. From Finite Being to Uncreated Being, Washington, D.C. 2000.

Die Gottesnamen.
Thomas' Analyse des Sprechens über Gott unter besonderer Berücksichtigung der Analogie

(S.th. I, q. 13)

RUDI TE VELDE (Tilburg)

I. Einleitung

Der Traktat über die Gottesnamen in der *Summa theologiae* ist ein reicher und eindrucksvoller Text zu Art und Möglichkeit menschlichen Sprechens über Gott. Es ist ein Text, der von alters her nicht nur unter thomistisch orientierten Theologen Interesse genießt, sondern der auch den Status eines klassischen Textes auf dem Gebiet der religionsphilosophischen Erforschung der Sprache über Gott erworben hat. In der *Quaestio* 13 wird eine Reihe für Thomas' Theologie zentraler und wichtiger Themen behandelt, wie vor allem das Thema der Analogie und die Bedeutung des biblischen Gottesnamens ‚ER DER IST' (*Ex.* 3, 14). Die vergleichweise große Popularität dieses Textes über die Gottesnamen hat vielleicht mit der modern erscheinenden sprachanalytischen Betrachtungsweise des Thomas zu tun. Thomas analysiert und beschreibt die semantische und logische Struktur der Sprache, in der über Gott gesprochen wird, wobei er verschiedene semantische Unterscheidungen und Begriffe gebraucht, die in der heutigen sprachanalytisch orientierten Religionsphilosophie auf großes Interesse stoßen.

Die *Quaestio* 13 behandelt verschiedene Arten von Namen, die im christlich-biblischen Sprechen über Gott vorkommen: zuerst die sogenannten ‚Vollkommenheits'-Namen (‚weise', ‚gut', ‚Leben'); dann die metaphorischen oder symbolischen Benennungen Gottes (‚Löwe', ‚Fels' u. ä.) und Namen, die in ihrer Bedeutung eine Beziehung zur Schöpfung einschließen (‚Herr', ‚Schöpfer'), und schließlich auch einige besondere Namen wie der Name ‚Gott' selbst und der Name ‚ER DER IST', der in der patristischen und scholastischen Tradition

allgemein als der geeignetste Name für Gott gilt. Gleichwohl ist die
Fragestellung der Untersuchung der *Quaestio* 13 von sehr formaler
Art. Die Frage ist nicht so sehr, welche inhaltlichen Namen Gott
zuerkannt werden dürfen, ob Gott weise sei oder gut etc., sondern
wie Gott durch uns benannt wird, wie Gott in menschlicher Sprache zur Sprache gebracht wird. Diese Frage wird nicht im luftleeren
Raum gestellt. Thomas bezieht sich als Theologe auf die christliche
Glaubenstradition, in der faktisch über Gott gesprochen wird, wobei
vorausgesetzt wird, daß sich Gott unter bestimmten Namen geoffenbart hat, mittels derer sich die Gläubigen Gott zuwenden und
ihn anrufen können. Obwohl Thomas dies nirgendwo explizit sagt,
ist das patristische und biblische Thema der Gottesnamen mit der
Idee der Offenbarung verbunden. Biblisch gesprochen, verweist der
‚Name' Gottes auf Gott-in-seiner-Offenbarung. Das Grundproblem
der *Quaestio* 13 könnte man daher so formulieren: Wie kann das
faktische Sprechen über Gott – in der auf der biblischen Offenbarung
fundierten Tradition des christlichen Glaubens – als ein Sprechen
über Gott verstanden werden? Anders ausgedrückt: Thomas möchte
einsichtig machen, daß und wie die Gottesnamen der *Menschen* auch
Namen *Gottes* sein können.

So formuliert, wird auch sofort das Spannungsfeld deutlich, in
dem das menschliche Sprechen über Gott seinen Platz hat. Daß Gott
durch Menschen benennbar ist, ist keineswegs selbstverständlich. Kein
Sprechen wird ganz adäquat und passend sein. Niemand hat ja jemals
Gott geschaut. Thomas betont immer wieder, daß der menschliche
Verstand in seiner heutigen Verfassung nicht imstande ist, Gottes
Wesen zu erkennen. Wie können Namen dann sowohl Namen *für
Gott* sein als auch Namen, die *für Menschen* bedeutungsvoll sind?
Das Sprechen über Gott steht im Spannungsfeld der Immanenz der
Sprache und der Transzendenz Gottes, der Vielheit der verschiede-
nen Namen und der Einheit Gottes. Thomas' Analyse möchte dieses
Spannungsverhältnis mit allen Aspekten möglichst genau darlegen
und als Verhältnis in die semantische Struktur des Sprechens über
Gott aufnehmen. An dieser Stelle spielt der Begriff der Analogie eine
wesentliche Rolle. Denn durch das Mittel der Analogie möchte Thomas verständlich machen, wie das menschliche Sprechen über Gott
auch ein Sprechen über *Gott* sein kann, ohne dennoch ein adäquates
und ganz transparentes Sprechen zu sein.

Quaestio 13 enthält einen Reichtum an Themen und Analysen, die wir in diesem Rahmen nicht alle behandeln können. Wir konzentrieren uns auf das Thema der Analogie. Zuerst muß jedoch etwas über den direkten Kontext der *Quaestio* 13 und den systematischen Zusammenhang, in dem sie zu den vorhergehenden *Quaestiones* steht, gesagt werden. Dann werden wir schrittweise Thomas' Analyse der Namen in den ersten vier Artikeln nachvollziehen, um auf diesem Weg deutlich zu machen, für welches Problem die Analogie, die im fünften Artikel eingeführt wird, eine Lösung sein will. Danach wird das Thema der Analogie selbst behandelt. Die Interpretation der Analogie ist berüchtigt wegen ihrer Schwierigkeiten und Fallgruben. Wir werden versuchen, eine einfache Interpretation vorzulegen und zu zeigen, wie die Analogie in dieser konkreten Anwendung an Thomas' metaphysische Grundthemen über das Kausalitätsverhältnis zwischen den Geschöpfen und Gott anschließt.

II. Das Dreieck von Sprache, Denken und Wirklichkeit

Die *Quaestio* über die göttlichen Namen in der *Summa theologiae* steht nicht in sich selbst da und kann auch nicht isoliert von ihrem Kontext verstanden werden. Thomas' Untersuchung der Frage, wie Gott durch uns benannt wird, steht in einem ganz bestimmten Zusammenhang zur vorhergehenden Betrachtung über die Frage, wie Gott ist (oder besser: wie Gott nicht ist: qq. 2-11), und wie Gott durch uns erkannt wird (q. 12). *Quaestio* 13 ist Teil der fundamentalen theologischen Untersuchung über Gott, der Eröffnung der *Summa*. Thomas betrachtet die Frage nach Gott unter dem dreifachen Gesichtspunkt der ‚Wirklichkeit' (wie Gott in sich selbst ist), der ‚Erkenntnis' (wie Gott in unserer Erkenntnis ist) und der ‚Sprache' (wie Gott durch uns benannt wird). Diese drei Pole des Dreiecks Sprache-Denken-Wirklichkeit sind miteinander verbunden. Die Bestimmung, wie Gott ist (oder nicht ist), korrespondiert mit der Art, in der wir Gott erkennen können; umgekehrt setzt die Beurteilung, wie und in welchem Sinn wir Gott erkennen können (‚wie Gott in unserer Erkenntnis ist'), eine Bestimmung der Wirklichkeit Gottes voraus (‚wie Gott in sich selbst ist'). Das Sprechen über Gott, indem man ihm Namen gibt, setzt zudem voraus, daß wir Gott erkennen, denn wir können nur etwas benennen, sofern wir eine Erkenntnis von ihm haben. Die Sprache verleiht unserer Erkenntnis der Wirklichkeit Ausdruck. Die drei Pole ‚Wirklichkeit‘, ‚Erkenntnis‘ und ‚Sprache‘ setzen also einander voraus; sie bilden sozusagen einen geschlossenen Kreis, aus dem man nicht heraustreten kann.

Direkt zu Anfang der *Quaestio* 13 zeigt Thomas den Zusammenhang zur vorhergehenden Betrachtung über die Erkenntnis Gottes auf. Mit Aristoteles muß man sagen, daß Wörter nicht in unmittelbarer Beziehung zu den Dingen stehen, sondern daß sie auf die zu bezeichnenden Dinge auf dem Weg über die Begriffe des Verstandes verweisen[1]. Wörter bezeichnen Dinge gemäß der Art, wie wir die Dinge erfassen und begreifen. Die Relation zwischen *nomen* und *res* ist also durch die *ratio* vermittelt, das ist die Sache, wie sie durch den Verstand erfaßt und begriffen wird. Ein einfaches Beispiel kann dies verdeutlichen. Das Wort ‚Hund‘ (*nomen*) bedeutet Hund (*res*). Aber, so kann man fragen, was bedeutet nun das Wort ‚Hund‘? Oder: Wie wird die Sache durch das Wort dem Verstand präsent gesetzt? Das Wort bedeutet die *res* unter einer bestimmten *ratio*, und diese *ratio* wird erklärt in einer Definition, die ausdrückt, was das Ding ist, das durch das Wort bezeichnet wird. Das Wort ‚Hund‘ bedeutet ein Ding, etwas, das Hund genannt wird, und das verstanden wird als ein vierfüßiges, bellendes Tier, das oft als Haustier gehalten wird. Für Thomas’ Analyse der göttlichen Namen ist es wichtig, darauf zu achten, daß die semantische Relation eines Namens einen doppelten Aspekt umfaßt: Ein Name bezeichnet eine *res* und gleichzeitig eine *ratio*, durch die die Sache bezeichnet wird. Die *ratio*, die dem Namen Bedeutung gibt, ist die Definition, die ausdrückt, was die *res* ist. Die Sprache bezeichnet also die Wirklichkeit gemäß der Art, wie die Wirklichkeit durch das Denken erfaßt und begriffen wird.

Die Frage, wie Gott durch uns benannt wird, kann nun, jedenfalls nach diesem Prinzip, eine Antwort erhalten. Wir können Gott benennen nach der Art, wie wir ihn erkennen. Die Sprache folgt der Erkenntnis. Vorher bereits hat Thomas dargelegt, daß wir Gottes Wesen nicht in sich selbst erkennen können, sondern daß wir ihn erkennen

---

[1] S.th. I, q. 13, a. 1, c: „voces referentur ad res significandas, mediante conceptione intellectus." Für die Übersetzung ins Deutsche wird Gebrauch gemacht von: Die Deutsche Thomas-Ausgabe, Bd. 1, Graz – Wien – Köln 1982².

„aus den Geschöpfen, gemäß dem Verhältnis der Ursächlichkeit, durch Übermaß und Negation"[2]. Diese dreifache Erkenntnisweise Gottes aus den geschaffenen Wirkungen bietet den methodischen Leitfaden für Thomas' Analyse der göttlichen Namen. Gott wird benannt *ex creaturis*, aber nicht so, daß die Namen, die von den Geschöpfen auf Gott übertragen werden kraft ihrer Bedeutung das Wesen Gottes adäquat ausdrückten, ebensowenig, wie die geschaffene Wirkung die Kraft der schaffenden Ursache adäquat ausdrückt[3]. Gott ist wohl im Geschöpf anwesend, aber doch nur auf verborgene Weise, da das Geschöpf zu beschränkt ist, seinen schaffenden Grund ganz gegenwärtig zu setzen. Die Wirkung reicht sozusagen nicht aus und bleibt hinter der unendlichen Vollkommenheit der schaffenden Ursache zurück. Daher ist die Sprache, mit der wir Gott zur Sprache bringen, innerlich durch eine Diskrepanz zwischen *ratio* und *res* ausgezeichnet. Im Benennen Gottes reicht die *ratio* des Namens nicht aus, um die *res*, die in Gott bezeichnet wird – das göttliche Leben, die göttliche Weisheit etc. –, dem Verstand transparent gegenwärtig zu setzen. Für Thomas gibt es für den Menschen *in statu viae* kein *adäquates* Sprechen über Gott, ein Sprechen, das sozusagen ganz Gott angepaßt wäre, wie er in sich selbst ist. In dieser Position klingt ein zentrales Motiv der patristischen und biblischen Tradition an, in der immer behauptet wird, daß Gott über alle Namen und jede Vorstellung erhaben sei[4].

---

[2] S.th. I, q. 13, a. 1, c: „[Deus] cognoscitur a nobis ex creaturis, secundum habitudinem principii, et per modum excellentiae et remotionis." Die Deutsche Thomas-Ausgabe übersetzt umschreibend: „[...] sofern er ihr Ursprung ist, indem wir zugleich alle Aussagen über ihn ins Unendliche steigern, alle Unvollkommenheiten aber von ihm ausschließen." Die folgenden Ausführungen werden deutlich machen, daß diese Übersetzung unserer Meinung nach auf einem unrichtigen Begriff der dreifachen Erkenntnisweise beruht. Gott ist nicht ‚mehr vom selben', als besäße er die weltlichen Vollkommenheiten, nur ins Unendliche erweitert; er ist ‚dasselbe auf andere Art', d. h. in der Art des Ursprungs. Thomas verweist hier auf q. 12, a. 12, wo er die dreifache Erkenntnisweise beschrieben hat.

[3] S.th. I, q. 12, a. 12, c: „creaturae sensibiles sunt effectus Dei virtutem causae non adaequantes."

[4] Thomas zitiert in Artikel 1 u. a. Ps.-Dionysius, den Vertreter der Tradition der negativen Theologie, der in seiner Schrift *De divinis nominibus* (c. 1, 5) schreibt: „Von ihm gibt es weder Name noch Vorstellung." („neque nomen eius est, neque opinio.") – Siehe In De div. nom. I, lect. 3, n. 77 (Ed. Marietti), S. 27, und Textus Dionysii, n. 21. (ebd.), S. 24.

Die semantische Diskrepanz zwischen *ratio* und *res* in den Gottesnamen kehrt wie ein roter Faden jeweils in den einzelnen Artikeln der *Quaestio* 13 wieder. Zugleich bemerkt man von Anfang an eine kritische Zurückhaltung seitens Thomas gegenüber der radikalen Konsequenz, die die negative Theologie aus dieser Diskrepanz zieht. Es ist nicht ohne weiteres so, daß Gott außerhalb der semantischen Reichweite der Sprache liege und eigentlich ‚ohne Namen' sei. Der Ansatz der Analyse des Thomas, so haben wir gesagt, besteht gerade darin zu zeigen, wie das faktische *Sprechen* über Gott als ein Sprechen über *Gott* verstanden werden kann. Die Diskrepanz kann daher in seinen Augen nicht verstanden werden als eine Kluft, sondern als ein inhärentes Spannungsverhältnis in der Sprache über Gott, das auf die eine oder andere Weise, als Verhältnis, doch überbrückt wird.

III. Affirmative und absolute Namen

Thomas führt erst im fünften Artikel die Analogie ein als Antwort auf die Frage, in welchem Sinn bestimmte Namen gemeinsam von Gott und den Geschöpfen ausgesagt werden. Jedes Sprechen über Gott macht von Wörtern Gebrauch, die im Kontext der menschlichen Welt eine allgemeine und verständliche Bedeutung haben, um dann von dort aus auf Gott, der nicht Teil der Welt, sondern als ihr Schöpfer transzendent ist, übertragen zu werden. Thomas präsentiert die Analogie als eine goldene Mitte ‚zwischen bloßer Wortgleichheit und der einfachen Bedeutungsgleichheit'[5]. Bedeutungsgleichheit (Univozität) ist ausgeschlossen, da dies bedeuten würde, daß wir Gott auf eine Linie setzen mit der geschaffenen Wirklichkeit und seiner Transzendenz in unserem Sprechen nicht gerecht werden. Gott und Geschöpf würden hinsichtlich des eindeutigen-allgemeinen Begriffs einander gleichgestellt. Aber bloße Wortgleichheit (Äquivozität) stößt ebenso auf Probleme, da dann jeder intelligible Zusammenhang zwischen Geschöpf und Gott aufgehoben würde und wir folglich nichts Bedeutungsvolles mehr über Gott sagen könnten. Das Sprechen über Gott würde dann jeder intelligiblen Grundlage entbehren. Das Motiv,

---

[5]   S.th. I, q. 13, a. 5, c: „Et iste modus communitatis medius est inter puram aequivocationem et simplicem univocationem."

das Thomas zur Analogie greifen läßt, liegt in seinem Bemühen, die Intelligibilität des menschlichen Sprechens über Gott aufzudecken und zu rechtfertigen.

Der genaue Sinn, den die Analogie im Kontext der Gottesnamen hat, ist nicht gut zu verstehen ohne den vorhergehenden Gedankengang, der schrittweise zur Thematik des fünften Artikels führt. Die Analogie steht nicht isoliert, aber ihre Bedeutung für die Art und die Möglichkeit des Sprechens über Gott wird mitbestimmt durch eine Reihe systematischer Schritte, die Thomas bereits vorher gemacht hat. Für Thomas kommt die Analogie erst in den Blick, wenn festgestellt ist, daß erstens bestimmte Namen Gottes Wesen (*substantialiter*) bezeichnen und daß zweitens nicht alle Namen metaphorisch sein können, sondern daß manche Namen im eigentlichen Sinn (*proprie*) auf Gott angewandt werden. Ohne diese beiden vorbereitenden Schritte ist nicht deutlich, für welches Problem die Analogie eine Lösung sein will. Wenn man von Gott sagt, er sei ‚gut‘, und man meint, dieser Name beziehe sich auf Gott selbst und werde im eigentlichen Sinn auf Gott angewandt, d. h. daß wirklich Güte in Gott sei, dann folgt hieraus direkt die Frage, was genau der Zusammenhang (Übereinstimmung und Unterschied) zwischen dem Sinn sei, in dem von einem Geschöpf gesagt wird, es sei gut und dem Sinn, in dem dies von Gott gesagt wird. Wenn das Wort ‚gut‘, das seine Bedeutung der geschaffenen Güte entlehnt, von Gott gesagt wird mit der Absicht, Gottes Güte zu bedeuten, dann muß diese Übertragung von ‚geschaffener Güte‘ auf ‚göttliche Güte‘ zu einer gewissen Bedeutungsverschiebung des Wortes ‚gut‘ führen, die nicht willkürlich ist, sondern einem intelligiblen Muster folgt.

Der Ausgangspunkt ist, daß Gott von den Geschöpfen her benannt wird, wie er auch erkannt wird: ‚gemäß dem Verhältnis der Ursächlichkeit, durch Übermaß und Negation‘. Mit anderen Worten: Wir benennen Gott nie direkt, sondern immer im Ausgang von etwas anderem, das in einer bestimmten Relation zu Gott steht. Diese indirekte Art der Benennung verlangt eine nähere Erklärung. Die erste Frage ist, ob die Namen, die Gott aufgrund seiner Relation zu etwas anderem benennen, wohl noch Gottes Wesen (*substantialiter*) bezeichnen können. Bleiben die Bedeutungen der Namen nicht an diese (kategorial-endliche) Seite der Trennungslinie zwischen Welt und Gott gebunden, so daß wir höchstens in relativem oder negativem

Sinn über Gott sprechen können? In diesem Fall behalten die Namen
ihre kreatürliche Bedeutung und wird Gott als ihre Negation oder
ihre Ursache bestimmt.

Das Sprechen über Gott gebraucht natürlich auch negative und
relative Namen, Namen, die nicht Gottes Substanz bedeuten, sondern
die etwas an ihm verneinen oder eine Relation von etwas zu Gott
bezeichnen. Aber nicht *alle* Namen, so behauptet Thomas im zweiten
Artikel, können als relative oder negative Namen interpretiert werden.
Manche Namen werden affirmativ und absolut von Gott ausgesagt wie
‚gut‘, ‚weise‘, ‚Leben‘ und ähnliche. Die Analyse bezieht sich vor allem
auf solche Namen, die mit der Absicht verbunden sind, etwas über
Gott selbst zu sagen. Es ist natürlich so, daß Gottes Weisheit sich von
menschlicher Weisheit unterscheidet, aber zu sagen, in Gott sei keine
Weisheit oder Gott übersteige die Weisheit, ist für Thomas unsinnig.
Aber wodurch können diese Namen einen zu Gott passenden Sinn
haben? Das Besondere dieser Namen besteht für Thomas darin, daß
das, was sie bezeichnen, nicht an eine kategoriale (begrenzte) Wirklichkeit gebunden ist. Güte, Weisheit, Leben etc. sind verschiedene
Modalitäten der einen transzendentalen Seinsvollkommenheit, die in
sich selbst eine gewisse unendliche Ausrichtung hat. Es kann nicht
so sein, daß dort, wo das Sein in unendlicher Fülle anwesend ist, die
Vollkommenheit der Güte, Weisheit etc. fehlt[6].

Nun könnte man behaupten, daß diese Namen, obwohl der Form
nach affirmativ und absolut, doch als Namen interpretiert werden
müssen, die etwas an Gott verneinen oder eine Beziehung eines anderen
zu Gott bezeichnen. Thomas unterwirft diese zwei Möglichkeiten der
Kritik. Die erste Interpretation verbindet er mit Maimonides, der in
seinem ‚Führer der Unschlüssigen‘ verteidigt hatte, daß Namen wie
‚Leben‘ nicht so sehr Gott selbst bezeichnen und etwas Positives an ihm
meinen, sondern eher gedacht sind, um etwas an Gott zu verneinen[7].

---

[6]   Die Rechtfertigung dieser Behauptung liefert Thomas in S.th. I, q. 4, a. 2,
      c: „Unde, cum Deus sit ipsum esse subsistens, nihil de perfectione essendi
      potest ei deesse.“

[7]   S.th. I, q. 13, a. 2: „Unde dicunt quod, cum dicimus deum esse *viventem*,
      significamus quod Deus non hoc modo est, sicut res inanimatae. […] Et hoc
      posuit Rabbi Moyses.“ Vgl. Maimonides, Führer der Unschlüssigen, c. 58,
      übers. und hg. v. A. Weiss, Hamburg 1972.

Die Aussage ‚Gott ist Leben‘ müsste dann so interpretiert werden: ‚Gott ist nicht so wie die leblosen Dinge.‘ Maimonides betont so stark die überragende Transzendenz Gottes, daß wir seiner Meinung nach ausschließlich in Negationen über Gott sprechen können, niemals im positiven Sinn. Der anderen Interpretation zufolge muß eine Aussage wie ‚Gott ist gut‘ ursächlich aufgefaßt werden. Ihre Bedeutung wäre dann: ‚Gott ist die Ursache des Guten in den Dingen.‘ Die eine Interpretation beruht auf der *via remotionis*, dem Weg des Ausschlusses, die andere auf der *via causalitatis*, dem Weg der Ursächlichkeit. Was fehlt, ist das dritte Moment, das der *excellentia*, durch das die Vollkommenheit, wie sie auf der Seite des Geschöpfes besteht, auf überragende Weise in Gott als Ursache zurückversetzt wird. Beide Positionen beruhen also auf einer einseitigen Interpretation der *triplex via*.

Thomas lehnt beide Positionen ab, weil das Sprechen über Gott dann seinen unterscheidenden Charakter verliert[8]. Wenn man, indem man Gott einen Namen zuerkennt, nicht mehr sagt, als daß Gott die Ursache sei für das, was durch diesen Namen bezeichnet wird, dann kann man die Namen aller Dinge Gott geben, denn er ist ja die Ursache aller Dinge. Man könnte Gott mit den Namen aller Geschöpfe zieren. Und gemäß der negativen Interpretation könnte man von Gott auch sagen, daß er ein Körper sei, um damit auszudrücken, daß er nicht ein rein potentielles Seiendes ist. Jeder Name schließt wohl eine gewisse Negation ein und könnte dann in dieser Hinsicht von Gott ausgesagt werden. Ein anderer Einwand, den Thomas vorbringt, besteht darin, daß beide Interpretationen im Widerspruch zur Intention derer stehen, die über Gott sprechen[9]. Wenn man sagt, Gott sei lebendig, meint man etwas anderes, als Gott sei die Ursache unseres Lebens oder Gott unterscheide sich von leblosen Dingen. Gemeint ist, daß in Gott selbst Leben ist, zwar nicht auf dieselbe Weise wie menschliches Leben (Negation), sondern in dem Sinn, daß das Leben, wie es in uns ist, in Gott (als Ursache) auf höhere Weise (Übermaß) präexistiert. Die Bedeutung der Namen, die von den Geschöpfen her Gott gegeben werden, müssen also durch die ganze *via triplex* geführt werden, einschließlich des Momentes des

---

[8]   S.th. I, q. 13, a. 2, c: „secundum neutram harum positionum posset assignari ratio quare quaedam nomina magis de Deo dicerentur quam alia.“

[9]   S.th. I, q. 13, a. 2, c: „[…] contra intentionem loquentium de Deo.“

excessus, durch den durch die Negation hindurch die Bestätigung auf höhere Weise wiederholt wird.

Soll das Sprechen über Gott bedeutungsvoll sein, dann muß man bestimmte Dinge wohl, andere nicht sagen können. Bestimmte Namen kommen Gott zu, andere Namen nicht. Dies bedeutet, daß nicht alle Namen relativ oder negativ sein können. Gott verschwindet dann hinter seiner Transzendenz, und das Sprechen über Gott fällt ganz in die Endlichkeit zurück. Daher müssen wir behaupten, so Thomas, daß manche Namen Gott *selbst* bezeichnen, seine Substanz, obwohl sie hinter ihrer Darstellung zurückbleiben. Hier arbeitet Thomas wieder mit dem Verhältnis zwischen der *res* und der *ratio* des Namens. Manche Namen bezeichnen (*res*) Gott in sich selbst, tun dies aber so, wie der Verstand Gott erkennt (*ratio*), d. h. von den Geschöpfen her, also soweit die Geschöpfe Gott darstellen. In dem, was es an Vollkommenheit besitzt, stellt das Geschöpf Gott annähernd dar, sofern nämlich Gott der überragende Ursprung (*sicut excellens principium*) aller Vollkommenheiten der Geschöpfe ist.

IV. Metaphorisch gegenüber eigentlich

Genausowenig, wie alle Namen relativ oder negativ aufgefaßt werden können, können sie metaphorisch sein – so wird im dritten Artikel dargelegt[10]. Thomas erkennt wohl an, daß die religiöse Sprache über Gott ein unausweichlich metaphorisches Element enthält. Einen Panmetaphorismus lehnt er jedoch entschieden ab. Zuerst möchten wir zu klären versuchen, in welchem Sinn das Sprechen über Gott metaphorisch ist. Die Aussagekraft der Sprache beruht auf ihrer differenzierenden Struktur. Man kann nur bedeutungsvoll über etwas sprechen, indem man sagt, daß es ‚dies‘ sei und nicht ‚das‘. Sprache ist die Sphäre der Differenz. Etwas kann nur dann zur Sprache gebracht werden, wenn es aufgenommen wird in das differenzierende Netzwerk der Bedeutungen. Etwas in die Sprache aufzunehmen, bedeutet also: es ‚verendlichen‘. Was Thomas den *modus significandi* nennt, bezieht sich genau auf diese kategorial-differenzierende Struktur der Sprache.

---

[10] S.th. I, q. 13, a. 3: „Utrum aliquod nomen dicatur de Deo proprie."

Gleichzeitig kann von Gott nicht als von ‚diesem‘ gesprochen werden, der einem ‚jenen‘ gegenüberstünde. Ps.-Dionysius zitierend schreibt Thomas: „„Man kann von ihm (Gott) nicht sagen, daß er dieses sei und jenes nicht; vielmehr ist er alles, weil er aller Sachen Ursache ist.‘“ (*omnia est, ut omnium causa*)[11]. Aber wie soll man über etwas sprechen, das ‚alles‘ ist, etwas, das die Bestimmtheit von allem einschließt? Man könnte dann sagen, daß das Sprechen über Gott durch das Mittel der differenzierenden Bedeutungen der Sprache uneigentlich und metaphorisch sei. Das Bewußtsein, daß die religiöse Sprache über Gott ihrem Charakter nach metaphorisch-verweisend sei, ist in den religiösen Traditionen nie ganz abwesend. Das ‚Verendlichen‘ durch die Sprache lockt eine Gegenbewegung hervor, um über die Grenzen der Sprache hinauszureichen, um mehr zu sagen, als man sagt. Wenn wir von einem Menschen sagen, er sei ‚weise‘, so Thomas, dann soll dies etwas Bestimmtes bedeuten, das unterschieden ist vom Wesen des Menschen, von seinem Vermögen und auch von seinem Sein. Weise zu sein, ist für einen Menschen nicht dasselbe, wie Mensch zu sein. Ein Name wird immer in einem kategorial begrenzten Sinn gesagt, im Falle von ‚weise‘ im Sinn einer akzidentellen Vollkommenheit, die das Erkenntnisvermögen des Menschen näher bestimmt. Wenn wir aber Gott ‚weise‘ nennen, dann fallen die kategorialen Grenzen weg, da wir dann etwas meinen, das ganz mit Gottes Sein zusammenfällt. Für Gott ist Gott-Sein und Weise-Sein und Sein ganz dasselbe (*simplicitas*). Gottes Weisheit selbst wird durch die Sprache nicht erfaßt und übersteigt die kategoriale Struktur der Bedeutung, wie sie in der Sprache ausgedrückt wird (*excedentem nominis significationem*)[12]. Dieses Bezeichnen Gottes an den kategorialen Grenzen der Sprache vorbei hat sicher einen metaphorischen Aspekt.

Aber gleichzeitig gilt für Thomas, daß die Möglichkeit des Sprechens über Gott nicht vollständig verstanden werden kann durch die Metapher allein als einem symbolisch-verweisenden Hinüberreichen über die Grenzen der Sprache. Thomas behandelt die Metapher recht kurz. Namen, deren Bedeutung einen materiellen Aspekt einschließt und an die sinnliche Wirklichkeit gebunden ist, können nur in me-

---

[11] S.th. I, q. 4, a. 2. Der Verweis bezieht sich auf Ps.-Dionysius Areopagita, *De divinis nominibus*, c. 5, 8.

[12] Vgl. S.th. I, q. 13, a. 5.

taphorischem Sinn Gott beigelegt werden. Metaphorisch heißt dann ungefähr: vergleichsweise. So bedeutet eine Aussage wie ‚Gott ist ein Löwe‘ nicht, daß Gott im eigentlichen Sinn ein Tier sei, sondern daß Gott in seiner Tätigkeit stark sei auf eine mit dem Verhalten eines Löwen vergleichbare Weise[13]. Dagegen werden Namen wie ‚weise‘, ‚gut‘, ‚Leben‘ im eigentlichen Sinn (*proprie*) von Gott gesagt, jedenfalls hinsichtlich ihrer sachlichen Bedeutung, nicht hinsichtlich der (kategorial bestimmten) Art ihrer Anwendung. Bei dem Wort *proprie* muß man jedoch achtgeben. Thomas verwendet es nicht gemäß dem gebräuchlichen Unterschied von ‚wörtlich‘ und ‚übertragen‘. Er will nicht sagen, daß der Begriff ‚Leben‘ wörtlich auf Gott anzuwenden sei oder daß Gott unter den Begriff ‚Leben‘ falle. Man könnte vielleicht besser von der ‚Idee‘ des Lebens sprechen, d. h. von Leben in einem transzendental übersteigenden Sinn als Seinsvollkommenheit.

Wichtig ist, daß beide Aussagen – bestimmte Namen werden *substantialiter* und *proprie* Gott zuerkannt – unter einer bestimmten Hinsicht gelten und nicht absolut. Thomas macht einen Unterschied in den Namen zwischen dem, was sie bezeichnen einerseits (*res significata*) und der Art, wie sie bezeichnen andererseits (*modus significandi*). Dies ist ein analytischer Unterschied, der mit der Relation zwischen der *res* und der *ratio* zusammenhängt. Unter dem Gesichtspunkt der Bezeichnungsweise – das ist die Art, in der die bezeichnete Wirklichkeit in das Zeichensystem der Sprache aufgenommen wird – muß man sagen, daß die Namen primär und im eigentlichen Sinn den Geschöpfen beigelegt werden, um von da aus auf Gott übertragen zu werden. Sprechen über Gott ist in dieser Hinsicht immer uneigentlich und abgeleitet. Aber hinsichtlich dessen, was Namen bezeichnen, werden die Namen Gott selbst (*substantialiter*) beigelegt und kommen im eigentlichen Sinn Gott zu, ‚eigentlicher‘ noch als den Geschöpfen. Die Namen werden zwar vom Geschöpf auf Gott übertragen; aber die Vollkommenheiten, die die Namen bezeichnen, leiten die Geschöpfe von Gott, dem Ursprung, ab und kommen also ursprünglich Gott zu. Es ist also die Rede von einer doppelten Ableitungsbeziehung: Im Sprechen über Gott wird eine Bewegung vollzogen von der Welt zu Gott, der nicht zur Welt gehört, jedoch das sie übersteigende Prinzip ist; gleichzeitig wird in diesem Sprechen, in der Bewegung der Sprache,

---

[13] Vgl. S.th. I, q. 13, a. 6.

die umgekehrte reale Bewegung von Gott zur Welt (der Kausalität der Schöpfung) reflektiert, als reale Grundlage, die dieses Sprechen ermöglicht. Die Welt der menschlichen Erfahrung ist dann nicht mehr der feste und unveränderliche Ausgangspunkt, von dem her wir Gott auf abgeleitete Weise benennen; der abgeleitete Status kommt in Wirklichkeit der Welt der Geschöpfe zu, die alles, was sie positiv sind, aus Gott empfangen haben. In der semantisch-logischen Bewegung des Benennens (von Geschöpf zu Gott) wird die umgekehrte reale Bewegung der Schöpfung (von Gott zum Geschöpf) reflektiert, so daß der Ausgangspunkt der Benennungsrelation als in Wirklichkeit abgeleitet und sekundär erscheint.

Wir haben es also mit einer semantischen Übertragung von der Schöpfung auf Gott zu tun, die mit einer gewissen Umkehrung des Verhältnisses zusammengeht. Thomas formuliert dies jeweils mit dem Terminus ‚hinsichtlich‘: Hinsichtlich des *modus significandi* wird der Name primär dem Geschöpf beigelegt und sekundär Gott; hinsichtlich der *res significata* wird der Name primär Gott beigelegt und sekundär dem Geschöpf[14]. Wichtig ist die Dialektik dieser Umkehrung. Das erste wird das letzte, das letzte das erste. Die Namengebung der Ursache ist von der Wirkung abgeleitet; was aber der Name bezeichnet, ist in der Wirkung von der Ursache abgeleitet. Diese Umkehrung ist notwendig, soll von mehr als nur metaphorischem Sprechen über Gott die Rede sein. Metaphorisches Sprechen bleibt in gewissem Sinn auf dem festen Boden der Endlichkeit stehen. Die kategorial bestimmten Bedeutungen innerhalb der menschlichen Welt bleiben der feste Bezugspunkt. Man muß daher die Analogie streng von der Metapher unterscheiden, was nicht ausschließt, daß auch das analoge Sprechen eine metaphorische Dimension hat. Aber was Thomas sagt, scheint zu implizieren, daß Metapher und Univozität zusammengehören. Denn die Metapher setzt den Primat der kreatürlichen Bedeutung voraus. Man nehme z. B. an, daß wir ‚Leben‘ als eine Metapher für Gott auffassen würden, dann könnte dies so interpretiert werden, daß das Leben, so wie wir es in unserer Welt kennen, als Modell dient, anhand dessen wir eine bestimmte Erfahrung, die wir mit Gott haben, beschreiben. Wir sagen dann nicht, daß Gott ‚Leben‘ *sei*, sondern nur, daß Gott, mit Bildern aus der endlichen Erfahrung, sich so beschrei-

---

[14] Vgl. S.th. I, q. 13, a. 6.

ben lasse. Der Name ‚Leben' behält dann in diesem metaphorischen Modell dieselbe (eindeutige) Bedeutung wie im Kontext der Erfahrung. Die Endlichkeit der Welt bleibt die feste und unveränderliche Grundlage, von der aus man metaphorisch-uneigentlich über etwas spricht, das die Endlichkeit übersteigt. Es ist also deutlich, daß erst unter der Voraussetzung, daß bestimmte Namen, hinsichtlich ihrer *res significata*, Gott selbst und im eigentlichen Sinn beigelegt werden, nicht länger die Rede von Univozität sein kann.

V. Sind alle Namen synonym?

Thomas hat festgestellt, daß bestimmte Namen Gott *substantialiter* bezeichnen und im eigentlichen Sinn ihm beigegeben werden. In Gott ist Weisheit, Leben, Güte etc., zwar nicht als ebensoviele verschiedene Attribute, sondern als identisch mit dem einen Wesen, das Gott ist. Die göttliche Weisheit ist nichts anderes als Gott selbst, und wenn wir sagen, daß Gott gut sei, dann ist nichts anderes gemeint als die göttliche Güte, die Gott selbst ist. Alle Namen, jedenfalls die Vollkommenheits-Namen, bedeuten also *dasselbe*, die eine einfache Realität, die Gott ist, in dem jeder Unterschied aufgehoben ist. Dies ruft sofort ein ernstes Problem hervor. Wenn es so ist, daß die Namen, mit denen wir Gott benennen, ein und dasselbe bedeuten und in unterschiedsloser Einheit sich auf Gott selbst beziehen, folgt daraus nicht, daß alle Namen synonym sind?[15] Wenn aber alle Namen, mit denen wir über Gott sprechen, synonym sind, dieselbe Bedeutung haben, dann haben wir eigentlich nur einen Namen, und das Sprechen verliert sein differenzierendes Vermögen. Wenn alle Namen synonym sind und die eine unterschiedslose Vollkommenheit Gottes bedeuten, dann verliert das Sprechen über Gott für Menschen seine Aussagekraft. Soll das Sprechen über Gott für den Menschen bedeutungsvoll sein, dann können die Namen nicht alle dasselbe bedeuten, sondern müssen in ihrer Bedeutung differenziert werden können. *Menschliches* Sprechen über Gott ist nur möglich mittels einer Vielheit verschiedener Namen.

---

[15] Dies ist die Frage von Artikel 4: „utrum nomina dicta de Deo sint nomina synonyma."

Die Lösung, die Thomas vorstellt, stützt sich wieder auf den Unterschied zwischen der *res* und der *ratio* des Namens. Namen, die synonym sind, bedeuten dieselbe *res* gemäß derselben *ratio*. Wenn aber die *ratio*, unter der bestimmte Namen dieselbe *res* bedeuten, unterschiedlich ist, sind diese Namen nicht synonym. Sie bedeuten dann zwar dasselbe, aber unter verschiedenen begrifflichen Gesichtspunkten. Die Namen nun, die die göttliche Substanz bezeichnen (*res*), bezeichnen die eine Substanz unvollkommen, unter einer Vielheit verschiedener begrifflicher Gesichtspunkte, die der Verschiedenheit der Vollkommenheiten in den Geschöpfen entlehnt ist. Das menschliche Sprechen über Gott steht im Spannungsfeld von Einheit und Vielheit. Die Vollkommenheiten, die in Gott schon vorher in einfacher Einheit bestehen, bestehen in den Geschöpfen auf vielfältige und unterschiedliche Weise. Die Geschöpfe stellen die eine einfache Vollkommenheit Gottes auf vielfältige und unterschiedliche Weise dar. Daher kann man sagen, daß die Namen, die Gott gegeben werden, zwar ein und dieselbe Sache (*res*) bedeuten, aber unter vielen und verschiedenen *rationes*, die übereinstimmen mit der kategorialen Vielfalt der Vollkommenheiten, wie sie in den Geschöpfen bestehen.

Thomas' Analyse der göttlichen Namen bewegt sich fortwährend zwischen den beiden Polen der *res* und der *ratio*, die in einem Spannungsverhältnis zueinander stehen. Hinsichtlich der *res* bezeichnen die Namen Gott selbst, seine einfache Vollkommenheit, in der alle kategorial unterschiedlichen Vollkommenheiten der Geschöpfe in einer ursprünglichen Einheit zusammenfallen; hinsichtlich der *ratio* bezeichnen die Namen Gott auf unvollkommene Weise, gemäß der vielfältigen und unterschiedlichen Weise, in der die eine göttliche Vollkommenheit in den Geschöpfen reflektiert wird. Das Spannungsverhältnis führt nicht nur dazu, daß jedes Sprechen über Gott unzureichend ist und nicht weit genug reicht im Verhältnis zu dem, wie Gott in sich selbst ist, sondern konstituiert auch die Möglichkeit dieses Sprechens als eines *menschlichen* Sprechens über Gott. Denn nur dank einer kategorialen Differenzierung der Namen können wir über Gott auf eine Weise sprechen, die für uns bedeutungsvoll ist; gleichzeitig muß das, was wir über Gott sagen, von seiner kategorial differenzierten Form unterschieden werden, um es so unter Negation des *modus significandi* von Gott selbst positiv auszusagen, soll einsichtig sein, daß wir über *Gott* sprechen. Wenn die kategoriale Vielfalt auf der Seite der *rationes* wegfällt, dann sind alle Namen synonym, und das Sprechen über Gott verliert für uns seine Bedeutungsfülle; wenn aber die außer-kategoriale Einheit auf der Seite der *res* wegfällt, dann bezieht sich das Sprechen über Gott nicht mehr auf Gott selbst.

Hiermit sind wir an dem Punkt in Thomas' Analyse angekommen, an dem er in der Antwort auf die Frage, in welchem Sinn Namen gemeinsam dem Geschöpf und Gott beigelegt werden, den Begriff der Analogie einführt. Wir benennen Gott von den Geschöpfen her, wie wir ihn auch von den Geschöpfen her erkennen, ‚gemäß dem Verhältnis der Ursächlichkeit, durch Negation und Übermaß‘. Die Namen, die wir Gott aufgrund der Abhängigkeitsrelation zwischen den Geschöpfen und Gott geben, behalten nicht denselben Sinn, erhalten aber auch nicht einen ganz anderen Sinn; sie werden analog gesagt. Hinter der Analogie bei der Namengebung Gottes steht also die dreifache Erkenntnisweise (*triplex via*).

VI. Die Analogie der göttlichen Namen

Die Bedeutung der Analogie in Thomas' Denken kann nur schwer überschätzt werden. Lakebrink kennzeichnete das Denken des Thomas nicht ohne Grund als ‚Analogik‘, als eine Weise, Identität und Differenz im Sein zusammen zu denken[16]. Analogie ist sicher mehr als eine bestimmte semantische Möglichkeit der Sprache, von der Thomas kreativ und spitzfindig Gebrauch macht. Der Gebrauch der Analogie im Kontext der göttlichen Namen steht in einem systematischen Zusammenhang sowohl mit der Lehre der Partizipation als auch mit dem Gedanken, daß der Begriff ‚Seiendes‘ transzendental ist[17]. Diese beiden Themen sind von fundamentaler Bedeutung für das metaphysische Denken des Thomas über Gott. Zugleich muß man feststellen, daß der Begriff der Analogie immer eine Ursache der Verwirrung und des Mißverständnisses gewesen ist und Anlaß

---

[16] Vgl. B. Lakebrink, Hegels dialektische Ontologie und die thomistische Analektik, Köln 1955.

[17] Für die Lehre von den Transzendentalien vgl. den Beitrag von J. A. Aertsen in diesem Band, S. 44-49; zum Begriff der Partizipation vgl. den Beitrag von R. te Velde über die Schöpfungslehre in diesem Band, S. 100-124.

für viele unterschiedliche Interpretationen war. In der thomistischen Tradition wurde der Begriff der Analogie weiterentwickelt und zur Lehre von der *analogia entis* ausgebaut, die von vielen als zentrales thomistisches Lehrstück betrachtet wurde. Die Lehre von der *analogia entis* – der analogen Übereinstimmung aller Dinge im Sein – spielte in der Tradition vor allem die Rolle eines metaphysischen Fundaments für die Möglichkeit einer rationalen Erkenntnis Gottes (natürliche Theologie), und sie wurde als solche eingesetzt im Streit gegen allerlei Formen des Agnostizismus, Skeptizismus und Fideismus. Man pflegte z. B. über die ‚Analogie zwischen der Welt und Gott‘ zu sprechen[18], als stünde Analogie für die Form einer überspannenden Einheit und eines Zusammenhangs.

In den vergangenen Jahrzehnten ist in der Thomas-Literatur eine Tendenz wahrzunehmen, in der man kritisch Abstand nimmt von der traditionellen metaphysischen und epistemologischen Interpretation der Analogie, um stattdessen die Aufmerksamkeit auf den semantischen und sprachpragmatischen Charakter des thomasischen Gebrauchs der Analogie im Kontext seiner Analyse des Sprechens über Gott zu richten[19]. Die Lehre von der *analogia entis* mit ihren epistemologisch fundierenden Absichten tritt hier in den Hintergrund. Analogie verweise nicht so sehr auf die metaphysische Überbrückung des Unterschieds zwischen Welt und Gott. Sie habe ihren Platz eher in Thomas' theologischem Projekt, die *grammatica* des Sprechens über Gott (‚grammar of God-talk‘) aufzuzeigen, wodurch er auf eine radikal negative Weise deutlich machen wolle, über ‚was für eine Art von Wirklichkeit‘ wir sprechen, wenn wir über Gott sprechen. In dieser Sicht passe die Analogie im Sprechen über Gott zum fundamental negativen Einschlag der Theologie des Thomas, der systematisch zeigen wolle, wie Gott nicht ist und wie unsere gebräuchlichen Wörter nicht auf Gott angewendet werden können. Wo die Analogie traditionell

---

[18] Vgl. den Titel des Buches von H. Lyttkens, The Analogy between God and the World, Uppsala 1952.

[19] Hier muß vor allem das Werk von D. Burrell genannt werden, insbesondere Aquinas: God and Action, London 1979. Für eine durch die Sprachphilosophie Wittgensteins inspirierte Betrachtungsweise im deutschen Sprachgebiet vgl. K. Müller, Thomas von Aquins Theorie und Praxis der Analogie (Regensburger Studien zur Theologie; Bd. 29), Frankfurt a. M. – Bern 1983.

als eine Weise betrachtet wurde, um, trotz des Anders-Seins Gottes, doch etwas Positives über ihn zu sagen, begreift diese linguistisch orientierte Interpretation die Analogie als eine Weise, um im Sprechen über Gott das fundamentale Anders-Sein Gottes zu respektieren und anzuerkennen.

Im Rahmen dieses Beitrages ist es nicht möglich, die Bedeutung und den Gebrauch des Begriffs ‚Analogie' in Thomas' Werk erschöpfend zu behandeln. Wir beschränken uns auf die *Quaestio* 13 der *Summa*, einen Text, der als repräsentativ für den Gebrauch der Analogie in der Frage nach den Gottesnamen gelten darf. Bevor wir allzu schnell, wie häufig in der Literatur, Analogie als zu der Semantik der Sprache zugehörig oder als etwas Logisches oder gerade Ontologisches (‚Analogie zwischen Gott und der Welt') abstempeln, müssen wir bedenken, daß der semantische Gesichtspunkt der Untersuchung in der *Quaestio* 13 in einem inneren Zusammenhang sowohl zur Frage nach der Wirklichkeit Gottes steht als auch zur Frage, wie Gott erkannt wird. Der semantische Gesichtspunkt der Namen steht nicht isoliert, sondern ist ein formaler Gesichtspunkt, durch den das semantische Dreieck Sprache-Denken-Wirklichkeit als solches Thema der Reflexion wird. Das Niveau der Namen ermöglicht es, die beiden Aspekte der *res* und der *ratio* in ihrem gegenseitigen Verhältnis zu thematisieren. Und genau in diesem Rahmen der Reflexion über das Verhältnis von Denken und Wirklichkeit hat die Analogie ihren Ort.

Aus dem Vorhergehenden ist deutlich geworden, daß die Einführung der Analogie durch eine Reihe systematischer Schritte vorbereitet ist, die zu dem Schluß zwingen, daß die Namen, die wir Gott beilegen, nicht in ihrer kreatürlichen Bedeutung gesagt werden können. Bei der Übertragung der Namen von den Geschöpfen auf Gott tritt eine Bedeutungsverschiebung auf, aber so, daß dieser Bedeutungsverschiebung eine intelligible Operation zugrunde liegt.

Führen wir zuerst in aller Kürze den Begriff der Analogie ein. Analogie ist eine Art des Prädizierens, die zwischen Eindeutigkeit und Mehrdeutigkeit steht. Ein analoger Terminus ist in sich selbst nicht analog, sondern wird von verschiedenen Dingen analog prädiziert. Das klassische Beispiel, das Thomas immer wieder anführt, ist das Wort ‚gesund'. Man spricht von einem ‚gesunden' Körper, von einem ‚gesunden' Heilmittel, einer ‚gesunden' Gesichtsfarbe etc. Nach seinem Verständnis wird das Wort ‚gesund' primär für den Körper gebraucht.

In den anderen Fällen wird das Wort ‚gesund' analog gebraucht, d. h.
gemäß dem Verhältnis zur Gesundheit des Körpers. Das Heilmittel
wird ‚gesund' genannt, nicht weil es selbst gesund ist, sondern weil es
die Gesundheit des Körpers bewirkt; die Gesichtsfarbe wird ‚gesund'
genannt, weil und insofern sie ein Zeichen der Gesundheit des Körpers
ist. So wird das Wort ‚gesund' teils in demselben Sinn und teils in
einem unterschiedlichen Sinn gebraucht, gemäß den verschiedenen
Beziehungen zum selben, der Gesundheit des Körpers.

Das Beispiel des Wortes ‚gesund' ist ausdrücklich ein Beispiel,
eine anschauliche Illustration analoger Benennung. Es ist nicht die
Absicht des Thomas, dieses Beispiel wörtlich, d. h. eins zu eins, auf
das Verhältnis zwischen Geschöpf und Gott anzuwenden. Man kann
nicht sagen, daß Gott ‚gut' genannt wird auf dieselbe Weise, wie das
Heilmittel ‚gesund' genannt wird, nämlich als Ursache der Gutheit
der Geschöpfe[20]. Das Heilmittel wird ja ‚gesund' genannt gemäß einer
extrinsischen Benennung. Es *selbst* ist eher nicht gesund, aber es steht
in einer Relation zur Gesundheit des Körpers. Der Unterschied jedoch
zwischen einer extrinsischen und einer intrinsischen Benennung, der
in der gängigen thomistischen Interpretation der Analogie so beherr-
schend ist, spielt in Thomas' Analyse in der *Quaestio* 13 eigentlich
keine Rolle. Für den Begriff der Analogie ist dieser Unterschied auch
nicht relevant. An sich paßt Analogie sehr gut zu einer kausalen (extrinsischen) Benennung, wie auch das Heilmittel *causaliter* ‚gesund'
genannt wird. Aber für die göttlichen Namen kommt Analogie erst
dann in den Blick, nachdem festgestellt ist, daß eine rein kausale Interpretation der Namen nicht genügt. In diesem Fall muß die Ursache
der betreffenden Vollkommenheit in den Dingen selbst auch diese
Vollkommenheit haben, und zwar auf höhere Weise. Für Cajetan
war dies der wichtigste Grund, die Analogie gemäß (extrinsischer)
Attribution (die dem Beispiel des Wortes ‚gesund' zugrunde liegt)
als auf das Verhältnis zwischen Geschöpf und Gott nicht anwendbar
zu erklären; dies wäre ein Mißverständnis durch ein zu wörtlich ver-
standenes Beispiel[21].

---

[20] Vgl. S.th. I, q. 13, a. 6, obj. 3.
[21] Zur Kritik an Cajetans Analogie-Interpretation siehe vor allem R. McInerny,
  Aquinas and Analogy, Washington, D.C. 1996.

Vor allem zwei Kennzeichen der analogen Benennung sind im Kontext der göttlichen Namen wichtig und stehen im Vordergrund. Erstens, zwischen den zwei Dingen, denen derselbe Name analog beigelegt wird, besteht eine solche Relation, daß das eine *aus* dem anderen benannt wird. Analogie betrifft immer eine Form indirekter Benennung. Nahrung wird ‚gesund‘ genannt unter dem Gesichtspunkt und im Hinblick auf die Gesundheit des Körpers. Sie wird von der Gesundheit des Körpers her benannt, gemäß dem Verhältnis, in dem sie zu dieser Gesundheit steht. Analogie soll heißen: ‚gemäß einem Verhältnis‘ (*secundum proportionem*). Zwei Dinge werden analog benannt gemäß dem Verhältnis, in dem das eine zum andern steht oder gemäß dem Verhältnis, in dem beide zu einem dritten stehen.

Das zweite Kennzeichen der Analogie besteht darin, daß ein Name, der kraft seiner Bedeutung innerhalb einer bestimmten Kategorie (*genus*) anzuwenden ist, analog gebraucht wird, um etwas zu benennen, das zu einer anderen Kategorie gehört. Analogie ist kategorie-überschreitender Sprachgebrauch. So gehört Nahrung als solche nicht zur Kategorie der ‚gesunden Dinge‘. Dennoch wird Nahrung ‚gesund‘ genannt, und zwar aufgrund des Verhältnisses, in dem die Nahrung zur Kategorie der ‚gesunden Dinge‘ (d. h. lebendiger Körper) steht. Analogie ermöglicht es also, semantische Verbindungen zwischen Dingen zu schaffen, die zu verschiedenen Kategorien gehören, ohne daß die Grenzen der Kategorien in Abrede gestellt oder erweitert würden. Indem man auch Nahrung ‚gesund‘ nennt, wird die Bedeutung von ‚gesund‘ nicht erweitert. Es ist nicht so, daß mehr unter den Begriff ‚gesund‘ fiele, als dies anfangs der Fall war. Nahrung liegt außerhalb der Kategorie der gesunden Dinge, steht jedoch in einem gewissen Verhältnis zu ihnen.

Es ist in diesem Zusammenhang wichtig zu betonen, daß Analogie nicht ‚vergleichsweise‘ bedeutet. Die Relation, die die analoge Benennung begründet, braucht nicht eine Relation der Ähnlichkeit zu sein. Oft wird Analogie umschrieben mit ‚Teilgleichheit‘ oder ‚proportionaler Übereinstimmung‘. Dies kann Verwirrung stiften. Gemeint ist, daß z. B. ‚gesund‘, gesagt von Nahrung und Gesichtsfarbe, in teils demselben, teils unterschiedlichem Sinn gesagt wird, nämlich gemäß dem unterschiedlichen Verhältnis zum selben; das eine heißt gesund als Ursache von Gesundheit, das andere als Zeichen von Gesundheit. Aber es ist nicht so, daß Nahrung gesund genannt wird, sofern sie eine gewisse Ähnlichkeit zeigt mit der Gesundheit des Körpers. Es ist keine Rede von Ähnlichkeit. Der Zusammenhang zwischen der gesunden Nahrung und dem Körper ist von anderer Art, nämlich der eines ursächlichen Zusammenhangs. Gesunde Nahrung ist gut für die Gesundheit. Wesentlich für die Analogie ist das Verhältnis, das zwischen Dingen besteht, die zu verschiedenen Kategorien gehören. Von welcher Art dieses Verhältnis ist, ist für die Definition der Analogie nicht wichtig. Es kann also wohl ein Verhältnis der Ähnlichkeit sein – und bei der Benennung Gottes von den Geschöpfen her spielt der Aspekt der Ähnlichkeit sicher eine Rolle –, nur ist es dann nicht der Aspekt der Ähnlichkeit, der dazu führt, daß ein Terminus analog genannt wird, sondern der besondere Charakter der Ähnlichkeit, die so ist, daß beide Dinge, unter Abstraktion ihrer Unterschiede, nicht unter einen gemeinsamen Nenner gebracht werden können. Die ursächliche Relation zwischen Gott und Geschöpf beinhaltet, daß das Geschöpf eine gewisse Ähnlichkeit mit Gott hat (denn: Jede Wirkung hat eine gewisse Ähnlichkeit mit ihrer Ursache), allerdings eine ‚Ähnlichkeit gemäß der Analogie‘[22].

Beide Kennzeichen der indirekten Benennungsrelation und der Kategorie-Überschreitung stehen zentral, wenn es um die Analogie der göttlichen Namen geht. Gott wird mit Namen benannt, die den Geschöpfen gemäß der realen Abhängigkeitsrelation zwischen Geschöpfen und Gott entlehnt sind. Wir können Gott nicht direkt und in sich selbst erkennen, sondern ausschließlich von den Geschöpfen her. Und auf diese Weise benennen wir auch Gott. Alles, was wir von Gott sagen, hat für uns nur Bedeutung, sofern es in einem Zusammenhang zu dem steht, was wir über die Geschöpfe sagen. Dieser Zusammenhang schließt eine Negation ein. Gott ist nicht ein Seiendes inmitten anderer Seiender, mit denen er bestimmte Merkmale teilen würde und also auch bestimmte Namen. Als Ursache aller Seienden ist Gott von allen Seienden verschieden und fällt unter keine Kategorie (*genus*) der verursachten Seienden. Analogie bedeutet auch hier Kategorie-Überschreitung. Wo es aber im gewöhnlichen analogen Wortgebrauch um eine Überschreitung einer besonderen Kategorie zu etwas, das zu einer anderen Kategorie gehört, geht, wird im Fall der

---

[22] Vgl. den für die Analogie wichtigen Artikel 3 von *Quaestio* 4.

göttlichen Namen die kategoriale Sphäre des verursachten Seienden als solche auf etwas hin überschritten, das außerhalb jeder Kategorie steht (*extra omne genus*). Dies ist ganz entscheidend für das Verständnis der Analogie. Es geht nicht mehr um eine Analogie innerhalb der kategorialen Sphäre der menschlichen Erfahrung, sondern um eine Analogie, in der die kategoriale Sphäre *als solche* überschritten wird. Man kann über Gott nicht sprechen, als bilde er einen besonderen Objektbereich (vollkommener, größer, erhabener) neben anderen Bereichen der menschlichen Erfahrung. Gott fällt unter keine einzige Kategorie und teilt mit keinem anderen Ding dieselbe kategoriale Bestimmtheit. Eine Kategorie (*genus*) ist für Thomas mit Endlichkeit verbunden. Eine Kategorie grenzt ab hinsichtlich eines anderen, das nicht dazugehört. Was zu einer Kategorie gehört, z. B. Fahrräder oder Autos, ist immer eine begrenzte Wirklichkeit, die nicht alles ist. Eine Kategorie bezieht sich auf die besondere Weise des Seins von etwas, darauf, *was* etwas ist. Daher ist ‚Seiendes‘ selbst keine Kategorie (*ens non est genus*). Etwas gehört nicht wegen seines Seins zu einem *genus*, sondern wegen seiner bestimmten (begrenzten) Art des Seins. ‚Seiendes‘ ist *transzendental*, d. h. allen kategorialen Seinsweisen (*Mensch*-Sein, *Weiß*-Sein) gemein. Die Analogie der Gottesnamen beruht nun genau auf dieser transzendentalen Allgemeinheit des Seins.

Daß Gott außerhalb jeder Kategorie steht, ist eine direkte Folge seiner *simplicitas*. Gott ist in jeder Hinsicht einfach, sogar so, daß in Gott die beiden Prinzipien von Wesen und Sein zusammenfallen: Gott ist sein Sein selbst, *ipsum esse subsistens*. Aus diesem Grund kann Gott mit nichts anderem unter dasselbe *genus* fallen, denn alles, was zu einem *genus* gehört, ist eine partikulare Wirklichkeit oder, technisch ausgedrückt, hat ein Wesen, das sich von seinem Sein unterscheidet. Es ist dieser Unterschied im Verhältnis zum Sein, der eine univoke Prädikation von Geschöpf und Gott ausschließt.

Aber Thomas genügt es nicht zu sagen, daß Gott ganz anders ist und *außerhalb* der Welt steht, wie diese vom kategorialen Netzwerk der Sprache umfaßt wird. Das ‚außerhalb‘ Gottes drückt ja noch keinen positiven Zusammenhang aus. Daher fügt Thomas dem noch etwas hinzu: Gott ist ganz anders und steht außerhalb jeder Kategorie, nicht weil er ganz unbestimmt wäre, sondern weil Gott sich zu allen kategorial begrenzten Wirklichkeiten als das umfassende Prinzip verhält. Gott ist einfach *und* vollkommen. Und ‚vollkommen‘ ist für Thomas eine Bestimmung, die ausdrückt, daß Gott, als Ursache aller Dinge, alle Vollkommenheiten der Dinge in überragender Weise schon vor ihnen umfaßt. Da Gott alle Vollkommenheiten der Geschöpfe schon vor ihnen in sich umfaßt, muß man sagen, daß jedes Geschöpf annähernd Gott ähnlich ist und ihn darstellt, sofern es etwas an Vollkommenheit besitzt. Jedes Geschöpf stellt in dem, was es positiv an Sein besitzt, annähernd seine erschaffende Ursache dar, und es ist genau diese Beziehung des Geschöpfs zu Gott, die die analoge Benennung Gottes vom Geschöpf her begründet. „Und so wird das, was von Gott und den Geschöpfen gemeinsam ausgesagt wird, in dem Sinne ausgesagt, daß ein Verhältnis zu Gott besteht als zu ihrem Ursprung und zu ihrer Ursache, in der sich alle Vollkommenheiten der Dinge schon vor ihnen finden, und zwar in überragender Weise."[23]

Wir haben oben festgestellt, daß Analogie eine Form von kategorieüberschreitendem Sprachgebrauch ist, und dann, daß die Analogie der Gottesnamen auf einer Überschreitung der kategorialen Sphäre der Erfahrungswirklichkeit als solcher beruht auf das hin, das als übersteigendes Prinzip aller kategorialen Wirklichkeiten außerhalb jeder Kategorie steht. Die Analogie ist daher auf dem transzendentalen Niveau des Seins anzusiedeln. Jedes Geschöpf hat eine gewisse Ähnlichkeit mit Gott, nicht sofern beide eine nach *species* und *genus* bestimmte Form gemein haben, sondern sofern sie beide *sind*. Der ‚Kontaktpunkt', in dem Geschöpf und Gott verbunden sind *und* sich unterscheiden, liegt im Sein. Die Ähnlichkeit, die das Geschöpf mit Gott hat (*similitudo creaturae ad Deum*), beruht auf einer gewissen Übereinstimmung, die nur analog ist (*secundum analogiam tantum*), d. h. keine Übereinstimmung in der Art (*species*) oder der Gattung (*genus*), sondern im Sein. Das Geschöpf ist *Seiendes* und Gott ist *Seiendes*, aber beide verhalten sich auf unterschiedliche Weise zu demselben des Seins: Das Geschöpf ist *ens per participationem* und Gott *ens per essentiam*[24].

---

[23] S.th. I, q. 13, a. 5, c: „Et sic, quidquid dicitur de Deo et creaturis, dicitur secundum quod est aliquis ordo creaturae ad Deum, ut ad principium et causam, in qua praeexistunt excellenter omnes rerum perfectiones."

[24] Vgl. S.th. I, q. 4, a. 3 ad 3.

VII. Schlußbetrachtung

Der Begriff ‚Analogie' kennt in der thomistischen Tradition eine
berühmt-berüchtigte Interpretationsgeschichte. Man kann sich nur
schwer dem Eindruck entziehen, daß das Konzept der Analogie, auch
als Folge der einflußreichen Interpretation Cajetans, überlastet und
zur Achse wurde für Thomas' metaphysische und epistemologische
Begründung der natürlichen Gotteserkenntnis aus der Welt. Vor dem
Hintergrund der komplexen und verwirrenden Konzeptualisierungen
der Analogie in der Tradition ist der Text der q. 13, a. 5 ernüchternd
in seiner bescheidenen Einfachheit. Thomas sagt hier eigentlich nicht
viel mehr, als daß die Namen, die den Geschöpfen und Gott gemeinsam beigelegt werden, weder univok noch äquivok, sondern *analog*
beigelegt werden, d. h. ‚gemäß einem Verhältnis' (*secundum proportionem*), wie der Terminus ‚gesund' sowohl auf den Körper als auch
auf das Heilmittel angewandt wird, auf letzteres aber, sofern es in
einem bestimmten Verhältnis zur Gesundheit des Körpers steht. Auf
diese Weise werden bestimmte Namen auch gemeinsam Geschöpfen
und Gott beigelegt, nämlich gemäß dem Verhältnis, in dem die Geschöpfe zu Gott stehen als ihrem erschaffenden Ursprung, dem sie
alles, was sie positiv sind, entlehnt haben. Genau betrachtet, ist dies
alles, was Thomas sagt.

Wenn wir aber den Kontext genau betrachten – sowohl den direkten Kontext der Behandlung der Gottesnamen als auch den weiteren
Kontext der Frage nach Gott –, dann zeigt sich, daß der konkrete Sinn
der Analogie durch die Partizipationsstruktur der Schöpfungskausalität bestimmt wird und der hierauf beruhenden Weise, in der Gott
für uns intelligibel ist aus seiner Wirkung. Analogie, so kann man
sagen, ist das, was auf dem Niveau der Namen der *triplex via* auf dem
Niveau der Erkenntnis entspricht und der kausalen Partizipation auf
dem Niveau des Seins. Daher spricht man manchmal von der Analogie
als der ‚Logik der Partizipation'. Obwohl dies nicht schlechthin falsch
ist, könnte eine solche Charakterisierung dazu führen, Analogie als
eine Art logischer Strukturformel der Relation zwischen Geschöpf
und Gott aufzufassen. Es ist verführerisch, diese Relation in einer
begrifflich bestimmbaren Struktur festzulegen. Was dann womöglich
verlorenginge, ist die Dynamik der logischen Operation, die das Denken vollzieht (*triplex via*), wenn es einen Namen *in divinam praedica-*

tionem aufnimmt. Man muß die Analogie im Licht der spezifischen Fragestellung des Thomas verstehen: Was sagt man, wenn man von Gott sagt, er sei ‚gut‘ (‚weise‘, ‚lebendig‘)? Gott ist gut, wohl aber auf göttliche Weise, *sui generis*. Aus der *simplicitas* Gottes folgt, daß jedes Prädikat als identisch mit Gottes Wesen ausgesagt wird: Gott ist seine Güte. Das Prädikat verliert seine eindeutig-abstrakte Allgemeinheit, indem es ganz vom Subjekt aufgenommen und durch das Adjektiv ‚göttlich‘ bestimmt wird. Das Adjektiv ‚göttlich‘ drückt nun eine bestimmte intelligible Operation aus. Es ist kein Adjektiv, durch das alle Bedeutungen in der Nacht der Unwissenheit verschwinden. Gott, und damit alle Prädikate, die identisch mit Gott ausgesagt werden, ist von allem anderen (der kategorialen Sphäre der Wirkungen) genau *als Ursache* unterschieden, die alle Vollkommenheiten der kategorialen Wirklichkeit in überragender Weise schon vor ihr in sich umfaßt. Der Name ‚gut‘ bedeutet in Gott eine *göttliche* Güte, die sich von jeder geschaffenen Güte unterscheidet (*via remotionis*), aber genau *als Ursache*, die die Güte des Geschöpfs auf überragende Weise in sich enthält (*via eminentiae*). Die Analogie verleiht einer spezifischen intelligiblen Operation Ausdruck, durch die ein Name *in divinam praedicationem* auf dem Weg der ursächlichen Relation zwischen dem geschaffenen Seienden und Gott aufgenommen wird. Es ist eine Bewegung, in der die kategorial vielfältigen und unterschiedenen Vollkommenheiten in der Welt in ihrer transzendentalen allgemeinen Einheit zusammengefaßt werden, um dann, unter Negation ihres kategorialen Modus, zu ihrem transzendentalen Einheitsgrund in Gott zurückgeführt zu werden. Die Intelligibilität des menschlichen Sprechens über Gott liegt nun gerade in dieser dreifachen Bewegung und nicht in einem festen Resultat, das die Bewegung hinter sich läßt. Es ist das Spannungsverhältnis zwischen *modus significandi* und *res significata*, zwischen dem kategorialen Sinn, in dem die Namen für uns Bedeutung haben, und dem transzendentalen Sinn, in dem die Namen ihre Bedeutung in Gott haben, das für uns (*in statu viae*) ein bedeutungsvolles Sprechen über Gott möglich macht[25].

---

[25] Aus dem Niederländischen von Gabriele Merks-Leinen, M.A.

Literatur in Auswahl:

Burrell, D., Aquinas: God and Action, London 1979.

Kluxen, W., Teilart. ‚Analogie I', in: HWP, Bd. 1, Darmstadt – Basel 1971, Sp. 214-227.

McInerny, R., Aquinas and Analogy, Washington, D.C. 1996.

Müller, K., Thomas von Aquins Theorie und Praxis der Analogie (Regensburger Studien zur Theologie 29), Frankfurt a. M. – Bern 1983.

Puntel, L. B., Analogie und Geschichtlichkeit I, Freiburg – Basel – Wien 1969.

Riesenhuber, K., Partizipation als Strukturprinzip der Namen Gottes bei Thomas von Aquin, in: W. Kluxen u. a. (Hgg.), Sprache und Erkenntnis im Mittelalter. Akten des VI. Internationalen Kongresses für mittelalterliche Philosophie der S.I.E.P.M (Miscellanea Mediaevalia, Bd. 13/2), Berlin – New York 1981, S. 969-982.

Schönberger, R., Nomina divina. Zur theologischen Semantik bei Thomas von Aquin (Europäische Hochschulschriften XX, 72), Frankfurt a. M. – Bern 1981.

Einheit und Vielheit in Gott: Trinitätslehre

(S.th. I, qq. 27-43)

GILLES EMERY, O.P. (Fribourg)

Die Trinitätslehre des Thomas von Aquin hat mehrere Interpretationsfragen aufgeworfen, von denen der Wert abhängt, den man diesem Traktat der *Summa theologiae* zuerkennen kann. Diese Fragen betreffen hauptsächlich die Beziehung zwischen der Einheit und der Dreifaltigkeit in Gott. Nach Karl Rahner hat Thomas die Abhandlung über die ‚Einheit Gottes‘ (S.th. I, qq. 2-26) von derjenigen über die ‚Dreifaltigkeit Gottes‘ (qq. 27-43) getrennt; das habe zu einer ‚splendid isolation‘ der Dreifaltigkeitslehre geführt, so daß die Verbindung mit anderen Bereichen der theologischen Reflexion im Dunkeln geblieben sei[1]. Ist alles, was für die Menschen an Gott wichtig ist, schon vorher im Traktat *De Deo uno* gesagt worden? Oder wäre die Gotteslehre in eine philosophische Abhandlung mit rationalem Zugang (qq. 2-26) und eine rein theologische, auf der Offenbarung beruhende Abhandlung (qq. 27-43)[2] geteilt? Ferner meinen andere Theologen, Thomas von Aquin habe der Einheit Gottes (qq. 2-26) den Vorzug gegeben, und indem er im Anschluß an die philosophische Tradition der Antike den Primat des Einen aufgegriffen habe, habe er die Einheit Gottes zum Schaden für die personale Vielheit zu stark betont[3].

Die neuere Forschung hat die Schwäche solcher Interpretationen gezeigt und lädt dazu ein, die Abhandlung der *Summa* über die Trinität künftig unter Berücksichtigung folgender Elemente zu lesen:

---

[1] Vgl. K. Rahner, Schriften zur Theologie, Bd. IV, Einsiedeln 1964, S. 110-111.

[2] Vgl. L. Scheffczyk, Die Trinitätslehre des Thomas von Aquin im Spiegel gegenwärtiger Kritik, in: Studi Tomistici 59 (1995), S. 163-190 [siehe S. 164-166].

[3] Vgl. G. Greshake, Der dreieine Gott. Eine trinitarische Theologie, Freiburg i. B. 1997, S. 116-126.

die Einheit der thomasischen Gotteslehre, die Beziehung von Einheit und Vielheit in der Lehre über die Person und die Relation und der Wert der Analogie des Wortes und der Liebe bei der Erhellung des Tätigseins der Trinität in der Welt (der Zusammenhang Dreifaltigkeit – Schöpfung – Mensch – Heil)[4].

I. Die Struktur der Gotteslehre

Das Verständnis der Gotteslehre des Thomas von Aquin hängt zum großen Teil von der Interpretation ihrer Struktur ab. Diese Struktur macht das Anliegen des Traktates verständlich: „Die Abhandlung über Gott hat drei Teile. Wir werden erstens das behandeln, was das göttliche Wesen betrifft; zweitens, was den Unterschied der Personen angeht; drittens, was sich auf den Hervorgang der Geschöpfe aus Gott bezieht" (S.th. I, q. 2, prol.). Thomas führt also eine doppelte Unterscheidung in seine Abhandlung über Gott ein.

1. Die immanente und die schöpferische Dreifaltigkeit

Die erste Unterscheidung betrifft Gott in seinem immanenten Leben (S.th. I, qq. 2-43) und Gott in seinem Handeln als Schöpfer und Erlöser (ab q. 44). Diese Unterscheidung liegt in den Erfordernissen der christlichen Lehre begründet, die schon seit dem vierten Jahrhundert feststehen: Die Existenz und die Eigentümlichkeiten der göttlichen Personen hängen weder von der Schöpfung noch vom göttlichen Handeln in der Welt ab. Um den Sohn und den Heiligen Geist nicht als Geschöpfe zu betrachten, muß man ihr göttliches Sein und die Beziehungen der Personen auf der Ebene der göttlichen und ungeschaffenen Ewigkeit denken können. Diese Unterscheidung beruht zugleich auf der philosophischen Analyse des Tätigseins. Thomas von Aquin übernimmt von Aristoteles die Unterscheidung zwischen zwei Aktionsarten: die einen Akte, die im Tätigen selbst verbleiben („im-

---

4   Vgl. G. Emery, Essentialisme ou personnalisme dans le traité de Dieu chez saint Thomas d'Aquin?, in: Revue Thomiste 98 (1998), S. 5-38; Chr. Schmidbaur, Personarum Trinitas. Die trinitarische Gotteslehre des heiligen Thomas von Aquin, St. Ottilien 1995.

manente Akte'), und die anderen, die auf ein äußeres Ding gerichtet
sind (,transitive Akte'). „Jede dieser beiden Tätigkeiten aber kommt
Gott zu: die erste, indem er erkennt, will, sich freut und liebt, die
andere aber, indem er die Dinge ins Sein setzt, sie erhält und lenkt.
[...] Die erste der genannten Tätigkeiten muß der Grund (ratio) für
die zweite sein und ihr von Natur vorausgehen, wie die Ursache der
Wirkung."[5]

Die Untersuchung über den dreifaltigen Gott in seinem immanenten Leben ist also nicht von der Untersuchung der Schöpfung
und der Heilsökonomie (der Wirkungen Gottes) getrennt, denn die
Gotteslehre soll ja gestatten, den Grund für das schöpferische und
heilswirksame Handeln Gottes anzugeben. Die Abhandlung über die
Trinität wird zeigen, daß die Beziehung Gottes zu den Geschöpfen
in den Proprietäten des Vaters, des Wortes und der Liebe gründet[6].
Gerade hier, in der Struktur des Traktates über Gott, lassen sich die
Elemente erkennen, die bei der Formulierung des *subiectum*, d. h. des
eigentümlichen Gegenstandes der Theologie auftreten: „In der *sacra
doctrina* wird alles im Hinblick auf Gott (*sub ratione Dei*) behandelt:
entweder geht es um Gott selbst oder um die Dinge, insofern sie
mit Gott als ihrem Ursprung und Ziel in Beziehung stehen" (S.th.
I, q. 1, a. 7).

2. Das göttliche Wesen und die Personen: das Gemeinsame und das Eigentümliche

Die Gotteslehre wird auch strukturiert durch eine zweite Unterscheidung zwischen dem, ,was das göttliche Wesen betrifft' und dem, was
,die Unterscheidung der Personen betrifft'. Es handelt sich dabei nicht
um eine Trennung der Traktate *De Deo uno* und *De Deo trino* nach
der Art der neuscholastischen Handbücher (die Interpretation von K.
Rahner muß hier zurückgewiesen werden). Ebensowenig handelt es
sich um die Trennung zwischen einem philosophischen und einem
theologischen Zugang zu Gott. Denn die gesamte Gotteslehre betrifft
den dreifaltigen Gott unter dem Aspekt der Offenbarung: Das Formalobjekt der *Summa theologiae* ist das Formalobjekt der christlichen

---

[5] Scg II, c. 1; vgl. auch Aristoteles, Metaphysica IX, 8 (1050a 23-b 2).
[6] Vgl. S.th. I, q. 33, a. 3; q. 34, a. 3; q. 37, a. 2 ad 3; q. 43.

Theologie, und das heißt für Thomas von Aquin: Gott, der sich durch die Offenbarung (*per revelationem*) zu erkennen gegeben hat (S.th. I, q. 1, a. 1)[7]. Die Unterscheidung zwischen dem, ‚was das göttliche Wesen‘ und dem, ‚was die Unterscheidung der Personen‘ betrifft, beruht hauptsächlich auf einem Erfordernis theologischer Art, das aus der Auseinandersetzung mit dem Arianismus hervorgegangen ist. Es handelt sich um die in der christlichen Rede über Gott notwendige Unterscheidung zwischen dem, was den drei Personen gemeinsam zukommt, und dem, was jeder Person eigentümlich ist. Diese Unterscheidung geht auf Basilius von Cäsarea zurück: „Die Gottheit ist gemeinsam (κοινὸν), Vaterschaft und Sohnschaft aber sind Eigentümlichkeiten (ἰδιώματα); und durch die Verbindung dieser beiden Elemente, [d. h.] des Gemeinsamen und des Eigentümlichen (τοῦ τε κοινοῦ καὶ ἰδίου), wird in uns das Verständnis der Wahrheit bewirkt."[8]

Die Personen unterscheiden sich voneinander nicht durch das, was ihnen gemeinsam ist. Deshalb schließt Thomas jeden Versuch aus, die Dreipersonalität irgendwie aus dem Wesen Gottes abzuleiten. Die christliche Redeweise von Gott besteht in einer Art Verdoppelung: die Gottheit oder das göttliche Wesen, das den drei Personen *gemeinsam* ist, und die *Eigentümlichkeiten*, welche die Personen voneinander unterscheiden. Dieses theologische Erfordernis leitet die Struktur der Abhandlung über Gott bei Thomas von Aquin[9]. Thomas präzisiert ferner, daß in der Ordnung unserer Begriffe das *Gemeinsame* dem *Eigentümlichen* vorausgeht: Die Erkenntnis des göttlichen Wesens geht der Erkenntnis der personalen Proprietäten voraus, denn „das Allgemeine ist im Begriff des Eigentümlichen enthalten" (S.th. I, q. 33, a. 3 ad 1). Mit anderen Worten: Der Begriff der göttlichen Person schließt das göttliche Wesen ein. Aus diesem Grund muß das gemeinsame Wesen der drei Personen zuerst behandelt werden (S.th. I, qq. 2-26), um anschließend in die Untersuchung der Eigentümlichkeiten einbezogen zu werden, in denen sich die Personen unterscheiden (qq. 27-43).

---

7 Vgl. J.-P. Torrell, Le savoir théologique chez saint Thomas, in: Revue Thomiste 96 (1996), S. 355-396.

8 Basilius von Cäsarea, Gegen Eunomius II, 28 (Basile de Césarée, Contre Eunome, hg. v. B. Sesboüé, Sources chrétiennes, Bd. 305, Paris 1983, S. 120-121).

9 Siehe G. Emery, Essentialisme ou personnalisme (wie Anm. 4), S. 13-16.

Es geht Thomas von Aquin also darum, auf jede einzelne Person aufmerksam zu machen, die Gott ist (das gemeinsame Wesen) und die durch eine personale Eigentümlichkeit (Unterscheidung der Personen) gekennzeichnet ist. Die Synthese der Gotteslehre bei Thomas von Aquin vollzieht sich folglich im Begriff der Person als subsistierender Relation, wie wir weiter unten sehen werden. Da die göttliche Person eine subsistierende Relation ist, muß der Untersuchung der Person eine Untersuchung der Relation vorangehen; und da unser Geist den Hervorgang als Grundlage der Relation auffaßt, muß vor der Relation der Hervorgang untersucht werden. Die Abhandlung über die Trinität ist im Hinblick auf ihr Ziel aufgebaut, d.h. die drei göttlichen Personen in ihrer Subsistenz, ihrer Proprietät und ihrem Handeln aufzuweisen. Diese Struktur folgt nicht der Ordnung unserer Entdeckung oder unserer Erfahrung der Trinität, sondern der Ordnung der Begriffe, mit denen der trinitarische Glaube kohärent ausgelegt werden kann (*ordo disciplinae*). Daraus ergibt sich folgende Struktur: der Ursprung oder die Hervorgänge (q. 27), die Ursprungsrelationen (q. 28), die Personen (qq. 29-43).

In zweiter Linie erlaubt es die Unterscheidung zwischen dem ‚Gemeinsamen‘ und dem ‚Eigentümlichen‘, die differenzierten Beiträge der Philosophie in die theologische Diskussion einzubeziehen. Dieser Beitrag der Philosophie ist ein doppelter. Er betrifft in erster Linie das, was die menschliche Vernunft durch Notwendigkeitsargumente aufzuzeigen imstande ist, und in zweiter Linie ‚Ähnlichkeiten‘ oder ‚Wahrscheinlichkeitsargumente‘, durch die sich besser aufweisen läßt, was allein der Glaube zu erkennen erlaubt[10]. Der erste Fall läßt sich auf die wesentlichen Attribute Gottes anwenden (S.th. I, qq. 2-26: Existenz Gottes, Einheit, Wissen, Wille etc.), wo wahrhaft philosophische Beweisführungen in die Theologie einbezogen werden. Der zweite Fall ist auf die Unterscheidung der Personen in der Trinität anzuwenden (qq. 27-43), wo Thomas auf Analogien zurückgreift, die zwar nicht zwingend zu beweisen sind, aber doch zeigen können, daß der Glaube an den dreifaltigen Gott vernunftgemäß ist. Die Struktur der Abhandlung über Gott ist also durch ein innertheologisches Erfordernis geleitet, das dazu führt, die Unterscheidung zwischen

---

[10] Vgl. Scg I, cc. 4, 5, 8 und 9; Scg IV, c. 1; S.th. I, q. 1, a. 8.

Philosophie und Theologie einzubeziehen. Diese Struktur drückt außerdem den inhaltlichen Kern der Lehre des Aquinaten aus: seine Option zugunsten der zentralen Stellung der Person sowie zugunsten der Bedeutung der Relation für das Verständnis der Person.

II. Die Erkenntnis des dreifaltigen Gottes

1. Der Vorrang des Glaubens gegenüber der natürlichen Vernunft

Die Frage nach den Grenzen der menschlichen Erkenntnis der Dreifaltigkeit bildet einen Grundzug der Trinitätstheologie seit ihren Ursprüngen; sie ist aber im Mittelalter durch Abaelard auf neues Interesse gestoßen. Abaelard hat versucht, die Proprietäten der drei göttlichen Personen mit den Attributen der Macht (Vater), der Weisheit (Sohn) und der Güte (Geist) gleichzusetzen[11]. Folglich haben nach Abaelard die Philosophen und alle Menschen mit gesundem Verstand, die die Macht, die Weisheit und die Güte Gottes gekannt haben, für die Dreifaltigkeit Zeugnis abgelegt, besonders aber Platon, ,der größte der Philosophen'. Platon habe sogar ,das Wesentliche hinsichtlich der Trinität gelehrt' (platonische Lehre von Gott als Vater der Welt, von der *mens* und von der Weltseele)[12]. Dieser enthusiastische Platonismus hat die Mehrzahl der späteren Autoren dazu bewogen, mit Nachdruck die Grenzen einer Erkenntnis der Trinität außerhalb des Glaubens zu bekräftigen.

Thomas von Aquin prüft diese epistemologischen Probleme nicht etwa zu Beginn seiner Abhandlung über die Trinität, als ob es sich um Prolegomena handelte. Er behandelt diese erkenntnistheoretischen Fragen im Verlauf seines Traktates, geradezu im Herzen der Untersuchung über die Person (qq. 31 und 32). Wie alle seine Zeitgenossen erklärt er, daß die Existenz einer Trinität von Personen nicht durch die

---

[11] Vgl. Abaelard, Theologia summi boni I, c. 2 (Petri Abaelardi Opera Theologica III, hg. v. E. M. Buytaert u. C. J. Mews, CCCM 13, Turnhout 1987, S. 86-90); c. 5 (S. 92-94).

[12] Abaelard, Theologia summi boni I, c. 5 (S. 98-99); III, c. 5 (S. 200-201). Vgl. G. Emery, Trinité et unité de Dieu dans la scolastique, in: P. Gisel/G. Emery (Hgg.), Le christianisme est-il un monothéisme?, Genève 2001, S. 196-201.

natürliche Vernunft erkannt werden kann: Nur der Glaube läßt die Dreifaltigkeit erkennen. Als Grund gibt Thomas die dem Menschen eigentümliche Erkenntnisweise und die Natur der Wirkursächlichkeit Gottes an: „Mit der natürlichen Vernunft kann der Mensch nur durch die Geschöpfe zur Erkenntnis Gottes gelangen. Die Geschöpfe aber führen zur Erkenntnis Gottes, wie die Wirkungen zur Erkenntnis der Ursache. Also vermag durch die natürliche Vernunft nur das von Gott erkannt zu werden, was ihm notwendig zukommt, insofern er der Urgrund alles Seienden ist" (S.th. I, q. 32, a. 1). Die Grundlage für diese Überlegung ist der aristotelischen Analyse der Natur entnommen: Die Natur ist das Prinzip des Tätigseins (das Prinzip der Bewegung und der Ruhe)[13]. Gott handelt kraft seiner Natur, die den drei Personen gemeinsam ist. Daher läßt sich aus den Geschöpfen ihre schöpferische Ursache unter dem Aspekt dieser Natur aufweisen, nicht aber unter dem Aspekt der Proprietäten der Personen: Das ist die Vorgehensweise bei den fünf Wegen zum Beweis der Existenz Gottes (S.th. I, q. 2). Die Erkenntnis der Trinität beruht also ausschließlich auf der Annahme der Offenbarung in der Heilsgeschichte durch den Glauben. Die philosophische Vernunft kann zur Erkenntnis der wesentlichen Attribute Gottes gelangen, jedoch nicht weiter (S.th. I, q. 32, a. 1).

2. Der Ausschluß theologischer Notwendigkeitsgründe

Thomas von Aquin verwirft ebenfalls das apologetische Projekt von ‚Notwendigkeitsgründen', mit denen Theologen die Notwendigkeit der Trinität für die gläubige Vernunft zu zeigen versuchten. Dieses Vorhaben der Notwendigkeitsgründe wurde von Anselm von Canterbury begonnen und durch Richard von St. Viktor fortgeführt, doch Thomas wendet sich unmittelbarer gegen franziskanische Theologen. Für die *Summa fratris Alexandri* ist die Güte Gottes der Grund für die Vielheit der Personen, insofern es der Güte eigen ist, sich mitzuteilen, wie das Axiom besagt, das auf der Grundlage der ‚Göttlichen Namen' des Pseudo-Dionysius ausgearbeitet wurde. Da die Güte Gottes voll-

---

[13] Vgl. S.th. III, q. 2, a. 1; vgl. auch Aristoteles, Physica II, 1 (192b 21-23).

[14] Vgl. Summa fratris Alexandri I, p. 1, inq. 2, tract. un., q. 3, c. 5 (Ed. Collegii S. Bonaventurae, Bd. 1, n° 317, Quaracchi 1924, S. 465-466).

kommen ist, muß auch seine Mitteilung vollkommen sein, und zwar nicht nur in einer äußeren Verbreitung (Schöpfung), sondern auch in einer inneren (Dreifaltigkeit)[14]. Bonaventura verbindet das Erbe Anselms und Richards von St. Viktor mit der dionysischen Tradition und zeigt, daß die Vollkommenheit der Glückseligkeit, der Güte, der Liebe und der Freude Gottes notwendigerweise eine Vielheit der Personen in Gott erfordert: Wenn Gott nicht dreifaltig wäre, „wäre Gott nicht das höchste Gut, da er sich nicht ganz und gar mitteilte"[15]. Die Dreipersonalität wird auf diese Weise aus der Vollkommenheit Gottes abgeleitet: „Es ist also notwendig (necesse est), eine Vielfalt der Personen zu setzen."[16]

Thomas von Aquin tritt vehement gegen ein solches apologetisches Vorhaben auf: Die Gründe Bonaventuras sind Konvenienzgründe, besitzen aber keine zwingende Notwendigkeit. „Ist die Dreieinigkeit einmal angenommen, so sind solche Gründe angemessen; doch ist es nicht so, als ob durch diese Gründe die Dreiheit der Personen bewiesen wäre" (S.th. I, q. 32, a. 1 ad 2). Für Thomas von Aquin wird durch die Bemühung von Notwendigkeitsgründen in der Trinitätstheologie der Vorrang des Glaubens beeinträchtigt und somit der Glaube in Gefahr gebracht, weil dadurch der Anschein erweckt wird, die Christen hielten aus diesen schwachen Gründen an der Trinität fest (Thema der irrisio infidelium). Die Gründe, welche die Theologie angesichts des Geheimnisses der Trinität entfaltet, sind als niemals Notwendigkeitsargumente, sondern eher gewisse ‚Anpassungen' (adaptationes quaedam)[17] oder „Wahrscheinlichkeitsargumente (persuasiones quaedam), die aufweisen, daß das, was der Glaube vorlegt, nicht unmöglich ist" (S.th. II-II, q. 1, a. 5 ad 2). Daher muß nun die Rolle der menschlichen Vernunft in der Trinitätstheologie näher bestimmt werden.

---

[15] Bonaventura, Hexaëmeron XI, 11 (S. Bonaventurae Opera omnia, Ed. Collegii S. Bonaventurae, Bd. 5, Quaracchi 1891, S. 381-382).

[16] Bonaventura, In I Sent., d. 2, art. un., q. 2, fund. 1-4 (S. Bonaventurae Opera omnia, Ed. Collegii S. Bonaventurae, Bd. 1, Quaracchi 1882, S. 53); Quaestiones disputatae de mysterio Trinitatis, q. 8 (Opera omnia, Bd. 5, S. 112-115); zu diesem Thema siehe K. Obenauer, Summa Actualitas, Frankfurt a. M. 1996.

[17] In I Sent., d. 3, q. 1, a. 4 ad 3.

3. Die Funktion der Analogien und das Vorhaben der Trinitätstheologie

Um die Wahrheit des Glaubens aufzuweisen, entwickelt die Abhandlung über die Trinität mehrere Themen, die auf Gott analog angewandt werden (‚Person‘, ‚Relation‘ usw.). Die Proprietäten der Personen werden dabei anhand von Analogien, die der Anthropologie entnommen sind (‚Wort‘, ‚Liebe‘), näher bestimmt. Der Gebrauch dieser begrifflichen Instrumente ist durch ein doppeltes Motiv geleitet: die Verteidigung des Glaubens gegen die Irrtümer und die Betrachtung der geoffenbarten Wahrheit. Bei seiner Erläuterung des Begriffs ‚Person‘ weist Thomas darauf hin, daß die Kirchenväter unter Verwendung nichtbiblischer Begriffe eine rationale Redeweise über die Trinität ausgearbeitet haben; sie haben den Gebrauch des Wortes ‚Person‘ entwickelt, um den wahren Glauben gegen die Häresien zu verteidigen, jedoch ohne den Anspruch, Gott zu verstehen (S.th. I, q. 29, a. 3 ad 1). Diese Erforschung ist, wie Thomas präzisiert, „nicht unnütz, da sich dadurch der menschliche Geist erhebt, um etwas von der Wahrheit zu erfassen, was genügt, um Irrtümer auszuschließen“[18].

Die Verwendung des philosophischen Denkens, die Ausarbeitung einer rationalen Reflexion über die Trinität und der Gebrauch von Analogien haben genau das Ziel aufzuzeigen, daß der trinitarische Glaube *nicht unvernünftig* ist und daß demnach die Argumente gegen den trinitarischen Glauben nicht zwingend, d. h. nicht notwendig sind. Indem man die Wahrheit durch ‚Anpassungen‘ aufweist, zeigt man, ohne den Glauben zu beweisen, daß sich die Argumente der Häretiker (Arianer, Sabellianer) oder derjenigen, welche die Dreifaltigkeit ablehnen, nicht notwendigerweise aufdrängen, da man ja eine Alternative aufstellt. So bietet man den Gläubigen einen Vorgeschmack dessen, was sie in der glückseligen Anschauung Gottes zu sehen erhoffen. Wenn man diesen Gebrauch der spekulativen Vernunft verweigert, wird man zwar die Trinität *behaupten*, die Wahrheit des trinitarischen Glaubens aber nicht *aufweisen* (d. h. sie unserem Denken offenkundiger machen) können. Hier liegt die Funktion der ‚Ähnlichkeiten‘ oder der ‚Wahrscheinlichkeitsgründe‘, d. h. der Analogien, die es erlauben, Rechenschaft zu geben vom Glauben an drei göttliche Personen, hauptsächlich mit Hilfe des

---

[18]　De potentia, q. 9, a. 5 (Ed. Marietti), S. 235.

‚psychologischen' Weges des hl. Augustinus (Analogie des Wortes und der Liebe)[19]. Darin besteht die Funktion der philosophischen Reflexion in der trinitarischen Theologie. Das Vorhaben der Trinitätstheologie des hl. Thomas, das sich bereits bei Augustinus formuliert findet, ist demnach bescheiden und anspruchsvoll zugleich: ein Aufweis der Wahrheit ‚zur Übung und Tröstung der Gläubigen'[20].

4. Fragen der Ausdrucksweise und trinitarische ‚Notionen'

Die Abhandlung über die Trinität räumt Fragen des sprachlichen Ausdrucks großen Raum ein. Viele Probleme werden unter dem Blickwinkel des Vokabulars und der Begriffe erörtert. In diesem Zusammenhang stellt sich besonders die Frage der trinitarischen ‚Notionen', denen drei Artikel gewidmet sind (S.th. I, q. 32, aa. 2-4). Der Fachausdruck *notio* bezeichnet die Begriffe, unter denen uns die göttlichen Personen bekannt sind. Die Schultradition kennt fünf solcher Begriffe (Vaterschaft, Sohnschaft, Hervorgang, Ursprungslosigkeit und aktive Hauchung)[21]. Diese Lehre entstammt der Boethius-Rezeption bei Gilbert von Poitiers im 12. Jahrhundert. Gilbert hält an der boethianischen Unterscheidung zwischen den abstrakten Formen (*quo est*) und dem konkreten Subjekt (*quod est*) fest und vertritt eine analoge Unterscheidung auch in Gott. Was auch immer Gilbert selbst gedacht haben mag, er löste eine heftige Reaktion von seiten des hl. Bernhard aus, der ihm vorwarf, eine Differenz zwischen ‚Gott' und dem ‚göttlichen Wesen' und eine analoge Differenz zwischen der Person (z. B. dem Vater) und den Proprietäten dieser Person (der Vaterschaft) einzuführen. Ohne Gilbert zu verurteilen, traf Papst Eugen III. eine Entscheidung, „damit kein Begriff in der Theologie eine Trennung zwischen Natur und Person bewirke"[22]. Diese von Thomas in Erinnerung gerufene Vorschrift leitet all seine Erklärungen über die Beziehungen zwischen Person und Wesen (S.th. I, q. 39; vgl. q. 29): Die strikte Identität der Person und des Wesens ist eine Regel, die den Theologen verpflichtet.

---

[19] Vgl. Scg I, cc. 7-9; vgl. Super Boet. De trinitate, q. 2, a. 3 (Ed. Leon.), S. 97ff.; S.th. I, q. 1, a. 8 ad 2.
[20] Scg I, c. 9. Vgl. Augustinus, De Trinitate XIII, XX, 26; XV, I, 1.
[21] Vgl. S.th. I, q. 32, a. 3.
[22] Für bibliographische Angaben siehe G. Emery, Trinité et unité de Dieu (wie Anm. 12), S. 201-204.

Im Gefolge dieser ersten These führte Gilbert von Poitiers das boethianische Erbe (das auch Thomas aufnimmt) weiter, indem er daran festhielt: „Die Substanz enthält die Einheit, die Relation vervielfältigt die Trinität."[23] Um die Einheit des göttlichen Wesens zu wahren, wird die Relation nach Gilbert nicht *secundum rem* ausgesagt: Sie modifiziere nicht das Wesen, sie sei nicht irgend etwas (*aliquid*), sondern eine Beziehung zu etwas (*ad aliquid*); die göttlichen Personen sind einander nicht aufgrund ihres Wesens entgegengesetzt, sondern sie unterscheiden sich gemäß ihrer Relation, die Gilbert als ‚äußerlich' oder ‚von außen angeheftet' (*extrinsecus affixa*) bezeichnet, um zu zeigen, daß die Relationen die göttliche Einheit nicht modifizieren[24]. Hier wurde Gilbert nochmals vorgeworfen, die göttliche Person zu spalten, indem er einen Unterschied zwischen dem göttlichen Wesen und der Relation mache. Thomas von Aquin bemüht sich also besonders sorgsam darum, das Denken Gilberts zu berichtigen, indem er zeigt, daß die Relation mit dem göttlichen Wesen identisch ist und weder akzidentell noch an Gott ‚von außen angeheftet' ist (q. 28, a. 2). Die Relation ist mit der göttlichen Person identisch (q. 40, a. 1), ebenso wie auch das Wesen mit der göttlichen Person identisch ist (q. 39, a. 1). Die feste Bekräftigung der realen Identität von Person, Wesen und Relation, historisch verbunden mit der Interpretation Gilberts von Poitiers, spielt also die Rolle eines grundlegenden Prinzips der ganzen Reflexion bei Thomas von Aquin, der darin einen unabdingbaren Grundsatz für einen wahrhaften christlichen Monotheismus sieht, der zum Glauben gehört und nicht bloß eine theologische Meinung darstellt.

---

[23] Boethius, Quomodo trinitas unus Deus, c. 6: „Substantia continet unitatem, relatio multiplicat trinitatem" (Boethius, Die theologischen Traktate, übersetzt von M. Elsässer, Philosophische Bibliothek 397, Hamburg 1988, S. 24-25). Vgl. Thomas, S.th. I, q. 28, a. 3, sed contra; q. 40, a. 2, sed contra.

[24] Vgl. Gilbert von Poitiers, Expositio in Boecii de trinitate I, 5, n. 43 (Gilbert of Poitiers, The Commentaries on Boethius, hg. v. N. M. Häring, Toronto 1966, S. 148); vgl. II, 1, n. 37 (S. 170-171).

III. Die Relation und die Person

Für Thomas von Aquin unterscheiden sich die Personen durch die Relationen, die diese Personen konstituieren, und die Relationen ihrerseits gründen in den Hervorgängen. Die *Summa theologiae* folgt dem *ordo disciplinae*, in den sich diese Notionen ihrem begrifflichen Zusammenhang nach einfügen (Hervorgang – Relation – Person).

1. Der Begriff des Hervorgangs

Der Ausgangspunkt der Abhandlung über die Trinität ist der Begriff des ‚immanenten Hervorgangs‘, d. h. eines Hervorgangs, der sich im handelnden Subjekt vollzieht. Diese Stellung des Begriffs ‚Hervorgang‘ ist entsprechend der realen Relation zu verstehen, die man denken können muß, um der göttlichen Person gerecht zu werden. Die Existenz realer Relationen in Gott ist für Thomas nicht eine theologische Meinung, sondern ein Erfordernis des Glaubens[25]. Nun gehen aber die realen Relationen, die konkret existieren, nicht aus dem Nichts hervor: In den Geschöpfen sind sie Akzidenzien, die zu einer Substanz hinzukommen. Thomas interpretiert die Lehre des Aristoteles über die Relation, um festzustellen, daß eine reale Relation durch drei Grundlagen verursacht sein kann: Quantität, Tätigsein oder Erleiden[26]. Aufgrund der Unkörperlichkeit der göttlichen Personen muß die Quantität ausgeschlossen werden; wegen der Unveränderlichkeit Gottes muß auch das Erleiden im eigentlichen Sinne ausgeschlossen bleiben. Somit bleibt als einziges Fundament für die reale Relation in Gott das Tätigsein, d. h. der Ursprung (Thomas verwendet die Ausdrücke äquivalent: *actio* oder *actus notionalis*; andererseits *origo* oder *processio*)[27].

Doch um welches Tätigsein handelt es sich? Dieses Handeln muß sich in Gott selbst vollziehen. Thomas bedient sich daher seiner Interpretation der aristotelischen Anthropologie, um aufgrund von

---

[25] Vgl. Quodl. XII, q. 1, a. 1 (Ed. Leon.), S. 399; De potentia, q. 8, a. 1 (Ed. Marietti), S. 213ff.; vgl. S.th. I, q. 28, a. 3, sed contra.

[26] Vgl. S.th. I, q. 28, a. 4; De potentia, q. 8, a. 1; Scg IV, c. 24; Aristoteles, Metaphysica V, 15 (1020b 26-29).

[27] Vgl. S.th. I, q. 28, a. 4.

Analogie zu zeigen, daß es in Gott nur zwei Arten immanenter Akte geben kann: die Aktivität des Verstandes und die des Willens. Tatsächlich lassen sich das Leben und die anderen Vollzüge in Gott auf Erkenntnis und Willen zurückführen[28], während die sinnliche Wahrnehmung von Gott ausgeschlossen werden muß[29]. Aus diesem Grund beginnt die Abhandlung über die Trinität damit, einen Hervorgang *per modum intellectus* und einen Hervorgang *per modum amoris* (S.th. I, q. 27) festzustellen.

Um zu diesem Ergebnis zu gelangen, muß Thomas noch zwei Punkte klarstellen. Zunächst ist zu zeigen, daß der Hervorgang *per modum intellectus*, d. h. die Aussprache des Wortes, nichts anderes ist als die Zeugung des Sohnes und der Hervorgang *per modum amoris* nichts anderes als der Hervorgang des Heiligen Geistes und daß sich diese beiden Hervorgänge voneinander unterscheiden (S.th. I, q. 27, aa. 2-4). Doch vor allem ist zu zeigen: Erkennen und Wollen sind fruchtbare Akte, die etwas in Gott ‚hervorbringen'. Thomas muß hier eine tiefgreifende Abwandlung der aristotelischen Anthropologie vornehmen, nach der die immanenten Vollzüge des Intellektes und des Willens im eigentlichen Sinn nichts ‚hervorbringen'[30]. In beiden Fällen reinterpretiert Thomas Aristoteles im Licht des augustinischen Erbes und bewahrheitet die Fruchtbarkeit des Intellekts und des Willens, d. h. die Hervorbringung eines immanenten Terminus in Gott, und zwar des Wortes und der Liebe, die er dann in der Studie über die Personen genauer untersuchen wird (S.th. I, qq. 34 und 37). Wir befinden uns hier im Bereich der ‚Anpassungen', die es erlauben, die Wahrheit des trinitarischen Glaubens gegen die Häresien aufzuweisen: Thomas wirft dem Arianismus und dem Sabellianismus vor, die trinitarischen Hervorgänge in der Art und Weise einer Tätigkeit *ad extra* (transitive Tätigkeit) gedacht und folglich die Göttlichkeit des Sohnes und des Geistes oder deren reale Subsistenz in Gott geleugnet zu haben (S.th. I, q. 27, a. 1). Der katholische Glaube hingegen macht es erforderlich, immanente Hervorgänge anzunehmen, um die Göttlichkeit und die unterschiedene Subsistenz der Personen zu garantieren. Diese beiden Hervorgänge und ‚notionalen Akte' sind

---

[28] Vgl. S.th. I, q. 18, a. 3.

[29] Vgl. S.th. I, q. 27, a. 5; vgl. auch a. 3; Scg II, c. 1; De potentia, q. 9, a. 9 (Ed. Marietti), S. 246ff.

[30] Vgl. Aristoteles, Metaphysica IX, 8 (1050a 23-b 2).

nicht real von den Personen unterschieden, weil in Gott Person und
Akt eins sind. Sie werden aber von unserem Geist als Fundament der
Relation in Gott aufgefaßt und erlauben es daher, ganz der Wahrheit
entsprechend von realen Relationen in Gott zu sprechen.

2. Die Relationen

Die Existenz realer Relationen in Gott, die in den Hervorgängen
gründen, erlaubt es, die Personen zu unterscheiden und gleichzeitig an
der substantiellen Einheit der Trinität festzuhalten. In der Tat ist die
Unterscheidung der Personen weder durch eine Verschiedenheit noch
durch eine Privation verursacht, sondern durch die Ursprungsrelation, die allein daher stammt, daß eine Person aus der anderen in der
Einheit des göttlichen Wesens hervorgeht: Die Relationen implizieren
einen ‚relativen Gegensatz dem Ursprung nach' (S.th. I, q. 28, a. 3).
Diese Ursprungsrelationen, die die drei Personen konstituieren, sind:
Vaterschaft (Relation vom Vater zum Sohn), Sohnschaft (Relation
vom Sohn zum Vater) und Hervorgang (Relation des Geistes zum
Vater und zum Sohn). Diese drei Relationen sind daher ‚personale
Proprietäten', weil sie die Personen unterscheiden und jede von ihnen
in der Einheit des mitgeteilten göttlichen Wesens konstituieren (S.th.
I, q. 28, a. 4).

Thomas von Aquin analysiert die Struktur der Relation, indem
er das Denken des Albertus Magnus weiterführt[31]. Die Überlegung
des Thomas geht auch hier wieder von der kategorialen Auffassung
der Relation als Akzidens aus, das nicht ‚zwischen', sondern ‚in' den
Dingen existiert. In der Weiterführung von Aristoteles (*Kategorien*
VII und *Metaphysik* Δ, 15) unterscheidet Thomas zwei Aspekte in der
Relation wie in jeder der neun Arten der aristotelischen Akzidenzien
(S.th. I, q. 28, a. 2): 1. das Dasein des Akzidens (*esse*) und 2. die
Definition oder eigentümliche Natur dieses Akzidens (*ratio*). Von
ihrer *ratio* her hat die Relation einen einzigartigen Charakter unter
den Akzidenzien: Sie affiziert nicht in positiver Weise das Subjekt, das
sie trägt, sie ist auch keine innerliche Bestimmung dieses Subjekts,

---

[31] Siehe G. Emery, La relation dans la théologie de saint Albert le Grand, in:
Walter Senner (Hg.), Albertus Magnus. Zum Gedenken nach 800 Jahren:
Neue Zugänge, Aspekte und Perspektiven, Berlin 2001, S. 455-465.

sondern eine reine Beziehung zum anderen (*ad aliud*). Die Relation
besitzt hier einen ‚ekstatischen' Charakter, eine Art metaphysische
Einfachheit. Unter dem Aspekt ihrer Existenz (*esse*) hingegen besitzt
die kategoriale Relation die den Akzidenzien eigentümliche Daseins-
weise, d. h. die Inhärenz in einem Subjekt (die Existenz in einem
anderen und durch ein anderes).

Die Übertragung dieses doppelten Aspektes der Relation auf Gott
macht es möglich, die göttliche Person zu denken. 1. Von seiten des
Daseins (*esse*) her ist die göttliche Relation mit dem Sein des einen
göttlichen Wesens identisch: Unter dem Aspekt ihrer Existenz fällt
die Relation schlicht und einfach mit dem substantiellen Sein Gottes
zusammen, da es ja in Gott keine Akzidenzien gibt. 2. Von seiten ihrer
Definition oder eigentümlichen Natur (*ratio*) her wird die Relation
auf Gott übertragen als eine reine Beziehung (*ad aliud*) dem Ursprung
nach (Vaterschaft, Sohnschaft und Hervorgang); unter diesem zweiten
Aspekt besteht die Relation nicht in einer Bestimmung des göttlichen
Wesens, sondern nur in dem interpersonalen Bezug dem Ursprung
nach (S.th. I, q. 28, a. 2). So stellt sich bei Thomas die Frage der
Beziehung zwischen Einheit und Dreifaltigkeit innerhalb der Thematik der Relation dar. Für Thomas gibt es nicht einerseits das eine
Wesen und andererseits die Relation. In der Relation kommt alles
überein, weil die göttliche Relation sowohl das Element der personalen
Unterscheidung (*ratio*) als auch das Element der göttlichen hypostatischen Subsistenz (*esse*) umfaßt. Diese beiden Aspekte konstituieren
zusammen den theologischen Begriff der göttlichen Person (S.th. I, q.
29, a. 4). Deshalb kommt der Vorrang weder dem Wesen noch den
gegenseitigen Beziehungen zu, sondern einzig und allein der Person,
die diese beiden Dimensionen miteinander verbindet.

3. Die Person

Der Ausgangspunkt der Untersuchung der Person (S.th. I, q. 29) liegt
eindeutig in der berühmten Definition des Boethius, die aus der christologischen Kontroverse mit dem Theopaschismus im Zusammenhang
mit der Verurteilung des Nestorianismus und des Monophysitismus
hervorgegangen ist: Die Person ist eine individuelle Substanz rationaler
Natur (*persona est rationalis [rationabilis] naturae individua substantia*).
Thomas geht vom Begriff des Individuums aus; die Person ist ein

Individuum der Gattung Substanz im Sinne der *substantia prima* des
Aristoteles (das konkrete Subjekt, die Hypostase). Eine individuelle
Substanz ist durch einen bestimmten *modus existendi* gekennzeichnet: Sie existiert durch sich selbst und bildet so das Grundprinzip
der Person. Wenn die ‚individuelle Substanz‘ das *genus proximum*
der Definition bildet, dann wird dieses *genus* durch die *differentia
specifica* der ‚rationalen Natur‘ näher bestimmt. Mit dem Ausdruck
rationalis natura ist nicht die aktuelle Erkenntnis gemeint, sondern
die Fähigkeit zur intellektuellen Erkenntnis (die analog Gott, den
Engeln und den Menschen zukommt). Die ‚Natur‘ wird hier, wie in
der Christologie, als Prinzip des Tätigseins und daher als Wesenheit
verstanden; so bestimmt die Natur auch die eigentümliche Hand-
lungsweise der geistbegabten Lebewesen, die sich frei auf ein Ziel hin
ausrichten, das sie mit der Vernunft erkennen.

Im Zentrum dieser Definition der Person findet sich demnach
das Thema der *Handlungsfreiheit*: „Die vernunftbegabten Substanzen haben die Herrschaft über ihr Handeln, sie werden nicht bloß
zum Handeln getrieben wie die anderen, sondern sie handeln durch
sich selbst" (S.th. I, q. 29, a. 1)[32]. Die Person wird also durch drei
Kennzeichen definiert: Unterschiedenheit (Individualität), Existieren
durch sich selbst (Substanz) und freies Handeln durch sich selbst
(Vernunftbegabtheit). Aus diesem Grund gilt: „Die Person bezeichnet
das, was das Vollkommenste in der ganzen Natur ist" (S.th. I, q. 29,
a. 3). Auf Gott angewandt, garantiert diese Definition gegen den
Arianismus die Göttlichkeit der drei Personen (göttliche Substanz),
ihre reale Unterschiedenheit (Individualität) sowie ihre eigene Subsistenz (individuelle Substanz) gegen den Sabellianismus und legt den
Grund für ihr Handeln (vernunftbegabte Natur).

Hier kommt die vorhergehende Analyse der Relation mit ins Spiel.
Wenn das Wort ‚Person‘ auf Gott angewandt wird, bezeichnet es das
göttliche Wesen und die Relation. Genauer gesagt: ‚*Göttliche Person*
bezeichnet die Relation als eine subsistierende‘ (*relatio ut subsistens*)
oder ‚die Relation in der Weise der Hypostase‘ (*relatio per modum
hypostasis*), d. h. als eine Relation nach Art der ersten Substanz (S.th.

---

[32] Siehe C. Schlapkohl, Persona est naturae rationabilis individua substantia.
Boethius und die Debatte über den Personbegriff, Marburg 1999, S. 199-
217.

I, q. 29, a. 4). Tatsächlich ist die Relation in Gott kein Akzidens, sondern sie ist mit der göttlichen Substanz identisch. Aus diesem Grund subsistiert die Relation kraft des göttlichen Wesens, mit dem sie identisch ist, und sie unterscheidet die Personen kraft der Beziehung *ad aliud*, die ihre *ratio* ausmacht. Im Unterschied zu den Menschen werden die göttlichen Personen also durch die Relationen individuiert, und sie werden in dem Maße durch diese Relationen konstituiert, wie die Relation mit dem göttlichen Wesen identisch ist. Die Fähigkeit zu subsistieren und die Person zu konstituieren, kommt nicht nur der Relation als Beziehung zu, sondern als Relation *in Gott*, d. h. insofern sie mit dem göttlichen Sein identisch ist (reale Identität des *quo est* und des *quod est* in Gott).

Thomas erklärt in ähnlichen Formulierungen (S.th. I, q. 29, a. 4), daß die göttliche Person ein ‚in der göttlichen Natur unterschieden Subsistierendes‘ bezeichnet, d. h. die Relation in der Vollständigkeit ihrer Bestimmung in Gott, also in ihrem *esse* (göttliche Substanz) und in ihrer *ratio* (Beziehung *ad aliud*). Aus diesen Gründen bezeichnet die Person die Relation, insofern sie subsistiert, und in dieser subsistierenden Relation vollzieht Thomas die Synthese der Gotteslehre (vgl. die Struktur der Abhandlung über Gott).

Diese Erklärungen kommen in zwei für Thomas von Aquin (und Albert den Großen) charakteristischen Thesen überein. Die erste These lautet: Wenn wir an die Trinität denken und dabei von den Relationen abstrahieren, verschwindet die Person völlig aus unserem Geist, da die Person durch die Relation konstituiert ist (S.th. I, q. 40, a. 3). Die zweite These lautet: Der Vater ist nicht Vater, weil er zeugt, sondern umgekehrt: Weil er Vater ist, zeugt er (S.th. I, q. 40, a. 4). So ist der Vater als Person, also als Handlungssubjekt, durch seine relative Eigentümlichkeit der Vaterschaft konstituiert: Die Vaterschaft geht folglich in der Ordnung der Begriffe der Handlung des Zeugens voraus. Diese zwei charakteristischen Thesen machen neben einigen anderen die außerordentliche Stellung der Relation in der trinitarischen Theologie des hl. Thomas deutlich sowie sein entschiedenes Eintreten für ein relationales Verständnis der göttlichen Person.

4. Einheit und Vielheit

Die scholastische Theologie sieht sich seit Abaelard mit der Frage der ‚Zahl' in Gott konfrontiert. Wie ist die reale Vielheit der Personen in der absoluten Einheit Gottes zu denken? Noch im 12. Jahrhundert gesteht Petrus Lombardus den Zahlen (*eine, zwei, drei* Personen) eine rein negative Bedeutung zu: Der Ausdruck ‚*ein* Gott' schließt eine Vielheit von Göttern aus; der Ausdruck ‚drei Personen' schließt die Einsamkeit einer Person (Modalismus) aus usw.[33] Thomas verwirft eine materielle Vielheit in Gott, um eine nur formale Vielheit bei- zubehalten, die transzendentaler und nicht quantitativer Art ist. Da das transzendentale Eine das Sein in seiner Ungeteiltheit bezeichnet, fügt es dem Sein nichts Positives hinzu, sondern besteht in der Ne- gation einer Teilung (das Sein ist eines, insofern es un-geteilt ist). Die Bekräftigung der göttlichen Einheit besteht also in der Negation einer Teilung und in der positiven Aussage der Sache, der man die Einheit zuschreibt: „Wenn wir sagen: ‚das [göttliche] Wesen ist eines', bezeichnet der Terminus ‚eines' das Wesen in seiner Ungeteiltheit; wenn wir sagen: ‚die Person ist eine', bezeichnet diese Zuordnung die Person in ihrer Ungeteiltheit" (S.th. I, q. 30, a. 3)[34].

Entsprechend ist die trinitarische Vielheit als Mehrzahl auf tran- szendentale Weise zu verstehen, um der Vielheit der Personen, die ein Gott sind, gerecht zu werden (S.th. I, q. 30, a. 3). Diese ‚transzen- dentale Mehrzahl' (*multitudo secundum quod est transcendens*) besteht in der positiven Aussage der Einheit einer jeden Person im Innersten der Dreifaltigkeit, wobei hinzuzufügen ist, daß jede Person sich real von den anderen Personen unterscheidet (die eine Person ist nicht die andere)[35]. So erlaubt der originale Begriff der ‚transzendentalen Mehrzahl', die numerischen Termini in der Rede vom dreifaltigen Gott zu erklären und der spezifisch christlichen Aussage einer per-

---

[33] Vgl. Petrus Lombardus, Sententiae I, d. 24 (Magistri Petri Lombardi Sen- tentiae in IV Libris distinctae, Bd. I/2, Ed. Collegii S. Bonaventurae, Grot- taferrata 1971, S. 187-189).

[34] Vgl. De potentia, q. 9, a. 7 (Ed. Marietti), S. 240ff.; siehe G. Ventimiglia, Differenza e contraddizione, Milano 1997, S. 191-245.

[35] Diese Vielheit besteht also in der Aussage jedes Einen und in einer doppelten Negation (Ungeteiltheit jeder Person und gegenseitige Unterschiedenheit der Personen).

sonalen Vielheit im Innersten des Einen Gottes gerecht zu werden (trinitarischer Monotheismus).

IV. Das Wort und die Liebe

Die Lehre vom Wort und von der Liebe stellt das Herzstück der Trinitätstheologie bei Thomas von Aquin dar. Auf ihren Wert wird vom ersten Artikel des Traktates an hingewiesen: Um den trinitarischen Glauben darzustellen, muß man die immanenten Hervorgänge in den Blick nehmen, deren bestes Beispiel nach Thomas im Vollzug des Intellekts gegeben ist (S.th. I, q. 27, a. 1). Der Begriff des ,immanenten Tätigseins' dient dazu, die Existenz der immanenten Hervorgänge in Gott aufzuzeigen (q. 27, a. 1), anschließend die Weise sowie die Anzahl der Hervorgänge näher zu bestimmen (q. 27, aa. 2-5) und schließlich über die Ursprungsrelationen Rechenschaft zu geben, welche die Personen unterscheiden und konstituieren (qq. 28-29, q. 40). Durch diese Lehre wird es möglich, die personale Eigentümlichkeit des Sohnes (qq. 34-35) und des Geistes (qq. 37-38) zu bestimmen und das Handeln dieser Personen in der Welt zu erklären (q. 34, a. 3; q. 37, a. 2 ad 3), insbesondere die Sendung des Sohnes und des Geistes in der Gnade, die den Menschen gegeben ist (q. 43).

Diese doktrinale Ausarbeitung hebt besonders die Analogie hervor, die der menschlichen Seele entnommen ist und der Ordnung der *similitudines* angehört, deren Funktion weiter oben näher geklärt worden ist. Im Anschluß an Augustinus lehrt Thomas, daß Erkennen und Wollen eine ,Frucht' hervorbringen, nämlich das Wort und die Liebe. Es geht ihm darum zu zeigen, daß die Begriffe ,Wort' und ,Liebe' jeweils eine Ursprungsrelation in bezug zu einem Prinzip einschließen; gerade diese Ursprungsrelation erlaubt es, die Unterscheidung der Personen aufzuweisen und so die Proprietäten des Sohnes und des Geistes näher zu bestimmen. Diese Ausarbeitung der Trinitätslehre, die Thomas erstmals in der ,Summe gegen die Heiden' formuliert hat, ist für sein Denken spezifisch und charakteristisch[36]. In einem weiteren Schritt zeigt Thomas, daß in Gott das Wort und die Liebe

---

[36] Vgl. G. Emery, Le traité de saint Thomas sur la Trinité dans la Somme contre les Gentils, in: Revue Thomiste 96 (1996), S. 5-40.

die Existenz und die Natur Gottes selbst sind. Auf diese Weise können die hypostatische Subsistenz der Personen und ihre göttliche Konsubstantialität gezeigt werden (S.th. I, q. 34, a. 1; q. 37, a. 1). Die zwei Aspekte der Relation lassen sich hier wiederfinden.

Die Lehre über das Wort (S.th. I, q. 34) gründet in der Analyse der Sprache und der Bedeutung bei Aristoteles (*Perihermeneias* I): Worte bedeuten die ‚Regungen der Seele'. Das ‚äußere Wort', das im Laut gesprochen wird, bezeichnet den Begriff (‚inneres Wort'). Das ‚innere Wort' ist der vom Intellekt geformte Begriff: Dieses Wort drückt die erkannte Sache aus und besitzt eine Ursprungsbeziehung zum Intellekt, der es innerlich formt. Seit der *Summa contra gentiles*[37] differenziert Thomas – und hierin unterscheidet er sich deutlich von seinen Zeitgenossen – ganz säuberlich zwischen der *species intelligibilis*, die den Intellekt in den Erkenntnisakt überführt (durch die *species*, die aus der Abstraktion hervorgeht, erkennt der Intellekt), und dem Wort (*verbum*), das in einem späteren Schritt entsteht, wenn der Geist einen Begriff der erkannten Sache formt oder hervorbringt. Während die *species* das Prinzip der intellektuellen Erkenntnistätigkeit ist, ist das Wort seinerseits der immanente Terminus dieser intellektuellen Erkenntnistätigkeit: ein Ausdruck, geformt durch den Intellekt, der die objektive Gegenwart der erkannten Sache im Erkennenden sichert und in dem sich der Erkenntnisprozeß vollendet. Das Wort ist es, ‚worin' (*in quo*) der Intellekt erkennt[38].

Diese Analyse der Hervorbringung des Wortes im Erkennenden erlaubt es, in analoger Weise zu zeigen, daß das göttliche Wort vom Vater gesprochen wird und real von ihm unterschieden ist (S.th. I, q. 34, a. 1). Thomas kann also darlegen: Der Name ‚Wort' wird in Gott im eigentlichen Sinne und nicht etwa lediglich metaphorisch oder gemäß einer sprachlichen Übereinkunft ausgesagt, und dieser Name wird ausschließlich dem Sohn zugesprochen, dessen personale Eigentümlichkeit er bezeichnet. So erklärt Thomas, ausgehend von der Untersuchung des Namens ‚Wort', die Zeugung des ‚Sohnes' in Gott sowie den Namen ‚Bild', der dem Sohn zugeordnet ist (S.th. I, q. 34, a. 2; vgl. q. 27, a. 2; q. 35).

---

[37] Vgl. Scg IV, c. 11; vgl. auch Scg I, c. 53.
[38] Vgl. Super Ioannem, c. 1, lect. 1.

Wenn weiterhin Gott der Vater sich selbst erkennt, drückt sein Wort alles aus, was im Intellekt des Vaters ist: Das Wort drückt den Vater und alle Geschöpfe aus, die im Vater präexistieren. Und da die Erkenntnis Gottes die Ursache der Geschöpfe ist, ist auch das Wort Ausdruck und Wirkursache der Geschöpfe. Die Eigentümlichkeit des ‚Wortes‘ erlaubt es, das Handeln des Sohnes in der Schöpfung und der Regierung der Welt aufzuzeigen (S.th. I, q. 34, a. 3). So liefert der Name ‚Wort‘ den Schlüssel, um die personale Eigentümlichkeit des Sohnes, seine Relation zum Vater und seine Subsistenz im Innersten der Trinität sowie auch sein Handeln in der Welt zu zeigen.

In vergleichbarer Weise erklärt Thomas mit dem Thema der Liebe, wie der Hervorgang und die Eigentümlichkeit des Heiligen Geistes zu denken sind (S. th. I, q. 37). Ebenso wie Gott erkennt, so will und liebt er auch (vgl. qq. 19-20). Und ebenso, wie der Intellekt in seinem Selbstvollzug ein Wort formt, so nimmt Thomas im Willensakt einen ‚Eindruck‘ (*impressio*) des Geliebten wahr, wenn der Wille liebt. Thomas betrachtet diesen Eindruck als eine ‚Hinwendung zu‘ (*affectio*), einen Anstoß (*impulsio, impulsus*), einen inneren Antrieb (*attractio*) zum Geliebten hin[39]. Im Willen dessen, der *actualiter* liebt, entspringt ein dynamischer Antrieb zum geliebten Objekt hin (was ich liebe, ist meinem Willen gegenwärtig und neigt mich zu sich hin).

Dieser Eindruck, diese Hinneigung bzw. dieser Anstoß der Liebe ermöglicht es, die personale Eigentümlichkeit des Heiligen Geistes zu denken. Wenn man sagt, der Heilige Geist sei die Liebe in Person, ist gerade diese *impressio amoris* gemeint, da uns ein anderes, präziseres Wort fehlt[40]. Dieser Eindruck der Liebe besitzt eine Ursprungsbeziehung zum Willen, von dem er ausgeht, wie auch zum Wort hin, das der Liebe vorausgesetzt ist (der Wille liebt das, was der Intellekt zuvor erfaßt hat): So ist es möglich, die Unterschiedenheit des Heiligen Geistes in bezug zum Vater und zum Sohn und folglich die relative Eigentümlichkeit des Heiligen Geistes aufzuweisen.

---

[39] Vgl. S.th. I, q. 37, a. 1; Scg IV, c. 19; Compendium theologiae I, c. 46 (Ed. Leon.), S. 95. Thomas erklärt dazu in Scg IV, c. 26: „Wenn die Seele (*mens*) sich selbst liebt, so bringt sie sich selbst im Willen als Geliebtes hervor“.

[40] S.th. I, q. 37, a. 1: ‚Aus Mangel an Wörtern‘. Der Name der ‚Liebe‘ hat also in Gott einen zweifachen Sinn: die wesentliche Liebe, die den drei Personen gemeinsam ist, und die personale Liebe, die mit der ‚impressio‘ der Liebe, welche der Heilige Geist ist, identifiziert wird.

Durch diesen Eindruck der Liebe bewahrheitet sich die Gegenwart von ‚Gott als Geliebtem in Gott, der sich liebt‘, und dadurch ist ein Zugang eröffnet, um den Heiligen Geist theologisch zu erfassen. Das Thema des Heiligen Geistes als ‚gegenseitige Liebe des Vaters und des Sohnes‘ und als ‚Gabe‘ (Augustinus) verbindet sich mit diesen Erklärungen[41].

Schließlich beschränkt sich das Thema der Liebe nicht darauf, die Eigentümlichkeit des Heiligen Geistes im Innersten der Trinität zu zeigen, sondern es beinhaltet auch den Aufweis der Rolle des Heiligen Geistes in der Schöpfung und im Heilswerk: „Wie der Vater sich selbst und alle Geschöpfe ausspricht durch sein Wort, das er zeugt, und das gezeugte Wort den Vater und alle Geschöpfe vollkommen darstellt, so liebt der Vater sich selbst und alle Geschöpfe durch den Heiligen Geist, insofern der Heilige Geist als die Liebe der ersten Güte hervorgeht, mit welcher der Vater sich selbst und alle Geschöpfe liebt" (S.th. I, q. 37, a. 2 ad 3). Thomas erklärt dazu: „Die Hervorgänge der göttlichen Personen sind Ursache der Schöpfung" (S.th. I, q. 45, a. 6 ad 1; vgl. c)[42].

Mit der Lehre über das Wort und die Liebe legt also die Abhandlung über die Trinität die theologischen Fundamente des gesamten göttlichen Handelns, um das es in der *Summa theologiae* im weiteren geht: Sie legt einerseits die Grundlagen für die Schöpfung und die göttliche Regierung (das Handeln Gottes des Vaters durch das Wort und die Liebe) und andererseits die Grundlagen für die Einigung mit Gott durch die Gnade, d. h. durch die Sendung des Sohnes und des Geistes in die Heiligen, die Gott kennen und lieben, indem sie am Wort und an der Liebe teilhaben (S. th. I, q. 43)[43].

So verwirklicht die Abhandlung über die Trinität ihre Zielsetzung: Sie will zeigen, wie der Glaube an den dreifaltigen Gott vernünftigerweise gedacht werden kann, ohne die Trinität zu beweisen, sondern indem der geoffenbarte dreieine Gott mit Hilfe von ‚Ähnlichkeiten‘

---

[41] Vgl. S.th. I, q. 37, a. 2; q. 38.

[42] Siehe G. Emery, La Trinité créatrice: trinité et création dans les commentaires aux Sentences de Thomas d'Aquin et de ses précurseurs Albert le Grand et Bonaventure (Bibliothèque thomiste, Bd. 47), Paris 1995.

[43] Siehe K. Krämer, Imago Trinitatis. Die Gottebenbildlichkeit des Menschen in der Theologie des Thomas von Aquin, Freiburg i. B. 2000; J.-P. Torrell, Saint Thomas d'Aquin maître spirituel, Fribourg – Paris 1996, S. 29-298.

aufgewiesen wird, die philosophischen Lehren entnommen sind (die Relation und die Unterscheidung, die Analyse des Handelns, die anthropologische Analogie des Wortes und der Liebe, die Subsistenz, die Transzendentalien usw.). Dies geschieht in einer weitergehenden Absicht, die zugleich darauf hinzielt, die trinitarische Ökonomie zu erhellen, d. h. das Handeln Gottes in der Welt, das im weiteren Verlauf der *Summa* entfaltet wird. Unter diesem Aspekt liefert die Trinitätslehre die Grundlage für die gesamte Theologie.

Literatur in Auswahl:

Emery, G., Trinity in Aquinas, Ypsilanti (MI) 2003.

Ders., La théologie trinitaire de saint Thomas d'Aquin, Paris 2004.

Krämer, K. Imago Trinitatis. Die Gottebenbildlichkeit des Menschen in der Theologie des Thomas von Aquin, Freiburg i. Br. 2000.

Schmidbaur, H. C., Personarum Trinitas. Die trinitarische Gotteslehre des heiligen Thomas von Aquin, St. Ottilien 1995.

Smith, T. L., Thomas Aquinas' Trinitarian Theology. A Study in Theological Method, Washington, D.C., 2002.

Torrell, J.-P., Saint Thomas d'Aquin maître spirituel (Vestigia, Bd. 19), Fribourg – Paris 2002², S. 29-298 ("Une spiritualité trinitaire").

Schöpfung und Partizipation

(S.th. I, qq. 44-47 und qq. 103-105)

RUDI TE VELDE (Tilburg)

I. Einleitung

‚*Thomas a Creatore*‘ – so nannte G. K. Chesterton ihn sehr treffend[1]. Es ist sicherlich richtig, daß der Schöpfungsgedanke im theologischen Denken des Thomas von Aquin eine herausragende Stellung einnimmt. Im Mittelpunkt seiner umfassenden theologischen Interpretation der gesamten Wirklichkeit steht die Überzeugung, daß Gott der Anfang und das Ende aller Dinge ist. Alle Dinge sind ‚von ihm her‘ und ‚zu ihm hin‘. Für Thomas wird der Schöpfungsgedanke grundlegend in den ersten Worten des biblischen Buchs *Genesis* ausgesprochen: „Am Anfang schuf Gott Himmel und Erde [...]“ (*Gen.* 1, 1). Schöpfung ist dementsprechend zuallererst ein Glaubensbegriff, der zum Vokabular der christlichen Religion gehört. Er drückt den Glauben aus, daß ‚unsere‘ sichtbare Welt, in der das Leben und die Geschichte des Menschen ihren Platz haben, eine Welt ist, die mit Gott begonnen hat und dauerhaft unter seiner vorsehenden Lenkung steht. Schöpfung – zumindest als Glaubensbegriff – schließt auch einen Beginn der Zeitdauer ein (*principium durationis*), mithin einen Anfang der Welt, die als geschaffene durch die Zeit zu ihrer Vollendung hin unterwegs ist. Schöpfung ist der Beginn der Heilsgeschichte, die ihre eschatologische Vollendung in der Auferstehung und dem Letzten Gericht findet[2].

---

[1]   G. K. Chesterton, St. Thomas Aquinas, London 1933.

[2]   In *quaestio* 46 bespricht Thomas den christlichen Glaubenssatz, daß alle geschaffenen Dinge einen Anfang der Zeitdauer haben (*de principio durationis rerum creatarum*). Vgl. R. te Velde, Christian Eschatology and the End of Time according to Thomas Aquinas (Summa contra Gentiles IV, c. 97), in:

Für Thomas ist Schöpfung zwar eine Glaubenswirklichkeit, aber dies heißt keineswegs, daß ihr Wahrheitsgehalt nur dem Glauben vorbehalten wäre und außerhalb der Vernunft des Menschen stünde. Schöpfung ist zugleich ein Vernunftbegriff, dann aber spezifisch aufgefaßt als ‚Ursprungsanfang' (*principium originis*) – unter Absehung des zeitlichen Anfangs[3]. Daß alle Dinge von Gott geschaffen sind, d.h. in einer Beziehung zu Gott als dem Prinzip ihres Seins stehen, ist durch die Vernunft beweisbar. Die Vernunft ist hier eine metaphysische Vernunft, die zum Sein der Dinge durchdringt und im Licht der transzendentalen Seinsidee alle Dinge bis zum ersten Prinzip des Seins zurückzuführen vermag.

Im Abschnitt über die Schöpfung in der *Summa theologiae* spielt der methodische Unterschied zwischen Vernunft und Glaube keine strukturelle Rolle. Das philosophische Interesse der Vernunft ist in die theologisch-gläubige Perspektive aufgenommen. Thomas' Absicht ist es, eine systematische Darstellung des christlichen Schöpfungsglaubens zu geben. Dazu gehört auch eine Behandlung der biblischen Erzählung von den sieben Schöpfungstagen (qq. 65-74) und von der Schöpfung des ersten Menschen und dessen ursprünglichem Platz im Paradies (qq. 90-102). Dabei sehen wir freilich, daß Thomas von Beginn an die Frage der Schöpfung in den Kontext der griechisch-philosophischen Frage nach dem ersten Prinzip stellt. Ohne dies ausdrücklich zu begründen, nähert er sich dem Schöpfungsgedanken aus der Perspektive der griechischen Ontologie, insbesondere der (aristotelischen) Ursächlichkeitsanalyse des Seienden. Es gibt dabei *ein* Wort aus der griechischen Philosophie, das Thomas mit Vorliebe gebraucht, um den Schöpfungsgedanken auszudrücken: Partizipation. In der Linie der neuplatonischen Emanationstheorie wird Schöpfung von Thomas wesenhaft als Selbstmitteilung Gottes gedacht: Gott teilt auf die Weise der Ähnlichkeit (*per modum similitudinem*) anderen mit, was er selbst wesenhaft und in Fülle ist: *esse*.

J. A. Aertsen/M. Pickavé (Hgg.): Ende und Vollendung. Eschatologische Perspektiven im Mittelalter (Miscellanea Mediaevalia; Bd. 29), Berlin – New York 2002, S. 595-604.

[3] De potentia, q. 3, a. 14 ad 8 (Ed. Marietti), S. 82: „de ratione vero creationis [est] habere principium originis, non autem durationis; nisi accipiendo creationem ut accipit fides."

Man kann sagen, daß Thomas den biblischen Schöpfungsglau-
ben in einem hermeneutisch-ontologischen Sinn versteht und im
weiteren Verlauf diesen Sinn metaphysisch in Begriffen von ‚Partizipation' erläutert. Dies meint, daß das Wort Schöpfung etwas über
die Seinsweise der Dinge in ‚unserer' Welt im Licht einer religiösen
Daseinserfahrung enthüllt. In Begriffen von Partizipation aufgefaßt,
ist die geschöpfliche Seinsweise nicht nur ‚endlich' in dem Sinn, nicht
das Unendliche selbst zu sein, sondern sie schließt zugleich auch
einen positiven und substantiellen Seinssinn ein: den eigenen Sinn
und Wert des Geschöpfs.

Das Thema Schöpfung nimmt den größten Teil der *Prima pars*
ein. Es umfaßt den Abschnitt von *Quaestio* 44 – unmittelbar auf die
Behandlung der Trinität folgend – bis zum Ende der *Prima pars* (q.
119). In der nun folgenden Erörterung der Schöpfungslehre orientieren wir uns vor allem an der ersten grundlegenden *Quaestio* 44.
In den vier Artikeln von *Quaestio* 44 folgt Thomas dem Muster der
vierfachen Ursächlichkeitsanalyse von Aristoteles: Es wird gezeigt, daß
Gott – als Wirk-, Exemplar- und Zielursache – das erste Prinzip aller
Dinge ist, und daß er zugleich der Ursprung der ersten Materie ist.
Zunächst jedoch wollen wir die Systematik des Schöpfungstraktats
und die fundamentalen Unterscheidungen, die ihm zugrunde liegen,
besprechen.

II. Die triadische Struktur der Schöpfungskausalität

Der Schöpfungstraktat in der *Summa* ist in drei Teile gegliedert, die
(1.) der Setzung der Geschöpfe in das Sein (*productio*), (2.) ihrer
Unterscheidung (*distinctio*) und (3.) ihrer Erhaltung und Regierung
(*conservatio et gubernatio*) gewidmet sind[4]. Mit dieser Dreiteilung gibt
Thomas seiner Behandlung des Schöpfungsthemas eine bestimmte
logische Struktur. In der Art und Weise, wie sich Gott als Schöpfer
zu seinen Geschöpfen verhält, lassen sich drei Aspekte unterscheiden:
Gott setzt die Geschöpfe ins Sein, er unterscheidet sie voneinander
innerhalb des geordneten Zusammenhangs des Universums, und er
erhält sie im Sein und führt sie zu ihrem Ziel und ihrer Vollendung.

---

[4]   Vgl. den Prolog von *Quaestio* 44.

Diese Ordnung ist deutlich und wirkt selbstverständlich. Vielleicht läßt dies den Gedanken aufkommen, das Schöpfungshandeln kenne eine gewisse Aufeinanderfolge von verschiedenen Akten. Dies ist aber ausdrücklich nicht beabsichtigt. Es geht vielmehr um drei begrifflich zu unterscheidende Aspekte des *einen* Schöpfungsaktes, der seinerseits mit dem einen göttlichen Wesen zusammenfällt, das unendliche Seinsmacht ist – *actus purus*. Die eine ungeteilte Tat dieser unendlichen Seinsmacht in Beziehung zu allen Seienden wird in drei Momente zerlegt, wodurch das Schöpfungshandeln für den menschlichen Verstand diskursiv und präzise gegliedert erhellt wird.

Es fällt nicht schwer, in den drei Aspekten des einen Schöpfungsaktes einen Verweis auf Aristoteles' Analyse der vierfachen Ursächlichkeit zu erkennen. Der Aspekt der *productio* hängt unverkennbar mit der *causa efficiens*, der Wirkursache, zusammen; *distinctio* ist die Tätigkeit der extrinsischen Formursache, der *causa exemplaris*, und das Paar *conservatio/gubernatio* ist mit der Zielursache, der *causa finalis*, verbunden. Die *causa materialis* übt in der Schöpfung keine eigene Ursächlichkeit (die eines tragenden Substrats) aus; sie wird gleichsam in die universelle Ursächlichkeit Gottes, die auch die Materie der Dinge einschließt, hinein aufgehoben[5].

Der Aspekt der *productio* steht nicht ohne Grund am Anfang. Für Thomas muß schaffen zuallererst als eine Art des *causare* oder *producere in esse* – als Setzung ins Sein – verstanden werden. Gott setzt im Schöpfungsakt etwas anderes als sich selbst ins Sein. Er wird als ein *agens* aufgefaßt, das durch sein Wirken eine bestimmte Wirkung erzielt, die vorher noch nicht bestand. Die kausale Setzung der Wirkung verbindet Thomas mit der Wirkursache, der *causa efficiens*. Es ist das eigentümliche Wirken eines *agens*, eine bestimmte Wirkung hervorzubringen.

Die beiden folgenden Aspekte der *distinctio* und der *conservatio* bzw. *gubernatio* haben mit der Art und Weise zu tun, wie sich das göttliche *agens* zur Wirkung verhält. Thomas läßt sich an dieser Stelle durch zwei allgemeine Grundsätze leiten. Zum ersten wirkt jedes *agens*

---

[5]   *Quaestio* 44 besteht aus vier Artikeln, die gemäß der vierfachen Ursächlichkeit unterteilt sind. Am Ende des vierten Artikels wird festgestellt, daß Gott „die Wirk-, Ähnlichkeits- und Zielursache aller Dinge ist und daß die erste Materie durch ihn ist".

durch seine Form (*omne agens agit secundum formam*); zum zweiten
wirkt jedes *agens* um eines bestimmten Zieles willen (*omne agens agit
propter finem*). Betrachten wir zunächst einmal die Ursächlichkeit der
forma (bzw. des *exemplar*) näher.

So wie jedes *agens* wirkt Gott kraft einer *forma*, die dafür verantwortlich ist, daß er als Ursache hinreichend in Relation zu der zu
bewirkenden Form der Wirkung bestimmt ist. Die Form der Wirkung
muß in der Ursache im voraus bestehen, wenn verständlich sein soll,
daß die Ursache Ursache dieser bestimmten Wirkung ist. Verursachen
heißt für Thomas, daß die Ursache sich selbst (ihre Bestimmtheit)
an die Wirkung mitteilt. Nun ist Gott, der die ‚unendliche Fülle
des Seins‘ in sich enthält, im Hinblick auf jede mögliche Seinsweise
hinreichend bestimmt – man muß sogar sagen: *überbestimmt*. Wegen
dieser Überbestimmtheit ist die ‚unendliche Fülle des Seins‘ in Gott
als solche betrachtet noch nicht das hinreichende *exemplar* aller Geschöpfe in ihrer Eigenheit und Unterschiedenheit. Um begreifen zu
können, daß Gott die Ursache aller Geschöpfe in ihrer spezifischen
Eigenheit ist, muß der Wesensbegriff (*ratio speciei*) jedes Geschöpfes
im voraus in Gott bestehen, und zwar in Form einer Idee oder eines
exemplar, dem gemäß Gott schafft. Gott ist ein *agens*, das auf eine frei
gewollte Weise durch seinen Verstand wirkt, nicht aus einer in seiner
Natur liegenden Notwendigkeit; in seinem Verstand liegen die *rationes*
aller Geschöpfe in ihrer Eigenheit beschlossen. Die *forma*, der gemäß
Gott wirkt, ist nichts anderes als sein Wesen – dies aber als durch
seinen Verstand begriffen unter einer Vielheit von unterschiedenen
Hinsichten, von denen jede einzelne die eigene Idee eines bestimmten
Geschöpfes ist[6]. So sieht man, daß bereits in Gott, in seinem Verstand,
eine gedankliche *distinctio* stattfindet, ein ‚gegliederter Entwurf‘ der
Schöpfung als eines geordneten Zusammenhangs (*ordo universi*), in
dem jedes Geschöpf entsprechend seiner eigenen Wesensnatur einen
genau bestimmten Platz einnimmt. Die *distinctio* beinhaltet also, daß
das Sein jedes Geschöpfs durch seine göttliche Idee gemäß einem

---

[6]   S.th. I, q. 44, a. 3: „Et ideo oportet dicere quod in divina sapientia sunt
rationes omnium rerum: quas supra [q. 15, a. 1] diximus *ideas*, id est formas
exemplares in mente divina existentes. Quae quidem, licet multiplicentur
secundum respectum ad res, tamen non sunt realiter aliud ad divina essentia,
prout eius similitudo a diversis participari potest diversimode."

bestimmten Wesensgrad begrenzt wird und auf diese Weise an das grenzt, was höher bzw. niedriger im geordneten Zusammenhang der gesamten Schöpfung steht.

Die *distinctio* der Geschöpfe geht mit Vielheit und Ungleichheit einher. Weil Gott durch seinen Verstand schafft, kann er in seinem Schöpfungsakt unmittelbar eine Vielheit von ungleichen Geschöpfen – das eine vollkommener als das andere – beabsichtigen. Die Vielheit und Ungleichheit der Dinge stammen von Gott und tragen deshalb zur Art und Weise bei, wie die Welt Schöpfung Gottes sein kann. Vielheit erhält im Licht des Schöpfungsgedankens einen positiven Klang. Sie verweist nicht auf einen Verlust einer ursprünglichen Einheit oder einen ‚Fall‘ aus der einfachen, nicht-zusammengesetzten Fülle der göttlichen Ursache. Die Vielfalt und Unterschiedenheit von Seinsgestalten in der Schöpfung tragen Thomas zufolge zur Art und Weise bei, wie die in Einheit konzentrierte Vollkommenheit Gottes in den Geschöpfen repräsentiert werden kann. Schaffen ist wesenhaft das Mitteilen von Gottes Vollkommenheit an etwas anderes auf dem Wege der Ähnlichkeit. Kein Geschöpf kann jedoch allein, nur für sich genommen, Träger der vollkommenen Ähnlichkeit mit Gott sein. Gerade darum beabsichtigt Gott in seinem Schöpfungsakt Vielheit und Unterschiedenheit, damit das eine Geschöpf auf seine Weise vervollständigt, wo das andere Geschöpf in Ähnlichkeit zurückbleibt. Die Vielgestalt und Verschiedenheit in der Welt erhält auf diese Weise eine fundamentale Bestätigung[7].

Weiterhin wirkt jedes *agens* nicht nur kraft einer Form, sondern auch wegen eines Ziels (*propter finem*)[8]. Die Ursächlichkeit der Schöpfung schließt den Aspekt der Zielursache mit ein. Dieser Aspekt der Zielursache tritt vor allem in der Vorstellung von der *gubernatio*, der göttlichen Lenkung aller Geschöpfe, in Erscheinung (ab q. 103). Angesichts der Tatsache, daß die Natur offenkundig eine genau bestimmte Zielordnung erkennen läßt, muß man sagen – so Thomas –, daß die Welt einer vorsehenden Lenkung unterworfen ist. Lenken heißt, daß jedes Ding zu seinem Ziel und zu seiner Vollkommenheit geführt wird.

---

7   S.th. I, q. 47, a. 1: „Unde dicendum est quod distinctio rerum et multitudo est ex intentione primi agentis, quod est Deus."

8   S.th. I, q. 44, a. 4: „Utrum Deus sit causa finalis omnium."

Und dies ist etwas, was zu Gottes Gutheit paßt. Gott setzt die Dinge nicht nur ins Sein, sondern führt sie auch zu ihrem Ziel[9].

Die Vorstellung von *gubernatio* knüpft folglich insbesondere am zielursächlichen Aspekt der Schöpfung an. Alle Dinge sind in ihrer Wirkung auf ihr Ziel gerichtet. Das Letztziel, um dessentwillen alle Dinge sind und wirksam sind, ist nichts anderes als Gott bzw. seine *Gutheit*. Gott schafft wegen seiner Gutheit und läßt jedes Geschöpf auf eine spezifizierte Weise an seiner Gutheit teilhaben. Das Ziel der Lenkung der Welt ist deshalb in erster Linie die ‚wesenhafte Gutheit', die Gott selber ist; in zweiter Linie – spezifizierter – ist es das Ziel der Lenkung, dafür zu sorgen, daß jedes Geschöpf am Guten teilhat und ihm ‚ähnlich wird' (*assimilatio*). Letzteres kann auf zwei Arten erfolgen: zum ersten, insofern jedes Geschöpf in sich selbst gut ist und zum zweiten, insofern ein Geschöpf die Ursache der Gutheit von etwas anderem ist. Entsprechend diesen beiden Arten von ‚Verähnlichung' an die Gutheit Gottes hat die *gubernatio* zwei Wirkungen: Sie bewahrt die Dinge im Guten (*conservatio in bono*) und sie bewirkt ihre Bewegung zum Guten hin (*motio ad bonum*)[10]. Als ‚Lenker' wird Gott als eine gute Seinsmacht aufgefaßt, die alle Dinge bleibend in ihrem Sein und ihrer Gutheit trägt und sie von innen heraus zu ihrem eigenen Wirken bewegt, durch das sie ihr Ziel und ihre Vollkommenheit erlangen.

III. Schöpfung und Trinität

In der Tradition der thomistischen Theologie wird die Schöpfungslehre in der Regel von der Trinitätslehre unterschieden. Dem gängigen Schema entsprechend, bezieht sich die Trinität auf das innere Wesen Gottes, das ausschließlich auf der Basis seiner Offenbarung erkennbar ist. In seinem Wirken ‚nach außen' (*ad extra*) ist Gott jedoch entsprechend der ungeteilten Einheit seines Wesens tätig. Aus diesem Grund liegt die Trinität außerhalb der natürlichen Erkennbarkeit

---

[9] S.th. I, q. 103, a. 1: „Unde ad divinam bonitatem pertinet ut, sicut produxit res in esse, ita etiam eas ad finem perducat. Quod est gubernare."

[10] S.th. I, q. 103, a. 4: „Unde duo sunt effectus gubernationis: scilicet conservatio rerum in bono, et motio earum ad bonum."

Gottes auf der Basis seiner geschaffenen Wirkungen[11]. Die Trinität ist ein Glaubensmysterium, das hinter der Art und Weise, wie Gott sich als universeller Seinsgrund in der geschaffenen Wirklichkeit zeigt, verborgen bleibt.

Für Thomas bedeutet diese Unterscheidung jedoch nicht, daß mit ihr die Trinität keinerlei Relevanz für die Erkenntnis der Schöpfung besäße. Der Schöpfer-Gott ist für ihn kein anderer als der trinitarische Gott. Es besteht ein deutlicher Zusammenhang zwischen der Dreieinheit Gottes und der triadischen Struktur der Schöpfungsursächlichkeit. Obwohl der Schöpfungsakt nicht einer der drei Personen im besonderen zugeordnet werden kann, sondern der Trinität in ihrem Ganzen zugehört, drückt jede der Personen der Ursächlichkeit der Schöpfung ihren eigenen Stempel auf[12].

Obwohl man mithin vom Begriff der Schöpfungsrelation nicht auf die Dreieinigkeit Gottes schließen kann, wirft doch umgekehrt die (Glaubens-)Erkenntnis der Trinität Licht auf die Natur der Schöpfung. Thomas meint sogar, daß die Erkenntnis der göttlichen Personen für uns *notwendig* ist, um zu einem korrekten Urteil über die Schöpfung der Dinge zu gelangen. Die Erkenntnis der Trinität hilft uns insbesondere, zwei Irrtümer hinsichtlich der Schöpfung zu vermeiden. Dadurch nämlich, daß der christliche Glaube annimmt, daß Gott alles durch sein Wort gemacht hat, das ein Name der zweiten Person der Trinität ist, wird der Irrtum derjenigen ausgeschlossen, die meinen, Gott habe die Dinge kraft der Notwendigkeit seiner Natur gemacht. Und dadurch, daß der christliche Glaube eine ‚Bewegung der Liebe‘ (*processio amoris*) in Gott annimmt, wird deutlich, daß Gott nicht aus irgendeinem Bedürfnis heraus oder wegen einer anderen extrinsischen Ursache die Geschöpfe gemacht hat, sondern wegen der Liebe zu seiner Gutheit[13]. Die Erkenntnis der göttlichen Personen erhellt deshalb, daß Gott *durch seinen Verstand wegen seiner Gutheit* schafft.

---

[11] S.th. I, q. 32, a. 1: „Es ist unmöglich, durch die natürliche Vernunft zur Erkenntnis der Dreieinigkeit und der göttlichen Personen zu gelangen." Dieses Prinzip führt bei Thomas allerdings nicht zu einer Trennung von Trinität und Schöpfung.

[12] S.th. I, q. 45, a. 6: „Sed tamen divinae Personae secundum rationem suae processionis habent causalitatem respectu creationis rerum."

[13] S.th. I, q. 32, a. 1 ad 3: „cognitio divinarum Personarum fuit necessaria nobis dupliciter. Uno modo, ad recte sentiendum de creatione rerum."

Die trinitarische Struktur von Gottes ‚innerem Leben' beleuchtet den typisch personalen Charakter seiner Schöpfungstat als einer intentionalen und freien, durch Liebe motivierten Tat.

Thomas will damit sicher nicht sagen, daß eine rein philosophische Annäherung an die Schöpfung unter Absehung des Glaubens notwendigerweise zu diesen falschen Auffassungen führt. Die Auffassung etwa, daß Gott kraft einer Notwendigkeit seiner Natur wirkt, betrachtet er als einen Irrtum der Vernunft, der darum auch durch vernünftige Argumente widerlegbar ist. Was er meiner Ansicht nach meint, ist, daß der Theologe in seine Erklärung der Schöpfung den Trinitätsglauben miteinbeziehen muß, um dem spezifisch christlichen Verständnis von Schöpfung als etwas, das ‚durch das Wort' und ‚aus der Liebe heraus' stattfindet – mithin als einem ganz und gar *freien* Ereignis –, gerecht zu werden[14]. Um richtig über die Schöpfung zu urteilen, muß man sich ihr vom Trinitätsglauben her nähern.

Die Bedeutung der göttlichen Personen für die Schöpfung wird auf besondere Weise durch die sogenannte ‚Appropriation' erhellt. Thomas unterscheidet drei Attribute Gottes, die für die Schöpfung von besonderer Bedeutung sind, nämlich die ‚Macht', die ‚Weisheit' und die ‚Gutheit' Gottes. Alle drei sind Wesensattribute, die als solche nicht direkt einer der Personen zugehören. Jedes von ihnen bezeichnet einen unterschiedlichen Aspekt der Schöpfungsursache: Als ‚Macht' ist Gott die hinreichende Wirkursache, die alle Dinge ins Sein zu setzen vermag; als ‚Weisheit' ist Gott die hinreichende Ähnlichkeitsursache, die alle Dinge in einen Zusammenhang stellt und sie ordnet; als ‚Gutheit' schließlich ist Gott die hinreichende Zielursache, die alle Dinge wegen Gottes Gutheit schafft. Diese drei Attribute, die die triadische Struktur der Schöpfungsursache widerspiegeln, werden nun entsprechend der Appropriation jeweils mit dem Vater, dem Sohn bzw. dem Heiligen Geist verbunden[15]. ‚Appropriation' heißt, daß jede der Personen sich jenes Wesensattribut zueignet, das am meisten zu dem ihr eigentümlichen Charakter paßt. Das eine schaffende Wesen Gottes erhält auf diese Weise ein gewisses trinitarisches Profil.

---

[14] S.th. I, q. 44, a. 4 ad 1: „Et ideo ipse solus est maxime liberalis: quia non agit propter suam utilitatem, sed solum propter suam bonitatem."
[15] Vgl. S.th. I, q. 39, a. 8; q. 45, a. 6 ad 2.

Es muß dann auch nicht verwundern, daß Thomas zufolge das Geschöpf als Wirkung Gottes eine Spur des trinitarischen Profils der Ursache in sich trägt[16]. Alle Geschöpfe repräsentieren auf gewisse Weise die Trinität, insofern sie als Wirkung eine gewisse Dreifaltigkeit besitzen, die auf die göttlichen Personen als Ursache zurückgeführt werden muß. Jedes Geschöpf ist ja etwas, das – zum ersten – selbständig ist, das – zum zweiten – eine Form hat, durch die es in seiner Art bestimmt ist, und das – zum dritten – in Beziehung zu etwas anderem steht. In seiner Selbständigkeit repräsentiert das Geschöpf seine Ursache und sein Prinzip und verweist so auf die Person des Vaters, die ein Prinzip ist, ohne selber ein Prinzip zu haben. Insofern das Geschöpf eine Form und eine Artbestimmung hat, repräsentiert es das Wort, denn die Form dessen, was gemacht ist, korrespondiert der Form des Entwurfs des Machers. Insofern das Geschöpf schließlich in einer Beziehung zu etwas anderem steht, repräsentiert es den Heiligen Geist, der Liebe ist, denn diese Beziehung der Wirkung zu etwas anderem ist vom Schöpfer gewollt.

Die Position von Thomas ist, so können wir schlußfolgern, differenziert und nuanciert. Der Ausgangspunkt ist, daß Gott gemäß der Einheit seines Wesens schafft. Die göttlichen Personen wirken in ungetrennter Einheit im *einen* Schöpfungsakt zusammen. Dies bedeutet jedoch nicht, daß die Trinität keine Bedeutung für die Schöpfung hätte. Die *processiones* der Personen sind auf bestimmte Weise (*aliquo modo*) die Ursache und der Grund der Schöpfung. Es ist, muß man sagen, der dreieinige Gott, der als der Dreieine der schöpfende Grund all dessen ist, was besteht.

IV. Schöpfung als Produktion

Der Schöpfungstraktat in der *Summa* wird mit einem Artikel eröffnet (q. 44, a. 1), in dem Thomas zeigen will, daß Gott die ‚Wirkursache aller Seienden ist'. Es geht hier um die fundamentale These des Schöpfungsglaubens: Es besteht nichts, das nicht von Gott abhängt und unter seiner universalen Schöpfungsmacht steht. Außerhalb des einen Gottes und Schöpfers kann nichts bestehen, das nicht ein Geschöpf

---

[16] Vgl. S.th. I, q. 45, a. 7.

ist. Ohne daß ihre ganze Bedeutung darauf reduziert werden kann, ist diese These das Fundament des Schöpfungsgedankens. Was auch immer Schöpfung darüber hinaus bedeuten mag, sie beinhaltet in jedem Fall die Überzeugung, daß nichts außerhalb Gottes bestehen kann, das nicht durch Gott ist (*a Deo*).

Der zweite Artikel von *Quaestio* 44 knüpft direkt am ersten an. Hier stellt Thomas die Frage nach dem materialen Prinzip der Dinge: „Ist die erste Materie von Gott geschaffen?" Thomas legt dar, daß die universale Reichweite der ersten Ursache aller Seienden so gedacht werden muß, daß es nichts in den Dingen gibt – selbst die erste Materie nicht –, was nicht durch die erste Ursache verursacht würde. Weil beide Artikel eng aufeinander bezogen sind, sollen sie hier gemeinsam besprochen werden.

Das Argument, das Thomas im ersten Artikel entwickelt, ist in all seiner Knappheit von großem spekulativen Tiefgang. Was er zeigen will, ist, daß es notwendig ist anzunehmen, daß jedes Seiende durch Gott geschaffen ist, nicht aber, daß jedes Seiende notwendigerweise geschaffen ist. Die Absicht ist nicht, einen Apriori-Beweis der Schöpfung ‚von Gott her' zu geben. Das Argument erfolgt *post factum*: Wie kann man sich angesichts der Tatsache, daß die Welt besteht, einsichtig machen, daß die Welt (die Gesamtheit aller Seienden) durch Gott ist, wie dies der christliche Schöpfungsglaube behauptet?

Thomas beginnt damit, eine allgemeine Regel zu formulieren, die der reduktiven Beweisform zugrunde liegt: „Wenn etwas gemäß Teilhabe ein bestimmtes Merkmal hat, dann muß dies durch etwas verursacht sein, dem das Merkmal wesenhaft zukommt."[17] Wenn eine Vollkommenheit auf partielle und verminderte Weise in etwas anwesend ist, ist dies nur verständlich, wenn es auf etwas anderes zurückgeführt wird, das diese Vollkommenheit wesenhaft und in Fülle besitzt. Was Thomas nun belegen muß, ist, daß alle Seienden außer Gott ‚durch Teilhabe' sind, mithin einen abgeleiteten Seinsstatus haben, der auf eine Ursache mit einem ursprünglichen Seinsstatus verweist.

Das Argument setzt mit einer Bestimmung von Gott ein, in der genau dieser ursprüngliche Seinsstatus zum Ausdruck kommt. Gott muß als das ‚durch sich selbst bestehende Sein selbst' (*ipsum esse per*

---

[17] S.th. I, q. 44, a. 1: „Si enim aliquid invenitur in aliquo per participationem, necesse est quod causetur in ipso ab eo cui essentialiter convenit."

se subsistens) gedacht werden. Diese Bestimmung ist das Ergebnis der Untersuchung der Seinsweise Gottes, die bereits früher in der *Summa* stattgefunden hat. Gott muß – als etwas, das auf ursprüngliche Weise ist (*primum ens*) – als in Identität mit seinem Sein gedacht werden. Das Sein (*esse*) in Gott kann nicht etwas anderes sein als sein Wesen (*essentia*). Wenn Gott auf diese Weise gedacht werden muß, dann folgt daraus, daß Gott nicht anders als *einer* sein kann. Die Seinsweise Gottes schließt die Möglichkeit einer Vervielfältigung aus. Hieraus folgt, daß etwas anderes als Gott nur als ein Seiendes denkbar ist, das nicht sein Sein *ist*, sondern am Sein teilhat. Folglich kann angesichts der Tatsache, daß die Seinsweise Gottes durch die Identität von Sein und Wesen charakterisiert ist, etwas anderes als Gott nur so gedacht werden, daß es gemäß einer Seinsweise besteht, in der diese Seinsein-fachheit negiert wird, mithin einer Seinsweise, die eine bestimmte Negation im Hinblick auf das ‚Sein in Fülle' einschließt. Von daher ist es zu verstehen, daß Thomas auch von ‚Partizipation' spricht. Was nicht das Sein selbst ist und nicht die ganze unendliche Fülle des Seins einschließt, kann nur auf begrenzte und endliche Weise entsprechend dem Maß seines Wesens am Sein teilhaben.

Gott besteht nur in Einfachheit, als einer; aber was sich von Gott unterscheidet und in seiner Seinsweise durch die Negation der Seinseinfachheit Gottes bestimmt wird, kann nicht anders als in einer Vielheit bestehen – einer Vielheit von Geschöpfen, die sich im Grad der Vollkommenheit unterscheiden. Die Schlußfolgerung von Thomas lautet denn auch: „Alle Dinge, die sich gemäß einer unterschiedlichen Seinsteilhabe voneinander unterscheiden, so daß sie vollkommener oder weniger vollkommen sind, sind durch *ein* erstes Seiendes verursacht, das am vollkommensten ist."[18]

Thomas schließt sein Argument mit einem Verweis auf Plato und Aristoteles ab, die beide die Notwendigkeit einer metaphysischen Rückführung auf die Einheit und Vollkommenheit vertreten hatten. Plato hatte gesagt, daß jede Vielheit in einer ihr vorausliegenden Ein-heit gegründet sein müsse. Und Aristoteles hatte in seiner *Metaphysica* (II, c. 2) den Gedanken ausgesprochen, daß das, was am meisten

---

[18] S.th. I, q. 44, a. 1: „Necesse est igitur omnia quae diversificantur secundum diversam participationem essendi, ut sint perfectius vel minus perfecte, causari ab uno primo ente, quod perfectissime est."

seiend und am meisten wahr sei, die Ursache alles Seienden und alles Wahren sei. Die metaphysische Grundform des Schöpfungsgedankens findet im Denken von Plato und Aristoteles, den beiden Erzvätern der Philosophie, ihre Bestätigung.

Das auffallendste in Thomas' Argumentation ist, daß er seinen Ausgangspunkt in Gott wählt. Er geht von der Bestimmung Gottes als *ipsum esse subsistens* aus, woraus folgt, daß alles andere im Unterschied zu Gott als *ens per participationem* und damit als von Gott abhängig begriffen werden muß. Der Begriff der Schöpfung wird formal aus dem Begriff Gottes abgeleitet. In der Bestimmung *ipsum esse subsistens* wird Gott so gedacht, daß er sich zu jedem anderen Seienden produktiv verhält. Aber was hierbei nicht vergessen werden darf, ist, daß diese metaphysische Bestimmung Gottes nicht einer intellektuellen Intuition von seinem Wesen entspringt, sondern ausdrückt, wie Gott ,von seiner Wirkung her' als erste Ursache aller Dinge gedacht werden muß. Thomas betont, daß wir nicht über einen intuitiven Wesensbegriff von Gott verfügen, der von der Schöpfung (den Wirkungen) logisch unabhängig wäre und aus dem in der Folge die These von der Schöpfung abgeleitet werden könnte. Wir haben keinen kognitiven Zugang zu Gott außerhalb seiner Beziehung zur Schöpfung, weil wir selbst und unser Erkennen in der Schöpfung situiert sind. Der Gottesbegriff (*ipsum esse subsistens*) und der Schöpfungsbegriff (*ens per participationem*) verhalten sich zueinander zirkulär. Auf demselben Weg, auf dem Gott von der Wirkung her als Ursache erkannt wird, kann auch die Wirkung formal als Wirkung der Ursache, folglich als geschaffen, erkannt werden. Diese Zirkularität von Schöpfer und Schöpfung wird von Thomas selbst nirgends als solche verantwortet und reflektiert. Es fällt allerdings auf, daß derselbe Gedanke von Aristoteles aus dessen *Metaphysica*, auf den Thomas in seinem Schöpfungsargument verweist, auch dem ,vierten Weg' der Gottesbeweise zugrunde liegt. Der Weg von der Wirkung zur Ursache ist offenbar derselbe wie der Weg von der Ursache zur Wirkung.

Den Sinn dieser Zirkularität könnte man so begreifen, daß die reale Ableitung des Seins aus der ersten Ursache (die kausale Bewegung der Schöpfung selbst) für uns nicht unmittelbar und positiv einsichtig ist, weil dies eine Wesensintuition Gottes unterstellen würde. Wir machen das Entspringen der endlichen Wirklichkeit aus seinem Ursprung nicht selber mit. Der Ausgangspunkt der Wirklichkeit fällt nicht mit dem Ausgangspunkt unseres Erkennens der Wirklichkeit zusammen. Nur unter Vermittlung der Wirkung (der wahrnehmbaren Dinge) kommen wir zur Erkenntnis der Ursache (dem intelligiblen Seinsgrund der Dinge), um in der Folge in unserer Erkenntnis diese Vermittlung dadurch zu reflektieren, daß zum Ausdruck gebracht wird, daß die Wirkung in Wahrheit durch die Ursache vermittelt ist. Der ‚Weg hinauf' (von der Wirkung zur Ursache) und der ‚Weg hinunter' (von der Ursache zur Wirkung) ist ein und derselbe Weg, der diese beiden Seiten in sich vereinigt.

Aus diesem Grund weist die Zirkularität des Schöpfungsbeweises nicht so sehr auf einen *circulus vitiosus*, dem man zu entkommen versuchen müßte, sondern auf einen spekulativen Kreis eines intelligiblen Begründungszusammenhangs, der nur von innen heraus zu erhellen ist. Bei der zirkulären Intelligibilität des Verhältnisses Geschöpf-Schöpfer ist es eher die Frage, wie man in ihn *hinein* kommt. Diese Frage liegt offenbar dem zweiten Artikel zugrunde, in dem Thomas die Entwicklung des Denkens zu einer metaphysischen Betrachtungsweise des Seienden, die mit der intrinsischen Intelligibilität des Schöpfungsverhältnisses übereinstimmt, skizziert. Thomas stellt in diesem Artikel die Frage, ob die erste Materie der Dinge von Gott geschaffen ist (*utrum materia prima sit creata a Deo*). Es ist dies eine Fragestellung, deren direkter Anlaß in der griechischen Philosophie liegt, in der der Begriff der ersten Materie für das ungewordene Substrat alles Werdens und Entstehens steht. Insofern die erste Materie das Substrat alles Werdens ist, ist sie selber nicht geworden oder verursacht, sondern wird durch die Ursachen des Entstehens der Dinge vorausgesetzt. Die Stellung der ersten Materie konfrontiert Thomas mit der Frage, ob in der Linie des griechisch-philosophischen Denkens über den Ursprung und das Entstehen der Dinge eine Ursächlichkeit gedacht werden kann, die universal ist und das gesamte Sein einschließlich der Materie verursacht.

Das philosophische Denken, so läßt uns Thomas in Artikel 2 sehen, macht eine Entwicklung von einer anfänglich noch extrinsischen, an die Wahrnehmung gebundenen Betrachtungsweise des Seienden zu einer intrinsischen Betrachtungsweise des Seienden, insofern es seiend ist, durch. Thomas unterscheidet in dieser Entwicklung drei Phasen. Die ersten zwei Phasen stehen noch im Zeichen eines ‚physischen' Verständnisses der Wirklichkeit; die letzte Phase überschreitet die physische Perspektive hin zu einer metaphysischen Betrachtung des Seienden als Seiendes. In die erste Phase stellt Thomas die vorsokratischen Naturphilosophen. Sie gingen davon aus, daß es keine anderen Seienden als die wahrnehmbaren Körper gäbe. Veränderung (Werden, Entstehen) wurde als Veränderung gemäß akzidentellen Eigenschaften, wie etwa Verdünnung und Verdichtung, Verbindung und Trennung, gedacht. In der Annahme, daß die Substanz (der Urstoff) der materiellen Körper ungeschaffen wäre, erkannten sie nur Ursachen der akzidentellen Veränderungen wie Freundschaft und Streit, Geist und dergleichen. Dies ist die erste Phase in der Entwicklung der philosophischen Seinsfrage. Das Seiende wird hier als die eine gleichbleibende Substanz (Urstoff) verstanden, die den vielfältigen und wechselnden Erscheinungen zugrunde liegt.

Die zweite Phase (Plato und Aristoteles) begann mit der Einführung der substantiellen Form, die zusammen mit der Materie das Wesen der Dinge konstituiert. Die Einführung der substantiellen Form ermöglichte es, neben den akzidentellen Veränderungen nun auch substantielle Veränderungen zu denken, d. h. Veränderungen, in deren Folge etwas nach seiner Art und seinem Wesen entsteht. Dieser substantielle Sinn von Werden wird mit eher allgemeinen Ursachen wie z. B. den Ideen (Plato), die die Ursachen der Arten der Dinge sind, verbunden.

In den beiden ersten Phasen der Entwicklung der Seinsfrage ist die Weise, wie das Seiende gedacht wird, noch *partikular*, d. h. begrenzt. Das Augenmerk gilt der *Natur*, d. h. dem Seienden in seiner kategorialen Gestalt des *Dieses*-Seins oder *So*-Seins (des *hoc esse* bzw. *tale esse*). Kennzeichnend für die menschliche Vernunft ist nun aber das diskursiv-logische Fortschreiten vom Partikularen zum Universalen. Das philosophische Denken kann deshalb beim Partikularen der Natur nicht aufhören; es schreitet fort, indem man die der Physik eigentümliche partikulare Betrachtungsweise überschreitet und zu einer universalen Betrachtung des Seienden, insofern es seiend ist, gelangt. Die Formulierung ‚das Seiende als Seiendes‘ verweist auf die aristotelische Definition des Gegenstands der Metaphysik. Die Metaphysik ist der Name jener philosophischen Wissenschaft, die das Seiende in universaler Hinsicht betrachtet und in der Konsequenz das Seiende von einer Ursache her begreift, die das Seiende in seinem Sein begründet. Diese universale Seinsursache umfaßt alles, was zum

Sein von etwas gehört, nicht allein die Form, durch die etwas so oder anders bestimmt ist, sondern auch die erste Materie. Und so lautet die Schlußfolgerung, daß Gott als die universale Ursache der Seienden zugleich auch die Ursache der ersten Materie ist.

Entscheidend in Thomas' Argumentation ist der Gedanke, daß die Schöpfungsursache eine universale Ursache ist, die sich von allen partikularen Ursachen unterscheidet. Dieser Unterschied ist nicht nur graduell. Es besteht ein qualitativer Unterschied zwischen der ,horizontalen' Ursächlichkeit innerhalb des Bereichs der Natur, für den gilt, daß das eine *gemäß der Form* Ursache des anderen ist, und der ,vertikalen' Ursächlichkeit in Beziehung zur Natur als solcher *gemäß des Seins*. Die Schöpfungsursache begründet die Dinge nicht in einer besonderen Hinsicht, als ein *Dies*-Seiendes oder *So*-Seiendes, sondern in einer universalen und umfassenden Hinsicht als ein *Seiendes*. Man spricht dann auch von einer transzendentalen Ursächlichkeit im Unterschied zur kategorialen Ursächlichkeit der Natur. Aus diesem Grund konkurriert die Schöpfung auch nicht mit der Natur. Schöpfung bezieht sich auf eine Ursache, die die gesamte (endliche) Natur als solche, einschließlich ihres eigenen Bereichs von Ursächlichkeit (den ,Zweitursachen'), ins Sein setzt.

Das Verständnis von Schöpfung setzt – so macht dieser Text deutlich – einen metaphysischen Betrachtungsstandpunkt voraus. Der menschliche Verstand ist freilich wegen seiner rational-diskursiven Erkenntnisweise nicht von Beginn an ,metaphysisch'; er muß sich vom Physischen und Kategorialen zu einer metaphysischen Betrachtung des Seienden als Seiendes erheben. Die Bedeutung des Textes über die erste Materie liegt vor allem in der Tatsache, daß Thomas hier anhand der historischen Entwicklung der Philosophie die reduktive Denkbewegung der Vernunft skizziert, die vom Partikularen zum Universalen, vom Physischen zum Metaphysischen fortschreitet: Dadurch, daß man die besondere Natur als die besondere Weise, wie etwas seiend ist, d. h. wie es am Allgemeinen des Seins teilhat, auffaßt, wird die Notwendigkeit einer Rückführung der Dinge zu einer universalen Ursache ihres Seins, konkret zu Gott, offenkundig.

Man könnte nun sagen, daß sich Thomas im ersten Artikel, in dem er den formalen Beweis der Schöpfung liefert, direkt auf einen metaphysischen Standpunkt der Betrachtung stellt. Dies kann er tun, weil er seinen Ausgangspunkt von der metaphysischen Bestimmung

Gottes als *ipsum esse subsistens* nimmt. Aus diesem Begriff folgt, daß
alle anderen Dinge nicht ihr Sein sind, sondern am Sein teilhaben.
Das gesamte Argument entfaltet in wenigen Schritten, was mit der
Bestimmung von *ipsum esse subsistens* eigentlich gesagt ist, nämlich
daß Gott die *causa* des Seins aller Dinge ist. Zugleich – und dies ist
das Zirkuläre daran – kann Gott als *causa* von uns nur von den Wirkungen her erkannt werden. Die Wirkung als Wirkung erkennen, will
ja sagen, daß sie in Beziehung zu ihrer *causa* gesetzt wird. Der zweite
Artikel, der faktisch die Dialektik der philosophischen Erfahrung skizziert, antwortet auf die Frage, wie dieser ‚metaphysische‘ Zirkel der
Beziehung zwischen den vielen Seienden und dem einen Sein selbst
durch das Denken betreten wird. Thomas sagt: Das menschliche
Denken, insofern es in der transzendentalen Offenheit der Seinsidee
steht, befindet sich bereits in diesem Zirkel; diese Apriori-Offenheit
für das Sein muß nur noch diskursiv mit der in der Wahrnehmung
gegebenen (natürlichen) Wirklichkeit vermittelt werden.

V. Schöpfung als Unterscheidung

‚Unterscheidung‘ ist der zweite Aspekt des Schöpfungsakts. Es ist wich-
tig zu wissen, daß *distinctio* ein biblisches Wort ist, das eine wichtige
Rolle im Schöpfungsbericht spielt. Thomas verweist auf eine Passage
aus dem Buch *Genesis*, wo geschrieben steht: „Gott sprach: ‚Es werde
Licht.‘ Und er schied das Licht von der Dunkelheit“ (*Gen.* 1, 3-4).
Die Worttat, die die Schöpfung ist, bewirkt eine Unterscheidung im
Geschaffenen. Das eine wird vom anderen unterschieden, und jedem
Geschöpf wird sein eigener Platz in der Gesamtheit zugewiesen. Thomas sieht eine enge Beziehung zwischen dem Schöpfungswort und
der Unterscheidung, die dieses Wort bewirkt. Das Schöpfungswort
ist nichts anderes als der begriffliche Ausdruck von Gottes Weisheit
(*conceptio sapientiae*), von der aus die Vielheit und die Unterschiedenheit der Dinge verstanden werden muß[19]. Weisheit ist das Prinzip der
Ordnung der Schöpfung.

---

[19] Vgl. S.th. I, q. 47, a. 1: „Et quia ex divina sapientia est causa distinctionis
      rerum, ideo Moyses dicit res esse distinctas verbo Dei, quod est conceptio
      sapientiae. Et hoc est quod dicitur Gen. 1, 3-4: *Dixit Deus, Fiat Lux. Et
      divisit lucem a tenebris.*"

Die Ordnung des Universums ist für Thomas selbstverständlich eine hierarchische Ordnung. Die Vielheit der Geschöpfe ist keine indifferente Vielheit desselben, sondern eine Vielheit, die mit einer Ungleichheit und einem Unterschied hinsichtlich des Grades einhergeht. Das Universum zeigt eine Vielheit von Graden, der eine vollkommener als der andere. Der Gradualismus der Wirklichkeit ist für Thomas zuallererst aus der Erfahrung ersichtlich. Die Erfahrungsgegebenheit der Grade in der materiellen Wirklichkeit erhält daraufhin eine metaphysische Ausformung und Vertiefung durch das Partizipationsverständnis der Schöpfung.

Thomas unterscheidet zwei Formen von Unterschieden: einen materiellen Unterschied, der zwischen den Individuen derselben Art besteht, und einen formalen Unterschied, der zwischen verschiedenen Arten besteht. Das Primat liegt beim formalen Unterschied. Der formale Unterschied geht stets mit Ungleichheit einher, denn die Formen der Dinge sind wie Zahlen (Aristoteles), die sich durch Hinzuzählen oder Abziehen einer Einheit spezifisch unterscheiden. So unterscheiden sich auch die Formen der Dinge dadurch, daß sie ein Mehr oder Weniger an Vollkommenheit enthalten. Die niedrigere Form unterscheidet sich von der höheren durch ein Weniger desselben; die höhere Form besitzt die Vollkommenheit der niedrigeren Form und ein Mehr, das sie zur höheren macht. Der formale Unterschied liegt so dem Stufenaufbau des Universums zugrunde, den Thomas durch die Erfahrung bestätigt sieht. In der Natur sehen wir, daß die Arten stufenweise geordnet sind. Die aus Elementen zusammengesetzten Körper sind vollkommener als die Elemente selbst; das Pflanzliche ist vollkommener als die mineralischen Stoffe, das Tierische vollkommener als das Pflanzliche, und die Menschen stehen über den anderen Tieren. Stets gilt, daß die folgende Form die vorausgehende in sich einschließt und darüber hinaus noch etwas Zusätzliches besitzt. Die Lebensform des Tierischen schließt das Vegetative ein, aber so, daß das Vegetative in den Tieren wegen des Sensitiven besteht; die Lebensform des Menschen wiederum schließt sowohl das Vegetative als auch das Tierische ein, jedoch wegen des Vernünftigen, das das Spezifische der menschlichen Lebensform ist (*anima rationalis*).

Der Stufenaufbau der Natur erhält nun eine schöpfungstheologische Bestätigung und Vertiefung. Die Vollkommenheit der Schöpfung liegt insbesondere in ihrer Ordnung, die in einer Vielheit von untereinander geordneten Graden der Gutheit besteht. Vom Gesichtspunkt des Stufenaufbaus aus betrachtet, ist kein Geschöpf überflüssig, weil jedes auf seine Weise einen Beitrag zur Vollkommenheit der Gesamtheit liefert. Und es ist genau diese Vollkommenheit des Ganzen, die Gott in seinem Schöpfungswerk primär intendierte, wie es in *Genesis* geschrieben steht: „Gott sah alles, was er gemacht hatte, und es war sehr gut" (1, 31). Jedes Geschöpf ist für sich genommen gut, die Gesamtheit jedoch ist *sehr* gut.

Die Ungleichheit, die ihren Ursprung in der formalen Distinktion der Dinge hat, beinhaltet konkret, daß die Dinge sich gemäß der Art unterscheiden, entsprechend einer größeren oder kleineren Annäherung an ein Maximum. Die Formen der Dinge stehen in einem geordneten Zusammenhang, in dem der Unterschied ein Unterschied in der Beziehung zu demselben, zu dem Einheitsprinzip der Ordnung, ist. Die Beziehung zu dem Einheitsprinzip, aus dem die Vielheit und Ungleichheit der Dinge hervorgehen, ist eine Beziehung der Teilhabe. In der Seinsordnung der Schöpfung unterscheiden sich die Seienden durch die unterschiedliche Weise, gemäß der sie an demselben Sein – mehr oder weniger – teilhaben und deshalb auch mehr oder weniger vollkommen sind. Bereits im ersten Artikel des Schöpfungstraktats wird dieser Zusammenhang zwischen dem Gradualismus der Schöpfung und der Partizipation berührt. Thomas behauptet hier sehr bündig, daß alle Dinge, die sich von Gott unterscheiden, nicht ihr Sein sind, sondern am Sein teilhaben; diese Seinsteilhabe impliziert wiederum eine Diversifikation des Seins in viele Seiende, die als mehr oder weniger vollkommen in einer kausalen Abhängigkeitsbeziehung zum ersten Seienden, das auf die vollkommenste Weise ist, stehen. Die Diversifikation des Seins durch Teilhabe geht mit Stufen der Vollkommenheit, von der das erste Seiende (= Gott) das maßgebende Prinzip ist, einher.

Was diese Lösung in Begriffen von Partizipation interessant macht, ist, daß sie Thomas in die Lage versetzt, die *productio* und die *distinctio* demselben Prinzip zuzuschreiben. Die *distinctio* ist gegenüber der *productio* nicht sekundär, als ob erst eine undifferenzierte Seinsmasse geschaffen und dann ein Unterschied gemäß Art und Form angebracht würde. Die Ursache des Seins aller Dinge ist gleichzeitig die Ursache der Wesensunterschiede zwischen den Dingen. Der tiefere Grund dafür ist, daß die erste Ursache ihre Identität von Sein und Wesen in jeder

Wirkung in bestimmter Weise negiert und damit jede Wirkung auf eine bestimmte, von sich selbst unterschiedene Weise in Beziehung zu sich selbst setzt. Der Unterschied der Geschöpfe liegt deshalb nicht außerhalb ihrer gemeinsamen Beziehung zum Schöpfer, sondern der Unterschied ist genau ein Unterschied in Beziehung zum gemeinsamen Sein, das sie von ihrer *einen* Schöpfungsursache empfangen.

VI. Schöpfung als Erhaltung

Der Schluß der *Prima pars* der *Summa* ist der ‚göttlichen Lenkung der Dinge' (qq. 103-119) gewidmet. Ebensowenig wie die *distinctio* ist die *gubernatio* (zusammen mit der *conservatio*) vom *einen* Schöpfungsakt real unterschieden. Unter dem Titel der *gubernatio* behandelt Thomas die eine Schöpfungskausalität Gottes im Hinblick auf das Gute und das Ziel. Als Lenker erhält Gott alle Geschöpfe im Sein und führt sie zu ihrem Ziel, das in der göttlichen Gutheit besteht.

Betrachten wir nun den Aspekt der *conservatio* näher. Die *conservatio* verlangt von seiten Gottes keine neue Aktivität. Das Erhalten der Dinge im Sein ist in gewissem Sinn nichts anderes als die Fortsetzung (*continuatio*) des Schöpfungsaktes, der das Sein gibt[20]. Es gibt keinen realen Unterschied zwischen dem Geben des Seins und dem Erhalten des Geschöpfs im Sein. Jedes Geschöpf ist nur seiend unter der Voraussetzung eines permanenten ‚Einströmens' von Sein (*influx essendi*) aus Gott. Thomas vergleicht dies mit der Luft, die dadurch *luminosus*[21] ist, daß sie am Licht der Sonne teilhat, die die Luft erleuchtet[22]. Die Luft kann nicht aus eigener Kraft ohne den erleuchtenden Einfluß der Sonne ihren ‚luminosen' Charakter behalten. So ist auch das Geschöpf ‚seiend', solange es den *influx* von Sein aus der ersten Ursache erfährt.

Daß beide Aspekte von *creatio* und *conservatio* sich auf ein und denselben Akt beziehen, macht deutlich, daß Schöpfung kein zeitliches Geschehen ist. Nur der Vorstellung nach fallen *creatio* und *conservatio*

---

[20] S.th. I, q. 104, a. 1 ad 4: „conservatio rerum a Deo non est per aliquam novam actionem; sed per continuationem actionis qua dat esse."

[21] Mit dem Begriff *luminosus* meint Thomas mehr als den Sachverhalt, daß die Luft durch die Sonne erleuchtet ist; die Luft hat als Folge ihrer Erleuchtung selbst erleuchtenden Charakter.

[22] Siehe zu diesem Vergleich S.th. I, q. 104, a. 1.

als zwei Momente, die sich auf den Beginn bzw. die Dauer der zeitlichen Welt beziehen, auseinander. Der Sache nach aber ist die Schöpfungs-ursache der bewirkende *und* erhaltende *und* zielgebende Seinsgrund der Welt in ihrer Gesamtheit. Schöpfung bedeutet nicht eine Veränderung (*mutatio*) in der Welt; sie bezeichnet die Beziehung der Welt in der Gesamtheit ihrer zeitlichen Aufeinanderfolge zur transzendentalen Seinsursache, die selbst außerhalb von Natur und Zeit steht[23].

Thomas betont, daß jede Assoziation mit Veränderung (*mutatio*), mit einem ‚Werden' des Geschöpfs, das sich von dessen ‚Geworden-Sein' unterscheidet, von der Schöpfungsvorstellung ferngehalten werden muß. Schöpfung ist keine *mutatio*, kein Werdeprozeß, in dem das, was wird oder entsteht, eine Bewegung zu einem Endpunkt durchmacht. Es geht vielmehr um etwas Unmittelbares und Momentanes: Das Ge-schaffen-Werden fällt für das Geschöpf mit dem Geschaffen-Sein zu-sammen, wie auch das Erleuchtet-Werden und das Erleuchtet-Sein der Luft durch die Sonne zusammenfallen. Die Vorstellung von Schöpfung als einer Weise von ‚werden' (*fieri*) verlangt deshalb eine Säuberung von denjenigen Elementen, die für jedes ‚innerweltliche' (kategoriale) Werden kennzeichnend sind. Es ist kein partikulares Werden, bei dem ein materielles Substrat das Wirken einer Ursache erfährt und als Folge davon zu einer bestimmten Form bewegt wird, die es von der Ursache empfängt. Schöpfung erfolgt ohne *motus* oder *mutatio*: Das Ganze des Geschöpfs, die *tota substantia rei*, wird ins Sein gesetzt; es wird nicht *in* der Zeit geschaffen (in einem bestimmten Augenblick), sondern zu-sammen *mit* der Zeit. Das Geschöpf ist und bleibt seiend, solange und insofern es unter dem Einfluß der Ursache steht. Für Thomas bedeutet dies, daß die Schöpfungsvorstellung nicht so sehr zur Kategorie der *passio* gehört, also kein ‚Erleiden' auf Seiten des Geschöpfs ist, sondern unter die Kategorie der *relatio* fällt. Geschaffen-Sein (Schöpfung im passiven Sinn) ist für das Geschöpf nichts anderes als eine gewisse Beziehung zum Schöpfer als dem Prinzip seines Seins[24].

Trotz des Sachverhalts, daß die *productio* und die *conservatio* in der bleibenden Beziehung zum universalen Seinsgrund der Dinge zu-sammenfallen, ermöglicht es der Gesichtspunkt der *conservatio*, einen anderen Aspekt der Schöpfungsbeziehung zu artikulieren, nämlich das

---

[23] Vgl. S.th. I, q. 104, a. 1 ad 4.

[24] S.th. I, q. 45, a. 3: „[...] creatio in creatura non sit nisi relatio quaedam ad Creatorem, ut ad principium sui esse."

Verhältnis von Gottes Wirksamkeit zum eigenen Sein und zur eigenen Wirksamkeit des Geschöpfs. Mit der *gubernatio* gelangen wir auf das Gebiet des Verhältnisses zwischen der ‚ersten Ursache‘ (Gott) und den ‚Zweitursachen‘ (der eigenen Natur der Dinge). Schöpfung will nicht allein sagen, daß das Geschöpf ins Sein gesetzt wird, sondern auch, daß es in seinem eigenen Sein bewahrt und zur aktiven Ausübung seines Seins im Wirken bewegt wird. Die charakteristische Eigenheit von Thomas' Schöpfungsverständnis wird insbesondere an diesem Punkt deutlich. Gott ist eine *erste* und *universale* Ursache. Gott ist eine Ursache, die in einem gewissen Sinn alles ist und alles tut und dabei keinerlei ‚Konkurrenz‘ von etwas anderem unterliegt. Es gibt nichts, was nicht ‚aus ihm, durch ihn und zu ihm‘ ist. Es gibt keine Ursache, die der Wirkung der universalen Ursache etwas hinzufügen könnte, ebensowenig wie das Geschöpf der Vollkommenheit Gottes etwas hinzufügt. Aber die Absolutheit und Umfassendheit der ersten Ursache bedeutet für Thomas nicht, daß sie auch die *einzige* Ursache ist und daß das Geschöpf im Vergleich zu ihr eigentlich nichts ist und nichts vermag. Charakteristisch für die Weise, wie Thomas Schöpfung begreift, ist, daß er sich gegen jede Neigung zu einem Konkurrenzdenken zwischen Gott und Geschöpf wendet. Das Mehr, das Gott zugeschrieben wird, wird nicht zu einem Weniger für das Geschöpf und umgekehrt. Das ‚Mehr‘ der ersten Ursache bedeutet nicht, daß jede andere Form von Ursächlichkeit dadurch verdrängt oder aufgehoben würde, sondern gerade, daß sie jede andere Ursache in ihrer eigenen Ursächlichkeit begründet, wie sie auch jedes andere Seiende in einem eigenen Sein begründet. Der kreative Sinn von Schöpfung besteht für Thomas darin, daß Gott das Geschöpf an sich selbst ‚freigibt‘, das heißt in eine eigene, von Gott unterschiedene Natur mit eigenen Vermögen und Wirkungen setzt.

Auch das Verhältnis zwischen der göttlichen Wirkung im Geschöpf (Seinsgabe und Seinserhalt) und der eigenen (natürlichen) Wirkung des Geschöpfs denkt Thomas in Begriffen von Partizipation[25]. Gott

---

[25] Vgl. den wichtigen Artikel S. th. I, q. 105, a. 5, wo Thomas die Frage behandelt, ob „in allem, was wirkt, Gott wirksam ist". Der Begriff ‚Partizipation‘ kommt in diesem Text auffallenderweise nicht vor, jedoch der mit der Partizipation verwandte und dem neuplatonischen *Liber de causis* entlehnte Gedanke, daß jedes sekundäre *agens* in der Kraft des ersten *agens* wirkt (*semper secundum agens agit in virtute primi*).

wirkt in jedem Wirken der Natur, freilich nicht so, daß Gott allein alles unmittelbar unter Ausschluß der eigenen Ursächlichkeit der Natur bewirken würde. Denn dies würde bedeuten, daß die Ordnung von Ursache und Folge in der geschaffenen Natur aufgehoben würde, was Thomas zufolge auf eine Ohnmacht des Schöpfers hinweisen würde. Das Feuer selbst würde dann nicht erwärmen, sondern Gott im Feuer. Die Wirkung Gottes in der Natur darf nicht so gedacht werden, daß Gott das Wirken der Natur sozusagen übernimmt, sondern gerade so, daß Gott die Natur in ihr eigenes Wirken setzt, indem er den Dingen Formen und Vermögen gibt und diese zu ihrer Wirkung bringt. Gerade darin zeigt sich die Seinsmacht des Schöpfers. Gott wirkt in der Wirkung der Natur, indem er als transzendentale Ursache des Seins jede kategoriale Form und Kraft in der Natur von innen heraus mit dem Sein ‚vermittelt'. So *läßt* Gott jedes andere Seiende auf eine eigene kategorial bestimmte Weise sein, und er *läßt* jede andere Ursache als sich selbst – gleichfalls kategorial bestimmt (Ursache des Dieses-Seins oder des So-Seins von etwas) – Ursache sein, indem er sie von innen heraus mit dem Sein ihrer Wirkung vermittelt. Die eigentümliche Wirkung (*proprius effectus*) der göttlichen Ursache besteht im Sein. Das Sein ist genau das Gemeinsame aller Wirkungen der sekundären Ursachen, die das Dieses-Sein oder das So-Sein von etwas verursachen. Was eine Ursache zur Ursache macht – so Thomas – ist, daß sie das Sein von etwas anderem zur Folge hat. So wird deutlich, daß die (partikularen) Zweitursachen nur zu wirken vermögen, wenn die seinsgewährende Kraft der (universalen) Erstursache in ihnen wirksam ist, so daß das *Dieses*-sein ihrer Wirkung auch dessen Dieses-*Sein* impliziert. Es geht hier nicht um ein mehr oder weniger äußerliches Zusammenspielen zweier Ursachen, wobei die eine die besondere Bestimmtheit (die Form und die *species*) gewährt und die andere das Sein, sondern um eine intrinsische Verhältnisform von jeder Zweitursache, die durch die Erstursache von innen heraus in ihrem Ursache-Sein konstituiert wird. Das Resultat ist, daß der endliche Bereich der Natur an sich selbst freigegeben wird und so eine eigene ontologische Dichte erhält.

VII. Schluß

Wir haben gesehen, daß Thomas die christlich-biblische Schöpfungsvorstellung als eine transzendentale Seinsursächlichkeit begreift, die in
Übereinstimmung mit der neuplatonischen Philosophie in Begriffen
von ‚Partizipation', ‚Seinseinströmung', ‚Mitteilung' (*communicatio*),
‚Emanation' erklärt wird. Thomas vermeidet jedoch jede Assoziation mit einer naturnotwendigen Emanation. Die Schöpfung ist kein
natürlicher Ausfluß aus Gott, sondern ein in seinem Unterschied zu
Gott intendiertes und frei gewolltes Werk, das aus Liebe zu Gottes
Gutheit geschaffen ist. Durch das Modell der neuplatonischen Ema-
nationskausalität will Thomas insbesondere deutlich machen, daß
Schöpfung nicht auf die Weise eines partikularen Werdens innerhalb
des Bereichs der Natur verstanden werden kann. Schöpfung steht
für ein unmittelbares Entstehen der gesamten Substanz der Wirklichkeit (*totius substantia rei*) aus der ersten und universalen Ursache.
Der Begriff ‚Emanation' bezeichnet dieses ‚unmittelbare Entstehen'
ohne irgendeine *mutatio* und ohne Vermittlung durch ein materielles
Substrat[26].

Schöpfung ist folglich ein ‚übernatürliches' Werden, eine Weise
des Werdens, die höher als das natürliche Werden steht. Schöpfung
geht über den gesamten Bereich der Natur und ihrer kategorialen
Ursächlichkeit hinaus, indem gerade die Natur in ihrem eigenen Sein
und ihrer eigenen Wirksamkeit – durch Partizipation – begründet
und an sich selbst freigegeben wird. Die Folge hiervon ist die für
Thomas kennzeichnende Affirmation der natürlichen Wirklichkeit,
die bei ihm die charakteristische aristotelische Dichte und Festigkeit
von *physis* hat. Das Ganze der sichtbaren Natur mit ihrer bunten
Verschiedenheit von Seinsgestalten und Formen ist *creatura*, d. h. ein
Werk, das von Gottes ordnender Weisheit und zielgebender Gutheit
zeugt. Vielleicht ist es eine von Thomas' größten Denkleistungen
gewesen, daß er die aristotelische Affirmation des eigenen Seinswerts

---

[26] Vgl. S.th. I, q. 44, a. 2 ad 1, wo das *fieri particulari* der *emanatio ab universali principio essendi* gegenübergestellt wird. Vgl. auch q. 45, a. 1: „[...]
emanationem totius entis a causa universali, quae est Deus." Der Begriff
emanatio wird hier auch in einem umfassenderen Sinn für das Hervorgehen
der Wirkung aus der Ursache als solches verwendet.

der physischen Wirklichkeit mit einer transzendenten Schöpfungsperspektive zu verbinden verstand. Gott ist unendliche Seinsmacht, die auf göttliche, diskret-verborgene Weise in allem anwesend ist, ohne das andere zu verdrängen oder sich verflüchtigen zu lassen, sondern gerade dadurch, jedes Ding an sein eigenes Sein und seine eigene Wirksamkeit freizugeben.

Literatur in Auswahl:

Burrell, D., Freedom and Creation in Three Traditions, Notre Dame, Indiana 1993.

Geiger, L. B., La participation dans la philosophie de S. Thomas d'Aquin, Paris 1953.

Te Velde, R. A., Participation and Substantiality in Thomas Aquinas (Studien und Texte zur Geistesgeschichte des Mittelalters, Bd. 46), Leiden – New York – Köln 1995.

Wippel, J. F., The Metaphysical Thought of Thomas Aquinas. From Finite Being to Uncreated Being (Monographs of the Society for Medieval and Renaissance Philosophy, Bd. 1), Washington, D.C. 2000.

Anthropologie und Erkenntnislehre

(S.th. I, qq. 75-79 und qq. 84-89)

Wouter Goris (Köln/Amsterdam)

Der Traktat vom Menschen im ersten Teil der *Summa theologiae* hat eine Scharnierfunktion im Aufbau der *Summa* als Ganzer inne. Zunächst vor allem Bestandteil der Schöpfungslehre, wird die Betrachtung des Menschen sich gleichsam verselbständigen und alsbald, im zweiten Teil der *Summa*, zum primären Gegenstand überhaupt heranwachsen. Was ebenda zu erörtern sein wird, erhält im ersten Teil der *Summa* sein Fundament: die Lehre vom Menschen als Bild Gottes. Wir werden in unserem Beitrag danach trachten, diese Grundlegung ein Stück mitzuvollziehen – eben das philosophische Stück. Dafür ist allerdings erforderlich, eingangs Einsicht zu gewinnen in die theologischen Dimensionen der Anthropologie, die Thomas im ersten Teil der *Summa theologiae* ausarbeitet.

I. Der Mensch als *theologoumenon*

Nach der Betrachtung der rein geistigen Wesen und der körperlichen Wesen widmet sich Thomas ab *Quaestio* 75 dem Menschen als dem Wesen, das aus geistiger und körperlicher Substanz zusammengesetzt ist. Zunächst wird die Natur des Menschen von ihm abgehandelt, dann sein Entstehen. In dieser Darstellung ist die Anthropologie eingespannt zwischen einem Beginn und einem Ziel, die beide theologisch legitimiert werden.

Die Natur des Menschen läßt sich auf verschiedene Weisen erörtern – Thomas erklärt gleich am Anfang der *Quaestio* 75, wie es einer theologischen *Summa* durchaus angemessen ist, der theologischen Betrachtung zu folgen:

Nun ist es aber Sache des Theologen, die Natur des Menschen von seiten der Seele zu betrachten, von seiten des Körpers jedoch nur entsprechend dem Verhältnis, in dem der Körper zur Seele steht. Deshalb wird sich die Betrachtung zuerst der Seele zuwenden. Und weil nach Dionysius in den geistigen Substanzen dreierlei angetroffen wird: Wesenheit, Wirkkraft und Tätigkeit, werden wir erstens das betrachten, was zur Wesenheit der Seele, zweitens das, was zu ihrer Wirkkraft oder ihren Vermögen, und drittens, was zu ihrer Tätigkeit gehört[1].

Man muß sich darüber klar werden, was dies heißt. Nicht nur wird jede Eigenständigkeit des körperlichen Aspektes in der Anthropologie von vornherein ausgeblendet. Thomas läßt die Ordnung der Betrachtung vom Primat der Seele bestimmen. Die Betrachtung vom Wesen der Seele geht hier der Betrachtung der Tätigkeiten voran, obschon die Seele, wie Thomas in *Quaestio* 87 darlegt, nur durch ihre Tätigkeiten erkannt wird. Dafür gibt es einen Grund, ist doch das Prinzip, auch wenn es nur durch seine Wirkung erkannt wird, Erklärungsgrund eben dieser Wirkung. Es ist dies die Ordnung der Sache selbst (*ordo disciplinae*), durch deren striktes Einhalten Thomas am Anfang der *Summa* den Anfängern in der Theologie zu helfen gedachte.

Aber nicht nur der Beginn der Anthropologie ist theologisch legitimiert, sondern auch das Ziel. In der *Quaestio* 93 des ersten Teils der *Summa* handelt Thomas vom Ziel des Entstehens des Menschen. Leitend ist für ihn die Aussage in *Gen.* 1, 26, wo es heißt, daß der Mensch nach dem Bilde Gottes gemacht worden ist. Während die unvernünftige Kreatur nur Spuren des Göttlichen (*vestigia Dei*) zeigt, wird der Mensch Bild Gottes (*imago Dei*) genannt wegen seiner intellektuellen Vermögen, die eine spezifische Repräsentation des Göttlichen gewähren. So erklärt Thomas, daß das Bild Gottes nur dem Geist gemäß im Menschen gegenwärtig ist, vorrangig in den geistigen Akten des Erkennens und des Liebens, und zwar sofern sie Gott als

---

[1]   S.th. I, q. 75, prol.: „Naturam autem hominis considerare pertinet ad theologum ex parte animae, non autem ex parte corporis, nisi secundum habitudinem quam habet corpus ad animam. Et ideo prima consideratio circa animam versabitur. Et quia, secundum Dionysium, II cap. *Angel. Hier.*, tria inveniuntur in substantiis in spiritualibus, scilicet *essentia, virtus et operatio*; primo considerabimus ea quae pertinent ad essentiam animae; secundo, ea quae pertinent ad virtutem sive potentias eius; tertio, ea quae pertinent ad operationem eius."

Gegenstand haben (q. 93, aa. 6-8). Der Mensch, so könnte man Thomas' Lehre zusammenfassen, ist dazu geschaffen worden, Gott zu erkennen und zu lieben – darin liegt seine Bestimmung.

Freilich ist es für das Verständnis der Anthropologie im ersten Teil der *Summa* wesentlich einzusehen, daß sich der Mensch seiner Bestimmung nicht (mehr) ohne weiteres übergeben kann. Das Ereignis des Sündenfalls spaltet die menschliche Natur – oder besser: ihre Geschichte – in verschiedene Zustände (*status*): den Paradies-Zustand oder Zustand der Unschuld, den Zustand dieses Lebens, den Zustand der vom Körper getrennten Seele nach dem Tode und den Zustand der Wiederauferstehung. Mit diesen Zuständen korrespondieren verschiedene Weisen der Zuordnung im Verhältnis von Seele und Körper sowie verschiedene Möglichkeiten der Erkenntnis. Was Thomas nun in den Quästionen 75-88 als die Natur des Menschen beschreibt, ist eine ganz bestimmte Natur, nämlich die Natur des Viators, der das Ziel, zu dem er bestimmt worden ist, gleichsam von Natur aus verfehlt.

II. Die Seele – Form des Körpers und Prinzip des Erkennens

Das Erkennen ist eine der klarsten Manifestationen des Lebens. Die Seele wird allgemein erstes Prinzip des Lebens genannt – wobei sich ergibt, daß die Seele als erstes Prinzip des Lebens eines Körpers nicht selbst Körper, sondern vielmehr dessen Akt ist (q. 75, a. 1). Sie ist im besonderen aber Prinzip der geistigen Aktivität. Das heißt, daß dasjenige, was für die geistige Aktivität eigentümlich ist, in die Seele als den Grund dieser Aktivität zurückgetragen wird. So charakterisiert Thomas die Seele als unkörperlich und selbständig mit dem Argument, daß die menschliche Erkenntnis eine universelle Ausrichtung hat. Denn nur das kann alle Körper erkennen, was selbst nicht die Bestimmtheit eines Körpers hat und sich auch keines körperlichen Organs bedient. Da nichts für sich tätig sein kann, was nicht für sich besteht, das Prinzip des Erkennens aber für sich ohne Körper tätig ist, muß es auch für sich ohne den Körper bestehen (q. 75, a. 2).

Diese Subsistenz der Seele darf aber nicht falsch verstanden werden. Natürlich ist nur das, was aus Seele und Körper zusammengesetzt ist, „in der Natur der Art vollständig subsistent" (q. 75, a. 2 ad 1); nicht die Seele allein ist der Mensch, sondern das aus Seele und Körper Zusammengesetzte (q. 75, a. 4). Auch wenn die Seele, anders als der Körper, unzerstörbar ist (q. 75, a. 7), ist der Zustand der abgetrennten Existenz nicht schlechthin vollkommen. Für das letzte Glück ist erforderlich, daß die Seele in der Wiederauferstehung die Verbindung mit dem Körper wiedererlangt (vgl. suppl. S.th. III, q. 75, a. 1).

Die intime Verbindung zwischen Seele und Körper wird in q. 76, a. 1 thematisiert. Thomas beweist mit Aristoteles, daß die Seele Form des Körpers ist – und zwar die einzige Wesensform (q. 76, a. 4) – und hebt seine Position von der platonischen ab, die, ausgehend von der Annahme, die Seele sei der ganze Mensch, eine eher äußerliche Verbindung zwischen Körper und Seele lehrt. Das Argument, das Thomas als die Beweisführung des Aristoteles im zweiten Buch von *De anima* aufführt, läuft wie folgt[2]:

- Das, wodurch etwas zuerst tätig ist, ist die Form dessen, dem die Tätigkeit zugeschrieben wird.
- Das erste, wodurch der Körper lebt, ist die Seele.
- Also ist das Prinzip, durch das wir erkennen, die Form des Körpers.

Der Schluß ist logisch korrekt, zumal Thomas zusätzlich nachweist, daß die Seele als das Prinzip des Lebens Prinzip der verschiedenen Tätigkeiten ist, worin sich das Leben manifestiert: sich nähren, wahrnehmen, bewegen, erkennen. Freilich ist der Übergang zwischen ‚Seele/Prinzip des Lebens‘ und ‚Prinzip des Erkennens‘ bedenkenswert. Die Frage ist nicht bloß, ob die Seele als dasjenige, wodurch etwas lebt, Form des Körpers ist, sondern, ob das Prinzip des Erkennens mit dem Körper als Form verbunden ist. Anders gesagt: Ist das Prinzip des Erkennens, dasjenige also, was, insoweit es erkennt, ohne Körper tätig ist, auch dasjenige, wodurch der Körper zuerst tätig ist? Thomas wird diese Frage bejahen: Die Seele ist Form des Körpers und zugleich Träger einer intellektiven Potenz, die in ihrer Wirkung nicht von einem Körper abhängig ist.

---

[2] S.th. I, q. 76, a. 1: „Illud enim quo primo aliquid operatur, est forma eius cui operatio attribuitur. […] Manifestum est autem quod primum quo corpus vivit, est anima. […] Hoc ergo principium quo primo intellegimus, sive dicatur intellectus sive anima intellectiva, est forma corporis. – Et haec est demonstratio Aristotelis in II de anima." – Vgl. De anima II, 2 (413a 11-414 a 28).

Was dabei auf dem Spiel steht, wird in q. 76, a. 1 in aller Klarheit ausgesprochen: „Wollte aber einer sagen, die Verstandesseele sei nicht die Form des Körpers, so muß er ausfindig machen, auf welche Weise jene Tätigkeit, d. i. das Denken, Tätigkeit *dieses* Menschen ist, macht doch jeder die Erfahrung, daß er selbst es ist, der denkt."[3] Thomas wehrt sich gegen die Dissoziation von Individuum und Denkvermögen, wie sie ihm vor allem aus der arabischen Aristoteles-Interpretation bekannt war: „Daß es nur einen Verstand für alle Menschen gebe, ist ganz und gar unmöglich" (q. 76, a. 2)[4].

III. Die Seele und ihre Vermögen

Die Weise, wie die Seele zugleich Form des Körpers und Prinzip des nicht vom Körper abhängigen Erkennens ist, wird in der Vermögenslehre weiter ausgearbeitet. Wir haben anfangs gesehen, daß Thomas sich für die Gliederung seiner Betrachtung der Seele auf Pseudo-Dionysius beruft, der bei den geistigen Wesen Wesenheit, Wirkkraft oder Vermögen und Tätigkeit unterscheidet. Das Zitat kehrt im *Sed contra* der q. 77, a. 1 zurück, wo der Übergang zu der Vermögenslehre gemacht wird. So bestätigt der Areopagit die Notwendigkeit, zwischen Wesen und Vermögen der Seele zu unterscheiden. Was ist jedoch der Sinn dieser Unterscheidung?

Dafür müssen wir zurückkehren zu der Schöpfungslehre, welche im vorhergehenden Beitrag behandelt worden ist[5]. Ganz allgemein kann man sagen, daß die Unterscheidung von Wesen und Vermögen Index der Kreatürlichkeit ist. In q. 79, a. 1 legt Thomas dar, daß nur bei Gott die Tätigkeit mit dem Wesen zusammenfällt, da nur bei Ihm, der vollkommene Wirklichkeit ist, das Sein mit der Tätigkeit identisch ist. Das Geschaffene dagegen erlangt mit der Erzeugung

---

[3] S.th. I, q. 76, a. 1, c: „Si quis autem velit dicere animam intellectivam non esse corporis formam, oportet quod inveniat modum quo ista actio quae est intelligere, sit huius hominis actio: experitur enim unusquisque seipsum esse qui intelligit."

[4] S.th. I, q. 76, a. 2, c: „quod intellectum esse unum omnium hominum, omnino est impossibile."

[5] Vgl. hierzu den Beitrag von R. te Velde in diesem Band, S. 100-124.

eine erste Wirklichkeit, ohne damit auch schlechthin vollkommen zu sein; es ist noch in Potenz zu seiner letzten Vollendung. Diese zweite Wirklichkeit, die der Kreatur nicht aufgrund der Wesensform zukommt, liegt außerhalb ihres Wesens, ist akzidentell. Man kann also das gleiche auf verschiedene Weisen sagen: Anders als bei Gott sind bei jedem Geschöpf Wesen und Vermögen unterschieden, da (i) nur bei Gott seine Tätigkeit seine Substanz ist, (ii) in jedem Geschöpf erste und zweite Wirklichkeit zu unterscheiden sind – das wären die beiden Argumente im *corpus articuli* der q. 77, a. 1.

Reicht es zu sagen, daß der Mensch deswegen Vermögen hat, weil er als Geschöpf mit dem Dasein nicht seine letzte Wirklichkeit erreicht hat? Das bliebe weitgehend unspezifisch. Thomas bestimmt das Verhältnis der menschlichen Seele zu ihren Vermögen näher aufgrund der Stellung des Menschen im Kosmos. Es ist dem Menschen eigentümlich, so haben wir am Anfang gesehen, daß er aus geistiger und körperlicher Substanz zusammengesetzt ist. Diese Zusammensetzung bestimmt einerseits seinen niedrigen Platz in der Hierarchie der Intellektwesen, andererseits zeigt sie, wie in q. 77, a. 2 klar wird, gerade seine Vollkommenheit als jene Kreatur, welche gewissermaßen die ganze Schöpfung umfaßt:

(i) Wie alle verstandesbegabte Kreatur ist der Mensch nicht auf ein Einzelgut, sondern auf die allgemeine und vollkommene Gutheit hingeordnet, weil er die Glückseligkeit erlangen kann. Unter allen, denen die Seligkeit zusteht, d. h. den Intellektwesen, steht er, wegen der Verbindung mit dem Körper, jedoch an letzter Stelle. So bedarf der Mensch, anders als die Engel, nicht nur der intellektiven Vermögen, sondern auch sensitiver und vegetativer Vermögen, um die Glückseligkeit zu erlangen.

(ii) „Es gibt noch einen anderen Grund, weshalb die Menschenseele so reich ist an verschiedenartigen Vermögen: sie steht nämlich auf der Grenze zwischen den geistigen und den körperlichen Geschöpfen; deshalb treffen in ihr die Kräfte beider Gattungen von Geschöpfen zusammen."[6] Während die höheren Intellektwesen allein intellektive Vermögen besitzen, die übrigen beseelten Wesen dagegen nur

---

[6]   S.th. I, q. 77, a. 2, c: „Est et alia ratio quare anima humana abundat diversitate potentiarum: videlicet quia est in confinio spiritualium et corporalium creaturarum, et ideo concurrunt in ipsa virtutes utrarumque creaturarum."

mit vegetativen und sensitiven Vermögen versehen sind, umfaßt die menschliche Ausstattung beide. Der Mensch hat eine zentrale Stellung im Kosmos inne, da er die ganze Kreatur repräsentiert.

Wie unterscheiden sich nun diese menschlichen Seelenvermögen, in solch einer Vielzahl vorhanden, voneinander? Thomas geht die Frage zunächst prinzipiell an: Wodurch können Vermögen sich überhaupt voneinander unterscheiden? Klar wird jedes Vermögen, das als Vermögen ja auf einen Akt hingeordnet ist, durch eben diesen Akt spezifiziert. Akte wiederum, so will Thomas in q. 77, a. 3 zeigen, werden durch ihre jeweiligen Gegenstände unterschieden. Er legt dies anhand der grundlegenden Einteilung der Tätigkeiten nach aktiven und passiven Vermögen dar: Für das aktive Vermögen ist der Gegenstand Endpunkt und Ziel, für das passive Vermögen dagegen Prinzip und bewegende Ursache. Kann man demnach sagen, daß sich die Vermögen nach den Tätigkeiten und den Gegenständen unterscheiden, so ist zu präzisieren, daß natürlich nur jener Gegenstand einen Akt spezifizieren kann, auf den das Vermögen wesentlich und nicht bloß beiläufig hingeordnet ist. Der einheitliche Gesichtspunkt z. B., unter dem der Gesichtssinn auf eine Vielheit unterschiedlichster Objekte bezogen ist, ist die Farbe (*color*) – für den Gehörsinn ist dies dagegen der Schall (*sonus*). So wird jedes Vermögen durch seinen eigentümlichen Gegenstand, der seinen Akt spezifiziert, von anderen Vermögen unterschieden.

Was bringt dies nun für das Verständnis der Eigenart des intellektuellen Verstehens? In q. 78, a. 1 formuliert Thomas eine Einteilung der Seelenvermögen nach ihren Gegenständen, gemäß dem Grundsatz: „Je höher ein Vermögen steht, desto allgemeiner ist der Gegenstand, dem es sich zuwendet."[7] So hat der vegetative Seelenteil den mit der Seele vereinten Körper zum Gegenstand. Der sensitive Seelenteil dagegen hat einen allgemeineren Gegenstand, nämlich nicht nur den mit der Seele vereinten, sondern jedweden sinnfälligen Körper. Schließlich hat der intellektive Seelenteil den allgemeinsten Gegenstand: nicht nur den sinnfälligen Körper, sondern das Seiende schlechthin. Diesen Gegenstand, so haben wir gesehen, hat die vernünftige Seele nur deswegen, weil sie sich vom vegetativen und sensitiven Seelenteil da-

---

7   S.th. I, q. 78, a. 1, c: „Quanto enim potentia est altior, tanto respicit universalius obiectum."

durch unterscheidet, daß ihre Tätigkeit die körperliche Natur so weit überragt, daß sie nicht einmal auf ein körperliches Organ angewiesen ist. Diese Einteilung der Vermögen nach Gegenständen gibt zu zwei Bemerkungen Anlaß:

(i) Der intellektive Seelenteil hat, wie der sensitive, aber anders als der vegetative Seelenteil, eine Tätigkeit mit Bezug auf anderes als nur den mit der Seele vereinten Körper. Die Seele kann nun einerseits dadurch, daß sie ihn in sich aufnimmt, andererseits dadurch, daß sie selbst zu ihm hinstrebt, eine Beziehung zu diesem extrinsischen Gegenstand herstellen. Zur ersten Gruppe der Tätigkeiten gehören die sinnliche Wahrnehmung und die intellektuelle Erfassung, zur zweiten u. a. das Strebevermögen. Das Erkennen kann also näher bestimmt werden als die Tätigkeit, welche die Seele mit Bezug auf das Seiende im allgemeinen ausübt, dessen Ähnlichkeit sie in sich aufnimmt, ohne sich eines körperlichen Organs zu bedienen.

(ii) Jene Tätigkeiten nun, die ohne körperliches Organ ausgeübt werden, d. h. die intellektuelle Erfassung (Verstand) und das intellektuelle Erstreben (Wille), haben nur die Seele als Träger; jene aber, die durch körperliche Organe ausgeübt werden, haben nicht die Seele allein, sondern das Gefüge von Körper und Seele als Träger (q. 77, a. 5). Nach dem Zerfall des Körpers verlieren die letztgenannten Vermögen ihren Träger. Also bleiben nur Verstand und Wille nach dem Tode der Wirklichkeit nach in der Seele (q. 77, a. 8), die dann aber, wie es in q. 75, a. 6 ad 3 heißt, eine ‚andere Erkenntnisweise‘ (*alium modum intelligendi*) haben wird.

IV. Die Einbettung in die Hierarchie der Intellektwesen

Wie bereits angedeutet wurde, stellt Thomas seine Analyse der menschlichen Erkenntnis im ersten Teil der *Summa* in den Rahmen einer Hierarchie der Intellektwesen. Der höchste Intellekt ist der göttliche Intellekt (q. 14). Er ist reiner Akt. Gott erkennt alles Allgemeine und Einzelne zugleich durch sein Wesen und bedarf keiner Verwirklichung durch Erkenntnisbilder. Nach ihm folgt der Intellekt des Engels (qq. 54-58). Der niedrigste in der Hierarchie der Intellektwesen ist der menschliche Intellekt (qq. 79, 84-89). Er ist eine unbeschriebene Tafel (*tabula rasa*), verhält sich in Möglichkeit hinsichtlich des Erkennbaren (q. 79, a. 2). Wirklich erkennend wird er erst, wenn das menschliche Verstandesvermögen (*intellectus possibilis*) von etwas, das aktual erkennbar ist, verwirklicht wird. Nun ist aber das Allgemeine selbst in der Außenwelt nicht aktual, sondern nur der Möglichkeit nach erkennbar. Thomas kritisiert in diesem Punkt die platonische Ideenlehre, derzufolge das Allgemeine separat für sich bestehe und somit keiner Verwirklichung bedürfe, und folgt dem aristotelischen Weg. Die allgemeine Form, wodurch wir das Wesen der Dinge erfassen, muß erst aus den stofflichen Dingen, die in der sinnlichen Wahrnehmung vereinzelt erkannt werden, ,herausgezogen' werden. Deshalb ist eine Kraft anzusetzen, der wirkende Verstand, der das Allgemeine aktuell erkennbar macht, so daß es den möglichen Verstand beformt. Es ist dies das Verstandeslicht, das die Inhalte der Wahrnehmung, die in der Vorstellungskraft (*phantasia*) gespeichert sind (q. 78, a. 4), von den stofflichen Bedingungen abstrahiert und ein Erkenntnisbild (*species intelligibilis*) erzeugt, eine allgemeine Form, die, nunmehr aktual erkennbar, die Verwirklichung des möglichen Verstandes bewirkt. Also ist neben dem möglichen Verstand auch ein wirkender Verstand anzunehmen (q. 79, a. 3).

Auf charakteristische Weise gibt Thomas diesem wirkenden Verstand Platz in der Intellekthierarchie. So wie in der Seinslehre die Seinsgebung nicht als eine bloß äußerliche Einströmung gedacht wird, sondern im Geschöpf ein ihm formal innewohnendes Sein (*esse formaliter inhaerens*) angesetzt wird, das als Teilhabe am göttlichen Sein gedacht wird, so auch in der Erkenntnislehre: Auch wenn es einen separaten wirkenden Verstand gibt, so muß nichtsdestoweniger in der Seele eine von jenem höheren Verstand mitgeteilte Kraft angesetzt werden, ein ihr formal innewohnendes Prinzip (*principium formaliter ei inhaerens*), durch welches die menschliche Seele etwas zu einem aktuell Intelligiblen macht. Diese Kraft im Menschen ist vom göttlichen Verstand hergeleitet; sie hat durch Teilhabe, was der göttliche Verstand durch sein Wesen hat (q. 79, a. 4).

Dementsprechend interpretiert Thomas abschwächend die Ideenlehre Augustins: „Denn das Verstandeslicht, das in uns ist, ist nichts anderes als eine gewisse uns zuteil gewordene Ähnlichkeit des ungeschaffenen Lichtes (*quaedam participata similitudo luminis increati*), in dem die ewigen Ideen enthalten sind" (q. 84, a. 5), was in den Augen von Franziskanern wie Roger Marston, Bonaventura und Matthäus von Aquasparta einer Pervertierung der ursprünglichen Lehre des Kirchenvaters gleichkommt. Denn Thomas schließt hieraus, daß das uns innewohnende Verstandeslicht für die Erkenntnisgewißheit genügend ist: „Eben dadurch, daß das göttliche Licht uns sein Siegel einprägt, wird alles aufgezeigt" („*per ipsam sigillationem divini luminis in nobis omnia demonstrantur*"; q. 84, a. 5). Kraft dieses Lichtes, des *lumen intellectus agentis*, erfassen wir die ersten Erkenntnisinhalte (*prima intelligibilia*), welche die Grundlage für objektive Erkenntnis sind (q. 79, a. 5 ad 3) – eine schwierige Lehre, die im deutschen Sprachraum zu der Deutung geführt hat, das Sein sei vorzügliches Objekt des *intellectus agens*, als ob der wirkende Verstand für sich erkennend wäre.

Während der göttliche Intellekt und der Intellekt der Engel die Wahrheit einfachhin und ohne Schlußfolgerung ergreifen, hat der menschliche Intellekt als niedrigster in der Hierarchie der Intellektwesen an der Vollkommenheit der übergeordneten Intellekte teil, indem er die ersten Prinzipien so erfaßt, wie jene *alle* Wahrheit erfassen. Die menschliche Vernunft ist diskursiv. Sie geht von ersten Prinzipien aus und führt alles auf die ersten Prinzipien zurück[8]. So wird aus der Wahrheit der Prinzipien, die wir im ‚intuitiven' Moment des Verstandes (*intellectus*) erfassen, die Wahrheit von anderem im ‚diskursiven' Moment der Vernunft (*ratio*) erkannt. Die Verflechtung der Momente von *intellectus* und *ratio* (q. 79, a. 8) erlaubt es, das Erfassen der Wahrheit nicht allein als den Anfang, sondern auch und vor allem als das Ziel des menschlichen Erkennens zu begreifen. Wäre man bestrebt, die besondere Stellung des Menschen in der Hierarchie der Intellektwesen zu benennen, so würde besonders das diskursive Moment der *ratio* hervorzuheben sein. Der Mensch ist ein vernünftiges Lebewesen (*animal rationale*).

V. Gegenstand und Grenzen der Erkenntnis

Thomas bestimmt, wie allmählich deutlich wird, das Wesen des stofflichen Dinges (*quiditas rei materialis*) als den eigentümlichen Gegenstand des menschlichen Verstandes. Für den menschlichen Verstand – eine Kraft der Seele, die Form des Körpers ist – ist es eigentümlich,

---

[8]　Vgl. hierzu den Beitrag von J. A. Aertsen in diesem Band, S. 44-46.

eine Form zu erkennen, die in der körperlichen Materie individuell besteht, jedoch nicht, sofern sie in solcher Materie ist. Diese Form wird von den individualisierenden stofflichen Bedingungen, denen noch die Vorstellungsbilder (*phantasmata*) unterliegen, abstrahiert (q. 85, a. 1). Thomas sucht in dem Punkt das Gleichgewicht zwischen den Extremen. Die Konstitution des eigentümlichen Gegenstandes der menschlichen Erkenntnis wird einerseits von einem Moment der Spontaneität gekennzeichnet: Die intelligible Form, die von den Vorstellungsbildern abstrahiert wird, ist der Zahl nach nicht dieselbe Form, die vorher in den Vorstellungsbildern war (q. 85, a. 1 ad 3), sondern es wird eine neue Form gebildet. Andererseits ist durch die ‚Hinwendung zu den Vorstellungsbildern‘ (*conversio ad phantasmata*) die erforderliche Rückbindung an die Wirklichkeit garantiert, die verhindert, daß die Verstandeserkenntnis in leere Begriffsspekulation abgleitet (q. 84, a. 7).

Der eigentümliche ‚Zwischencharakter‘ der menschlichen Erkenntnis – die weder wie bei den Engeln ein völlig separates Objekt besitzt noch wie die Sinne eine in der Materie verwirklichte Form als solche zum Objekt hat, sondern die eine in der Materie verwirklichte Form nicht als solche betrachtet – bringt es mit sich, daß der menschliche Verstand weder das Einzelne als solches noch das Immaterielle als solches wesentlich und direkt erkennen kann.

(i) Der Vorwurf der späteren Tradition, Thomas schließe eine direkte Erkenntnis des Einzelnen aus, trifft an sich zwar zu, wird aber seinem Anliegen kaum gerecht, geht Thomas doch über die vorangehende Tradition hinaus, indem er im Modus der indirekten Erkenntnis erstmals überhaupt eine Erkenntnis des Einzelnen zuläßt. So wie die Prinzipien der Erkenntnis, etwa das Erkenntnisbild (*species intelligibilis*), erst reflexiv zum Gegenstand der Erkenntnis werden (q. 85, a. 2), so auch das Einzelne als solches. Diese reflexive Erkenntnis des Einzelnen (q. 86, a. 1) macht bewußt, was es heißt zu erkennen: ‚das Wesen als im Einzelnen existierend‘ (*naturam universalem in particulari existentem*) zu erfassen (q. 84, a. 7). Eine Unterscheidung von Abstraktion und Intuition, wie sie bei Duns Scotus und Ockham eingeführt wird, macht bei Thomas keinen Sinn.

(ii) So stößt das Denken auch an seine Grenzen bei dem Versuch, das Immaterielle: Gott, die Engel, aber auch die Seele selbst, direkt zu erkennen. Unser Verstand hat die natürliche Blickrichtung auf die

Naturen der stofflichen Dinge. Die unstofflichen Dinge, die nicht
in der Wahrnehmung zugänglich werden, können wir daher nach
Maßgabe unseres Erkennens nicht an und für sich erkennen (q. 88,
a. 1). Wenn Thomas dennoch bestätigt, daß wir durch die Naturen der
sichtbaren Dinge zu irgendeiner Erkenntnis der unsichtbaren Dinge
emporsteigen, so ist ihm klar, daß die Basis für eine solche Erkenntnis
recht schmal ist (q. 88, a. 2). Gott ist nicht das Ersterkannte, sondern
vielmehr das Ziel der natürlichen Erkenntnis (q. 88, a. 3).

VI. *Obiectum* – zwischen *natura* und *status*

So kehrt die Analyse der menschlichen Erkenntnis zu dem Ergebnis
zurück, das in der q. 12 erlangt wurde: Die Schau des göttlichen
Wesens, in der die letzte Glückseligkeit besteht, kann der menschliche
Verstand nicht von Natur aus (*per sua naturalia*), sondern nur durch
Gnade (*per gratiam*) erreichen (q. 12, a. 4). Das Gnadenlicht (*lumen
gloriae*) erhebt den menschlichen Verstand zu etwas, das seine Natur
übersteigt (q. 12, a. 5). Daß Thomas in der Bestimmung des Gegenstandes des menschlichen Verstandes von der Ausrichtung auf das
materielle Seiende ausging, wurde ihm von Duns Scotus vorgeworfen.
Hat er auf diese Weise nicht ein Charakteristikum zur menschlichen
Natur erklärt, das lediglich für den jetzigen Stand zutrifft? Wie ist
dann noch die Glückseligkeit erklärbar? Kann Thomas noch verantworten, wie es das *gleiche* Vermögen sein kann, das in diesem Leben
die *quiditas rei materialis* als Gegenstand hat und in einem zukünftigen
Stand Gott wesentlich erkennen soll?

Scotus, der mit geschärftem Bewußtsein das Seiende als solches
zum Gegenstand des menschlichen Erkennens macht, nimmt seine
Zuflucht zum Begriff des *status*, wenn er das für das menschliche
Erkennen in diesem Leben kennzeichnende Angewiesensein auf die
sinnliche Wahrnehmung zu verantworten sucht. Aber auch Thomas
stuft seine Bestimmung der Washaftigkeit eines materiellen Dinges
(*quiditas rei materialis*) als eigentümlicher Gegenstand des Verstandes
(*proprium obiectum intellectus*) als ‚statusgebunden‘ ein. Die menschliche Natur ist ‚in diesem Stand‘ solchermaßen bedingt, daß zwar
ihre Ausrichtung, aber nicht ihre Erkenntnismöglichkeiten für sie
repräsentativ sind. Bisweilen ist Thomas nicht sehr genau und be-

nennt die *ratio entis et veri* als *ratio obiecti*. Manchmal aber bemüht er sich um Präzision: „Der erste Gegenstand unseres Verstandes gemäß dem gegenwärtigen Stand ist nicht jedes beliebige Seiende und Wahre, sondern das in den stofflichen Dingen betrachtete Seiende und Wahre."[9]

Das Problem der übernatürlichen Erfüllung des natürlichen Erkenntnisstrebens wird in einem späteren Beitrag zu behandeln sein[10]. Allerdings zeigt der Vergleich der menschlichen Erkenntnis *in statu viae* (qq. 84-88), der Erkenntnis der abgetrennten Seele (q. 89) und der adamitischen Erkenntnis *in statu innocentiae* (q. 94), daß Thomas eine Vervollkommnung der natürlichen Erkenntnisvermögen zuläßt, sofern es die menschliche Selbsterkenntnis und die Erkenntnis des Einzelnen anbelangt; aber er spricht der menschlichen Seele in keinem dieser Stände eine Schau des göttlichen Wesens zu. Das ist dem Endstand *in patria* vorbehalten.

VII. Die Verflechtung der Seelenvermögen

Wie am Anfang hervorgehoben wurde, beschreibt Thomas in den Quästionen 75-88 eine ganz bestimmte menschliche Natur, nämlich die Natur des Viators, der das Ziel, zu dem er bestimmt worden ist, gleichsam von Natur aus verfehlt. Warum dies der Fall ist, ist inzwischen deutlich: Die Wahrnehmungsgebundenheit des menschlichen Erkennens, die im niedrigen Rang des menschlichen Verstandes innerhalb der Hierarchie der Intellektwesen ihren Ausdruck findet, verhindert eine direkte Zuwendung zu den unstofflichen Substanzen. Also reicht die natürliche Anlage der menschlichen Seele nicht aus, um zu dem Ziel zu gelangen, zu dem sie von Natur aus bestimmt worden ist: der Schau des göttlichen Wesens. Es wurde darauf hingewiesen, daß der Begriff ,menschliche Natur' an dieser Stelle bei Thomas problematisch ist. Abschließend ist positiv das Anliegen hervorzukehren, das ihn motiviert, eine solche bedeutsame Schwierigkeit in Kauf zu nehmen.

---

[9] S.th. I, q. 87, a. 3 ad 1: „quia nec est primum obiectum intellectus nostri, secundum praesentem statum, est quodlibet ens et verum, sed ens et verum consideratum in rebus materialibus."

[10] Vgl. hierzu den Beitrag von J. Wippel in diesem Band, S. 246-254.

Würde man die Hauptlehren der Psychologie und Noetik bis
Thomas in einer Gesamtschau überblicken, etwa die platonische Seelenlehre, den abgetrennten wirkenden Verstand bei Aristoteles, den
arabischen Monopsychismus, dann träte – aber zeigt er sich darin
nicht gerade als ein Kind seiner Zeit?! – die Leistung des Aquinaten
hervor: in aller Radikalität den Verstand als der menschlichen Seele innewohnendes und eigentümliches Vermögen zu denken. Der
menschliche Verstand, mag er in seiner Tätigkeit von jeder Beziehung
zum Stoff frei sein, ist dennoch intim auf die anderen Seelenvermögen
bezogen und erlangt eben durch diese Beziehung erst die Qualität,
die ihn zum menschlichen Erkenntnisvermögen macht.
(i) Die Verflechtung der Seelenvermögen tritt klar zutage im Verhältnis
von Verstand und Willen, jene Tätigkeiten, die ohne körperliches
Organ ausgeübt werden und die nur die Seele selbst als Träger haben,
so daß sie nach dem Tode der Wirklichkeit nach in der Seele bleiben.
Der Wille als vernünftiges Strebevermögen ist wie der Verstand auf ein
Allgemeines ausgerichtet. So wie der Verstand notwendig auf die ersten
Prinzipien bezogen ist, so der Wille auf das letzte Ziel, die Glück-
seligkeit (q. 82, a. 1). Dem Willen wird sein Gegenstand erst durch
die Aktivität des Verstandes bekannt, der das Wesen des erstrebbaren
Guten erfaßt. Bewegt einerseits das vom Verstand erkannte Gute den
Willen, so bewegt andererseits der Wille den Verstand und alle anderen
Seelenvermögen, indem er ihre besondere Tätigkeit auf das letzte Ziel
richtet (q. 82, a. 4). Ausdrücklich hebt Thomas hervor, daß Verstand
und Wille sich gegenseitig einschließen: „Der Verstand erkennt das
Wollen des Willens, und der Wille will das Erkennen des Verstandes.
Aus demselben Grund fällt das Gute unter das Wahre, sofern es ein
erkanntes Wahres ist; und das Wahre fällt unter das Gute, sofern es
ein ersehntes Gut ist."[11] Erst diese Verschränkung von Verstand und
Willen macht einsichtig, wie der Verstand von Natur aus auf eine
Schau des göttlichen Wesens angelegt sein kann, die er von Natur aus
nicht zu erlangen vermag. Ordnet der Wille die Verstandesaktivität

---

[11] S.th. I, q. 82, a. 4 ad 1: „quia intellectus intelligit voluntatem velle, et voluntas vult intellectum intelligere. Et simili ratione bonum continetur sub vero,
inquantum est quoddam verum intellectum; et verum continetur sub bono,
inquantum est quoddam bonum desideratum." – Vgl. auch S.th. I, q. 79, a.
11 ad 2 und öfter.

auf das letzte Ziel hin, so wird er darin – da ihm der Verstand ja das Objekt vorgibt – weitgehend von der natürlichen Hinordnung des Verstandes auf das Wesen der stofflichen Dinge beeinträchtigt, die verhindert, daß wir mit der gleichen Notwendigkeit, mit der wir jetzt glückselig sein wollen, auch Gott anhängen (q. 82, a. 2). Diese intime Verbindung zwischen Verstand und Willen ist für Thomas' Bestimmung des Verhältnisses von Glauben und Wissen prägend[12].

(ii) Die Verflechtung der Seelenvermögen zeigt sich auch besonders deutlich in der Erkenntnis des Einzelnen. Die spätere Tradition zitiert, wenn sie Thomas' Lehre referiert, immer wieder diesen – von Aristoteles inspirierten – Satz: „Im eigentlichen Sinne erkennen weder die Sinne noch der Verstand, sondern der Mensch durch beide" (vgl. *De veritate*, q. 2, a. 6). Auch wenn wir zugestehen, so meint Thomas, daß der menschliche Verstand das Einzelne nicht unmittelbar zu erkennen vermag, ist damit nicht jede erkennende Bezugnahme auf das Einzelne unerklärlich geworden, denn das Erkennen ist eine Tätigkeit des gesamten Menschen, in welche der Verstand als Vermögen eingebunden ist. Nicht der Verstand erkennt, sondern der Mensch durch Sinne und Verstand – und so erfaßt er das Einzelne. Insbesondere ist hier die Überlegungskraft (*vis cogitativa*, auch *ratio particularis* genannt) zu nennen, eines der höheren Wahrnehmungsvermögen, das als solches sich eines körperlichen Organs bedient und auf das Einzelne ausgerichtet ist (q. 78, a. 4). Von ihr sagt Thomas, daß sie von der allgemeinen Vernunft bewegt und gelenkt wird, so daß beim Schlußverfahren aus allgemeinen Sätzen auf Einzelnes gehende Schlüsse gezogen werden (q. 81, a. 3).

Stößt das menschliche Erkennen, durch die besondere Bestimmung seines Gegenstandes, auf seine Grenzen im Verhältnis zum Göttlichen und zum Einzelnen, so bleibt die Begrenzung mißverständlich, wenn man diese Verflechtung der Seelenvermögen nicht berücksichtigt. Die Analyse des Thomas bietet eine ganzheitliche Sicht auf das Phänomen der menschlichen Erkenntnis. Nicht der Verstand erkennt, sondern der Mensch durch Sinne und Verstand – es galt eben zu erklären, wie die Tätigkeit, die das Denken ist, die Tätigkeit *dieses* Menschen ist.

---

[12] Vgl. hierzu den Beitrag von A. Zimmermann in diesem Band, S. 278-286.

Literatur in Auswahl:

Aertsen, J. A., Alle Menschen verlangen von Natur nach Wissen, in: Th. Kobusch
  (Hg.), Philosophen des Mittelalters. Eine Einführung, Darmstadt 2000, S. 186-
  201.

Kenny, A., Aquinas on Mind, London – New York 1993.

Kretzmann, N., Philosophy of Mind, in: N. Kretzmann u. E. Stump (Hgg.), The
  Cambridge Companion to Aquinas, Cambridge 1993, S. 128-159.

Mundhenk, J., Die Seele im System des Thomas von Aquin. Ein Beitrag zur Klärung und Beurteilung der Grundbegriffe der thomistischen Psychologie, Hamburg 1980.

Pasnau, R., Thomas Aquinas on Human Nature. A Philosophical Study of *Summa
  theologiae* Ia 75-89, Cambridge 2002.

Rahner, K., Geist in Welt. Zur Metaphysik der endlichen Erkenntnis bei Thomas
  von Aquin, Innsbruck – Leipzig 1939.

Zimmermann, A., Thomas lesen (legenda 2), Stuttgart-Bad Cannstatt 2000.

Das Glück des Menschen

(S.th. I-II, qq. 1-5)

ANDREAS SPEER (Köln)

I. Die Frage nach dem Glück

Die Frage, worin das Glück des Menschen bestehe und ob er dieses überhaupt erreichen könne, gehört zu den ältesten Fragen der Menschheit. Mit dieser Frage ist das Selbstverständnis des Menschen auf das engste verbunden. Antike Mythen erheben den wahrhaft glücklichen Menschen in den Himmel. Das wahre Glück ist ein Göttergeschenk, ja, es besteht in einem Leben, wie es die Götter führen. Doch ein solches Glück bleibt dem Normalsterblichen unerreichbar. Oder das Glück wird mit des Menschen eigener Fähigkeit zur Selbsterkenntnis verknüpft. Der Mensch hat sich auf die Suche nach seinem Ursprung zu machen. Ein solches Glück aber bleibt nur wenigen vorbehalten, etwa den Philosophen, den Liebhabern der Weisheit und Lieblingen der Götter.

Das Christentum entfaltet seine Attraktivität nicht zuletzt dadurch, daß es nicht mehr allein um einen erleuchteten Menschen geht, der den anderen Vorbild oder Führer sein kann, nicht um eine Lebensform für wenige. Es geht vielmehr und in voller Konsequenz um die Erreichbarkeit des im Begriff der Glückseligkeit formulierten Ideals für jeden Menschen; denn jeder Mensch strebt von Natur aus nach der höchsten Verwirklichung dessen, was er seinem Wesen nach ist. Darin unterscheidet sich der Mensch nicht von den übrigen Lebewesen.

Die Aktualität dieser Frage verlöscht im Grunde nie. Dies zeigt nicht nur ein Blick in die Geschichte, sondern auch in die Gegenwart. Denn Fragen wie diejenige nach dem gelingenden Leben, nach dem Zusammenhang von Glück und Moral oder nach weisheitlicher Orientierung erleben derzeit eine ungeahnte Renaissance. Ein besonderes Interesse wird in diesem Zusammenhang vor allem der antiken

Philosophie entgegengebracht[1]. Das gilt auch für Michel Foucault und seine Hinwendung zu einer ‚Kultur des Selbst‘ (‚la culture de soi‘) als einer an den Bedingungen souveräner, individueller Selbstverhältnisse interessierten Hermeneutik des Subjekts. Das Vorbild dieser Kunst der Existenz (‚une technê tou biou‘) erblickt Foucault im antiken Verständnis der Philosophie, das diese, im Sinne der Weisheit, als Lebensform (‚l'art de vivre‘) begriffen habe[2].

Doch nicht nur heute, auch zu Thomas' Zeiten hat die antike Philosophie eine besondere Faszination ausgeübt. Das gilt insbesondere für die Philosophie des Aristoteles, die das antike Denken in einer Ursprünglichkeit jenseits der über die Jahrhunderte hindurch erfolgten christlichen Adaptierung vorstellt – eine Begegnung, die durchaus nicht spannungsfrei vonstatten ging; dies zeigen die anfänglichen Aristotelesverbote an der Pariser Universität, die erst durch päpstliches Eingreifen endgültig aufgehoben wurden, ebenso wie die Zensurierung von 219 Thesen am 7. März 1277 durch den Pariser Bischof Etienne Tempier[3]. Thomas selbst hat seinen Aristoteles seit seiner Kölner Studienzeit bei Albert dem Großen sein ganzes Leben hindurch mit großer Konsequenz studiert. Viele seiner großen Aristoteleskommentare sind in seinen letzten Lebensjahren entstanden,

---

[1] Exemplarisch genannt seien nur P. Hadot, Wege zur Weisheit oder Was lehrt uns die antike Philosophie?, Frankfurt a. M. 1999 (frz.: Qu'est-ce que la philosophie antique?, Paris 1995), ferner C. Horn, Antike Lebenskunst. Glück und Moral von Sokrates bis zu den Neuplatonikern, München 1998. Siehe hierzu auch A. Speer, Philosophie als Lebensform? Zum Verhältnis von Philosophie und Weisheit im Mittelalter, in: Tijdschrift voor Filosofie 62 (2000), S. 3-25.

[2] Dies gilt insbesondere für den dritten Band von ‚Sexualität und Wahrheit‘, der den Titel ‚Die Sorge um sich‘ (‚Le souci de soi‘) trägt; siehe insbes. das gleichnamige zweite Kapitel in der deutschen Ausgabe (Frankfurt a. M. 1989, S. 55-94).

[3] Einen nach wie vor guten Überblick bietet F. Van Steenberghen, Die Philosophie im 13. Jahrhundert, München – Paderborn – Wien 1977 (frz.: La philosophie au XIIIᵉ siècle, Louvain – Paris 1966, 1991²), zu den angesprochenen Fragen bes. Kapitel 3 (S. 75-116) und Kapitel 9 (S. 389-462); zur aktuellen Forschungsdiskussion hinsichtlich der Verurteilungen von 1277 siehe J. A. Aertsen/K. Emery, Jr./A. Speer (Hgg.), Nach der Verurteilung von 1277. Philosophie und Theologie an der Universität von Paris im letzten Viertel des 13. Jahrhunderts. Studien und Texte (Miscellanea Mediaevalia; Bd. 28), Berlin – New York 2001.

parallel zur Arbeit an den beiden großen Summen. Thomas' Kommentar zur *Nikomachischen Ethik* des Aristoteles etwa entstand in großer zeitlicher Nähe zum zweiten Teil der *Summa theologiae*, an dessen Anfang wir uns jetzt befinden[4].

Thomas geht es jedoch nicht um eine, womöglich nostalgische, Aristoteles-‚Renaissance'. Weit eher lassen die Versuche einiger Pariser Artes-Magister (d. h. Philosophieprofessoren) zur Zeit des Thomas, die das Glück des Menschen in das philosophische Weisheitsstreben setzen wollten, nostalgische Züge erkennen, so als ließen sich die platonische Akademie oder der Athener Peripatos in Paris wiederbeleben[5]. Doch für solche Nostalgie ist Thomas nicht zu erwärmen. Denn auf diese Weise wird die Sprengkraft, die sich seiner Meinung nach in der aristotelischen Philosophie findet, verharmlost und unterlaufen.

Dies zeigt sich insbesondere mit Bezug auf die Frage nach dem Glück des Menschen – seit Sokrates, der die Philosophie – so heißt es bei Cicero – „vom Himmel herabgerufen und in den Städten angesiedelt sowie in die Häuser eingeführt, und sie gezwungen habe, über das Leben und die Sitten sowie über gut und böse nachzudenken"[6], der Ernstfall jedes Philosophierens. Für Thomas ist diese Frage mehr noch der Ernstfall der christlichen Existenz. Denn ist nicht ‚unsere Verkündigung leer und euer Glaube nichtig', wenn Christus nicht auferweckt worden ist (1 *Kor.* 15, 14), wenn also die Möglichkeit, das Glück in einem ewigen Leben zu erlangen, nicht besteht? Doch anders als Paulus, der mit dialektischer Unerbittlichkeit der Weisheit der Welt ‚unsere Weisheit', nämlich die Torheit des Glaubens,

---

[4] Vgl. J.-P. Torrell, Magister Thomas. Leben und Werk des Thomas von Aquin, Freiburg i. Br. 1995, S. 161ff. und 242f. (frz.: Initiation à Saint-Thomas, Fribourg 1993).

[5] Zu denken ist hier etwa an Boethius von Dacien und seine programmatische Schrift *De summo bono sive de vita philosophi* (‚Vom höchsten Guten oder vom Leben des Philosophen'), übers. in: K. Flasch (Hg.), Geschichte der Philosophie in Text und Darstellung, Bd. 2: Mittelalter, Stuttgart 1982, S. 363-371; siehe hierzu auch A. Speer, Philosophie als Lebensform? (wie Anm. 1), S. 3ff.

[6] Cicero, Tusculanae disputationes, V, 4, 10 (hg. v. M. Pohlenz, S. 409, 1-4): „Socrates autem primus philosophiam devocavit e caelo et in urbibus conlocavit et in domus etiam introduxit et coegit de vita et moribus rebusque bonis et malis quaerere."

gegenüberstellt (1 *Kor.* 1, 18-31), betont Thomas nicht so sehr das Trennende, sondern das Gemeinsame zwischen Philosophie und christlichem Glauben. Denn Glaube und Wissen stehen nicht in einem Widerspruchsverhältnis zueinander. Sie entspringen vielmehr einer gemeinsamen Wurzel, einer *inclinatio naturalis*: dem Grundantrieb des Menschen nach Wissen, seinem natürlichen Streben nach umfassender Wahrheitserkenntnis[7]. Das ist seine, des Menschen eigentliche Natur, seine Vernunftnatur. Und so ruht nach Thomas der Mensch nicht eher, als bis er auch das, was er glaubt, obwohl er ihm doch ganz fest zustimmt, vollkommen einsieht und begreift[8].

II. Der systematische Ort der Glücksfrage und der Aufbau des Glückstraktats

Damit sind wir bereits eingetreten in die Überlegungen zur Glückslehre, mit denen Thomas den zweiten Teil des *Summa theologiae* eröffnet. Dies geschieht nicht zufällig. Vielmehr bildet die Glücksfrage das Leitmotiv für die Überlegungen des zweiten Teiles. Insofern die Frage nach dem Glück die spezifische Rückkehr des Menschen zu seinem göttlichen Ursprung artikuliert, bildet sie die Scharnierstelle in dem großen Spannungsbogen der *Summa theologiae*, der sich zwischen *exitus* und *reditus*, zwischen Ausgang und Rückkehr der als Schöpfung begriffenen Seinswirklichkeit von bzw. zu ihrem schöpferischen Ursprung aufspannt.

Bereits der Prolog weist programmatisch die Richtung für die weiteren Überlegungen:

Da der Mensch, wie Johannes von Damaskus sagt, nach dem Bild Gottes gemacht ist, sofern durch ‚Bild' bezeichnet wird, was Verstand besitzt, frei in seiner Entscheidung und selbstmächtig ist, so bleibt, nachdem wir zuvor über das Urbild, nämlich über Gott, und über das, was aus Gottes Macht nach seinem Willen hervorgegangen ist, gespro-

---

7   Zu den *inclinationes naturales* siehe S.th. I, q. 94, a. 2, c. Ferner J. A. Aertsen, Thomas von Aquin. Alle Menschen verlangen von Natur aus nach Wissen, in: T. Kobusch (Hg.), Philosophen des Mittelalters, Darmstadt 2000, S. 186-201.

8   Vgl. De veritate, q. 14, a. 1, c (Ed. Leon.), S. 436ff. Siehe hierzu auch den Beitrag von A. Zimmermann in diesem Band, S. 290-297.

chen haben, daß wir nunmehr Gottes Bild, nämlich den Menschen, betrachten, sofern auch er Ursprung seiner Werke ist, besitzt er doch die freie Entscheidung und Macht über seine Werke[9].

Thomas greift in seinem Prolog zur *Prima secundae* jene Grundaussage wieder auf, die er eingangs, in der Einleitung zur zweiten *Quaestio* der *Prima pars*, als Hauptaufgabe der Theologie bestimmt hatte: nämlich nicht nur zu erkennen, wie Gott in sich ist, sondern auch, insoweit er Ursprung und Ziel aller Dinge ist, im besonderen der vernunftbegabten Geschöpfe, d. h. vor allem des Menschen (S.th. I, q. 2, prooem.). Hierzu stellt er den Begriff in den Mittelpunkt, der wie kein anderer die Sonderstellung des Menschen bestimmt: Der Mensch ist *imago Dei*, Bild Gottes. Was dies in philosophischer Sprache bedeutet, sagt Thomas in seinem Dreifachkriterium: Intellektbesitz, Entscheidungsfreiheit und Selbstmächtigkeit. Hierin kommt das besondere Verhältnis der rationalen Kreatur zu ihrem schöpferischen Urbild zum Ausdruck, das in einer Artähnlichkeit (*similitudo secundum speciem*) gründet. So bestimmt Thomas das dem Bildbegriff zugrundeliegende Ähnlichkeitsverhältnis. Genau genommen liegt die Ähnlichkeit sogar im letzten Artunterschied (*ultima differentia*) begründet, derjenigen Bestimmung, welche die Besonderheit einer Art letztendlich konstituiert. Zwar liegt eine gewisse Ähnlichkeit zwischen Schöpfung und Schöpfer zunächst und ganz allgemein vor, sofern die Dinge überhaupt Existenz haben, sodann spezifischer, insoweit sie leben, doch die eigentliche Ähnlichkeit besteht darin, daß sie erkennen und Einsicht haben – das aber haben nur die vernunftbegabten Geschöpfe[10].

---

[9]   S.th. I-II, prol.: „Quia, sicut Damascenus dicit, homo factus ad imaginem Dei dicitur, secundum quod per imaginem significatur intellectuale et arbitrio liberum et per se potestativum; postquam praedictum est de exemplari, scilicet de Deo, et de his quae processerunt ex divina potestate secundum eius voluntatem; restat ut consideremus de eius imagine, idest de homine, secundum quod et ipse est suorum operum principium, quasi liberum arbitrium habens et suorum operum potestatem.“

[10] S.th. I, q. 93, a. 2, c: „Requiritur autem ad rationem imaginis quod sit similitudo secundum speciem. [...] Manifestum est autem quod similitudo speciei attenditur secundum ultimam differentiam. Assimilantur autem aliqua Deo, primo quidem, et maxime communiter, inquantum sunt; secundo vero, inquantum vivunt; tertio vero, inquantum sapiunt vel intelligunt. [...] Sic ergo patet quod solae intellectuales creaturae proprie loquendo sunt ad imaginem Dei.“

Diese Bestimmung der menschlichen Natur entlang der sogenannten proklischen Trias ‚Sein – Leben – Erkennen' entspricht den
inclinationes naturales, den natürlichen Geneigtheiten und Antrieben
(S.th. I-II, q. 94, a. 2, c), und damit dem anthropologischen Grundverständnis des Thomas, das nach Art des aristotelischen *ergon*-Argu-
ments den Menschen von seiner spezifischen Tätigkeit her begreift.
Von etwas Göttlichem in uns hatte Aristoteles mit Bezug auf die
Verstandesgabe gesprochen und dennoch dieses Göttliche als unser
wahres Selbst, als unseren vornehmsten und besten Teil bezeichnet[11].
Für Thomas bedeutet diese Entsprechung, daß der Mensch analog
zu Gottes willentlich-schöpferischem Handeln gleichfalls als der Ursprung seiner Werke anzusehen ist, sofern er die freie Entscheidung
(*liberum arbitrium*) und Macht (*potestas*) über seine Werke besitzt.
Nur deswegen kann von einer besonderen Bewegung der rationalen
Kreatur zu Gott als ihrem Ursprung und Ziel gesprochen werden
(S.th. I, q. 2, prooem.), die nicht mit Naturnotwendigkeit (*necessitate
naturae*), sondern nach ihrer freien Willensentscheidung (*secundum
suae arbitrium voluntatis*) geschieht – so können wir pointiert im
Proömium zum dritten Buch der *Summa contra gentiles* lesen, das die
Frage nach dem Glück in den Zusammenhang der universalen Leitung
der Schöpfung durch den Schöpfer stellt (Scg III, c. 1).

Das Lehrstück von der göttlichen Lenkung der Dinge (*gubernatio rerum*), d.h. die Frage einer umfassenden Zielbestimmung der
Wirklichkeit, findet sich auch am Ende des ersten Teiles der *Summa
theologiae* (I, qq. 103-119, bes. 103-104). Dieses Lehrstück geht somit dem zweiten Teil unmittelbar voraus und bildet, wie Thomas in
seinem Prolog deutlich macht, zusammen mit der Willenslehre (q. 5
und qq. 82-83), der Intellekt- und Erkenntnislehre (q. 79 und qq.
84-89) sowie der *imago*-Lehre (q. 93) die Grundlage für die Artikulation der besonderen Rückkehr des Menschen[12]. Hierbei besitzt die
für die *gubernatio*-Lehre konstitutive Unterscheidung zweier Formen

---

[11] Vgl. Aristoteles, Ethica Nic. X, 7 (1177a 12-b 31); ganz in diesem Sinne
      argumentiert auch der Protreptikos B 109 (hg. v. I. Düring, Der Protreptikos
      des Aristoteles, Frankfurt a. M. 1969, 1993²), S. 86.

[12] Die *quaestio* 93 behandelt die *imago*-Lehre bezeichnenderweise unter der
      Leitfrage des Zieles der Erschaffung des Menschen: „De fine sive termino
      productionis hominis". Siehe hierzu auch insbesondere den vorhergehenden
      Artikel von W. Goris, S. 125-139.

von Kausalität – eine Frage, die in den gegenwärtigen Debatten zur Handlungstheorie im Physikalismus-Intentionalismus-Streit wieder aufgelebt ist – weitreichende Konsequenzen. Wir gewinnen auf diese Weise nicht nur das allgemeine Prinzip der nachfolgenden Beweisführung: die Hinordnung alles Tätigen auf ein Ziel (S.th. I-II, q. 1, a. 2). Vielmehr gilt, daß sich die Wirkung dieser Leitung in den verschiedenen Dingen auf verschiedene Weise zeigt, entsprechend der Verschiedenheit ihrer Naturen. „Einiges nämlich hat Gott so hervorgebracht, daß es im Besitz des Verstandes eine Ähnlichkeit (*similitudo*) mit ihm hat und sein Ebenbild (*imago*) darstellt; deshalb", so Thomas, „ist es auch nicht gelenkt, sondern lenkt sich sogar selbst durch seine eigenen Tätigkeiten auf das erforderliche Ziel hin."[13]

Doch nicht nur nach dem erforderlichen Ziel, sondern nach dem letzten Ziel (*finis ultimus*) des Menschen fragt Thomas in der ersten *Quaestio* der *Prima secundae*, die den Auftakt des Glückstraktats der *Summa theologiae* bildet.

> Zunächst muß das letzte Ziel des menschlichen Lebens betrachtet werden, danach das, wodurch der Mensch zu diesem Ziel gelangen oder von ihm abweichen kann; vom Ziel her nämlich muß man dasjenige erklären, was auf das Ziel hingeordnet ist. Weil aber als das letzte Ziel des menschlichen Lebens die Glückseligkeit angenommen wird, muß zuerst vom letzten Ziel im allgemeinen und sodann von der Glückseligkeit gehandelt werden[14].

Die hier von Thomas vorgenommene Gliederung weist über die folgenden fünf Quästionen hinaus auf die mit *Quaestio* 6 beginnende Handlungslehre und somit auf den Gegenstand sowie auf die Architektonik des zweiten Teiles der *Summa* insgesamt. Denn es sind die menschlichen Handlungen, wodurch der Mensch zur Glückseligkeit gelangen und vom Weg der Glückseligkeit abweichen kann, wie Tho-

---

[13] Scg III, c. 1: „Quaedam namque sic a Deo producta sunt ut, intellectum habentia, eius similitudinem gerant et imaginem repraesentent: unde et ipsa non solum sunt directa, sed et seipsa dirigentia secundum proprias actiones in debitum finem."

[14] S.th. I-II, q. 1: „Ubi primo considerandum occurrit de ultimo fine humanae vitae; et deinde de his per quae homo ad hunc finem pervenire potest, vel ab eo deviare: ex fine enim oportet accipere rationes eorum quae ordinantur ad finem. Et quia ultimus finis humanae vitae ponitur esse beatitudo, oportet primo considerare de ultimo fine in communi; deinde de beatitudine."

mas im Prolog zur *Quaestio* 6 feststellt. Zugleich bestimmt er diese als
den eigentümlichen Gegenstand der *moralis consideratio*, der ethischen
Betrachtung, und zwar sowohl der allgemeinen Morallehre der *Prima
secundae* als auch der speziellen Morallehre der *Secunda secundae*. Die
Besonderheit der ethischen Betrachtungsweise liegt nun aber darin,
daß sich ihre Tätigkeiten (*operationes*) und Handlungen (*actus*) auf
Einzelnes richten; deshalb gelangt jedes Handlungswissen in der
Erörterung des konkreten Einzelnen zu seinem Abschluß[15]. Thomas
folgt also der aristotelischen Unterscheidung der praktischen Vernunft,
die auf das Einzelne abzielt, von der theoretischen Vernunft, die in
der Erkenntnis des Allgemeinen ihre Zielbestimmung findet.

Gleichwohl ist es, so Thomas im Prolog zu seinem etwa zeit-
gleich entstandenen Kommentar zur *Nikomachischen Ethik*, Aufgabe
der Moralphilosophie, die menschlichen Tätigkeiten zu betrachten,
insofern sie aufeinander und auf ein Ziel hingeordnet sind[16]. Diese
Frage ist sogar grundlegend für das Projekt einer ‚praktischen Wissenschaft‘ (*scientia practica*), die gegenüber einer kontemplativ oder
pastoral ausgerichteten christlichen Weisheitspädagogik, die in der
Erkenntnis und Liebe Gottes den alleinigen Grund für die umfassende
Daseinsorientierung sieht, nach dem Vorbild der aristotelischen Ethik
die Frage nach Erreichbarkeit dieses Zieles in der Vielfalt konkreter
Lebensentwürfe in den Mittelpunkt rückt und hierbei der menschlichen Vernunft eine entscheidende Bedeutung in der Beantwortung
dieser Frage einräumt. Hier, in der Grundlegung einer Ethik als einer
praktischen Wissenschaft, nicht aber im elitären Ideal einer philosophischen Lebensform, liegt die eigentliche Bedeutung der Rezeption
der *Nikomachischen Ethik* im 13. Jahrhundert. Ihre Voraussetzun-

---

[15] S.th. I-II, q. 6, prol.: „Quia igitur ad beatitudinem per actus aliquos necesse
est pervenire, oportet consequenter de humanis actibus considerare, ut sciamus
quibus actibus perveniatur ad beatitudinem vel impediatur beatitudinis via.
Sed quia operationes et actus circa singularia sunt, ideo omnis operativa scientia in particulari consideratione perficitur. Moralis igitur consideratio, quia
est humanorum actuum, primo quidem tradenda est in universali, secundo
vero in particulari." – Zur Handlungslehre siehe den folgenden Artikel von
K. Mertens, S. 168-197.
[16] In I Eth., lect. 1 (Ed. Leon.), S. 4, 39-43: „Sic igitur moralis philosophiae
[...] proprium est considerare operationes humanas, secundum quod sunt
ordinatae ad invicem et ad finem."

gen finden sich in dem Prozeß der wechselseitigen Freisetzung von
ethischer Vernunft und christlichem Glauben, der bereits im 12.
Jahrhundert anhebt[17].

Der Glücksfrage kommt in diesem Zusammenhang ein entscheidendes Gewicht zu, ja an ihr bestimmt sich die Möglichkeit, ob die
Ethik als *scientia practica* ein eigenes Gewicht erlangen kann, unabhängig davon, ob das Ziel eine eigenständige philosophische Ethik ist
oder eine *moralis consideratio*, die innerhalb eines theologischen Ge-
samtentwurfes ihre spezifische Zugangsweise behauptet[18]. Dies zeigt
sich gerade im Vergleich mit dem dritten Buch der *Summa contra
gentiles*: Anders als dort trennt Thomas zu Beginn des zweiten Teiles
der *Summa theologiae* die Glücksfrage vom Traktat ‚Von der Erhaltung
und Regierung der Welt‘ (S.th. I, qq. 103-119) ab und stellt diese
ausdrücklich an den Anfang seiner Morallehre. Damit ändern sich,
wie wir sehen werden, die Perspektive und das Beweisinteresse: Es
geht nicht mehr nur um den Aufweis eines letzten Zieles und seiner
Bestimmung als Glückseligkeit. Im Mittelpunkt steht die Frage nach
der spezifischen Art und Weise, wie der Mensch dieses Glück erreichen
kann, wie sich die im Schöpfungsgedanken grundgelegte universale
Perspektive eines letzten Zieles mit der individuellen Vollendung des
einzelnen Menschen vermitteln läßt.

Aus dieser Fragestellung ergibt sich eine Zweiteilung des Glückstraktats. Zunächst stellt Thomas in *Quaestio* 1 die Frage nach dem
letzten Ziel (*finis ultimus*), sodann in den *Quaestiones* 2 bis 5 diejenige
nach der Glückseligkeit (*beatitudo*), und auch dies in zweifacher Hinsicht: nämlich worin diese besteht und auf welche Weise sie erlangt
wird. Von dieser weiteren Unterteilung wird im Zusammenhang der
beatitudo-Lehre näher zu reden sein.

---

[17] Hierzu S. Ernst, Ethische Vernunft und christlicher Glaube. Der Prozeß ihrer
wechselseitigen Freisetzung (BGPhThMA; N. F. 46), Münster 1996.

[18] Hierzu G. Wieland, Ethica – Scientia practica. Die Anfänge der philosophischen Ethik im 13. Jahrhundert (BGPhThMA; N. F. 21), Münster 1981,
siehe insbes. die Einleitung S. 1-7; W. Kluxen, Philosophische Ethik bei
Thomas von Aquin, Hamburg 1988³, insbes. der erste Teil, S. 1-107; ferner
auch C. Schröer, Praktische Vernunft bei Thomas von Aquin (Münchener
philosophische Studien; N. F. 10), Stuttgart – Berlin – Köln 1995.

III. Die Zielbestimmtheit menschlichen Handelns und die Lehre vom letzten Ziel (*finis ultimus*)

Thomas eröffnet die acht Artikel der ersten *Quaestio* sogleich mit einer Frage von grundsätzlicher Bedeutung: Läßt sich menschliches Handeln überhaupt angemessen als Handeln um eines Zieles willen begreifen? Daß die Frage des ersten Artikels diese Reichweite besitzt, ergibt sich aus den Einwänden, die Thomas nach quästionaler Manier seiner Antwort voranstellt. Müssen wir nicht die Ursache, warum wir handeln, vom Ziel, um dessentwillen wir handeln, unterscheiden? Gibt es nicht Ziele, die wir um ihrer selbst willen und nicht um eines anderen Zieles willen anstreben? Und schließlich: Tun wir nicht in Wahrheit manches unbedacht, etwa wenn wir uns beim Reden durchs Haar streichen oder wenn wir während der Fußballübertragung in eine Tüte mit Kartoffelchips greifen?

Thomas nimmt diese Einwände zum Anlaß einer grundlegenden Bestimmung menschlichen Handelns (S.th. I-II, q. 1, a. 1, c). Denn nicht alle Handlungen des Menschen (*actiones hominis*) sind auch im eigentlichen Sinne menschliche Handlungen (*actiones humanae*). Als eigentümlich menschliche Handlung (*actio proprie humana*) kann nur diejenige gelten, über die der Mensch Herr ist durch Verstand und Willen. Unschwer erkennen wir die Bestimmungen der menschlichen *imago*-Natur aus dem Prolog zur *Prima secundae* wieder. Diese werden nun handlungstheoretisch auf ihre Implikationen hin entfaltet. Spezifisch menschlich sind allein solche Handlungen, die aus einer freien Entscheidung (*liberum arbitrium*) hervorgehen, d. h. aus einem überlegten Willen (*voluntas deliberata*), denn die freie Entscheidung ist eine Fähigkeit des Willens und der Vernunft (*facultas voluntatis et rationis*) (q. 1, a. 1, c). Allein diese Handlungen sind Gegenstand der folgenden Überlegungen, d. h. Gegenstand der *moralis consideratio*. Dies bedeutet nicht eine willkürliche Beschränkung des eigentümlichen Gegenstandes der Ethik, vielmehr eine erforderliche Klarstellung in bezug auf die Zuständigkeit. Alle übrigen Tätigkeiten – wie beispielsweise die Atmung oder die Darmperistaltik – müssen zunächst in ihrem eigenen Sachgebiet, in diesem Fall dem medizinischen, betrachtet werden. Sie werden zum Gegenstand der Ethik erst dadurch, daß der Mensch mit einem überlegten Willensentscheid auf sie zugreift – bei den von uns gewählten Beispielen etwa im Falle des Tauchens oder einer Diät.

Dadurch, daß die spezifisch menschlichen Handlungen (*actiones humanae*) durch einen überlegten Willensentscheid verursacht werden, haben sie auch gemäß dem Objekt des Willens ihre Ausrichtung auf das Ziel und das Gute; das aber bedeutet, daß alle menschlichen Handlungen um eines Zieles willen sind. Man fühlt sich nicht zu Unrecht an den bekannten Anfangssatz der *Nikomachischen Ethik* erinnert, doch anders als Aristoteles leitet Thomas die allgemeine Zielbestimmtheit menschlichen Handelns aus dem Formalobjekt des Willens ab[19]. Damit ergibt sich die Antwort auf die eingangs gestellte Frage: Die Zielbestimmtheit spezifisch menschlichen Handelns ist diesem wesentlich, weil es willentliches Tun ist. Doch nicht die Zielbestimmtheit ist es, was das menschliche Handeln spezifisch auszeichnet. Denn alles, was tätig ist, ist notwendig wegen eines Zieles tätig (S.th. I-II, q. 1, a. 2, c), sei es, daß es von einem anderen zum Ziel hinbewegt wird, wie der Pfeil vom Bogenschützen, oder aber, daß es sich selbst zum Ziel hinbewegt, wie der Mensch, der das Ziel erkennt und deshalb sein Handeln auf dieses Ziel hinzuordnen vermag. Das vernunftgeleitete Streben (*appetitus rationalis*), welches sich selbst in freier Entscheidung auf das durch die Vernunft erfaßte Ziel hin bestimmt, erweist sich somit als ein Sonderfall des natürlichen Strebens (*appetitus naturalis*); es entspricht der Sonderstellung des Menschen, die in seinem Vernunft- und Willensbesitz gründet.

Die Frage nach dem Ziel betrifft also nicht etwas dem Handeln Äußerliches. Mehr noch, vom Ziel her erlangen menschliche Handlungen, sofern sie im eigentlichen Sinne menschliche Handlungen (*actus humani*) sind[20], erst ihre spezifische Bestimmtheit. Das Ziel ist Prinzip und damit Ausgangs- und Endpunkt einer Handlung; auf diese Weise verleiht es der Handlung seine eigentümliche Form (q. 1, a. 3, c). Somit erhält eine Handlung erst durch die Zielbestimmtheit ihre moralische Spezifik, sie hat diese nicht schon aus sich heraus. Thomas verdeutlicht dies am Beispiel der Tötung eines Menschen, die auf die Wahrung der Gerechtigkeit (im Falle der Notwehr oder

---

[19] Zum Aufweis des Guten als Formalobjekt von *appetitus* und *voluntas* siehe S.th. I, q. 5. Hier gilt es, auch den transzendentalen Charakter des Guten zu beachten; siehe hierzu den Beitrag von J. A. Aertsen in diesem Band, S. 44-48.

[20] Thomas spricht gleichbedeutend von *actio humana* und *actus humanus* wie auch von *actio hominis* und *actus hominis*.

des Tyrannenmordes) oder aber auf die Befriedigung des Zornes
hingeordnet sein kann. Es ist deutlich, daß sich die jeweilige moralische Zielbestimmung nicht aus der Natur der Handlung ableiten
läßt, ebensowenig wie sich aus der Zielbestimmung notwendig die
Natur einer Handlung ergibt. Um im Beispiel zu bleiben: Man kann
Gerechtigkeit auch auf andere Weise sichern und mit Zorn anders
umgehen als durch die Tötung eines Menschen (q. 1, a. 3 ad 3).

Die ethische Betrachtung (*moralis consideratio*) erfordert daher
eine genauere Bestimmung der Zielhaftigkeit menschlichen Handelns.
Hier gilt es, eine zweifache Ordnung von Zielen zu unterscheiden:
die Ordnung der Absicht (*ordo intentionis*) und die Ordnung der
Ausführung (*ordo executionis*). In beiden Ordnungen gibt es ein
Erstes: das, was den Beweggrund abgibt, etwas zu erstreben, und
dasjenige, bei dem das Tun beginnt. In beiden Ordnungen kann
es keinen beliebigen Rückgang ins Unendliche geben. Andernfalls,
so Thomas, würde nichts erstrebt, würde keine Handlung abgeschlossen, noch käme die Absicht des Handelnden zur Ruhe. Mehr
noch: Gäbe es kein Erstes bei dem, was auf das Ziel hingeordnet ist,
dann begänne in Wahrheit niemand etwas zu tun, noch würde die
Beratschlagung abgeschlossen, sondern diese ginge ins Unendliche
weiter. Das Regreßverbot, das Thomas hier im Anschluß an Aristoteles
bemüht, ist also mehr als ein formaler Einspruch; es entspringt der
Einsicht in die Gesetzmäßigkeit unseres Handelns. Ich würde mich
nicht auf den Weg zu diesem bestimmten Supermarkt machen, um
eine Flasche Milch zu kaufen, wenn ich nicht zumindest mit guten
Gründen unterstellen würde, diese dort auch zu finden; und ich
muß natürlich diese Flasche Milch kaufen wollen, bevor ich mich
auf den Weg mache. Kein Handeln kommt ohne eine Zielsetzung
zustande, ja ohne die Annahme eines ersten Zieles, wenn wir nicht
darauf verzichten wollen, unser Handeln als aufeinander bezogen zu
denken. Selbstverständlich gibt es beiläufige Ordnungen (*ordo per
accidens*), in denen es eine unbestimmte Zahl an Möglichkeiten gibt
– so kann ich natürlich auch eine Flasche Saft oder Bier kaufen und
habe dann mitunter die Qual der Wahl –, doch dieses Modell taugt
nicht, wenn ich mein Handeln im Rahmen eines Lebensentwurfes
begreifen will, der an der möglichst vollkommenen Verwirklichung
der eigenen Wesensmöglichkeiten ausgerichtet ist. Hier ist ein höheres
Maß an Einheit vorausgesetzt, ein *ordo per se*, der die Annahme eines

letzten Zieles unerläßlich macht. Denn ein Ordnungsverhältnis setzt immer eine einheitsstiftende Bezugsgröße voraus, wie etwa die Teile eines Hauses aufeinander hingeordnet sind oder die Ordnung der Teile eines Heeres zueinander wegen der Hinordnung des ganzen Heeres auf den Feldherrn besteht – so lautet das bekannte Beispiel des Aristoteles, dessen sich auch Thomas bedient[21].

Wie aber kann der Mensch in seinem konkreten Wollen die Einheit eines Letzten haben, ja, trifft dies für die praktische Ordnung, die sich, wie wir gesehen haben, auf das konkrete Einzelne richtet, überhaupt zu? Handelt es sich hier nicht um eine metaphysische Annahme, die aus dem Postulat Gottes als des letzten Zieles folgt? Doch um ein derartiges metaphysisches Postulat geht es Thomas nicht, vielmehr um den Nachweis einer strukturellen Notwendigkeit in der Ordnung des Praktischen. Hierzu bedient er sich in seinem fünften Artikel dreier Beweisgänge. Zunächst gilt es zu verstehen, was ‚letztes Ziel' heißt: Es ist das, was jemand als vollendetes und ihn selbst erfüllendes Gut (*bonum perfectum et completivum sui ipsius*) erstrebt. Daß ein jegliches seine Vollendung (*perfectio*) erstrebt, folgt aus dem Begriff des Guten selbst[22]. Ein *bonum perfectum* aber muß das Strebevermögen des Menschen im Sinne eines Letztzieles so erfüllen, daß außer ihm nichts zu erstreben übrigbleibt, also weder etwas Äußerliches noch gar ein zweites Endziel. Dem entspricht auch, so das zweite Argument, die Natur des menschlichen Willens, der wie die Vernunft in einem Prinzip begründet ist, das im Fortgang des vernünftigen Strebevermögens das letzte Ziel ist. Und schließlich ergibt sich drittens die Notwendigkeit eines letzten Zieles aus der gattungsmäßigen Einheit der willentlichen Handlungen, sofern alles vom Willen Erstrebbare zu einer einzigen Gattung gehört (q. 1, a. 6, c). Diese Ausrichtung auf ein letztes Ziel bestimmt die Strebeordnung des menschlichen Handelns wesensmäßig, selbst dann, wenn dies nicht explizit geschieht. Man muß nicht immer an das letzte Ziel denken; zudem gibt es eine Viel-

---

[21] In I Eth., lect. 1 (Ed. Leon.), S. 3, 7-14: „Invenitur autem duplex ordo in rebus. Unus quidem partium alicuius totius seu alicuius multitudinis adinvicem, sicut partes domus adinvicem ordinantur. Alius autem est ordo rerum in finem. Et hic ordo est principalior quam primus. Nam, ut Philosophus dicit in XI° Metaphysicae, ordo partium exercitus adinvicem est propter ordinem totius exercitus ad ducem." – Vgl. Metaphysica XII, 12 (1075a 12-16).

[22] S.th. I-II, q. 5, a. 5, c: „ratio boni consistit in perfectione."

zahl sekundärer Ziele. Doch auch diese können nur erstrebt werden, sofern sie auf übergeordnete Ziele und schließlich auf das letzte Ziel hingeordnet sind (q. 1, a. 6, c und ad 3).

Am Ende dieser ersten *Quaestio* stellt Thomas zwei Fragen, die bereits auf den nachfolgenden Glückstraktat verweisen: Haben alle Menschen ein einziges letztes Ziel (q. 7)? Und kommen in diesem letzten Ziel auch die anderen Geschöpfe überein (q. 8)? Beide Fragen verweisen auf die praktische Zielrichtung der thomasischen Beweisführung, die sich in einer doppelten Differenz zeigt: Denn wenngleich die Menschen ganz offensichtlich darin übereinstimmen, was der Sinngehalt ‚letztes Ziel' besagt: nämlich die eigene Vollendung, so gibt es doch erhebliche Unterschiede mit Bezug auf die Frage, worin dieser Sinngehalt gefunden wird (q. 7, c). Aber auch, wenn es eine Übereinstimmung in der Sache, worin der Sinngehalt des letzten Zieles gefunden wird, geben sollte, insofern dieser von Thomas nach Maßgabe des Prologs als Gott bestimmt wird, so tut sich doch sogleich die neue Frage auf, wie und wodurch dieses letzte Ziel erlangt und wie es besessen werden kann. Diese Frage aber ist, so werden wir sehen, nicht nebensächlich, sie gehört vielmehr ganz wesentlich zur Bestimmung des Sinngehalts des letzten Zieles.

Blicken wir auf den Beweisgang der ersten *Quaestio* zurück, so zeigt sich, wie der spekulative Rahmen der *imago*-Theologie des Prologs konsequent auf seine praktischen Implikationen hin entfaltet wird. In der Freisetzung der praktischen Dimension gegenüber der spekulativen Grundlegung der menschlichen Strebetätigkeit im theologischen Gesamtplan einer umfassenden *gubernatio rerum* sieht Wolfgang Kluxen den bedeutenden Unterschied zu der Entfaltung der Glücksproblematik im dritten Buch der *Summa contra gentiles* und einen wichtigen Ertrag der *Prima secundae*[23]. Hierbei bildet die Bestimmung des *liberum arbitrium* als *potestas suorum operum* den Ausgangspunkt für die Gewinnung des eigentümlichen Gegenstandsgebiets der Ethik: des *actus humanus* (bzw. der *actio humana*), der in seiner wesensmäßigen Zielbestimmtheit zunächst als Sonderfall eines allgemeinen Verhältnisses erscheint, der universalen Zielausrichtung aller geschaffenen Dinge. Denn die Erlangung der *beatitudo*, die sich

---

[23] Vgl. W. Kluxen, Philosophische Ethik bei Thomas von Aquin (wie Anm. 18), S. 108ff.

als nähere Bestimmung des *finis ultimus* erweist, ist wesentlich an die Eigentätigkeit des Menschen gebunden. Es geht, wie Thomas nachdrücklich betont, um das letzte Ziel des jeweils einzelnen Menschen (*finis ultimus huius hominis*; q. 1, a. 5, c). Die Notwendigkeit und Einheit eines letzten Zieles zeigt sich als ein notwendiges Strukturmoment des menschlichen Handelns – sofern dieses als ein *ordo per se* begriffen werden kann – und folgt in der Ordnung des Praktischen aus dem Wesen des letzten Zieles, aus der Natur des menschlichen Willens und aus der generischen Zusammengehörigkeit menschlicher Handlungen (q. 1, a. 5). Die *finis ultimus*-Lehre der ersten *Quaestio* gibt somit den formalen Grundriß der Wesensgesetzlichkeit des Handelns vor. Die praktische Bedeutung dieser ,Metaphysik des Handelns' liegt in der Bestimmung des Bereichs menschlicher Praxis als Einheit[24]. Diese Ausrichtung auf einen Lebensentwurf als Sinnganzes bestimmt – bewußt oder unbewußt – die jeweils vollzogene konkrete Wahl in der Entscheidung für einen Sinnentwurf in der Mannigfaltigkeit der empirisch gegebenen Lebenseinstellungen, ohne deren Offenheit einzuschränken – auch wenn der *finis ultimus omnium creaturarum* abschließend als Gott bestimmt wird (q. 1, a. 8). Denn offenkundig kann die Antwort auf die Frage nach dem das menschliche Seinkönnen vollkommen erfüllenden Gut aus der Bestimmung der ,Sache, in der die Bestimmung des Guten gefunden wird' (*ipsa res, in qua ratio boni invenitur*), nicht unmittelbar abgeleitet werden, sondern erschließt sich erst im Rekurs auf die Eigentümlichkeit der Aneignung (*adeptio*) und des Besitzes (*usus*). Dennoch gilt es, zunächst die Frage zu beantworten, worin denn das letzte Ziel besteht, was genau seine *ipsa res* ist.

IV. Die inhaltliche Bestimmung des menschlichen Letztzieles: die Glückseligkeit (*beatitudo*)

Diese Unterscheidung zwischen *finis cuius* und *finis quo*, der Bestimmung des Gegenstandes und der Frage der Aneignung und des Besitzes des nunmehr inhaltlich näher zu bestimmenden Letztzieles, die der Spannung zwischen spekulativer Grundlegung und praktischer Bedeutsamkeit entspringt, ist für den nachfolgenden Glückstraktat (qq. 2-5) von grundlegendem Charakter und stellt dessen Strukturprinzip

---

[24] Vgl. ebd., S. 116ff. und 121ff.

dar. Dies gilt nicht nur für die formale Gliederung der Quästionen
– die Quästionen 2 und 3 beziehen sich formal auf den Gegenstand,
die Quästionen 4 und 5 auf dessen Aneignung und Besitz –, sondern
betrifft letztlich auch die Frage, inwiefern die nun einsetzende Erläuterung der *beatitudo* als Antwort auf die Exposition der Zielbestimmung menschlichen Handelns begriffen werden kann. Denn bis auf
die Ankündigung im Vorwort zur ersten *Quaestio* fehlt zunächst jeder
Hinweis, wie diese beiden Fragen miteinander zusammenhängen.

Doch zunächst beginnt Thomas in seiner zweiten *Quaestio* recht
unvermittelt mit der Erörterung einer Reihe äußerer Glücksgüter:
Reichtum (a. 1), Ehre (a. 2), Ansehen und Ruhm (a. 3) sowie Macht
(a. 4). Als Ausgangspunkt dient ihm die berühmte Bestimmung der
Glückseligkeit als ,eines Zustands, der durch die Ansammlung aller
Güter vollkommen ist', die sich im dritten Buch der philosophischen
Trostschrift des Boethius findet[25]. Im Hintergrund steht zweifelsohne
auch der Versuch einer ersten Glücksbestimmung im ersten Buch der
Nikomachischen Ethik[26]. Wie Aristoteles mustert Thomas in seiner
zweiten *Quaestio* nämlich mögliche Kandidaten für eine zureichende
Bestimmung des Glücks, das als *eudaimonia* bzw. als *beatitudo* verstan-
den werden muß, also nicht als ein zeitweiliger Zustand gesteigerten
Wohlbefindens, sondern als das eigentliche und vollendete Gut des
Menschen, das allein um seiner selbst willen angestrebt wird und keine
äußerliche Begrenzung, auch nicht eine solche der Dauer, kennt; genau
das meint das heutzutage vielleicht ein wenig altmodisch anmutende
Wort ,Glückseligkeit'.

An eben dieser Forderung scheitern jedoch die bereits genannten
äußeren Glücksbestimmungen. Denn auch die Befriedigung künstlich
erzeugter Bedürfnisse in Gestalt des Reichtums ist nichts anderes als
eine Form der Bedürfnisbefriedigung, die ursprünglich dem Ziel der
natürlichen Selbsterhaltung dient (a. 1, c). Ehre, Ruhm und Ansehen können im besten Sinne als Ausdrucksformen einer erreichten
Vollkommenheit gelten. Man erweist einem Menschen die Ehre und
rühmt ihn, weil er im Ruf steht, ein im höchsten Maße tugendhafter
und somit glücklicher Mensch zu sein. Doch der, dem Ehre erwiesen
wird, ist in dieser Hinsicht von anderen abhängig (aa. 2 und 3). Und

---

[25]   S.th. I-II, q. 2, a. 1, arg. 2: „beatitudo est status omnium bonorum aggrega-
tione perfectus"; vgl. Boethius, De consolatione philosophiae III, pr. 2.
[26]   Vgl. Ethica Nic. I, 8-9 (1098b 9-1099b 8).

nicht selten gilt der Ruhm nicht dem Besten, ist die Macht nicht in den Händen des Guten, sondern des Schlechten (a. 4). Dies bringt Thomas zu der folgenden zusammenfassenden Bewertung: Man könne vier allgemeine Gründe zum Beweis anführen, warum die Glückseligkeit in keinem der erwähnten äußeren Güter besteht (a. 4, c). Alle bislang genannten Güter lassen sich sowohl bei den Guten wie bei den Schlechten finden. Das aber schließe der Begriff der Glückseligkeit ebenso aus — so stellt Thomas unter ausdrücklichem Verweis auf Aristoteles fest — wie er andererseits impliziere, daß sie allein durch sich genug ist (*per se sufficiens*)[27], d. h. daß ihr Besitz nichts in Hinblick auf die Glückseligkeit zu erstreben übrigläßt. Und an den ersten Grund anknüpfend stellt Thomas fest, daß aus der Glückseligkeit, sofern sie ein vollendetes Gut ist, niemandem ein Übel erwachsen könne. Dies aber treffe auf die genannten äußeren Güter nicht zu, auf die der Mensch, so das letzte Argument, nicht von Natur aus aufgrund innerer Prinzipien hingeordnet ist. Sie sind daher Glücksgüter, *bona fortunae*, im Sinne des Zufallsglücks.

Um ihrer selbst willen werden auch nicht körperliche Güter angestrebt (a. 5), ebensowenig wie die Lust oder die Freude (a. 6). Sind diese recht verstanden Ausdruck des Glücks und somit nicht selbst Ziel, sondern Folge des erreichten Glücks, so dienen die körperlichen Güter vornehmlich der menschlichen Daseinserhaltung (*conservatio humani esse*), die — obgleich ein basaler natürlicher Antrieb — niemals selbstzweckliches Letztziel menschlichen Lebens sein kann, sondern hingeordnet ist auf das Gute der Seele im ganzen unter Einschluß der vernünftigen und willentlichen Vermögen in ihrer ganzen intentionalen Offenheit (a. 8).

Doch verweist gerade die Intentionalitätsstruktur der Seele über das in der Seele selbst Gegebene hinaus: Denn das Objekt des Willens ist das universale Gut, ebenso wie das Objekt des Verstandes das universale Wahre ist. Nichts kann daher die Erkenntnis- und Willensdynamik, die auf die Verwirklichung der gegebenen Möglichkeiten ausgelegt ist, zur Ruhe bringen, es sei denn das universale Gut, das aber kein geschaffenes und vom Willen oder der Vernunft selbst hervorgebrachtes Gut mehr sein kann (a. 8). Damit aber wird die der negativen Beweisführung des zweiten Artikels zugrundeliegende Struktur von Innen und Außen in gewisser Weise überschritten.

---

[27] Vgl. Ethica Nic. I, 7 (1097b 8); siehe auch In I Eth., lect. 9 (Ed. Leon.), S. 32f.

Denn einerseits versteht Thomas unter dem letzten Ziel die Erlangung (*adeptio*), den Besitz (*possessio*) und den Gebrauch (*usus*) des als Ziel Erstrebten. Sofern wir die Glückseligkeit als das Erreichen des letzten Zieles verstehen, ist die Glückseligkeit also notwendig etwas zur Seele Gehöriges. Andererseits aber weist die Frage, worin die Glückseligkeit selbst besteht, über die Seele hinaus auf etwas außerhalb der Seele (a. 7), welches das Streben der Seele gleichwohl – anders als die zuvor behandelten Glücksgüter – innerlich ganz erfüllt und zur Ruhe bringt. Ein offenkundiges Paradox, das der Auflösung bedarf!

Doch worin besteht die innerliche Erfüllung des in dem letzten Ziel erstrebten vollkommenen Gutes? Was ist Gückseligkeit? – so lautet die Leitfrage der dritten *Quaestio* –, worin besteht ihr allgemeiner Sinngehalt? Thomas bedient sich noch einmal der boethianischen Formel vom Glück als dem durch Zusammenfassung aller Güter vollkommenen Zustand, doch hebt er zugleich hervor, daß diese *communis ratio* der Glückseligkeit nichts anderes bezeichne „als daß der Glückselige im Zustand des vollkommenen Gutes sei" (q. 3, a. 2 ad 2). Dieser *status* ist aber nicht eine Ansammlung von Glücksgütern. Wenn man in diese Richtung fragen wollte, dann müßte man sagen: Die Glückseligkeit ist ein ungeschaffenes Gut (q. 3, a. 1). Doch das ist nicht die ganze Antwort, wie Thomas bereits durch seine Interpretation der boethianischen Glücksdefinition anzeigt. Denn zur Frage, was das Glück sei, gehören wesentlich dessen Erwerb (*adeptio*) und Besitz (*possessio*), sein Gebrauch (*usus*) und Genuß (*fruitio*). Die Erlangung des Glücks gehört also untrennbar zur Bestimmung seines Wesens, zur *ipsa essentia beatitudinis* (q. 3, a. 1). Der Mensch nämlich besitzt nicht von Natur den *status perfectus*, er ist nicht von Beginn, was er von Natur aus sein soll. Damit ist die Glückseligkeit etwas im Menschen Geschaffenes, und als geschaffene hat sie in ihm selbst Existenz. Das aber bedeutet, daß die Glückseligkeit nicht statisch zu denken ist, sondern daß sie eine Tätigkeit (*operatio*) ist, ein Zustand vollkommenster Aktualität. Denn sofern es für den Menschen wesentlich ist, tätig zu sein und tätig der Verwirklichung seiner Möglichkeiten nachzustreben, muß die Glückseligkeit im letzten Vollzug des Menschen bestehen[28]. Aristoteles ist hier Thomas' Gewährsmann, und aristotelisch ist seine Argumentation.

---

[28] S.th. I-II, q. 3, a. 2, c: „secundum quod beatitudo hominis est aliquid creatum in ipso existens, necesse est dicere quod beatitudo hominis sit operatio. [...] Oportet ergo beatitudinem in ultimo actu hominis consistere."

Zunächst ist für Thomas wie für Aristoteles die Tatsache, daß der Mensch tätig ist und tätig das, was er der Möglichkeit nach ist, zu verwirklichen trachtet, Teil einer allgemeinen Gesetzmäßigkeit. Alles nämlich, was eine Form hat, kann der Möglichkeit nach tätig sein, ja alles ist um seiner Tätigkeit willen, so zitiert Thomas aus dem zweiten Buch der aristotelischen Schrift ,Über den Himmel‘[29]. Nicht zufällig findet sich dieser Belegplatz in den naturphilosophischen Schriften des Aristoteles, denn das Entelechieprinzip ist ein universales Prinzip zum Verständnis der Wirklichkeit. Thomas verbindet diese Vorstellung einer inchoativen Dynamik, die auf die Aktualisierung und Vervollkommnung der eigentümlichen Möglichkeiten gerichtet ist, mit dem Aktualitätsgedanken, der im Zentrum seiner Metaphysik steht. Auch dem Verstand erschließt sich, was ist, dadurch, daß es ist, d. h. daß es wirklich ist.

Doch worin besteht die eigentümliche Tätigkeit der Glückseligkeit? Das gewählte Beispiel: der Wissende, welcher der Möglichkeit nach betrachtend ist, weist den Weg. Auch dieser Weg ist von Aristoteles vorgezeichnet. Die Frage, worin die äußerste und letzte Tätigkeit (*ultima operatio*) besteht, erweist sich nämlich als Frage nach der vorzüglichsten Tätigkeit (*optima operatio*; q. 3, a. 5). Dahinter verbirgt sich das bereits genannte *ergon*-Argument, das die vollkommene Verwirklichung der Wesensmöglichkeiten an jener Tätigkeit festmacht, die dem spezifischen Artunterschied (*ultima differentia*) entspricht, auf dem die Besonderheit einer Art letztlich beruht. Dies ist für den Menschen als *animal rationale* die Vernunft (*ratio*). Somit muß die vorzüglichste Tätigkeit (*optima operatio*) eine Tätigkeit der Vernunft, genauer des Verstandes (*intellectus*) sein[30], nicht des Willens und schon gar nicht der Sinnestätigkeit. Denn offensichtlich ist das Verlangen nach dem Ziel nicht die Erlangung des Zieles, sondern

---

[29] S.th. I-II, q. 3, a. 2, c: „Et inde est quod in aliis quoque rebus res unaquaeque dicitur esse *propter suam operationem*, ut dicitur in II de Caelo." – Vgl. De caelo II, 3 (286a 8).

[30] *Intellectus* bezeichnet das Vermögen und zugleich dessen höchste Vollzugsweise, das in der *ratio* seine dem Menschen eigentümliche, organgebundene Ausprägung besitzt. Zu dieser Unterscheidung von *ratio* und *intellectus* siehe De veritate, q. 15, a. 1, c (Ed. Leon.), S. 478ff.; siehe ferner den Artikel ,Vernunft/Verstand' (III. D. Hochscholastik), in: Historisches Wörterbuch der Philosophie, Bd. 11, Sp. 780-786. Siehe auch den Beitrag von W. Goris in diesem Band, S. 134-136.

eine Bewegung auf das Ziel hin (a. 4, c). Wenngleich wir daher von
Anfang an das geistige Ziel (*finis intelligibilis*) erlangen wollen, so
„erlangen wir es dadurch, daß es uns durch einen Akt des Verstandes
(*intellectus*) gegenwärtig wird; dann ruht der Wille erfreut in dem
bereits erlangten Ziel"[31].

Hierbei stoßen wir an jene Grenze, die von der Gebundenheit des
Intellekts an die Sinnestätigkeit herrührt und welche die Teilhabe der
Sinnestätigkeit an der Glückseligkeit auf das in diesem Leben mögliche
Glück beschränkt (q. 3, a. 3, c). Allerdings weist die Bestimmung
der Glückseligkeit gemäß der besten Tätigkeit des vorzüglichsten und
besten Vermögens hinsichtlich des vorzüglichsten Gegenstandes über
diese Grenze hinaus auf die Betrachtung des Göttlichen, das eigen-
tümliche Objekt des theoretischen, nicht des praktischen Intellekts[32].
Denn mehr als alle anderen Tätigkeiten geschieht die Kontemplation
allein um ihrer selbst willen, hat doch der theoretische Verstand das
Gut in sich. In der Betrachtung kommt somit der Mensch mit jenem
Göttlichen überein, an dem er selbst im Intellektbesitz vorzüglich
Anteil hat (q. 3, a. 5, c und ad 2). Dies geschieht aber nicht nach
Art der Betrachtung der theoretischen Wissenschaften, erstreckt sich
diese doch nicht über die Reichweite der Prinzipien hinaus (q. 3, a. 6),
und auch nicht durch die Betrachtung der abgetrennten Substanzen
wie der Engel, sind doch diese selbst nur durch Teilhabe (q. 3, a. 7),
sondern allein durch die wesensmäßige Schau Gottes. Denn etwas ist
allein dann wirklich erkannt, wenn es nicht nur hinsichtlich seines
‚Daß', sondern auch hinsichtlich seines ‚Was' erkannt ist.

Thomas bedient sich des Beispiels der Sonnenfinsternis. Zwar
verweist diese auf die Ursache, doch wollen wir auch erkennen,
was die Ursache ist. Demnach ist zur Vollendung der vollkommenen Glückseligkeit, die in der Betrachtung als der vorzüglichsten

---

[31] S.th. I-II, q. 3, a. 4, c: „Nam a principio volumus consequi finem intelligi-
bilem; consequimur autem ipsum per hoc quod fit praesens nobis per actum
intellectus; et tunc voluntas delectata conquiescit in fine iam adepto."

[32] S.th. I-II, q. 3, a. 5, c: „Si beatitudo hominis est operatio, oportet quod
sit optima operatio hominis. Optima autem operatio hominis est quae est
optimae potentiae respectu optimi obiecti. Optima autem potentia est intellectus, cuius optimum obiectum est bonum divinum, quod quidem non est
obiectum practici intellectus, sed speculativi. Unde in tali operatione, scilicet
in contemplatione divinorum, maxime consistit beatitudo."

und äußersten Tätigkeit besteht, unabweisbar erforderlich, daß der Verstand das Wesen der ersten Ursache selbst erkennt. Diese seine Vollendung erfährt er in der Vereinigung mit Gott wie mit einem Objekt (*unio ad Deum sicut ad obiectum*). Darin allein besteht die Glückseligkeit des Menschen. Doch diese Vereinigung (*unio*) liegt nicht mehr in der Macht des erkennenden Intellekts, sie überschreitet die Natur nicht nur des Menschen, sondern jeder geschaffenen Natur in dem Maße, in dem das göttliche Wesen jede geschaffene Substanz unendlich überschreitet[33]. Mithin ist die Glückseligkeit ein Gut, das die geschaffene Natur überschreitet, das durch keine Tätigkeit eines Geschöpfes erwirkt werden kann. Allein durch Gottes Handeln wird der Mensch glückselig, wenn wir von der vollkommenen Glückseligkeit sprechen[34].

Ist damit aber nicht die im Glücksbegriff angelegte Notwendigkeit einer intrinsischen Vollendung aufgehoben? Setzt nicht – legt man den bisherigen Gedankengang zugrunde – die reale Möglichkeit der Glückseligkeit die innere Bezogenheit auf dieses Ziel voraus, und zwar, was den Menschen angeht, nicht nur als Gattungswesen, sondern auch als Individuum? Eben diese Fragen bewegen auch Thomas, wie im folgenden noch einmal deutlich wird.

V. Das zweifache Glück (*duplex beatitudo*)

Sosehr Thomas auch Aristoteles in der Unterscheidung zwischen allgemeiner Strebensordnung und der spezifisch menschlichen Glücksfrage folgt, die er wie dieser in der Eigenart der menschlichen Vernunftnatur angelegt sieht, sosehr zeigen sich doch gerade mit Blick auf den Glückstraktat bedeutsame Unterschiede. Diese betreffen sowohl die Wesensbestimmung der *eudaimonia* bzw. *beatitudo* wie auch die Frage ihrer Erreichbarkeit. Während Aristoteles dieses höchste Gut des Menschen und den Weg seiner Realisierung im Rahmen der

---

[33] Vgl. S.th. I-II, q. 3, a. 8, c; q. 5, a. 5, c; vgl. auch S.th. I, q. 88, a. 2, c; siehe ferner den Beitrag von W. Goris in diesem Band, S. 136-139.

[34] S.th. I-II, q. 5, a. 6, c: „beatitudo est quoddam bonum excedens naturam creatam. Unde impossibile est quod per actionem alicuius creaturae conferatur; sed homo beatus fit solo Deo agente, si loquamur de beatitudine perfecta."

Grenzen der menschlichen Natur in dieser Welt bedenkt, verlegt Thomas dieses –zumindest in seiner Vollgestalt – in ein jenseitiges Leben. Hierbei nimmt er eine doppelte Grenzüberschreitung in Kauf: die übernatürliche Erfüllung eines natürlichen Strebeziels[35] und als Folge den Übergang von der philosophischen zur theologischen Ordnung. Beides liegt in der Konsequenz seines Ausgangspunktes: der Gebundenheit der menschlichen Vernunft an die Körperlichkeit. Für Thomas ist diese Grundstellung des Menschen Ausdruck seiner Endlichkeit, die in seinem Geschaffensein gründet. Inbegriff dieser Vorstellung ist das im hohen Maße unaristotelische Bild vom *homo viator*, der in diesem Leben und aus eigenen Kräften nicht an sein Ziel gelangt[36]. Es hat den Anschein, als ob Thomas die Folgerungen aus der konsequent zu Ende gedachten anthropologischen Einheitsthese – nämlich der Ungeteiltheit der menschlichen Natur mit der Seele als dem integralen Formprinzip –, welche bereits in der *Prima pars* insbesondere die Frage der Erkenntnis (etwa qq. 84-89) oder des *status naturae* des Menschen bestimmen (etwa q. 94), nunmehr unter der Maßgabe der Handlungsmächtigkeit (*potestas suorum operum*) noch einmal verschärft artikuliert. Hierbei gewinnt die Frage nach der Erreichbarkeit des als *beatitudo* bestimmten Letztzieles eine umfassende ethisch-anthropologische Dimension, die, wie Thomas in einer differenzierten Bestimmung der anthropologischen Bezugsfelder: sinnliche Vermögen, Wille, Vernunft, der Bezug auf äußere Güter, Freundschaft etc., zu zeigen versucht, die ganze Bandbreite des durch den *actus humanus*, der eigentümlich menschlichen Handlung, bestimmten Gegenstandsbereichs umfaßt und somit weit über das ethisch-intellektuelle Lebensideal der griechisch-arabischen Philosophietradition hinausführt.

Vor allem in zweifacher Hinsicht bleibt die aristotelische Bestimmung der *eudaimonia* in Thomas' Sicht unbefriedigend: in bezug auf die Vermittlung der konkreten Vielfalt der Lebensformen mit dem letzten Ziel sowie – in Hinblick auf dessen Erreichen – aufgrund der Bevorzugung oder gar Beschränkung auf eine bestimmte, nämlich die theoretische Lebensform und der damit gegebenen Reservierung für eine kleine Elite von ‚Philosophen'; dies alles steht bei Aristoteles

---

[35]   S.th. I-II, q. 5, a. 7, c: „beatitudo excedat omnem naturam creatam."
[36]   Siehe etwa S.th. II-II, q. 24, a. 4, c; S.th. III, q. 15, a. 10, c.

zudem unter dem Vorbehalt, daß ein solches ‚Leben nach Art der Götter' kein eigentlich menschliches Gut mehr ist und damit unerreichbar bleibt. Dagegen setzt Thomas seine Lehre von der zweifachen Glückseligkeit (*duplex beatitudo*), die einerseits auf einer metaphysischen Wesensanalyse beruht, zum anderen aber gerade in praktischer Hinsicht aus der Frage nach der Geltung dieses Strukturgesetzes für das menschliche Handeln folgt. Hierbei ist die prinzipielle Erreichbarkeit des Zieles durch jeden einzelnen nicht nur gemäß christlicher Lehre vorausgesetzt, sondern bildet zugleich die Maßgabe einer nach universeller Vermittlung im Sinne einer praktischen Wissenschaft (*scientia practica*) suchenden christlichen Ethik.

In diesem Sinne gilt, daß auch in diesem Leben die äußerste Vollendung einer Tätigkeit entspricht, durch welche der Mensch Gott verbunden wird. Doch anerkennt Thomas, daß diese Tätigkeit nicht beständig und folglich auch nicht eine einzige sein kann, weil die Tätigkeit durch Unterbrechung vervielfältigt wird. Daher kann der Mensch im Stande des gegenwärtigen Lebens nicht eine vollendete Glückseligkeit (*beatitudo perfecta*), sondern nur eine unvollkommene Glückseligkeit (*beatitudo imperfecta*) besitzen (q. 3, a. 2 ad 4). So habe schon Aristoteles das Glück des Menschen genannt und es in dieses Leben gesetzt. Dem aristotelischen „Wir nennen sie glücklich, aber als Menschen"[37] stellt Thomas die biblische Verheißung eines vollkommenen Glücks gegenüber, wenn wir sein werden ‚wie die Engel im Himmel' (*Mt.* 22, 30). Gleichwohl sind für Thomas beide Glückseligkeiten nach Art der Teilhabe aufeinander bezogen. Denn je größer, je beständiger und einheitlicher eine Tätigkeit ist, desto mehr hat sie an der Glückseligkeit teil[38]. Das aber ist das Leben nach Art der Tugend (*secundum virtutem*). Das unvollkommene Glück des Menschen nach Art des Menschen in diesem Leben hat daher denselben Sinngehalt wie die Tugend, ja, es besteht in der Tugend, einer Tugend aber, die der Gnade bedarf, um eine Beständigkeit, Einheitlichkeit und Vollkommenheit von der Art zu erreichen, die dem vollkommenen Glück entspricht[39].

---

[37] Ethica Nic. I, 12 (1101a 20).

[38] S.th. I-II, q. 3, a. 2 ad 4: „Est tamen aliqua participatio beatitudini, et tanto maior, quanto operatio potest esse magis continua et una."

[39] S.th. I-II, q. 5, a. 6, c: „Si loquamur de beatitudine imperfecta, sic eadem ratio est de ipsa et de virtute, in cuius actu consistit."

Gegenüber der spekulativen Bestimmung des letzten Zieles aller Geschöpfe (*finis ultimus omnium creaturarum*) tritt nun die besondere Teilhabe des Menschen an dieser Zielausrichtung auch in der Wesensbestimmung der *beatitudo* hervor: Diese muß in praktischer Hinsicht, d. h. in Hinblick auf die Erlangung durch den einzelnen, als die Weise bestimmt werden, gemäß der der Mensch Gott als das erfüllende Gut seines auf die vollkommene Verwirklichung der ihm aufgegebenen Seinsmöglichkeiten gerichteten Strebens begreift. Die Unterscheidung zwischen einem vollkommenen Glück (*beatitudo perfecta*) und einem unvollkommenen Glück (*beatitudo imperfecta*)[40] ermöglicht eine Anerkennung der damit verbundenen Vielgestaltigkeit des Handelns und einer Vielfalt der Lebensformen, die unter der Maßgabe der insbesondere in *Quaestio* 2, aber auch in den Quästionen 3 und 4 diskutierten Einschränkungen an der Vollform des Glücks teilhaben. Hierbei werden die in diesem Leben zu erreichenden Stufen des unvollkommenen Glücks in der letzten Vollendung des Menschen bei Gott nicht übersprungen oder gar aufgehoben, sondern bewahrt und zur Erfüllung gebracht (q. 5, a. 7, c). Das gilt selbst für die Vollkommenheit des Körpers, die zum *bene esse* beiträgt (q. 4, a. 5, c). Die so erfolgte Freisetzung und Anerkennung eines – wenngleich unvollkommenen – irdischen Glücks, das eingebunden in die Glücksperspektive der *beatitudo perfecta* seine Bedeutung nicht nur nicht einbüßt, sondern in der Sicht des Thomas allererst erhält, entspricht auch der Ordnung der praktischen Vernunft. Wie nämlich der Bezug auf ein allgemeines Gut als spezifisches Objekt des Willens die Bedingung der Möglichkeit des Wollens überhaupt darstellt, so erweist sich in der Lehre vom letzten Ziel der Bezug auf ein höchstes Gut als die Bedingung der Möglichkeit praktischer Ziele, die in der Ermöglichung der Bezugnahme auf ein partikuläres Gut ihrerseits erst die Möglichkeit konkreter sittlicher Lebensführung eröffnet – doch stets in Hinblick auf das Letztziel.

---

[40] Vgl. S.th. I-II, q. 3, a. 2 ad 4; danach etwa in q. 3, a. 3, c; a. 6, c; und öfter.

VI. Das Glück des Menschen: individuelle Vollendung in universaler Perspektive

Dieses Wechselverhältnis zwischen individueller Vollendung und universaler Perspektive ist für Thomas' Glückslehre bestimmend. Dies zeigt sich in ihrer Grundlegung in der Lehre von der Notwendigkeit des einen letzten Zieles, das zugleich Letztziel des jeweiligen Menschen sein soll. In Weiterführung des aristotelischen *ergon*-Arguments denkt Thomas, wie wir sodann gesehen haben, die *beatitudo perfecta* nach Art der vollkommenen Verwirklichung der ausgezeichneten Naturanlage des Menschen, der Vernunft, als äußerste Vollendung des menschlichen Intellekts (*ultima perfectio humani intellectus*; q. 3, a. 7 ad 2), die in der göttlichen Wesensschau vollständig und notwendig (*ex necessitate*) zur Erfüllung gebracht wird. Unmöglich nämlich kann jemand, der das göttliche Wesen schaut, dieses nicht schauen wollen[41]. Ist damit aber nicht der freie Willensentscheid, der doch einen wichtigen Ausgangspunkt der thomasischen Überlegungen bildete, aufgehoben oder zumindest beeinträchtigt, wenn die Richtigkeit des Willens mit Notwendigkeit aus der Wesensschau Gottes folgt (q. 5, a. 4, c)? Auf welche Weise kann die Vollendung des Menschen als eine innere *perfectio* und nicht gewissermaßen als (natur)kausale Folge (*ex necessitate*) gedacht werden, wenn nicht als ein vom Menschen selbst gewolltes Gut?

Daß der Wille im Augenblick der Gottesschau mit Notwendigkeit liebt, was er liebt (q. 4, a. 5, c), entspringt der Evidenz, mit der ein Akt sein eigentümliches Objekt erfaßt. In ähnlicher Weise stimmt auch der Verstand der Wahrheit mit Notwendigkeit zu, wenn er sie erkennt, denn jeder Erkenntnisakt beruht auf einer einfachen ersthaften Wahrheitsannahme[42]. Auf die gleiche Weise erfaßt der Wille ursprünglich den allgemeinen Sinngehalt des Guten (*communis ratio boni*). Dadurch erhält der Wille zugleich die geschuldete Hinordnung auf das letzte Ziel. Ohne diese grundsätzliche Richtigkeit (*rectitudo*) des Willens, die nach Art eines Prinzips in der geschuldeten Hinord-

---

[41] S.th. I-II, q. 5, a. 4, c: „Est autem impossibile quod aliquis videns divinam essentiam, velit eam non videre."

[42] Vgl. De veritate, q. 15, a. 1, c (Ed. Leon.), S. 478ff.; Super Boet. De trinitate, q. 6, a. 1, c (Ed. Leon.), S. 159f.; ebd., q. 6, a. 2, c. (Ed. Leon.), S. 164f.

nung (*ordo debitus*) auf das letzte Ziel besteht, kann niemand zur
Glückseligkeit gelangen. Diese aber besteht – so hatten wir gesehen
– nicht im Willen selbst, sondern in der äußersten Verstandestätigkeit,
auf die der richtige Wille sich in seinem Streben nach der Glückseligkeit richtet (a. 4; a. 5, c und ad 2). In dieser Kreisbewegung sind
Verstand und Wille auf eigentümliche Weise miteinander verschränkt.
Das zeichnet die besondere Art und Weise aus, in der die vernünftige
Kreatur sich auf das universale Gute als auf ihr letztes Ziel richtet: kraft
der Herrschaft über ihre Tätigkeit (*dominium sui actus*), die Thomas
als Freiheit im Handeln bestimmt; denn frei ist, wer Ursache seiner
selbst (*causa sui*) ist[43]. Nur wer in dieser Weise frei in seinem Tun
und Ursache seiner selbst ist, kann das letzte Ziel des Universums,
nämlich Gott, in sich erreichen, indem er ihn liebt und erkennt. Aus
keinem anderen Grunde wurde dem Menschen daher der freie Wille
gegeben, als daß er sich durch diesen zu Gott hinwenden könne,
damit dieser ihn glückselig mache[44].

Von Natur aus sind wir also darauf aus, in der Suche nach der
Wahrheit unserer eigenen Vollkommenheit nachzustreben, die im
Erfassen der höchsten Wahrheit besteht, einem Erfassen, das uns im
Vollsinne zu uns kommen, bei uns sein läßt. Eine so verstandene
Vollendung aber kann auch in universaler Perspektive notwendig nicht
anders als individuell gedacht werden. Denn alleine das geistige Wesen
ist im Universum *secundum congruentiam individui*, d. h. um seiner
selbst willen gesucht (Scg III, c. 112). Thomas spricht im dritten
Buch der *Summa contra gentiles* sogar ausdrücklich von den ,actus
personales* rationalis creaturae', den persönlichen Akten der vernünftigen Natur (Scg III, c. 113). Diese sind ursächlich Tätigkeiten der
vernünftigen Seele, die nicht allein der Art (*species*) nach fortdauert,
wie bei den übrigen Geschöpfen, sondern auch dem Individuum
nach. Darin besteht im letzten die besondere Form der Rückkehr der
rationalen Kreatur, von der im Prolog zur *Secunda pars* die Rede war.
Nur in diesem Horizont eines auf das Ganze bezogenen individuellen
Strebens nach Vollkommenheit auf der Grundlage verantwortlichen
Handelns kann der einzelne Mensch sein Glück verwirklichen. Was

---

[43] Siehe etwa S.th. I-II, prol. und q. 1, a. 1; ferner Scg III, c. 1.
[44] S.th. I-II, q. 5, a. 5 ad 1: „Sed dedit ei liberum arbitrium, quo possit converti
ad Deum, qui eum faceret beatum."

dies für eine Ethik heißt, das genau ist das Thema des zweiten Teiles der *Summa theologiae*.

Literatur in Auswahl:

Brachtendorf, J., Ist Gott ein notwendiges Ziel menschlichen Strebens? Der Begriff des bonum universale in Thomas von Aquins Theorie des Willens, in: Ders. (Hg.), Prudentia und Contemplatio. Ethik und Metaphysik im Mittelalter (FS für Georg Wieland), Paderborn u. a. 2002, S. 63-85.

Forschner, M., Über das Glück des Menschen, Darmstadt 1994[2] (zu Thomas S. 80-106).

Jacobi, K., Kann ein Mensch mehrere Letztziele zugleich haben?, in: J. Szaif/M. Lutz-Bachmann (Hgg.), Was ist das für den Menschen Gute? / What is Good for a Human Being?, Berlin – New York 2004, S. 191-208.

Kluxen, W., Philosophische Ethik bei Thomas von Aquin, Hamburg 1988[3].

Ders., Metaphysik und praktische Vernunft, in: L. Oeing-Hanhoff (Hg.), Thomas von Aquin 1274/1974, München 1974, S. 73-96.

Ders., Glück und Glücksteilhabe. Zur Rezeption der aristotelischen Glückslehre bei Thomas von Aquin, in: G. Bien (Hg.), Die Frage nach dem Glück, Stuttgart 1978, S. 77-91.

Leonhardt, R., Glück als Vollendung des Menschseins. Die beatitudo-Lehre des Thomas von Aquin im Horizont des Eudämonismus-Problems, Berlin – New York 1998.

Schockenhoff, E., Bonum hominis. Die anthropologischen und theologischen Grundlagen der Tugendethik des Thomas von Aquin, Mainz 1987.

Steel, C., Medieval Philosophy: an Impossible Project? Thomas Aquinas and the ‚Averroistic' Ideal of Happiness, in: J. A. Aertsen/K. Emery, Jr./A. Speer (Hgg.), Nach der Verurteilung von 1277. Philosophie und Theologie an der Universität von Paris im letzten Viertel des 13. Jahrhunderts. Studien und Texte (Miscellanea Mediaevalia; Bd. 28), Berlin – New York 2001, S. 152-174.

Handlungslehre und Grundlagen der Ethik

(S.th. I-II, qq. 6-21)

KARL MERTENS (Würzburg)

Die Quästionen 6-17 der *Prima secundae* der *Summa theologiae* lassen sich in weiten Teilen als eine von theologischen und moralphilosophischen Fragen unabhängige Untersuchung des menschlichen Handelns verstehen. Auf der Grundlage einer bestimmten anthropologischen Auffassung entfaltet Thomas hier die allgemeine Struktur einer menschlichen Handlung. Im Zentrum dieser Konzeption des Handelns steht der menschliche Wille. Seine Orientierung gewinnt dieser durch die Vernunft. Menschliches Handeln beruht demgemäß auf dem vernünftigen Willen. In seiner Untersuchung des menschlichen Handelns arbeitet Thomas daher vor allem die vielfältigen aufeinander verweisenden Aspekte des vernünftigen Wollens heraus. Offenbar vermag der sachliche Anspruch dieser Analysen der thomasischen Handlungslehre trotz ihrer historischen Wurzeln eine zeitübergreifende Wirkung zu sichern. Dies zeigt sich etwa im Umfeld der gegenwärtigen angloamerikanischen Handlungstheorie, in der Thomas' Handlungslehre eine systematische Würdigung erfahren hat[1].

---

[1]   Erinnert sei hier beispielsweise an das Interesse, das Autoren wie Anscombe oder Kenny Thomas' Philosophie des Handelns entgegengebracht haben. Nach Kennys kaum zu überbietendem Urteil handelt es sich bei S.th. I-II, qq. 6-17 um einen äußerst bedeutsamen Beitrag zur Philosophie des Handelns: „Question 6 to 17 concern the nature of action: they analyse concepts such as voluntariness, intention, choice, deliberation, action and desire, with a thoroughness which represents a great advance on Aristotle. They constitute a philosophical treatment of the nature of the human will which bears comparison with anything written on the topic ever since" (A. Kenny, Aquinas, Oxford – Toronto – Melbourne 1980, S. 22).

Demgegenüber läßt der *Prolog*, mit dem Thomas diesen Teil der *Summa* einleitet, keinen Zweifel daran, daß die Erörterung des menschlichen Handelns in einem umfassenden theologischen Kontext zu sehen ist: Die Gottebenbildlichkeit des Menschen zeigt sich in seiner Auszeichnung als vernunftbegabtes, in seiner Entscheidung freies und seiner selbst mächtiges Wesen[2]. Aufgrund dieser Bestimmtheit ist der Mensch grundsätzlich für seine Handlungen verantwortlich. Er bedarf daher einer seine Praxis leitenden Orientierung. Mit dieser befaßt sich Thomas in den Ausführungen zum letzten Ziel und zum Glück, die er an den Anfang seiner Thematisierung des menschlichen Handelns stellt[3]. In diesem Zusammenhang erweist sich die Handlungslehre als sachliches Zentrum der Überlegungen: Ausgehend vom Verhältnis zwischen Gott und Mensch, untersucht Thomas die menschliche Praxis, deren entscheidende Dimension sich im Lichte des in Gott begründeten letzten Zieles (S.th. I-II, q. 1, a. 8, c) zeigt. Im Rahmen dieser mit Gott beginnenden und in ihm sich schließenden gedanklichen Bewegung wird das menschliche Handeln ganz in der Perspektive seiner Heilsbedeutsamkeit thematisch. Zugleich verweist die Komposition des Textes auf die Handlungslehre als Mitte der theologisch-philosophischen Ethik. Denn die Erörterung des menschlichen Handelns (qq. 6-17) ist eingelassen in die Ausführungen zum letzten Ziel und Glück (qq. 1-5) und die Untersuchung der Grundlagen der Unterscheidung zwischen moralisch guten und schlechten Akten (qq. 18-21). Offensichtlich ist also die Besprechung des menschlichen Handelns auf seine theologische sowie ethisch-normative Dimension hin angelegt. Mehr noch: Die von Thomas entfaltete Binnendifferenzierung der Struktur des menschlichen Handelns und Wollens ist ihrerseits ohne den normativen Kontext nicht nachzuvollziehen. Denn die detaillierte Analyse des willentlichen Handelns dient gerade der

---

[2]   Vgl. S.th. I-II, prol.; vgl. auch W. Kluxen, Philosophische Ethik bei Thomas von Aquin, Hamburg 1998[3] (zuerst 1964), S. 71f.

[3]   Zu Beginn seiner im engeren Sinne handlungstheoretischen Untersuchung in *Quaestio* 6 knüpft Thomas ausdrücklich an den Zusammenhang mit der Glückseligkeitslehre an (S.th. I-II, q. 6, introd.): „Weil es also nötig ist, zur Glückseligkeit durch irgendwelche Akte zu gelangen, soll man folgerichtig über die menschlichen Akte nachdenken, damit wir wissen, durch welche Akte man zur Glückseligkeit gelangt oder vom Weg zur Glückseligkeit abgehalten wird.“

vernünftigen Bestimmung eines Handelnden, der sich an normativen
Gesichtspunkten orientiert und fragt: Was soll ich tun? Wie soll ich
es tun? Und vor allem: Was soll ich in dieser konkreten Situation
tun? Die Ausführungen zur Moralität des Handelns in den Fragen 18
bis 21 sind demnach kein bloßer Appendix zur thomasischen Handlungstheorie, sondern entfalten die Dimension, von der die komplexe
Struktur menschlichen Wollens und Handelns allererst ihren Sinn
gewinnt. – Thomas' Handlungslehre verweist daher ebenso auf eine in
ihr vorausgesetzte Anthropologie wie auf den engen Zusammenhang
mit Fragen der Ethik und Theologie.

Vor dem Hintergrund dieser den Kontext der praktischen Philosophie bei Thomas betreffenden Überlegungen sind im folgenden
Grundzüge der thomasischen Philosophie des Handelns darzustellen.
Im *ersten Abschnitt* soll die Einordnung des menschlichen Handelns
in die natürliche und theologische Ordnung skizziert werden, wie
sie sich aus Thomas' Einteilung der Akte und Bewegungen ergibt
(q. 6, aa. 1 und 2). Handlungstheoretisch entscheidend ist in diesem
Zusammenhang die Bestimmung der spezifischen Willentlichkeit des
eigentümlich menschlichen Aktes (q. 1, a. 1, c). Die drei folgenden
Abschnitte zeichnen die von Thomas entfaltete Struktur menschlichen
Handelns nach. Vorangestellt wird dabei im *zweiten Abschnitt* eine
Erörterung der Überlegung, die Thomas bei der Gliederung seiner
Ausführungen leitet (q. 1, a. 1, arg. 2 und ad 2). Dieser gemäß
sollen im *dritten Abschnitt* die einzelnen von Thomas untersuchten
Willensakte (qq. 8-16) sowie der für den Vollzug des Handelns entscheidende Befehl (q. 17) erläutert werden. Der *vierte Abschnitt* wird
sich mit der Diskussion der im konkreten Handeln entscheidenden
Handlungsumstände beschäftigen (q. 7; q. 18, aa. 3, 10 und 11; q.
73, a. 7). Der abschließende *fünfte Abschnitt* versucht, einen Ausblick
auf die thomasische Diskussion der Grundlagen der Ethik zu geben
(qq. 18-21).

I. Die Einteilung der Akte oder Bewegungen und die Willentlichkeit des eigentümlich menschlichen Handelns (q. 6, aa. 1 und 2; q. 1, a. 1, c)

Im jeweiligen *Corpus articuli* des ersten und zweiten Artikels der sechsten Frage der *Prima secundae* gewinnt Thomas die thematische Sphäre der folgenden Quästionen mit Hilfe einer in der aristotelischen Naturphilosophie angelegten Klassifikation der Akte oder Bewegungen. Thomas unterscheidet hier zunächst (q. 6, a. 1, c) zwischen Bewegungen, deren Prinzip im Bewegten liegt, und solchen, deren Prinzip außerhalb des Bewegten liegt. Menschliche Handlungen gehören nun sicher zu den Bewegungen im ersten Sinne. Doch vor dem Hintergrund der aristotelischen Physik muß auch die Bewegung des fallenden Steines als eine Bewegung verstanden werden, die auf ein inneres Prinzip zurückzuführen ist. Denn nach Aristoteles beruht die Fallbewegung eines Steines darauf, daß der fallende Stein aus sich heraus dem Ort seiner natürlichen Ruhe zustrebt. Demgegenüber verdankt sich die Aufwärtsbewegung des Steines, die ihn aus seiner natürlichen Ruhelage versetzt, einem äußeren Prinzip. Innerhalb der Klasse der aufgrund eines inneren Prinzips bewegten – d. h. der natürlich bewegten – Körper ist daher eine weitere Differenzierung vorzunehmen zwischen dem, was sich selbst bewegt, und dem, was sich nicht selbst bewegt. Die Selbstbewegung bestimmt Thomas als einen Akt, der wegen eines Zieles (*propter finem*) vollzogen wird. Was sich in dieser Weise selbst auf ein Ziel zubewegt, erfordert – so heißt es weiter – eine irgendwie beschaffene Zielerkenntnis (*cognitio finis aliqualis*) oder Zielkenntnis (*notitia finis*). Was dagegen keine Ziel(er)kenntnis hat, ist nicht wegen eines Zieles tätig. Das Prinzip der zielgerichteten Bewegung wird in diesem Fall dem Bewegten von einem anderen eingeprägt.

Die Selbstbewegung ist nun das Prinzip aller willentlichen Bewegungen. Allerdings ist auch diese Bestimmung für eine Spezifikation der dem Menschen eigentümlichen Akte nicht hinreichend. Denn auch die Bewegung der Tiere ist in einem inneren Prinzip begründet und hat den Charakter dessen, was sich selbst bewegt. Erst mit Hilfe einer weiteren Unterscheidung gewinnt Thomas daher die Bestimmtheit, durch die sich die spezifisch menschlichen Akte auszeichnen (q. 6, a. 2, c)[4]. Vom Willentlichen in einem weiteren Sinne, das auch das tierische Streben umfaßt, ist das Streben vernunftbegabter – z. B. menschlicher – Wesen in bezug auf seine besondere Zielerkenntnis abzugrenzen. Um diese Differenz zum Ausdruck zu bringen, unterscheidet Thomas zwischen unvollendeter und vollendeter Zielerkenntnis. Während die unvollendete Zielerkenntnis lediglich „die Sache, die das Ziel ist", erfaßt, besteht die vollendete Zielerkenntnis in der Erkenntnis der Hinsicht des Zieles (*ratio finis*), d. h. in der Erfassung des Zieles als Ziel. Darüber hinaus schließt sie die Erkenntnis der „Beziehung dessen, was auf das Ziel hingeordnet wird, zu diesem (Ziel) selbst" ein. Mit anderen Worten: Die vollendete Zielerkenntnis zeichnet sich durch Einsicht in die für das angestrebte Ziel erforderlichen Mittel aus. Die Erkenntnis des Zieles als Ziel und der für die Realisierung desselben nötigen Mittel bedarf vernünftiger Überlegung. Da nach Thomas Tiere zwar über eine Zielerkenntnis verfügen, nicht aber über eine überlegende Vernunft (*ratio deliberans*) (vgl. q. 6, a. 2 ad 1 und ad 2), wird das Ziel hier ohne Reflexion auf dessen Zielcharakter erfaßt und löst unmittelbar einen der Herbeiführung des Zieles dienenden Akt aus. Davon zu unterscheiden ist eine zielgerichtete Bewegung, die in einem zwecksetzenden – d. h. das Ziel als Ziel erfassenden und das Verhältnis des Aktes zum Ziel erkennenden – vernünftigen Willen begründet ist. Ein solcher Akt beruht auf einem Willen im eigentlichen Sinn und zeichnet den eigentümlich menschlichen Akt aus.

Mit dieser Einteilung arbeitet Thomas nicht nur die Eigentümlichkeit spezifisch menschlicher Akte heraus. Vielmehr stellt er zugleich die handlungsphilosophische Besinnung in den Zusammenhang naturphilosophischer Betrachtungen über die natürliche Bewegung und die willentliche Bewegung der Tiere. Die Zielgerichtetheit eigentümlich menschlicher Akte steht demnach nicht im Widerspruch zur teleologischen Struktur des naturhaft Bewegten, sondern ist in der teleologischen Verfaßtheit des Seienden insgesamt fundiert. Handlungen sind eine Unterklasse der Bewegungen und Akte.

---

[4] In S.th. I-II, q. 1, a. 1, c unterscheidet Thomas zwischen dem Akt eines Menschen (*actio hominis*) und dem eigentümlich menschlichen Akt (*actio proprie humana*). Während ein menschlicher Akt (wie etwa das in S.th. I-II, q. 1, a. 1, arg. 3 und ad 3 erörterte Bartstreichen) dem Menschen nicht spezifisch zukommt und z. B. auch von Tieren vollzogen werden kann, unterscheiden sich Menschen von Tieren durch eigentümlich menschliche Akte.

– Dies ist allerdings richtig zu verstehen. Die für uns befremdliche Einmischung ontologischer und naturphilosophischer Überlegungen in den Kontext der Handlungstheorie ist nämlich keineswegs darin begründet, daß Thomas sich der spezifischen Unterschiede zwischen bloß natürlichen, willentlichen und aufgrund der Vernunft gewollten Akten nicht bewußt ist. Thomas bedenkt ausdrücklich die genannten Differenzen; doch er versucht, sie als Unterschiede im Rahmen der übergreifenden Einheit zielgerichteter Bewegungen auszuweisen. Dabei marginalisiert Thomas die Auszeichnung menschlicher Handlungen nicht zu einer bloßen Binnendifferenz im Rahmen einer allgemeinen Naturteleologie. Dies macht ein Vergleich mit Aristoteles deutlich: Die Ausführungen der ersten beiden Artikel der sechsten Frage verfolgen einen Zusammenhang, der bereits bei Aristoteles angelegt ist. Thomas führt die aristotelischen Überlegungen zunächst allenfalls thematisch weiter aus[5]. Gemäß Thomas sind nun alle Bewegungen, sowohl die natürlichen als auch die in einem Willen begründeten, auf Gott als ersten Bewegenden zurückzuführen, ohne daß sie ihren jeweils spezifischen Sinn verlieren (q. 6, a. 1 ad 3)[6]. Im Zusammenhang der weiteren Ausführungen zur Handlungslehre wird deutlich, daß Thomas' Interesse an einer systematischen Weiterführung des Aristoteles mit einer entscheidenden Modifikation des aristotelischen

---

[5] Zum aristotelischen Konzept, in dem – anders als bei Platon – Ontologie und Ethik, theoretische und praktische Philosophie sowohl unterschieden als auch in den Zusammenhang einer übergreifenden Teleologie gestellt werden, vgl. O. Gigon, Probleme antiker philosophischer Ethik, in: ders., Die antike Philosophie als Maßstab und Realität. Zum 65. Geburtstag von Olof Gigon, 28. Jan. 1977, hg. v. L. Straume-Zimmermann, Zürich – München 1977, S. 72-95, hier: S. 89f.

[6] Vgl. in diesem Zusammenhang S.th. I-II, q. 10, a. 4, c und ad 1. Thomas führt dort aus, daß Gott die eigentümliche Beschaffenheit der von ihm bewegten Dinge bewahrt. Gott bewegt daher den Willen so, daß die je besonderen Ziele des Willens nicht notwendig bestimmt werden, sondern die willentliche Bewegung der Natur des Willens entsprechend frei ist. – Auf die systematischen Schwierigkeiten, die sich aus dieser Auffassung für die Konzeption der Freiheit menschlicher Akte ergeben, ist hier nicht weiter einzugehen. Zu einer sehr knappen Skizze der Richtung, in die die thomasische Antwort weist, vgl. R. McInerny, Vernunftgemäßes Leben. Die Moralphilosophie des Thomas von Aquin, übers. v. M. Hellenthal (Schriftenreihe der Josef Pieper Stiftung; Bd. 3), Münster 2000, S. 90f.

Denkens verknüpft ist. Denn nach Thomas ist die Bewegung aller Dinge durch Gott ihrerseits auf den göttlichen Willen (*voluntas divina*) zurückzuführen (q. 10, a. 4 ad 1). Indem Thomas die durchgängige teleologische Struktur aller – natürlichen und willentlichen – Akte im Rekurs auf die durch den göttlichen Willen geschaffene und erhaltene Ordnung begründet, wird jedoch die aristotelische Naturteleologie in einen nicht-aristotelischen Kontext überführt. Der Zusammenhang zwischen den verschiedenartigen zielgerichteten Prozessen ist nicht wie bei Aristoteles in der Naturteleologie, sondern in der Teleologie des göttlichen Wollens und Handelns begründet. Während für Aristoteles die Zielgerichtetheit des menschlichen Handelns in der allgemeinen teleologischen Verfaßtheit der Natur fundiert ist, geht bei Thomas die Handlungsteleologie der Naturteleologie voraus[7]. – Mit der Rückführung der Aktsphäre auf die Zielgerichtetheit des göttlichen Wollens und Handelns begründet Thomas indirekt auch die ausgezeichnete Bedeutung der eigentümlich menschlichen Akte. Denn zwar gehören diese in den einheitlichen Zusammenhang einer insgesamt teleologisch interpretierten Ordnung der Natur. Zugleich aber sind sie in ihrer Eigentümlichkeit gegenüber den anderen Bewegungen dadurch ausgezeichnet, daß sie im Bereich des Endlichen die Struktur des göttlichen Willens spiegeln. Insofern der Mensch als vernünftig wollendes Wesen handelt, ist er Ebenbild Gottes (vgl. S.th. I-II, prol.).

Zu dem gleichen Ergebnis kommt Thomas allerdings auch im Zusammenhang einer von dem skizzierten naturphilosophischen und theologischen Hintergrund absehenden Besinnung auf die dem Menschen eigentümlichen Akte. An prominenter Stelle der *Prima secundae*, nämlich in der Antwort des ersten Artikels der ersten Frage, bestimmt Thomas den spezifisch menschlichen Akt als denjenigen, über den der Mensch durch Vernunft und Wille (*per rationem et voluntatem*) Herr ist[8]. Der Mensch ist Herr seiner Akte – so lautet die charakteristische Formulierung, mit der Thomas zum Ausdruck bringt, daß der Mensch dank seines vernunftgeleiteten Willens nicht zu diesem

---

[7]   Vgl. M. Rhonheimer, Praktische Vernunft und Vernünftigkeit der Praxis. Handlungstheorie bei Thomas von Aquin in ihrer Entstehung aus dem Problemkontext der aristotelischen Ethik, Berlin 1994, S. 180ff.

[8]   Vgl. dazu auch S.th. I-II, q. 6, a. 2 ad 2.

oder jenem Verhalten getrieben wird, sondern grundsätzlich frei ist[9]. Das Objekt des vernünftigen Wollens schließlich ist ein Ziel und ein Gut. Dies sind zwei Hinsichten einer formalen Bestimmung des Gewollten. Zum einen ist es etwas, in dem das Wollen als ein Streben zu einem Endpunkt gelangt, zum anderen ist es etwas, das für den Handelnden bzw. Wollenden einen Wert darstellt, das erstrebenswert ist. In diesem Sinne wird das Gewollte als ein Ziel und als ein Gut erstrebt. – Thomas entfaltet demnach auf dem Wege einer direkten Explikation der den Menschen auszeichnenden Akte dieselbe Bestimmtheit des auf überlegender Vernunft beruhenden zielgerichteten Willens wie im Rahmen der theologisch fundierten Differenzierung der teleologischen Struktur der Akte. Die im *Prolog* über den Gedanken der Gottebenbildlichkeit begründete Trias von Konstituentien des Menschen – „vernunftbegabt, in seiner Entscheidung frei und seiner selbst mächtig (*intellectuale et arbitrio liberum et per se potestativum*)" – ist offenbar auch unabhängig von theologischen Überlegungen als Resultat einer anthropologischen Besinnung zu gewinnen[10].

II. Die Grundunterscheidung zwischen den vom Willen hervorgelockten und den vom Willen befohlenen Akten (q. 1, a. 1, arg. 2 und ad 2; q. 6)

Die Richtung, in der die Analyse der eigentümlich menschlichen Akte im einzelnen durchzuführen ist, deutet Thomas ebenfalls im ersten Artikel der ersten *Quaestio* an. Im Zusammenhang seiner Erörterung der Frage, ob menschliches Handeln zielgerichtet sei, spielt Thomas auf die aristotelische Differenz zwischen *poíesis* und *práxis* an. Diese Unterscheidung scheint die Allgemeinheit der thomasischen These, daß alle menschlichen Akte wegen eines Ziels vollzogen werden, in Frage zu stellen. Denn während die Poiesis auf ein Ziel, die Herstellung eines Werkes, gerichtet ist, bezeichnet Aristoteles als Praxis eine

---

[9] Zu den verschiedenen Begriffen und Formulierungen, die das thomasische Verständnis der Freiheit explizieren, vgl. die Ausführungen von Ch. Schröer, Praktische Vernunft bei Thomas von Aquin (Münchener philosophische Studien, N. F. 10), Stuttgart – Berlin – Köln 1995, S. 158ff.

[10] Siehe hierzu den Beitrag von A. Speer in diesem Band, S. 144-147.

Tätigkeit, die ihrerseits ein letztes Ziel ist. Es gibt demnach Akte, die nicht wegen eines Zieles, sondern um ihrer selbst willen ausgeführt werden (q. 1, a. 1, arg. 2).

Thomas' Erwiderung auf diesen Einwand macht nun deutlich, daß auch die aristotelische Bestimmung der Praxis keine Ausnahme von der These bedeutet, menschliches Handeln geschehe wegen eines Zieles (q. 1, a. 1 ad 2). Denn auch die menschliche Handlung, die letztes Ziel ist, also die Praxis im aristotelischen Sinne, ist notwendig willentlich, da sie ansonsten nicht als spezifisch menschlicher Akt qualifiziert werden könnte. Mit Bezug auf den menschlichen Willen läßt sich nun eine Differenzierung begründen, die für Thomas' Analyse des menschlichen Handelns von grundlegender Bedeutung ist.

Auf der einen Seite nennt Thomas hier den Akt, der vom Willen befohlen wird (*actio* [...] *imperatur a voluntate*). Dieser Akt wird willentlich genannt, insofern hinter ihm ein Wille steht, der Grund für die Betätigung eines Vermögens ist, das nicht selber Wille ist. Als Beispiele für solche vom Willen befohlenen Akte nennt Thomas Umhergehen oder Sprechen (*ambulare vel loqui*), das sind charakteristische Beispiele für eine Praxis im aristotelischen Sinn. Indem Thomas diese Beispiele anführt, macht er deutlich: Auch beim selbstzweckhaften Tun handelt es sich um einen vom Wollen befohlenen und von diesem unterschiedenen Akt. Bezieht man sich auf die hier jeweils bezeichnete Handlung, dann wird dieses Handeln um seiner selbst willen vollzogen. Thomas beschreibt jedoch die Praxis als willentliche Handlung, indem er die Perspektive des Wollens einnimmt. Vom Wollen her gesehen, handelt es sich beim selbstzweckhaften Tun aber um das Ziel, auf das der Willensakt bezogen ist. Der Verweis auf Beispiele einer Praxis im aristotelischen Sinne stellt daher die Allgemeinheit der These, alle willentlichen Akte seien zielgerichtet, nicht in Frage.

Auf der anderen Seite kann man unter einem willentlichen Akt auch einen Akt verstehen, der zum Wollen selbst gehört, der einen Aspekt der komplexen Struktur des Wollens ausmacht. Vor dem Hintergrund der späteren Ausführungen zur Handlungslehre wären hier etwa Wollen, Genießen, Beabsichtigen, Wählen oder Beratschlagen zu nennen, d. h. die Willensakte, die in den Fragen 6 bis 16 entfaltet werden. Thomas nennt als Beispiel allerdings lediglich das Wollen selbst (*ipsum velle*). Das Beispiel dient weniger der Veranschaulichung als der Betonung der systematischen Möglichkeit, in einer Analyse des

Wollens auch Akte zu thematisieren, auf die sich das Wollen richten kann und die selbst den Charakter des Wollens haben. Diesen Fall bezeichnet Thomas terminologisch als einen Akt, der vom Willen hervorgelockt wird (*actio* [...] *elicitur a voluntate*). Doch auch der Verweis auf die vom Willen hervorgelockten Willensakte widerspricht nicht der These von der Zielgerichtetheit aller Akte. Zwar wird hier das Wollen wegen des Wollens vollzogen, so daß in bezug auf dieses von einem selbstzweckhaften Akt gesprochen werden kann[11]. Doch bleibt dabei der Wille letztlich immer auf etwas gerichtet, das nicht selbst dem Wollen zuzurechnen ist. Ein vom Willen hervorgelockter Willensakt kann nicht letztes Ziel des Willens sein. Wir wollen nicht einen Akt des Wollens, sondern etwas tun[12].

Ohne Zweifel knüpft Thomas in seinen Ausführungen zum menschlichen Handeln an die von Aristoteles vor allem im dritten Buch der *Nikomachischen Ethik* entfalteten Überlegungen an. Mit dem Rekurs auf den Begriff des Wollens schaltet Thomas dabei der aristotelischen Handlungsanalyse eine diese fundierende Willensanalyse voraus. Bei aller Nähe zu Aristoteles verwandelt sich dadurch der Sinn der aristotelischen Bestimmung in einer charakteristischen Weise. Die Unterscheidung zwischen *hekoúsion* (Freiwilligem) und *akoúsion* (Unfreiwilligem) wird in *Quaestio* 6 mit der Differenz von *voluntarium* (Willentlichem) und *involuntarium* (Unwillentlichem) in den Kontext einer voluntativen Deutung des Handelns gestellt. Was bei Aristoteles den Charakter einer horizontalen Entfaltung

---

[11] Das hier entstehende Problem der Iteration von Willensakten hat Thomas in S.th. I-II, q. 9, a. 4, c selbst angesprochen. Das Wollen des Wollens kann jedoch nach Thomas nicht unbegrenzt fortgeführt werden. Der Antrieb, aufgrund dessen der Handelnde etwas will, kommt vielmehr von außen, vom Objekt, auf das sich sein Wollen richtet.

[12] Allerdings scheint Thomas damit lediglich eine abgeschwächte Fassung der starken These aus dem *Sed contra* des ersten Artikels zu vertreten. Dort wird behauptet: Was immer der Mensch tut, ist zielbezogen. Hier, am Ende des *Ad secundum*, läßt sich nur das Folgende sagen: Wann immer ein Mensch etwas tut, gibt es zumindest innerhalb dieses Tuns etwas, das er wegen eines Zieles tut. D. h. aber offenbar auch: Es gibt hier ebenfalls als Moment einen selbstbezüglichen Akt, nämlich ein Wollen, das einen Willensakt hervorlockt. Dieser Willensakt wird jedoch als ein Akt verstanden, der wegen eines Zieles vollzogen wird.

der Sphäre von Zuschreibungs- und Verantwortungsfragen hat, die
sich im Rahmen einer Erörterung menschlichen Handelns stellen,
wird von Thomas mit Hilfe der Fokussierung auf eine differenzierte
Analyse des menschlichen Wollens sozusagen in vertikaler Richtung
ausgelegt. Der Wille in seinen vielfältigen Aspekten *begründet* allererst
die Möglichkeit eigentümlich menschlicher Akte[13].

Was Thomas durch diese Modifikation der aristotelischen Unter-
suchung des menschlichen Handelns möglich wird, ist eine pointierte
Herausstellung der Freiheit des Willens. Dies wird vor allem in der
Diskussion des Einflusses der Gewalt auf das Willentliche bzw. Unwil-
lentliche deutlich. Wie für Aristoteles macht auch für Thomas äußere
Gewalt eine Handlung zur unwillentlichen[14]. Die Einwirkung äußerer
Gewalt entschuldigt daher eine Tat. Doch sieht man genauer hin, dann
zeigt sich, daß innerhalb der thomasischen Konzeption eine gegenüber
Aristoteles andere Sicht dieses Falles expliziert wird. Zwar hält Thomas
(in q. 6, a. 4, c) mit Aristoteles fest, daß sich Gewalt grundsätzlich
gegen die Ausführung einer (gewollten) Tat richten kann. Doch während Aristoteles darauf verweist, daß in diesem Fall der Ursprung des
Verhaltens außerhalb des Handelnden liegt[15], macht Thomas hier
eine Unterscheidung, mit der er einen gegenüber Aristoteles neuen
Gesichtspunkt der Beurteilung des erzwungenen Tuns einführt: Der
Zwang betrifft nach Thomas nämlich allein die vom Willen befohlenen
Akte. Der Willensakt selbst, sofern er vom Wollen hervorgelockt wird,
kann hingegen grundsätzlich keiner Gewalt unterliegen. Gerade dies
macht seine wesentliche Bestimmtheit aus. Gewalt stammt von äußeren
Prinzipien und vermag nichts gegen das, was den Willen als Willen
auszeichnet. Durch diese Differenzierung wird der aristotelischen Betrachtung des Zusammenhangs zwischen dem Handelnden und seinem
Verhalten eine Thematisierung der inneren Akte des Handelnden an
die Seite gestellt[16]. Die voluntative Auslegung ermöglicht eine Verin-

---

[13] Die Begriffe *imperare* und *elicere* verweisen auf ein eindeutiges Abhängigkeits-
     verhältnis zwischen dem Willen und dem in diesem fundierten befohlenen
     bzw. hervorgelockten Akt.
[14] Gewalt ist Ursache für Unwillentliches (*violentia involuntarium causat*) resü-
     miert Thomas in S.th. I-II, q. 6, a. 5, c.
[15] Vgl. Ethica Nic. III, 1 (1110a 1ff.).
[16] Dies führt zu einer Latenz des Wollens, die sich deutlich etwa in S.th. I-II,

nerlichung des handlungsphilosophischen Interesses, aufgrund derer die von der Handlungsfreiheit zu unterscheidende Willensfreiheit des Menschen pointiert herausgearbeitet werden kann. Der Wille selbst ist nicht zu zwingen, sondern grundsätzlich frei und daher für das, was er will, verantwortlich. Mit dieser Zuspitzung der handlungstheoretischen Reflexion auf den freien Willen, der in seinem Wollen von keiner Notwendigkeit eingeschränkt wird, folgt Thomas Überlegungen, die ihre traditionsprägende Gestalt vor allem bei Augustinus gefunden haben[17]. Auch wenn die unmittelbaren Verweise auf Augustinus in der thomasischen Handlungslehre seltener sind als die aristotelischen Reminiszenzen, so ist diese Quelle der thomasischen Theorie des Handelns überaus bedeutsam. Denn die voluntative Akzentuierung in der Betrachtung des menschlichen Handelns bei Augustinus bietet Thomas die Perspektive, von der her er die aristotelischen Überlegungen zur Grundlegung einer Philosophie des Handelns aufgreifen, umgestalten und eigenständig entfalten kann.

Für den Aufbau der thomasischen Handlungslehre hat die Unterscheidung zwischen den vom Willen hervorgelockten und den vom Willen befohlenen Akten entscheidende Bedeutung. Nach der einleitenden Klärung der Differenz zwischen Willentlichem und Unwillentlichem (q. 6) sowie der das Handeln betreffenden Umstände (q. 7) erörtert Thomas vor allem die einzelnen vom Willen hervorgelockten Akte des Wollens (qq. 8-16). *Quaestio* 17 wendet sich schließlich dem vom Willen befohlenen Akt zu[18].

---

q. 6, a. 3, c und ad 2 zeigt. Hier wird die Möglichkeit eines Willensaktes angesprochen, der ohne äußeren Akt bleibt. Thomas versteht diesen als Nichtwollen (*non velle*). Genauer handelt es sich (im Gegensatz zu einem nicht willentlichen Nichtwollen) um ein Nichtwollen, das ein Wollen von etwas ist – nämlich ein Wollen, das sich darauf richtet, etwas nicht zu tun.

[17] Im *Sed contra* des vierten Artikels der sechsten Frage erinnert Thomas an die Ausführungen zum Gegensatz von Wollen und Notwendigkeit bei Augustinus, De Civitate Dei V, 10 (CCSL 47, S. 140). – Innerhalb der *Summa* wird die thomasische Konzeption des Willens (*voluntas*) und der freien Entscheidung (*liberum arbitrium*) genauer im Rahmen der anthropologischen Überlegungen in S.th. I, q. 82f. ausgeführt.

[18] Vgl. S.th. I-II, q. 6, introd. sowie q. 8, introd.

III. Die Analyse der einzelnen Willensakte sowie des Befehls (qq. 8-17)

Der Hauptteil der thomasischen Handlungslehre befaßt sich mit der Explikation der einzelnen Willensakte, in denen verschiedene Aspekte des Wollens zum Ausdruck gebracht werden. Entfaltet werden diese in den Ausführungen über den Willen (*voluntas*; qq. 8-10), den Genuß (*fruitio*; q. 11), die Absicht (*intentio*; q. 12), die Wahl (*electio*; q. 13), die Beratschlagung (*consilium*; q. 14), die Zustimmung (*consensus*; q. 15) sowie den Gebrauch (*usus*; q. 16). Diese Analyse läßt sich wiederum genauer unterteilen in die Explikation von Willensakten, die auf das Wollen des Zieles gerichtet sind, und solchen, die das Wollen der Mittel betreffen bzw. – wie Thomas dies ausdrückt – das Wollen desjenigen, was auf das Ziel bezogen ist (*ea quae sunt ad finem*) (q. 8, introd.). Die drei Aspekte des Zielwollens sind *voluntas*, *fruitio* und *intentio*. Unter den Titeln *electio*, *consilium*, *consensus* und *usus* thematisiert Thomas das auf das Ziel bezogene Wollen bestimmter Mittel[19].

Als *voluntas* im eigentlichen Sinne bezeichnet Thomas den zielbezogenen Willensakt, der sich auf das Ziel als ein Wollen ohne spezifizierende Hinsicht (*absolute*) richtet (q. 12, a. 1 ad 4). So können wir, um Thomas' Beispiel aufzugreifen, Gesundheit in einem absoluten Sinne wollen. Der Kranke etwa will einfach nur gesund werden. Das ist sozusagen das schlichte Wollen eines Zieles, ein Wollen ohne jede

---

[19] Zu den historischen Quellen der thomasischen Theorie des Willens – vor allem bei Aristoteles und Augustinus – vgl. M. Wittmann, Die Ethik des Hl. Thomas von Aquin, in ihrem systematischen Aufbau dargestellt und in ihren geschichtlichen, besonders in den antiken Quellen erforscht, München 1933 (unveränd. Nachdr. Frankfurt a. M. 1962), S. 73ff., hier bes. S. 88ff. Es wäre allerdings sicher unangemessen, aufgrund der historischen Vorlagen das systematische Interesse der thomasischen Willensanalyse zu marginalisieren. Ebenso wie Thomas' Umgang mit Aristoteles – etwa im Kontext der Diskussion des *voluntarium* und *involuntarium* – ist auch der Rückgriff auf Augustinus sachlichen Gesichtspunkten verpflichtet. So geht beispielsweise die Thematisierung der Willensakte des *frui* und *uti* auf Augustinus zurück. Doch während Augustinus etwa in De doctr. christ. I 3, 3ff. (CCSL 32, S. 8f.) beide zusammen in einem theologischen Kontext behandelt, werden sie in der thomasischen Erörterung der allgemeinen Bestimmung des menschlichen Wollens systematisch als Aspekte des Ziel- und Mittelwollens auseinandergezogen (vgl. S.th. I-II, qq. 11 u. 16).

weitere Bestimmung. Von hier aus läßt sich nun leicht auch der Gedanke verstehen, der Thomas bei der Charakterisierung des zweiten Aspektes des Wollens, des Genießens, leitet. *Fruitio* nämlich bezeichnet nach Thomas das Zielwollen in Hinsicht darauf, daß man mit dem Erreichen des Zieles zur Ruhe kommt (ebd.). Am Beispiel: Das, was der Kranke will, nämlich Gesundheit, ist ein Zustand, in dem sich sein zielbezogenes Wollen erfüllt. Die im Mangel an Gesundheit begründete Unruhe wird mit dem Erreichen des Zieles aufgehoben. Die Gesundheit wird dabei gewollt als etwas, das der Wollende genießt. Der dritte auf das Ziel bezogene Willensakt ist das Beabsichtigen. Bei der *intentio* fungiert das Zielwollen als dasjenige, auf das alles weitere Wollen hingeordnet wird. Gesundseinwollen wird in dieser Perspektive zur Absicht, etwas für seine Gesundheit tun zu wollen (ebd.). Doch was dies im einzelnen ist, das ist nicht mehr Sache der *intentio* selbst, sondern der Willensakte, die sich auf die zur Realisierung des Zieles erforderlichen Mittel richten.

Als *electio* bezeichnet Thomas nun das Wollen, das sich auf die Wahl der Mittel richtet, die in Hinblick auf die Realisierung des gewollten Zieles erforderlich sind. Wer krank ist und gesund werden will, der muß z.B. seinen Willen darauf richten, zum Arzt zu gehen. Im Zusammenhang der Analyse des Beabsichtigens wird allerdings deutlich, daß die Untersuchung des Wollens dessen, was auf das Ziel hingeordnet ist, sich aus der Struktur des Zielwollens selbst ergibt. Denn der Grund dafür, daß die Mittel zur Realisierung des Gewollten *konkret gewollt* werden, ist ein *Wollen* der zur Realisierung des Gewollten nötigen Mittel *überhaupt*. Insofern besteht zwischen der *intentio* und der *electio* ein Zusammenhang, aufgrund dessen das Wollen der Ziele und der darauf bezogenen Mittel als *eine* – wenngleich als eine in sich gegliederte – Willensbewegung aufzufassen ist (q. 12, a. 4, c).

Doch für welche Handlung soll man sich in Hinblick auf das gewollte Ziel, etwa die Gesundheit, entscheiden? Der Besuch eines Arztes ist kostspielig und mit Wartezeiten verbunden. Vielleicht ist er entbehrlich, zumal die Krankheit nicht gravierend scheint und es offenbar Hausmittel gibt, die in solchen Fällen in der Regel helfen. Andererseits könnte der Kranke ja solches übersehen, was der Spezialist sofort bemerkt, was aber, bleibt es unentdeckt, sehr unangenehme und langfristig der Gesundheit abträgliche Folgen haben kann. Solche Erwägungen haben insgesamt den Charakter des Beratschlagens. Unter *consilium*, der Beratschlagung, versteht Thomas den Willensakt, der sich mit der konkreten Situation befaßt, in der der willentlich Handelnde nach Mitteln Ausschau hält, mit deren Hilfe er das von ihm gewollte Ziel erreichen kann. Die Beratschlagung bedenkt die situativen Umstände und das angesichts dieser mögliche Handeln, um die für das gesetzte Ziel angemessenen Mittel zu finden. Wer gesund werden will, der muß erwägen, was er hier und jetzt tun kann, um dieses Ziel zu erreichen. Der Beratschlagung folgt die Zustimmung, *consensus*. Durch die Zustimmung werden die in der Beratschlagung entfalteten Wege als dem Handelnden mögliche und jeweils akzeptable Mittel zur Realisierung des gewollten Zieles bestimmt. So erweisen sich nach dem Beratschlagen etwa der Arztbesuch und die Einnahme eines Hausmittels je als Mittel, durch die das Ziel der Gesundheit erreichbar ist. Doch erst die Wahl bringt die Entscheidung für einen bestimmten Weg, auf dem der Handelnde sein Ziel erreichen will – so will er etwa durch Einnahme eines Hausmittels gesund werden[20]. Der von Thomas an letzter Stelle genannte Willensakt ist der Gebrauch, *usus*. Um etwa das Hausmittel einzunehmen, muß der Kranke sein Wollen auf die Indienstnahme – oder, wie Thomas sagt, den Gebrauch – äußerer Dinge und innerer Prinzipien richten[21]. So benötigt er beispielsweise zur Einnahme des Hausmittels ein Glas. Thomas dehnt dieses am Modell des Werkzeuggebrauchs entwickelte instrumentelle Verständnis des Gebrauchs auf alles aus, was in bezug auf die Wahl der Mittel eine dienende Funktion einnimmt. Innere Prinzipien sind für ihn sowohl unsere leiblichen Organe als auch Seelenvermögen. So benötige der Handelnde für die Einnahme des Hausmittels mit Hilfe eines Glases z. B. seine Hände. In diesem Sinne geht die Wahl dem Gebrauch voraus. Umgekehrt geht der Gebrauch wiederum der Wahl voraus, sofern der sein Handeln Erwägende im Beratschlagen Gebrauch von der Vernunft macht (q. 16, a. 4, c).

Die Behandlung des Befehls (*imperium*) fällt bei Thomas sehr viel knapper aus als die Darlegung der einzelnen Willensakte. Dies

---

[20] Vgl. S.th. I-II, q. 15, a. 3, c und ad 3. Das *Ad tertium* stellt dabei die systematische Vorgängigkeit des *consensus* im Verhältnis zur *electio* heraus. Vgl. dazu auch Wittmann (wie Anm. 19), S. 154f., sowie McInerny (wie Anm. 6), S. 96.

[21] Vgl. – auch zum Folgenden – S.th. I-II, q. 16, a. 1, c.

schmälert freilich nicht die handlungstheoretische Relevanz dieses Strukturmomentes menschlichen Handelns. Denn erst aufgrund des Befehlens kommt es zur Ausführung des in sich gegliederten Willens in der Tat. Der befohlene Akt muß nicht notwendig eine Körperbewegung sein, die sich in einem sichtbaren Verhalten in der Welt manifestiert. Befohlen werden kann auch ein Willensakt, insofern der Wille befehlen kann, etwas Bestimmtes zu wollen (q. 17, a. 5, c)[22].

Beim Befehlen geht es um den handlungstheoretisch entscheidenden Schritt vom Wollen zum Handeln. Die thomasische Handlungslehre konzentriert sich zwar auf die Analyse der einzelnen Akte des Wollens. Doch erst mit dem Befehl thematisiert Thomas den Aspekt der Handlungsstruktur, der den Übergang von der Willenssphäre in die Welt des körperlichen und geistigen Handelns ermöglicht. Dabei versucht Thomas im *Corpus articuli* des vierten Artikels von *Quaestio* 17, die Einheit zwischen Befehl und befohlenem Akt herauszustellen und als eine Einheit unterscheidbarer Momente auszuweisen. Nur dann nämlich ist die Analyse der inneren Akte integraler Teil einer Untersuchung des menschlichen *Handelns*. Und nur dann vermeidet Thomas eine willenstheoretische Engführung in der Erörterung von Fragen der menschlichen Praxis, durch die die Seite des Verhaltens ausgeblendet würde.

Durchgängig, wenn auch mit unterschiedlicher Gewichtung und im Rekurs auf voneinander abweichende Begründungen, stellt Thomas heraus, daß es sich bei den von ihm untersuchten Willensakten sowie dem Befehl sowohl um Akte des Erkenntnisvermögens als auch um Akte des Strebevermögens handelt[23]. Auf diese Weise versucht Thomas nachzuweisen, daß das willentliche Handeln des Menschen als Leistung einer in den Kontext des Strebens eingelassenen Vernunft zu bestimmen ist. Die voluntative Auslegung der Struktur des menschlichen Handelns steht daher auch in keinem Gegensatz zur we-

---

[22] Diese strukturelle Möglichkeit des Wollens hat in der jüngeren personentheoretischen Diskussion Beachtung erfahren vor allem durch H. G. Frankfurt, Willensfreiheit und der Begriff der Person, in: P. Bieri (Hg.), Analytische Philosophie des Geistes, Weinheim 1997³, S. 287-302 (original: Freedom of the Will and the Concept of a Person, in: The Journal of Philosophy 68 [1971], S. 5-20).

[23] Vgl. S.th. I-II, q. 9, aa. 1 und 2; q. 11, a. 1; q. 12, a. 1; q. 13, a. 1; q. 14, a. 1; q. 15, a. 1; q. 16, a. 1; q. 17, a. 1.

sentlichen Vernünftigkeit, die das menschliche Handeln auszeichnet. Vielmehr bewahrt Thomas in seiner willenstheoretischen Anknüpfung an die Handlungstheorie des Aristoteles das bei diesem zum Ausdruck kommende intellektuelle Verständnis des menschlichen Handelns.

Der Gesichtspunkt der thomasischen Unterscheidung zwischen appetitiven und intellektuellen Aspekten des menschlichen Handelns ist dabei ein funktionaler. Das Wollen insgesamt und die einzelnen Willensakte sowie der vom Wollen befohlene Akt im besonderen setzen offenbar die Fähigkeit voraus, eine bestimmte Ordnung zu verstehen und als solche zu erfassen. Zum einen muß dabei das Ziel als Ziel erkannt werden, von dem her die gesamte Bewegung des Willens ausgeht. Zum anderen bedarf es darüber hinaus einer Erfassung der in Hinblick auf die Realisierung eines bestimmten Zieles erforderlichen Mittel. In dieser Hinsicht handelt es sich jeweils um einen Akt des Verstandes, der formend dem Willensakt vorausgeht. Zugleich aber weist Thomas mit Nachdruck immer wieder darauf hin, daß es hier um eine Analyse praktischer Vermögen geht. Insofern gehören die einzelnen Willensakte und der Befehl zum Strebevermögen und haben den Charakter eines Wollens, das den Handelnden in einer bestimmten Weise zur Tat bewegen soll[24].

Die thomasische Differenzierung der Willensakte bietet zweifellos eine ausgesprochen subtile Untersuchung der Struktur des menschlichen Wollens. Daß die nuancierte Darstellung des menschlichen Wollens gelegentlich zu einer Entfernung von alltäglichen Auffassungen und Sprechweisen führt, dürfte dabei kaum verwunderlich sein. So werden etwa Bedeutungsmomente wie das Beratschlagen und die Zustimmung unterschieden, die wir gewöhnlich in *einem* Begriff ansprechen. Es stellt sich daher die Frage, ob der Gewinn an Differenziertheit, den die thomasischen Unterscheidungen mit sich

---

[24] In S.th. I-II, q. 9, a. 1, c unterscheidet Thomas zwischen Ausübung (*exercitium*) und Gebrauch (*usus*) eines Aktes einerseits und Bestimmung (*determinatio*) eines Aktes andererseits. Während ersteres (als Angelegenheit des Strebevermögens) vom tätigen Subjekt ausgeht, verweist die (vom Verstand geleistete) Bestimmung des Aktes auf das Objekt, dem gemäß der Akt spezifiziert wird. Zu beachten ist dabei, daß die Betrachtung von Dingen als gut oder erstrebenswert sich nicht dem theoretischen Verstand (*intellectus speculativus*), sondern dem praktischen Verstand (*intellectus practicus*) verdankt (S.th. I-II, q. 9, a. 1 ad 2). Vgl. McInerny (wie Anm. 6), S. 93f.

bringen, nicht in manchen Hinsichten auch einen Verlust bedeutet. Die von Thomas explizierte komplexe und komplizierte Struktur von aufeinander verweisenden Willensakten scheint eine phänomenangemessene Analyse des menschlichen Handelns zumindest teilweise durch eine willenstheoretische Konstruktion zu ersetzen. Umgekehrt aber bieten die thomasischen Ausführungen für eine Konstruktion wiederum zu viele deskriptive Anhaltspunkte.

Der schillernde Charakter der thomasischen Ausführungen zum menschlichen Handeln läßt sich zu einem Teil aus dem methodischen Vorgehen des Thomas erklären. Dieses ist innerhalb des anfänglich erwähnten naturphilosophischen und theologischen Kontextes der Handlungslehre verständlich zu machen. Die auf Gott zurückzuführende einheitliche Ordnung der Akte begründet eine die Differenzen übergreifende umfassende strukturelle Verwandtschaft aller natürlichen, willentlichen und spezifisch menschlichen Akte. Methodisch bietet sich für die willens- und handlungstheoretische Analyse daher das Verfahren der Analogie an. Denn das, was die spezifisch menschlichen Akte auszeichnet, ist als eine Modifikation der bekannten Aktstrukturen zu deuten. So vermag sich Thomas der Besonderheit des menschlichen Wollens zu nähern, indem er Entsprechungen mit den natürlichen zielgerichteten Bewegungen, den willentlichen Akten der Tiere und den sichtbaren menschlichen Handlungen herausarbeitet. Die Zusammenhänge in der Willenssphäre, die Thomas erörtert, sind zwar selbst keine Vorkommnisse im Bereich des Sichtbaren. Sie lassen sich jedoch in Analogie zur Betrachtung sichtbarer Phänomene teleologischer Bewegungen verstehen. In dieser Auslegung kommt es aus systematischen Gründen zu der eben skizzierten Mischung von Erfahrungsnähe und Konstruktion. Denn der zeitlich extendierte, in spezifischen Handlungen sich manifestierende Entscheidungsprozeß – etwa wenn sich ein Kranker überlegt, was er tun muß, um gesund zu werden – hat seine Entsprechung im Aufbau der Akte des Wollens und Befehlens, die ihrerseits Voraussetzung jeder öffentlich beobachtbaren vernünftigen Handlung sind[25].

---

[25] Dieser Aufbau hat strukturelle Bedeutung. Es muß ihm daher nicht notwendig eine zeitliche Abfolge der inneren Akte entsprechen. Es ist also kein Einwand gegen die von Thomas herausgearbeitete Ordnung des vernünftigen Wollens, wenn man beispielsweise – wie oben – darauf verweist, daß das Zustimmen in der Regel mit dem Beraten parallel erfolgt.

IV. Die Reflexion auf die Handlungsumstände
(q. 7; q. 18, aa. 3, 10 und 11; q. 73, a. 7)

Handlungen sind immer konkret. Thomas bedenkt diesen dem Handeln wesentlichen Aspekt nicht nur im Zusammenhang der Analyse des Beratschlagens. Bereits *Quaestio* 7 bietet eine differenzierte Erörterung der Handlungsumstände (*circumstantiae*). Die seine Analyse durchgehend leitende Definition der Handlungsumstände entwickelt Thomas mit Hilfe der Begrifflichkeit der aristotelischen Substanzontologie: Circumstantien sind Akzidenzien der menschlichen Akte (q. 7, a. 1, c). Diese Bestimmung hat vor allem eine heuristische Funktion. *Erstens* dient die ontologische Distinktion zwischen Substanz und Akzidenz Thomas zur Formulierung einer Art Zwischenstatus der Umstände menschlichen Handelns[26]. Auch wenn situative Merkmale einer Handlung nicht substantiell zukommen, so sind sie ihr doch nicht völlig äußerlich. Situative Bestimmtheiten der Handlung betreffen diese vielmehr als deren Akzidenzien (ebd.). Thomas will offenbar ebenso das Extrem einer situationsverschossenen wie das einer situationsvergessenen Handlungsanalyse vermeiden. *Zweitens* erinnert Thomas im dritten Argument des ersten Artikels daran, daß bei Aristoteles die Handlung selbst unter den akzidentellen Kategorien aufgezählt wird[27]. Handlungsumstände sind dann aber Akzidenzien von Akzidenzien, was nicht möglich zu sein scheint. Denn, so wäre zu ergänzen, Akzidentelles kommt nur ersten Substanzen als Trägern zu[28]. In seiner Entgegnung gibt Thomas dem Einwand im Grundgedanken recht. Handlungen haben selbst den Charakter von Akzidenzien und sind ihrerseits auf erste Substanzen als Träger zurückzubeziehen. Das Argument irrt jedoch in der Annahme, Akzidenzien könnten nicht ihrerseits wieder Akzidentellem zukommen. Handlungsumstände sind vielmehr Akzidenzien von Handlungen, die ihrerseits auf den Handlungsträger als grundlegende Kategorie verweisen[29]. Diese Auffassung

---

[26] Vgl. T. Nisters, Akzidentien der Praxis. Thomas von Aquins Lehre von den Umständen menschlichen Handelns (Symposion; Bd. 93), Freiburg – München 1992, S. 19f.

[27] Vgl. S.th. I-II, q. 7, a. 1, arg. 3 mit Categoriae IV, 1b 27 und 2a 3f.

[28] Vgl. Nisters (wie Anm. 26), S. 19 u. 21.

[29] Vgl. ebd., S. 23.

macht die systematische Bedeutung, allerdings auch die gegenüber der Handlung und dem Träger der Handlung grundsätzlich nachgeordnete Bedeutung der Handlungssituation im Rahmen der thomasischen Handlungslehre deutlich. Die Gewichtung zugunsten des willentlichen Handelns und des Wollenden selbst hängt mit Thomas' Verständnis der menschlichen Handlung zusammen. Danach ist das, was der Handelnde tut, von seinem Willen und nicht von der Situation abhängig. Zwar mag der Handelnde aufgrund einer spezifischen Situation diese oder jene Handlung ausführen. Aber daß er dieses oder jenes tut, beruht auf seiner vernünftigen Willensentscheidung.

Die für Thomas in der Analyse der Handlungsumstände entscheidende Frage betrifft daher die Klärung dessen, was in der Verantwortung des Handelnden liegt. Das Problem der Zurechenbarkeit von Handlungen wird im Horizont der Alternative von Lob und Tadel, Entlastung und Beschuldigung diskutiert. Lobens- bzw. tadelnswert ist die Handlung, die dem Handelnden als gute oder schlechte Tat zugeschrieben werden kann, insofern sie seiner Verfügungsgewalt untersteht[30]. Bei der Beurteilung, ob eine Handlung gut oder schlecht, besser oder schlechter ist, sind nach Thomas nun die situativen Kontexte mit in Rechnung zu stellen[31]. – Die inhaltliche Diskussion der Handlungsumstände läßt dabei zwei Klassen relevanter Umstände erkennen[32]. Irrelevante Umstände können dabei *ex negativo* bestimmt werden als Umstände, die keines der genannten Kriterien für relevante Umstände erfüllen. Zunächst nennt Thomas Umstände, die spezifische Handlungen konstituieren. Ein Diebstahl, so Thomas' Beispiel, findet er an einem geheiligten Ort statt, ist ein Sakrileg. Ein Sakrileg ist ein eigener Unrechtstatbestand, der durch einen besonderen Umstand konstituiert wird. Die handlungstypisierende Kraft solcher Umstände ist darauf zurückzuführen, daß sie aus sich heraus gegen

---

[30] Zu diesem Zusammenhang vgl. auch S.th. I-II, q. 21, a. 2, c.

[31] Vgl. z. B. den zweiten Teil der Antwort in S.th. I-II, q. 7, a. 2, c sowie vor allem q. 18, aa. 3, 10 und 11; vgl. auch q. 73, a. 7.

[32] Eine mögliche Dreiergliederung ergibt sich durch Einbeziehung der Multiplikation situativer Verfehlungen, wie sie Thomas im zweiten Teil der Antwort des siebten Artikels der *Quaestio* 73 skizziert. Thomas nennt das Beispiel des Verschwenders, der gibt, wann er nicht soll und wem er nicht soll. Dessen Schuld ist größer als die Schuld dessen, der lediglich demjenigen gibt, dem er nicht soll.

die Vernunftordnung (*ordo rationis*) verstoßen. Insofern der Handlungsumstand hier in einem besonderen Widerspruch (*repugnantia specialis*) zur Vernunftordnung steht, kann dieser Fall auch unter dem Titel der Spezialrepugnanz gefaßt werden (q. 18, a. 10, c)[33].

Situative Umstände können aber auch Verfehlungen mildern oder erschweren. Viel oder wenig zu nehmen, so das thomasische Beispiel, ist für sich genommen weder gut noch schlecht[34]. Handelt es sich jedoch um das Nehmen fremden Eigentums, also einen Diebstahl, dann ist die Verletzung der Norm unterschiedlich zu gewichten je nachdem, ob wenig oder viel genommen wurde. Auch in diesem Fall wird ein Verstoß gegen die Vernunftordnung vorausgesetzt, durch den die an sich neutralen Umstände ihren neutralen Charakter verlieren. Denn nur unter der Voraussetzung des Diebstahls werden die Umstände, viel oder wenig zu nehmen, zu mildernden oder erschwerenden Umständen. Daher kann dieser Fall auch als bedingte Repugnanz (*repugnantia conditionalis*) diskutiert werden (q. 18, a. 11, c)[35]. Wie hier deutlich wird, ist die Aufnahme der Problematik des situativen Handelns in die thomasische Handlungslehre nur im Zusammenhang normativer Fragen verständlich zu machen.

---

[33] Vgl. auch den ersten Teil der Antwort in S. th. I-II, q. 73, a. 7, c; vgl. Nisters (wie Anm. 26), S. 39ff. – In diesem Zusammenhang deutet Thomas eine Asymmetrie an, insofern zwar die gute Handlung durch bestimmte Umstände zu einer schlechten, jedoch die schlechte nicht durch entsprechende Umstände zu einer guten werden kann (vgl. De malo, q. 2, a. 4 ad 2 [Ed. Leon.], S. 40). Vgl. dazu Schönbergers Kommentierung von S.th. I-II, q. 18, a. 5 ad 4, in: Thomas von Aquin, Über die Sittlichkeit der Handlung. Sum. Theol. I-II q. 18-21. Einl. v. R. Spaemann. Übers. u. Kommentar v. R. Schönberger, Weinheim – New York 1990, S. 35, Anm. 1. Zum thomasischen Verständnis der Vernunftordnung siehe den nächsten Abschnitt.

[34] Man muß hier allerdings bedenken, daß menschliche Handlungen für Thomas nur der Art nach moralisch indifferent sein können. Da aber jedes Handeln notwendig konkret ist, ist die jeweilige situative Handlung immer als gute oder schlechte genau bestimmt (S.th. I-II, qq. 8 u. 9). Vgl. dazu den folgenden Abschnitt.

[35] Vgl. auch den dritten Teil der Antwort in S.th. I-II, q. 73, a. 7, c; vgl. Nisters (wie Anm. 26), S. 56ff.

V. Die Grundlagen der Ethik (qq. 18-21)

In den Quästionen 18 bis 21 diskutiert Thomas die Grundlagen der Sittlichkeit des menschlichen Handelns. Im ersten Artikel der Frage 18 geht er dabei auf die für die Ethik grundlegende Unterscheidung zwischen guten und schlechten Akten ein[36]. Im Hintergrund steht hier die thomasische Transzendentalienlehre, der gemäß das Gute (*bonum*) wie das Seiende (*ens*) das bezeichnen, was allen Dingen gemeinsam ist. In dieser Hinsicht sind sie der Sache nach identisch und folglich konvertibel, d. h. miteinander vertauschbar (q. 18, a. 1, c)[37]. Im Rahmen dieser Voraussetzung der thomasischen Moralphilosophie gibt es allerdings ein drängendes Problem: Denn sowohl theologisch als auch empirisch kann das Schlechte (*malum*) im Zusammenhang einer Erörterung des menschlichen Handelns nicht ignoriert werden. Daran erinnert das *Sed contra* des ersten Artikels. So muß Thomas einen Weg finden, die Möglichkeit schlechter Handlungen vor dem Hintergrund der Konzeption seiner Transzendentalienlehre verständlich zu machen.

Thomas versucht dies, indem er das Schlechte als Privation des Guten bestimmt. Zur Verdeutlichung bedient er sich einer Analogie. Das *malum* und *bonum* im Bereich der Akte (*in actionibus*) wird in Entsprechung zu dieser Unterscheidung bei den Dingen (*in rebus*) aufgefaßt, wobei von einer vormoralischen Bedeutung von ,gut' und

---

[36] Dabei werden zunächst Begriffe angewandt, die bereits in der Abhandlung über das Gutsein im allgemeinen (S.th. I, qq. 5f. und 48f.) eingeführt wurden. Vgl. Kluxen (wie Anm. 2), S. 184.

[37] Vgl. S.th. I, q. 5, aa. 1 und 3. Allerdings drückt das *bonum* eine besondere Hinsicht des Seienden aus. Denn gut ist das Seiende, insofern es im Akt liegend, vollkommen und erstrebenswert ist (S.th. I, q. 5, a. 1, c). Begründet wird die Identität von ›gut‹ und ›seiend‹ damit, daß das Seiende von Gott gewollt und geliebt wird (S.th. I, q. 20, a. 2, c). Vgl. hierzu den Beitrag von J. A. Aertsen (Absatz IV); ferner ders., Die Transzendentalienlehre bei Thomas von Aquin in ihren historischen Hintergründen und philosophischen Motiven, in: A. Zimmermann (Hg.), Thomas von Aquin. Werk und Wirkung im Licht neuerer Forschungen (Miscellanea Mediaevalia; Bd. 19), Berlin – New York 1988, S. 82-102, bes. S. 97ff., sowie ausführlich ders., Medieval Philosophy and the Transcendentals. The Case of Thomas Aquinas (STGMA; Bd. 52), Leiden – New York – Köln 1996, S. 314-326; vgl. auch zum Folgenden Kluxen (wie Anm. 2), S. 171ff.

‚schlecht' auszugehen ist: „Wieviel (etwas) also an Sein hat, soviel hat
es an Gutheit: inwiefern ihm aber irgendetwas an Fülle des Seins fehlt,
insofern fehlt es (ihm) an Gutheit, und es wird ‚schlecht' genannt"
(q. 18, a. 1, c). Nun lassen sich ‚gut' und ‚schlecht' im Bereich der
Natur nur dann unterscheiden, wenn man einen Maßstab voraussetzt,
hinsichtlich dessen das Gut- und Schlechtsein einer Sache bestimmt
werden kann. Dieser Maßstab ist nicht in unser Belieben gestellt.
Ansonsten verlöre die Rede von ‚gut' und ‚schlecht' ihren objektiven
Sinn. Im einzelnen folgt Thomas hier Aristoteles, wenn er die Differenz zwischen ‚gut' und ‚schlecht' innerhalb einer teleologischen
Ordnung bestimmt. Naturseiendes ist gut in Hinblick auf die Verwirklichung des ihm innewohnenden Zieles. Schlecht ist es, insofern
es einen Mangel an Vollkommenheit, an Seinsfülle hinsichtlich der
Realisierung des ihm vorgegebenen Zieles aufweist. Es ist demnach die
Vollkommenheit einer Sache, die den Maßstab für die Differenzierung
von ‚gut' und ‚schlecht' liefert. – Dieses Konzept überträgt Thomas
auf das menschliche Handeln. Wie im Bereich des Naturseienden setzt
er auch für die Sphäre des menschlichen Handelns eine teleologische
Ordnung an. Handlungen sind gut in bezug auf die Verwirklichung
des ihnen aufgegebenen Zieles. Schlecht sind sie in den Hinsichten,
in denen ihnen etwas bezüglich der Erfüllung dieses Zieles fehlt. Das
Schlechte ist folglich Privation des Guten.

Allein Gott kommt nun aufgrund seines Wesens Seinsfülle und
Gutheit im absoluten Sinne zu[38]. Demgegenüber gibt es sowohl im
Bereich der Naturteleologie als auch in der Sphäre der Handlungs-
teleologie Abstufungen, insofern die Seinsfülle in einer bestimmten
Hinsicht mit einem Seinsmangel in anderer Hinsicht korreliert. Das
impliziert zugleich, daß das Schlechte nur einem Seienden zukom-
men kann – d. h. solchem, das, insofern es seiend ist, in bestimmter
Hinsicht gut ist[39]. Ein blinder Mensch – das ist das thomasische
Beispiel im *Corpus articuli* und im *Ad secundum* des ersten Artikels
von *Quaestio* 18 – hat als Mensch, der lebt und die Fähigkeit der
Fortbewegung besitzt, durchaus Seinsfülle; aber insofern er blind ist,
weist er einen Seinsmangel auf. Im Falle des konkreten Seienden der

---

[38] Vgl. S.th. I, q. 3, a. 4 und q. 6, a. 3 (Kluxen [wie Anm. 2], S. 172).
[39] Vgl. S.th. I, q. 48, a. 3 und q. 49, a. 3 (Kluxen [wie Anm. 2], S. 173).

Natur besagt daher ‚gut': gut in Hinsicht auf etwas, insofern es seiend ist. Entsprechend wird dann ‚schlecht' zur Bezeichnung von etwas, das zwar seiend ist, das jedoch in bestimmter Hinsicht nicht seiend ist (q. 18, a. 1, c). – Entsprechendes gilt für die Handlungssphäre. Insofern menschliche Akte überhaupt *sind*, sind sie der Gattung nach gut (q. 18, a. 4, c). Geht es jedoch um den moralischen Sinn der Unterscheidung zwischen guten und schlechten Akten, muß Thomas auf das dem menschlichen Handeln aufgegebene Ziel der Vollkommenheit eingehen. Die dabei entscheidende Differenz zwischen guten und schlechten Handlungen läßt sich inhaltlich zureichend allerdings erst vor dem Hintergrund des bereits erwähnten *ordo rationis* konkretisieren. Denn diese Ordnung liefert den Maßstab, um das spezifische Gutsein bzw. Schlechtsein einer Handlung zu charakterisieren[40].

Die Bestimmung der Vernunftordnung verdankt sich zunächst einer allgemeinen, auf die Struktur eines Seienden bezogenen Überlegung. Danach ist gut, was der Formbestimmung eines Seienden gemäß ist. Hinsichtlich des hier thematischen Bereichs geht es nun um die der menschlichen Tätigkeit entsprechende Form. Die Wesensbestimmtheit der menschlichen Akte liegt – wie bereits ausgeführt wurde – in deren Vernünftigkeit. Die dem menschlichen Handeln entsprechende Ordnung ist also die *Vernunftordnung*[41]. Doch will man konkret entscheiden, was der Vernunft gemäß ist und was nicht,

---

[40] Vgl. Kluxen (wie Anm. 2), S. 180ff., bes. 188ff. In S.th. I-II, q. 18, a. 5, c wird dieser Hintergrund der thomasischen Ethik unmißverständlich zum Ausdruck gebracht, wenn es heißt: „Bei den menschlichen Akten aber wird ›gut‹ und ›schlecht‹ durch Vergleich mit der Vernunft (*per comparationem ad rationem*) bestimmt, weil es, wie Dionysius sagt (De div. nom., c. 4), das Gut des Menschen ist, *der Vernunft gemäß zu sein* (*esse secundum rationem*), das Schlechte aber, was *der Vernunft entgegen* (*praeter rationem*) ist. Für eine jede Sache ist nämlich das gut, was ihr gemäß ihrer Form (*secundam suam formam*) zukommt, und das schlecht, was für sie gegen die Ordnung ihrer Form (*praeter ordinem suae formae*) ist. Es ist also offenbar, daß die Differenz zwischen Gutem und Schlechtem, insofern sie in bezug auf das Objekt (des Aktes) betrachtet wird, wesentlich (*per se*) mit der Vernunft verglichen wird, nämlich was ihr gemäß dem Objekt zukommt oder nicht zukommt. Irgendwelche Akte werden doch menschlich oder moralisch genannt, insofern sie aufgrund der Vernunft (*a ratione*) sind."

[41] Vgl. Kluxen (wie Anm. 2), S. 191f. (Text u. Anm. 7); insges. ebd., S. 189ff.

dann lassen einen allgemeine Bestimmungen im Stich. Nun soll nach
Thomas die Vernunftordnung aber gerade so verstanden werden, daß
mit ihrer Hilfe die Moralität *jeder* Handlung festzustellen ist. So soll es
im Rekurs auf die Vernunftordnung ja z. B. möglich sein zu beurteilen,
welche Umstände als artbildende bzw. mildernde oder erschwerende
Umstände des Handelns zu werten sind. Die entscheidenden Hinsichten solcher Beurteilung sind nicht allgemein und können daher nicht
abstrakt entwickelt werden; sie lassen sich vielmehr nur dem konkreten
Erfahrungswissen entnehmen, über das Handelnde verfügen, weil sie
als Handelnde grundsätzlich schon vertraut sind mit einer normativ
bewerteten Praxis, in der zwischen guten und schlechten Handlungen
unterschieden wird. Nur aufgrund dieser praktischen – und d. h.
zugleich aller Theorie vorausliegenden – Vertrautheit mit der Moralität ist die theoretische Reflexion auf die moralische Bedeutung von
Handlungen sowie auf die Grundlagen des moralischen Handelns
möglich[42]. Vor dem Hintergrund dieser praktischen Erfahrung wird
also verständlich, warum die Berufung auf die Vernunftordnung bei
Thomas der Entscheidung ganz konkreter Fragen dienlich ist. Begrün-
dungstechnisch steht Thomas damit in der Tradition des Aristoteles,
wenn dieser die Voraussetzung der philosophischen Ethik in einem
seiner Ethik entsprechend (durch Praxis) disponierten Hörer sieht[43].
Die vorausgesetzte Praxis ist bei Thomas freilich nicht mehr die
Praxis vorbildlicher und tugendhafter Menschen einer antiken Polis,
sondern eine Praxis im Lichte des christlichen Tugendverständnisses.
So ist die Explikation der Vernunftordnung der systematische Ort,
an dem sich Überlegungen der Philosophie mit unserer praktischen
Erfahrung und der Theologie überschneiden. Denn zum moralischen Handeln sind wir befähigt aufgrund der Erfahrung der uns
selbstverständlich geltenden Verbindlichkeiten. Die Ordnung, die
hier zunächst in noch nicht reflektierter Weise vorausgesetzt ist, ist
eine in Gott begründete Ordnung. Sie begrifflich zu klären und in
ihrer argumentativen Bedeutung für die Ethik auszuweisen, ist die
Aufgabe der Philosophie[44].

---

[42] Siehe ebd., S. 192ff. (vgl. ebd., S. 169f., 188f.).
[43] Vgl. Ethica Nic. I,1 (1094b 27ff.); vgl. Ethica Nic. I, 2 (1095b 4ff.).
[44] Das Verhältnis zwischen Theologie und Philosophie ist Gegenstand ausgiebi-
ger und seit langem geführter intensiver Diskussionen der Thomas-Forschung

Im 8. Artikel der 18. Frage erörtert Thomas mit Bezug auf die Vernunftordnung den Unterschied zwischen ihrer Art nach guten, schlechten und indifferenten Handlungen. Handlungen werden nach Thomas in ihrer Art durch ihr Objekt bestimmt. Das Objekt der moralischen Handlungen ist bezogen „auf das Prinzip der menschlichen Akte, das ist die Vernunft". Der Art nach gute Handlungen sind demnach der Vernunftordnung gemäß. Einem Bedürftigen Almosen geben wäre dafür ein thomasisches Beispiel. Der Art nach schlechte Handlungen widersprechen der Vernunftordnung. Zu nennen wäre hier etwa das Stehlen. Daneben aber gibt es Handlungstypen, die keinen Bezug auf die Vernunftordnung haben wie das Aufheben eines Grashalmes oder das Gehen ins Freie. Solche Handlungen nennt Thomas ihrer Art nach indifferente Handlungen (q. 18, a. 8, c). Hinsichtlich der individuellen, d. h. der konkreten Handlungen gibt Thomas allerdings im 9. Artikel eine andere Antwort: Einzelne Handlungen sind bezüglich ihrer Moralität niemals indifferent, sondern je nachdem, ob sie der Vernunftordnung angemessen sind oder nicht, sittlich gut oder schlecht. Auch der Art nach indifferente Handlungen sind daher als konkrete Handlungen immer moralisch qualifiziert. Jemandem Geld geben ist z. B. in moralischer Hinsicht für sich genommen neutral. Es macht jedoch einen entscheidenden Unterschied, ob es sich bei dem Empfänger etwa um einen Menschen handelt, der in einer finanziellen Notlage ist, oder um einen mit einem Mord beauftragten Killer. Der Grund ist darin zu sehen, daß das Gut- und Schlechtsein einer Handlung nicht allein auf das Objekt bezogen ist, sondern auch von den konkreten Umständen abhängen kann (vgl. q. 18, a. 9, c).

Dies alles gilt selbstverständlich nur für spezifisch menschliche Akte, d. h. für Handlungen, die auf dem freien und vernünftigen Willen des Menschen beruhen, nicht hingegen für Akte, die ohne Überlegung vollzogen werden wie etwa das bloße Verhalten desjenigen, der sich den Bart streicht (vgl. ebd.). Was wir aufgrund überlegender Vernunft tun, entspricht oder widerstreitet demnach der Vernunft-

---

(vgl. die Skizze der Forschungslage bei Kluxen [wie Anm. 2], S. XXVIff.). Es handelt sich hier um ein der mittelalterlichen Ethik immanentes Grundproblem. Vgl. G. Wieland, Ethica – scientia practica. Die Anfänge der philosophischen Ethik im 13. Jahrhundert (Beiträge zur Geschichte der Philosophie und Theologie des Mittelalters, N. F. 21), Münster 1981, S. 52.

ordnung und läßt sich mit moralischen Kategorien beurteilen. Nach
Thomas ist hier allerdings genauer zwischen dem inneren – durch
das Ziel bestimmten – Akt des Willens und dem äußeren – durch das
Objekt der Handlung bestimmten – Akt zu unterscheiden (q. 18, a.
6, c sowie qq. 19 und 20)[45].

Die zentrale Bedeutung des vernünftigen Willens in der thomasischen Handlungs- und Moralphilosophie zeigt sich zunächst in
der Auszeichnung des inneren Willensaktes. Denn „[...] die Art des
menschlichen Aktes wird formal in Hinsicht auf das Ziel betrachtet,
material aber in Hinsicht auf das Objekt des äußeren Aktes". Da die
formale Bestimmung für den Charakter des Gesamtaktes entscheidend
ist, sei etwa – so führt Thomas unter Berufung auf das V. Buch der
Nikomachischen Ethik aus[46] – ein Diebstahl, der mit der Absicht zu
einem Ehebruch begangen werde, eher als Ehebruch denn als Diebstahl aufzufassen (q. 18, a. 6, c)[47].

Es besteht allerdings hinsichtlich der moralischen Bewertung eines
Willensaktes eine charakteristische Asymmetrie, insofern das Wollen
eines Guten, das der vernünftige Wille als schlecht auffaßt, den Willen
schlecht macht, während ein durch den vernünftigen Willen als gut
aufgefaßtes Schlechtes den Willen nicht gut macht (q. 19, a. 5f.)[48].
Hier liegt vielmehr ein Verstoß gegen die Vernunftordnung vor, auch
wenn dieser – sofern kein schuldhaftes Nichtwissen der Grund des
Wollens ist – entschuldbar ist (q. 19, a. 6, c). Um einen Willen als gut
zu qualifizieren, muß dieser sowohl in der Weise, wie er das Erstrebte
auffaßt, als auch in seiner sachlichen Ausrichtung auf das Gute bezogen sein (q. 19, a. 6 ad 1). Damit wird in der thomasischen Ethik
zwar das individuelle Wollen einerseits in seiner moralischen Relevanz

---

[45] Zum Folgenden vgl. insges. Kluxen (wie Anm. 2), S. 197ff.
[46] Vgl. Ethica Nic. V, 4 (1130a 24ff.).
[47] Der Willensakt wird der Art nach wesentlich (*per se*) und sogar ausschließlich
      (*ex solo*) aufgrund seines Objektes als gut oder schlecht bestimmt, wobei die
      moralische Bewertung des Objektes sich nach der Auffassung der Vernunft
      richtet (vgl. S.th. I-II, q. 19, aa. 1-3). Dabei fallen beim Willensakt Objekt
      und Ziel des Aktes sachlich nicht auseinander (vgl. S.th. I-II, q. 19, a. 2
      ad 1).
[48] Das scheinbar Gute ist zwar in irgendeiner Hinsicht gut, stimmt jedoch
      nicht schlechthin mit dem zu Erstrebenden überein (S.th. I-II, q. 19, a. 1
      ad 1).Vgl. zu einer strukturellen Entsprechung Anm. 33.

aufgegriffen. Ihm vorgeordnet ist jedoch andererseits eine objektive Orientierung des vernünftigen Wollens durch das der göttlichen Vernunft (*ratio divina*) entsprechende ewige Gesetz (*lex aeterna*). Die menschliche Vernunft weist daher zurück auf die – durch natürliche Vernunft oder Offenbarung zugängliche – ewige Vernunft Gottes (q. 19, a. 4, c und ad 3)[49]. Voraussetzung des vernünftigen menschlichen Willens ist also die vorgegebene Vernunftordnung, die ihrerseits im Willen Gottes gründet. Denn es ist der göttliche Wille, in dem das letzte Ziel des vernünftigen Wollens des Menschen seinen verbindlichen Maßstab findet und mit dem der gute menschliche Wille konform sein muß (q. 19, a. 9, c)[50]. – Der (hier im ersten Abschnitt skizzierten) theologischen Begründung der Handlungslehre entspricht die theologische Begründung der Ethik.

Trotz der wesentlichen Bedeutung des vom Handelnden jeweils Gewollten berücksichtigt die thomasische Ethik demnach auch die äußeren Akte bei der moralischen Beurteilung menschlichen Handelns. Sie nimmt damit Rücksicht auf das faktische Verhalten des Handelnden, das gemessen wird an dem, was sachlich von einem moralisch Handelnden gefordert ist[51]. Die äußeren Akte werden moralisch zwar nach dem Ziel des vernünftigen Wollens, aber auch nach der in der Vernunftordnung begründeten objektiven Gutheit oder Schlechtheit der Akte beurteilt (q. 20, aa. 1 und 2). Gut ist folglich nur der Wille, der in beiden Hinsichten gut ist (q. 20, a. 2, c und ad 1)[52]. Dabei betont Thomas die Einheit von innerem und

---

[49] Vgl. S.th. I-II, q. 91, a. 1 und q. 93.

[50] Der folgende Artikel (S.th. I-II, q. 19, a. 10) diskutiert die Frage, ob das menschliche und das göttliche Wollen voneinander abweichen können, ohne daß die Einheit der moralischen Ordnung zerbricht. Thomas löst das damit angesprochene Problem, indem er zwischen dem menschlichen Wollen eines besonderen Guten und dem göttlichen Wollen des Guten in umfassender Hinsicht differenziert. Die Konformität zwischen dem menschlichen und dem göttlichen Willen wahrt Thomas dadurch, daß er das menschliche Wollen als Wollen dessen versteht, von dem Gott will, daß es der Mensch will.

[51] Nach Kluxen (wie Anm. 2), S. 201ff., verbindet Thomas' Ethik Aspekte einer Gesinnungsethik mit denen einer Verantwortungsethik.

[52] Auch hier ergibt sich die bekannte Gewichtung: Gute Handlungen können zwar durch den Zweck moralisch entwertet werden, schlechte äußere Taten können jedoch nicht durch gute Absichten gerechtfertigt werden (Kluxen [wie Anm. 2], S. 202). Vgl. auch S.th. I-II, q. 18, a. 4, arg. 3 und ad 3.

äußerem Akt „in der Gattung des Sittlichen (*in genere moris*)". Die
Differenz zwischen inneren und äußeren Akten bezeichnet lediglich
die Möglichkeit, in der moralischen Betrachtung verschiedene Aspekte
zu thematisieren (q. 20, a. 3, c)[53].

Die thomasische Konzeption einer an den theologisch begründeten
ordo rationis gebundenen philosophischen Ethik ergibt sich nicht notwendig aus Thomas' Analyse des menschlichen Willens. Gleichwohl
ist eine Willensanalyse, die sich am Vorbild des Thomas orientiert,
ethisch nicht neutral. Denn wenn der Mensch kraft seines vernünftigen Willens Herr ist über das, was er tut, dann kommt ihm hinsichtlich
der Handlungen, für die er sich willentlich entscheidet, eine umfassende Verantwortung zu. Eine verantwortliche Entscheidung bedarf aber
notwendig einer dem Handelnden vorgegebenen Orientierung. Diese
steht implizit oder explizit im Hintergrund der von Thomas in ihren
mannigfachen Verästelungen beschriebenen Struktur des vernünftigen
menschlichen Willens. Das von Thomas erörterte Gefüge des Wollens
ist daher keineswegs als ein rein psychologisches Faktum zu begreifen.
Zum einen verweist dieses Wollen als Wollen wesentlich auf eine den
Willen ausführende Tat. Zum anderen zeigt die thomasische Analyse
der Willensakte, daß die reflexive Formung unseres Willens ohne den
Bezug auf eine objektive Ordnung haltlos bleibt. Eine Theorie des
Wollens, die den Bezug der Analyse des Willens zu einer normativen
Bewertung des Wollens ausblendet, würde im Grunde nicht mehr
vom Wollen vernünftiger – und d. h. zur begründeten Entscheidung
fähiger – Wesen sprechen. Eine Reflexion auf das willentliche Handeln des Menschen schließt demnach wesentlich anthropologische
und ethische Aspekte ein. In dieser Einsicht dürfte eine bleibende
philosophische Bedeutung der thomasischen Handlungslehre liegen,
die unabhängig von der spezifisch theologischen Akzentuierung ist,
die die anthropologischen und ethischen Fragen bei Thomas erfahren.
Welchen spezifischen Charakter dabei die in der Handlungsphiloso-

---

[53] Vor dem Hintergrund dieser allgemeinen Konzeption der Grundlagen seiner
     Ethik entfaltet Thomas in der *Quaestio* 21 schließlich weitere Hinsichten
     der Beurteilung des guten und schlechten Aktes. Thematisch sind die Dif-
     ferenzierungen zwischen *richtig* (*rectum*) und *verkehrt* (*peccatum*), *lobenswert*
     (*laudabile*) und *tadelnswert* (*culpabile*) sowie *verdienstlich* (*meritum*) und *straf-
     würdig* (*demeritum*). Sie finden sich zusammengefaßt am Ende von S.th. I-II,
     q. 21, a. 3, c.

phie vorausgesetzte Anthropologie und Ethik haben, das ist jedoch eine Frage, deren Beantwortung von Entscheidungen abhängt, die der Analyse des Handelns selbst vorausliegen.

Literatur in Auswahl:

Jacobi, K., ‚Gut' und ‚schlecht'. Die Analyse ihrer Entgegensetzung bei Aristoteles, bei einigen Aristoteles-Kommentatoren und bei Thomas von Aquin, in: A. Zimmermann (Hg.), Studien zur mittelalterlichen Geistesgeschichte und ihren Quellen (Miscellanea Mediaevalia; Bd. 15), Berlin – New York 1982, S. 25-52.

Kluxen, W., Philosophische Ethik bei Thomas von Aquin, Hamburg 1998³ (zuerst 1964).

McInerny, R., Vernunftgemäßes Leben. Die Moralphilosophie des Thomas von Aquin, übers. v. M. Hellenthal (Schriftenreihe der Josef Pieper Stiftung; Bd. 3), Münster 2000.

Nisters, T., Akzidentien der Praxis. Thomas von Aquins Lehre von den Umständen menschlichen Handelns (Symposion; Bd. 93), Freiburg – München 1992.

Rhonheimer, M., Praktische Vernunft und Vernünftigkeit der Praxis. Handlungstheorie bei Thomas von Aquin in ihrer Entstehung aus dem Problemkontext der aristotelischen Ethik, Berlin 1994.

Schröer, C., Praktische Vernunft bei Thomas von Aquin (Münchener philosophische Studien, N. F. 10), Stuttgart – Berlin – Köln 1995.

Wittmann, M., Die Ethik des Hl. Thomas von Aquin, in ihrem systematischen Aufbau dargestellt und in ihren geschichtlichen, besonders in den antiken Quellen erforscht, München 1933, unveränd. Nachdr. Frankfurt a. M. 1962.

Die *passiones animae*

(S.th. I-II, qq. 22-48)

Alexander Brungs (Zürich)

I. Hinführung

Nachdem Thomas die Erläuterung der spezifisch menschlichen Akte abgeschlossen hat, die im Rahmen der Darstellung des Menschen als Geschöpf zum Bilde Gottes (diese umfaßt die gesamte *Pars secunda* der *Summa*) auf die Klärung des höchsten Ziels des Menschen folgte, schließt er einen Traktat an, der in Umfang und systematischer Geschlossenheit weder im antiken und patristischen Schrifttum noch in der mittelalterlichen Literatur ein Vorbild hat. Es handelt sich um eine detailliert ausgeführte Lehre von den *passiones animae*, jenen menschlichen Regungen, welche die Materie der dann im Anschluß von Thomas behandelten *habitus* bilden.

Im Kern sind damit jene Phänomene gemeint, die in der heutigen Psychologie als ‚Emotionen‘ angesprochen werden oder die wir in der deutschen Alltagssprache als ‚Gefühle‘ bezeichnen[1]. Diese

---

[1]   Ich werde im folgenden generell die Begriffe ‚Gefühle‘ oder ‚Gefühlsregungen‘ verwenden, wobei zu beachten ist, daß nicht alles, was wir heute in der Alltagssprache ‚Gefühl‘ nennen können, unter die von Thomas *passiones animae* genannten Phänomene fällt, wie z. B. Sinnesempfindungen mit qualitativem Aspekt (ein ‚taubes‘ Gefühl im Arm haben etc.). Auch die Assoziation einer irgendwie besonderen Form von ‚Innerlichkeit‘ wäre hier unangebracht. Die Übersetzung durch ‚Leidenschaften‘ (so etwa in der lateinisch-deutschen Ausgabe der *Summa theologiae*) liegt zwar näher am Lateinischen, läßt aber wohl die meisten an sehr heftige, unkontrollierbare seelische Regungen denken, was die *passiones animae* generell keineswegs sind. Die Assoziation des Heftigen, Unkontrollierbaren weckt auch die Bezeichnung ‚Affekt‘ (Thomas selbst spricht mit Bezug auf die Verursachung durch Sinneswahrnehmung von *affectio*; vgl. S.th. I-II, q. 31, a. 1, c). ‚Emotion‘ schließlich ist weniger ein Wort der Alltagssprache als ein *terminus technicus* der psychologischen Wis-

passiones bilden jenen Bereich der menschlichen Lebensvollzüge, die Thomas zufolge einem Menschen nicht qua Mensch, sondern als Sinnenwesen eignen, insofern ihr Zustandekommen unmittelbar an die sinnlich wahrnehmbare Welt gebunden ist. Im Gegensatz zu Akten der Vernunft und des Willens kommen *passiones* sowohl Menschen wie auch – zumindest höheren, d. h. komplexer strukturierten – Tieren zu; Menschen jedoch sind für ihre aus solchen *passiones* resultierenden Handlungen auch verantwortlich zu machen, insofern sie diesen Regungen willentlich stattgeben können oder nicht (vgl. zu in diesem Zusammenhang stehenden Fragen vor allem S.th. I-II, q. 24 und S.th. I, q. 81, a. 3). Diese grundsätzliche Einbettung der *passiones* als sinnengebundener Regungen in den Rahmen einer vernünftigen Ordnung menschlichen Strebens und die Betonung der Notwendigkeit willentlicher Gestaltung des menschlichen Gefühlslebens darf aber nicht mißverstanden werden als Gefühlsverachtung oder Mißachtung des Gemüts. Im Gegenteil erschließt sich gerade anhand der Betrachtung der *passiones animae* in einer Fülle alltäglich beobachtbarer Phänomene Thomas' Verständnis der untrennbaren Leib-Seele-Einheit des Menschen, die einfachste und hochkomplexe Vermögen einschließt, besonders gut. Die *passiones* sind integraler Bestandteil des Lebens eines jeden Menschen als leibliches Wesen, das eingebunden ist in eine Umwelt, die zuallererst über die Sinne erfaßt wird. Dementsprechend sagt Thomas, daß es „zur Vervollkommnung des moralisch Guten gehört, daß der Mensch nicht allein entsprechend dem Willen, sondern auch dem sinnengebundenen Streben nach (*secundum appetitum sensitivum*) zum Guten hin bewegt wird" (S.th. I-II, q. 24, a. 3, c).

Im folgenden sollen Aufbau und wesentliche Gedanken dieses Traktats skizziert werden, der in der Sekundärliteratur zu Thomas erst in jüngerer Zeit verstärkt Beachtung gefunden hat. Im Vordergrund steht dabei eine Darstellung von Thomas' Lehre zu den *passiones*

---

senschaft unserer Tage, deren vielfältige, mitunter einander widerstreitende theoretische Implikationen hier vermieden werden sollen. Eine knappe, aber brauchbare Unterscheidung der heute in der ‚emotiven Psychologie' untersuchten Phänomenbereiche bietet D. Hartmann, Philosophische Grundlagen der Psychologie, Darmstadt 1998, S. 216f. Im Sinne der dort vorgeschlagenen Klassifikation entsprechen Thomas' *passiones animae* in etwa dem, was Hartmann ‚Gefühle im weiteren Sinne' nennt.

im allgemeinen, d. h. zu Wesen und Systematik der *passiones*, die sich möglichst eng am in der *Summa theologiae* niedergelegten Text orientiert[2].

II. Was sind *passiones animae*?

Die Ausgangsfrage unseres Traktats, nämlich ob in bezug auf seelisches Geschehen überhaupt von *passio*, Erleiden, die Rede sein kann, gibt Thomas Gelegenheit, drei verschiedene Arten des Erleidens zu unterscheiden (S.th. I-II, q. 22, a. 1, c)[3]. Der gemeinsame Kern besteht darin, daß es sich bei einer *passio* um etwas handelt, das angeregt wird von einem vom Subjekt dieser *passio* unterschiedenen Seienden.

Die allgemeinste Form von Erleiden ist ein bloßes Empfangen bzw. Aufnehmen von etwas, wie beispielsweise im Falle von Luft, die erleuchtet wird und so im weitesten Sinne etwas erleidet. Hier muß aber eigentlich eher von Vervollkommnung als von Erleiden gesprochen werden. In strikterem Sinne spricht man von Erleiden dann, wenn eine Veränderung am Erleidenden stattfindet dergestalt, daß dieses nicht nur etwas empfängt wie im ersten Fall, sondern ihm auch etwas genommen wird. Ist das Genommene etwas, das der Natur des Erleidenden angemessen und zuträglich ist, spricht man im eigentlichsten Sinne von Erleiden. So könnten wir vom Prozeß des Gesundwerdens sagen, es handle sich um eine Form von Erleiden,

---

[2]   Auf Parallelstellen in Thomas' Werk, etwa im Sentenzenkommentar oder im *Passiones*-Traktat der *Quaestiones disputatae de veritate* (dort q. 26; Ed. Leon., S. 745-787) wird nicht systematisch verwiesen; auch Hinweise auf Sekundärliteratur sollen nicht erschöpfend im Sinne eines Forschungsberichts, sondern allenfalls als Anregungen zur Vertiefung des Themas angebracht werden. Für hilfreiche Anmerkungen zu diesem Text danke ich Peter Schulthess (Zürich) und Thomas Schmidt (Göttingen).

[3]   Zu dieser Unterscheidung und ihrem aristotelischen Hintergrund vgl. M. Meier, Die Lehre des Thomas von Aquino de passionibus animae in quellenanalytischer Darstellung, Münster 1912, S. 11ff. bzw. in knapper Form F. Ricken, Aristotelische Interpretationen zum Traktat De Passionibus Animae (Summa Theologiae I-II 22-48) des Thomas von Aquin, in: M. Thurner (Hg.): Die Einheit der Person. Beiträge zur Anthropologie des Mittelalters. Richard Heinzmann zum 65. Geburtstag, München 1998, S. 125-140, hier: S. 126f.

da dem kranken Lebewesen langsam die Krankheit genommen wird und es die Gesundheit empfängt. Viel eher aber sagen wir dies im umgekehrten Fall, nämlich wenn jemand erkrankt: Der Zustand der Gesundheit wird verdrängt zugunsten einer der Natur des Lebewesens schädlichen Krankheit.

In allen diesen Hinsichten kann Thomas zufolge von einem Erleiden der Seele gesprochen werden; bezüglich der allgemeinsten, die als eine Vervollkommnung gedacht werden muß, gilt dies auch für die ‚höheren' Vermögen der Seele, so etwa den Verstand, der ja Formen aufnimmt. Ein solches Erleiden als bloßes Aufnehmen aber kommt der Seele nur in einem akzidentellen Sinne zu, denn das Erleiden im eigentlichen Sinne, bei dem etwas genommen wird, erfordert eine körperliche Veränderung (*transmutatio corporalis*), zu der es der Materie bedarf (q. 22, a. 1 ad 1). Nach Thomas' aristotelischem Konzept verhält sich zur menschlichen Seele als Form eines Menschen der Leib dieses Menschen als seine Materie. Wenn nun das strikt verstandene Erleiden der Materie bedarf, heißt dies, daß solches Erleiden und mithin Gefühlsregungen Menschen als beseelten Wesen zukommen können, *insofern sie leibliche Wesen* sind. Das Studium des Gefühlslebens eines Menschen ist somit etwas, das die Bedeutung des Bildes vom Menschen als untrennbarer Leib-Seele-Einheit[4] unmittelbar anschaulich machen kann. Mit dem Thomas-Forscher Paulus Engelhardt läßt sich festhalten: „Nirgends wird die funktionelle Auswirkung der Seinseinheit von Leib und Seele so deutlich wie in den Leidenschaften."[5]

Für alle Gefühle gilt, daß für sie neben ihrer formalen Bestimmung als seelisches Geschehen auch eine physiologische Beschreibung an-

---

[4] Zu Bedeutung und Implikationen von Thomas' auf den Grundlagen der aristotelischen Metaphysik basierenden Ablehnung des Substanz-Dualismus für die Seelenlehre mit ihren verschiedenen Bereichen vgl. B. C. Bazán, The Human Soul: Form and Substance? Thomas Aquians Critique of Eclectic Aristotelianism, in: Archives d'Histoire doctrinale et litteraire du Moyen Âge 64 (1997), S. 95-126.

[5] P. Engelhardt: Einleitung, in: Die Deutsche Thomas-Ausgabe, Bd. 11: Die menschlichen Leidenschaften; dort S. 11. Vgl. zu diesem Punkt v. a. auch I. Sciuto, Le passioni dell'anima nel pensiero di Tommaso d'Aquino, in: C. Casagrande/S. Vecchio (Hgg.), Anima e corpo nella cultura medievale. Atti del V. convegno di studi della Società Italiana per lo Studio del Pensiero Medievale, Florenz 1999, S. 73-93.

gegeben werden kann, welche die leibliche Komponente der Gefühle erfaßt[6]. Die Bindung an körperliche Prozesse ist den Gefühlen nicht bloß sekundär, sondern gehört wesentlich zu ihnen; jedem Gefühl entspricht eine Veränderung eines Körperorgans (*aliqua naturalis transmutatio organi*). So zum Beispiel ist der Zorn nach Thomas, der sich hier Aristoteles anschließt, auch bestimmt als ‚Wallung des Blutes im Bereich des Herzens‘ (q. 22, a. 2 ad 3). In diesem Zusammenhang sagt Thomas auch vom Herzen, es sei das ‚Werkzeug der Gefühle‘ (*instrumentum passionum animae*, q. 48, a. 2, c); das Herz, dessen natürliche Bewegungen die *passiones* verstärken oder abschwächen (q. 24, a. 2 ad 2), ist gewissermaßen das körperliche Zentrum des Gefühlslebens[7]. Gefühle kommen einem beseelten Wesen aber nicht ausschließlich aufgrund seiner Körperlichkeit zu, sondern eben dem ganzen Organismus als *compositum* aus Materie und Form. Thomas unterscheidet genau zwischen der reinen Empfindung leiblicher Prozesse und Gefühlen: Es gibt ein körperliches Fühlen (*passio corporalis*) und ein dem Sinnenwesen eigenes Fühlen (*passio animalis*), das die Seele eines Sinnenwesens affizieren kann. So unterscheiden wir beispielsweise zwischen Schmerzen, die durch Wunden am Körper verursacht werden, und der Trauer, dem Schmerz über ein verlorenes Gut. Was wir aber im eigentlichen Sinne ‚Gefühle‘ nennen, sind nicht die bloßen Leibempfindungen (S.th. III, q. 15, a. 4, c). Im Gegensatz zum leiblichen Fühlen nehmen die Gefühle im strikten Sinne ihren Ausgang von der Seele[8].

---

[6] S.th. I, q. 20, a. 1 ad 2: „in passionibus sensitivi appetitus, est considerare aliquid quasi materiale, scilicet corporalem transmutationem; et aliquid quasi formale, quod est ex parte appetitus.“

[7] Vgl. zur Bedeutung des Herzens in Thomas’ Anthropologie auch die seltener gelesene, kleine Schrift *De motu cordis ad magistrum Philippum de Castro Coeli*. Im Gegensatz zum Großteil der Tradition, die seit Platon neben den ‚zornesförmigen‘ Regungen mit Sitz im Herzen die einfach begehrenden Regungen des sinnengebundenen Strebevermögens in der Leber situiert, setzt Thomas unter Verweis auf Avicenna nur einen einzigen körperlichen ‚Sitz‘ an: „secundum Avicennam, ad irascibilem pertinet fortitudo et debilitas cordis […], ad concupiscibilem autem dilatatio et constrictio ipsius“ (De veritate, q. 25, a. 2, c [Ed. Leon.], S. 732f.).

[8] Vgl. De veritate, q. 26, a. 2, c (Ed. Leon.), S. 752. Vgl. dazu auch E. Dobler, Zwei syrische Quellen der theologischen Summa des Thomas von Aquin: Nemesios von Emesa und Johannes von Damaskus. Ihr Einfluss auf die an-

Eine Theorie der Gefühle wie die sogenannte ‚James-Lange-Theorie der Emotionen‘, die Gefühle als bloße Resultate körperlicher Prozesse begreift, beispielsweise Furcht versteht als unangenehmes Empfinden des eigenen Zitterns, ist also mit Thomas' Ansinnen völlig inkompatibel[9]. Wie verhält es sich dann mit einem gewissermaßen entgegengesetzten Ansatz, nämlich einer ‚kognitiven‘ Theorie der Gefühle? Kognitivistische Gefühls- oder Emotionstheorien sind die derzeit in der philosophischen und psychologischen Forschung wohl am häufigsten vertretenen Ansätze; die meisten Wissenschaftler stimmen mittlerweile darin überein, daß kognitive Prozesse berücksichtigt werden müssen, wenn ein halbwegs angemessenes Verständnis von Gefühlen gewonnen werden soll. Peter King versteht auch Thomas' Ansatz als den einer ‚cognitive theory‘[10]. Hier sollten wir allerdings vorsichtig sein, denn unter dem Begriff ‚kognitive Theorie‘ werden mittlerweile viele Theorien zusammengefaßt, die sich durchaus in wichtigen Punkten unterscheiden.

Um den Anteil des Kognitiven an einer *passio animae* gemäß Thomas' Lehre beurteilen zu können, müssen wir genauer prüfen, welchem Seelenvermögen, d. h. welchem Funktionsbereich der Seele, Thomas die Gefühle zuordnet und auf was sich diese Gefühle beziehen.

Wie alle Seelenregungen eines Sinnenwesens[11] haben Gefühle Thomas zufolge ein *Formalobjekt*, das ihnen ihre Art gibt. Ein Gefühl ist auf etwas gerichtet, bezogen auf etwas, das dieses Gefühl zu

---

thropologischen Grundlagen der Moraltheologie (S.Th. I-II, qq. 6-17; 22-48), Freiburg/Schweiz 2000, S. 285-416, hier: S. 316f.; J. Jacob, Passiones. Ihr Wesen und ihre Anteilnahme an der Vernunft nach dem hl. Thomas von Aquin, Mödling bei Wien 1958, S. 56-59; Meier (wie Anm. 2), S. 28-30; St. Pfürtner, Triebleben und sittliche Vollendung: Eine moralpsychologische Untersuchung nach Thomas von Aquin, Freiburg/Schweiz 1958, S. 133-139.

[9]   So auch P. King, Aquinas on the Passions, in: B. Davies (Hg.), Thomas Aquinas: Contemporary Philosophical Perspectives, Oxford 2002, S. 353-384 (Wiederabdruck eines Aufsatzes von 1998), hier: S. 358: „The passions involve feelings, which are mental states known primarily through their phenomenological and qualitative properties, but they are not explicable solely in terms of feelings (if they were, the passions would be analogous to sensations rather than perceptions)."

[10] Vgl. King (wie Anm. 8), S. 379, Fn. 20.

[11] Zur Spezifikation von Akten der Seele und den entsprechenden Vermögen zum Vollzug solcher Akte vgl. z. B. S.th. I, q. 77, a. 3. Siehe hierzu auch den Beitrag von W. Goris in diesem Band, S. 129-132.

einem bestimmten (mithin beschreibbaren)[12] Gefühl macht. So zum
Beispiel gäbe es keinen Sinn zu behaupten, daß ich mich fürchte, und
gleichzeitig zu behaupten, es gäbe nichts, *wovor* ich mich fürchtete.
Analog gilt das für alle Gefühle: Immer gibt es etwas (zumindest als
intentionales Objekt), worauf sich das Gefühl bezieht. Phänomene,
die als ‚Stimmungen‘ ohne irgendeinen Bezug geschildert werden,
gehören also nicht zum Bereich dessen, wovon in Thomas’ Traktat
über die *passiones animae* die Rede ist[13].

Das ‚Wovor‘ eines Gefühls, zum Beispiel der Furcht, muß einige
Charakteristika haben, die es zu einem angemessenen Gegenstand
dessen machen, was wir ‚Furcht‘ nennen, nämlich etwa gefährlich
sein und in der näheren Zukunft erwartet werden; andernfalls wäre
die Beschreibung dieses Phänomens als ‚Furcht‘ nicht nachvollziehbar[14]. Recht deutlich wird hier, daß die kognitiven Aspekte eines
Furcht-Gefühls nicht eben unbedeutend sind. Die Furcht wird in der
Philosophie unserer Tage denn auch häufig als Beispiel herangezogen,
welches demonstrieren soll, daß die Objekte von Gefühlen generell
eine *propositionale Struktur* haben, das heißt typischerweise in Form
von Sätzen beschrieben werden, die Sachverhalte abbilden sollen: Wir
fürchten, *daß* dieses und jenes passieren wird etc. Die Annahme, daß
die Formalobjekte aller Gefühle propositionale Objekte sein müssen,

---

[12] Mitunter wird die Ansicht vertreten, daß kein Gefühl dem anderen gleiche,
weil sich die Qualität des ‚Anfühlens‘ von Person zu Person und von Fall zu
Fall unterscheide. Demzufolge könne auch nicht von Arten von Gefühlen gesprochen werden, sondern allenfalls von positivem und negativem Empfinden.
Würden wir diese Vorstellung einer radikalen Privatheit des Gefühlslebens
jedoch konsequent durchhalten, wären wir kaum mehr in der Lage, sinnvoll
oder wenigstens hinreichend differenziert über Gefühle zu sprechen. Daß wir
dies doch sind, beweisen allein die Werke der Weltliteratur.

[13] Abgesehen davon, daß Stimmungen dispositionalen Charakter haben und
in Thomas’ Systematik demzufolge zumindest tendentiell eher zu den in
der Habitus-Lehre behandelten Grundlagen des menschlichen Handelns zu
zählen wären, wäre im Sonderfall der ‚objektlosen Stimmungen‘ zu fragen, ob
derartiges überhaupt sinnvollerweise angenommen werden kann. Bestimm-
und Klassifizierbarkeit, überhaupt Kommunizierbarkeit seelischer Regungen,
menschlicher Handlungen etc. bedürfen eines Formalobjekts im Sinne eines
‚Worum-es-geht‘. Allenfalls ein materiales Objekt müßte nicht notwendig
vorausgesetzt werden.

[14] Das wäre zum Beispiel der Fall, wenn uns jemand sagte, er fürchte sich vor
dem schönen Sonnenuntergang letzte Woche.

spielt so auch eine tragende Rolle für kognitivistische Gefühlstheorien in einem engeren Sinne.

Für Thomas' Lehre allerdings gilt das nicht. Gefühlsregungen sind nämlich immer bezogen auf sinnlich Wahrnehmbares; das sinnengebundene Strebevermögen (*appetitus sensitivus*), dem die *passiones* zugeordnet sind, reagiert – wie auch sein Name deutlich herausstreicht – auf ein sinnenhaftes Erfassen der Welt (S.th. I, q. 81, a. 1). Freilich gibt es für Thomas neben den uns vertrauten fünf äußeren Sinnen noch vier weitere, innere Sinne, darunter die *vis aestimativa*, welche auch höhere Tiere befähigt, aus Sinneswahrnehmungen eine urteilsähnliche Einschätzung von *Situationen* zu gewinnen, also auf sinnlich wahrnehmbare Dinge kontextbezogen zu reagieren[15]. Dies ist zum Beispiel der Fall, wenn ein Schaf einen Wolf erblickt und daraufhin vor diesem flieht, weil es ihn für eine Gefahr hält. Diese Furcht vor dem Wolf beruht aber nicht auf einem Urteil im Vollsinne, wie es nur vernunftbegabte Wesen leisten können, sondern das Schaf flieht instinktiv, nicht aufgrund von vorangegangenen Erwägungen (S.th. I, q. 83, a. 1, c). Wovor das Schaf sich fürchtet, wovor es schließlich flieht, ist der Wolf und nicht ein möglicher Sachverhalt des Gerissenwerdens oder ähnliches.

Entscheidend ist, daß für Thomas alle Gefühlsregungen immer – zumindest vermittelt – rückgebunden bleiben an sinnlich Wahrnehmbares. Insofern Sinneswahrnehmungen notwendige Voraussetzungen für Gefühle sind, läßt sich sagen, daß kognitive Aspekte wesentlich für Gefühle sind, weil die Sinneswahrnehmung kognitiver Natur ist[16]. Die Annahme jedoch, daß Gefühle in jedem Fall einen propositionalen Gehalt haben, würde Thomas' Konzept der Verankerung des Gefühlslebens in den sinnengebundenen Seelenvermögen, über die Menschen wie Tiere verfügen, auf den Kopf stellen[17].

Noch weiter als jene Theorien, die für alle Gefühle propositionale Gehalte behaupten, gehen solche kognitivistischen Ansätze, denen

---

[15] Vgl. S.th. I, q. 78, a. 4.

[16] S.th. I, q. 14, a. 1, c: „Sensus autem cognoscitivus est, quia receptivus est specierum sine materia."

[17] Auch unabhängig von Thomas' Konzept betrachtet, erweisen sich solche Ansätze als nur bedingt brauchbar. Es scheint etwa kaum aussichtsreich, für so ein fundamentales Gefühl wie die Liebe geeignete propositionale Objekte zu finden.

zufolge Gefühle überhaupt nichts anderes *sind* als Urteile[18]. In der abendländischen philosophischen Tradition sind die bekanntesten Vertreter einer solchen Position wohl die Philosophen der alten Stoa, die seit Chrysipp lehrten, daß Gefühle (*pathe*) vernunftwidrige Urteile seien. Vermittelt über Cicero und Augustinus sowie Nemesius und Damascenus[19] war auch Thomas diese stoische Lehre bekannt. Er ist bemüht, jene Lehre mit derjenigen der aristotelischen Tradition zu harmonisieren, und erklärt unter Berufung auf Augustinus, daß es sich bei den unterschiedlichen Ansichten der Stoiker und der Peripatetiker bezüglich der *passiones* mehr um einen Unterschied der Worte als der Sache nach handle. Dieses Bekenntnis dürfen wir aber getrost als bloß rhetorischen Gestus werten, denn Thomas ist durchaus klar, daß ein ganz eminenter Unterschied besteht zwischen der aristotelischen bzw. seiner eigenen Auffassung und derjenigen der Stoa: „Die Stoiker nämlich unterschieden nicht zwischen Verstand und Sinnen und demzufolge auch nicht zwischen intellektivem und sinnengebundenem Strebevermögen." Daher betrachteten sie auch jedes Gefühl als ‚die Grenzen der Vernunft verlassend' und so als krankhaft (S.th. I-II, q. 24, a. 2, c)[20]. Für Thomas ist demgegenüber klar, daß zwischen intellektivem und sinnengebundenem Strebevermögen unterschieden werden muß: „Weil das durch den Intellekt Erfaßte und das über die Sinne Erfaßte von unterschiedlicher Art (*genus*) ist, folgt, daß auch das intellektive Strebevermögen vom sinnengebundenen Strebevermögen unterschieden ist."[21] Die Gefühlsregungen nun, die – wie oben geschildert – als Formen desjenigen Erleidens bestimmt wurden, das eine körperliche Veränderung erfordert, sind dem sinnengebundenen Strebevermögen zugeordnet, weil dessen Betätigung im Gegensatz zur Betätigung des intellektiven Strebevermögens eine körperliche Veränderung bedingt (q. 22, a. 3, c).

Vertreter einer Theorie, die Gefühle als (defektive) Urteile verstehen (einschließlich der genannten Stoiker), bestreiten aber noch mehr als

---

[18] Diese Theorien werden von Steinfath treffend als ‚reduktionistische epistemische Theorien' bezeichnet; vgl. H. Steinfath, Orientierung am Guten. Praktisches Überlegen und die Konstitution von Personen, Frankfurt a. M. 2001, S. 127.

[19] Zu Nemesius/Damascenus vgl. Dobler (wie Anm. 8), S. 321-329.

[20] Vgl. auch S.th. I-II, q. 59, a. 2, c.

[21] S.th. I, q. 80, a. 2, c.

die von Thomas vertretene Unterscheidung zweier Strebevermögen;
sie bestreiten nämlich, daß Gefühlsregungen überhaupt einem vom
Erkenntnisvermögen unterschiedenen Strebevermögen zugeordnet
sind. Diese Ansicht aber verfehlt einen wesentlichen Aspekt, der
nach Thomas zu allen Gefühlsregungen als Formen des Erleidens
gehört: Um im engeren Sinne von ‚Erleiden' sprechen zu können,
muß die Reichweite der Einwirkung eines Objekts auf den Leidenden
bzw. eben dasjenige Wesen, dem ein Gefühl zukommt, hinreichend
groß sein. Allein durch das Strebevermögen aber trete die Seele in ein
Verhältnis zu den Dingen, ‚wie sie in sich selbst sind', wohingegen
Sinneswahrnehmung wie Verstand nur Formen der Dinge erfaßten
(q. 22, a. 2, c). Über das Strebevermögen tritt ein Sinnenwesen also in
direkteren Kontakt zur Außenwelt als über das Wahrnehmungs- und
Erkenntnisvermögen (S.th. I, q. 78, a. 1 ad 3).

Diese Beobachtung mag zu vielerlei tiefsinniger Spekulation anregen; gemeint ist jedoch zunächst etwas ganz Einfaches: Die Bewegung
eines Seelenvermögens kommt zur Ruhe, wenn es sein spezifisches
Objekt erreicht. Das heißt, daß ein Erkenntnisvermögen sein Ziel erreicht, wenn es die Form eines Dinges aufnimmt; über das Aufnehmen
der Form hinaus gibt es keine dem Vermögen angemessene Bewegung
hin zum Objekt. Ein Strebevermögen aber geht nicht allein auf die
Form des Dinges, sondern auf das Ding selbst aus. Beispielhaft gesagt:
Die Lust auf ein kühles Bier wird nicht durch die Form eines kühlen
Bieres, sondern eben durch ein kühles Bier befriedigt. Und umgekehrt
impliziert das Urteil, daß Faustschläge ins eigene Gesicht eine schlimme
Sache sind, noch keine Schmerzen – glücklicherweise.

Ein Strebevermögen wird aktualisiert, betätigt, wenn das Objekt des
Aktes dieses Vermögens als ein Gut (*bonum*) bzw. als ein Übel (*malum*)
erfaßt wird. Und erst aufgrund der Aktualisierung des Strebevermögens
kann eine äußere Handlung erfolgen, die ein Lebewesen ein Ding in
der physischen Welt erreichen läßt (S.th. I-II, q. 22, a. 2 ad 2).

Wir können somit festhalten, daß Thomas' Theorie der Gefühlsregungen kognitivistisch ist in dem Sinne, daß Gefühlsregungen Thomas zufolge Sinneswahrnehmungen und zumindest urteilsähnliche
Einschätzungen[22] des Wahrgenommenen, nämlich als ein Gut oder

---

[22] Es ist in der zeitgenössischen Diskussion sicher nicht unumstritten, wie weit
man mit der Zuschreibung eines derartigen Wertungscharakters gehen kann;

Übel, voraussetzen. Sie ist jedoch nicht eine kognitivistische Theorie in einem stärkeren Sinne, die fordern würde, daß der kognitive Anteil aller Gefühle propositionaler Struktur ist[23], und noch weniger eine kognitivistische Theorie in einem ganz starken Sinne, die Gefühlsregungen wesentlich als Urteile versteht.

Um die Frage danach, was eine *passio animae* für Thomas von Aquin ist, halbwegs angemessen beantworten zu können, ist es schließlich nicht unwichtig, noch eine weitere Voraussetzung im Blick zu behalten: Gefühle sind immer Gefühle eines Lebewesens, eines Individuums, sie kommen einem solchen als ihrem Subjekt zu und sind mithin in ihrem Sein von diesem Individuum abhängig. Theorien, die Kollektive, Gruppen etc. als Träger bzw. als ,Empfindende' von Gefühlen zulassen, wie z. B. der phänomenologische Ansatz von H. Schmitz[24], sind folglich mit Thomas' Theorie nicht vereinbar.

Thomas zufolge ist sie ja z. B. ausdrücklich auch auf Tiere anwendbar, die wie Menschen Sinneswahrnehmung und ein sinnengebundenes Strebevermögen haben. Verschiedene neuere Ansätze sind hier jedoch durchaus offen. Vgl. etwa Steinfath (wie Anm. 18), S. 154: „Unter Zugrundelegung eines sehr weiten Wertungsbegriffs liegt eine Bewertung von etwas als ,angenehm' oder ,unangenehm' schon in der jeweiligen sinnlichen Empfindung selbst. Auch ein Tier, das über keine Sprache verfügt, erfährt in seinen sinnlichen Empfindungen etwas als im weiten Sinn gut oder schlecht, genauer: als gut oder schlecht für es selbst." Solcherlei Merkmale der Art ,wie-es-für-etwas/ jemanden-ist' werden in der zeitgenössischen Philosophie des Geistes unter dem Stichwort ,Qualia' behandelt. Der Status dieser phänomenalen Eigenschaften wird kontrovers diskutiert.

[23] Ob die Objekte von Gefühlen Thomas zufolge *überhaupt* propositionale Objekte sein *können*, bliebe zu klären. Ich will mich hier darauf beschränken, auf die wesentliche Bindung der *passiones* an das sinnlich Wahrnehmbare hinzuweisen. Gegen die Propositionalität spricht z. B. S.th. I, q. 80, a. 2 ad 2: „Durch das intellektive Strebevermögen können wir auch immaterielle Güter erstreben, *welche die Sinne nicht erfassen*, wie etwa *die Wissenschaft, die Tugenden und anders dergleichen*" (Hervorh. v. mir).

[24] Vgl. für einen knappen Überblick etwa H. Schmitz, Leib und Gefühl. Materialien zu einer philosophischen Therapeutik, Paderborn 1989. Schmitz spricht von Gefühlen als ,räumlich ortlos ergossene, leiblich ergreifende Atmosphären' (H. Schmitz, Der Leib, der Raum und die Gefühle, Ostfildern 1989, S. 51). Der Vorbehalt gilt ebenso für die sich u. a. auf Schmitz' Theorie stützenden Erwägungen zu den Gefühlen bei H. Böhme; vgl. etwa H. Böhme, Artikel ,Gefühl', in: Ch. Wulf (Hg.), Vom Menschen. Handbuch Historische Anthropologie, Weinheim – Basel 1997, S. 525-548.

Können wir uns aber mit der verbreiteten Rede von Gefühlen als ‚mentalen Zuständen'[25] zufriedengeben? Auch hier sollten wir vorsichtig sein. Thomas' *passiones animae* würde man zwar unter die Phänomene einordnen, die in der neueren Philosophie des Geistes als ‚mentale Zustände' bezeichnet werden, doch ist damit noch nicht viel gewonnen. Möglicherweise ist das Wort ‚Zustand' sogar eher dazu angetan, uns auf eine falsche Fährte zu locken: Assoziiert wird wohl zunächst etwas an einen Zeitpunkt Gebundenes oder etwas Statisches, was doch zu Thomas' Konzept der Gefühle ganz und gar nicht paßt. Ihm zufolge sind Gefühle wesentlich Prozesse; im Anschluß an Aristoteles erklärt er: „*Passio est quidam motus*" (q. 23, a. 2, c), wobei *motus* im Deutschen hier vielleicht passend durch ‚Veränderung', meist aber durch ‚Bewegung'[26] wiedergegeben wird. Es ist hier nicht der Ort, um mit dem aus der aristotelischen Physik entnommenen Begriff *motus* (*kinesis*) verbundene Schwierigkeiten zu diskutieren, doch es soll festgehalten werden, daß Gefühlsregungen nach Thomas' Bestimmung prozessualen Charakter haben. Wir würden also aus dem von Thomas vorgegebenen Rahmen heraustreten, wollten wir Gefühle oder auch nur einige davon als Dispositionen verstehen.

III. Welche Gefühle gibt es?

Wenn wir von Gefühlen sprechen, so sprechen wir in der Regel nicht von nicht vergleichbaren, einzigartigen Phänomenen, sondern von Regungen der und der Art, d. h. wir unterscheiden z. B. Regungen der Hoffnung von Haßgefühlen etc. Haß ist ein Gefühl, das sich durch bestimmte, typische Eigenschaften, die es als zur Art ‚Haß' gehörig auszeichnen, von anderen Gefühlen unterscheidet. Wie wir oben gesehen haben, hängt jene Klassifizierung der Gefühle vom Formalobjekt dieser Gefühle ab, denn Akte werden entsprechend ihren Objekten unterschieden (S.th. I, q. 77, a. 3, c). Im allgemeinsten Sinne ist das Objekt eines Gefühls qua Objekt eines Strebevermögens ein ‚erfaßtes Erstrebbares' (*appetibile apprehensum*), das als selbst unbewegtes Bewegendes dieses Vermögen aktualisiert (S.th. I, q. 80,

---

[25] So z. B. bei King (wie Anm. 9).
[26] So etwa in der deutsch-lateinischen Ausgabe der *Summa theologiae*.

a. 2, c). Erstrebbar ist all das, was wir ein ‚Gut' (*bonum*) nennen, und umgekehrt ist „alles, was die Bewandtnis des Guten hat, etwas, das die Bewandtnis des Erstrebbaren hat"[27]. Jedes Seiende ist also mögliches Objekt des Strebens, insofern es ein Gut ist. Unterschiede in der formalen Bestimmung dieser Objekte ergeben dann artmäßig unterschiedliche Regungen des Strebevermögens bzw. Gefühle.

Eine grundsätzliche Unterscheidung, die Thomas trifft, ist auf eine alte, bis auf Platon zurückgehende Theorietradition gestützt und hat in der Geschichte der antiken und mittelalterlichen Philosophie verschiedenste Interpretationen erfahren; nicht selten wurde sie auch als obsolet verworfen[28]: Es handelt sich um die Unterscheidung zwischen Regungen des begehrenden Strebevermögens (*appetitus concupiscibilis*) und Regungen des zornmütigen bzw. überwindenden Strebevermögens (*appetitus irascibilis*) (S.th. I-II, q. 23, a. 1). Gegenstand der Regungen des begehrenden Strebevermögens ist das sinnenfällige Gut oder Übel an sich (*bonum vel malum sensibile simpliciter acceptum*), das Thomas als Lust oder Schmerz Bereitendes (*delectabile vel dolorosum*) bestimmt[29]. Demgegenüber ist Gegenstand der Regungen des zornmütigen Strebevermögens ein solches Gut oder Übel, insofern

---

[27] De malo, q. 1, a. 1, c. (Ed. Leon.), S. 5f.

[28] Für Platon siehe etwa *Timaios* 69e ff., wo ausgeführt wird, daß es im Menschen drei Seelenteile (bzw. sogar drei Seelen) gebe, nämlich einen im Kopf zu verortenden unsterblichen Teil, die Verstandesseele, dann zwei sterbliche Seelenteile, nämlich einen männlichen, im Brustkorb situierten, der Mut und zornige Erregung hervorbringt und Weisungen der Vernunft zugänglich ist, sowie einen weiblichen, in der Leber angesiedelten Teil, der für das Begehren verantwortlich ist. Den Sinn der Unterscheidung bestritten hat beispielsweise schon F. Suarez, De anima V, 4 (Opera omnia, Bd. 3, Paris 1856, 761b). Zur Unterscheidung bei Thomas vgl. A. Zimmermann, Zur Unterscheidung des sinnlichen Strebevermögens gemäß Thomas von Aquin, in: Ders. (Hg.), Aristotelisches Erbe im arabisch-lateinischen Mittelalter. Übersetzungen, Kommentare, Interpretationen. Für den Druck besorgt v. G. Vuillemin-Diem (Miscellanea Mediaevalia, Bd. 18), Berlin – New York 1986, S. 43-52, und K. Jacobi, Vis irascibilis – die Kraft für schwierige Vorhaben. Untersuchungen zu Handlungstheorie und Anthropologie bei Thomas von Aquin, in: G. Leibold/W. Löffler (Hgg.), Entwicklungslinien mittelalterlicher Philosophie. Vorträge des 5. Kongresses der österreichischen Gesellschaft für Philosophie, Wien 1998, S. 135-152.

[29] Schon Aristoteles hatte die *pathe* verstanden als Regungen, die mit Lust oder Schmerz verbunden sind. Vgl. z. B. Ethica Nic. II, 3 (1104b 15).

es mit Schwierigkeiten verbunden ist, also gewissermaßen ein ‚mühebereitendes' sinnenfälliges Gut oder Übel (*bonum et malum sub ratione ardui*). Da es im Deutschen keine angemessene Entsprechung zu *arduum* gibt, muß man sich mit Umschreibungen behelfen. Zu denken ist an etwas, dessen Erreichung oder Vermeidung mit einem erwähnenswerten Aufwand oder gar Schmerzen verbunden ist, so wie sich etwa ein gerade vom Baum gefallener Apfel, der nur aufgehoben werden muß, um gegessen zu werden, und ein noch hoch oben in der Krone des Baumes hängender Apfel für den Hungrigen unterscheiden. In der Begriffsgeschichte zu *arduum* spielt auch die Praxis des Preisens und Lobens bzw. des Bedauerns eine große Rolle[30]; einem *bonum arduum* eignet oft etwas Großes, Herausragendes, insofern jemand für sein Erreichen gelobt oder gerühmt werden kann.

Zur näheren Erläuterung dieser Unterscheidung verweist Thomas auf einen Abschnitt der allgemeinen Anthropologie im ersten Teil der *Summa* (I, q. 81, a. 2), wo er dargelegt hatte, daß die vergänglichen Dinge der Natur nicht nur eine Neigung besitzen, das ihnen Zuträgliche zu erstreben und das ihnen Schädliche zu vermeiden, sondern auch eine davon unterschiedene Neigung, dem Schädlichen und Widerwärtigen zu widerstehen. Dementsprechend müßten in den Sinnenwesen zwei sinnengebundene Strebevermögen unterschieden werden, deren Akte nicht durch ein einziges gemeinsames Prinzip erklärt werden könnten[31], nämlich eines, das auf das schlechthin Zuträgliche oder Schädliche bezogen ist, und eines, das auf das Widerständige und Mühevolle bezogen ist.

Es ist nachvollziehbar, wenn argumentiert wird, daß Wesen in unserer Welt Anlagen brauchen, die sie befähigen, Widerstände zu überwinden, damit diese Wesen unter den gegebenen Bedingungen überhaupt in der Lage sind, Ziele zu erreichen und ihr Sein erhalten zu können. Begründet dies aber auch die Notwendigkeit zweier spezifisch unterschiedener Strebevermögen?

Eine entscheidende Überlegung, die zur Annahme der Notwendigkeit einer solchen Unterscheidung führt, ist in der Entgegnung auf den dritten Einwand unseres Artikels enthalten. Thomas erklärt

---

[30] Vgl. dazu R.-A. Gauthier, Magnanimité: L'idéal de la grandeur dans la philosophie païenne et dans la théologie chrétienne, Paris 1951, S. 321-327.

[31] S.th. I, q. 81, a. 2, c: „Hae autem duae inclinationes non reducuntur in unum principium."

dort: „Ein Gut, das lustbereitend ist, bewegt das begehrende Strebevermögen. Wenn aber das Gut etwas an sich hat, das sein Erreichen
erschwert, hat es genau deshalb auch etwas, das dem begehrenden
Vermögen widerstreitet. Deshalb ist es notwendig, daß es noch ein
anderes Vermögen gibt, das darauf zielt. Ebenso verhält es sich mit
dem Übel."[32] Die hier formulierte Beobachtung haben wir wohl alle
schon häufig gemacht: Als an sich Freude Versprechendes begehren
wir etwas, doch als ein Widerständiges ist uns dasselbe ausgesprochen
unangenehm. Gerne genössen wir vielleicht den oben genannten Apfel
am Baume, doch leider setzt dieser Genuß eine Klettertour voraus, die
zumindest die Älteren unter uns in der Regel weit weniger schätzen.
Das mit dem Genuß der Frucht untrennbar verbundene Erklimmen
der höheren Regionen des Baumes ist als Quelle der Unlust etwas,
das unser begehrendes Strebevermögen eher eine Regung der Abkehr
auslösen läßt. Streben nach süßen Früchten und der Versuch der
Vermeidung von Anstrengung geraten in einen direkten Konflikt.

Für sich genommen (*simpliciter*), ist der Apfel ein lustbereitendes
Gut für das begehrende Strebevermögen, doch qua Mühebereitendes
(*arduum*) gerade das Gegenteil. Diese Eigenschaft des ‚Schwierig-
keiten-Machens' läßt aus dem Gut aber nicht plötzlich ein Übel
werden, sondern macht das *bonum simpliciter*, das Gegenstand des
begehrenden Strebevermögens ist, auch zu einem *bonum arduum*, das
Gegenstand des zornmütigen Strebevermögens ist. Trotz auftretender
Widrigkeiten bleibt so die ‚Richtung' der Regung erhalten, nämlich
in der Hinwendung zum Objekt.

‚Richtung' bzw. Impuls der Gefühlsregungen ‚Hin-zu-Etwas' oder
‚Weg-von-Etwas' entsprechen zunächst ihren jeweiligen Objekten im
allgemeinsten Sinne, nämlich Gut oder Übel. Da jedes Wesen, sofern
es etwas *simpliciter* als Gut erfaßt, sich diesem zuwendet und sofern
es etwas *simpliciter* als Übel erfaßt, sich von diesem abwendet, entsprechen die ‚Bewegungsrichtungen' der Regungen des begehrenden
Strebevermögens dem Gegensatz von Gut und Übel[33]. Kombiniert

---

[32] S.th. I-II, q. 23, a. 1 ad 3: „bonum inquantum est delectabile, movet concupiscibilem. Sed si bonum habeat quandam difficultatem ad adipiscendum,
ex hoc ipso habet aliquid repugnans concupiscibili. Et ideo necessarium fuit
esse aliam potentiam quae in illud tenderet. Et eadem ratio est de malis."
[33] S.th. I-II, q. 23, a. 2, c.

mit einer Unterscheidung von drei Typen von Veränderung/Bewegung (*motus*), ergibt die Gliederung nach guten oder schlechten Objekten schließlich sechs verschiedene, formal unterschiedene Gefühlsregungen, die zum begehrenden Strebevermögen gehören. Es sind dies, bezogen auf Gutes, Liebe (*amor*), Verlangen oder Ersehnen (*desiderium*) und Lust bzw. Freude (*delectatio/gaudium*), bezogen auf Übel, Haß (*odium*), Flucht oder Abscheu (*fuga*) und schließlich Trauer bzw. Schmerz (*tristitia/dolor*) (S.th. I-II, q. 23, a. 2, c; a. 4, c).

Die Unterscheidung anhand des Gegensatzes von Gut und Übel ist wohl unmittelbar einleuchtend, doch wie hat man sich die von mir ‚Modi‘ genannten Arten von *motus* (als die Gefühlsregungen ja verstanden werden) vorzustellen?

Sehen wir uns Thomas’ Ausführungen näher an. Ein Gut oder Übel, so Thomas, bewirke im Strebevermögen zunächst einmal eine ‚Neigung, Geeignetheit oder Naturentsprechung zum Guten‘ (*inclinatio, aptitudo, connaturalitas*) respektive das Gegenteil davon. Eine solche Veränderung nennen wir Liebe bzw. Haß (q. 23, a. 4, c). An anderer Stelle erklärt Thomas, daß diese vom Objekt des Strebens bewirkte Veränderung ‚nichts anderes‘ sei ‚als ein Wohlgefallen am Erstrebten‘ (*complacentia appetibilis*, q. 26, a. 2, c). Den Vorgang des Liebens dürfen wir uns also weniger als ein strebendes Bewegen-auf-etwas-hin vorstellen, sondern eher als ein ‚Geneigt-Machen‘ des Liebenden durch das geliebte Objekt[34]. Das als ein Gut erfaßte Objekt sorgt für eine Anpassung des Gemüts (*coaptatio affectus*) an es selbst, was Thomas als eine Art von Vereinigung (*unio*) versteht (q. 28, a. 1, c). Dieses ‚Geneigt-Machen‘ ist ein Prozeß, der alle anderen Gefühle ermöglicht und trägt; die Liebe ist für Thomas die Grundlage aller anderen Gefühle[35]; selbst der Haß als Fundament aller Abkehr ist auf sie rückbezogen, denn ‚nichts kann gehaßt werden, wenn es

---

[34] Vgl. S.th. I-II, q. 26, a. 2 ad 3.

[35] In einem weiteren Sinne genommen – Thomas unterscheidet die hier relevante sinnengebundene Liebe von der naturhaften Liebe (etwa bereits der Neigung des Erdhaften nach unten, zu seinem naturangemessenen Ort hin) und der geistigen Liebe –, kann auch gesagt werden, daß die Liebe Grundlage *jeglicher Aktivität* eines geschaffenen Wesens ist: „Es steht fest, daß jedes Tätige, was immer es auch sei, aus irgendeiner Liebe heraus tätig ist“ (S.th. I-II, q. 28, a. 6, c).

nicht dem Zuträglichen entgegensteht, das geliebt wird' (q. 29, a. 2,
c)[36]. Wenn hier von ‚Grundlage' die Rede ist, so soll dies durchaus in
einem starken Sinne verstanden werden, nämlich als Voraussetzung,
die andere Gefühle erst ermöglicht und, entfiele sie selbst, auch die
ihr ‚folgenden' Gefühle zum Verschwinden brächte. Man kann sich
das sehr einfach an einem Beispiel klarmachen: Die Liebe zu einer
Person endet nicht deswegen, weil diese Person gegenwärtig und mit
dem Liebenden verbunden ist, mithin das Ersehnen des anderen in
dessen Abwesenheit zum Ende und zur Erfüllung in der Freude gekommen ist. Würde aber die Liebe enden, so gäbe es kein Verlangen
und auch keine Freude.

Die eindringlichste Beschreibung dieser Konzeption der Liebe als
stetiger Bewegung, die alle anderen Gefühlsregungen trägt, finden wir
vielleicht in Thomas' Kommentar zu Pseudo-Dionysius' Buch ‚Über
die göttlichen Namen': „Die Liebe ist ein ewiger Zirkel, insofern sie
um des Guten willen als ihrem Objekt ist, dann *aus dem Guten* als ihrer
Ursache, *im Guten* verharrend, und schließlich *auf das Gute* in dessen
Verfolgung *hin* ausgehend; so umkreist sie das Gute in einer nicht
fehlgehenden Umdrehung."[37] Nur noch am Rande sei vermerkt, daß
aufgrund dieser tragenden Rolle der Liebe für das gesamte Gefühls-
leben und in allgemeinerem Sinne für jegliches Streben klar ist, daß wir
Liebe nicht, wie gegenwärtig sehr verbreitet, als ein Gefühl verstehen
sollten, das nur in der Beziehung zwischen Personen auftreten kann.
Wenn wir also etwas sagen wie ‚ich liebe roten Burgunder', sprechen
wir Thomas zufolge nicht bloß metaphorisch.

Liebt ein Wesen nun ein abwesendes Gut, so folgt im Rahmen
des begehrenden Strebevermögens als nächste Regung das Begehren
oder Ersehnen (*desiderium*) dieses Gutes, also eine Bewegung hin zum

---

[36] Dieses Konzept wiederum ergibt sich folgerichtig aus dem ontologischen
Verständnis des Übels (*malum*) als bloßer Ermangelung des Guten (*privatio
boni*) ohne eigenständiges Sein, die schon von Augustinus vertreten wurde.
Zum Haß vgl. K. Hedwig: Sub ratione mali. Über den Haß in der Ethik
des Thomas von Aquin, in: Salzburger Jahrbuch für Philosophie 1994, S.
93-107.

[37] In De div. nom., c. 4, lect. 11, n. 450 (Ed. Marietti), S. 148: „Amor est sicut
quidam circulus aeternus, inquantum est propter bonum sicut obiectum; et
ex bono, sicut ex causa; et in bono perseverans; et ad bonum consequendum
tendens et sic circuit bonum quadam convolutione non errante."

geliebten Gut. Handelt es sich beim wahrgenommenen Objekt um ein Übel, ein Gehaßtes, so folgt Flucht oder Abscheu (*fuga*). Wird das Gut bzw. Übel schließlich erreicht, kommt es zu einer Beruhigung des Strebens, einem Ruhen im zuvor begehrten oder geflohenen Objekt (*quietatio in bono adepto*), das heißt, es entstehen Lust oder Freude (*delectatio/gaudium*) bzw. Schmerz oder Trauer (*dolor/tristitia*) (q. 23, a. 4, c)[38]. Auch dieses Ruhen ist ein *motus*, also etwas Prozeßhaftes: „Ist auch die Lust ein Ruhen des Strebens, insofern das lustvolle Gut gegenwärtig ist, was das Streben befriedigt, so verbleibt dennoch eine Veränderung (*immutatio*) des Strebevermögens durch das Erstrebbare, kraft deren die Lust eine Art Bewegung (*motus quidam*) ist" (q. 31, a. 1 ad 2)[39]. Lust und Schmerz bzw. Freude und Trauer sind Vollendung und Ziel aller Leidenschaften (*completivae et finales*, q. 25, a. 4, c), insofern das Streben in diesen Gefühlen zur Ruhe kommt.

Sind dann aber nicht eigentlich alle Gefühlsregungen letztlich auf Lust und Schmerz zurückzuführen, wie Epikur angenommen hat und wie – vielleicht aus anderen Gründen als Epikur – dies nicht wenige auch heute behaupten? Thomas' Antwort ist, wie nach dem oben zur Liebe Ausgeführten unschwer zu schließen ist, eindeutig: nein. „Es gibt keine Gefühlsregung, die nicht irgendeine Liebe voraussetzt" (q. 27, a. 4, c), so Thomas, und wenn irgend jemand etwas Bestimmtes der Lust wegen liebe, so werde zwar diese spezielle Liebe von der Lust verursacht, doch diese Lust selbst sei wiederum auf eine Liebe zurückzuführen. „Niemand empfindet nämlich Lust, wenn nicht an etwas, das er irgendwie liebt" (q. 27, a. 4 ad 1). Dies ist eben des-

---

[38] Lust (*delectatio*) und Freude (*gaudium*) werden von Thomas zunächst unterschieden als Gefühle, die entweder im Bereich der bloßen Bindung an die Sinne verbleiben, wie die Lust, oder der Leitung der Vernunft folgen, wie die Freude (S. th. I-II, q. 31, a. 3). In der Erläuterung von Schmerz (*dolor*) und Trauer (*tristitia*) führt er dann den Unterschied von Gefühlen aufgrund äußerer Wahrnehmung (Schmerz, Lust) und Gefühlen aufgrund innerer Wahrnehmung (Trauer, Freude) an (S.th. I-II, q. 35, a. 2, c).

[39] Schon in der Affektenlehre der Stoa wurden Bewegungen des Übergangs (Begierde und Furcht) und ‚stationäre‘ Spannungsbewegungen (*Tonike kinesis*; Lust und Schmerz) unterschieden. Thomas selbst verweist auf einen Abschnitt in Aristoteles' *De anima* III, der Akte eines Unvollkommenen als Übergang von der Möglichkeit in die Wirklichkeit und Akte des Vollkommenen als Wirklichem unterscheidet (S.th. I-II, q. 31, a. 2 ad 1).

wegen so, weil es, wie oben gesehen, zuallererst die Liebe ist, die im fühlenden Wesen eine Art von Geeignetheit für und Neigung zum Objekt auch der Lust besagt. Jemand empfindet Lust an etwas, weil er irgendwie zum Gegenstand seiner Lust ‚paßt' und dieser zu ihm, dem er gewissermaßen angemessen ist, weil es seiner Natur entspricht (oder dies zumindest geglaubt wird). Liebender und Geliebtes sind aber nicht deshalb füreinander geeignete Objekte, weil der Liebende am Geliebten Lust empfindet, sondern die Übereinstimmung, das ‚Wohlgefallen', ermöglicht erst die Lust.

Die Strategie des Begründens der emotionalen Hinwendung zu einem Gegenstand über die Erfahrung von Lust hält Thomas allerdings keineswegs für komplett unverständlich. In der ‚Ordnung des Beabsichtigens' (*ordo intentionis*) nämlich könne im Gegensatz zur ‚Ordnung der Abfolge' (*ordo consecutionis*), also der zeitlichen Entwicklung der Prozesse in der natürlichen Welt, auch die Lust der Liebe vorausgehen, insofern die Lust etwas ist, was als Ziel von Tätigsein beabsichtigt wird (q. 25, a. 2, c). Für den um der Lust willen Handelnden ist die Lust als Ziel seines Handelns ‚erstes' in der Absicht, sie leitet als Angestrebtes dieses Handeln (q. 34, a. 4 ad 1). Das ändert aber, so können wir mit Thomas sagen, nichts daran, daß der Betreffende niemals auf den Gedanken käme, er könne an etwas Lust empfinden, wenn er es nicht schon liebte, also dem Gegenstand irgendwie zugeneigt wäre.

Liebt man etwas, so entsteht ein Verlangen (*desiderium*) danach, und schließlich – wird das entsprechende Objekt erreicht – hat man Freude oder Lust daran. Entsprechend verhält es sich, wenn wir etwas als ein Übel auffassen: Wir verabscheuen es (bzw. hassen es; *odium*), wir ziehen uns vor ihm zurück (*fuga*), und sollte es schließlich doch eintreffen, so empfinden wir Schmerz oder Trauer. Die Trauer wiederum gilt Thomas als eigentlichste Form des Gefühls im Sinne eines Erleidens (*passio*), da es sich bei der Trauer oder dem Schmerz um diejenige Gefühlsregung handelt, die angesichts der unmittelbaren Präsenz eines Übels und so direkt erfaßbarer Abwesenheit eines dem Übel entgegengesetzten Gutes in deutlichstem Maße einen Mangel und insofern ein Erleiden anzeigt (q. 35, a. 1, c). Auch Trauer und Schmerz sind in gleichem Maße wie Freude und Lust an die Liebe als Ursache rückgebunden (q. 36, a. 1, c; a. 2, c). Im Schmerz wird die Abwesenheit des der eigenen Natur Angemessenen erfahren, und so gibt es für Thomas das Bedürfnis danach, etwas Schmerzhaftes loszuwerden, vor allem deshalb, weil es ein Bedürfnis danach gibt, mit dem der eigenen Natur Angemessenen verbunden zu sein (q. 36, a. 3 ad 3). Eine Krankheit möchte man überwinden nicht um des Überwindens der Krankheit willen, sondern weil man gesund sein möchte[40]. Versuche, Lust und Freude auf Abwesenheit von Schmerz oder Trauer zurückzuführen, wie sie etwa in der hellenistischen Philosophie unternommen wurden, sind aus der Perspektive dieser Überlegungen nicht haltbar; für Thomas ist das Streben nach Lustgewinn dominant gegenüber dem Streben nach Unlustvermeidung (q. 35, a. 6, c). Am Rande sei zu Schmerz und Trauer noch erwähnt, daß Thomas in einem kurzen Artikel zu den Wirkungen dieser Gefühle sehr einleuchtend begründet, was unserer Tage in aufwendigen sozialpsychologischen Studien ‚empirisch gesichert‘ werden soll, daß nämlich Schmerz die Fähigkeit zu lernen mindert: Um Neues zu lernen, ist größtmögliche Hinwendung zu diesem neuen Gegenstand des Erkenntnisvermögens erforderlich. Der Schmerz aber ist ebenfalls etwas, das die seelische Aufmerksamkeit in höchstem Maße fordert, so daß bei großem Schmerz entsprechend wenig Konzentration für das Lernen übrigbleibt. Dies kann so weit gehen, daß jemand unter akutem Schmerz nicht einmal das bedenken kann, was er zuvor schon wußte (q. 37, a. 1, c).

Wie weiter oben erwähnt, sind laut Thomas die beiden sinnengebundenen Strebevermögen und die zwei darin verankerten Gruppen von Gefühlen nicht auf ein einziges gemeinsames Prinzip reduzierbar, doch sind sie gleichwohl ‚hierarchisch‘ aufeinander bezogen: Die Regungen des zornmütigen Vermögens nehmen ihren Ausgang immer von vorausgehenden bzw. vorliegenden Regungen des begehrenden Vermögens, und sie münden auch immer in Regungen, die dem begehrenden Vermögen zugehören, ein (q. 25, a. 1, c; vgl. q. 23, a. 1 ad 1). Freude bzw. Lust und Trauer bzw. Schmerz sind, wie wir gesehen haben, Ziel aller Regungen des sinnengebundenen Strebevermögens,

---

[40] Thomas gebraucht als Beispiel auch das eines Körpers, der nach unten fällt: Wir können sagen, das Schwere ‚kehrt sich von der Höhe ab‘ oder ‚wendet sich nach unten hin‘. Zuallererst hat der Körper aber eine Neigung (*inclinatio*) nach unten – nämlich zu seinem naturangemessenen Ort –, woraus die ‚Abkehr‘ von der Höhe folgt; vgl. S. th. I-II, q. 36, a. 1, c.

insofern in ihnen Streben zur Ruhe kommt. Daher gelten sie, so
Thomas, in der philosophischen Tradition zu Recht als ,Hauptlei-
denschaften' (*passiones principales*; q. 25, a. 4, c). Die Auszeichnung
als Hauptleidenschaften geht zurück auf die stoische Unterscheidung
von vier Primäraffekten, welche vor allem durch Augustinus, Nemesius und Johannes Damascenus zu einem Standardtheorem auch
der christlichen Literatur wurde. Neben Freude und Schmerz zählen
Hoffnung und Furcht, die nach Thomas dem zornmütigen Strebevermögen zugehören, zu den Hauptleidenschaften. Wie haben wir
dies zu verstehen? Sehen wir uns noch etwas genauer die Ordnung
der Regungen dieses Vermögens an.

Wie oben ausgeführt, ergeben sich die Artunterschiede der zum
begehrenden Strebevermögen gerechneten Gefühlsregungen aus dem
grundsätzlichen entweder Pro- oder Contra-Impuls und drei Modi
der seelischen Veränderung. Die Modi der Veränderung stehen uns als
Kriterium der Unterscheidung der Regungen des zornmütigen Vermögens nicht zur Verfügung, denn diese sind sämtlich Bewegungen
des Übergangs, die von einem basalen Geneigt-Sein ausgehen und in
ein Ruhen münden: „An den zornmütigen Gefühlen ist nichts, was
zur Ruhe gehört, sondern nur, was zur Bewegung gehört. Der Grund
dafür ist, daß nichts, worin etwas schon ruht, noch die Eigenschaft
des Schwierigen oder Mühevollen haben kann" (q. 25, a. 1, c).

Der Grund für die prinzipielle Unterscheidung des zornmütigen
Vermögens vom einfach begehrenden aber lag wiederum in der Beobachtung, daß es in unserer Welt nötig ist, sich entgegen dem grundsätzlichen Pro- oder Contra-Impuls ausrichten zu können, um so in
der Lage zu sein, Hindernisse zu überwinden und Schwierigkeiten zu
widerstehen. So müssen wir also neben dem Grundimpuls, der uns
durch die Erfassung eines Objekts als Gut oder Übel gegeben wird,
auch die Richtung der Bewegung, nämlich auf das Objekt hin (*accessus*) oder von diesem Objekt weg (*recessus*), als Unterscheidungskri-
terium heranziehen. Dies kommt für die Regungen des begehrenden
Vermögens naturgemäß nicht in Betracht, die ja auf Gut und Übel
als solche bezogen sind. Gutes als solches wird nur erstrebt, nicht
gemieden, und Übles als solches nur gemieden, nicht erstrebt. Wenn
wir uns strebend auf ein Übel zubewegen, so gehen wir es nicht *als
solches* an, sondern nur, *insofern* es zur Erreichung eines Gutes aus
dem Weg geräumt werden muß (q. 23, a. 2, c).

Das zornmütige Vermögen hingegen läßt beide Wege zu: Richten wir unser Streben zuversichtlich auf ein mühebereitendes Gut,
so hoffen wir (*spes*). Vor der Verfolgung dieses Gutes schrecken wir
zurück, wenn uns ein dazwischenstehendes Hindernis so unüberwind-
lich scheint, daß wir das Gut nicht erreichen zu können glauben; in
diesem Falle verzweifeln wir (*desperatio*). Überwältigt uns die (ver-
meintliche) Größe eines drohenden Übels derart, daß wir meinen, ihm
nicht widerstehen zu können, so handelt es sich um Furcht (*timor*)[41];
gehen wir dieses Übel aber direkt an, um es zu überwinden, so liegt
Wagemut (*audacia*) vor. Als ,Hauptleidenschaften' (*passiones principales*) des zornmütigen Strebevermögens kann man Thomas zufolge die
Hoffnung und die Furcht deshalb verstehen, weil sie gewissermaßen
die paradigmatischen Fälle einer aktiven Hin- oder Abkehrbewegung
in bezug auf ein zukünftiges Gut oder Übel sind (q. 25, a. 4, c).

Hiermit scheint der Rahmen der vorgegebenen Gliederungskrite-
rien erschöpft zu sein. Dennoch beobachten wir, daß uns und andere
Sinnenwesen oft gerade dann besonders heftige Gefühle umtreiben,
die zum Widerstand anregen, wenn ein Übel unmittelbar präsent
ist: Wer ist nicht schon in Zorn über ein Unrecht geraten? Diesen
Fall berücksichtigt natürlich auch Thomas. Wenn ein Übel präsent
ist, so Thomas, fügen wir uns entweder in die Situation, das Streben
erlahmt, und es bleibt nichts als Trauer, oder wir wehren uns gegen
das Schädliche, und in diesem Falle sprechen wir von Zorn. Es ist
klar, daß diese Regung ein ,Sonderfall' ist, insofern es keine ihr korrespondierende, gegensätzliche Regung in den sinnengebundenen
Strebevermögen geben kann, denn eine „Bewegung zur Flucht ist
nicht möglich, weil unterstellt ist, daß das Übel bereits gegenwärtig
oder schon zuvor eingetreten ist" (q. 23, a. 3, c). So ergibt sich eine

---

41 Entgegen einer weitverbreiteten Ansicht unterscheidet Thomas die Furcht
    (*timor*) von der Angst (*angustia/anxietas*), welche als eine Unterart von
    Trauer (*tristitia*) gilt, und zwar in etwa in der Weise, wie wir heute auch im
    nichtwissenschaftlichen Kontext die Phänomene Todesfurcht und Todesangst
    unterscheiden. Furcht läßt immer noch einen – wenn auch noch so kleinen
    – Raum für Hoffnung auf Rettung (S.th. I-II, q. 42, a. 2, c). Entfällt die
    Hoffnung auf Entkommen jedoch, so daß (zumindest subjektive) Gewißheit
    über das Eintreffen besteht, das Übel mithin als präsent erscheint, erstarren
    wir in Angst (S.th. I-II, q. 35, a. 8, c). Vgl. dazu A. Brungs, Metaphysik
    der Sinnlichkeit: das System der Passiones Animae bei Thomas von Aquin,
    Halle/Saale 2002, S. 144-176.

Zahl von fünf basalen Typen von Gefühlsregungen des zornmütigen Strebevermögens[42].

Insgesamt gliedert Thomas die Gefühle in elf grundlegende Arten, denen alle möglichen Gefühle als Regungen des sinnengebundenen Strebevermögens zugeordnet werden können (q. 23, a. 4, c). Alle Gefühle, die wir als spezielle Gefühle, das heißt als Gefühle einer bestimmten Art, benennen können, sind Unterarten einer dieser elf ,Basisemotionen', so ein moderner Fachbegriff.

Hier müssen wir allerdings wieder vorsichtig sein mit der Übertragung der Terminologie: Heute gelten als ,Basisemotionen' in der Regel angeborene, d.h. lern- bzw. kulturunabhängige, schnell einsetzende affektive Reaktionen von Menschen auf ihre Umwelt; über Anzahl und genaue Bestimmung dieser Reaktionsmuster besteht keine umfassende Einigkeit. Die Identifikation der Emotionstypen erfolgt meist anhand bestimmter Verhaltensweisen oder physiologischer Parameter; gebräuchlichstes Verfahren wiederum ist die Zuschreibung einer solchen Basisemotion anhand des Gesichtsausdrucks einer Person. Mit solchen Modellen konnte die psychologische Forschung seit Ende der sechziger Jahre des letzten Jahrhunderts die damals verbreitete Kulturtheorie der Emotionen widerlegen, welche behauptete, daß ein Gefühl nichts anderes sei als kulturspezifisch erlerntes Verhalten eines Menschen.

Thomas' Systematik bietet gegenüber beiden Theorievarianten Vorteile. Sie vermeidet die Implikationen der offensichtlich unsinnigen Vorstellung, Gefühle existierten nur relativ zu Kulturen und seien nichts als durch diese determinierte Verhaltensweisen, schon allein, weil nach Thomas Gefühle mehr sind als bloße beobachtbare Verhaltensweisen und immer ein physiologisches Korrelat haben. An-

---

[42] Die Sonderstellung des Zorns als Gefühl ohne gegensätzliche Regung wirft einige spezielle Probleme auf; manche Interpreten tendierten beispielsweise dazu, den Zorn eher als eine Art der Hoffnung (nämlich auf Vergeltung) zu verstehen. Überdies scheint der Zorn in besonderem Maße kognitive Leistungen zu erfordern, welche vielen Tierarten kaum zugeschrieben werden können. Manche zeitgenössische Theorie versteht den Zorn denn auch von vornherein als ,moralisches' Gefühl, so daß demzufolge nur geistbegabte Sinnenwesen Zorn empfinden können. Jene Schwierigkeiten können hier nicht angemessen diskutiert werden; es sei auf die entsprechenden Abschnitte in der angegebenen Fachliteratur verwiesen.

dererseits ist Thomas nicht darauf festgelegt, daß es für jedes Gefühl ganz bestimmte körperliche Komponenten mit bestimmten ‚Meßwerten' geben muß – schon gar nicht Gesichtsausdrücke[43]. Thomas muß nicht einmal davon ausgehen, daß bei allen Menschen (oder Sinnenwesen) faktisch alle basalen Gefühlstypen auftreten müssen; es wären durchaus auch Gruppen von Menschen (Kulturen) vorstellbar, die etwa niemals so etwas wie ‚Furcht' empfinden, wenngleich dies relativ unwahrscheinlich ist (insbesondere unter den Bedingungen der Welt nach dem Sündenfall, doch das ist hier nicht Thema). Der in Thomas' Theorie entscheidende Punkt ist: Wann immer ein Sinnenwesen eine durch Sinneswahrnehmung angeregte, abkehrende Streberegung in bezug auf ein drohendes Übel hat, so fürchtet es sich. Wir sprechen immer genau dann von Furcht, wenn die genannten Umstände vorliegen; das heißt jedoch nicht, daß wir davon sprechen, daß alle Sinnenwesen irgendwann Furcht erleben müssen und sich dabei in der gleichen Weise verhalten.

So mag mancher vielleicht den Eindruck haben, daß bestimmte, von Thomas anhand ihrer Formalobjekte spezifizierte basale Gefühlsregungen phänomenal ‚unterbestimmt' sind (wie etwa *fuga* und *audacia*). Doch generell ist gerade die präzise Beobachtung und Beschreibung emotionalen Geschehens sowie ihre erfolgreiche Systematisierung ein besonders beeindruckender Aspekt von Thomas' Traktat über die Gefühle, der in der philosophischen Literatur kaum seinesgleichen hat. Und vielleicht finden sich auch irgendwann Forscher fern unseres europäisch geprägten Kulturkreises, die über den für den Wagemut (*audacia*) vorgesehenen Raum in Thomas' Theorie hocherfreut sind.

---

[43] Allenfalls für einige grundlegende Gefühlstypen gibt Thomas konkretere physiologische Bedingungen an wie z. B. die erwähnte Aufwallung des Blutes in der Herzgegend für den Zorn. Für manche Subspezies der basalen Gefühlsregungen sind allerdings bestimmte, mit ihnen verbundene, beobachtbare Körperreaktionen oder unwillkürliche Verhaltensweisen zentral, so z. B. im Falle der *acedia* (spirituelle Lähmung) als Unterart der Trauer, bei der das Subjekt gewissermaßen in Erstarrung verfällt; vgl. S.th. I-II, q. 35, a. 8, c. Dies wiederum leitet Thomas gleichfalls aus dem Formalobjekt jener Regungen ab.

Literatur in Auswahl:

Brungs, A., Metaphysik der Sinnlichkeit: das System der Passiones Animae bei Thomas von Aquin, Halle/Saale 2002.

Jacob, J., Passiones. Ihr Wesen und ihre Anteilnahme an der Vernunft nach dem hl. Thomas von Aquin, Mödling bei Wien 1958.

King, P., Aquinas on the Passions, in: B. Davies (Hg.): Thomas Aquinas: Contemporary Philosophical Perspectives, Oxford 2002, S. 353-384 (Wiederabdruck eines Aufsatzes von 1998).

Knuuttila, S., Emotions in Ancient and Medieval Philosophy, Oxford 2004.

Meier, M., Die Lehre des Thomas von Aquino de passionibus animae in quellenanalytischer Darstellung, Münster 1912.

Ricken, F., Aristotelische Interpretationen zum Traktat De Passionibus Animae (Summa Theologiae I-II 22-48) des Thomas von Aquin, in: M. Thurner (Hg.): Die Einheit der Person. Beiträge zur Anthropologie des Mittelalters. Richard Heinzmann zum 65. Geburtstag, München 1998, S. 125-140.

Sciuto, I., Le passioni dell'anima nel pensiero di Tommaso d'Aquino, in: C. Casagrande und S. Vecchio (Hgg.): Anima e corpo nella cultura medievale. Atti del V. convegno di studi della Società Italiana per lo Studio del Pensiero Medievale, Florenz 1999, S. 73-93.

Uffenheimer-Lippens, E., Rationalized Passion and Passionate Rationality: Thomas Aquinas on the Relation Between Reason and the Passions, in: The Review of Metaphysics 56 (2003), S. 525-558.

Gesetz und Geschichte

(S.th. I-II, qq. 90-108)

Georg Wieland (Tübingen)

I.

„Die Metaphysik des Verlaufs der Geschichte und der Organisation der Gesellschaft hat während des Mittelalters ihre letzten Gründe in dem Bewußtsein, daß der ideale Gehalt dieses Verlaufs und dieser Organisation in Gott angelegt, in seiner Offenbarung verkündigt und nach seinem Plane in der Geschichte der Menschheit verwirklicht ist und sich weiter verwirklichen wird."[1] In diesem Satz kommt eine *opinio communis* zum Ausdruck, die das Handeln des ‚mittelalterlichen Menschen' als Nachvollzug jener idealen Ordnung sieht, die Gott begründet, verkündet und letztlich auch verwirklicht. Demgegenüber ergreift der ‚neuzeitliche Mensch' angesichts des durch den Nominalismus inaugurierten metaphysischen ‚Ordnungsschwundes' die ihm so eröffneten Möglichkeiten zu einem autonomen und selbstverantwortlichen Handeln, behauptet sich gegenüber dem ‚theologischen Absolutismus' des Mittelalters[2] und gewinnt dadurch die Möglichkeit, sich selbst als Subjekt und die Geschichte als den Raum seines autonomen Handelns zu begreifen.

Eine derartig abstrakte Gegenüberstellung von theologisch-metaphysischer Allzuständigkeit als Signatur des Mittelalters und humaner Selbstbehauptung als Charakteristikum der Neuzeit verbietet sich aus mindestens zwei Gründen von vornherein: aus dem Gedanken von

---

[1] W. Dilthey, Einleitung in die Geisteswissenschaften. Versuch einer Grundlegung für das Studium der Gesellschaft und der Geschichte, in: W. Dilthey, Gesammelte Schriften, Bd. 1, 7., unveränderte Auflage, Stuttgart – Göttingen 1973, S. 332.

[2] Vgl. H. Blumenberg, Die Legitimität der Neuzeit, erweiterte Ausgabe, Frankfurt 1996, S. 151.

Freiheit und Verantwortung, der für die mittelalterlichen Philosophen und Theologen unbezweifelte Gültigkeit besaß, und aus einem Konzept von Metaphysik, das die realen Weltverhältnisse gerade nicht aus einem ersten und obersten Prinzip abzuleiten erlaubte. Die Lehre vom Gesetz, die Thomas von Aquin in seiner *Summa theologiae* entwickelt, kann als Versuch gelesen werden, das theologische Postulat göttlicher Allzuständigkeit mit der lebensweltlichen Erfahrung menschlicher Freiheit und Verantwortung gedanklich zur Deckung zu bringen. Bei diesem Versuch gelingt es Thomas, Geschichte nicht als (metaphysische oder theologische) Theorie oder als System eines vorweg geplanten und konzipierten Ereignisablaufs zu fassen, sondern sie gerade in ihrer Unableitbarkeit und Unabsehbarkeit und so als Raum menschlichen Handelns zu begreifen. Er verzichtet also – das ist die hier vertretene und schon früher mehrfach behandelte These[3] – auf den immer wieder erhobenen Anspruch, über die in den verbindlichen Dokumenten der christlichen Tradition festgehaltenen Ereignisse hinaus den Geschichtsverlauf rekonstruierend und projektierend in ein Schema und eine begriffliche Gestalt zu bringen. Pointiert gesagt: Gerade weil Thomas keine Geschichtstheologie oder -philosophie entwickelt, gelingt es ihm, dem menschlichen Handeln und Wirken den ihnen angemessenen geschichtlichen Raum zu eröffnen, angemessen nämlich der menschlichen Freiheit, Verantwortung und Vorsorge.

II.

Der systematische Zusammenhang, in dem der thomasische Gesetzestraktat steht, ist leicht zu begreifen: Der erste Teil der *Summa* handelt bekanntlich von Gott und seiner Schöpfung, der zweite Teil vom Menschen als dem Ebenbild (*imago*) Gottes. Die ebenbildhafte Ähnlichkeit liegt darin begründet, daß der Mensch – ähnlich wie Gott – ‚Prinzip seiner Handlungen‘ ist (S.th. I-II, prol.). Er wird hier also nicht nur

---

[3] Vgl. M. Seckler, Das Heil in der Geschichte. Geschichtstheologisches Denken bei Thomas von Aquin, München 1964; W. Kluxen, Philosophische Ethik bei Thomas von Aquin, Mainz 1964 (3., durchges. Aufl., Hamburg 1998), S. 230-241; O. H. Pesch, Kommentar zur Deutschen Thomas-Ausgabe, Bd. 13 (I-II, qq. 90-105: Das Gesetz), Heidelberg – Graz – Wien – Köln 1977, S. 600-612.

als Teil der Natur, sondern als ein Wesen betrachtet, das sein Leben verantwortlich führt oder – was dasselbe bedeutet – verantwortlich handelt. Für Thomas stellt sich also die Aufgabe, das menschliche Handeln und dessen Eigenschaften zu erörtern. Er analysiert deshalb – nach einer knappen Darstellung des Ziels menschlichen Lebens und Handelns unter dem Stichwort der Glückseligkeit (qq. 1-5) – zunächst diese Handlungen, um so die spezifische Eigenart dieses Tätigkeitstyps herauszuarbeiten. Dann spricht er über die Handlungsprinzipien. Dabei unterscheidet er innere, zu denen wesentlich die menschlichen Vermögen und Grundhaltungen wie Tugenden und Laster gehören (qq. 49-89), und äußere Prinzipien. Darunter versteht Thomas nicht-menschliche Bestimmungsgründe, die das Handeln des Menschen zum Guten (oder zum Bösen) bewegen können. Das zum Guten bewegende äußere Handlungsprinzip ist Gott, der auf zweifache Weise wirkt: „Er unterweist uns durch das Gesetz und hilft uns durch die Gnade" (q. 90, prol.)[4]. Das Gesetz ist also eine der Weisen, durch die Gott das menschliche Handeln (von außen) bestimmt. Um dieses Prinzip in seinen vielfältigen Erscheinungsformen geht es also in den Quästionen 90 bis 108 der *Prima secundae*; sie suchen deutlich zu machen, welche Bedeutung das ‚Gesetz' für das Leben und Handeln des Menschen hat.

Schon die Wortwahl des Prologs („Gott unterweist uns durch das Gesetz") enthält zwei hier nicht ausdrücklich gemachte ‚Grundannahmen': 1. Der Mensch ist zwar ‚von Natur aus' auf das Gute nicht nur in formaler („alle Menschen streben von Natur aus nach dem Guten", so kann man den ersten Satz der *Nikomachischen Ethik* auslegen), sondern auch in materieller Hinsicht ausgerichtet. Dieses Thema erörtert Thomas vor allem unter dem heftig diskutierten Lehrstück vom ‚natürlichen Verlangen nach der Gottesschau'[5]. Doch diese Ausrichtung enthält in sich keine ebenso natürliche Garantie ihres Erfolgs, ja mehr noch, sie bleibt grundsätzlich hinter dem angestrebten Erfolg zurück: „Kein Mensch und überhaupt kein Geschöpf vermag durch seine natürlichen Anlagen und Kräfte die letzte Glückseligkeit (also die Gottesschau) zu erlangen" (q. 5, a. 5). Deshalb bedarf der Mensch

---

[4]   S.th. I-II, q. 90, prol. Die Übersetzung folgt im wesentlichen Pesch (wie Anm. 3).

[5]   Vgl. Scg II, c. 55; dazu auch Kluxen (wie Anm. 3), S. 136-142.

‚äußerer', wegen der transzendenten Qualität des Gegenstands seines Verlangens göttlicher Hilfe und Unterweisung. Er bedarf also – um es in der Sprache der Pädagogik zu sagen – einer solchen Hilfe, weil er nur dadurch der werden kann, der er eigentlich sein soll. – 2. Thomas begreift das Gesetz nicht voluntaristisch als blinden Befehl, sondern – wenn man schon in Alternativkategorien sprechen will – intellektualistisch als Unterweisung. Dieser Grundeinstellung muß man sich bei der Lektüre des thomasischen Gesetzestraktats immer bewußt bleiben, weil gerade der moderne Leser an den Autoritäts- und Satzungscharakter des neuzeitlichen Gesetzesbegriffs gewöhnt ist. Das intellektualistische Verständnis des Thomas setzt folgerichtig auch den einsichtigen und vernünftigen Adressaten voraus. Es wird die Frage zu prüfen sein, ob dessen Vernunft und Einsicht ihn als Subjekt der Geschichte zu begreifen erlauben – auch unter der Annahme Gottes als Lenkers und Leiters der gesamten Schöpfung und all ihrer Bewegungen.

Auch der Aufbau des Gesetzestraktats selbst ist leicht zu begreifen. Thomas behandelt zunächst das ‚Gesetz im allgemeinen', indem er 1. sein Wesen definiert (q. 90), 2. seine verschiedenen Arten charakterisiert (q. 91) und 3. seine Wirkungen beschreibt (q. 92). Der knappen allgemeinen folgt dann eine ausführliche spezielle Behandlung des Gesetzes, die sich an dessen verschiedenen Teilen oder Arten orientiert (qq. 93-108). Dieser spezielle Teil ist schon von seinem Umfang her offenkundig auf das geschichtlich-positive in der Hl. Schrift niedergelegte Alte und Neue Gesetz Gottes gerichtet. Diese Beobachtung gilt es vor allem deshalb festzuhalten, weil das starke philosophische Interesse an den nicht-positiven Gesetzesarten, nämlich am ewigen und vor allem am natürlichen Gesetz, gelegentlich den Blick dafür trübt, daß Thomas auch hier theologische Absichten verfolgt. Auch eine philosophische Interpretation des Gesetzes bei Thomas muß sich dieser fundamentalen Gegebenheit bewußt bleiben.

III.

Die *Quaestio* 90 über das Wesen des Gesetzes mündet in der folgenden Definition: „Das Gesetz ist nichts anderes als eine Anordnung der Vernunft im Hinblick auf das Gemeingut, erlassen und öffentlich bekannt gegeben von dem, der die Sorge für die Gemeinschaft innehat" (q.

90, a. 4). Diese Begriffsbestimmung gewinnt Thomas nicht durch die Angabe von Gattung und spezifischer Differenz[6], sondern eher durch Besinnung auf seine geschichtliche Erfahrung[7]. Die Definition enthält die vier für den Begriff des Gesetzes wesentlichen Elemente: seine Vernünftigkeit, seine Gemeinwohlorientierung, seine Gültigkeit durch die Legitimität des Gesetzgebers und seinen Öffentlichkeitscharakter. Die philosophisch entscheidende Frage behandelt der erste Artikel: „Ist das Gesetz eine Sache der Vernunft?" Thomas weiß natürlich, daß es der Wille ist, der zum Handeln bewegt (q. 90, a. 1 ad 3). Deshalb läge es eigentlich nahe, das unser Handeln bestimmende und regelnde Gesetz als eine Sache des Willens zu begreifen. Thomas gibt eine andere Antwort, die sich aus seiner Anthropologie und vor allem aus seinem Konzept von Vernunft und Willen und deren komplexem Zusammenwirken speist. Danach ist der Mensch ‚schon immer' auf das Gute ausgerichtet. Diese Ausrichtung darf man nach Thomas nicht als aktives Streben verstehen, sondern eher als eine passive Hinneigung zu einem Gut, in letzter Konsequenz zum höchsten oder letzten Gut. In dieser Urneigung liegt der Grund allen einzelnen Wollens, und darin zeigt sich die fundamentale Ausrichtung des Willens auf das letzte Ziel. Dieses Urverhältnis von Wille und Ziel bedarf natürlich keiner ausdrücklichen gesetzlichen Regelung, weil es ‚schon immer' gegeben ist. Anders steht es allerdings mit dem Weg, der zum Ziel führen soll; er versteht sich nicht von selbst, sondern verlangt eigene Wegmarken und Orientierungen, Gesetze also, die uns den Weg weisen. Und das ist eine Sache der Vernunft: „Die Vernunft gebietet hinsichtlich dessen, was zum Ziel führt" (q. 90, a. 1 ad 3). In diesem Gedankengang findet die auffällige terminologische Wendung von der Wirkung des Gesetzes als Unterweisung eine Begründung und Bestätigung. – Für eine philosophische Betrachtung bereiten die drei anderen Elemente des thomasischen Gesetzesbegriffs keine wirklichen Schwierigkeiten.

Die *Quaestio* 91 betrachtet nun die verschiedenen Gesetzesarten, nämlich das ewige, das natürliche, das menschliche und das göttliche Gesetz. Das Gesetz der Sünde oder des Zunders bzw. der Begierlichkeit, von dem der sechste Artikel dieser *Quaestio* handelt, kann

---

[6]   Vgl. z. B. S.th. I, q. 3, a. 5: „definitio est ex genere et differentia."
[7]   Vgl. Pesch (wie Anm. 3), S. 543.

wegen seiner strikt theologischen Voraussetzungen außer acht bleiben.
Thomas steht hier vor allem vor der Aufgabe, den zuvor gewonnenen
allgemeinen Gesetzesbegriff mit den vier Gesetzesarten gedanklich in
Einklang zu bringen. Das ist deshalb nicht ganz ohne Schwierigkeiten,
weil die einzelnen Arten nicht einfach logisch spezifische Ableitungen oder Realisationen eines universalen Gattungsbegriffs, sondern
aus historischer, juristischer oder theologisch-religiöser Erfahrung
gewonnen sind. Das gilt gleich für das ‚ewige Gesetz‘, das im ersten
Artikel behandelt wird. Thomas übernimmt diesen Begriff zwar von
Augustinus, gibt ihm aber einen bezeichnenden neuen Akzent. Beide
sehen im ewigen Gesetz den göttlichen Plan, der die ganze Schöpfung auf ihr letztes Ziel hinordnet. Doch bei Thomas fehlt in diesem
Zusammenhang – im Unterschied zu Augustinus – jeder Hinweis
auf eine unmittelbar handlungsleitende Funktion dieses Gesetzes.
Es hat also – im Blick speziell auf den menschlichen Adressaten
– keine direkte praktische Bedeutung, wenn man ‚praktisch‘ in einem strengen Sinne als handlungsleitend nimmt. Dennoch kann ein
Theologe mit metaphysischem Anspruch natürlich auf die Annahme
eines solch universalen, den ganzen Kosmos umfassenden Gesetzes
nicht verzichten. Denn ein Verzicht darauf bedeutete, die Schöpfung
im ganzen als ordnungs- und richtungslos und Gott als macht- und
wirkungslos zu begreifen. Davon kann bei Thomas selbstverständlich
nicht die Rede sein. Für ihn lenkt Gott vielmehr ‚alle Handlungen
und Bewegungen‘ (q. 93, a. 1), und eine derartige Lenkung hat als
Handlungs- und Bewegungsleitung einen unmittelbar praktischen
Sinn. Anders sieht das Ganze jedoch aus der menschlichen Perspektive aus. Danach erscheinen alle ‚Handlungen und Bewegungen‘ als
‚natürliche‘ Prozesse, die durch Ursachen und Wirkungen, durch
‚Neigungen‘ und Ziele (q. 91, a. 3) beschrieben und erklärt werden
können. Diese Perspektive ist ‚theoretisch‘; sie nimmt die Prozesse
wahr, hat sie aber selbst nicht initiiert oder aktiv gestaltet. Kosmos,
Schöpfung oder Natur sind dem Menschen also vorgegeben und
von ihm als durch das (ewige) Gesetz geregelt erkannt. Deshalb hat
dieses Gesetz für ihn eben einen theoretischen oder spekulativen
Sinn. Eine solche Deutung des ewigen Gesetzes macht die Diltheysche Behauptung, im Mittelalter sei das Handeln des Menschen
im besonderen und die Geschichte der Menschheit im allgemeinen
nichts anderes als die Verwirklichung des in Gott von Ewigkeit her

angelegten Planes, zumindest für Thomas fraglich. Denn für ihn wird das ewige Gesetz nicht in Handlungsanleitungen wirksam, die dem menschlichen Leben, seiner individuellen und gesellschaftlichen Organisation unmittelbare Regeln und Maßstäbe geben. Das ewige Gesetz ist in diesem Sinne eine metaphysische und keine praktische, also ethische oder politische Größe[8].

Gegen eine solche Deutung des ewigen Gesetzes, die dessen theoretischen Charakter betont und es eigentlich als metaphysischen Grund von Gesetzlichkeit begreift, sprechen zwei gewichtige Gründe. Zunächst eine allgemeine Überlegung: Da Gott Schöpfer der ganzen Welt ist und sie durch seine Vorsehung lenkt (S.th. I, q. 103), da Gottes Weisheit und Wille zudem nicht fehlgehen können, scheint der Diltheysche Gedanke doch wieder seine sachliche Berechtigung zu gewinnen. Und – das ist der zweite Grund – Thomas selbst betont ausdrücklich die universale Reichweite des ewigen Gesetzes und die Abhängigkeit aller anderen Gesetze von ihm als dem grundlegenden Prinzip (S.th. I-II, q. 91, aa. 4-6). Diese Positionen ließen sich jedoch nur dann gegen die hier vertretene Interpretation ins Feld führen, wenn der Mensch in der Lage wäre, das ewige Gesetz mit allen in ihm liegenden Konsequenzen zu erfassen. Wäre dies möglich, hieße das: Der Mensch hätte Einsicht in den ewigen Plan und Ratschluß Gottes und damit in den Gang aller Dinge; Zeit und Geschichte wären in der Ewigkeit aufgehoben, und die verschiedenen anderen Arten des Gesetzes, insbesondere das menschliche und das göttliche Gesetz als Antworten auf den Lauf der Zeit, wären überflüssig. Die Annahme einer unmittelbaren praktischen Bedeutung des ewigen Gesetzes würde letztlich zu einer solchen Konsequenz führen. Thomas aber betont die Begrenztheit menschlicher Erkenntnis: „Niemand kann das ewige Gesetz erkennen, wie es in sich selbst ist, außer den Seligen, die Gott seinem Wesen nach schauen" (q. 93, a. 2). Der Mensch kann also die (ewige) ‚Perspektive' Gottes nicht einnehmen und damit das ewige Gesetz nicht als eine unmittelbar praktische Größe erfassen und benutzen. Andererseits ist er von dieser Perspektive auch nicht ganz ausgeschlossen, er partizipiert vielmehr daran – und zwar in der seiner Vernunft und Freiheit angemessenen Weise. Und

---

[8] Das hat vor allem Kluxen (wie Anm. 3) herausgearbeitet.

diese spezifisch menschliche (oder allgemeiner vernünftige) Form
der Partizipation am ewigen Gesetz nennt Thomas das ‚natürliche
Gesetz‘ (q. 91, a. 2).

IV.

Die These vom ewigen Gesetz als einer primär metaphysischen Größe,
die keine unmittelbar handlungsleitende Funktion hat, hängt also ganz
eng mit der Verwiesenheit des Menschen auf Raum und Zeit zusammen. Sie sind der ‚natürliche Ort‘ seines Erkennens und Handelns.
Die Betonung dieses Gedankens, der Ewigkeit und Zeit das jeweils
Ihre zu geben sucht, darf jedoch nicht zu einer gewissermaßen deisti-
schen Entfremdung beider führen, so als ob sie nichts miteinander zu
tun hätten. Das thomasische Konzept vom natürlichen Gesetz stellt
vielmehr den Versuch dar, das Verhältnis von ewigem Gesetz und
Ratschluß Gottes, für den die Welt und ihre Abläufe schon immer
von Ewigkeit her auf das beste geordnet sind (q. 93, a. 2 ad 2), und
menschlicher Existenz in Raum und Zeit gedanklich miteinander
zu versöhnen. Thomas benutzt dazu den platonischen Begriff der
Teilhabe: „Das natürliche Gesetz ist nichts anderes als eine Teilhabe
am ewigen Gesetz im vernunftbegabten Geschöpf“ (q. 91, a. 3).
Diese Definition macht klar, daß man ‚Naturrecht‘ und ‚natürliches
Gesetz‘ begrifflich voneinander unterscheiden muß[9]. ‚Naturrecht‘ hat
zur Zeit des Thomas zwei Bedeutungen: Es meint einmal das Recht
aller Lebewesen auf das, worauf sie ‚von Natur aus‘ angelegt sind – ein
Gedanke, der in der modernen Ökologie einen neuen normativen
Niederschlag gefunden hat. ‚Naturrecht‘ bedeutet daneben auch die
durch das Prinzip ‚jedem das Seine‘ (Goldene Regel) bezeichnete
Grundregelung der sozialen Beziehungen. Gegenüber der ersten Bedeutung von Naturrecht, das alle Lebewesen einschließt, beschränkt
sich das natürliche Gesetz auf den Menschen, der allein kraft seiner
Vernunft am ewigen Gesetz teilhat. Thomas trägt auch hier wieder
dem von ihm ausdrücklich gemachten Gedanken Rechnung, daß das
Gesetz eine Sache der Vernunft ist. Gegenüber der zweiten Bedeutung

---

[9]　Vgl. zum Folgenden und zur Vorgeschichte der beiden Begriffe besonders
　　Pesch (wie Anm. 3), S. 568-571.

von Naturrecht, das allein auf die Regelung der sozialen Verhältnisse abzielt, enthält der Begriff des natürlichen Gesetzes alle Forderungen oder besser – im Sinne des thomasischen Gesetzesverständnisses – alle Orientierungen, die der Mensch braucht, um sein (letztes) Ziel zu erreichen, also auch diejenigen, die sich auf ihn selbst und auf Gott beziehen und damit über die bloß zwischenmenschlichen Verhältnisse hinausreichen.

Im Begriff der Teilhabe zeigt sich, wie gesagt, die gedankliche Bemühung des Thomas, der menschlichen Lage ‚im Horizont von Ewigkeit und Zeit' gerecht zu werden. Das dem *Liber de causis* entnommene[10] und Thomas wohlvertraute Bild vom Horizont taucht im Gesetzestraktat zwar nicht auf, kann aber als Hilfe zum Verständnis des natürlichen Gesetzes dienen. Der Mensch vermag das Wesen des ewigen Gesetzes nicht zu erkennen, geschweige denn zu erfassen. Dennoch ist ihm die Einsicht in den ewigen Grund aller Gesetzlichkeit nicht ganz und gar verschlossen. Thomas betrachtet die jedem Menschen als Vernunftwesen eigene Fähigkeit, gut und böse unabhängig von Raum und Zeit, also unabhängig von Erziehung und Geschichte zu unterscheiden, als Merkmal und Ausdruck dieser grundlegenden Einsicht. „Das Licht unserer natürlichen Vernunft, durch das wir unterscheiden, was gut und böse ist – und diese Unterscheidung ist Sache des natürlichen Gesetzes –, ist demnach eine Einstrahlung des göttlichen Lichtes in uns" (q. 91, a. 2). Die offenkundig neuplatonische Färbung der Begrifflichkeit und Gedankenführung könnte nun zu der Annahme führen, ‚gut' und ‚böse' in diesem Textzusammenhang seien inhaltliche Ideen, im Blick auf die der Mensch sein Handeln zu organisieren und zu regeln habe. Davon kann jedoch nicht die Rede sein. Das belegt ein Blick auf die Erkenntnislehre des Thomas[11]. Danach stammen auch die Inhalte unserer geistigen Erkenntnis nicht aus einer irgendwie gearteten Ideenwelt: „Sie fließen nicht aus den getrennten Formen hervor" (S.th. I, q. 84, a. 4),

---

[10] Liber de causis, in: A. Fidora/A. Niederberger (Hgg.), Von Bagdad nach Toledo. Das ‚Buch der Ursachen' und seine Rezeption im Mittelalter, Mainz 2000, S. 33-149 (lateinischer und deutscher Text), hier: S. 40, capitulum secundum: „anima […] est in horizonte aeternitatis inferius et supra tempus."

[11] Vgl. vor allem S.th. I, q. 84, aa. 5 und 6. Siehe hierzu auch den Beitrag von W. Goris, S. 132-136.

sondern aus den Gegebenheiten der sinnlichen Welt. Diese reichen allerdings zur Konstituierung geistiger Gegebenheiten nicht aus. Thomas ist kein Empirist. Es bedarf darüber hinaus der Teilhabe an den ‚ewigen Vernunftgründen' (*rationes necessariae*), „durch die wir alles erkennen". Sie erleuchten wie das Licht der Sonne die sichtbaren Dinge, haben also den Charakter von Erkenntnisprinzipien, nicht den von Erkenntnisgegenständen (q. 84, a. 5). Genau die gleiche Struktur gilt auch für den Handlungszusammenhang. Der Mensch erfaßt die sein Handeln leitenden Regeln – inhaltlich – im Blick auf seine natürliche Verfaßtheit, die natürlichen Neigungen, die die Grundlage seiner ‚Bewegungen', genauer: seiner Handlungen bilden. Doch diese Neigungen enthalten aus sich allein noch keine Vorschriften oder Orientierungen. Damit solche konstituiert werden können, bedarf es der ‚Erleuchtung' durch die am ewigen Gesetz teilhabende Vernunft.

Was das hier in allgemeinen Umrissen zum natürlichen Gesetz Gesagte konkret bedeutet, behandelt Thomas in der 94. *Quaestio*. Deren erster Artikel greift die Frage nach dem Wesen dieses Gesetzes wieder auf („Was ist das natürliche Gesetz?", S.th. I-II, q. 94, prol.), nun nicht mehr unter der theologisch und metaphysisch begründeten Perspektive, sondern unter dem anthropologischen Gesichtspunkt des *habitus*, also der durch Übung zur zweiten Natur gewordenen Verfassung oder Haltung eines Tätigkeitsvermögens (*potentia*). Thomas bringt dafür das Beispiel der Grammatik. Wer sich ständig um den rechten Sprachgebrauch bemüht, verfügt dadurch über die Haltung der Grammatik und wird so zu einem, der – regelmäßig und nicht nur gelegentlich oder zufällig – richtig spricht (‚eine zutreffende Rede formt'; q. 94, a. 1). Wäre das natürliche Gesetz ein durch Übung erworbener *habitus*, läge es in der Hand des Menschen, hinge also von seinen Bemühungen, von Erziehung, Begabung und kulturellen Umständen ab. Dieser Artikel zielt aber genau auf die These, daß es der menschlichen Vernunft *vorgegeben* ist. Erinnern wir uns dazu an den Begriff des natürlichen Gesetzes als einer ‚Einstrahlung göttlichen Lichtes in uns', das dem Menschen durch die Schöpfung ursprünglich gegeben ist. Deshalb kann es – wie Thomas im sechsten Artikel dieser *Quaestio* formuliert – „in keiner Weise aus den Herzen der Menschen getilgt werden". Es gehört vielmehr zur menschlichen Natur, jedenfalls „was seine allumfassende Geltung anlangt". Intellektuelle und moralische Dispositionen oder Fehlhaltungen können allerdings zu

Beeinträchtigungen in der Anwendung des natürlichen Gesetzes führen, über deren Erscheinungsformen hier jedoch nichts gesagt zu werden braucht. Es genügt die grundsätzliche Erkenntnis: Das natürliche Gesetz ist in seinem Kernbestand mit der Natur der menschlichen Vernunft ursprünglich gegeben und kann deshalb kein *habitus* sein. Zur rechten Applikation dieses Gesetzes – sei es diejenige des allgemeinen Grundsatzes auf den konkreten Fall einer Handlung, sei es diejenige eines Schlußverfahrens – bedarf es dagegen sehr wohl moralischer Haltungen und übrigens auch intellektueller Kompetenz.

Thomas begnügt sich nicht mit der metaphorischen Rede von der ‚Einstrahlung‘, die nach der hier ausgebreiteten Deutung die ursprüngliche Vorgegebenheit des natürlichen Gesetzes in der menschlichen Vernunft zum Ausdruck bringt. Er fragt sich genauer, wie diese Metaphorik begrifflich gefaßt werden kann. Dieser Frage dient der zweite Artikel, der seit Kluxen und Grisez in das Zentrum der philosophisch-ethischen Thomasinterpretation gerückt ist. Das kommt nicht von ungefähr. Denn hier bietet Thomas dem Leser nicht nur die begrifflichen Grundlagen zum Verständnis des menschlichen Handelns unter der moralischen Perspektive, also unter der Differenz von gut und böse; hier gibt er auch eine Antwort auf die Frage nach dem Verhältnis von ‚Ewigkeit und Zeit‘; hier findet sich auch – wenn man denn an der philosophiehistorischen Fragestellung interessiert ist – ein gewichtiger Hinweis auf die aristotelisierende Verarbeitung neuplatonischer Motive durch Thomas, ein Verarbeitungsvorgang, der jedoch weit über Aristoteles hinausführt.

Unser Artikel (q. 94, a. 2) behandelt die Frage nach dem Inhalt des natürlichen Gesetzes unter der Thematik von Einzigkeit oder Vielheit der in ihm enthaltenen Gebote: „Enthält das natürliche Gesetz mehrere Gebote oder nur ein einziges?" Damit ist der Argumentationsweg vorgezeichnet. Thomas begreift die göttliche Einstrahlung als Begründung des menschlichen Wesens in seiner Vernünftigkeit. Und diese wiederum zeigt sich in den ersten oder obersten Grundsätzen, die aller Tätigkeit der Vernunft schon immer zugrunde liegen. Dies müssen also Sätze sein, welche die Vernunft nicht erst (nachträglich) beweist, sondern solche, die jedem Beweis, ja jeder mit Wahrheitsanspruch auftretenden Rede überhaupt vorausliegen, also evidente, aus sich selbst einleuchtende Sätze. Da es hier um das menschliche Handeln und den für es geltenden Maßstab geht, müssen diese Sätze den Charakter von Geboten oder Vorschriften haben. Thomas führt nun das oberste Handlungsgebot dadurch ein, daß er theoretische und praktische Vernunft, theoretische und praktische Erkenntnis parallel zueinander traktiert und aus der Struktur der spekulativen Verhältnisse Schlußfolgerungen auf die der praktischen zieht. So gewinnt er aus dem von ihm vielfach behandelten Grundgedanken vom Seienden als dem Ersterkannten: „Das, was die Vernunft zuerst und als das Bekannteste erfaßt, […] ist das Seiende"[12] den ersten evidenten Grundsatz der theoretischen Vernunft: „Man kann nicht zugleich etwas bejahen und verneinen."[13] Die Argumentation ist hier verkürzt, aber leicht zu erschließen. Wenn ich nämlich etwas erkannt habe, habe ich es – mindestens – als seiend erfaßt und damit zugleich sprachlich im Urteil bejaht. Das so Erfaßte kann ich nicht zugleich als nicht erfaßt behaupten oder verneinen.

Was für die theoretische Vernunft gilt, trifft – *mutatis mutandis* – auch auf die praktische zu. Das ihr zugeordnete Erste ist das Gute, nämlich das im Handeln jeweils verfolgte und angestrebte Ziel. Dieser handlungstheoretische, bereits von Aristoteles detailliert entwickelte Gedanke enthält in sich keine metaphysischen Voraussetzungen und ist hier auch ganz formal eingesetzt. So wie jeder, der handelt, das Gute erstrebt, so sucht er zugleich das Böse zu vermeiden. Diese handlungstheoretische Beschreibung gewinnt den Charakter eines Gebotes, wenn man sie von der anthropologischen auf die Zielebene verlagert: Wer ein Ziel anstrebt, kann es nicht zugleich meiden. Thomas gibt diesem Gedanken im Blick auf das jeweils zu verwirklichende Ziel die sprachliche Wendung: „Das Gute ist zu tun und zu erstreben, und das Böse ist zu meiden" und sieht in diesem Satz das erste und oberste Gebot des natürlichen Gesetzes, auf dem alle anderen Gebote gründen[14].

---

[12] Vgl. zum Beispiel De veritate q. 1, a. 1 (Ed. Leon.), S. 5, 100ff.: „Illud autem quod primo intellectus concipit quasi notissimum, et in quod omnes conceptiones resolvit, est ens."

[13] S.th. I-II, q. 94, a. 2, c: „primum principium indemonstrabile est, *quod non est simul affirmare et negare*, […] et super hoc principio omnia alia fundantur."

[14] S.th. I-II, q. 94, a. 2, c: „Hoc est primum praeceptum legis, quod *bonum est faciendum et prosequendum, et malum vitandum*. Et super hoc fundantur omnia alia praecepta legis naturae."

Das ist der Kern der Antwort auf die Frage unseres Artikels. Das Problem von Einzigkeit oder Vielheit der Gebote ist nicht mit einer einfachen Alternative aufzulösen. So formal und fast nichtssagend die Antwort auch klingt, inhaltlich ist damit schon mehr gesagt als der bloße Ausschluß eines Selbstwiderspruchs der praktischen Vernunft. Denn – und darin liegt die genuin philosophische Bedeutung dieses Lehrstücks – das erste Gebot des natürlichen Gesetzes bildet als solches den notwendigen und auch zureichenden Grund aller menschlichen Gesetzlichkeit überhaupt. Und das erklärt wiederum, daß und warum jeder Mensch – unabhängig von seinem kulturellen Kontext und seiner Bildung – prinzipiell für sein Tun und Lassen verantwortlich ist und zur Verantwortung gezogen werden kann. Zugleich zeigt sich damit, wie Thomas eine genuin philosophische Ethik begründen und strukturieren könnte. Er tut es *de facto* nicht; seine Absicht ist theologisch, wie nicht nur der Aufbau der *Summa theologiae* insgesamt, sondern auch der des Gesetzestraktats belegt; aber man könnte einen solchen Versuch unternehmen, ohne gegen den Geist des Aquinaten zu verstoßen. Eine philosophische Ethik thomasischer Gestalt müßte sich vom ersten Gebot des natürlichen Gesetzes her aufbauen, ohne ethisch auf das ewige Gesetz zu rekurrieren. Von daher erscheint es fraglich, ob ein derartiges Konzept den Charakter einer Tugendethik haben könnte. Doch diese Frage kann hier nicht weiter untersucht werden.

V.

Betrachtet man das bisher gewonnene Ergebnis unter der doppelten Perspektive von ‚Ewigkeit und Zeit' sowie von ‚Platon und Aristoteles', erkennt man unschwer, wie wenig von ‚Ewigkeit' und von ‚Platon' übriggeblieben ist. Das gilt jedenfalls dann, wenn man die philosophisch-ethische Perspektive verfolgt und sich auf sie beschränkt. Der oberste Grundsatz der praktischen Vernunft oder des natürlichen Gesetzes erweist sich nur als ein schwacher Abglanz des ewigen Gesetzes und hat als solcher – gegen die platonische und auch neuplatonische Auffassung einer Idee des Guten und abgeleiteter hypostasierter Ideen ethischer Vorzüglichkeiten – alle inhaltlichen Vorstellungen von Maßstäben und Gesetzen außer sich. Wo sind diese zu finden? Trifft auch hier im praktischen Kontext zu, was Thomas im Anschluß

an Aristoteles über die theoretische Erkenntnis sagt, daß nämlich auch
die „intellektuelle Erkenntnistätigkeit von den Sinnen her verursacht
wird" (S.th. I, q. 84, a. 6), allerdings nicht ohne die tätige Vernunft,
deren Beitrag sich jedoch auf eine formale Mitwirkung beschränkt?
Muß man also die Inhalte – im praktischen Kontext: die Gebote im
einzelnen – in der ‚Empirie' suchen?

Von ‚Empirie' zu sprechen ist natürlich anachronistisch und insofern
auch riskant, als Thomas keine wertneutrale Wirklichkeit kennt. Für
ihn ist alles Seiende final geordnet und hat insofern die ‚Bewandtnis
des Guten' (*rationem boni*; S.th. I-II, q. 94, a. 2). In diesem Zusammenhang von ‚Empirie' zu sprechen, mag jedoch insofern berechtigt
sein, als das oberste Gebot des natürlichen Gesetzes auf nicht in ihm
selbst angelegte Inhalte verweist, die sich der praktischen Vernunft im
Blick auf die dem Menschen innewohnenden Neigungen zeigen: „Sie
erfaßt die Vernunft auf natürliche Weise als gut und folglich als in die
Tat umzusetzen." Erst jetzt sind wir bei den gesuchten Inhalten, in
der Sprache unseres Artikels: bei den einzelnen Geboten angelangt,
die das menschliche Handeln regeln. Thomas nennt nun – paradig-
matisch und an seinen anthropologischen Grundannahmen orientiert
– drei Neigungs- oder Strebenstypen, die für den Menschen fundamental sind und aus denen sich die ersten inhaltlichen Regeln oder
Gebote ergeben. – Das Streben nach Selbsterhaltung liegt in seiner
Substantialität begründet; er teilt es mit allen Substanzen. Aus diesem
Streben ergeben sich alle auf den Schutz des menschlichen Lebens
gerichteten Gebote. Das Streben nach Arterhaltung teilt der Mensch
mit allen Sinnenwesen, und daraus ergeben sich die Gebote, die das
Geschlechts- und Familienleben regeln. Schließlich ist der Mensch
auch Vernunftwesen, das nach Erkenntnis (Thomas spricht hier von
deren höchster Form, der Gotteserkenntnis) und Gemeinschaft strebt,
und darin liegen die Gebote begründet, die der Wahrheit und den
sozialen und politischen Beziehungen dienen.

Speziell dieses Lehrstück des Thomas hat zu ausgedehnten und
kontroversen Debatten vor allem bei solchen Autoren geführt, die
der thomasischen Ethik mehr als eine nur historische Bedeutung
zuerkennen. Zwar teilen die meisten Debattenteilnehmer inzwischen
die auch in dieser Interpretation vertretene Ansicht, daß Thomas die
praktische Vernunft nicht von der theoretischen ableitet und folglich
auch die Ethik nicht von der Metaphysik; das bedeutet auf unsere

spezielle Thematik bezogen: Die natürlichen Neigungen können in ihrer bloßen Gegebenheit nicht schon als Handlungsregeln gelten. Doch ein wichtiger Streitpunkt ist geblieben, die Frage nämlich, wie man das Verhältnis von Vernunft und natürlichen Neigungen in unserem Artikel denn genauer zu verstehen habe. Oder was das ‚Sich ergeben‘ aus beziehungsweise das ‚Begründet sein‘ der Gebote des natürlichen Gesetzes in den Neigungen oder Strebungen präzise besagt. Man kann bei dieser Kontroverse – vereinfacht gesagt – zwei Positionen unterscheiden. Die eine mag ‚rationalistisch‘ heißen, weil sie der Vernunft nicht nur die maßgebliche Rolle bei dem zuspricht, was zu tun und zu lassen ist; das ist eigentlich unstreitig und wird von Thomas deutlich ausgesprochen: „Die Vernunft erfaßt die natürlichen Neigungen auf natürliche Weise als gut und folglich als in die Tat umzusetzen." Die ‚Rationalisten‘ gehen jedoch einen entscheidenden Schritt weiter und behaupten die letztlich allein entscheidende Rolle der Vernunft. Ihnen stehen die ‚Naturalisten‘ gegenüber, die ein ‚von Natur aus Vernünftiges‘ anerkennen[15] und in den natürlichen Neigungen mehr sehen als ‚bloß naturale Gegebenheiten‘. – Diese Diskussion soll hier nicht weiter verfolgt werden, weil das den Rahmen sprengen und von der Interpretationslinie wegführen würde[16]. Es mag an dieser Stelle der Hinweis genügen, daß Thomas in unserem Artikel Einheit und Pluralität des natürlichen Gesetzes zugleich nachweisen will und dessen Pluralität nicht einfach als Ableitung aus dem obersten Vernunftgebot begreift.

VI.

Wer die Orientierung und Regelung menschlichen Handelns im natürlichen Gesetz begründet sein läßt, steht argumentativ vor folgender Schwierigkeit: Wie kann man die unterschiedlichen, ja widersprüchli-

---

15 M. Rhonheimer, Praktische Vernunft und das ‚von Natur aus Vernünftige‘. Zur Lehre von der ‚Lex naturalis‘ als Prinzip der Praxis bei Thomas von Aquin, in: Theologie und Philosophie 75 (2000), S. 493-522, hier: S. 520.
16 Vgl. die weiterführende Diskussion bei G. Wieland, Vernunft und Natur. Das *Secundum naturam* in der Thomanischen Strebens- und Güterlehre, in: J. Szaif/M. Lutz-Bachmann (Hgg.), Was ist das für den Menschen Gute? Menschliche Natur und Güterlehre, Berlin – New York 2004, S. 229-245.

chen moralischen Anschauungen der verschiedenen Menschen, Völker
und Kulturen erklären, wenn man die formale Einheit der Vernunft
und die materiale Natürlichkeit der Neigungen als Grundlage dieser
Anschauungen betrachtet? Vernunft und Natur sperren sich – so
scheint es – gegen geschichtlich-kulturelle Vielheit und Differenz.
Thomas geht diesem Thema in den Artikeln vier und fünf der *Quaestio*
94 nach. Es kommt ihm darauf an, die individuelle und kulturelle
Vielfalt und Verschiedenheit nicht durch ein starres Einheitsprinzip
zum Verschwinden zu bringen, sondern sie unter den Bedingungen
des natürlichen Gesetzes zu erklären und so auch zu rechtfertigen. Er
bestreitet nicht die prinzipielle Einheit dieses Gesetzes, die – so läßt
es sich modern formulieren – als Ausweis der Gattungszugehörigkeit
gelten kann: Alle Wesen, die vernunftfähig und von bestimmten natürlichen Neigungen wesentlich geprägt sind, gehören zur Spezies
Mensch; in der Sprache des Thomas: „Hinsichtlich der ersten allgemeinen Grundsätze ist das natürliche Gesetz für alle (Menschen)
dasselbe, sowohl hinsichtlich seiner Rechtheit als auch hinsichtlich
seiner Kenntnis."[17] Dies ist jedoch nur ein allgemeiner Rahmen[18].
Da aber menschliches Handeln sich nicht im allgemeinen vollzieht,
sondern in der Konkretheit von Raum und Zeit, ja mehr noch und
eigentlich entscheidend: Da Handeln immer nur als einzelnes Geschehen vorliegt, bedarf es zu dessen Orientierung und Regelung
angemessener Konkretisierungen, die über den allgemeinen Rahmen
des natürlichen Gesetzes hinausgehen.

Thomas kennt zwei Konkretisierungsformen, einmal die Schlußfolgerung aus den allgemeinen Grundsätzen und dann die sogenannte
‚Determination' (q. 95, a. 3). Bei den Schlußfolgerungen ist natürlich
zunächst an die entsprechenden Vollzüge der theoretischen Vernunft
zu denken. Denn auch hier gilt wiederum die Strukturgleichheit ihrer
theoretischen und praktischen Erscheinungsformen. Doch diese Paral-
lelität darf die Besonderheit der praktischen Vernunft nicht verdecken.
Denn Schlußfolgerungen theoretischer Art führen – *idealiter* – zu
einem eindeutigen Ergebnis; Abweichungen oder widersprüchliche

---

[17] S.th. I-II, q. 94, a. 4, c: „lex naturae, quantum ad prima principia communia,
est eadem apud omnes et secundum rectitudinem et secundum notitiam."
[18] Vgl. dazu W. Kluxen, *Lex naturalis* bei Thomas von Aquin, Wiesbaden 2001,
S. 43.

Konklusionen sind in der Regel logische oder intellektuelle Fehler. Anders steht es bei den Konkretisierungen der praktischen Vernunft. Diese kann die Details der individuellen Handlung nicht immer von vornherein kennen. Es bedarf sehr oft zusätzlicher Erfahrungen und Erkenntnisse, um die Umstände und Besonderheiten des Handlungs-feldes zu erfassen. Nicht umsonst spielt die Klugheit als die Fähigkeit der Vermittlung von Allgemeinem und Besonderem in allen Ethiken eine wichtige Rolle, die der methodischen Eigenart praktischer Er-kenntnis ausdrücklich Rechnung tragen. Die nicht ableitbare Be-sonderheit des Handlungsfeldes kann deshalb dazu führen, daß die vernünftige Entscheidung des einen von der eines anderen abweicht und es zu einer Mehrzahl annähernd gleich guter oder vernünftiger Entscheidungen oder Regelungen kommt. – Selbstverständlich kennt Thomas auch fehlerhafte, unvernünftige Entscheidungen oder Rege-lungen, „weil es Menschen gibt, die eine verbogene Vernunft haben, sei es in Folge ihrer Leidenschaft, sei es in Folge böser Gewohnheit oder einer schlechten Naturveranlagung" (q. 94, a. 4). Solche Ent-scheidungen haben ihrer Sachlogik nach Abweichung und Differenz bei sich, aber Vielheit bedeutet für Thomas im praktischen Bereich nicht notwendig moralischen Mangel.

Während die Schlußfolgerung als eine Form der Konkretisierung vom Rahmen des natürlichen Gesetzes her zu denken ist, gewinnt die ‚Determination' ihren Sinn und ihre Bedeutung vom menschlichen Gesetz her. Bei der Betrachtung der einzelnen Arten hatte Thomas die Notwendigkeit dieses Gesetzes mit der Allgemeinheit der prakti-schen Prinzipien begründet. Sie allein können der Partikularität und Konkretheit des Handlungsfeldes nicht gerecht werden. Es bedarf deshalb noch spezieller „aufs Einzelne zielender Weisungen, die die menschliche Vernunft findet" (q. 91, a. 3), eben das menschliche Gesetz. In diesem Zusammenhang von ‚Finden' zu sprechen, kann als Beleg für den geschichtlichen Charakter des menschlichen Gesetzes gelten. Denn ‚Finden' soll ja heißen, dem jeweils Neuen einer Lage und Situation, das sich aus keiner umfassenden Ordnung ableiten läßt, gerecht zu werden. Diese geschichtsbewußte Reflexion auf das ‚Neue' und die darin liegende Rücksicht auf die jeweilige Lage darf allerdings nicht zu dem Schluß führen, Thomas liefere das menschliche Gesetz ganz und gar der Variabilität der je verschiedenen Umstände und Situationen aus, vertrete also eine Art Situationsethik *avant la lettre*.

Davon kann natürlich keine Rede sein. Denn jedes Gesetz, auch das menschliche, bleibt auf den Rahmen des natürlichen Gesetzes verwiesen – in der Sprache des Thomas: „Es leitet sich vom Naturgesetz her" und gewinnt von daher seine ethische Rechtfertigung. Würde es ihm widersprechen, verlöre es seine sittliche Qualität und wäre ‚eine Zerstörung des Gesetzes' (q. 95, a. 2).

Die ‚Determination', die den durch das natürliche Gesetz gesteckten Rahmen konkret ausfüllt, indem sie den jeweiligen Umständen von Raum und Zeit Rechnung trägt, kann also als das eigentlich geschichtliche Moment im Gesetzeskontext gelten. Thomas diskutiert diese Thematik genauer unter dem Stichwort der ‚Änderung von Gesetzen'. Solche Änderungen haben – wie er im ersten Artikel der *Quaestio* 97 ausführt – im wesentlichen zwei Gründe – Gründe, die er vom Begriff des Gesetzes her gewinnt. Dieses ist – noch einmal kurz gefaßt – eine Weisung der Vernunft für das menschliche Handeln. Änderungen sind in dem Maße naheliegend, in dem sich die Einsicht des Menschen ändert, sich also seine Vernunft vervollkommnet (der negative Fall wird nicht erörtert); unter dieser Voraussetzung kann es zu einer verbesserten Gesetzgebung kommen. Änderungen ergeben sich ebenfalls – und das ist der zweite Grund –, wenn die Bedingungen menschlichen Handelns entsprechende Gesetzesanpassungen verlangen.

Unter dem Aspekt der Geschichte ist auch die gesetzesverändernde Rolle der Gewohnheit von Interesse. Thomas begreift sie (q. 97, a. 3) als durch die Tat, genauer: durch eine regelmäßige Wiederholung von Taten zum Ausdruck gebrachte Manifestation des Willens und der Überlegung von Menschen. Dadurch können geltende Gesetze außer Kraft gesetzt oder in ihrem Sinn gedeutet werden. Natürlich entfaltet nicht jede Gewohnheit eine derartige legislative oder interpretatorische Wirkung. Grundsätzlich gilt nämlich, daß nur gute Taten – zur Gewohnheit verdichtet – gesetzesändernde und -auslegende Kraft haben können, also nur solche Gewohnheiten, die sich im Rahmen des natürlichen Gesetzes bewegen (q. 97, a. 3 ad 3). Das Lehrstück von der Gewohnheit gehört systematisch in den Vorgang zunehmender Konkretisierung der Regelung des Handlungsfeldes und ist dazu gedacht – ähnlich wie das menschliche Gesetz selbst –, denkbare Defizite der jeweils umfassenderen Regelungen auszugleichen.

VII.

Als vierte und letzte der Gesetzesarten behandelt Thomas das göttliche Gesetz. Darunter versteht er die in Raum und Zeit geoffenbarte Weisung Gottes im Alten und Neuen Gesetz (qq. 98-106). Damit beginnt der genuin theologische Teil des Gesetzestraktats, an dem – aus philosophischer Sicht – vor allem drei Fragen interessieren. 1. Weshalb bedarf es – neben den bereits behandelten Gesetzesarten – eines eigenen göttlichen Gesetzes? 2. Wie verhält es sich zum natürlichen Gesetz? 3. Entsteht – und das ist in diesem Zusammenhang die geschichtsbedeutsame Frage – durch das göttliche Gesetz des Alten und Neuen Bundes nicht ein von Gottes Willen und Plan abhängiger Geschichtsablauf, dessen theoretischer und vor allem praktischer Nachvollzug die eigentliche Aufgabe des Menschen und der Menschheit darstellt?

Die erste Frage nach der Notwendigkeit eines eigenen göttlichen Gesetzes gewinnt ihre Dringlichkeit vor dem Hintergrund der Zielbestimmung, der Erkenntnis- und Handlungsfähigkeit des Menschen (q. 91, a. 4 und q. 99, a. 3 ad 2). Erschöpfte sich dessen Bestimmung in den durch seine Natur vorgezeichneten Grenzen, zielte also sein Erkennen allein auf die natürliche Welt, auf deren Grund und deren Struktur, sein Handeln allein auf die Befriedigung der in seinen natürlichen Strebungen angelegten Bedürfnisse, dann genügten das natürliche Gesetz und die im menschlichen Gesetz jeweils formulierten Determinationen, um den Menschen zu seinem Ziel zu führen. Eine solche Zielbestimmung greift jedoch deshalb zu kurz, weil keine Weltgröße – auch die Schöpfung im ganzen nicht – dem auf Unendlichkeit gerichteten menschlichen Verlangen gerecht werden kann. Das vermag nur Gottes Wesen selbst zu bewirken. Und so ist es nur konsequent, wenn Thomas die Schau Gottes, also den Anblick und die unmittelbare Präsenz des göttlichen Wesens, als Ziel und Vollendung des Menschen begreift. Dieses Ziel kann der Mensch jedoch mit eigenen Kräften nicht erreichen. Er bedarf deshalb spezieller Weisungen (und Hilfen) Gottes, die über das natürliche und menschliche Gesetz hinausgehen: „Daher mußte der Mensch zusätzlich zum natürlichen und menschlichen Gesetz durch ein von Gott erlassenes Gesetz auf sein Ziel hingelenkt werden" (q. 91, a. 4). – Die Notwendigkeit eines eigenen göttlichen Gesetzes begründet Thomas zusätzlich auch mit

der Unsicherheit der menschlichen Erkenntnis- und Urteilskraft und
mit der begrenzten Reichweite und Sanktionsfähigkeit des menschlichen Gesetzes: Es kann nämlich nur äußere Handlungen regeln,
nicht jedoch die inneren Motive, die wesentlich zum guten Leben,
zur sittlichen Existenz gehören, und es kann nicht alles, was an sich
verwerflich ist, verbieten und mit Sanktionen belegen. Beides jedoch
– Regelung der Gesinnung und Sanktionierung ‚aller Sünden‘ – vermag das göttliche Gesetz zu leisten.

VIII.

Die These vom Vorrang des göttlichen über das natürliche Gesetz
führt zu der zweiten Frage nach dem Verhältnis dieser beiden Gesetzesarten zueinander[19]. Das eben vorgetragene Hauptargument für
die Notwendigkeit eines spezifisch göttlichen Gesetzes gründet in
der Insuffizienz des natürlichen, dem Menschen den Weg zur ewigen
Vollendung zu weisen. Es gibt jedoch auch Aussagen des Thomas, die
auf eine Identität der beiden Gesetzesarten hinweisen, so in q. 100, a.
11, wo es von den Sittengeboten des Alten Testament heißt, sie seien
auch dann gültig, „wenn sie niemals in einem (positiven) Gesetz aufgestellt würden“. Und diese Gültigkeit verdanken sie ‚der Weisung der
natürlichen Vernunft‘[20]. Thomas betont dies, um so den Unterschied
des Dekalogs (und anderer Sittengebote) zu den alttestamentlichen
Zeremonialgesetzen und Rechtssatzungen hervorzuheben, die er als
Determinationen des göttlichen Gesetzes im Blick auf die jeweiligen
Lebensbedingungen des jüdischen Volkes, also rein historisch begreift.
Damit verlieren diese Regelungen außerhalb ihres spezifisch geschichtlichen Kontextes natürlich ihre bindende Kraft. Die in diesem Artikel
angedeutete Identifizierung von göttlichem und natürlichem Gesetz
dient hingegen der argumentativen Absicht, die universale Gültigkeit
der moralischen Gebote des Alten Testaments – losgelöst von der
Geschichte Israels – zu belegen. Doch damit schafft sich Thomas aus
philosophischer Sicht ein Problem. Er sieht – und darin geht er über

---

[19] Vgl. zum Folgenden vor allem Pesch (wie Anm. 3), S. 619-626.
[20] S.th. I-II, q. 100, a. 11, c: „Sed praecepta moralia ex ipso dictamine naturalis
rationis efficaciam habent, etiam si nunquam in lege statuantur.“

die q. 94, a. 2 entwickelte Prinzipienlehre hinaus – die Gebote der Gottes- und Nächstenliebe als ‚die ersten und allgemeinen Gebote des Naturgesetzes' an und versteht damit den Dekalog lediglich als Schlußfolgerung aus ‚diesen allgemeinen Grundsätzen' (q. 100, a. 3 ad 1). Die Identifizierung des Dekalogs einschließlich der ihm vorausliegenden Grundsätze und Bedingungen als Kern des göttlichen Gesetzes mit dem natürlichen Gesetz impliziert nämlich die folgende Annahme: Die dem Dekalog mit seinen Prinzipien zuzuordnende Vernunft kann nicht die natürliche der Philosophen, sondern muß die ‚durch den Glauben geformte Vernunft' sein (q. 104, a. 1 ad 3). Thomas hat also – so kann man es etwas vereinfacht sagen – zwei Begriffe des natürlichen Gesetzes: einen philosophischen, wie er im zweiten Artikel von *Quaestio* 94 entwickelt wurde, und einen theologischen, wie er sich in der *Quaestio* 100 abzeichnet. Der philosophische bleibt aber insofern auf den theologischen hingeordnet, als der Mensch von sich aus weder seine letzte Zielbestimmung „noch alle Sätze des dahin leitenden Naturgesetzes [...] ohne die Intervention Gottes durch das Geschenk des Glaubens"[21] erkennen kann. In diesem Zusammenhang wiederholt sich also das, was Thomas im Glückstraktat vorgeführt hatte: Es gibt zwar eine Vollendung in diesem Leben, und das ist philosophisch betrachtet nicht wenig, aber sie ist doch nur eine unvollkommene Teilhabe an der wahren Vollendung (S.th. I-II, q. 5, a. 3). Ähnlich steht es mit dem natürlichen Gesetz: Was immer sich der praktischen Vernunft des Menschen auch an Weisungen erschließen mag – und das ist philosophisch nicht wenig, ja grundlegend für die menschliche Fähigkeit zu moralischer Unterscheidung –, es bleibt doch nur unvollkommene Teilhabe an der göttlichen Weisheit und Weisung, die allein zum letzten Ziel führen.

Wer die Notwendigkeit und Bedeutung des göttlichen Gesetzes in der hier angedeuteten Weise betont, muß sich die dritte Frage nach der Erkennbarkeit und Geltung eines von Gottes Willen und Gesetz abhängigen Geschichtsablaufs stellen. Mehrfach bereits zeigte sich der Sinn des Thomas für Geschichte. Ich erinnere an seine historische Deutung der Zeremonialgesetze und Rechtssatzungen des Alten Testaments, an seine hohe Schätzung der Gewohnheit als eines die menschlichen Gesetze ergänzenden und interpretierenden Instituts

---

[21] Pesch (wie Anm. 3), S. 627.

und vor allem an die notwendige Ergänzung des natürlichen Gesetzes durch die Determinationen des menschlichen. Eine solche Ergänzung erweist sich deshalb als erforderlich, weil das natürliche Gesetz in seiner übergeschichtlichen Universalität den sozialen und historischen Bedingungen einer je gegebenen Gesellschaft nicht zureichend gerecht werden kann. Diese unübersehbare historische Sensibilität veranlaßt Thomas nun keineswegs zu entsprechendem Überschwang, also etwa dazu, aus dem göttlichen Gesetz einen Geschichtsverlauf herauslesen zu wollen, wie man das etwa bei Bonaventura oder in noch stärkerem Maße bei Joachim von Fiore beobachten kann[22]. Gemessen an ihnen und anderen mittelalterlichen Zeitgenossen ist die Theologie des Thomas geradezu ärmlich, mindestens aber spröde. Freunde geschichtsphilosophischer oder -theologischer Entwürfe gehen bei ihm im Grunde genommen leer aus. Er kennt nämlich nur die drei von der Hl. Schrift bezeugten Zeiten der Natur, des (Alten) Gesetzes und der Gnade. Weitergehende Einsichten in den Gang der Geschichte können nach Thomas weder Glaube noch Vernunft vermitteln. Er trägt deshalb der geschichtlichen Unberechenbarkeit und Undurchschaubarkeit dadurch Rechnung, daß er den Menschen in genuin praktischer Perspektive zu begreifen sucht und dies auf eine für seine Zeit neue und zukunftsträchtige Weise tut. In diesem Sinne kann man die Ethik des Thomas im allgemeinen und seine Gesetzeslehre im besonderen als eine Antwort auf die Geschichtlichkeit des Menschen deuten, der „insofern selbst an der göttlichen Vorsehung teilhat, als er für sich und andere vorsieht und vorsorgt" (q. 91, a. 2).

Literatur in Auswahl:

Bormann, F. J., Natur als Horizont sittlicher Praxis. Zur handlungstheoretischen Interpretation der Lehre vom natürlichen Sittengesetz bei Thomas von Aquin, Stuttgart – Berlin – Köln 1999.

Carl, M., Law, Virtue, and Happiness in Aquinas's Moral Theory, in: The Thomist 61 (1997), S. 425-447.

Flannery, K. L., Acts amid Precepts. The Aristotelian Logical Structure of Thomas Aquinas's Moral Theory, Washington 2001.

---

[22] Dazu immer noch grundlegend: J. Ratzinger, Die Geschichtstheologie des hl. Bonaventura, München – Zürich 1959.

Grisez, G. G., The First Principle of Practical Reason, in: Natural Law Forum 10 (1965), S. 168-196.

Kluxen, W., Philosophische Ethik bei Thomas von Aquin, Mainz 1964 (3., durchges. Auflage, Hamburg 1998).

Ders., Lex naturalis bei Thomas von Aquin, Wiesbaden 2001.

Kühn, U., Via caritatis. Theologie des Gesetzes bei Thomas von Aquin, Göttingen 1964.

Kuhlmann, B. C., Der Gesetzesbegriff beim Hl. Thomas von Aquin im Licht des Rechtsstudiums seiner Zeit, Bonn 1912.

Lippert, S., Recht und Gerechtigkeit bei Thomas von Aquin. Eine rationale Rekonstruktion im Kontext der Summa theologiae, Marburg 2000.

Nelson, D. M., The Priority of Prudence: Virtue and Natural Law in Thomas Aquinas and the Implications for Modern Ethics, Pennsylvania 1992.

Pesch, O. H., Kommentar zur Deutschen Thomas-Ausgabe, Bd. 13 (I-II, qq. 90-105: Das Gesetz), Heidelberg – Graz – Wien – Köln 1977.

Rhonheimer, M., Natur als Grundlage der Moral: Die personale Struktur des Naturgesetzes bei Thomas von Aquin. Eine Auseinandersetzung mit autonomer und teleologischer Ethik, Innsbruck 1987.

Ders., Praktische Vernunft und das ‚von Natur aus Vernünftige'. Zur Lehre von der ‚Lex naturalis' als Prinzip der Praxis bei Thomas von Aquin, in: Theologie und Philosophie 75 (2000), S. 493-522.

Schröer, Ch., Praktische Vernunft bei Thomas von Aquin, Stuttgart – Berlin – Köln 1995.

Seckler, M., Das Heil in der Geschichte. Geschichtstheologisches Denken bei Thomas von Aquin, München 1964.

Wieland, G., Vernunft und Natur. Das Secundum naturam in der Thomanischen Strebens- und Güterlehre, in: J. Szaif/M. Lutz-Bachmann (Hgg.), Was ist das für den Menschen Gute? Menschliche Natur und Güterlehre, Berlin – New York 2004, S. 229-245.

Natur und Gnade

(S.th. I-II, qq. 109-114)

JOHN F. WIPPEL (Washington)

I. Ein Traktat über die Gnade

Der vor uns liegende Teil der *Summa theologiae*, den man zutreffend als Traktat über die Gnade bezeichnen kann, bildet den Abschluß und die Vollendung jenes umfassenden Planes, den Thomas von Aquin für die *Prima secundae* entworfen hatte. Denn nachdem Thomas vom letzten Ziel menschlichen Lebens, der Glückseligkeit, gehandelt hat (qq. 1-5), wendet er sich den menschlichen Handlungen zu und damit der eigentümlichen Möglichkeit, gemäß welcher der Mensch dieses Ziel erreichen oder verfehlen kann. In den Quästionen 6-48 handelt Thomas von den menschlichen Handlungen im allgemeinen, in den folgenden Quästionen 49-114 sodann von den Prinzipien menschlicher Handlungen, zunächst von ihren inneren Prinzipien (qq. 49-89), sodann von jenen Prinzipien, die er äußerlich (*principia exteriora actuum*) nennt (qq. 90-114). In knappen Worten stellt Thomas in seinem Prolog zur *Quaestio* 90 fest, daß Gott als äußeres Prinzip menschlichen Handelns begriffen werden müsse, das den Menschen zum Guten führt[1], indem er ihn mittels des Gesetzes unterweist (qq. 90-108) und durch die Gnade unterstützt (qq. 109-114).

Für ein besseres Verständnis dieses Zusammenhangs sollten wir uns die Glücksdiskussion der einleitenden Quästionen der *Prima secundae* (qq. 1-5) in Erinnerung rufen[2]. Dort hatte Thomas argumentiert, daß das vollkommene Glück in der unmittelbaren Schau der göttlichen Wesenheit bestehe. Doch zugleich hatte er betont, daß eine solche

---

[1] S.th. I-II, q. 90., prol.: „Principium autem exterius movens ad bonum est Deus, qui et nos instruit per legem, et iuvat per gratiam."
[2] Siehe hierzu den Beitrag von A. Speer in diesem Band, S. 141-167.

Wesensschau Gottes allein vermittels der natürlichen Vermögen und Fähigkeiten (S.th. I-II, q. 5, a. 5; I, q. 12, a. 4) oberhalb und jenseits der Befähigung nicht nur des Menschen, sondern jeder Kreatur, also auch der Engel, liege. Folgerichtig können weder die Menschen noch die übrigen Geschöpfe die vollkommene Glückseligkeit, d. h. die Wesensschau Gottes, allein durch den Gebrauch ihrer naturhaft gegebenen Vermögen und Kräfte erreichen. Vielmehr ist für die Erlangung der vollkommenen Glückseligkeit des Menschen eine besondere göttliche Hilfe unerläßlich (S.th. I-II, q. 5, a. 6). Der Grund hierfür liegt im Verständnis der menschlichen Handlungen vom Ziel her. Denn – so hebt Thomas in seinem Gnadentraktat hervor (S.th. I-II, q. 109, a. 5) – Handlungen, die zu einem gegebenen Ziel führen, müssen in einem angemessenen Verhältnis zu diesem Ziel stehen, müssen diesem proportional sein. Das aber ist bei der Erlangung der ewigen Glückseligkeit nicht der Fall: Denn die unmittelbare Wesensschau Gottes, so hatten wir gesehen, ist jenseits aller Befähigung jedes Vermögens, das natürlicherweise den Menschen auszeichnet. Folgerichtig ist eine besondere göttliche Hilfe, die wir gewöhnlich Gnade nennen, erforderlich, um dieses Ziel zu erreichen, ja, um überhaupt verdienstliche Handlungen in Hinblick auf die ewige Glückseligkeit vollbringen zu können (q. 114).

In seinem kurzen Prolog zu *Quaestio* 109 nennt Thomas die drei Themenbereiche, welche die Diskussion des Gnadentraktats bestimmen: Zunächst geht es um die Gnade selbst (qq. 109-111), sodann um die Ursache der Gnade (q. 112), schließlich um ihre Wirkungen, d. h. um die Fragen von Rechtfertigung (q. 113) und Verdienst (q. 114). Der erste Themenbereich, in dem es um das allgemeine Verständnis von Gnade geht, ist noch einmal unterteilt. In drei Schritten handelt Thomas von der Notwendigkeit der Gnade (q. 109), vom Wesen der Gnade (q. 110) und von der Einteilung der Gnade in spezifische Formen der Gnade (q. 111).

Diese sechs Quästionen sind allerdings nicht der einzige Belegplatz in der *Summa theologiae*, wo Thomas implizit oder explizit von der Gnade spricht. Allein in der *Prima secundae* sei auf die bereits erwähnte Diskussion der Notwendigkeit einer speziellen göttlichen Hilfe für das Erreichen menschlicher Glückseligkeit verwiesen (qq. 5-6). Auch in seiner Behandlung der Tugenden betont Thomas die Notwendigkeit eingegossener theologischer und moralischer Tugenden (q. 62, aa. 1-4

und q. 63, a. 3; q. 65, a. 2, c)[3], die zum Bereich des Übernatürlichen
gehören, obgleich Thomas diese später von der Gnade im eigentlichen Sinn unterscheidet. Schließlich weist Thomas in q. 106, a. 1
ad 2 darauf hin, daß etwas den Menschen auf zweifache Weise als
zur menschlichen Natur gehörig eingegeben werden kann: einmal als
natürliches Gesetz, zum anderen als Dreingabe zur Natur in Gestalt
einer Gnadengabe. Doch bedarf es zur Einordnung dieser Fragen der
systematischen Erörterung der Gnadenproblematik, die Thomas in
den sechs Quästionen seines Gnadentraktats vornimmt[4].

II. Die Notwendigkeit der Gnade

Die Notwendigkeit der Gnade ergibt sich für Thomas aus der Natur
des Menschen: aus der natürlichen Unvollkommenheit seiner Natur-
anlagen sowie aus ihrer zusätzlichen Beeinträchtigung durch den
Sündenfall, der eine umfassende Störung der natürlichen Ordnung zur
Folge hat, die vor allem die beiden primären Seelenvermögen betrifft:
den Verstand und den Willen. Dies zeigen die beiden grundlegenden
ersten Artikel, in denen Thomas gleichermaßen auf philosophische
wie auf theologische Argumente zurückgreift.

  Kann der Mensch ohne Gnade etwas Wahres erkennen? Mit dieser
Frage beginnt Thomas die erste *Quaestio* seines Gnadentraktats (q.
109, a. 1). Hierbei begreift er das Erkennen der Wahrheit als einen
bestimmten Gebrauch (*usus*) oder Akt des verstandesmäßigen Lichts
(*lumen intellectuale*) und das Ingebrauchnehmen selbst wiederum
als eine Form der Bewegung, sofern auch Akte des Verstehens und
Wollens als Bewegung aufgefaßt werden können. Hierzu beruft sich
Thomas auf Aristoteles, doch mag es überraschen, daß er seinen
Begriff der Bewegung aus der *Physik* gewinnt: Für die Bewegung im
Bereich körperlicher Dinge ist nicht nur die Form als Prinzip der

---

[3] Siehe hierzu den Beitrag von S. Ernst in diesem Band, S. 349-354.

[4] Für einen kurzen Überblick über die Quästionen sei verwiesen auf A. Pat-
   foort, La Somme de saint Thomas et la logique du dessein de Dieu (Parole et
   Silence), Saint-Maur 1998, S. 131-139; siehe ferner G. Lafont, Structures et
   méthode dans la ‚Somme théologique‘ de saint Thomas d'Aquin, Paris 1996,
   S. 252-254.

Bewegung oder Handlung erforderlich, sondern auch die Bewegung eines ersten Bewegers. Doch während im Bereich der körperlichen Dinge nach physikalischer Maßgabe das erste Bewegende ein Himmelskörper ist, so muß alle körperliche Bewegung zusammen mit den geistigen Bewegungen auf einen ersten Beweger im absoluten Sinne zurückgeführt werden: auf Gott.

Thomas greift also auf das Argument der sogenannten *prima via*, des ersten seiner Gottesbeweise, zurück, das gleichfalls auf dem Begriff der Bewegung beruht (S.th. I, q. 2, a. 3) und auf dem Prinzip, daß, was immer bewegt wird, von einem anderen bewegt wird. Dieses Prinzip will er auf jede Form der Überführung von der Möglichkeit in die Wirklichkeit angewendet wissen. Das gilt auch für unseren Zusammenhang, wo Thomas von der Notwendigkeit einer Bewegung durch den ersten Beweger auch in bezug auf menschliche geistige Aktivitäten, einschließlich Denken und Wählen, spricht[5]. Doch die Notwendigkeit, mit der jedes tätige Geschöpf von Gott als dem ersten Beweger bewegt wird, steht für Thomas nicht im Widerspruch zur Natur des Tätigen. Dies gilt auch für ein jedes mit Geist und Freiheit ausgestattete Tätige; dieses nämlich bewegt Gott zu seinem Handeln im Einklang mit seiner Natur, d. h. nach Maßgabe der Freiheit[6].

Dem steht nicht entgegen, daß jede Bewegung, die von Gott als erstem Beweger verursacht ist, und jede Vollkommenheit der Form nach in einem Geschöpf von Gott als dem ersten Akt kommt. So hängen auch die Tätigkeiten des menschlichen Verstandes wie diejenigen jedes geschaffenen Seienden von Gott ab, sofern der menschliche Verstand von Gott seine Formbestimmtheit hinsichtlich seines Handelns erhält und sofern er zum Handeln bewegt wird. Aber die von Gott in die geschaffenen Dinge hineingelegten Formen entfalten ihre eigene Wirksamkeit in Hinblick auf bestimmte Akte im Einklang

---

5   Andere Belegstellen finden sich in S.th. I, q. 105, a. 4 und a. 5; S.th. I-II, q. 9, aa. 1, 3, 4; q. 10, a. 4; siehe ferner Scg III, cc. 88, 89; De potentia, q. 3, a. 7 (Ed. Marietti), S. 55ff. Zur Forschungsdiskussion siehe J. F. Wippel, The Metaphysical Thought of Thomas Aquinas. From Finite Being to Uncreated Being, Washington, D.C. 2000, S. 446-453.

6   Siehe Scg III, c. 88; De potentia, q. 3, a. 7 ad 13 und ad 14 (Ed. Marietti), S. 59; S.th. I-II, q. 10, a. 4. Siehe hierzu auch J. F. Wippel, Metaphysical Themes in Thomas Aquinas, Washington, D.C. 1984, S. 258-263.

mit ihrer Natur. Sie sind – mit anderen Worten – genuin Tätige. Aber
gleichwohl können sie nicht jenseits dieser Ebene tätig sein, es sei
denn durch eine darüber hinaus hinzugefügte Form. Dies trifft auf
den menschlichen Verstand zu, der über sein eigenes Verstandeslicht
oder seine eigene Verstandesform verfügt, d. h. über eine eigene verstandesmäßige Kraft, die fähig ist, gewisse verstandesmäßige Objekte
– und somit gewisse Wahrheiten – zu erkennen, namentlich solche, zu
deren Kenntnis wir durch die mit den Sinnen erfaßten Gegenstände
gelangen können[7]. Aber zur Erkenntnis höherer verstandesmäßiger
Objekte muß der Verstand durch ein stärkeres Licht vervollkommnet
werden, durch das Licht des Glaubens oder durch das Licht der Prophetie, das Thomas das Licht der Gnade nennt, sofern es zur Natur
hinzugefügt ist, ohne diese zu zerstören oder aufzuheben, sondern
zu vollenden[8].

Doch gilt das auch in moralischer Hinsicht? Dieser Frage wendet
sich Thomas im folgenden Artikel zu (q. 109, a. 2): Kann der Mensch
ohne Gnade Gutes wollen und tun? In seiner Antwort wählt Thomas
dieses Mal einen theologischen Ausgangspunkt und spricht von einem zweifachen Verständnis der menschlichen Natur. Diese nämlich
kann zum einen betrachtet werden im Zustand ihrer vollkommenen
Integrität, wie sie bei den Stammeltern vor dem Sündenfall bestand,
zum anderen aber, sofern sie in uns verdorben ist durch den Sündenfall. Diese Unterscheidung wird von nun an für den Fortgang
der *Quaestio* bestimmend und kehrt immer wieder. Allerdings bedarf
die menschliche Natur, wie wir im vorangegangenen ersten Artikel
gesehen haben, in beiderlei Zustand der allgemeinen Unterstützung
Gottes als des ersten Bewegers, um überhaupt etwas tun oder wollen
zu können. Zwar war der Mensch im Zustand der Vollkommenheit
seiner Natur gemäß imstande, kraft seiner natürlichen Kräfte, d. h.
in Entsprechung zu den erworbenen Tugenden, Gutes zu wollen und
zu tun[9]. Jedoch konnte er auch in diesem Stande nicht zu jenem

---

[7] Siehe hierzu S.th. I, q. 79, aa. 1-4, sowie den Beitrag von W. Goris in diesem
     Band, S. 132-134.
[8] Vgl. zu dieser für Thomas' Gnadenverständnis kennzeichnenden Denkfigur:
     In De trinitate, q. 2, a. 3 (Ed. Leon., S. 97ff.) und S.th. I, q. 1, a. 8 ad 2.
[9] Wenn Thomas von der Natur im Zustand der Vollkommenheit spricht, so
     nimmt er – anders als Petrus Lombardus und die Mehrheit der Theologen

Gute gelangen, das den eingegossenen Tugenden vorbehalten ist. Im Zustand der gefallenen Natur dagegen kann der Mensch zwar, da die menschliche Natur nicht vollkommen verderbt ist, einige gute Handlungen aufgrund seiner natürlichen Kräfte vollbringen, jedoch nicht das vollkommene, seiner Natur angemessene Gute, so daß er in mehrfacher Hinsicht scheitert. Bedarf also der Mensch im Zustand der vollkommenen Natur einer gnadenhaften, zu seiner Natur hinzutretenden Kraft, um das übernatürliche Gute zu wollen und zu tun, so bedarf er im Zustand der gefallenen Natur der Gnade aus zwei Gründen: zum einen, um von den Folgen der Erbsünde geheilt zu werden, zum anderen, um Werke vollbringen zu können, die in übernatürlicher Hinsicht verdienstvoll sind. In beiderlei Zuständen nämlich bedarf der Mensch der Hilfe Gottes im Sinne eines ersten Bewegers, um zum guten Handeln bewegt zu werden.

Das gilt auch für die über alles übrige hinausreichende Liebe zu Gott (q. 109, a. 3). Eine solche Liebe entspricht der Natur des Menschen, doch nur im Zustand seiner vollkommenen Natur bezieht der Mensch seine Liebe zu sich selbst und zu anderem auf seine Liebe zu Gott als sein letztes Ziel. Dies gilt nicht in gleicher Weise für die verderbte Natur, da der gleichfalls verderbte menschliche Wille seine eigenen Ziele verfolgt und Güter erstrebt, solange er nicht durch Gnade geheilt ist. Während also im Zustand der ursprünglichen Vollkommenheit der Mensch keiner Gnade bedurfte, um Gott von Natur aus über

---

des 13. Jahrhunderts vor Thomas einschließlich Bonaventura – nicht an, daß Adam zuerst nur mit seinen rein natürlichen Fähigkeiten geschaffen und anschließend durch Gnade in die Lage versetzt wurde, verdienstliche Akte zu vollziehen (siehe hierzu Petrus Lombardus, Sententiae II, d. 24, c. 1 [Grottaferrata 1971], S. 450f.; Bonaventura, In II Sent., d. 29, a. 2, q. 2 [Opera omnia II, S. 703]). Verteidigte Thomas in seinem Sentenzenkommentar die Auffassung, daß Adam unmittelbar im Zustand der Gnade geschaffen wurde, noch zurückhaltend (II Sent., d. 20, q. 2, a. 3 und d. 29, q. 1, a. 2), so verteidigt er diese Auffassung später entschieden (S.th. I, q. 95, a. 1; De malo, q. 4, a. 2 ad 1 [dritte Antwortgruppe]; Ed. Leon., S. 113). Mit dem Zustand der Unversehrtheit der Natur meint Thomas die menschliche Natur in Adam vor dem Sündenfall, jedoch getrennt von ihrer Erhebung durch die Gnade gedacht. Siehe hierzu J.-P. Torrell, Nature et grâce chez Thomas d'Aquin, in: Revue Thomiste. Surnaturel (Une controverse au cœur du thomisme au XXe siècle) 102 (2001), S. 168-184.

alles zu lieben, so ist er hierfür im Zustand der gefallenen Natur auf die göttliche Unterstützung der heilenden Gnade angewiesen[10].

In den nächsten beiden Artikeln wendet sich Thomas spezielleren Themen zu, die zugleich etwas von der Diskussion zwischen Augustinus und Pelagius widerspiegeln[11]. So fragt er in Artikel 4, ob der Mensch ohne Gnade kraft der Naturanlage die Vorschriften des Gesetzes erfüllen kann. Hierbei unterscheidet er zwei Arten, denen gemäß eine Gesetzesvorschrift erfüllt werden kann: zum einen in Hinblick auf den Inhalt der Werke, sofern der Mensch Gerechtes, Tapferes oder andere tugendhafte Werke vollbringt; auf diese Weise kann der Mensch im Stande der unversehrten Natur alle Gebote des natürlichen Gesetzes erfüllen, nicht jedoch ohne Gnade im Zustand der gefallenen Natur. Zum anderen kann man die Vorschriften des Gesetzes nicht nur in Hinblick auf ihren Inhalt, sondern auch in bezug auf die Weise des Handelns erfüllen, so nämlich, daß sie jemand aus Liebe tut; das schließt bereits die übernatürliche Liebe zu Gott ein. Auf diese zweite Weise kann sie folglich niemand weder im unversehrten noch im verderbten Zustand ohne göttliche Gnade erfüllen[12]. Folglich kann auch niemand ohne Gnade das ewige Leben verdienen. Entsprechend dieser negativen Antwort führt Thomas in Artikel 5 ein zentrales Prinzip für seinen Gnadentraktat ein: Handlungen, die zu einem bestimmten Ziel führen, müssen diesem Ziel angemessen sein. Keine Handlung kann das Verhältnis ihres wirkmächtigen Prinzips übersteigen. Aber das ewige Leben, worin das verheißene Glück des Menschen besteht, überschreitet hinsichtlich der menschlichen Natur jedes Verhältnis. Darum kann der Mensch verdienstliche Werke, die

---

[10] Siehe Ch.-V. Héris, La grâce et l'amour naturel de Dieu, in: Saint Thomas d'Aquin, Somme Théologique, La grâce, 1a-2ae, questions 109-114, Paris – Tournai 1961, S. 376-382.

[11] Siehe G. Lafont, Structures et méthode (wie Anm. 4), S. 256; J.-P. Torrell, Nature et grâce (wie Anm. 9), S. 194f.

[12] Siehe ferner S.th. I-II, q. 109, a. 3 ad 1 zur Unterscheidung von natürlicher Liebe (*amor*) und Gottesliebe (*caritas*). Zu dieser Diskussion siehe Torrell, Nature et grâce (wie Anm. 9), S. 195-197, und seine umsichtigen Anmerkungen zur Interpretation der Parallelstelle In II Sent., d. 28, q. 1, a. 3; dort findet sich eine ähnliche Unterscheidung, aber zugleich scheint Thomas optimistischer hinsichtlich der natürlichen Fähigkeit des Menschen (vgl. S. 197, Anm. 83).

zum ewigen Leben in einem richtigen Verhältnis stehen, mit seinen natürlichen Kräften nicht hervorbringen. Er ist dafür auf eine höhere Kraft angewiesen, die Kraft der Gnade.

In den folgenden Artikeln scheint Thomas die pelagianische oder semi-pelagianische Auffassung von Gnade in seinem kritischen Blick zu haben[13]. So fragt er in Artikel 6, ob der Mensch sich ohne Gnade selbst für die Gnade bereiten kann, d. h. durch sein eigenes Bemühen ohne äußere Hilfe der Gnade. Wiederum führt Thomas eine Unterscheidung ein, dieses Mal mit Blick auf die Vorbereitung des Willens zum Guten. Zum einen wird der Wille vorbereitet, gut zu handeln und sich Gottes zu erfreuen. Eine solche Vorbereitung setzt eine habituelle Gnadengabe voraus, die das Prinzip der verdienstlichen Werke ist. Zum anderen kann der Wille vorbereitet werden, die habituelle Gnadengabe selbst zu empfangen. Hierzu bedarf es einer gewissen gnadenhaften Hilfe (*auxilium*), die von Gott gegeben wird, sofern dieser die Seelen innerlich bewegt oder zu einer guten Absicht inspiriert. Auf beiderlei Weise bedürfen wir also der göttlichen Hilfe, um bereit zu werden, Gnade zu empfangen. Denn, so argumentiert Thomas, da jeder Handelnde um eines Zieles willen handelt, muß jede Ursache ihre Wirkungen auf ihr Ziel hinlenken. Die Menschen müssen demnach durch die Bewegung des ersten Bewegers zu ihrem Letztziel gelenkt werden. Erst aus der Annahme eines ersten Bewegers folgt für Thomas wie schon für Aristoteles die notwendige Hinlenkung aller Dinge zu Gott unter der allgemeinen Hinsicht des Guten. Aber er betont gegenüber Gottes allgemeiner Bewegung, derer alle Geschöpfe bedürfen, auch die Tatsache, daß Gott den Gerechten auf sein besonderes Ziel hinlenkt. Folglich wendet sich niemand in besonderer Weise zu Gott, es sei denn, dieser wendet ihn zu sich. Sich selbst für die Gnade zu bereiten heißt also, in besonderer Weise zu Gott hingewendet zu werden: in der Art des eigenen übernatürlichen Zieles. Der Mensch kann sich demnach selbst für den Empfang der habituellen Gnade nicht vorbereiten ohne die besondere Unterstützung, durch die Gott ihn innerlich bewegt. Gegenüber der engen Parallele mit der natürlichen Bewegung, die jedes handelnde Geschöpf von Gott empfängt, um überhaupt handeln zu können, spricht Thomas hier von einer besonderen inwendigen Bewegung der Seele zu Gott selbst

---

[13] Siehe G. Lafont, Structures et méthode (wie Anm. 4), S. 256, Anm. 1.

als des Menschen übernatürliches Ziel, d. h. von einer besonderen
Gnade, die eine Person in die Lage versetzt, durch freie Wahl sich
selbst für den Empfang der habituell gegebenen Gnade vorzubereiten
(siehe a. 6 ad 1 und ad 4)[14].

Schließlich kommt Thomas auf die Frage der Sünde zu sprechen.
Unter dem Begriff der Sünde erscheint die moralische Verfehlung als
ein komplexes, gegen die natürliche Ordnung gerichtetes Phänomen[15],
das außer dem Makel der Schuld vor allem eine Beeinträchtigung
oder gar Zerstörung (corruptio) des natürlichen Gutes hinsichtlich
der Hinordnung des Willens auf Gott als das höchste Gut sowie
die ewige Strafverhaftung besagt (a. 7). Eine Wiederherstellung der
menschlichen Natur mit Bezug auf diese drei Aspekte ist ohne Gnade
nicht möglich. Mehr noch: Sowohl die habituelle Gnade als auch
Gottes besondere Hilfe hinsichtlich der inneren Bewegung innerhalb
der Seele durch Gott sind notwendig. Ebensowenig kann der Mensch
im Stande der versehrten Natur ohne Gnade die Sünde dauerhaft
meiden. Allein durch die rechtfertigende und heilende Gnade vermag
die menschliche Natur wiederhergestellt zu werden (a. 8). So bedarf
der Mensch zum rechten Leben auf zweifache Weise der Hilfe Gottes:
einmal als ein habituelles Geschenk (donum habituale), wodurch die
versehrte menschliche Natur geheilt und die geheilte dazu erhoben
wird, verdienstliche Werke, die das Maß der Natur übersteigen, zum
Zwecke des ewigen Lebens zu vollbringen, zum anderen aber, um von
Gott zum rechten Handeln bewegt zu werden (a. 9). Und schließlich
bedarf er der Gnade, um nach der erlangten Rechtfertigung in der
Gnade bleiben zu können (a. 10).

---

[14] In einer kontroversen Studie hat H. Bouillard diese Unterscheidung zwischen Gottes universaler natürlich eintretenden Bewegung und einer übernatürlichen aktuell emporhebenden Gnade als Thomas' Denken fremd zurückgewiesen. Siehe H. Bouillard, Conversion et grâce chez s. Thomas
d'Aquin, Paris 1944, S. 176, 196, 202 und 213. Eine außerordentlich kritische
Besprechung dieser Arbeit findet sich von T. Deman in: Bulletin Thomiste 7
(1943-1944), S. 46-58. Zur Diskussion dieses besonderen Problems siehe auch
J. P. Wawrykov, God's Grace and Human Action. ‚Merit‘ in the Theology of
Thomas Aquinas, Notre Dame – London 1995, S. 40-41; J.-H. Nicolas, Les
profondeurs de la grâce, Paris 1969, S. 203, Anm. 175; S. 209, Anm. 184.

[15] S.th. I-II, q. 109, a. 8, c: „peccare nihil aliud est quam recedere ab eo quod
est secundum naturam."

III. Das Wesen der Gnade

Doch entspricht der Gnade überhaupt etwas in der Seele? So fragt Thomas im ersten Artikel der folgenden *Quaestio* und unterscheidet hierbei drei Bedeutungen von Gnade: (1.) einmal als Liebe zu einem anderen Menschen, wie ein Soldat die ‚Gnade‘ seines Königs besitzt, (2.) ferner als ein ungeschuldetes Geschenk und (3.) schließlich als Erwiderung einer ihrerseits ohne Entgelt erhaltenen Wohltat (q. 110, a. 1). Gnade in der zweiten und dritten Bedeutung impliziert, daß sie im Empfänger eine Realität setzt, und zwar in der Form eines Geschenks und in dessen Anerkennung und Erwiderung. Mit Bezug auf die erste Bedeutung aber gilt es einen Unterschied zwischen der Gnade Gottes und der des Menschen zu beachten, sofern das Gut des Geschöpfes, wie wir bereits gesehen haben, aus dem göttlichen Willen stammt, der ein bestimmtes Gut für das Geschöpf zu einer bestimmten Zeit will. Hierbei ist die göttliche Liebe im allgemeinen Sinne die Liebe zu allem, was existiert, sofern Gott den Dingen ihr natürliches Sein (*esse*) verleiht; in einem speziellen Sinn betrifft sie die vernünftige Kreatur, die über ihre natürlichen Bedingungen hinaus zur Teilhabe am göttlichen Guten bestimmt ist. In dieser Hinsicht liebt Gott ohne jede Einschränkung, sofern er aufgrund dieser Liebe dem Geschöpf schlechthin das ewige Gut verleihen will, das er selbst ist. Gnade in diesem Sinne ist etwas Übernatürliches, das zu diesem Einzelnen gelangt und in dessen Seele eine Realität setzt[16].

Doch um was für eine Realität handelt es sich, etwa um eine Qualität der Seele (q. 110, a. 2)? Allerdings handelt es sich bei der Qualität, nimmt man die aristotelische Kategorienlehre zum Maßstab, um ein Akzidens. Thomas' Antwort besteht wie zumeist in einer Differenzierung. Hierzu greift er zum besseren Verständnis des metaphysischen Hintergrundes dieser Frage auf das zweifache Grundverständnis von Gnade zurück: Sofern die Seele von Gott bewegt wird, etwas zu erkennen, zu wollen oder zu tun, muß Gnade als eine bestimmte Be-

---

[16] Thomas kontrastiert dieses Verständnis noch mit einem anderen Wortgebrauch von Gnade im Sinne von Vorherbestimmung (*praedestinatio*); siehe hierzu In II Sent., d. 26, q. 1, a. 1; De veritate, q. 27, a. 1 (Ed. Leon.), S. 789ff.; Scg III, c. 150. Siehe ferner O. H. Pesch, Theologie der Rechtfertigung bei Martin Luther und Thomas von Aquin, Mainz 1967, S. 629-633.

wegung der Seele verstanden werden. Demgegenüber muß die Hilfe
durch Gottes gnadenhaften Willen auf dem Wege einer eingegossenen
habituellen Gnadengabe als eine gewisse Qualität verstanden werden.
Diese Unterscheidung einer zweifachen Form der Gnade: als Bewegung
und als Qualität, begreift Thomas in Entsprechung zur natürlichen
Ordnung. Wie Gott nicht nur alles auf natürliche Weise Tätige zu
seinen natürlichen Akten bewegt, sondern mit Formen und Kräften
ausstattet, welche wiederum Prinzipien von Akten sind, so bewegt er
zur Erlangung eines übernatürlichen Gutes, indem er übernatürliche
Formen oder Qualitäten eingießt, welche zu diesem ewigen übernatürlichen Gut hinbewegen[17].

Somit stellt sich die Frage, ob nicht Gnade und Tugend identisch
sind (q. 110, a. 3). Wenn Gnade, wie im vorausgehenden Artikel
gezeigt, eine bestimmte Qualität ist, dann – so lautet der dritte Einwand – muß sie unter eine der vier Arten von Qualität fallen[18]. Dies
kann, wie Thomas in Form eines Ausschlußverfahrens zeigt, aber nur
die erste Art sein: Habitus oder Disposition. Sofern die *habitus* der
Seele Tugenden sind (siehe S.th. I-II, q. 55), scheinen Gnade und
Tugend der Sache nach identisch zu sein, wenngleich sie sich begrifflich unterscheiden. In diesem Sinne würde ein und dieselbe Sache
Gnade genannt, sofern sie dem Menschen gnadenhaft gegeben wurde
oder ihn gottgefällig macht, jedoch Tugend, insofern der Mensch
vervollkommnet wird, gut zu handeln. Petrus Lombardus etwa hat
diese Auffassung vertreten[19], die Thomas jedoch unter Berufung auf
Aristoteles zurückweist. Denn Tugend ist die Ausrichtung auf etwas
Vollkommenes (*dispositio perfecti*), jedoch gemäß einer natürlichen
Disposition (*Physik* VII, 3 246a 13). Im Unterschied zu den durch
menschliche Akte erworbenen Tugenden richten die eingegossenen
Tugenden den Menschen auf höhere Weise aus und zu einem höheren Ziel hin[20]. Somit beinhalten sie die Hinordnung auf eine höhere
Natur, genauer die Hinordnung auf die Teilhabe (*participatio*) an der
göttlichen Natur (siehe 2 *Petr*. 1, 4). Wie das natürliche Licht der Vernunft von den erworbenen Tugenden unterschieden ist, die auf jenes
hingeordnet sind, so ist auch das Gnadenlicht, das Teilhabe an der

---

[17] Vgl. Pesch (wie Anm. 16), S. 634ff.
[18] Siehe hierzu auch S.th. I-II, q. 49, a. 2.
[19] Siehe Sententiae II, d. 27, cc. 2-7, S. 481-485.
[20] Siehe hierzu den Beitrag von S. Ernst in diesem Band, S. 351f.

göttlichen Natur ist, von den eingegossenen Tugenden unterschieden, die von ihm ausgehen und zu ihm hingeordnet sind. In diesem Sinne kann Thomas auf den dritten Einwand antworten, daß Gnade auch im Sinne der ersten Artbestimmung von Qualität nicht identisch mit der Tugend ist. Sie ist vielmehr ein bestimmter habitueller Zustand, der den eingegossenen Tugenden als deren Prinzip und Fundament zugrunde liegt[21].

In engem Zusammenhang mit dieser Antwort steht die abschließende Frage, ob die Gnade das Wesen der Seele betrifft, sofern sie sich auf den Träger oder aber auf eines der Vermögen erstreckt (q. 110, a. 4). Thomas' Antwort enthält wichtige philosophische Implikationen und setzt die zentralen anthropologischen Lehrstücke voraus: die substantielle Einheit der Geistseele mit dem Körper (S.th. I, q. 76, a. 1), die Einzigkeit und Einheit der menschlichen Seele auch hinsichtlich ihrer sensitiven, vegetativen und intellektiven Tätigkeiten (q. 76, a. 3) – beide Annahmen fußen auf der Überzeugung, daß die Geistseele die alleinige Wesensform des Menschen ist (S.th. I, q. 76, a. 4)[22] –, schließlich die Unterscheidung zwischen dem Wesen der Seele und ihren Vermögen (S.th. I, q. 77, a. 1)[23], die als Akzidenzien unter die zweite Artbestimmung von Qualität (*potentia et impotentia*) fallen; es kann folglich viele Vermögen der Seele geben, die voneinander formell und entsprechend ihren unterschiedlichen Akten und Objekten unterschieden sind (S.th. I, q. 77, a. 3)[24]. Vor diesem Hintergrund ergibt sich Thomas' Antwort auf die im vierten Artikel gestellte Frage. Wäre Gnade identisch mit Tugend, dann müßte sie notwendig ihren Sitz in einem Seelenvermögen als ihrem Träger haben, ist doch das

---

[21] Vgl. S.th. I-II, q. 110, a. 3 ad 3; vgl. auch De veritate, q. 27, a. 2 ad 7 (Ed. Leon.), S. 795.

[22] Zur Kontroverse im 13. Jahrhundert zu dieser Frage siehe R. Zavalloni, Richard de Mediavilla et la controverse sur la pluralité des formes, Louvain 1951, S. 211ff. ('Étude critique'); zur Position des Thomas siehe Wippel, The Metaphysical Thought of Thomas Aquinas (wie Anm. 5), S. 327-351.

[23] Siehe P. Künzle, Das Verhältnis der Seele zu ihren Potenzen. Problemgeschichtliche Untersuchungen von Augustin bis und mit Thomas von Aquin, Freiburg/Schweiz 1956; für Thomas ferner Wippel, The Metaphysical Thought (wie Anm. 5), S. 275-294.

[24] Thomas behandelt die verschiedenen Vermögen der Seele vor allem in S.th. I, qq. 75-88; siehe hierzu den Beitrag von W. Goris in diesem Band, S. 129-132.

Seelenvermögen der eigentliche Träger der Tugend (S.th. I-II, q. 56, a. 1). Sofern aber Gnade von Tugend verschieden ist, wie Thomas im vorausgehenden Artikel gezeigt hat, vermag kein Seelenvermögen Träger der Gnade zu sein. Denn die Gnade geht der Tugend vorauf und bedarf somit eines den Seelenvermögen vorausliegenden Trägers: Das aber ist das Wesen der Seele selbst[25].

IV. Die Einteilung der Gnade

Die Fragestellung der folgenden *Quaestio* 111 mag befremden, doch entspricht sie dem systematisierenden Zugriff des thomasischen Denkens. Die Einteilung in die frei gewährte Gnade (*gratia gratis data*) und in die heiligmachende Gnade (*gratia gratum faciens*), und die nachfolgende Einteilung in die wirkende und mitwirkende Gnade (*per gratiam operantem et cooperantem*) einerseits und in die zuvorkommende und nachfolgende Gnade (*per gratiam praevenientem et subsequentem*) andererseits, sowie die Einteilungen der freigewährten Gnade nach 1 *Kor.* 12, 8ff. unterstreichen zudem, welche Bedeutung Thomas einer klaren Begrifflichkeit zumißt.

Die Angemessenheit der Einteilung der Gnade in die *gratia gratum faciens*, durch die der Mensch selbst mit Gott verbunden wird, und in die *gratia gratis data*, die freigewährte Gnade, ergibt sich für Thomas aus der für das Gnadenverständnis grundlegenden Hinordnung der Gnade auf die Zurückführung des Menschen zu Gott (q. 111, a. 1, c). Dies geschieht jedoch in einer gewissen Ordnung, dergemäß einzelne Menschen durch andere zu Gott geführt werden. Und so kommt es, daß der eine in Gestalt der *gratia gratum faciens*, die also eine Form der habituellen Gnade ist, selbst mit Gott verbunden ist, während ein anderer mit einem anderen zusammenwirkt, damit er zu Gott zurückgeführt werde. Diese freigewährte Gnade (*gratia gratis data*) ist dem einzelnen Menschen über die Fähigkeit der Natur und seiner möglichen Verdienste hinaus gegeben. Da sie dem einzelnen aber nicht zu seiner eigenen, sondern zu des anderen Rechtfertigung gegeben ist, wird diese Form der Gnade nicht *gratia gratum faciens* genannt,

---

[25] Siehe auch De veritate, q. 27, a. 6 (Ed. Leon.), S. 813f.

denn ‚einem jeden wird die Offenbarung des Geistes geschenkt zum
Nutzen', d.h. zum Nutzen des anderen – so ergänzt Thomas das
Pauluswort aus 1 *Kor.* 12, 7, wie dies etwa bei den Propheten der
Fall ist. Damit aber besitzt die heiligmachende Gnade (*gratia gratum
faciens*) gegenüber der frei gewährten Gnade einen gewissen Vorrang,
da sie den Menschen unmittelbar auf die Verbindung mit dem letzten
Ziel hinordnet (q. 111, a. 5, c). Die frei gewährte Gnade (*gratia gratis
data*) hingegen, die, wie Thomas nochmals betont, daraufhin angelegt
ist, daß der Mensch mit einem anderen zusammenwirke, damit er
zu Gott zurückgeführt werde, „begreift all jenes unter sich, dessen
der Mensch bedarf, um einen anderen in göttlichen Dingen, welche
über die Vernunft (*supra rationem*) hinausreichen, zu unterrichten"
(q. 111, a. 4, c). Dazu muß der Mensch die Fülle der Erkenntnis der
göttlichen Dinge erlangt haben, er muß das Gesagte – nach Art der
übrigen Wissenschaften – bekräftigen und beweisen und es schließlich
den Hörern sinnvoll vortragen. Thomas denkt hier also vorzüglich an
den Theologen, der entsprechend den paulinischen Charismen nach
1 *Kor.* 12, 7-10[26] umfassend gebildet sein muß (a. 4, c).

Die Unterscheidung zwischen wirkender und mitwirkender Gnade im zweiten Artikel geht zurück auf Augustinus[27]. Thomas selbst
leitet die Einteilung in die wirkende Gnade (*gratia operans*) und in
die mitwirkende Gnade (*gratia cooperans*) aus der Unterscheidung
zwischen der Gnade als göttlicher Hilfe (*auxilium*), gemäß der Gott
uns bewegt zu wollen und zu handeln, und einer habituellen, uns
von Gott eingesenkten Gabe (*habituale donum*) ab. In beiderlei Hinsicht kann Gnade angemessen in wirkende und mitwirkende Gnade
eingeteilt werden. Gleichwie eine Wirkung nicht dem Bewegten,
sondern dem Bewegenden zugeschrieben wird, wird eine Tätigkeit,
indem unser Geist bewegt wird, aber nicht selbst bewegend ist, Gott
allein zugeschrieben und folglich wirkende Gnade genannt. Wenn
hingegen unser Geist gleichermaßen bewegt wie bewegend ist, wird
diese Tätigkeit nicht nur Gott, sondern auch der Seele zugeschrieben;
in diesem Fall spricht man von mitwirkender Gnade.

---

[26] „Unicuique datur manifestatio spiritus ad utilitatem", so zitiert Thomas den
    paulinischen Text.
[27] Siehe hierzu S.th. I-II, q. 111, a. 2, sed contra und Augustinus, De gratia et
    libero arbitrio 17 (PL 44, 901).

Versteht man unter Gnade nun eine besondere göttliche Hilfe (*auxilium*), durch die uns Gott zu einem verdienstlichen Akt bewegt, so gilt es, zwischen dem inneren Akt auf seiten des Willens und zwischen dem äußeren Akt zu unterscheiden. In Hinblick auf den inneren Akt gilt, daß der Wille schlechthin von Gott bewegt wird, insbesondere wenn der Wille das Gute will, nachdem er zuvor das Böse gewollt hat. Sofern Gott den menschlichen Geist dazu bewegt, das Gute zu wollen, sprechen wir von wirkender Gnade. Der äußere gute Akt muß hingegen dem Willen zugeschrieben werden. Weil jedoch Gott uns auch hinsichtlich dieses Aktes unterstützt, indem er den Willen innerlich in der Ausführung bestärkt und äußerlich die Fähigkeit des Tätigseins gewährt, spricht man mit Bezug auf diesen Akt von mitwirkender Gnade[28]. In gleicher Weise müssen daher auch mit Blick auf die göttliche habituelle Gabe zwei Wirkungen unterschieden werden: mit Bezug auf das Sein (*esse*) und auf die Tätigkeit. Insofern habituelle Gnade die Seele heilt oder rechtfertigt oder Gott wohlgefällig macht, spricht man von wirkender Gnade, von mitwirkender Gnade hingegen, sofern sie Prinzip eines verdienstlichen Aktes ist, der aus der freien Selbstbestimmung hervorgeht. In seiner Antwort auf den vierten Einwand unterstreicht Thomas, daß die wirkende und die mitwirkende Gnade ein und dieselbe Gnade sind, unterschieden lediglich nach ihren Wirkungen[29].

Auch die Einteilung der Gnade in die zuvorkommende und nachfolgende Gnade (*gratia praeveniens et subsequens*) geht auf Augustinus

---

[28] An dieser Stelle zitiert Thomas wiederum Augustins *De gratia et libero arbitrio*: „Gott ist tätig (*operatur*), so daß wir zwar wollen können, und wenn wir wollen, dann wirkt er mit uns zusammen (*cooperatur*), auf daß wir das Werk vollenden" (PL 44, 901).

[29] In seiner Erwiderung auf den ersten Einwand stellt Thomas fest, daß Gnade, wenn sie als eine Qualität betrachtet wird, und d. h. als habituelle Gnade, nicht als eine Wirkursache auf die Seele einwirkt, sondern als eine Formursache. Er sagt aber gleichwohl nicht, wenn sie als eine besondere göttliche Bewegung zu verstehen ist. Zu den Unterschieden in Thomas' Behandlung der wirkenden Gnade in seinen früheren und späteren Schriften (In I Sent., d. 26, q. 1, a. 5; De veritate, q. 27, a. 5 ad 1 (Ed. Leon.), S. 810; S.th. I-II, q. 111, a. 2) siehe B. Lonergan, Grace and Freedom. Operative Grace in the Thought of St. Thomas Aquinas, London – New York 1971, S. 29-40. Zu Lonergan siehe Wawrykov, God's Grace and Human Action (wie Anm. 14), S. 42-52.

zurück[30]. Thomas verbindet mit dieser Einteilung fünf Wirkungen der Gnade in uns: (1.) daß die Seele geheilt wird, (2.) daß sie das Gute will, (3.) daß sie das Gute, das sie will, tut, (4.) daß sie in dem Guten verharrt, und (5.) daß sie zur Herrlichkeit, d. h. zur Vollendung gelangt (q. 111, a. 3, c). Wie nämlich eine Wirkung später als eine andere ist und früher als wiederum eine andere, so kann die Gnade gemäß ein und derselben Wirkung in Hinblick auf Verschiedenes nachfolgend oder zuvorkommend genannt werden, ohne damit einen wesentlichen Unterschied in der Gnade selbst auszusagen (a. 3 ad 2).

V. Die Ursache der Gnade

Die Frage nach der Ursache der Gnade (q. 112), die gemäß dem im Prolog zu *Quaestio* 90 dargelegten Plan nunmehr folgt, steht in einem engen Verhältnis zu den nachfolgenden Fragen der Rechtfertigung (*iustificatio*, q. 113) und der Verdienstlichkeit (*meritum*, q. 114). Beide Fragen werden später im Zentrum der reformatorischen Auseinandersetzungen stehen. Um so deutlicher sticht hervor, wie sehr Thomas hervorhebt, daß Gott allein Ursache der Gnade ist. Denn die Gnade überschreitet alle natürlichen Möglichkeiten der geschaffenen Natur, in der es keine irgendwie geartete Proportion mit der göttlichen Natur gibt. Daher kann keine Kreatur Ursache von Gnade sein (q. 112, a. 1, c). Gleiches gilt von der Menschheit Christi (a. 1 ad 1) und den Sakramenten des Neuen Gesetzes (a. 1 ad 2), die für Gott niemals hauptsächliche, sondern lediglich instrumentelle Ursachen der Gnade sein können.

Kann dann aber der Mensch sich überhaupt auf irgendeine Weise für die Gnade vorbereiten? Gibt es irgendeine Disposition für den Empfang der Gnade? Eine solche Disposition ist für Thomas in der Tat erforderlich, wenn man die Gnade als ein habituelles göttliches Geschenk begreift (a. 2, c). Wird unter der Gnade aber die besondere Hilfe (*auxilium*) Gottes verstanden, der zum Guten bewegt, so ist auf seiten des Menschen keine Vorbereitung erforderlich, die der

---

[30] Zu dieser und der vorhergehenden Einteilung siehe Pesch, Theologie der Rechfertigung (wie Anm. 16), S. 647f., der, Thomas folgend, Augustins *De natura et gratia*, c. 31 (PL 44, 264) als Quelle für diese Einteilung nennt.

göttlichen Hilfe gewissermaßen zuvorkäme. Denn was auch immer
für eine Vorbereitung seitens des Menschen bestehen mag, so entspringt sie doch in Wahrheit der besonderen Hilfe Gottes, der die
Seele zum Guten bewegt. So ist auch die gute Bewegung der freien
Selbstbestimmung, durch die jemand zum Empfang der Gnadengabe
bereitet wird, ein von Gott selbst bewegter Akt. Allein in diesem eingeschränkten Sinn kann von einer Vorbereitung auf die Gnade seitens
des Menschen gesprochen werden, jedoch kommt diese Vorbereitung
primär von Gott, der den freien Willen bewegt.

Diese womöglich paradox anmutende Formulierung erhellt vor
dem Hintergrund der Frage des folgenden Artikels, ob dem Menschen, wenn er sich vorbereitet und tut, was an ihm ist, die Gnade
mit Notwendigkeit verliehen wird (a. 3). Ebenso paradox erscheint
auf den ersten Blick die Antwort: Die Vorbereitung des Menschen
zur Gnade geschieht von Gott als dem Bewegenden, von der freien
Selbstbestimmung hingegen als einem Bewegten. Das bedeutet, daß
der Vorbereitung aufgrund der freien Selbstbestimmung keine Notwendigkeit hinsichtlich des Empfangs der Gnade eignet, da die Gabe
der Gnade die menschliche Kraft und die auf dieser beruhende Vorbereitung übersteigt. Allein die Vorbereitung, die von Gott kommt,
beinhaltet Notwendigkeit in Hinblick auf die Hinordnung auf Gott,
jedoch nicht in Gestalt des Zwangs, sondern in Form der Unfehlbarkeit, da Gottes Absicht niemals fehlgehen kann. Es ist also allein
Gottes Absicht, jemandes Herz zur Aufnahme der Gnade zu bewegen,
daß ein Mensch die Gnade mit Unfehlbarkeit empfängt[31].

Ist die Gnade dann aber in dem einen größer als in dem anderen?
Thomas' Antwort auf die Frage des vierten Artikels geht wiederum
vom Gedanken des Habitus aus, der eine Größe zum einen hinsichtlich des Endes oder des Gegenstandes haben kann, indem eine Tugend
herausragender als eine andere ist, sofern sie auf ein größeres Gut
hingeordnet ist; zum anderen in Hinblick auf den Träger (das Subjekt),
der in einem höheren oder geringeren Maße an einem Habitus teilhat.
Wird Größe im ersten Sinne verstanden, so kann die heiligmachende
Gnade (*gratia gratum faciens*) weder größer noch geringer sein, da die

---

[31] Für eine vollständigere Diskussion und zusätzliche Hinweise zu diesen drei
      Artikeln siehe Pesch, Theologie der Rechtfertigung (wie Anm. 16), S. 659-
      668.

Gnade ihrem Wesen nach mit dem höchsten Gut verbindet. Wenn es dennoch gewisse Unterschiede gibt, so liegen sie auf seiten der Träger, die sich auf den Empfang der Gnade vorbereiten, sofern der, der sich besser vorbereitet, mehr empfängt. Da also der Mensch sich nur in dem Maß für die Gnade vorbereiten kann, in dem seine freie Entscheidungsmacht von Gott bewegt wird, ist der Grund für die erwähnte Verschiedenheit primär in Gott anzusetzen, der seine Gnadengaben den einzelnen auf unterschiedliche Weise gibt, damit die Schönheit und Vollkommenheit der Kirche – so lautet die Begründung – gleich der des Kosmos in verschiedenen Stufengraden besteht (q. 112, a. 4, c), vermittels der die einzelnen an der Gnade teilhaben. Ob man aber im Besitz der Gnade ist, das weiß der einzelne, wenn ihm nicht das besondere Vorrecht einer göttlichen Offenbarung zuteil wird, nur durch Rückschlüsse aus ihren Wirkungen oder aufgrund von Zeichen. Doch dieses Wissen ist unsicher und lediglich konjektural, da die Ursache sich unserer Einsicht entzieht (q. 112, a. 5, c).

VI. Wirkungen der Gnade: die Rechtfertigung

Thomas beschließt seinen Gnadentraktat gemäß der im Prolog zu q. 109 gegebenen Einteilung mit der Frage nach den Wirkungen der Gnade. Dahinter verbergen sich zwei Fragen von großer theologischer Bedeutung: die Frage der Rechtfertigung (*iustificatio*) als Wirkung der wirkenden Gnade (*gratia operans*) in q. 113 und die Frage des Verdienstes (*meritum*) als Wirkung der mitwirkenden Gnade (*gratia cooperans*) in q. 114. Ungeachtet der Ableitung gemäß den zuvor entwickelten Unterscheidungen von Ursache und Wirkung sowie wirkend und mitwirkend erscheint der Begriff der Gnade in spezifischer Weise theologisch pointiert: Die Frage der übernatürlichen Vollendung eines natürlichen Strebeziels steht nun unter dem theologischen Vorbehalt der Rechtfertigung.

Unter Rechtfertigung versteht Thomas die Rechtfertigung des Sünders (*iustificatio impii*). Die Frage der Gnade wird dann zur Frage nach der Vergebung der Sünden (*remissio peccatorum*). Dadurch erfährt die Gnadenlehre eine Zuspitzung auf die Frage der Rechtfertigung als Sündenvergebung; dies zeigt die Fragestellung des ersten Artikels (q. 113, a. 1): „Ist die Rechtfertigung des Sünders eine Vergebung der

Sünden?" Diese Bestimmung der Gnade als Sündenvergebung geht
auf Augustins antipelagianisches Gnadenverständnis zurück und hat
die nachfolgenden theologischen Debatten nachhaltig geprägt[32]. Doch
dies ist im Kern nicht Thomas' Verständnis von Gnade. Er versucht
vielmehr, auch die Frage der Rechtfertigung und der Sündenvergebung
sowie der Verdienstlichkeit im Rahmen der bisherigen Systematik seiner Gnadenlehre einsichtig zu machen. Das zeigt exemplarisch bereits
die Antwort auf die Fragestellung des ersten Artikels. Thomas nämlich
versteht unter Rechtfertigung in passiver Hinsicht eine gewisse natürliche Bewegung zur Gerechtigkeit (iustitia). Diese Bewegung beinhaltet
zum einen eine rechte Ordnung im Akt des Handelnden selbst – in
diesem Sinne kann die Gerechtigkeit als Tugend begriffen werden wie
auch als Gesetzesgerechtigkeit –, zum anderen die rechte Ordnung in
der inneren Verfassung des Menschen, „sofern nämlich das Höchste
im Menschen Gott unterworfen wird, und sofern die niederen Kräfte
der Seele der höchsten, nämlich der Vernunft unterworfen werden" (q.
113, a. 1, c). Mit Aristoteles nennt Thomas diese innere Disposition
Gerechtigkeit im übertragenen Sinne[33]. Diese Gerechtigkeit aber kann
im Menschen auf zweifache Weise zustandekommen: zum einen in der
Weise einer einfachen Entstehung von der Beraubung zur Gegenwart
einer Form, gemäß der etwa Adam die ursprüngliche Gerechtigkeit
empfing, zum anderen im Sinne einer Bewegung von einem Gegensatz
zum anderen. So verstanden, besagt Rechtfertigung eine Umwandlung
(transmutatio) aus dem Stand der Ungerechtigkeit in den Stand der
Gerechtigkeit. In eben diesem Sinn spricht Thomas im folgenden
von Rechtfertigung. Wie jede Bewegung empfängt sie ihren Namen
vom terminus a quo, dem Sünder. Und so fallen Rechtfertigung und
Sündenvergebung der Sache nach in eins[34]. Für die Sündenvergebung,
in der, wie Thomas betont, die Rechtfertigung des Sünders besteht,
aber ist die Gnade erforderlich (q. 113, a. 2, c). Denn nur Gott,
gegen den sich die Sünde richtet, kann mit uns Frieden schließen in
der Liebe, mit der er uns liebt. Die Wirkung dieser Liebe, die durch

---

[32] Siehe hierzu A. G. Poulsen, The Gracious God. Gratia in Augustine and the
      Twelfth Century, København 2002, zu Augustinus bes. S. 23-61.
[33] Vgl. Ethica Nic. V, 13 (1138b 5-14).
[34] Siehe hierzu O. H. Pesch, Thomas von Aquin. Grenze und Größe mittel-
      alterlicher Theologie, Mainz 1995, S. 171f. Vgl. De veritate, q. 28, a. 1 (Ed.
      Leon), S. 817ff.

die Sünde aufgehoben wird, ist nichts anderes als die Gnade, durch die der Mensch des ewigen Lebens, von dem die Todsünde (*peccatum mortale*) ausschließt, würdig wird (ibid.)[35].

Wie aber steht es mit den Voraussetzungen für die Rechtfertigung im Sünder selbst? Ist hierzu nicht auch eine Bewegung des Willens und der freien Selbstbestimmung oder des Glaubens erforderlich? Zwar erfolgt die Rechtfertigung durch Gott, der den Menschen zur Gerechtigkeit bewegt. Doch in Übereinstimmung mit dem fundamentalen Grundsatz seiner Metaphysik betont Thomas, daß Gott alle Dinge nach ihrer besonderen Weise bewegt. Und so bewegt er die Menschen zur Gerechtigkeit nach Art der menschlichen Natur. Dies schließt die freie Selbstbestimmung ein. Folglich bewegt auch Gott zur Gerechtigkeit nicht ohne eine Regung der freien Selbstbestimmung. Vielmehr gießt er die Gabe der rechtfertigenden (habituellen) Gnade in der Weise ein, daß er zugleich mit dieser Gabe die freie Selbstbestimmung des Sünders dazu bewegt, diese Gabe anzunehmen. Thomas scheint hier wie in q. 112, a. 2 die Bewegung zur Annahme der gewährten habituellen Gnade als eine besondere Gnade im Sinne einer besonderen göttlichen Hilfe (*auxilium*) zu verstehen[36]. Diese Bewegung der freien Selbstbestimmung, die in einer Hinkehr zur Gerechtigkeit Gottes wie auch in einer Abkehr von der Sünde besteht (q. 113, a. 5), setzt jedoch voraus, daß die ganze Seele von Gott bewegt wird, indem er sie durch den Glauben zu sich selbst hinwendet (q. 113, a. 4). Denn „wer sich Gott naht, muß glauben, daß er ist" (a. 4, c; *Hebr.* 11, 6).

In Artikel 6 faßt Thomas nochmals die Bedingungen zusammen, die für die Rechtfertigung notwendig sind: (1.) die Eingießung der Gnade, (2.) die Bewegung der freien Selbstbestimmung auf Gott hin durch den Glauben, (3.) die Bewegung der freien Selbstbestimmung gegen die Sünde und (4.) die Sündenvergebung. Von seiten der göttlichen Bewegung wird demnach von der Eingießung der Gnade gesprochen, aus der Sicht der freien Selbstbestimmung von einer doppelten Bewegung von der Sünde weg und zu Gott hin, die ihre Vollendung schließlich in der Sündenvergebung, d. h. der Rechtfertigung erfährt, in der somit die Bewegung insgesamt ihren Abschluß findet. Diese

---

[35] Siehe Pesch, Thomas von Aquin (wie Anm. 34), S. 172f.

[36] Vgl. Héris, Saint Thomas d'Aquin (wie Anm. 10), S. 391, der diese Form der göttlichen Hilfe als Hinweis auf die wirkende Gnade versteht.

Bewegung der rechtfertigenden Gnade aber muß instantan und darf
nicht sukzessiv verstanden werden, erfolgt doch die Rechtfertigung
des Sünders von Gott *in instanti*, im Nu (q. 113, a. 7, c)[37]. Obgleich
die Rechtfertigung des Sünders nicht sukzessiv, sondern gleichzeitig
(*tempore quidem simul*) geschieht, stellt sich für Thomas in der Natur-
ordnung doch die Frage nach ihrem Früher und Später. Und so zeigt
sich, daß Thomas die Reihenfolge nicht beliebig gewählt hat. Wie
in jeder Bewegung die Bewegung des Bewegenden selbst von Natur
aus das Erste ist, das Zweite die Ausrichtung des Stoffes und die Bewegung des Bewegbaren, das Letzte aber das Ziel und der Endpunkt
der Bewegung, an dem auch die Bewegung des Bewegenden ihr Ende
findet, so bildet die Eingießung der Gnade, welche nichts anderes ist
als die Bewegung Gottes, den Ausgangspunkt der Rechtfertigung,
die in der Sündenvergebung ihr Ziel und ihren Endpunkt besitzt (q.
113, a. 8, c)[38].

Ist also die Rechtfertigung des Sünders Gottes größtes Werk (a. 9)
– so fragt Thomas abschließend – oder gar ein Wunder (a. 10)? Beides
gilt nicht schlechthin. In bestimmter Weise aber, so Thomas, ist die
Rechtfertigung des Sünders, die ihren Zielpunkt in dem ewigen Gut
der göttlichen Teilhabe hat, ein größeres Werk als die Erschaffung
des Himmels, ist das Geschenk der den Sünder rechtfertigenden
Gnade größer als das Geschenk der den Gerechten seligmachenden
Herrlichkeit, übersteigt doch das Geschenk der Gnade die Würdigkeit
des Sünders weit mehr als das Geschenk der Herrlichkeit die Würde
des Gerechten, der schon durch seine erfolgte Rechtfertigung der
Herrlichkeit würdig ist (a. 9, c). Ein Wunder ist die Rechtfertigung in
dem Sinne, daß sie nur in Gottes Macht steht, nicht jedoch, sofern sie
die Seele, die doch als Abbild Gottes erschaffen wurde, zum Empfang
der Gnade befähigt. Dies mag bisweilen außerhalb der üblichen und

---

[37] Es ist schwer zu entscheiden, ob Thomas' Bezugnahme hier (und in Artikel
     8) auf die Eingießung der Gnade sich nur auf die habituelle Gnade bezieht
     oder auch auf eine ganz bestimmte bewegende Gnade (*auxilium*), wobei
     Gott die freie Selbstbestimmung des Sünders bewegt. Siehe hierzu Thomas'
     Unterscheidung von habitueller und speziell bewegender Gnade in q. 112,
     a. 2 im Zusammenhang der Frage einer Disposition zur Vorbereitung für die
     Gnade. Zu diesem Problem der Interpretation von q. 114, aa. 7-8, siehe des
     weiteren Héris, Saint Thomas d'Aquin (wie Anm. 10), S. 397f.
[38] Siehe Pesch, Thomas von Aquin (wie Anm. 34), S. 175-179.

gewohnten Ordnung erfolgen, wie im Falle des Paulus, dessen Bekehrung daher von der Kirche als ein Wunder gefeiert wird (a. 10, c).

VII. Das Verdienst

Eng mit der Frage nach der Rechtfertigung ist die Frage der Verdienstlichkeit bzw. des Verdienstes (*meritum*) verbunden, die Thomas jedoch im Unterschied zur Rechtfertigung der mitwirkenden Gnade (*gratia cooperans*) zurechnet. Thomas beginnt ebenso programmatisch wie grundsätzlich mit der Frage, ob der Mensch bei Gott überhaupt etwas verdienen kann (q. 114, a. 1), d.h. ob der Mensch aufgrund eigener Taten bei Gott einen Lohn erwerben kann. Verdienst und Lohn nämlich sind, so erläutert Thomas, auf dasselbe bezogen: auf Kompensation für ein geleistetes Werk oder eine verrichtete Arbeit. Wie die Erstattung eines gerechten Preises für das, was man erhalten hat, so ist auch die Entrichtung des Lohnes ein Akt der Gerechtigkeit. Doch eine so verstandene Gerechtigkeit setzt, wie Aristoteles im fünften Buch der *Nikomachischen Ethik* sagt, eine gewisse Gleichheit voraus[39]. Mehr noch: Gerechtigkeit im eigentlichen Sinn kann es nur zwischen Personen geben, die schlechthin gleichen Ranges sind. Andernfalls gibt es nur eine paternalistische Form von Gerechtigkeit. Da es somit zwischen ungleichen Partnern eine Gerechtigkeit schlechthin nicht geben kann, so gibt es zwischen ihnen auch kein Verdienst schlechthin, sondern nur im eingeschränkten Sinn, so wie der Sohn etwas bei seinem Vater oder der Knecht bei seinem Herrn verdient.

Nun besteht aber die denkbar größte Ungleichheit zwischen Gott und Mensch, zwischen denen es einen unendlichen Abstand gibt. Darüber hinaus hat der Mensch alles Gute von Gott. Daraus folgt, daß es von seiten des Menschen in Hinblick auf Gott keine Gerechtigkeit schlechthin geben kann, sondern lediglich in einem bestimmten Verhältnis, insofern sowohl Gott als auch der Mensch auf je eigentümliche Weise tätig sind. Die Art und Weise und das Maß für die menschliche Kraft (*virtus*) aber kommt von Gott. Menschliches Handeln kann demnach im Verhältnis zu Gott nur insofern verdienstlich sein, als Gott selbst es geordnet hat. So empfängt der Mensch den Lohn für

---

[39] Vgl. Ethica Nic. V, 6 (1131a 12-14).

seine Taten, den Gott für solche Taten festgesetzt hat. Gleichwohl kann beim Menschen kraft seines freien Wahlvermögens mit Bezug auf seine Tätigkeit doch von einem Verdienst gesprochen werden, was auf die anderen Geschöpfe nicht zutrifft[40]. Obwohl unser Handeln somit nur kraft der göttlichen Vorausordnung (*praeordinatio*) die Bedeutung des Verdienstes haben kann, so ist Gott im eigentlichen Sinn doch nicht unser, sondern sein eigener Schuldner, „sofern er es nämlich sich selbst schuldet, daß seine Anordnung auch ausgeführt wird" (q. 114, a. 1 ad 3)[41].

Die hier angesprochene Grundfrage tritt in den folgenden Artikeln in ihren unterschiedlichen Konseqenzen noch deutlicher hervor. So betont Thomas, daß niemand ohne Gnade das ewige Leben verdienen kann (a. 2). Denn auch im Zustand der unversehrten paradiesischen Natur hängt das Verdienst des Menschen von der Vorausordnung ab. Somit ist keine geschaffene Natur zureichendes Prinzip eines Aktes, der das ewige Leben verdienen würde, wenn nicht eine übernatürliche Gnade hinzugegeben würde (siehe auch q. 109, a. 5). Dies gilt im verschärften Maße vom Menschen unter der Sünde, die nicht ohne Gnade beseitigt werden kann (siehe q. 113, a. 2). Doch auch der Mensch in der Gnade kann sich das ewige Leben nicht wie ein Recht verdienen, sofern es vom freien Wahlvermögen seinen Ausgang nimmt. Einen solchen strengen Rechtstitel *ex condigno* begründet nur die besondere Gnade des Heiligen Geistes (q. 114, a. 3).

Die folgenden Artikel belegen und bestätigen die bislang entwikkelte Systematik der thomasischen Gnadenlehre. Im einzelnen wird der Leser belehrt über den Vorrang der Liebe gegenüber den anderen Tugenden als Ursprung des Verdienstes, ist es doch der eigentliche Akt der Liebe, durch den die Akte aller anderen Tätigkeiten auf dieses Ziel ausgerichtet werden (a. 4). Ferner spricht Thomas nochmals das Problem der ersten Gnade an, die als Anfang eines jeden guten Werks niemals unter das Verdienst fällt (a. 5)[42]. Denn unter das menschliche Verdienst fällt nur das, „was sich zur Bewegung der von der Bewegung

---

[40]   Die genaue Formulierung des Thomas lautet: „unde sua actio habet rationem meriti" (S.th. I-II, q. 114, a. 1, c).

[41]   Siehe Wawrykov, God's Grace (wie Anm. 14), S. 180-190, insbesondere zur Bedeutung von Gottes Schuld in Thomas' Lehre vom Verdienst.

[42]   Zum Folgenden siehe Wawrykov, God's Grace (wie Anm. 14), S. 213-228.

Gottes gesteuerten freien Selbstbestimmung als Ziel verhält, nicht aber das, was sich zu dieser Bewegung als Ursprung verhält" (a. 9, c). So fällt das Beharren in der Herrlichkeit unter das Verdienst, anders als das Ausharren unterwegs auf dem Weg zum erstrebten Ziel, denn es ist Gott, der diese Beharrlichkeit schenkt, wem immer er sie schenkt (ibid.). Somit kann auch kein Mensch für den anderen *ex condigno* die erste Gnade verdienen; das bleibt allein Christus vorbehalten, der nicht nur selbst zur Herrlichkeit des ewigen Lebens gelangte, sondern der auch die anderen dorthin geführt hat (a. 6). Aus dem bisher Gesagten folgt auch, daß keiner sich die Wiederherstellung (*reparatio*) nach einem zukünftigen Sündenfall verdienen kann (a. 7). Andererseits, sofern die Bewegung sich nicht nur auf das Endziel der Bewegung erstreckt, sondern auf den ganzen Weg der Bewegung, ist die Bewegung durch die Mehrung der Liebe und Gnade gekennzeichnet (a. 8). Solch ein Zuwachs kann von jemandem *ex condigno* bereits im Stand der habituellen Gnade verdient werden.

Die letzte Frage des Gnadentraktats handelt von der Verdienstlichkeit der zeitlichen Güter (a. 10). Leitend für die Antwort ist der erforderte Maßstab des Guten. Schlechthin gut (*bonum simpliciter*) sind für den Menschen allein das letzte Ziel (*finis ultimus*) und desgleichen alle Güter, die ihrer Natur nach zu diesem Ziel führen. Diese Güter sind, sofern der Mensch durch sie zum ewigen Leben gelangen kann, schlechthin verdienstlich. Mit Einschränkungen gut (*bonum secundum quid*) ist, was für den Menschen hier und jetzt oder nur unter bestimmter Rücksicht gut ist. Solche Güter können auch nicht schlechthin, sondern nur in bestimmter Hinsicht gut und verdienstvoll sein. Sofern sie aber auf das letzte Ziel hingeordnet sind, führen sie den Menschen zum letzten Ziel. In Übereinstimmung mit seiner Lehre von der zweifachen Glückseligkeit spricht Thomas in diesem Zusammenhang von einem Zuwachs an Gnade und von solchen Dingen, die helfen, in der Kraft der ersten Gnade die Glückseligkeit nach diesem Leben zu erreichen[43]. Ja, Gott selbst gibt dem Gerechten viele zeitliche Güter (aber auch Übel), die ihm zur Erlangung des ewigen Lebens dienen sollen. Diese zeitlichen Güter sind jedoch kein Selbstzweck,

---

[43] Siehe hierzu den Beitrag von A. Speer in diesem Band, S. 161-164. – Dem Herausgeber dieses Bandes möchte ich an dieser Stelle für seine sorgfältige deutsche Übersetzung meines Beitrages sehr herzlich danken.

sondern sie sind verdienstlich im eigentlichen Sinn nur, sofern Gott den Menschen in ihren zeitlichen Umständen dazu bewegt, sein Ziel zu erreichen. Es ist somit die Gnade, die den Menschen dazu bewegt, das letzte Ziel zu erreichen.

Literatur in Auswahl:

Bouillard, H., Conversion et grâce chez s. Thomas d'Aquin, Paris 1944.

Lonergan, B., Grace and Freedom. Operative Grace in the Thought of St. Thomas Aquinas, London – New York 1971.

Pesch, O. H., Theologie der Rechtfertigung bei Martin Luther und Thomas von Aquin, Mainz 1967.

Ders., Thomas von Aquin. Grenze und Größe mittelalterlicher Theologie, Mainz 1995.

Torrell, J.-P., Nature et grâce chez Thomas d'Aquin, in: Revue Thomiste. Surnaturel (Une controverse au cœur du thomisme au XXe siècle) 102 (2001), S. 167-202.

Ders., Saint Thomas d'Aquin, maître spirituel (Vestigia, Bd. 19), Fribourg 1996.

Wawrykov, J. P., God's Grace and Human Action. ‚Merit' in the Theology of Thomas Aquinas, Notre Dame – London 1995.

Wippel, J. F., The Metaphysical Thought of Thomas Aquinas. From Finite Being to Uncreated Being, Washington, D.C., 2000.

Glaube und Wissen

(S.th. II-II, qq. 1-9)

ALBERT ZIMMERMANN (Köln)

I. Glauben: christliche Tugend und Fundament menschlicher Gemeinschaft

In diesem Teil der *Summa theologiae* wird erörtert, wie der Christ leben und sich verhalten soll, wenn er dem Evangelium treu sein will. Weil Thomas – wie er im Prolog, an Aristoteles erinnernd, sagt – Erwägungen über das gute Handeln für wenig nützlich hält, wenn sie sich auf Allgemeinheiten beschränken, da ja jede Handlung etwas Einmaliges ist, muß er in diesem Teil seines Werks über sehr viele möglichst konkret beschriebene Verhaltensweisen befinden. Damit seine Erklärungen, welche Handlungsweisen jeweils vernunftgemäß und damit gut sind, überschaubar bleiben, ordnet er sie am Leitfaden der Tugenden, also der festen Haltungen (*habitus*) eines Menschen, die ihn zum menschenwürdigen Umgang mit den anderen und mit den Dingen tüchtig machen. Dabei gebührt den gnadenhaft geschenkten ‚theologisch‘ genannten Tugenden – Glaube, Hoffnung, Liebe – der Vorrang vor den Kardinaltugenden Klugheit, Gerechtigkeit, Tapferkeit und Maßhalten, die jeder Mensch aufgrund seiner natürlichen Ausstattung als ein vernunftbegabtes Sinnenwesen (im Unterschied zu deren gnadenhafter Erhöhung) erwerben und ausprägen kann und die nach der Lehre von Philosophen unverzichtbar für ein gutes Leben sind. Dieser Abschnitt des zweiten Teils der *Summa theologiae* beginnt also mit einer Erschließung der Tugend des Glaubens. Auch aus dem folgenden systematischen Grund wird diese Tugend an erster Stelle behandelt: Jeder Mensch, Herr seines bewußten Tuns und Lassens und für dieses verantwortlich, richtet seine Handlungen jeweils auf ein Ziel, das er erkennt. Von der Erkenntnis eines Ziels geht also jede

Handlung aus: „Der Wille richtet sich nur auf etwas, insofern es im
Verstand erfaßt ist."[1]

Die Ziele, auf die jeder Mensch von sich aus durch seine natürliche Ausstattung hingeordnet ist, vermag er mit seiner Vernunft zu
erkennen und deren Urteil gemäß zu erstreben. Er gewahrt auch, seine
Vernunft gebrauchend, daß es eine Ordnung unter den Zielen gibt,
insofern das eine Ziel Mittel für die Erreichung eines anderen ist. Er
kann sogar, wie Aristoteles in seiner Abhandlung zur Ethik dartut,
erkennen, daß es ein oberstes Ziel geben muß, das allem seinem
Streben letztlich Sinn gibt. Philosophen und Lehrer der Weisheit
hatten immer dieses Ziel, dessen Erlangung den Menschen vollendet glücklich machen müßte, im Auge, und sie fragten deshalb stets
nach Sinn und Bestimmung der Welt und des menschlichen Daseins.
Ihre Bemühungen blieben aber Stückwerk (q. 1, a. 8 ad 1). Viele
vertraten einander widersprechende Meinungen und irrten, und das
zeigt hinreichend deutlich, daß die menschlichen Erkenntniskräfte
nicht ausreichen, sichere Auskunft über den Sinn unserer Existenz
zu geben[2]. Eine Folge dieses Bewußtseins, auf schwankendem Boden
zu existieren, ist auch die Angst, die gerade große Geister befällt[3].
Endgültig darüber aufgeklärt hat der Schöpfer selbst, indem Jesus
Christus uns über das wahre Ziel unseres Lebens und Handelns, nämlich unser Heil, belehrt hat. Wir können es also erkennen, wenn wir
diese Belehrung ernstnehmen und sie annehmen. Die Fähigkeit, ihr
Glauben zu schenken, übersteigt allerdings ebenso wie die Aufklärung
selbst unsere Natur und ist uns ebenfalls gnadenhaft verliehen. In
einer frühen Schrift des Thomas liest man: „Der Glaube, durch den
wir an Gott glauben, enthält nicht nur die Aneignung dessen, dem
wir zustimmen, sondern auch etwas, das uns zu dieser Zustimmung
geneigt macht; das ist ein gewisses Licht, welches die feste Glaubens-

---

[1]   S.th. II-II, q. 4, a. 7, c: „voluntas non fertur in aliquid nisi prout est in
      intellectu apprehensum."
[2]   Die unterschiedliche Sicht des menschlichen Glücks, die der Philosoph und
      der Theologe haben, stellt Thomas oft heraus, so in den *Quaestiones disputatae
      de veritate*, q. 14, a. 3, c (Ed. Leon.), S. 416f.
[3]   Vgl. Scg III, c. 48. In seinem Buch ‚Philosophische Ethik bei Thomas von
      Aquin' (Hamburg 1988³) meint W. Kluxen: „Philosophieren (scheint) für
      Thomas unter einem fast ‚tragisch' zu nennenden Aspekt der Endlichkeit zu
      stehen – sofern es sich als abschließendes Wissen setzt" (S. 71).

haltung (*habitus fidei*) ist, dem menschlichen Geist aus göttlicher Quelle verliehen."[4] Der Glaube entfremdet aber den Menschen nicht seiner selbst; denn „es liegt in der menschlichen Natur, daß der Geist dem inneren Antrieb zur Wahrheit nicht widerstrebt und auch nicht deren Verkündigung"[5]. Daß wir manche Erkenntnis nur gewinnen, weil wir uns zu eigen machen, was andere behaupten, wird uns schon klar, wenn wir einmal über unser tagtägliches Zusammenleben mit den anderen nachdenken. Für die menschliche Gemeinschaft ist unverzichtbar, daß einer einem anderen in vielen Fällen glaubt. Woher weiß jemand, wann er geboren ist und wer seine Eltern sind? Muß ein Schüler nicht vieles als wahr annehmen, was sein Lehrer sagt? Aristoteles hat wie auch andere Philosophen doch unzweifelhaft Recht mit der Feststellung: „Jeder, der lernt, muß glauben", und Cicero betont etwas allen Selbstverständliches, wenn er diese Art, anderen Menschen zu glauben, als notwendige Grundlage jeglicher Rechtspflege bezeichnet[6].

Um die theologische Tugend des Glaubens, diese feste innere Einstellung oder Haltung, die das Erkennen des Christen prägt, es bereichert und erhöht, zu erhellen, sind viele Fragen zu stellen und zu beantworten. Sie betreffen den Glauben als festen Bewußtseinszustand (*habitus*), den Gegenstand, der dieser Einstellung entspricht und sie auszeichnet, ferner den Akt ‚glauben', zu dem die Glaubenshaltung ertüchtigt und der von ihr geprägt ist, und dessen Struktur, dann die den Glauben begleitenden gnadenhaft verliehenen ‚Gaben des Hl. Geistes'. Thomas legt dar, daß der Gegenstand angemessen beschrieben ist mit dem Ausdruck ‚erste Wahrheit' (*veritas prima*), der auf Gott bezogen ist. Dieser Ausdruck bezeichnet einmal den ‚Formalgegenstand' des Glaubens, das heißt den Gesichtspunkt, der

---

[4] Super Boet. De trin., q. 3, a. 1 ad 4 (Ed. Leon.), S. 109: „Unde et in fide qua in Deum credimus, non solum est acceptio rerum quibus assentimus, sed aliquid quod inclinat ad assensum; et hoc est lumen quoddam quod est habitus fidei divinitus menti humane infusum." Siehe dazu D. C. Hall, The Trinity. An Analysis of St. Thomas Aquinas' Expositio of the De Trinitate of Boethius (STGMA; Bd. 33), Leiden – New York – Köln 1992.

[5] S.th. II-II, q. 10, a. 1 ad 1: „Sed in natura humana est ut mens hominis non repugnet interiori instinctui et exteriori veritatis praedicationi."

[6] Vgl. Super Boet. De trin., q. 3, a. 1, c (Ed. Leon.), S. 107f.; vgl. auch Cicero, De officiis I, c. 7, n. 23.

die Glaubenshaltung auszeichnet; denn geglaubt wird etwas insoweit, als es von Gott offenbart ist. Beschrieben ist mit diesem Ausdruck auch der ‚Materialgegenstand', also der Inhalt des Geglaubten; denn dazu gehört etwas nur, insofern es auf Gott hingeordnet ist. Ein Vergleich erhellt das Gemeinte: Das Wissen, über das ein Kenner der Geometrie verfügt, hat zum Materialgegenstand den Inhalt geometrischer Lehrsätze. Der Formalgegenstand, also das, was dieses Wissen zu einem geometrischen macht, sind die Beweise, die der Fachmann kennt. Es ist unserer Weise des Verstehens angemessen, den Inhalt des Glaubens in Form von Aussagen und in einer Zahl verschiedener Glaubensartikel zu verdeutlichen (q. 1, a. 2 und a. 6). Damit wird auch verständlich, weshalb im Lauf der Zeit die Zahl derselben zunimmt; denn der Inhalt muß genauer erklärt werden, vor allem, weil oft Irrlehren zurückgewiesen werden müssen. Es dient der Einheit der Kirche, daß allein dem Papst zusteht, über eine Formulierung des verbindlichen Glaubensbekenntnisses, das die überlieferte Lehre ausdrückt, zu entscheiden (q. 1, a. 10).

Thomas erläutert, inwiefern der Glaubensakt angemessen beschrieben wird mit den Formeln *credere Deum*, *credere Deo* und *credere in Deum*; denn *credere Deum* bedeutet: Alles Geglaubte ist auf Gott hingeordnet, meint also den Materialgegenstand; *credere Deo* bringt zum Ausdruck, daß die Glaubenszustimmung Gott als der ersten Wahrheit gilt, bezieht sich also auf den Formalgegenstand; mit *credere in Deum* ist ausgedrückt, daß der Wille, das Mitgeteilte als wahr anzunehmen, von der ersten Wahrheit als seinem Ziel bestimmt ist (q. 2, a. 2). Erörtert wird, welche Glaubensinhalte der Christ ausdrücklich annehmen muß (q. 2, aa. 5-8) und welche Bedeutung das wahrnehmbare Bekenntnis des Christen hat (q. 3). Ausführlich bespricht Thomas die Beschreibungen des Glaubens in der Bibel und die Eigenart desselben als einer Tugend (q. 4). Er legt dar, daß die Beschreibung des Glaubens durch den Apostel Paulus im elften Kapitel des *Hebräerbriefs*: „Glaube aber ist: Feststehen in dem, was man erhofft, Überzeugtsein von Dingen, die man nicht sieht" (*Hebr.* 1, 1) zureichend ist und den Glauben von anderen Bewußtseinshaltungen abgrenzt (q. 4, a. 1). Erklärt wird, aus welchem Grund die *caritas*, die Gottes- und die mit ihr verbundene Menschenliebe, den Glauben formt und vollendet (q. 4, a. 3). Gefragt wird auch, ob Engel und Dämonen Glauben haben und welche Auswirkungen eine Häresie

für den Glauben des Häretikers hat (q. 5, aa. 1-3). Erläutert wird,
wie zu verstehen ist, wenn Gott Ursache des Glaubens genannt wird
(q. 6). Er macht verständlich, inwiefern der Glaube Gottesfurcht
bewirkt, und daß die *timor filialis* genannte Ehrfurcht, welche die
Zuneigung zu einem liebenden Vater begleitet, das Zeichen größeren
Glaubens ist als die Angst vor Gott, insofern er die Macht hat, zu
strafen (*timor servilis*; q. 7, a. 1). Schließlich obliegt dem Theologen
zu erläutern, was in der Bibel – so bei *Jesaja* 11, 2 – über die Gaben
des Geistes, insbesondere die Gabe des Verstandes und der Wissenschaft, gesagt ist.

II. Glaube und Einsicht

Alle diese Überlegungen sollen Aufschluß darüber geben, wie die
Einstellung des Christen zur Wirklichkeit, die mit dem Wort *fides*,
‚Glaube‘ bezeichnet wird, mit den wesentlichen Strukturen seines
bewußten Existierens verbunden und in sie einzuordnen ist. Thomas
will ergründen und offenlegen, wie die Tugend des Glaubens das
Leben eines Menschen, sowohl das theoretische Erkennen wie das
Handeln, beeinflußt und formt. Durch den Glauben erlangen wir ja
Erkenntnisse, und deshalb wird er zu Recht ein ‚Habitus des Erkennens‘ (*habitus cognoscitivus*) genannt. Jeder Mensch hat aber auch von
sich aus, aufgrund seiner Natur als ein vernunftbegabtes Sinnenwesen,
Fähigkeiten zu erkennen. Der christliche Denker muß also möglichst
große Klarheit darüber erlangen, wie der Glaube und das jedem Menschen natürliche Erkennen sich zueinander verhalten.

Den Hintergrund der Überlegungen des Thomas über den Glauben bilden viele Lehren, vorwiegend der theologischen Tradition. Zwei
Jahrhunderte zuvor hatte Anselm von Canterbury seine berühmte
Schrift *Proslogion* über den ‚Glauben, der nach Einsicht sucht‘ (*fides
quaerens intellectum*) verfaßt[7]. Sehr lebendig war die Erinnerung an
die Gedanken des Petrus Abaelardus über Vernunft und Glauben[8].

---

[7] Anselm von Canterbury, Proslogion, Lat.-dt. Ausgabe, hg. v. F. S. Schmitt,
    Stuttgart 1984², S. 70.
[8] Petrus Abaelardus (1079-1117), vor allem seine Schrift *Sic et non* (hg. v. B.
    B. Boyer u. R. McKeon, Chicago – London 1977 [engl.-lat. Ausg.]).

Bewegt haben Thomas vermutlich auch manche zu seiner Zeit umstrittenen Thesen über das Verhältnis des christlichen Glaubens zum
natürlichen Erkennen, obwohl er im Text nicht direkt darauf hinweist.
Die Bedeutung dieser Auseinandersetzungen macht die Verurteilung
von 1277 an der Pariser Universität deutlich[9]. In der Einleitung des
Dekrets werden einige Magister verdächtigt, gewisse philosophisch
begründete Lehren als unverträglich mit Lehren der Hl. Schrift auszu-
geben, ,so als gebe es zwei entgegengesetzte Wahrheiten'[10]. Verworfen
werden etliche Thesen, weil man sie als Angriff auf die Bedeutung
der Theologie wertete, etwa: „Der erhabenste Stand ist es, sich mit
Philosophie zu befassen", „Die Weisen der Welt sind nur die Philosophen", „Nichts ist zu glauben, es sei denn etwas durch sich selbst
Einleuchtendes oder aus solchem Ableitbares"[11]. Manche Schärfen
bei den Streitigkeiten ergeben sich auch daraus, daß einflußreiche
Theologen die Philosophie abwerteten, wenn etwa die Philosophen
verglichen werden mit Straußen, die ihre Flügel nur beim Laufen,
nicht jedoch zum Fliegen benutzen[12].

Daß auch ohne direkten Hinblick auf diese Diskussion zwischen
Theologen und Philosophen vieles zur Sprache kommen muß, an dem
jemand, der nur die dem Menschen von seiner Natur her eigenen
Erkenntniskräfte, nicht aber den christlichen Glauben als verläßlichen

---

[9]   Vgl. R. Hissette, Enquête sur les 219 articles condamnés à Paris le 7 Mars
      1277 (Philosophes Médiévaux; Bd. 22), Louvain – Paris 1977. Siehe auch
      die neue Edition von D. Piché, La condamnation parisienne de 1277. Texte
      latin, traduction, introduction et commentaire, Paris 1999.

[10] Epistola scripta a Stephano episcopo Parisiensi anno 1277 (hg. v. D. Piché, wie
      Anm. 9, S. 74): „Dicunt enim ea esse uera secundum philosophiam, sed non
      secundum fidem catholicam, quasi sint due contrarie ueritates [...]" – Siehe
      hierzu A. Speer, Sapientia nostra. Zum Verhältnis von philosophischer und
      theologischer Weisheit in den Pariser Debatten am Ende des 13. Jahrhunderts,
      in: J. A. Aertsen/K. Emery, Jr./A. Speer (Hgg.), Nach der Verurteilung von
      1277. Philosophie und Theologie an der Universität von Paris im letzten
      Viertel des 13. Jahrhunderts (Miscellanea Mediaevalia; Bd. 28), Berlin – New
      York 2000, S. 248-275, hier: S. 248-251.

[11] Siehe die Thesen 40, 37 und 154 der Verurteilung von 1277 und hierzu D.
      Piché (wie Anm. 9), S. 90-93 und 126f. sowie R. Hissette (wie Anm. 9), S.
      15-21.

[12] So Bonaventura (1221-1274) in seinen 1273 entstandenen Collationes in
      Hexaemeron, col. VII, 12 (Opera omnia V, 367a).

Zugang zur Wahrheit ansieht, nicht vorbeigehen kann, erweist eine
einfache Überlegung: Wer der christlichen Botschaft glaubt, ist und
bleibt dieselbe Person, die schon immer und immer wieder, sich selbst
und ihrer menschlichen Seinsweise folgend, nach theoretischem und
praktischem Wissen strebt, die über Einsicht und Wissen verfügt und
sich darum bemüht, ihren Erkenntnissen entsprechend zu handeln.
Die Aufklärung des Menschen über den Sinn seines Daseins muß
infolgedessen der Eigenart seines Erkennens gerecht werden. Die
Wirkungsweisen der menschlichen Erkenntniskräfte und die mit
ihnen gegebenen Gesetze des Erkennens müssen beachtet werden.
Ausnahmslos gilt ja: „Erkanntes ist im Erkennenden gemäß der Seinsweise des Erkennenden" (q. 1, a. 2, c). Jesus Christus hat als Mensch zu
Menschen gesprochen, er hat die Menschen als Partner ernstgenommen
und sie belehrt, indem er an ihre Weisen des Erkennens und Verstehens anknüpfte und, ihre Sprache gebrauchend, mit ihnen Gedanken
austauschte und nicht selten Streitgespräche führte. Auch die Kirche,
die Mitteilungen ihres Stifters bewahrend und wiederholend, spricht
zu den Menschen, wie es deren Erkenntnisvermögen und Auffassungs-
gabe entspricht. Wer so angesprochen wird, erfährt die Botschaft des
Evangeliums also nicht als Aufhebung seiner Erkenntnisse oder gar als
Abwertung seiner Fähigkeiten, die Wirklichkeit zu erkennen. Wäre
das Mitgeteilte allerdings unverträglich mit dem, was jemand von
sich aus als wahr erfaßt und aus eigener Kraft sicher erkennt, müßte
es ihm gänzlich fremd und abwegig vorkommen. Jeder Mensch geht
ja Unwahrem spontan aus dem Weg und erstrebt Wahres zu erfassen,
weil er darin, ohne sich dessen immer bewußt zu sein, das Gute sieht,
auf das sein Vermögen zu erkennen gerichtet ist und das zu seiner Vollkommenheit beiträgt. Nicht nur Philosophen stimmen dem Satz zu,
mit dem Aristoteles seine ‚Erste Philosophie' beginnt: „Alle Menschen
streben von Natur aus nach Wissen." Thomas betont immer wieder
– von Beginn seiner Lehrtätigkeit an –, daß etwas, das der Christ
glauben soll, nicht im Widerspruch zu dem stehen kann, was dieser
mittels der ihm eigenen Kräfte zweifelsfrei erkennt. Er billigt nicht,
was ein Magister der Artistenfakultät damals schreibt, nämlich dem
christlichen Glauben anzuhängen bedeute, Grundsätze des natürlichen
Erkennens zu leugnen[13]. Die christliche Botschaft ist glaubwürdig,

---

[13] Siehe hierzu R. Hissette, Enquête (wie Anm. 9), S. 20f.

weil sie dem von jedem Menschen erstrebten Ziel, die Wahrheit zu erkennen, dient. „Unter den Glauben kann etwas nur fallen, insofern es der ersten Wahrheit zugehört. Dazu kann nichts Falsches gehören" (q. 1, a. 3, c). Der gläubige Christ ist offen für die wissenschaftliche Erforschung der Welt und für philosophische Erwägungen, gerade weil er überzeugt ist, daß der Mensch mit allen seinen Fähigkeiten Geschöpf Gottes ist. Der christliche Glaube gebietet deshalb gemäß Thomas, das menschliche Erkenntnisvermögen mit seinen Gesetzen und Eigentümlichkeiten voll und ganz ernstzunehmen.

Der Theologe Thomas von Aquin weiß im übrigen ganz genau, daß er auf seine natürlichen Kräfte und Fähigkeiten, nachzudenken und zu erkennen, angewiesen ist. Er benötigt dasselbe geistige Werkzeug, dessen sich die Philosophen bedienen, und er benutzt es. Er wendet die Methoden der vernunftgeleiteten Diskussion an, er muß unterscheiden, er muß definieren, beweisen, argumentieren, er muß die Tragweite und das Gewicht von Thesen und Beweisgründen beurteilen. Bei alledem zeigt er, daß er wie die Philosophen die Maßstäbe des Denkens anerkennt. Es mögen Leute entrüstet davon reden, der Philosophie werde offenbar die Rolle der Dienerin der Theologie zuerkannt. Thomas läßt keinen Zweifel daran, daß niemand einen solchen Dienst höher schätzt als derjenige, der ihn auf Gedeih und Verderb notwendig hat, um die eigene Aufgabe zu erfüllen. Ein Theologe, der sich anders verhält, macht angesichts der nicht aufhebbaren Verwobenheit des Glaubens mit dem natürlichen Erkennen des Christen aus der Glaubenswissenschaft ein sinnloses Unterfangen.

III. Die Tugend des Glaubens und die natürliche Erkenntnis

Was die theologische Tugend des Glaubens ist, kann nun nicht erklärt werden, ohne daß dargetan wird, wie sie sich zu dem Erkennen, das dem Menschen von sich aus, aufgrund seiner Natur, vertraut ist, verhält. Thomas vergleicht deshalb die Weisen, wie wir erkennenden Zugang zur Wirklichkeit haben, gründlich miteinander. Diese Überlegungen werden im folgenden dargestellt. Zuerst wird die Grundlage dieses Vergleichs erörtert. Dann kommen Lehren zur Sprache, die den Vergleich erweitern, vertiefen und abrunden.

1. Glaube und natürliches Erkennen

Der Vergleich muß anknüpfen an den Sinn, den das Wort ‚erkennen' als Bezeichnung einer bewußten Tätigkeit des Menschen hat. ‚Erkennen' heißt ein Vollzug, bei dem derjenige, welcher erkennt, sich etwas – das Erkannte – zu eigen macht. Beim Menschen findet – im Unterschied zu den Tieren – dieser Vollzug seine Vollendung, insofern bewußt wird, daß erkennen soviel ist, wie etwas ‚als wahr anerkennen'[14]. Diese Weise des Erkennens gibt Aufschluß über das Vermögen, dem es entspringt. Der Mensch besitzt demnach eine Erkenntniskraft, die über die Fähigkeit, mit seinen Sinnen Dinge wahrzunehmen, hinausgeht. Sie wird gemeinhin ‚Verstand' (*intellectus*) genannt. Dieses Verstandesvermögen ist in zwei voneinander unterscheidbaren Weisen tätig. Erstens als eine Kraft unmittelbaren Verstehens. Daß etwas die Aufmerksamkeit des Menschen Erregendes unmittelbar verstanden wird, zeigt sich darin, daß es in einem Begriff erfaßt wird, mag dieser noch so dürftig sein. Spontan verstanden wird aber – und das ist besonders wichtig – auch der Sinngehalt gewisser ‚Grundsätze' oder ‚Prinzipien', die ihre Gestalt in Aussagen haben, welche unmittelbar als wahr eingesehen werden. Von diesen Prinzipien sagt Thomas, sie würden durch einfachen bewußten Hinblick naturhaft erkannt[15]. Mit jedem Verstehen und mit jedem Nachdenken ist verknüpft die Anerkennung des Wahrseins gewisser Grundsätze. Der Verstand wird deshalb auch ‚Habitus von Grundsätzen' (*habitus principiorum*) genannt. In diesen Grundsätzen entfaltet sich ein Bekanntsein mit der Wirklichkeit, das Ursprung und Grundlage jeder Erkenntnis ist.

---

[14] Dasselbe hebt der bedeutende Philosoph Gottlob Frege (1848-1925) mehrfach hervor, wenn er das Urteilen ausdrücklich als ‚Anerkennung der Wahrheit' bezeichnet. „Eine Erkenntnis kommt dadurch zustande, daß ein Gedanke als wahr anerkannt wird. Dazu muß der Gedanke zunächst gefaßt werden. Doch rechne ich das Fassen des Gedankens nicht zur Erkenntnis, sondern erst die Anerkennung der Wahrheit, das eigentliche Urteilen" (Nachgelassene Schriften, Bd. 1, hg. v. H. Hermes u. a., Hamburg 1969, S. 286).

[15] Vgl. De veritate, q. 8, a. 15, c (Ed. Leon.), S. 268f. Ähnlich an vielen Stellen. Dazu: H. Seidl, Über die Erkenntnis erster allgemeiner Prinzipien nach Thomas von Aquin, in: A. Zimmermann (Hg.), Thomas von Aquin (Miscellanea Mediaevalia; Bd. 19), Berlin – New York 1988, S. 103-116.

Zweitens kommt dem Verstandesvermögen des Menschen zu, sich
von einem erfaßten Gegenstand zum anderen zu bewegen. Dabei sucht
es auszumachen, ob Verbindungen zwischen dem jeweils nacheinander Erfaßten bestehen und welcher Art diese sind. Diese ‚diskursive‘
Tätigkeit des Vermögens läßt das Miteinander oder das Getrenntsein
dessen, was verstanden ist, erkennen. Sprachliches Zeichen ist, ähnlich
wie bei den Prinzipien, auch hier eine Aussage.

Die beiden Weisen, wie das Verstandesvermögen tätig ist, werden
durch besondere Ausdrücke bezeichnet: Ist das Vermögen als verste-
hendes gemeint, spricht man von *intellectus*, verwendet also dasselbe
Wort, mit dem es ganz allgemein benannt wird. Als diskursiv tätiges
Vermögen heißt es *ratio*, ‚Vernunft‘.

Diese beiden Tätigkeitsweisen des Verstandes erläutert Thomas,
indem er sie mit einer Bewegung, die einen Anfang und ein Ende
hat, vergleicht: „Die (diskursive) Vernunft verhält sich zum Verstand
wie eine Bewegung zu ihrem Ausgangszustand und dem Ziel, das sie
beendet [...] Zum Anfang [...], weil der menschliche Geist nicht von
einem zum anderen gehen könnte, wenn dieser Diskurs nicht mit einem einfachen Erfassen der Wahrheit anhöbe, nämlich dem Verstehen
von Grundsätzen. Ähnlich könnte der Gang der Vernunft nicht zu
etwas Sicherem gelangen, wenn das beim Diskurs Gefundene nicht
durch die ersten Prinzipien geprüft würde, auf welche die Vernunft
zurückführt.“[16] Der so erklärte Zusammenhang zeigt, daß es sich um
Tätigkeiten handelt, die voneinander verschieden sind, aber einem
und demselben Vermögen entspringen.

Wesentlich für das menschliche Erkennen ist jedenfalls, daß
der Erkennende den Inhalt einer Aussage als wahr anerkennt und
ihr als etwas Wahrem zustimmt. Die Anerkennung und damit die
Zustimmung bleiben ja aus, wenn jemand, der erkennen will, etwas
Unwahrem, also einer als unwahr durchschauten Aussage, begegnet.
Die Erkenntnis, ob eine Aussage wahr ist oder nicht, wird vollzogen,
indem das Verstandesvermögen urteilt. Dieser Urteilsakt ist Zeichen
dafür, daß dem Wahren zugestimmt wird. Die Zustimmung, die für
das Erkennen wesentlich ist, ist also auch ein Akt des Verstandes.

---

[16] De veritate, q. 15, a. 1, c (Ed. Leon.), S. 479, 300-305: „[ratio] comparatur
ad intellectum ut ad principium et ut ad terminum: ut ad principium quidem
quia non posset mens humana ex uno in aliud discurrere nisi eius discursus
ab aliqua simplici acceptione veritatis inciperet, quae quidem acceptio est
intellectus principiorum.“

Der Glaube ist ebenfalls mit einer Zustimmung verbunden; denn etwas glauben heißt ja – wie von vornherein betont –, es sich als Wahres zu eigen machen, es als wahr anerkennen. Glauben und natürlichem Erkennen ist also gemeinsam die Zustimmung, die der Verstand etwas Wahrem erteilt. Prüft man nun, wie dieses Ja zustande kommt, wird klar, inwiefern die Erkenntnisvollzüge voneinander verschieden sind.

Thomas greift in abgekürzter Form auf Erklärungen zurück, die er im ersten Artikel der *Quaestiones disputatae de veritate* vorgelegt hat[17]. Dort hatte er folgendermaßen überlegt: Der menschliche Verstand ist, als ein Vermögen an sich selbst betrachtet, im Zustand der Möglichkeit. Er ist von sich aus nicht darauf festgelegt, einer bejahenden Aussage den Vorzug vor ihrer Verneinung zu geben, eher ‚A ist B' als ‚A ist nicht B' als wahr anzuerkennen. Zu einem Akt der Zustimmung muß er also von etwas bewegt werden. Normalerweise übt einen solchen bewegenden Einfluß auf den Verstand der Gegenstand, der ihm begegnet, aus. Der Verstand kann aber, wie alle menschlichen Vermögen, auch durch den Willen, die Fähigkeit der Selbstbestimmung, zu einer Zustimmung bewegt werden. Diese Einflüsse und ihre Wirkungen sind genauer zu untersuchen.

Es kommt vor, daß der Einfluß eines Gegenstandes nicht ausreicht, um den Schwebezustand des Verstandes zu beenden. Ein Gegenstand kann ja nur undeutlich gegeben sein, so daß klare Aussagen über ihn nicht gemacht werden können. Es kann auch sein, daß die Begründungen, die für eine Aussage geltend gemacht werden, dasselbe Gewicht haben wie diejenigen für die Verneinung derselben. Der Verstand wird also hin und her bewegt und findet keinen Halt. Er verharrt in einem Zustand, der ‚Zweifel' genannt wird[18].

Es kommt auch vor, daß der Gegenstand den Verstand geneigt macht, eine bestimmte Aussage ihrer Verneinung vorzuziehen, ihn aber nicht zu einem festen Ja bewegt, weil die Möglichkeit eines Irrtums oder einer Täuschung nicht ausgeschlossen werden kann. In

---

[17] Vgl. A. Zimmermann, Thomas lesen, Stuttgart-Bad Cannstatt 2000, S. 42ff.

[18] Gute Beispiele für diesen Zustand liefert die Mathematik. So ist die Behauptung: „Es gibt vollkommene ungerade Zahlen" (vollkommen heißt eine Zahl, wenn sie gleich ist der Summe ihrer Teiler) bis jetzt weder bewiesen noch widerlegt.

diesem Fall verhilft der Verstand dem Menschen zu einer Vermutung oder einer bloßen Meinung. Das Bemühen um Erkenntnis führt nur zu einer mehr oder weniger gut begründeten Hypothese. Ein Gegenstand kann aber auch eine feste und entschiedene Zustimmung des Verstandes bewirken. Das wiederum ist auf verschiedene Weisen möglich.

Der Verstand begegnet etwas, dessen Erfassung unvermittelt zu einer wahren Aussage führt. Vergleichbar ist das einer Sinneswahrnehmung, bei welcher der wahrgenommene Gegenstand unmittelbar gegenwärtig ist und deshalb hinreicht, das Sinnesvermögen zu aktivieren und eine Wahrnehmung auszulösen. Ähnlich legen – wie schon erwähnt – die Sachverhalte, die in den Grundsätzen oder ‚ersten Prinzipien‘ ihren sprachlichen Ausdruck finden, allein dadurch, daß man sich ihrer bewußt wird, den Verstand auf ein ‚Ja‘ fest; denn ihre Wahrheit leuchtet ein, sobald verstanden ist, was sie ausdrücken. Sie heißen deshalb ‚durch sich selbst bekannt‘ (*per se nota*). Eine derartige unvermittelte Erkenntnis heißt ‚Einsicht‘ (*intellectus*).

Von diesem Akt des Verstandesvermögens hängen die Erkenntnisse, die mittels der Grundsätze gewonnen werden, ab. Einer Aussage über einen Gegenstand oder Sachverhalt wird in diesem Fall als wahr zugestimmt, weil erfaßt wird, daß sie aus Grundsätzen abgeleitet ist oder auf Grundsätze zurückgeführt werden kann. Ableitung oder Zurückführung müssen sich dabei nach den Regeln richten, die in der Logik dargelegt werden und die eine Entfaltung der Grundsätze darstellen. Darin besteht das Verfahren, das ‚Beweisen‘ genannt wird und bei dem das Verstandesvermögen als *ratio*, als ‚Vernunft‘, tätig ist. Die Aussagen über solche Sachverhalte leuchten nicht durch sich selbst als wahr ein, sondern durch die Grundsätze. Die so aufgrund von Beweisen gewonnene Erkenntnis wird ‚Wissen‘ (*scientia*) genannt. Diese durch Einsicht in Grundsätze vermittelte Wahrheitserkenntnis ist Ziel und Aufgabe der Wissenschaften[19].

---

[19] Diese Struktur unserer Wissenschaften wird in der zeitgenössischen Wissenschaftstheorie ebenfalls herausgestellt. So liest man in dem Buch ‚Erkenntnislehre‘ von Viktor Kraft (Wien 1960), S. 192: „Daß eine Folgerung der Logik entspricht, beruht, wenigstens in letzter Linie, auf unmittelbarer Einsicht", und S. 193: „Der Rekurs auf die unmittelbare Einsicht [...] erweist sich als unvermeidlich. Diese ist als letzte Grundlage nicht zu entbehren."

Das Verstandesvermögen kann also von Gegenständen zu verschiedenen Tätigkeiten bewegt werden, nämlich zweifeln, vermuten (meinen), einsehen und wissen. Mit einer Zustimmung verbunden sind nur Einsicht und Wissen. Nur sie sind also Erkenntnis. Da die unmittelbare Einsicht in die Wahrheit der Grundsätze auch für das Wissen maßgebend ist, nennt Thomas die Gegenstände von Einsicht und Wissen auch ‚Geschautes' (*visa*) (q. 1, aa. 4 und 5).

Die zum Erkennen gehörende Zustimmung des Verstandes kann aber, wie schon erwähnt, freiwillig erfolgen, aufgrund einer freien Entscheidung des Menschen. Die Zustimmung, um die es sich handelt, ist ein ‚Ja' des Verstandes zu etwas Wahrem. Wenn der Gegenstand oder Sachverhalt, der erkannt werden soll, mir unzugänglich ist, oder wenn ich die Beweise für eine Aussage über ihn oder für deren Gegenteil nicht kenne oder nicht verstehe, liegt es an mir, diese Aussage zu beurteilen oder nicht, sie für wahr oder unwahr zu halten. Erkenne ich sie als wahr an, spricht man gemeinhin davon, daß ich demjenigen, der sie mir vermittelt, glaube.

Ob ich mich überhaupt entscheide und wenn ja, wie, hängt natürlich davon ab, wie es zur Begegnung des Verstandes mit der Aussage kommt. Eine Entscheidung ist jedenfalls nur dann sinnvoll, wenn sie nicht willkürlich, also nach Belieben oder ins Blaue hinein erfolgt. Sinn hat Wollen, bewußtes Erstreben, nur, wenn es ausgelöst ist von etwas, das als gut und angemessen beurteilt wird. Willkür und bloße Beliebigkeit sind hingegen nicht sinnvoll. Wenn jemand eine Belehrung braucht, ist es gut und angemessen, die benötigte Mitteilung eines vertrauenswürdigen Zeugen oder eines Fachmannes für wahr zu halten, wie jeder im Umgang mit anderen unablässig erfährt.

Diese Überlegung läßt auch verstehen, daß Thomas den Glauben, den ein Christ der biblischen Botschaft entgegenbringt, folgendermaßen beschreibt: „Wir werden dazu bewegt, das hier Mitgeteilte zu glauben, weil uns für den Fall, daß wir glauben, der Lohn ewigen Lebens verheißen ist."[20] In diesem Fall wird der Verstand zwar nicht durch etwas als wahr Begriffenes bewegt, aber der Wille, dem Mitgeteilten als etwas Wahrem zuzustimmen, ist angesichts dieses Zieles nicht blind.

---

[20] De veritate, q. 14, a. 1, c (Ed. Leon.), S. 437, 142-145: „Et sic etiam movemur ad credendum dictis Dei, in quantum nobis repromittitur, si crediderimus, praemium aeternae vitae."

Deutlich zeigt sich der Unterschied zwischen Einsehen, Wissen und Glauben auch, wenn man darauf achtet, wie der Akt der Zustimmung sich zu den anderen Tätigkeiten des Verstandes verhält. Mit der Einsicht ist die Zustimmung unmittelbar verbunden; denn wird die Wahrheit eines Grundsatzes erfaßt, bleibt keinerlei Spielraum, sie sinnvoll in Frage zu stellen. Bei jedem Versuch, dies zu tun, muß nämlich vorausgesetzt werden, daß die Wahrheit unmittelbar eingesehener Grundsätze anerkannt ist. Jeder solche Versuch ist also zirkelhaft und hebt sich selbst auf.

Die Zustimmung, die mit dem Wissen verbunden ist, erwächst dem Verstand nicht unmittelbar. Wissen ist ja das Ergebnis eines Nachdenkens, durch das erkannt wird, wie eine Aussage sich zu unmittelbar einleuchtenden Grundsätzen verhält. Wenn sich ergibt, daß sie aus diesen folgt oder auf sie zurückgeführt werden kann, daß sie also bewiesen ist, stimmt der Verstand zu, und zwar kraft der Einsicht in die Wahrheit der Grundsätze. In diesem Fall sind Zustimmung und Nachdenken demnach einander zugeordnet; denn das Nachdenken bringt die Erkenntnis und damit die Zustimmung hervor, und die mit der Erkenntnis verbundene Zustimmung beendet das Nachdenken. Während also die Akte des Einsehens und der Zustimmung zugleich sind, ist für das Wissen kennzeichnend, daß die Zustimmung und die das Erkennen bewirkende Tätigkeit des Verstandes nicht zugleich bestehen.

Beim Glauben, der ebenfalls Zustimmung des Verstandes zu etwas Wahrem ist, rührt diese nicht vom Gegenstand her, ihre Ursache ist vielmehr der Wille des Glaubenden. Die Zustimmung und die übrigen Verstandestätigkeiten verhalten sich deshalb anders zueinander. Wenn ein Vermögen tätig ist und das Ziel, auf das diese Tätigkeit gerichtet ist, erreicht, hört diese Tätigkeit auf, und das Vermögen kommt entsprechend zur Ruhe. Das Ziel der Tätigkeit, die dem Verstand eigentümlich und ihm also angemessen ist, ist das Verstehen, das von einem Gegenstand bewirkt ist. Dieses Ziel wird aber durch Glauben nicht erreicht. Die Zustimmung kommt hier ja nicht durch eine Einsicht zustande, sie hängt auch nicht vom Nachdenken ab, und sie beendet dieses auch nicht. Demnach findet der Verstand durch die Erkenntnis, die der Glaube bewirkt, nicht die Erfüllung, auf die hin er angelegt ist und die ihn zur Ruhe bringt. Der Glaubende erfährt sie vielmehr so, als würden seinem Verstand Grenzen gezogen, auf die dieser aus sich heraus nicht stößt. Die Begrenzung muß ihm demnach als etwas erscheinen, das von außen auferlegt ist. Da er immer danach strebt, die Wahrheit dessen, was er als wahr anerkennt, auch zu verstehen und zu begreifen, wird er durch diesen Zustand geradezu angestachelt, nach Vergewisserung zu suchen. Der Glaube regt deshalb zu fortgesetztem Nachdenken und ständigen Erwägungen über das Geglaubte an. „Wenn der Mensch einen entschiedenen Willen zum Glauben hat, liebt er die im Glauben erfaßte Wahrheit, denkt über sie nach und greift nach allen Begründungen, die er dazu auffinden kann" (q. 2, a. 10, c). Es mag sein, daß der Glaubende sich sogar – dem seinem Verstand innewohnenden Streben folgend – gegen das, was er glaubend als wahr anerkennt, sträubt. Auf jeden Fall besteht eine dauernde Spannung zwischen der spontanen Neigung des Verstandes, durch Nachdenken die ihm angemessene Erfüllung zu finden, und der vom Willen befohlenen Zustimmung. Diese Spannung und die daraus folgenden Konflikte entstehen nicht bei der Einsicht und auch nicht beim Wissen.

Diese Überlegungen führen zu weiteren Feststellungen über das Verhältnis von Glauben, Einsehen und Wissen. Da zum Glauben die freiwillige Zustimmung gehört, kann dessen Gegenstand nicht etwas sein, das ‚geschaut' wird, also dem Erkenntnisvermögen, sei es ein Sinnesvermögen, sei es der Verstand, unmittelbar gegenwärtig ist und dadurch die Zustimmung hervorruft (q. 1, a. 4). Zu dem ‚Geschauten' gehören auch – wie erwähnt – die obersten Grundsätze des Verstehens. Daraus folgt, daß jemand, der etwas kraft dieser Prinzipien als wahr erkennt, der also etwas aufgrund eines Beweises weiß, dieses nicht zugleich auch glauben kann; denn was gewußt ist, ist wegen der Rolle, welche die Grundsätze beim Beweisen spielen, ebenfalls in gewisser Weise geschaut. Allerdings kann durchaus etwas, das der eine Mensch weiß und entsprechend schaut, für einen anderen Gegenstand des Glaubens sein. Dieser kennt vielleicht die Beweise nicht oder versteht sie nicht. Die christliche Botschaft enthält jedoch auch solches, das allen Menschen ohne Ausnahme zu glauben aufgegeben ist, weil es der natürlichen Fassungskraft keines Menschen zugänglich ist. Dazu gehören die Glaubenssätze von der Dreifaltigkeit und von der Menschwerdung des Gottessohnes (q. 8, a. 2, c). Derartiges ist also auch allgemein nicht gewußt (q. 1, a. 5, c).

Wenn also auch niemand das, was er weiß, zugleich glauben kann, ist es doch notwendig, daß Menschen auch einiges, das sich auf natürliche Weise erkennen läßt, glaubend annehmen (q. 2, a. 4). Das ergibt sich aus drei Überlegungen: Die philosophische Gotteserkenntnis ist sehr schwierig und erfordert deshalb viel Zeit. Wären wir einzig und allein auf unsere eigene Erkenntniskraft angewiesen, gelangten wir viel zu spät – wenn überhaupt – zu einer Erkenntnis Gottes. Manch einen hindern beim Nachdenken auch Schwächen seiner geistigen Kräfte, die Lebensnotwendigkeiten oder auch seine Trägheit. Man sollte auch nicht vergessen, daß die Erkenntnisse, welche die Philosophen erreichen, vielfach unsicher sind. Schon deren Ansichten über die Menschen und die menschliche Gesellschaft sind voller Gegensätze und oft sogar voller Irrtümer. Der im Glauben als wahr anerkannten göttlichen Mitteilung über das Woher und Wohin von Welt und Mensch kommt hingegen die Sicherheit zu, die beim Erkennen erstrebt wird.

2. Glaube und Verdienstlichkeit (q. 2, aa. 9 und 10)

Das Verb ‚glauben' bezeichnet den Akt, der durch die Tugend des Glaubens geprägt ist. Er ist eine bewußte Tätigkeit des Menschen. Sie legt die Frage nahe, inwieweit sie ‚verdienstlich' ist. Eine Handlung wird in dem vom Theologen gemeinten Sinn ‚verdienstlich' genannt, wenn sie rechtfertigt, daß dem Handelnden ein geistlicher Lohn gebührt. Damit einer Tätigkeit diese Eigenschaft zukommen kann, müssen zwei Bedingungen erfüllt sein. Sie muß frei gewählt sein, und sie muß – zweitens – freiwillig auf den Schöpfer hingeordnet und somit der Tugend der *caritas* gemäß sein. Da der Glaubensakt diese Bedingungen erfüllt, kann er verdienstlich sein.

Was darunter genauer zu verstehen ist, macht ein Vergleich mit dem wissenschaftlichen Erkennen deutlich. Wenn jemand etwas weiß, kann er über seinen Wissenszustand zweierlei Erwägungen anstellen: Einmal kann er darüber nachdenken, daß sein Wissen die Anerkennung der Wahrheit des Gewußten bedeutet. Zweitens kann das Gewußte selbst Gegenstand von Erwägungen sein. Da die Anerkennung des Wahrseins in diesem Fall auf dem Begreifen eines Beweises beruht und von diesem erzwungen ist, ist sie nicht verdienstlich. Der Wissende hat aber in der Hand, über den gewußten Sachverhalt weiter nachzudenken oder nicht. Erwägt jemand etwas, das er weiß, und tut er das unter einem Gesichtspunkt, welcher der Tugend der *caritas* entspricht, also im Hinblick auf die Ehre Gottes oder auf Wohl und Nutzen des Mitmenschen, ist dieses Erwägen, das er mit seinem Wissen verbindet, verdienstlich.

Auch wenn jemand etwas vermutet, ist sein Wille daran nicht ganz unbeteiligt. Die Zustimmung, die hier erfolgt, ist jedoch nur schwach und schwankend. Von einem vollendeten Willensakt kann also keine Rede sein und deshalb auch nicht von Verdienst im strengen Sinn. Damit ist natürlich nicht ausgeschlossen, daß es verdienstlich sein kann, über Vermutetes ähnlich nachzudenken wie über Gewußtes.

Die Beziehung zwischen natürlichem Erkennen und Glauben wird weiter verdeutlicht, wenn man überlegt, wie vernunftgestützte Begründungen für das Geglaubte die Verdienstlichkeit eines Glaubensaktes beeinflussen (q. 2, a. 10). Nach solchen sucht ja – wie erwähnt – gerade der Glaubende, weil sein natürliches Streben nach vernunftgeleiteter Erkenntnis nicht das eigentlich angemessene Ziel erreicht und somit unerfüllt bleibt. Da die Zustimmung, die mit dem Glaubensakt verbunden ist, vom Willen bewirkt ist, muß also geklärt werden, wie eine vernünftige Begründung sich auf den Willen des Glaubenden auswirkt. Das ist auf zwei Weisen möglich: Es kann erstens jemand seine Bereitschaft, aufgrund eigener Entscheidung etwas Mitgeteiltem als wahr zuzustimmen, davon abhängig machen, daß ihm auch seine Vernunft Argumente für dessen Wahrsein liefert. In diesem Fall wird die Verdienstlichkeit des Glaubensaktes geschmälert; denn die Entscheidung zu glauben beruht nicht mehr nur auf der Anerkennung der Autorität des Schöpfers. Ihre Freiwilligkeit ist insofern beeinträchtigt. Ähnlich büßt eine Handlung an sittlicher Gutheit ein, wenn sie wegen einer Leidenschaft erfolgt und nicht nur deswegen, weil der Handelnde sich ganz nach dem Urteil seiner Vernunft richtet. Zweitens kann jemand, der fest und entschieden an eine Wahrheit glaubt, nach Begründungen suchen, die namens der Vernunft für diese Wahrheit geltend gemacht werden können. Dieses Bemühen schmälert die Verdienstlichkeit des Glaubens nicht, es vergrößert sie im Gegenteil noch.

Man muß auch stets im Auge behalten, daß vernunftgestützte Begründungen, welche die Autorität, die den Glauben bewirkt, verstärken sollen, keine Beweise sind. Sie führen also keineswegs zum

Wissen. Sie räumen nur Hindernisse auf dem Weg zum Glauben beiseite, indem sie dartun, daß der Glaubensinhalt nichts enthält, was im Licht der Vernunft unmöglich ist.

Allerdings können einige Wahrheiten, die zum Gegenstandsbereich des Glaubens gerechnet werden, auch bewiesen werden. Dabei handelt es sich um Wahrheiten, die mit den Glaubensartikeln gesetzt sind, insofern sie deren Voraussetzungen darstellen. Thomas nennt sie *praeambula fidei*, um sie von den Glaubensartikeln zu unterscheiden (q. 2, a. 10 ad 2). Der Glaube eines Menschen, der die Beweise für die *praeambula* versteht und ihre Zuverlässigkeit erfaßt hat, wird dadurch natürlich beeinträchtigt; denn durch die Beweise wird ja dargetan, daß es sich um Aussagen handelt, deren Wahrheit anzuerkennen ihm nicht mehr freisteht. Dennoch wird sein Glaube deshalb nicht weniger verdienstlich; denn die gewonnenen Erkenntnisse heben nicht den festen Willen auf, den Glaubensinhalten, die seiner Vernunft nicht zugänglich sind, als wahr zuzustimmen.

Besonders verdienstlich ist der Glaube eines Christen, der, weil er sich der Suche nach der Weisheit verschrieben hat, die vielen Argumente, die – sei es von Philosophen, sei es von Irrgläubigen – gegen den christlichen Glauben vorgebracht werden, kennt, sich aber dadurch nicht von seiner Überzeugung abbringen läßt. Wer sich vorbehaltlos allen möglichen Einwänden stellt und die Auseinandersetzung mit ihnen nicht scheut, verhält sich ähnlich wie ein Glaubenszeuge, der sich nicht der Gewalt beugt (ad 3).

3. Glaube und die Gaben des Geistes (qq. 8 und 9)

Im Alten Testament (*Jes.* 11, 1-3) heißt es, auf dem Auserwählten ruhe der Geist des Herrn, nämlich der Geist der Weisheit (*sapientia*), des Verstandes (*intellectus*) und der Wissenschaft (*scientia*)[21]. Diesem Text gemäß sind der theologischen Tugend des Glaubens gewisse gnadenhafte ,Gaben', Gaben des Hl. Geistes, beigeordnet. Sie tragen ebenfalls zur Stärkung und Erhöhung der menschlichen Erkenntniskraft bei. Diese Gaben sind mit Ausdrücken bezeichnet,

---

[21] Jes. 11, 2f.: „Der Geist des Herrn läßt sich auf ihm nieder: der Geist der Weisheit und des Verstandes, der Geist des Rates und der Tapferkeit, der Geist des Wissens und der Frömmigkeit."

die auch in der Sprache der Philosophen hohen Rang haben. Thomas erklärt ihren Sinngehalt genau, wobei er sich an überlieferten und als maßgebend geltenden Äußerungen philosophischer Lehrer orientiert. Er hält seine Erklärungen für geeignet, das in der Bibel Gemeinte besser verstehen zu lassen. Dabei kommt erneut zur Sprache, was die Kräfte des Verstandes bewirken, nämlich Einsicht (*intellectus*) und Wissenschaft (*scientia*).

Er stellt heraus, das Wort *intellectus* bezeichne die Fähigkeit des Menschen, ,inwendig zu lesen' (*intus legere*), das heißt, auch solches zu erfassen, was den Sinnen nicht zugänglich ist und das ,Innere' eines Dinges genannt werden kann. Je stärker diese Fähigkeit ausgeprägt ist, je heller – in dem üblichen Bild veranschaulicht – ,das Licht des Verstandes' leuchtet, desto größer ist dessen Reichweite. Sie hat aber, wie die Erfahrung zeigt, recht enge Grenzen. Zwar ist nicht zu bestreiten, daß der Verstand die obersten Prinzipien theoretischen Erkennens sicher erfaßt. Wir sind aber schon nicht mehr in der Lage, das Ziel, das als oberstes Prinzip unser Verhalten und Handeln lenken soll, zu durchschauen. Wir erkennen ja aus eigener Kraft nicht, was für unser endgültiges ewiges Heil wichtig ist (q. 8, a. 1).

Die Gabe des Verstandes ist zwar in diesem Leben noch unvollkommen, aber sie hilft uns, den engen Horizont unseres Verstehens zu überwinden. Sie unterstützt beispielsweise unseren Verstand, wenn wir einsehen, daß wir nicht wissen, was Gott seinem Wesen nach ist, und sie läßt uns ebenso einsehen, daß wir ihn um so besser erkennen, je deutlicher uns bewußt ist, daß er alles, was wir begreifen, übersteigt (q. 8, a. 7, c).

Auch die Gabe der Wissenschaft stärkt das menschliche Erkenntnisvermögen. Inwiefern, macht eine Besinnung auf das Wissen, das jemand mit seinen natürlichen Fähigkeiten erwirbt, klar (q. 9, a. 1, c). Er weiß etwas, wenn er aufgrund seines Nachdenkens über die Beweise die Wahrheit desselben anerkennt. Das so gewonnene Wissen bereichert ihn nun in zweifacher Weise: erstens, insofern er das, was er weiß, begriffen hat. Dieses in jedem Wissen notwendig enthaltene Begreifen vergrößert nämlich den Inhalt seines Bewußtseins und vermehrt damit das Sein, an dem er teilhat. Zum Wissen gehört aber – zweitens – das sichere Urteil, daß das Begriffene wahr ist, weil es bewiesen ist. Auch das bereichert den Wissenden und trägt zu dessen Vollkommenheit bei.

Der Glaubensakt läßt sich in derselben Weise betrachten (q. 9, a. 1 ad 2). Die Zustimmung des Glaubenden setzt voraus, daß er erfaßt hat, was ihm mitgeteilt ist. Dabei wird er durch die Gabe der Einsicht unterstützt. Er muß aber auch sicher und zutreffend beurteilen können, ob etwas zum Inhalt des Glaubens gehört oder nicht. Die Gabe der Wissenschaft verhilft dazu, sich jeweils ein richtiges Urteil zu bilden.

4. Glaube und Gewißheit

Wie an etlichen Stellen seiner Werke erörtert Thomas auch hier eine Eigenart des menschlichen Erkennens, über welche die Philosophen seit je nachgedacht haben. Nie blieb verborgen, daß vieles von dem, was man erkannt zu haben meinte, unsicher ist. Die antike Philosophie war immer auch die Auseinandersetzung mit den Lehren einflußreicher Skeptiker. Die Ungewißheit, die an ihm nagt, läßt einen Gefährten des Sokrates beim Gespräch über das Geschick der menschlichen Seele klagen: „Es ist in diesem Leben unmöglich oder sehr schwierig, darüber etwas Sicheres zu wissen. Nur ein weichlicher Mensch unterläßt es, auf jede Weise zu prüfen, was darüber gesagt wird, und davon nicht eher abzulassen, bis er ermüdet vom Untersuchen nach allen Seiten." Er erwägt auch einen anderen Weg: Wäre es „nicht sicherer, durch das Leben [...] auf einem festeren Fahrzeug, einer göttlichen Rede, zu reisen"?[22] Stets wurde aber auch geltend gemacht, daß wir doch tatsächlich über sichere Erkenntnisse verfügen. Niemand könne das doch ernsthaft bestreiten, wenn er sich die Wahrheit der Grundsätze vergegenwärtige, auf die auch der Skeptiker angewiesen ist und von denen dieser ungeniert Gebrauch macht. Als Beispiel für sicheres Wissen galten zudem die Lehrsätze der Mathematik. Deshalb stand dieser Bereich menschlicher Erkenntnisse seit je in besonders hohem Ansehen.

Die christlichen Denker konnten natürlich nicht ignorieren, daß im Evangelium die unumstößliche Gewißheit der Heilsbotschaft, des Wortes Gottes, mit Nachdruck behauptet wird[23]. Das fordert den

---

[22] Platon, Phaidon, 85c-d.
[23] Siehe 1 Thess. 2, 13: „Darum danken wir dafür, daß Ihr das Wort Gottes, das Ihr durch unsere Verkündigung empfangen habt, nicht als Menschenwort,

nachdenklichen Christen heraus, das Erkennen, das der Mensch aus eigener Kraft erlangt, mit dem Glauben unter dem Gesichtspunkt der Gewißheit zu vergleichen.

Dieser Vergleich und ebenso die von Philosophen betonte Erfahrung, daß Zuverlässigkeit und Sicherheit der Erkenntnisse, die wir Menschen gewinnen, sehr verschieden sind, waren auch zur Zeit des Thomas Anlaß vieler Diskussionen über die Eigenart des Erkennens und die Gewißheit des Wissens. Das zeigen einige Thesen, die 1277 verworfen wurden. Anstoß erregte zum Beispiel der Satz: „Der Mensch darf sich nicht zufrieden geben mit einer Autorität, wenn er Gewißheit in bezug auf eine Frage haben will."[24]

Schon in seinen frühen Schriften schenkt Thomas dieser Frage, die bei dem Versuch, das menschliche Erkennen zu erhellen, nicht umgangen werden kann, seine Aufmerksamkeit. Er lehrt auch, darin der Tradition folgend, die mathematischen Wissenschaften seien sicherer als die Wissenschaften von der Natur und als die Metaphysik. Insbesondere die praktischen Wissenschaften entbehrten der eigentlich erstrebten Sicherheit. Er übernimmt auch die traditionelle Begründung, diese Unterschiede rührten von den Gegenständen der verschiedenen Wissenschaften her: Die Art der gewonnenen Erkenntnis hängt ja davon ab, was erkannt wird[25].

Im Artikel 8 der *Quaestio* 4: „Ist der Glaube sicherer als das Wissen und die anderen Tugenden des Verstandesvermögens?" wird die Frage nach der Gewißheit erneut aufgegriffen. Der hier geforderte Vergleich setzt voraus, daß verstanden ist, was mit dem Wort ,intellektuelle

---

sondern – was es in Wahrheit ist – als Gottes Wort angenommen habt."
Thomas sagt dazu (q. 4, a. 8): „Sed nihil est certius verbo Dei."

[24] Artikel 150: „Quod homo non debet esse contentus auctoritate ad habendum certitudinem alicuius questionis." Siehe D. Piché, La condamnation parisienne (wie Anm. 9), S. 124; ferner R. Hissette, Enquête (wie Anm. 9), S. 22.

[25] Vgl. Super Boet. De trin., q. 6, a. 1, resp. (ad secundam quaest.), Ed. Leon., S. 160f. Die Überlegungen des Thomas über Gewißheit erörtert L. Oeing-Hanhoff, Gotteserkenntnis im Licht der Vernunft und des Glaubens nach Thomas von Aquin, in dem von ihm herausgegebenen Buch: Thomas von Aquin 1274/1974, München 1974, S. 97-124. Ferner: J. F. Quinn, Certitude of Reason and Faith in St. Bonaventure and St. Thomas, in: A. Maurer u. a. (Hgg.), S. Thomas Aquinas: Commemorative Studies 1274-1972, Bd. 2, Toronto 1974, S. 105-140.

Tugend' gemeint ist. Außerdem bedarf der Ausdruck ‚Gewißheit'
(*certitudo*) der genauen Erklärung.

    ‚Intellektuelle Tugend' kann zweierlei bedeuten: erstens das, was
Aristoteles im VI. Buch der *Nikomachischen Ethik* darunter versteht[26].
Dort wird dargelegt, daß der Betrachtung des Wahren vorzüglich
einige vom Menschen erworbene Prägungen des Verstandesvermögens
dienen, insofern es auf notwendige Sachverhalte bezogen ist. Es wird
ertüchtigt durch die Weisheit (*sapientia*), die Wissenschaft (*scientia*)
und die Einsicht (*intellectus*). Thomas erläutert das in diesem Text
Gemeinte: Die Weisheit hat, wie Aristoteles im I. Buch der *Metaphysik* erwähnt, zu ihrem Gegenstand die obersten Ursachen; denn
als Weiser gilt, wer aufgrund seiner Kenntnis derselben über alles
zu urteilen vermag. Die Tugend der Einsicht besteht – wie schon
bemerkt – darin, die obersten Grundsätze des Verstehens zum festen
verfügbaren Besitz zu haben. Die Prägung des menschlichen Verstandes durch die Tugend der Wissenschaft hilft bei dem Verstehen eines
jeweils begrenzten Bereichs der Wirklichkeit und unterstützt dadurch
die Einsicht. Mit denselben Ausdrücken werden – zweitens – die
Gaben des Hl. Geistes benannt. Diese gnadenhaft geschenkten Kräfte
verhalten sich zum Glauben natürlich anders als die von Aristoteles
gemeinten intellektuellen Tugenden.

    Das Wort ‚Gewißheit' (*certitudo*) bezeichnet eine Beschaffenheit,
die in erster Linie dem Vollzug eines Erkennens zugesprochen wird.
Sie besteht, allgemein gesprochen, in der Festigkeit und Sicherheit
der Zustimmung[27]. Diese Gewißheit kann nun zweifach verstanden
werden: erstens, indem man die Ursache der Erkenntnis in den Blick
nimmt. Maßgebend sind dann die Festigkeit, Unwandelbarkeit und
Verläßlichkeit dieser Ursache. Ist Gewißheit so gemeint, gilt natürlich,
daß der Glaube die intellektuellen Tugenden an Gewißheit übertrifft.
Seine Stütze ist ja die göttliche Wahrheit, während die Tugenden,
von denen die Philosophen sprechen, sich auf die menschliche Verstandeskraft stützen.

    Man kann Gewißheit auch als einen Zustand verstehen, in den der
Erkennende durch sein Erkenntnisvermögen versetzt ist. In diesem Fall
liegt der Maßstab der Gewißheit im menschlichen Verstand. Gewisser

---

[26] Aristoteles, Ethica Nic. VI, 3 (1139b 15-18).
[27] Vgl. De veritate, q. 10, a. 12 ad 6 (in contrarium), Ed. Leon, S. 392.

ist dann, was der Lenkung und Leitung durch den menschlichen Verstand besser entspricht. Das kann bei der Erkenntnis, die jemand mittels der drei intellektuellen Tugenden gewinnt, zutreffen. Dieser Gewißheitszustand läßt sich auch durch den ihm entgegengesetzten Zustand, den Zweifel, verdeutlichen. Je geringer die Möglichkeit ist, an einer Erkenntnis sinnvoll zu zweifeln, desto größer ist deren Gewißheit.

Wird mit ‚Gewißheit‘ dieser vom menschlichen Verstand herrührende Bewußtseinszustand gemeint, ist vom Glauben zu sagen, er sei weniger gewiß als die Erkenntnisse, die der Mensch mit seinen natürlichen Kräften gewinnt; denn die Glaubensinhalte überragen die menschliche Verstandeskraft. Entsprechend ist die Möglichkeit, an einem geglaubten Sachverhalt zu zweifeln, größer als die, einen gewußten in Frage zu stellen.

Maßgebend für das Urteil über die Gewißheit seiner Erkenntnisse ist allerdings das Wirklichkeitsverständnis des Glaubenden. In seinen Augen ist es daher angemessener, die Gewißheit einer Erkenntnis nach deren Ursache zu beurteilen als vom menschlichen Erkenntnisvollzug her. Demgemäß ist der Glaube schlechthin gewiß, während die Erkenntnisse, zu denen die erworbenen Tüchtigkeiten des Verstandes führen, einen höheren Grad an Gewißheit als der Glaube nur im Hinblick auf uns Menschen haben. Den Gaben des Hl. Geistes liegt so, wie sie uns in unserem gegenwärtigen Leben verliehen sind, der Glaube zugrunde. Ihm kommt also als deren Prinzip auch eine höhere Gewißheit zu.

Das Problem der Gewißheit unseres Erkennens stand bekanntlich auch nach Thomas im Mittelpunkt vieler philosophischer Diskussionen. Von den heftigen Kontroversen zeugen viele Schriften seit dem 14. Jahrhundert[28]. Als besonders wichtig gilt der Versuch des René Descartes, mit seiner Konstruktion eines methodischen Zweifels der Philosophie das immer wieder gesuchte sichere Fundament zu geben. Viele sehen darin sogar den Anfang des sog. neuzeitlichen Denkens,

---

[28] Siehe dazu: Nicolaus von Autrecourt, Briefe, lat.-dt., hg. v. R. Imbach u. D. Perler (PhB; Bd. 413), Hamburg 1988; Nicholas of Autrecourt. His Correspondence with Master Giles and Bernard of Arezzo, hg. v. L. M. de Rijk (STGMA; Bd. 42), Leiden – New York – Köln 1994; K. H. Tachau, Vision and Certitude in the Age of Ockham (STGMA; Bd. 22), Leiden – New York – Köln 1988.

das angeblich alle vorherigen Bemühungen überstrahlt und in den Schatten rückt. Die Darstellung der Lehre des Thomas über Glaube und natürliches Erkennen sei deshalb noch ergänzt durch eine Erinnerung an seine Gedanken von der Gewißheit des Erkennens.

Er beschreibt mehrfach, was man unter ,Gewißheit' (*certitudo*) verstehen kann. Zwar wird dieses Wort verschieden verwendet, es bezieht sich aber im eigentlichen Sinn auf eine Beschaffenheit des Erkennens[29]. Da Erkennen die Tätigkeit eines Erkenntnisvermögens ist, benennt ,Gewißheit' auch eine Eigenart desselben. Sie macht den Verstand vollkommen[30]. Gewißheit zeichnet eine Erkenntnis aus, wenn diese „in keiner Weise ablenkbar ist von dem, was in ihrem Gegenstand gefunden wird, wenn die Sache vielmehr so hingenommen wird, wie sie ist"[31]. Kennzeichnend ist eine Festigkeit der Zustimmung und die Festlegung des Verstandes auf Eines. Eine Erkenntnis hat diese Beschaffenheit, wenn sie ganz und gar dem Erkenntnisvermögen angepaßt ist und ihm gerecht wird.

Allerdings bleibt die Frage, wie wir überhaupt erfahren, was Gewißheit einer Erkenntnis ist. Wie kommt es, daß wir einer Erkenntnis die Eigenart ,Gewißheit' zuerkennen, einer anderen wiederum nicht? Woher kennen wir diesen Maßstab, den wir an unsere Erkenntnisse anlegen? Thomas geht dieser Frage nicht aus dem Weg. Wir werden gewahr, wo der Ursprung unseres Bewußtseins von Gewißheit liegt, wenn wir uns vergegenwärtigen, worin unser Erkennen überhaupt gegründet ist. Dann erschließt sich uns nämlich, daß Gewißheit die Eigenart ist, die unserem Erkennen der Wahrheit der obersten Grundsätze eigentümlich ist. Mit diesem Vollzug ist sie verbunden, und sie kann nicht von ihm getrennt werden. Somit gibt uns den Maßstab, der ,Gewißheit' heißt, unser Erkennen selbst an die Hand, und zwar im Erfassen der Wahrheit, die in den Grundsätzen ausgedrückt ist. Von Gewißheit zu sprechen, hat hier ursprünglich einen Sinn. „Gewißheit haben wir hinsichtlich der ersten Grundsätze"[32], und es gilt:

---

[29] Vgl. S.th. II-II, q. 18, a. 4.
[30] Vgl. S.th. I-II, q. 115, a. 5 ad 2.
[31] De veritate, q. 6, a. 3, c (Ed. Leon.), S. 185, 133-136: „cognitionis quidem certitudo est quando cognitio non declinat in aliquo ab eo quod in re invenitur sed hoc modo existimatio de re sicut est."
[32] Super Boet. De trin., q. 2, a. 2 ad 6 (Ed. Leon.), S. 96.

„Gewißheit des Wissens stammt vollständig von der Gewißheit der Grundsätze. Schlußfolgerungen werden nämlich dann mit Gewißheit gewußt, wenn sie auf Grundsätze zurückgeführt sind."[33] „Niemand könnte wissen, daß er eine Schlußfolgerung als wahr erkannt hat, verfügte er nicht über die Grundsätze."[34]

Wenn man Erkenntnisgewißheit so versteht, muß man den Versuch, sich ihrer auf dem Weg eines methodischen Zweifels zu versichern, als ein philosophisch zweitrangiges Verfahren beurteilen; denn die Gewißheit, welche die Einsicht in die Wahrheit der Prinzipien auszeichnet, liegt der Gewißheit jeder anderen Erkenntnis zugrunde und ist ihr vorgeordnet. Das gilt auch für die Gewißheit, mit der jemand die eigene Existenz erkennt. Thomas stellt durchaus fest: „Niemand irrte jemals darin, daß er nicht erfaßte zu leben."[35] Er lehrt aber, die Bedingung auch dieser Erkenntnis sei, daß wir „von Natur aus etwas an sich Bekanntes erfassen, an dem alles geprüft wird, insofern es ihm gemäß beurteilt wird"[36]. Diese mit unserer Existenz naturhaft gegebene Gewißheit des Erkennens ist auch Voraussetzung jeder philosophischen Gotteserkenntnis; denn auch diese hängt von der Gewißheit ab, die dem Ursprung unseres Erkennens anhaftet. Das unumstößliche Fundament, nach dem Philosophen Ausschau halten, ist also nicht eine Aussage, die mit irgendwelchen Argumenten oder mittels eines methodischen Zweifels als wahr erwiesen wird, sondern die mit uns gegebene und in uns verwurzelte Einsicht in die Wahrheit der Prinzipien. „Das, was dem Verstandesvermögen natürlich ist, erscheint uns mit einer solchen Notwendigkeit wahr, daß wir nicht einmal denken können, es sei unwahr."[37] Diese Erkenntnis ist ihrer Natur nach vollendet, wir können sie nie verleugnen und sie kann insofern auch das höchste unseres Wissens genannt werden.

---

[33] De veritate, q. 11, a. 1 ad 13 (Ed. Leon.), S. 353, 507-510: „certitudo scientiae tota oritur ex certitudine principiorum: tunc enim conclusiones per certitudinem sciuntur quando resolvuntur in principia."

[34] S.th. I-II, q. 112, a. 5, c: „nullus autem posset scire se habere scientiam alicuius conclusionis, si principium ignoraret."

[35] De veritate, q. 10, a. 8 ad 2 (Ed. Leon.), S. 323, 335-337: „nullus umquam erravit in hoc quod non perciperet se vivere."

[36] De veritate, q. 10, a. 8, c (Ed. Leon.), S. 322, 307-310: „in quantum aliqua naturaliter cognoscimus ut per se nota, ad quae omnia alia examinamus, secundum ea de omnibus iudicantes."

[37] Scg I, c. 7.

Jeder Mensch verfügt über ein solches Erkennen. Jedem ist erschlossen, was mit dem Wort ‚Seiendes‘ ausgedrückt werden soll, und dieses Verstehen entfaltet sich in der spontanen Anerkennung der Wahrheit der Grundsätze. Weil wir aufgrund dieses ursprünglichen Verstehens alles, was uns begegnet, auch erkennen können, die Wirklichkeit also vom Verstand erhellt und durchstrahlt wird, nennt man dessen Kraft seit jeher zu Recht ‚Licht des Verstandes‘[38]. Auch Thomas spricht häufig von dem ‚natürlichen Licht‘ des menschlichen Geistes, das die feste Zustimmung zum Wahrsein der obersten Prinzipien verbürgt. Das uns naturhaft innewohnende Licht des Verstandes bewirkt, daß den ersten durch sich selbst bekannten Grundsätzen zugestimmt wird[39]. Dieses Ja ist unserer Macht entzogen, ebenso wie die Wirklichkeit, an der wir teilhaben und die wir als schlechthin gegeben hinnehmen müssen. Niemand kann die Anerkennung der Wahrheit der Grundsätze umgehen oder ihr ausweichen, und gegen sie zu protestieren ist absurd und des Menschen nicht würdig. Wer sich das vergegenwärtigt, erfährt, was es heißt, sich als Geschöpf zu verstehen. Findet er sich doch vor als jemand, der ohne sein Zutun im Sein auftaucht, zu dessen Existenz es gehört, Wahrheit anzuerkennen, deren er ebenfalls nicht mächtig ist. Gerade die ihm eigene Vertrautheit mit dem Seienden macht den Menschen aber fähig, seinem natürlichen Streben, zu erkennen und zu wissen, nachzukommen und es zu erfüllen. Der Gedanke, das Licht des Verstandes verweise auf eine Quelle, der es entstammt, liegt somit nahe. Thomas drückt ihn aus, indem er sagt: „Daß etwas mit Gewißheit gewußt ist, hat seinen Grund im Licht des Verstandes, das uns von Gott eingegeben ist.“[40] Dem Christen erschließt sich, daß das ihm verliehene natürliche Licht des Erkennens durch das gnadenhaft verliehene Licht des Glaubens nicht gemindert oder gar entwertet, sondern gefestigt und gestärkt wird: „Das natürliche Licht des Ver-

---

[38] Vgl. Aristoteles, De anima III, 5 (430a 15-17).

[39] Super Boet. De trin., q. 3, a. 1 ad 4 (Ed. Leon.), S. 109, 211-214: „oportet esse aliquid quod inclinet ad assensum, sicut lumen naturaliter inditum in hoc quod assentitur primis principiis per se notis.“ – Dazu D. C. Hall, The Trinity (wie Anm. 4), S. 58-82 und 115-119.

[40] De veritate, q. 11, a. 1 ad 13 (Ed. Leon.), S. 353, 510-512: „quod aliquid per certitudinem sciatur, est ex lumine rationis divinitus interius indito quo in nobis loquitur Deus.“ – Vgl. Scg I, c. 7.

standes wird gestärkt durch den Zustrom des gnadenhaften Lichts."[41]
Auch darin bringt Thomas zum Ausdruck, wie er das Miteinander
von Glaube und Wissen denkt: „Die Erkenntnis des Glaubens setzt
die natürliche Erkenntnis voraus."[42]

Literatur in Auswahl:

Johannes Paul II., Enzyklika Fides et Ratio, in deutscher Sprache hg. vom Sekretariat
der Deutschen Bischofskonferenz, Bonn 1998.

Kluxen, W., Das Seiende und seine Prinzipien, in: J. Speck (Hg.), Grundprobleme
der großen Philosophen, Göttingen 1972, S. 177-220.

McInerny, R., St. Thomas Aquinas, Boston 1977.

Oeing-Hanhoff, L., Gotteserkenntnis im Licht der Vernunft und des Glaubens nach
Thomas von Aquin, in: ders. (Hg.), Thomas von Aquin 1274/1974, München
1974, S. 97-124.

Pieper, J., Über den Glauben. Ein philosophischer Traktat, München 1962.

Ders., Wirklichkeit und Wahrheit, in: Werke, Bd. 2, Hamburg 2001, S. 58-111.

Ders., Über die Schwierigkeit heute zu glauben, München 1974, S. 11-24.

Quinn, J. F., Certitude of Reason and Faith in St. Bonaventure and St. Thomas, in:
A. Maurer u. a. (Hgg.), S. Thomas Aquinas: Commemorative Studies, Bd. 2,
Toronto 1974, S. 105-140.

Sertillanges, A. D., Der hl. Thomas von Aquin (dt. von R. Grosche), Köln-Olten
1954, vor allem S. 483-515.

Vernon, B., Aquinas' Search for Wisdom, Milwaukee 1965.

Zimmermann, A., Thomas lesen (legenda, Bd. 2), Stuttgart-Bad Cannstatt 2000.

---

[41] S. th. I, q. 12, a. 13, c: „Nam et lumen naturale intellectus confortatur per
infusionem luminis gratuiti."

[42] De veritate, q. 14, a. 9 ad 8 (Ed. Leon.), S. 464, 199f.: „cognitio enim fidei
praesupponit cognitionem naturalem."

Freundschaft und Liebe

(S.th. I-II, qq. 26-28 und II-II, qq. 23-46)

JAMES MCEVOY (Belfast)

I. Einleitung

Thomas hat der Liebe (*caritas*) die zentrale Stellung unter den Tugenden eingeräumt, und er hat alle Dimensionen dieses christlichen Zentralbegriffes einer gründlichen Untersuchung unterzogen[1]. Hinsichtlich des Verständnisses der Liebe zog er, was nicht verwundern mag, die Quellen der Bibel heran und griff zudem auf sein wie gewöhnlich breites und tiefes Wissen über die christliche Tradition zurück. Vieles von dem, was er schrieb, wurde bereits vorher, insbesondere von Augustinus, gesagt, wenngleich nicht im selben systematischen

---

[1] Anders als die englische kennt die deutsche Sprache keine der lateinischen Unterscheidung in *amor* und *caritas* entsprechende naheliegende begriffliche Unterscheidung wie diejenige zwischen ‚love‘ und ‚charity‘. Allerdings ist die Begrifflichkeit bei Thomas selbst verwickelt, insbesondere wenn man auf die griechischen Äquivalente schaut. Dies wird im folgenden deutlich werden. So ist eine durchgängige Übersetzung von *caritas* mit ‚Nächstenliebe‘ ebensowenig möglich wie mit ‚Gottesliebe‘ – so etwa die Deutsche Thomas-Ausgabe –, da die *caritas* als spezifisch christliche Form der Liebe als einer Gnadengabe gleichermaßen das Verhältnis der Menschen untereinander betrifft wie auch das Verhältnis des Menschen mit Gott, das Thomas als eine Art der Freundschaft deutet (S.th. II-II, q. 23, a. 1); siehe hierzu auch J. A. Aertsen, ‚Eros‘ und ‚Agape‘. Dionysius Areopagita und Thomas von Aquin über die Doppelgestalt der Liebe, in: T. Boiadjiev/G. Kapriev/A. Speer (Hgg.), Die Dionysius-Rezeption im Mittelalter. Akten des internationalen Kolloquiums vom 8. bis 11. April 1999 in Sofia unter der Schirmherrschaft der S.I.E.P.M. (Rencontres de Philosophie Médiévale; Bd. 9), Louvain-la-Neuve – Turnhout 2000, S. 373-392, bes. S. 384-391.

Mein aufrichtiger Dank geht an Philipp Rosemann (Dallas), der diesen Text gründlich überprüft hat.

Zusammenhang. Seine Originalität mit Bezug auf die Lehre von der Liebe beruht sicherlich auch zu einem beachtlichen Teil auf der Aufnahme der aristotelischen Ethik und hier vor allem auf der im achten und neunten Buch der *Nikomachischen Ethik* entfalteten Idee der Freundschaft und des Lebens in der Gemeinschaft.

In den letzten Jahren seines Lebens brachte Thomas von Aquin noch einen Literalkommentar zur *Ethik* zum Abschluß, und zwar genau zu der Zeit, da er sich auch mit der Abfassung der *Secunda secundae* der *Summa* beschäftigte. Der Kommentar bezeugt zwar den tiefen Einfluß, den die aristotelische *Ethik* auf Thomas ausgeübt hat, doch wird eigentlich erst in der *Summa* die Rezeption aristotelischer Ideen durch Thomas deutlich, geht es ihm doch in seinem Kommentar vor allem darum, das Denken des ,Philosophen' selbst darzustellen. Dies tut er mit einer Genauigkeit, die eine detaillierte Auseinandersetzung mit der Thematik der *Ethik* verrät. Nur äußerst selten fühlt Thomas sich dazu veranlaßt, seinen Leser darauf hinzuweisen, daß die aristotelische *Ethik* vorchristliche Ideale und Voraussetzungen widerspiegelt. An seiner grundsätzlichen Zustimmung zu dem Werk des Aristoteles läßt er keinerlei Zweifel.

Daher wird der Leitfaden dieses Beitrages in der Frage bestehen, welchen Einfluß die *Nikomachische Ethik* auf den Traktat über die Liebe in der *Summa theologiae* ausgeübt hat. Daraus ergibt sich als zweite Frage, auf welche Weise Thomas die Unterscheidung und den inneren Zusammenhang der Begriffe *amor, dilectio, amicitia* und *caritas* in systematischer Hinsicht handhabt. Mit diesem Schwerpunkt in der Rezeption der *Nikomachischen Ethik* innerhalb des Traktats über die Liebe sollen der philosophische Aspekt und der philosophische Inhalt der thomasischen Lehre über Liebe und über soziale Beziehungen hervorgehoben werden, ohne jedoch die Aufmerksamkeit von der zentralen Bedeutung der christlichen Lehre von der Liebe (*agape, caritas*) oder von den Anleihen, die Augustinus, dem *doctor amoris*, und anderen christlichen Autoren wie Gregor dem Großen und Pseudo-Dionysius geschuldet sind, ablenken zu wollen.

II. Thomas' Lehre im Kontext der *Summa theologiae*, der eigenen Zeit und der Forschung

1. Der Platz von Liebe und Freundschaft innerhalb der Moraltheorie der *Summa*

Das 13. Jahrhundert war das goldene Zeitalter der Doktoren der Theologie und auch der Summen (*summae*), in denen der Versuch einer theologischen und zu einem gewissen Grade auch einer philosophischen Synthese unternommen wurde. Alexander von Hales, Bonaventura, Albertus Magnus, Thomas von Aquin und Duns Scotus haben alle eine reiche Morallehre entwickelt. Jeder von ihnen setzt dabei unterschiedliche Schwerpunkte und geht unterschiedlich mit den Quellen um, auf die er zurückgreift. Schon hier sei gesagt, daß die Morallehre von Thomas, insbesondere in der *Summa*, von großer und bleibender Bedeutung ist.

Thomas nimmt in der *Prima secundae* eine allgemeine Untersuchung der Moraltheorie und Moralpraxis vor, wohingegen die *Secunda secundae* den besonderen Teil der Morallehre beinhaltet. Hierbei stellt Thomas die ganze Diskussion unter das zentrale Thema der Glückseligkeit (*beatitudo*), welche das moralische Denken des Thomas dominiert, insofern sie das letzte Ziel menschlichen Lebens und Handelns bestimmt. Alles ist in dieses Grundgerüst hineingestellt. Die nähere Untersuchung betrifft die willentlichen Handlungen und die *passiones*, sodann die inneren, personalen Prinzipien der Handlung: die Tugenden, die sieben Gaben des Heiligen Geistes, die Glückseligkeiten (*beatitudines*) und die Frucht des Geistes. Anschließend folgt eine eingehende Beschreibung der Laster und der Sünden, die den Tugenden entgegengesetzt sind. Unter den äußeren Handlungsprinzipien ist zuallererst das Gesetz zu nennen, das als ein Werk der Weisheit verschiedene Dimensionen besitzt: eine ewige, eine natürliche und eine menschliche. Die Offenbarung wird unter den Gesichtspunkten des Alten und Neuen (neutestamentlichen) Gesetzes angesprochen. Das Neue Gesetz wird hierbei als ein inneres Prinzip verstanden, demzufolge die Gnade des Heiligen Geistes in den Herzen durch den Glauben an Christus und durch die Liebe (*caritas*) wirkt (vgl. *Röm.* 5, 5). Diese Gnade formt das zweite Handlungsprinzip, das von außen an den Menschen herantritt, dann aber verinnerlicht wird.

In diesen allgemeinen Ordnungsrahmen fügt sich die Lehre von Freundschaft und Liebe wie folgt ein:

- S.th. I-II, qq. 26-28: *De amore* (im Zusammenhang der *passiones*);
- S.th. II-II, qq. 23-27: *De caritate* (im Zusammenhang der theologischen Tugenden);
- S.th. II-II, qq. 28-33: Themen, die mit der *caritas* verknüpft sind: die Freude (*gaudium*), der Friede (*pax*), das Mitleid (*misericordia*), das Wohltun (*beneficentia*), das Almosen (*eleemosyna*), die brüderliche Zurechtweisung (*correctio fraterna*);
- S.th. II-II, qq. 34-46: die der Liebe (*caritas*) entgegengesetzten Laster: der Haß (*odium*), der Überdruß (*acedia*), der Neid (*invidia*), die Zwietracht (*discordia*), der Streit (*contentio*), das Schisma (*schisma*), der Krieg (*bellum*), das öffentliche Ärgernis (*scandalum*), der Aufruhr (*rixa*), der Aufstand (*seditio*) und abschließend die Erörterungen zu Weisheit (*sapientia*) und Torheit (*stultitia*).

Es ist also vor allem die *Secunda pars* mit ihrer eingehenden Behandlung der besonderen Aspekte der Moraltheorie, auf die sich im folgenden unser Interesse richtet. Jede der sieben Kardinaltugenden wird dort zusammen mit dem ihr entgegengesetzten Laster behandelt, ferner die Gaben des Heiligen Geistes und die Gebote des Dekalogs, die mit jeder der sieben Tugenden korrespondieren: zum einen die theologischen Tugenden Glaube (*fides*), Hoffnung (*spes*) und Liebe (*caritas*), deren erstes Objekt Gott ist, zum anderen die moralischen Tugenden und besonders die Kardinaltugenden: die Klugheit (*prudentia*) mit der Gabe des Ratschlags; die Gerechtigkeit (*iustitia*) mit ihren vielen angeschlossenen Tugenden und der Gabe der Ehrfurcht; die Tapferkeit (*fortitudo*) mit der Gabe der Stärke; das Maßhalten (*temperantia*), unter anderem mit der Gabe der Keuschheit. Die *Secunda secundae* wird schließlich vervollständigt durch die Abhandlung der Geistesgaben, insbesondere der Prophetie, und durch die geistlichen Stände wie das Episkopat und das klösterliche Leben.

Anhand der Tugenden und der Gnadengaben, so kann man allgemein sagen, bestimmt Thomas den moralischen Stellenwert der *beatitudo*. Bemerkenswert dabei ist die Verknüpfung des christlichen Erbes, welches die Evangelien zum Ausgangspunkt hat und sich dann in der Tradition, insbesondere bei den Kirchenvätern, fortentwickelt, mit der menschlichen Weisheit, als deren hervorragendster Vertreter

Aristoteles gilt. Der Verbindung des christlichen Erbes mit der aristotelischen Ethik liegt die Vorstellung eines Verlangens nach Glück
zugrunde, die sich gleichermaßen in der Gerichtetheit auf die Wahrheit und auf das Gute findet. Nach Thomas' Überzeugung hat Gott
sowohl dieses Verlangen als auch dessen Ausrichtung in das Herz
seiner geistigen Schöpfung gelegt, um diese auf Gott auszurichten und
sie auf die Aufnahme der Offenbarung und des Gnadenversprechens
vorzubereiten. Die Thematik eines natürlichen Verlangens nach der
Gottesschau ist für Thomas' Denken von zentraler Bedeutung, wie
auch aus den nachfolgenden Debatten deutlich wird, die auf seine
Position gerade zu dieser Frage Bezug nehmen. Thomas selbst wollte
zeigen, in welchem Ausmaß das Verlangen nach Gott im Bewußtsein
eines jeden Menschen anwesend und mit dem Ursprung von Moralität
verbunden ist. Dieses Verlangen ist seiner Intention nach transzendental. Es kann nicht durch irgendein anderes Gut erfüllt werden,
außer durch Gott selbst in freier Gabe. So sind Natur und Gnade
durch eine bereits im vorhinein bestehende Harmonie aufeinander
bezogen, umfaßt von den Ideen von der Wahrheit und dem Gutem,
die unsere geistige Natur ausmachen.

Die Frage, der Thomas hier im Bereich der Moraltheologie nach-
geht, kann als eine Bemühung um ein rechtes Glaubensverständnis
(*intellectus fidei*) beschrieben werden. Dieser Anspruch schließt oftmals auch den Gebrauch philosophischer Methoden in Hinblick auf
Inhalte des Glaubens und des Glaubensbekenntnisses mit ein. In
bestimmter Hinsicht kann man den Traktat über die Liebe (*caritas*) als
den Höhepunkt der Morallehre des Thomas, vielleicht sogar – wenn
man die Ausfaltung des Werkes bis zu diesem Punkt betrachtet – auch
als den Höhepunkt der gesamten *Summa* selbst bezeichnen.

2. Thomas' Lehre von der Liebe (*caritas*) im Kontext seiner Zeit

Von frühester Zeit an war die Morallehre ein Merkmal des Christen-
tums. Aber erst zur Mitte des 13. Jahrhunderts begann man diese Lehre
systematisch zu entfalten. Während man im zwölften Jahrhundert
weithin Gebrauch vom moralischen Denken Senecas und Ciceros
machte[2], war Thomas' eigene Zeit durch den zunehmenden Einfluß
des aristotelischen Denkens bestimmt. Eine besondere Bedeutung kam

---

[2]   Siehe hierzu den Beitrag von S. Ernst in diesem Band, S. 344-347.

der um 1247 entstandenen Übersetzung der *Nikomachischen Ethik* durch Robert Grosseteste zu, die in Umlauf kam, als Thomas in Köln bei Albert des Großen studierte. Anders als viele seiner Zeitgenossen, die, wie Alexander von Hales und Bonaventura, den Dekalog und das christliche Liebesgebot in das Zentrum stellten, legte Thomas im Anschluß an Aristoteles den Schwerpunkt auf die Tugenden.

Wie die aristotelische Ethik, so kann auch die theologische Ethik des Thomas im allgemeinen als eine auf das Glück ausgerichtete Tugendethik bestimmt werden. Somit finden die Lehren über die Zehn Gebote, über die Gaben des Heiligen Geistes und über die Glückseligkeiten, die bereits Gegenstand der früheren Diskussionen über die beiden Formen der Liebe: *amor* und *caritas*, waren, ihren Platz in Thomas' Denkschema, sind hier allerdings dem zentralen Begriff der Tugend untergeordnet. Bereits zu Beginn habe ich betont, daß die christlichen Denker zu Thomas' Zeit sich alle auf dieselben Quellen, allen voran auf das Alte und Neue Testament, stützten, und hier insbesondere auf die von Paulus beschriebene Praxis des christlichen Lebens sowie auf die Lehre des Evangelisten Johannes von der *Agape*. In gleicher Weise fanden das Erbe der Kirchenväter und die Entwicklungen des zwölften Jahrhunderts ihre Berücksichtigung, so zum Beispiel die monastische Theologie eines Bernhard von Clairvaux (etwa seine Schrift *De diligendo Deo*) und das scholastische Denken eines Petrus Lombardus.

Der Gleichsetzung von *caritas* mit dem Ausströmen des Heiligen Geistes (*Sententiae* I, d. 17) durch Petrus Lombardus schlossen sich zahlreiche Gelehrte an. Sicher war die Lehre des Petrus Lombardus bereits zu seinen eigenen Lebzeiten nicht unumstritten. Petrus lehrte unmißverständlich, daß die menschliche Liebe zu Gott und zum Nächsten nichts anderes als die unmittelbare Gegenwart des Heiligen Geistes in der Seele ist. Die Tugenden des Glaubens und der Hoffnung sind Mittler der Liebe (*caritas*), sie selbst aber ist keine Tugend. Thomas selbst wandte sich ausdrücklich gegen diese Lehre[3]. Bereits in seinem Sentenzenkommentar bemerkt er hinsichtlich der Ansichten des Lombarden: „*Sed hoc non potest stare*" („Dies aber kann nicht stehen bleiben"). Auch während seiner Lehrtätigkeit geriet seine

---

[3] Vgl. S.th. II-II, q. 23, a. 1; vgl. auch Quaestio disputata de caritate, a. 1 (Ed. Marietti), S. 753-757.

eigene Lehre nicht ins Schwanken. Gegen die Idee, daß die *caritas* keine eigene Tugend sei, führte Thomas an, daß die Liebe vom Willen ausgeht. Gott vereinigte sich mit der menschlichen Natur nur einmal, nämlich in Christus. Demnach ist die Annahme, der Wille dessen, der die Gabe des Heiligen Geistes empfangen hat, sei mit dem Heiligen Geist vereint oder verbunden, nicht haltbar. Der menschliche Wille ist tatsächlich vom Heiligen Geist bewegt, allerdings nur insoweit, daß der Mensch für seine Taten verantwortlich bleibt. Die göttliche Freiheit steht nicht im Gegensatz zur menschlichen Freiheit, sondern begleitet diese, folgt dieser und stellt sie wieder her. Die Heiligen besitzen eine Form oder einen *habitus*, der als angemessener Grund für ihre gnadenvollen Taten fungiert. Dies ist die Tugend der Liebe (*caritas*). Thomas von Aquin sah so einen Zuwachs an Liebe mit einer vollkommeneren Teilhabe der Seele an der Wesenheit des Heiligen Geistes verbunden. Die Liebe kann uneingeschränkt wachsen. Sie ist nicht begrenzt, weder in der Teilhabe an der unendlichen Liebe des Geistes noch im menschlichen Subjekt, wird doch die Kapazität des geistigen Geschöpfes durch die Gnade noch vergrößert. Die Gnade erweitert also die Fähigkeit des Subjekts zum seelischen und geistigen Wachstum. Wie auch immer, es bleibt deutlich, daß die Gnade hier auf Erden und die Gnade im Himmel, die der Schau von Angesicht zu Angesicht folgt, nicht vergleichbar sind. Ohne die Gnadengabe durch den Heiligen Geist (*Röm.* 5, 5) gibt es in keiner Weise eine wahre und vollkommene Tugend.

3. Gegenwärtige Tendenzen in der Forschung

In den letzten zwanzig Jahren lassen sich einige neue Entwicklungen in der Thomas-Forschung bezüglich der Tugenden im allgemeinen und insbesondere hinsichtlich der Thematik von Liebe und Freundschaft feststellen. Ich möchte mit dem Forschungsbeitrag des im Jahre 1999 verstorbenen Leonard E. Boyle beginnen, der auf dem Gebiet mittelalterlicher Pastoraltheologie Pionierarbeit geleistet hat[4]. In Hinblick auf die *Summa theologiae* hat er erstmalig auf die klare Verbindung zwischen den zahllosen Traktaten über Tugenden und Laster, die aus den Reihen des Dominikanerordens kamen – man denke etwa an

---

[4]   L. E. Boyle, The Setting of the *Summa theologiae* of Saint Thomas (The Etienne Gilson Series; Bd. 5), Toronto 1982.

Hugo von St. Cher, Wilhelm Peraldus, Vinzenz von Beauvais oder Raimund von Penafort –, mit der *Secunda secundae* hingewiesen. Wie diese Traktate, so hat auch die *Secunda secundae* einen praktischen Charakter. Für dominikanische Prediger und Beichtväter bestimmt, waren sie Teil einer Ausbildung, die auch noch lange nach der Priesterweihe fortdauerte. In den Traktaten spricht Thomas seine Leser mit *fratres communes* und *incipientes* an, da sie noch am Beginn ihrer apostolischen Tätigkeit standen. Aus dieser Blickrichtung heraus hat sich unser Verständnis der *Secunda secundae* gewandelt. Letztere wird von Boyle als vollkommenste Leistung des ,Summisten' Thomas (der damit als Vertreter dieses theologisch-erzieherischen Genres erscheint) sowie des praktischen Theologen und Mitglieds des Dominikanerordens vorgestellt. Doch seine Originalität geht weiter, da er anders als seine Vorgänger darauf besteht, daß praktische Theologie innerhalb des größtmöglichen Zusammenhangs der Lehre über Gott, die Schöpfung, die Anthropologie, von Christologie und Eschatologie, dargelegt und gelernt werden soll.

Servais Pinckaers hingegen betonte, daß die thomasische Morallehre selbst auf dem Begriff der Tugend gründe und ihrem Wesen nach eine Tugendethik sei[5]. Den Mittelpunkt seiner Lehre bildeten nicht die Zehn Gebote, sondern die drei theologischen und die vier Kardinaltugenden. Die *caritas* nimmt unter diesen den höchsten Rang ein, wird sie doch als Form und Wurzel aller Tugenden (*forma et radix virtutum)* verstanden. Darüber hinaus steht nach Pinckaers die thomasische Lehre hinsichtlich der Glückseligkeiten (*beatitudines)* in einem engen Zusammenhang mit den theologischen Tugenden Glaube, Hoffnung und Liebe. Seiner Meinung nach verbindet Thomas mit der Erklärung jeder einzelnen Tugend die entsprechende Gabe des Heiligen Geistes, eine oder mehrere Früchte des Geistes und eines oder mehrere der Zehn Gebote. Damit hat Pinckaers einen neuen Zugang zur Struktur der *Secunda secundae* eröffnet. Auf jede Erläuterung einer Tugend folgt zudem die Diskussion ihres entsprechenden Lasters. Auf diese Weise habe Thomas versucht, die verschiedenen von Schrift und Tradition abgeleiteten Teile der Morallehre in eine organische Theorie zu integrieren.

---

[5] Vgl. S. Pinckaers, Les Sources de la morale chrétienne, Fribourg – Paris 1990².

Über Thomas' Kommentar zur *Nikomachischen Ethik* und über die Art und Weise, wie sein tiefes Verständnis der aristotelischen Ethik die Komposition der *Secunda pars* beeinflußte, sind zahlreiche Arbeiten erschienen[6]. So hat Jean-Pierre Torrell neben anderen Themen das geistige Erbe im Denken des Thomas in Hinblick auf Liebe und Freundschaft behandelt[7]. Vor allem hat Torrell den Wert des Einströmens des Heiligen Geistes herausgearbeitet sowie die verschiedenen Grade von Liebe und die Lehre von der Liebe (*caritas*), die aus der *Summa theologiae* und den biblischen Kommentaren, vor allem denjenigen zu den Paulus-Briefen (etwa zu 1 *Kor.* 13), abgeleitet werden können. Torrell beschreibt Thomas oder die Dominikaner nicht als eine bestimmte Schule der Spiritualität, sondern betont, daß – wenngleich sich auch eine spirituelle Theologie bei Thomas finden mag – es keine thomasische oder thomistische Spiritualität im strengen Sinne gibt.

Die Forschung zur Freundschaftsthematik und zu den damit verbundenen Themen wie Wohlwollen, Gesellschaft, Gemeinschaft etc. hat eine Vielzahl weiterer Aspekte der antiken und mittelalterlichen Diskussionen herausgearbeitet[8]. So wurde insbesondere mit Blick auf das Verhältnis von Liebe und Freundschaft in der *Summa* die nähere Bestimmung und Untersuchung der Wurzeln des thomasischen Denkens vorangetrieben[9]. In diesem Zusammenhang wurde die These

---

[6]   Siehe etwa L. Elders, St. Thomas Aquinas' Commentary on the Nicomachean Ethics, in: L. Elders/K. Hedwig (Hgg.), The Ethics of St. Thomas Aquinas, Rom – Vatikan 1984, S. 9-49; ders., St Thomas Aquinas' Commentary on the *Nicomachean Ethics*, in: ders., Autour de Saint Thomas d'Aquin. Recueil d'études sur sa pensée philosophique et théologique, Bd. I. Les commentaires sur les œuvres d'Aristote, Paris – Bruges 1987; K. Hedwig, *Alter Ipse*. Über die Rezeption eines Aristotelischen Begriffes bei Thomas von Aquin, in: Archiv für Geschichte der Philosophie 72 (1990), S. 253-274.

[7]   Vgl. J.-P. Torrell, Saint Thomas d'Aquin, maître spirituel (Vestigia; Bd. 19), Fribourg – Paris 1996, S. 367-375, 448-453, 475-484.

[8]   Vgl. J. McEvoy, The Theory of Friendship in the Latin Middle Ages: Hermeneutics, Contextualisation, and the Transmission and Reception of Ancient Texts and Ideas, from c. AD 350 to c. 1500, in: J. Haseldine (Hg.), Friendship in Medieval Europe, Stroud 1999, S. 3-44; siehe ferner dort, S. 449-453, die zahlreichen Literaturhinweise.

[9]   Vgl. F. Kerr, Charity as Friendship, in: B. Davies (Hg.), Language, Meaning and God, London 1987, S. 1-23; J. McEvoy, The Other as Oneself: Friend-

aufgestellt, daß bei Thomas die maßgebende moralische Bedeutung des aristotelischen Begriffs der *philia* als universalisierbar gesehen wird: Das Gute des anderen als solches, als ein Ziel in sich selbst, nämlich um des anderen selbst willen zu wollen, ist ein Akt der Wohlwollensliebe (*amor benevolentiae*) oder der Freundschaftsliebe (*amor amicitiae*)[10].

III. Die Freundschaftslehre und die Ordnung der Liebe

1. Liebe und Freundschaft

In der *Summa* bedient sich Thomas bekanntlich der Quästionenform, was ihm einen größeren geistigen Spielraum als die Kommentarform einräumt. Vor allem in zwei Abhandlungen: *De amore* (S.th. I-II, qq. 26-28) und *De caritate* (S.th. II-II, qq. 23-28), tritt Thomas' selbständige Aufnahme und Umformung der aristotelischen Freundschaftslehre am deutlichsten zutage. Aus *De amore* ist für uns in erster Linie der vierte Artikel der *quaestio* 26 von Interesse, da dieser Artikel die berühmte Unterscheidung von Begehrensliebe (*amor concupiscentiae*) und Freundschaftsliebe (*amor amicitiae*) enthält. Auf die Bedeutung dieser wichtigen Unterscheidung kann hier allerdings nur kurz eingegangen werden.

Zunächst ist anzumerken, daß der Unterschied zwischen dem Griechischen und dem Lateinischen Thomas nicht gestattet, die griechische Diskussion um die Freundschaft (*philia*, *philein*) ohne jede Richtungsänderung in der lateinischen Sprache wiederzugeben. Denn aufgrund der lateinischen Sprache und der kulturellen Tradition kann Thomas nicht umhin, die Freundschaft als eine Form von Liebe zu betrachten. Dies war im Griechischen anders. Hier waren *eros* und *philia* nämlich zwei Wörter mit unterschiedlichen Wurzeln und

---

ship and Love in the Thought of Thomas Aquinas, in: J. McEvoy/M. Dunne (Hgg.), Thomas Aquinas: Approaches to Truth, Dublin 2002, S. 16-37 (dieser Aufsatz ist eine Überarbeitung von: Amitié, attirance et amour chez S. Thomas d'Aquin, in: Revue philosophique de Louvain 81 [1993], S. 383-408); siehe auch meinen Beitrag: Zur Rezeption des Aristotelischen Freundschaftsbegriffs in der Scholastik, in: Freiburger Zeitschrift für Philosophie und Theologie 43 (1996), S. 287-303.

[10] Vgl. J. McEvoy, The Other as Oneself (wie Anm. 9).

Bedeutungen. Im Lateinischen aber entspringen *amor* und *amicitia* einer einzigen sprachlichen Wurzel, worauf schon Cicero hingewiesen hat (*De amicitia* VIII, 26). Thomas siedelt also durch seinen Terminus *amor amicitiae* gezwungenermaßen die Diskussion um die Freundschaftsthematik (*amicitia*) im Umfeld der Liebe (*amor*) an, obwohl er eigentlich umgekehrt die höchste Form der Liebe als eine Form von Freundschaft zu verstehen sucht. Denn Freundschaftsliebe (*amor amicitiae*) definiert er als eine Art der Liebe zum anderen, in der das Wohlwollen (*benevolentia*) die Oberhand über jene Formen von Bedürfnissen und Begehren gewinnt, welche die Begehrensliebe (*amor concupiscentiae*) charakterisieren.

Untersuchen wir nun, was Thomas unter *amor* versteht, um von da aus der Frage nachzugehen, wie *amor* in seiner ethischen Dimension durch *amicitia* und *benevolentia* verdeutlicht oder sogar erst konstituiert wird.

Liebe ist ein allgemeines Naturphänomen, das aber lebendige Organismen in besonderer Weise auszeichnet. Jede Lebensäußerung ist teleologisch zu verstehen, und zwar in dem Sinne, daß Lebewesen in ihrem Verhalten von angeborenen Bedürfnissen und Trieben gesteuert werden, wobei das Streben nach deren Befriedigung Thomas zufolge als eine Art von Liebe aufzufassen ist. Die Grundbedeutung von *amor* im Zusammenhang mit dem Menschen liegt demzufolge auch in diesen vormoralischen Reaktionen auf Stimuli – Stimuli, die in der Umgebung des menschlichen Körpers auftreten und ihm eine gewisse Erfüllung und Befriedigung in Aussicht stellen; thomasisch heißen diese Reaktionen *passiones*, womit vor allem Begehren und Furcht gemeint sind[11]. Unsere physiologische Konstitution, die etwa unser Bedürfnis nach Luft und Licht, Wasser, Nahrung, Bewegung und Zuwendung einschließt, bestimmt Thomas als die Materialursache der Liebe. Die Stimuli sind Bewegungsursachen, die Befriedigung von Begehren schließlich ist die Finalursache. Thomas sucht also das Phänomen

---

[11] Thomas' Behandlung der *passiones* der Seele (S.th. I-II, qq. 23-25) führt ihn dazu, jede *passio* in ihrer besonderen Natur zu betrachten, angefangen mit der Liebe (qq. 26-28) und gefolgt von Haß (q. 29) und Begehren (q. 30), von der Freude zusammen mit ihren Ursachen und Wirkungen (qq. 31-34), von Schmerz und Traurigkeit nebst ihren Ursachen und Wirkungen (qq. 35-37). Siehe hierzu auch den Beitrag von A. Brungs in diesem Band, S. 198-221.

der Liebe zunächst als Folge bestimmter Ursachen zu begreifen, die
er gemäß dem aristotelischen Viererschema klassifiziert.

Freilich entspringt die Liebe auch dem Willen, der unserer intellektuellen Natur zugehört. Der Terminus *dilectio* deutet auf die
Affekte des Willens, die geistlicher Art sind und daher keinen Anteil
am Körperlichen haben. Eine Person zu lieben bedeutet, daß sich der
Wille über die Determination durch äußerliche Ursachen hinaus in
bewußter Freiheit dazu entschließt, das Gute für die geliebte Person
zu wollen. Mit dieser Definition ist Thomas Aristoteles verpflichtet:
„amor est velle alicui bonum" – „Liebe heißt jemandem Gutes zu
wollen"[12].

Im vierten Artikel der *quaestio* 26 legt Thomas die zwei Entwicklungslinien der Liebe hinsichtlich der Moral aus. Entweder ist sie in
erster Linie auf eine bloße *Sache* gerichtet, die als Gut für jemanden
gewollt wird (wobei dieser Jemand die eigene oder eine andere Person
sein kann), oder sie ist umgekehrt auf die *Person* selbst gerichtet,
für die diese Sache begehrt wird. Diese beiden Arten von Liebe,
deren eine von Begehren charakterisiert ist, während die andere vom
Geist der Freundschaft beseelt ist, sind nicht von gleichem Wert. Die
Freundschaftsliebe (*amor amicitiae*) ist von einer substantiellen und
essentiellen Qualität, welche die Begehrensliebe (*amor concupiscentiae*)
im Vergleich dazu als akzidentell und instrumentell erscheinen läßt.
Denn einen anderen um dessen selbst willen zu lieben bedeutet, dessen
substantielle Natur als eine unabhängige Wirklichkeit zu respektieren
– eine Natur, die ihre eigene Individualität besitzt, einen selbständi-
gen Anspruch hat zu sein und einen irreduziblen Wertemittelpunkt
darstellt. Nur eine Liebe von dieser Art kann für sich in Anspruch
nehmen, Freundschaft zu sein. Freundschaft ist etwas wesentlich anderes als das Begehren eines bloßen Attributs, das einer Person nur
als eine Art von abhängiger, akzidenteller Wirklichkeit anhängt.

2. Philosophische Quellen der Freundschaftslehre

Natürlich hat Thomas' Beitrag zur Ethik der zwischenmenschlichen
Beziehungen noch andere Quellen als Aristoteles. Themen wie das der
Schönheit als Ursache der Liebe neben dem Guten, die selbst-tran-

---

[12] S.th. I-II, q. 26, a. 4; vgl. Aristoteles, Rhetorica II, 4 (1380b 35).

szendierende Dimension der Liebe (*ecstasis*), Liebe als vereinigende Kraft
(*vis unitiva*) – all dies sind Ideen, die Thomas von Pseudo-Dionysius
übernommen und umgeformt hat[13]. Sie verleihen der thomasischen
Theorie der Liebe eine platonische Färbung. Darüber hinaus finden
sich in dieser Theorie aber auch Spuren der stoischen *philanthropia*,
etwa wenn Thomas ausführt, daß „jeder Mensch ein Freund zu jedem
anderen aufgrund einer allgemeinen Liebe ist"[14]. Doch der stoische
Einfluß ist noch deutlicher an Stellen, an denen sich unser Autor nicht
ausdrücklich dazu bekennt. So lehrt Thomas, die Freundschaft sei
eine Tugend, die in jeder Form von Austausch und Vereinigung unter
Menschen eine Rolle spiele. Sogar im Umgang mit Fremden verlange
das Gebot der Freundschaft eine Aufgeschlossenheit, die äußerlich
in Wort und Tat zum Ausdruck kommen müsse. Auch der Einfluß
des Augustinus findet sich an fast jeder Stelle des thomasischen Denkens zur Freundschaftsthematik, ja es ist durchaus möglich, daß der
Ursprung des thomasischen *amor amicitiae* bei Augustinus zu suchen
ist. Augustinus distanzierte sich von den elitären Vorstellungen der
Antike, was die Auswahl von Freunden angeht, ebenso wie von der
ciceronischen Betonung des Ideals der Gleichheit zwischen Freunden.
Er war vielmehr überzeugt, daß Freundschaft nicht auf einen engen
Zirkel eingeschränkt sein dürfe, sondern jedem zu bezeugen sei, der auch
ein Recht habe, in christlicher Nächstenliebe geliebt zu werden.

Alle diese Einflüsse – Pseudo-Dionysius, die Stoa, Augustinus
– sind in Thomas' Freundschaftslehre unschwer nachzuweisen. Dennoch analysiert Thomas die echte und gegenseitige Freundschaft vor
allem in jenen Kategorien, die unmittelbar aus der *Nikomachischen
Ethik* stammen: Kategorien wie der gute Wille, die gegenseitige Zuwendung („amicus est amico amicus" – „ein Freund ist der Freund
seines Freundes"; S.th. II-II, q. 23, a. 1, c), Gleichheit, Vertrautheit
und Ähnlichkeit. Diese wiederum beruhen allesamt auf der *communicatio*. Letztere stellt die von Grosseteste herrührende Übersetzung
des aristotelischen Terminus *koinonia* dar: ‚Etwas-gemeinsam-Haben'.
Dieses Wort benennt den pythagoreischen Kern aller griechischen

---

[13] Zum dionysischen Hintergrund siehe J. A. Aertsen, ‚Eros' und ‚Agape' (wie
       Anm. 1).

[14] S.th. II-II, q. 114, a. 1 ad 2: „omnis homo naturaliter omni homini est amicus
       quodam generali amore."

Freundschafts-Theorien. Dies gilt auch für Aristoteles, dem Thomas wie keinem anderen in seiner Philosophie der Freundschaft folgt.

3. *Dilectio ordinata* und *caritas* (S.th. II-II, q. 26, aa. 1-5 und 13)

Seine Abhandlung über die *caritas* beginnt Thomas ausgehend vom augustinischen Ideal der wohlgeordneten Liebe (*amor ordinatus, dilectio ordinata*) und entwickelt dieses völlig unabhängig von der Unterscheidung zwischen *frui* und *uti* (Genuß und Nutzen) weiter – eine Unterscheidung Augustins aus *De doctrina christiana*, von der dieser in seinen späten Werken dann jedoch kaum oder nur wenig Gebrauch machte. Der Kern der Lehre von der Liebe zu Gott, zum Nächsten, zu sich selbst und zum eigenen Körper ist in *De doctrina christiana* I, 28 dargelegt. Die Ordnung der Wirklichkeit, sofern sie innerhalb des Glaubens begriffen wird, soll als Maß der Liebe, die jedem Ding oder jeder Erfahrung zukommt, anerkannt werden. Wenn wir unsere Liebe am Sein messen, dann lieben wir Gott maßlos, weil Gott ohne Maß ist; wir werden unseren Nächsten lieben wie uns selbst, weil wir untereinander aufgrund unserer gemeinsamen Geschöpflichkeit gemessen werden; und wir werden auch den Körper und die körperlichen Geschöpfe weniger lieben als die geistigen. Näherhin ist es das Ziel der niederen Dinge, der Freiheit des Menschen zu dienen, während das Ziel der Freiheit selbst der befreiende Dienst am Nächsten und an Gott oder vielmehr der Dienst am Nächsten (und dem eigenen Selbst) in Gott ist; oder, noch einmal präziser ausgedrückt, der Dienst an Gott in seiner ganzen Wirklichkeit. In anderen Worten ist also Liebe nur wahrhaftig Liebe vor und innerhalb der Totalität. Dieses Prinzip läßt sich leicht so ausdrücken: Nichts soll mehr oder weniger geliebt werden, als es geliebt zu werden verdient. Thomas will auf diese Weise selbst zeigen, daß er bei der Behandlung der Liebe (*caritas*) des klassischen lateinischen Verständnisses eingedenk ist.

4. Nächstenliebe: den anderen so zu lieben wie sich selbst, ein ‚anderes Selbst‘

Was bedeutet ‚den anderen so zu lieben wie sich selbst‘? Auf den ersten Blick mag es überraschen, daß Thomas, was die tugendhafte Selbstliebe als Voraussetzung für jede aufrichtige Form wechselseiti-

ger Liebe angeht, Aristoteles folgt. Die Begriffe, die Thomas für die
Liebe zu sich selbst und für die Nächstenliebe gebraucht, bestätigen
die aristotelische Idee, daß Freundschaft nichts anderes ist als die
Ausweitung der Liebe, die der gute Mensch für sich selbst empfindet,
auf den erwählten Freund. Thomas zufolge ist das Gute, das jemand
einem anderen wünscht, gattungsmäßig das gleiche wie das Gute, das
er auch sich selbst wünscht. Daher ist auch die Liebe, die jemand
zu sich selbst aufbringt, die Form (*forma*) und die Wurzel (*radix*),
das heißt also das Modell und der Nährstoff, für die Freundesliebe.
Die Liebe zu sich selbst und zum anderen stehen im Verhältnis wie
Original (*exemplar*) und Kopie. Thomas denkt hier im Bild der Kunst
des Buchkopierens: Nichts sollte in der Kopie erscheinen, was nicht
im Original zu finden ist, und ebenso sollte alles, was dort ist, in der
Kopie wiedergegeben werden (S.th. II-II, q. 26, a. 4). Gleichwohl
bleibt das Original immer das Original. Die Liebe (*caritas*), so folgert
Thomas, erlegt uns auf, uns selbst mehr zu lieben als den Nächsten.
Seiner Argumentation zufolge ist die seinsmäßige Einheit (*unitas*)
jedes einzelnen von grundlegenderer Natur als die Vereinigung (*unio*)
mit anderen, die in Liebe und Freundschaft ihren Ausdruck findet.
Ein jeder von uns trägt eine Verantwortung für seine eigene Antwort
auf die göttliche Gnade, eine Gnade, die niemand mehr auf andere
übertragen kann, wie er ihnen auch nicht deren Verantwortung für
sich selbst abnehmen kann. Folglich darf man keine Sünde begehen,
selbst dann nicht, um den Nächsten vom Sündigen abzuhalten.

Freundschaft ist unmöglich ohne die Überschreitung des eigenen
Selbst. Thomas bedient sich des selten gebrauchten Begriffs der *ecstasis*, um das Heraustreten des eigenen guten Willens in Blick auf den
anderen zu beschreiben (S.th. I-II, q. 28, a. 3). In der Terminologie
der mystischen Theologie war der Begriff der *ecstasis* von zentraler
Bedeutung. Er wurde durch Pseudo-Dionysius Bestandteil des lateinischen wie griechischen christlichen Vokabulars. Thomas weiß um die
theologischen und mystischen Ursprünge dieses Verständnisses eines
‚Außer-sich-Stehens', doch bindet er den Begriff fest an das moralische
Vermögen, das den guten Willen trägt, und an die aus sich selbst
bestehende Liebe zum anderen als eines getrennten, verschiedenen Seienden, der einen persönlichen Wert in sich besitzt. Solange die Liebe
aber vor allem von einem Begehren herrührt, ist sie zu einer solchen
ecstasis nicht fähig. Auch wenn eine solche Form der Liebe tatsächlich

eine Bewegung nach außerhalb seiner Selbst macht und ihr Objekt wirklich zu erreichen vermag, so hält ihre Verhaftheit in dem, was für das Selbst nützlich oder angenehm sein mag, die Bewegung davon ab, einen Kreislauf zu vollenden, der als *amor recurvus* beschrieben ist, und dort zu enden, wo sie begonnen hat. Nur die Freundschaftsliebe ist zu einer wirklichen Selbst-Transzendenz in Richtung auf die inneren Werte des anderen, dem man Gutes will und um dessentwillen man Sorge und Fürsorge aufbringt, fähig.

5. Die Begehrensliebe – *amor concupiscentiae*
(S.th. I-II, q. 26, a. 4; q. 28, a. 2)

Welche sind die möglichen positiven Qualitäten einer Begehrensliebe als einer Form der Liebe? Der Gebrauch des Begriffs ‚Begehrensliebe' (*amor concupiscentiae*) bei Thomas – im übrigen ein verbreiteter Terminus, der in der Pariser Theologie unter verschiedenen Bedeutungen benutzt wird – wurde oft fälschlicherweise als eigennützige Liebe verstanden und dem Altruismus entgegengestellt. Die moderne Dichotomie von Egoismus und Altruismus liegt dem ethischen Denken des Thomas, das auf Teleologie, Tugend und dem Guten aufbaut, jedoch fern. Das Handeln für das Wohl des anderen sollte immer die eigene natürliche Neigung zum Guten und dessen Ausübung mit einschließen, wie sich auch die Unterscheidung von *amor amicitiae* und *amor concupiscentiae* in erster Linie auf Personen und Dinge bezieht. Eine Liebe, die von Begehren geprägt ist, kann sich zweckmäßig und gerechtfertigterweise auf lebensnotwendige menschliche Grundbedürfnisse richten: zum Beispiel auf Nahrung und Wasser, Luft und Licht, Wärme und Geborgenheit. Diese Bedürfnisse liegen zusammen mit dem Drang, sie zu stillen, in unserer eigenen Natur. Liebe ist ein Sammelbegriff für die affektiven Appetenzen zu den Gegenständen, von denen wir uns die Befriedigung unserer Bedürfnisse versprechen.

Da der Begriff *amor concupiscentiae* ein weites Spektrum des Strebens und Begehrens sowie der Erfahrungen abdeckt, ist er moralisch äußerst vieldeutig. In verschiedenen Zusammenhängen kann er einen Begriff von Liebe bezeichnen, der perspektivisch, akzidentell, unvollständig, funktional oder vieldeutig zu verstehen ist. Liebe ist perspektivisch akzentuiert, wenn sie auf ihre Umweltgegebenheiten unter Berück-

sichtigung der eigenen Bedürfnisse und Wünsche reagiert. Sie ist
partiell beziehungsweise akzidentell, wenn sie sich nur auf einen Teil
des Nächsten oder seiner Taten richtet und dies abermals nur für sich
selbst tut. Sie ist unvollständig und funktional, sofern sie vieles, was
den anderen ausmacht, unberücksichtigt läßt. Diese Mehrdeutigkeit
kann zu Selbstsucht, Habgier und zu weiteren Formen von Unmoral
führen. Diese mangelhafte und unvollkommene Form der Liebe, die
mehr durch ein Begehren als durch ein interesselos verfolgtes Gut
bestimmt ist, entsteht jedoch nur, wenn sie im Kontrast zu jener Form
der Liebe betrachtet wird, in welcher die Freundschaft vorherrscht. Der
moralisch richtige und eindeutige Charakter der Freundschaftsliebe
tritt im Licht der proteischen Natur der begehrenden Liebe deutlich
hervor. Thomas ist ein Realist, der sich durchaus bewußt ist, daß der
amor amicitiae selten frei von jeder Beimischung von *amor concupiscentiae* ist. Die Charakterisierung der Liebe als die eine oder die
andere dieser beiden Grundformen wurde vermutlich anhand ihrer
moralischen Qualität im individuellen Akt vorgenommen.

Thomas würde zweifellos zustimmen wollen, daß Nützlichkeit und
Vergnügen einen großen Teil unseres Lebens ausmachen – beispielsweise bei Geschäftlichem, bei der Arbeit oder bei der Entspannung
– und daß bei diesen Erfahrungen der perspektivische *amor concupiscentiae* bestimmend ist. Musiker wünschen die Gemeinschaft unter
ihresgleichen für das Musizieren. Doch Musik ist nur *eine*, und zwar
akzidentelle, Fertigkeit ihres Lebens, wenn man dieses als Ganzes betrachtet. Trotzdem hilft ihnen die Art ihrer Beziehung untereinander,
wenngleich sie nur bruchstückhaft und unvollständig im Vergleich
zur Freundschaft im allgemeinen ist, das Gut des Lebens zu verwirklichen. Ihre Beziehung ist folglich ein moralischer Wert, trägt sie doch
etwas vom guten Willen und von der Freude in sich. Im übrigen
beinhaltet Thomas' zweifache Unterscheidung der Liebe die dreifache
aristotelische Unterscheidung von *philia*, sofern die nützlichen und
angenehmen Objekte der Freundschaft auch die Objekte des *amor
concupiscentiae* sind.

IV. Die Freundschaft und die Universalität der Liebe

1. *Caritas* und Selbsthingabe (S.th. II-II, q. 26, a. 5)

Der Ertrag des thomasischen Denkens über die Liebe (*caritas*) und über ihre vielfältigen Bestandteile wird in den Antworten auf die vielen Fragen, die er im folgenden stellt, deutlich. Auf diese Weise ergreift er die Möglichkeit zu konkreten Anwendungen seiner Grundgedanken, z. B. hinsichtlich der Liebe zum Nächsten, zur Familie und zu den Verwandten, zu Tieren und anderen nicht vernunftbegabten Geschöpfen. Nur auf eine kleine Zahl solcher Fragestellungen kann im folgenden eingegangen werden.

Die Bereitschaft zur Selbsthingabe gehört zum Wesen der Liebe. Die Frage – die wie viele andere auf Augustinus zurückgeht –, ob man den Nächsten mehr als seinen eigenen Leib lieben soll, beantwortet Thomas ohne Zögern zustimmend auf der Grundlage der Überzeugung, daß das Überfließen des versprochenen ewigen Glückes von unserer Seele zu unserem Leib, welches der Grund für die Liebe zum Leib in direkter Beziehung zu Gott ist, in keinem Verhältnis zu unserer Beziehung zum Nächsten in Hinblick auf dieselbe göttliche Gabe der Glückseligkeit steht. Weil wir alle Anteil an diesem ewigen Glück haben, sind wir mit unserem Nächsten verbunden. Kraft unserer natürlichen Veranlagung ist unser Leib zwar in der Tat unserer Seele näher, als es unser Nächster ist. Trotzdem muß unsere geistige Verwandtschaft angesichts der Tatsache, daß wir das Glück, zu dem wir berufen sind, teilen, mehr in Betracht gezogen werden als die Einheit jedes einzelnen von uns mit seinem eigenen Leib.

2. Selbstliebe und Selbstwahrnehmung (S.th. II-II, q. 25, a. 7)

Thomas macht deutlich, daß die Möglichkeit zu wahrer Liebe nur eine Frucht von kritischer Wahrnehmung und auf Tugendhaftigkeit ausgerichteter Askese sein kann. ‚Sich selbst zu lieben‘ ist ein vieldeutiger Ausdruck, wie bereits Aristoteles betont hat, denn das Selbst ist eine vielschichtige Wirklichkeit. Kritisches Urteilsvermögen und Tugendpraxis bringen ein Selbst hervor, das jedoch leider unbekannt und unerwartet auf seiten derer bleibt, die nichts davon mit irgendeinem Grad an Erfolg getan haben. Der Glaube fügt zum

philosophischen Urteilsvermögen und zum tugendhaften Leben die
tiefe Gewißheit hinzu, daß das wahre Selbst, das wir lieben sollen,
tatsächlich der innere geistige Mensch ist, von dem Paulus so beredt
spricht (*Röm.* 7, 22; *Eph.* 3, 16). Mit einer solchen Selbstliebe werden
wir den Nächsten lieben können wie uns selbst.

Sind jedoch Sünder zur Liebe fähig? Können sie sich selbst lieben?
Offenkundig ist ihr Selbsterhaltungstrieb zumindest ausreichend, um
ihr Überleben sicherzustellen. Andererseits ist jedoch auch die moralische Qualität der Liebe eines Menschen von der eigenen Wert-
schätzung bestimmt. Schlechte Menschen denken, daß das, was sie
ausmacht, die Sinne und der Körper sind, und dieses Bewußtsein
hindert sie an der wahren Liebe. Thomas bezieht sich ausdrücklich auf
Aristoteles, wenn er sodann folgert, daß es genau die Eigenschaften
der gegenseitigen Freundschaft sind, die auch die Liebe des tugendhaften Menschen zu sich selbst ausmachen. Unter diesen sind es vor
allem die folgenden fünf: Wir wünschen für unseren Freund seine
Existenz; wir möchten sein Gutes; wir handeln für sein Wohlergehen;
wir freuen uns seiner Gegenwart, und wir teilen mit ihm Freude und
Leid. Alle diese Bestimmungen artikulieren in unserem Zusammenhang, was Thomas als den ‚inneren Menschen‘ bezeichnet. Unsere
Wünsche gelten der Integrität unseres eigenen geistigen Lebens, wir
wollen das Gute und tun hierfür alles erdenkliche Gute; wir haben
Freude daran, uns nach innen zu wenden und dort gute Gedanken
gegenwärtig zu finden, gute Erinnerungen an die Vergangenheit und
die Hoffnung auf noch ausstehendes Gutes; wir leiden an keiner Spaltung innerhalb unseres Willens, und kein Streit stört die Einheit und
Harmonie, die wir bei unserer Selbstwahrnehmung anstreben. Keine
dieser Erfahrungen kommt dem schlechten Menschen zu; weit eher
ist das Gegenteil der Fall: Selbsthaß, Gewissensbisse und schlechte
Erinnerungen treiben ihn ständig um.

3. *Communicatio*: die gemeinsame Erfahrung
als Grundlage von Freundschaft

Nach Thomas gründet alle Freundschaft einschließlich ihrer Bestand-
teile wie guter Wille, Wechselseitigkeit, Intimität und Gleichheit auf
Gemeinschaft, oder genauer auf dem, was Thomas *communicatio*, d. h.
‚Etwas-gemeinsam-Haben‘ nennt. Jeder Freundschaft liegen geteilte

Lebenserfahrungen zugrunde. Diese Grundlage findet ihren aktiven Ausdruck, wenn Freunde „miteinander Umgang haben, sich unterhalten und miteinander auf andere ähnliche Weise verbunden sind" (S.th. II-II, q. 28, a. 1 ad 2).

Was aber haben Gott und der Mensch gemeinsam? Hinsichtlich der Austeilung der Gnade wäre die offensichtliche Antwort: ‚Jesus Christus, der wahrer Mensch und wahrer Gott ist'. Doch Thomas' Antwort fällt anders aus, zumindest im Kontext von Freundschaft und Liebe. Statt dessen richtet er sein Augenmerk auf das Glück, das Gott mit seinen Adoptivkindern teilt, indem er ihnen Teilhabe an seinem eigenen Leben gewährt. Die Gemeinschaft der göttlichen *beatitudo* gewährt der Seele etwas aus Gnade, etwas, das Gott selbst ist. Durch Gottes freies Geschenk leben Seele und Gott in derselben und miteinander geteilten Glückseligkeit. Die menschliche Teilhabe am göttlichen Leben der Glückseligkeit ist im gegenwärtigen, irdischen Leben noch unvollkommen, wird aber vollkommen und perfekt im Himmel sein.

Der Wert der Freundschaft ist auch von Bedeutung in der Diskussion über das Glück, die wohl das zentrale Motiv thomasischen Denkens im Bereich der Ethik ist. „Ist die Gemeinschaft von Freunden für die Glückseligkeit erforderlich?" – so lautet die Frage[15]. Thomas folgt in dieser Frage der allgemeinen Überzeugung, daß für die bedingte Form des Glücks, auf das man schon für das irdische Leben hoffen kann, für das die Gesundheit des Körpers und der Seele und etwas Besitz relevante Bedingungen sind, Freunde in der Tat notwendig sind, da wir lieben müssen. Wenn wir aber andererseits an eine vollkommene, himmlische *beatitudo* denken, einen Zustand von unendlicher Liebe, so bedarf dieses göttliche Gut keiner Ergänzung mehr. Freundschaft also wird nicht in jeglicher Hinsicht eine Bedingung für vollkommene Glückseligkeit, sondern ihre Begleiterin sein.

Die These, daß die Liebe eine Art Freundschaft zwischen dem Menschen und Gott darstellt, ist kühn und gewagt, gibt es doch keine Gleichheit in der Beziehung zwischen beiden[16]. Thomas betont die Liebe Christi zu seinen Aposteln und Jüngern als Vorbild für die

---

[15]   S.th. I-II, q. 4, a. 8: „Utrum ad beatitudinem requiratur societas amicorum."

[16]   Siehe hierzu den Beitrag von M. Gorman in diesem Band, S. 387-397.

Liebe, die *caritas* (S.th. II-II, q. 23, a. 1). In dieser Beziehung sieht Thomas die ausreichenden Gründe, sich die Liebe als eine Form der Freundschaft vorzustellen: „Ich nenne euch nicht mehr Knechte [...], vielmehr habe ich euch Freunde genannt" (*Joh.* 15, 15). Liebe sei Freundschaft, so argumentiert Thomas weiter, auch wenn jene fordere, unsere Feinde zu lieben, wohingegen es widersinnig sei, von jemandem zu verlangen, ‚Freund‘ seines ‚Feindes‘ zu werden. Der Grund hierfür ist, daß jemand dazu neigt, aus Freundschaft alle zu lieben, die zu dem einen Freund gehört, auch wenn man diese nicht als Freunde gewählt hat. Unsere Feinde aber gehören zu Gott, und so müssen wir sie um seinetwillen und aus der Freundschaft zu ihm lieben.

4. Liebe und Universalität

Im Einklang mit der Tradition behauptet Thomas, daß Liebe eine einzige Tugend ist (und nicht zwei – S.th. II-II, q. 23, a. 5), wodurch wir Gott und unseren Nächsten lieben. Die Liebe der *caritas* ist universal, sie schließt keine Form menschlicher Liebe aus, sie schließt vielmehr alle Formen der Liebe ein (*Quaestio disp. de caritate*, a. 7, c). Anhand von zwei Fragen soll nun ihre Universalität überprüft werden: Soll sich die *caritas* über Gott hinaus auf den Nächsten erstrecken (S.th. II-II, q. 25, a. 1)? Sollen auch nicht vernunftbegabte Geschöpfe auf die Weise der *caritas* geliebt werden (S.th. II-II, q. 25, a. 3)? Die Antwort auf die erste Frage geschieht aus der Überlegung heraus, daß Gott und der Nächste nicht mit unterschiedlichen Formen der Liebe, sondern mit derselben geliebt werden. Der Nächste wird auf die Weise der *caritas* geliebt, damit er bei Gott sein möge, und folglich wird er mit Bezug auf Gott geliebt. Diese Antwort scheint allerdings die Universalität der Liebe zu beeinträchtigen, sind doch so nicht vernunftbegabte Geschöpfe ausgeschlossen. Auf diesen Einwand geht Thomas im einzelnen und mit dem Hinweis darauf ein, daß Liebe als Freundschaft zu denken ist. Wenn wir Liebe nach Maßgabe der Freundschaftsliebe (*amor amicitiae*) denken, dann ist klar, daß kein nicht vernunftbegabtes Geschöpf auf die Weise der *caritas* geliebt werden kann, zumal sich auch Freundschaft nicht auf diese erstreckt. Wir können nicht-rationalen Lebewesen nicht ‚Gutes wünschen‘, wenn sie nicht die Möglichkeit haben, sich daran zu freuen und es auf menschliche Art und Weise zu besitzen; genausowenig kann sie

Schlechtes ereilen in der Weise, wie es Menschen geschieht. Zudem können Menschen und Tiere keine Gemeinschaft haben, wie sie für Freundschaft und damit auch für Liebe erforderlich ist. Die Liebe (*caritas*) basiert auf dem Austausch von immerwährendem Glück, das für die nicht vernunftbegabte Kreatur nicht erreichbar ist. Es ist vielleicht etwas überraschend, wenn Thomas nach dieser Reihe von Überlegungen die Behauptung aufstellt, auch nicht rationale Geschöpfe könnten auf die Weise der *caritas* geliebt werden, sofern wir die *caritas* als *amor concupiscentiae* begreifen. Wenn wir sie nämlich mehr um anderer willen als um ihrer selbst wollen, so lieben wir sie in diesem Fall, indem wir ihren Fortbestand wünschen, für die Ehre Gottes als seine Schöpfung – gemäß der Beziehung also, in der sie zu Gott stehen – und für den Nutzen der Menschheit. In diesem Sinne liebt auch Gott, der die Liebe ist, diese Geschöpfe. Diese Diskussion unterstreicht nachdrücklich das thomasische Verständnis von Liebe als *caritas*: Die Liebe bezieht sich auf alle Lebewesen, denen die Möglichkeit zum ewigen Leben und zum Glück gegeben ist, und nur auf diese. Die *caritas* ist damit in anderen Worten nicht nur irgendeine Liebe Gottes, sondern die Liebe zu Gott, die ihn als das Objekt von Glück und dessen Ursprung sowie als Geber der Glückseligkeit versteht (S.th. I-II, q. 65, a. 5 ad 1).

V. Zum Abschluß

Es ist Thomas mit beachtlichem Erfolg gelungen, die drei Begriffe *amor*, *amicitia* und *caritas* zu durchdenken. Was ihn instand setzte, diese Begriffe sowohl jeden für sich zu untersuchen, als auch sie miteinander in Verbindung zu bringen, ist nichts anderes als die Schlüssigkeit und Kraft seines Begriffes der *amicitia*. Ist es doch die *amicitia*, welche die moralische Qualität des *amor* definiert, ebenso wie es auch die *amicitia* ist, die den begrifflichen Übergang von *amor* zu *caritas* herstellt, jener Liebe, mit der Gott die Menschheit zuerst geliebt hat.

Thomas war zutiefst beeindruckt von der Parallele zwischen der aristotelischen Formel, nach der der Freund wie ein ,anderes Selbst‘ (*alter ipse*) geliebt werde, und dem Gebot des Evangeliums, den ,Nächsten wie sich selbst‘ zu lieben (*Mt.* 22, 39). Deshalb entwickelte er

eine tiefgreifende Vorstellung davon, was es bedeutet, eine andere
Person wirklich zu lieben, indem er die christliche Vorstellung mit
dem Inhalt der griechischen Vorstellung hochherziger, gegenseitiger
Freundschaft verband; damit meine ich den Begriff des Wohlwollens,
das heißt, das Gute für den anderen zu wollen, und zwar um des
anderen selbst willen.

Die thomasische Philosophie der Freundschaft geht in wesentlichen
Punkten auf Aristoteles zurück. Was in *De caritate* ganz als Thomas'
eigener Beitrag betrachtet werden darf, ist hingegen die theologische
Einbindung und Auswertung der aristotelischen Ideen im Zusammenhang mit der Frage nach dem Wesen der *caritas*. ‚Was ist *caritas*?'
– fragt sich Thomas. Können wir in unserer eigenen Erfahrung ein
gedankliches Modell finden, das es uns erlaubt, diese Frucht der Erlösung zu verstehen, das heißt jenes Vertrauen und jene Vertrautheit,
die als Wirkung der von Christus gewonnenen Gnade zwischen der
Seele und Gott zustande kommen können? Thomas erblickt ein solches Modell in der Freundschaft, wobei er, wie gesagt, den Entwurf
der wesentlichen Elemente menschlicher Freundschaft vor allem bei
Aristoteles vorgezeichnet findet.

Unter dem Begriff der Freundschaftsliebe (*amor amicitiae*) ist
zunächst nicht die vollkommene wechselseitige Beziehung in der
Freundschaft zu verstehen, sondern eher das Wohlwollen für den
anderen um seiner selbst willen (*amor benevolentiae*), das auch Gutes
für den anderen bewirken kann (*beneficentia*). Servais Pinckaers sieht
im *amor amicitiae* oder in der Fähigkeit, sich anderen zu öffnen und
sie um ihrer selbst willen zu lieben, die grundlegendste Dimension
thomasischer Ethik: „Es ist der Sinn für die Freundschaftsliebe, die in
dem Vermögen der geistigen Natur gründet, sich anderen Seienden zu
öffnen, andere Naturen in sich aufzunehmen, das es dem Menschen
erlaubt, ein Objekt (besonders eine Person oder einen geistigen Wert)
um seiner selbst willen zu lieben, derart, daß der Mensch seine Vollendung in dieser Liebe selbst findet.“[17]

Thomas' Beitrag zu einer Philosophie der menschlichen Beziehungen als solchen – jenseits aller Unterscheidungen in Mann und

---

[17]   S. Pinckaers, Der Sinn für die Freundschaftsliebe als Urtatsache der thomi-
        stischen Ethik, in: P. Engelhardt (Hg.), Sein und Ethos. Untersuchungen
        zur Grundlegung der Ethik (Walberberger Studien; Bd. 1), Mainz 1963, S.
        228-235, hier: S. 228f.

Frau, Kleriker oder Laie, Christ oder Nicht-Christ – ist durchaus bemerkenswert. Wie wir gesehen haben, griff er auf Bausteine der antiken philosophischen Konzepte von Freundschaft, hier vor allem Aristoteles, zurück und übertrug diese auf lateinisches Terrain. Er machte diese Bausteine zu den in ethischer Hinsicht tragenden Elementen innerhalb einer Theorie weniger von der Freundschaft als von der Liebe. Dieses Verständnis von Liebe geht über die edle aristotelische Idee des Freundes als *alter ipse*, d. h. als anderes Selbst, hinaus, um sie mit der ‚Liebe zum Nächsten‘ zusammenzuführen. Thomas entwickelte eine reiche Vorstellung von dem, was es heißt, eine andere Person zu lieben; hierzu griff er zu einem großen Teil auf den griechischen Begriff einer edlen und wechselseitigen Freundschaft zurück. Die hier zugrundeliegende Vorstellung besteht im Wollen des Guten, das gattungsmäßig das gleiche Gut ist, das man auch für sich selbst wünscht, und im Tun des Guten um dieser Person selbst willen. Der andere wird – mit anderen Worten – ein ‚anderes Selbst‘, indem er als er selbst geliebt wird. Die moralische Herausforderung besteht darin, jede andere Person mit der Liebe zu lieben, die als Freundschaft charakterisiert ist.

Literatur in Auswahl:

Boyle, L., The Setting of the Summa theologiae of Saint Thomas (The Etienne Gilson Series; Bd. 5), Toronto 1982; repr. in: Ders., Facing History: A Different Thomas Aquinas (Textes et Études du Moyen Âge; Bd. 13), Louvain-la-Neuve 2000, S. 65-91.

Follon, J./McEvoy, J., Sagesses de l'amitié. II. Anthologie de textes philosophiques patristiques, médiévaux et renaissants (Vestigia, Bd. 29), Fribourg – Paris 2003.

McEvoy, J, The Other as Oneself: Friendship and Love in the Thought of Thomas Aquinas, in: Ders./M. Dunne (Hgg.), Thomas Aquinas. Approaches to Truth, Dublin 2002, S. 16-37.

Pinckaers, S., Les sources de la morale chrétienne. Sa méthode, son contenu, son histoire, Fribourg – Paris 1993³.

Steel, C., Thomas Aquinas on Preferential Love, in: A. F. Kelly/P. W. Rosemann (Hgg.), Amor amicitiae: On the Love that is Friendship. Essays in Medieval Thought and Beyond in Honor of the Rev. Professor James McEvoy (RTPM – Bibliotheca, Bd. 6), Leuven – Paris 2004, S. 437-458.

Torrell, J.-P., Saint Thomas d'Aquin, Maître spirituel (Vestigia, Bd. 19), Fribourg – Paris 1996.

Thomas' Lehre von den Kardinaltugenden[1]

(S.th. II-II, qq. 47-170)

Carlos Steel (Leuven)

I. Einleitung

Es gibt viele Eigenschaften, die wir bei guten Menschen schätzen, und sie sind sehr verschieden: Jemand kann freundlich sein, eifrig, treu, edelmütig, pünktlich, mäßig, klug, mutig, taktvoll, gastfreundlich, gerecht, gesellig, sparsam, feinfühlig, mild, sanftmütig, hilfsbereit, barmherzig oder freigebig. Aber es ist offensichtlich, daß nicht alle Tugenden auf derselben Ebene stehen und daß nicht alle gleich wichtig sind. Gerechtigkeit ist wohl viel fundamentaler als Dankbarkeit oder Sanftmut. Ferner kommen nicht alle Tugenden notwendig zusammen bei einem Menschen vor. Jemand kann, so scheint es, sehr mutig sein und doch grausam. Sparsamkeit hingegen reimt sich schwerlich auf Gastfreundschaft. Und wir kennen Menschen, die nicht gut mit ihrem Geld haushalten können und doch einen vortrefflichen Charakter haben. Manchen wiederum fällt es schwer, einer Frau treu zu bleiben, und doch sind sie ansonsten tüchtige Mitarbeiter.

Aber kann man überhaupt ein guter Mensch sein ohne Gerechtigkeit? Mit der Frage, welche Tugenden fundamental sind für das moralische Leben, beschäftigt sich die traditionelle Lehre von den Kardinaltugenden. Der Ausdruck kommt zuerst bei Ambrosius vor: *istae virtutes quasi cardinales sunt quasi principales*[2], und ist abgeleitet

---

[1] Dieser Beitrag wurde auch als Vortrag gehalten auf der akademischen Feier zum 80. Geburtstag von Professor Dr. W. Kluxen am 15.11.2002 an der Rheinischen Friedrich-Wilhelms-Universität Bonn. Ich danke Christoph Helmig für seine Hilfe bei der Erstellung des deutschen Textes und Guy Guldentops sowie den Teilnehmern des Thomas-Symposiums in Würzburg für manche anregende Bemerkung.
[2] Vgl. Ambrosius, Expositio Evangelii secundum Lucam, V, n. 49 und n. 62

von *cardo*, das ist der metallene Stift oder Zapfen, womit die Tür aufgehängt ist, so daß man sie öffnen und schließen kann. Die kardinalen Tugenden sind in der Tat die fundamentalsten Tugenden. Sie ,öffnen' sozusagen den ganzen Bereich des sittlichen Lebens, so wie die Tür uns ins Innere des Hauses hineinführt; sie sind ferner diejenigen Grundhaltungen, worauf sich die sekundären Tugenden stützen[3].

Der konkrete Inhalt einer bestimmten Moral wird vor allem davon abhängig sein, wie diese Grundtugenden genau bestimmt werden. Denn wenn auch niemand bezweifelt, daß es solche Grundtugenden gibt: Über die Frage, welche Tugenden als ,kardinal' zu gelten haben, besteht große Uneinigkeit zwischen Kulturen und Epochen. So sind in der feudalen und archaischen Gesellschaft Treue und Mut grundlegend, aber dies scheint für den postmodernen Menschen nicht mehr selbstverständlich zu sein. Und dasselbe gilt, so hat man den Eindruck, für die *temperantia* und all ihre Schwestern: *sobrietas, castitas, modestia* etc. Die Gerechtigkeit dagegen scheint einen dauerhaft kardinalen Platz einzunehmen im moralischen Leben über alle Epochen und kulturellen Grenzen hinweg. Ich versuche regelmäßig, meine Studenten dazu zu bringen aufzuzählen, welche Tugenden sie für die vier wichtigsten halten. Dabei zeigt es sich immer wieder, daß Gerechtigkeit stets genannt wird. Nach einiger Diskussion stimmen sie auch darin überein, daß Weisheit oder Verständigkeit eine wesentliche Rolle spielen: Ein dummer Mensch kann ja nicht gut handeln. Aber Mut und Mäßigkeit scheinen in der Schublade der Bourgeoisie-Moral verschwunden zu sein. Dagegen sind heutzutage neumodische Ideale wie Toleranz, Authentizität oder ,cool sein' in aller Munde.

(CCSL 14), S. 152 und 156f. Ambrosius findet die vier Tugenden in den vier *beatitudines*, über die Jesus spricht in *Lk.* 5, 20-22. Neben dem terminus *virtutes cardinales* findet man auch oft den Ausdruck *principales virtutes* (vgl. O. Lottin, Psychologie et morale aux XIIe et XIIIe siècles, Bd. III, Teil II, 1, Leuven 1949, S. 154-155).

3 Man findet beide Erklärungen der Metapher *cardo* bei Thomas. Siehe In III Sent., d. 33, q. 2, a. 1, qa. 4, sol. 1: „actus secundariae virtutis fundantur super actione principalis, sicut fundatur super cardinem ostii motus. Et ideo virtus principalis dicitur esse cardinalis." und sol. 2: „virtutes cardinales dicuntur ad similitudinem cardinis, in quo motus ostii firmatur. De ratione autem ostii est ut per ipsum interiora domus adeantur." Vgl. auch De virt. com., a. 12 ad 24 (Ed. Marietti), S. 746. Zu den verschiedenen Auslegungen der Metapher *cardinalis* in der Frühscholastik siehe Lottin (wie Anm. 2), S. 174-180.

Der erste Philosoph, der eine Begründung und Bestimmung der Haupttugenden gab, ist, wie allgemein bekannt, Platon. Im vierten Buch der *Politeia* zeigt er, daß kein Staat vollkommen sein kann, wenn er nicht geordnet wird durch das Zusammenspiel von vier Tugenden: Einsicht oder Verständigkeit (*phronesis*), Mut oder Tapferkeit (*andreia*), Besonnenheit oder Mäßigkeit (*sophrosune*) und Gerechtigkeit (*dikaiosune*). Erst diese vier Tugenden, in ihrem Verhältnis zueinander, machen den Staat zu einer vollkommenen Gemeinschaft. Wir finden diese vier dann auch in der Seele des vollkommenen Menschen wieder, die als eine *mikropolis* betrachtet werden muß. Daß Platon gerade diese vier und keine anderen als Haupttugenden bestimmt hat, hat sicher auch mit der Tatsache zu tun, daß diese Tugenden im traditionellen griechischen *Ethos* schon eine Vorrangstellung innehatten. Aber Platon gibt ihnen eine neue Bedeutung, die manchmal radikal von der Tradition abweicht, insbesondere, weil er diese Tugenden nicht primär aus ihrer sozialen Funktion und Wertigkeit heraus versteht, sondern in ihrem Verhältnis zu den drei Vermögen der Seele (beziehungsweise den drei Klassen im Staat). Die Weisheit ist die Tugend des vernünftigen Vermögens (*logistikon*), der Mut die Tugend des Zorns (*thymos*), die Mäßigkeit die Tugend des Begehrungsvermögens (*epithumetikon*), obschon an letzterer auch die anderen Seelenvermögen teilhaben müssen. Das gilt auch für die Gerechtigkeit, die unter den vier Tugenden die fundamentalste ist. Gerecht ist der Mensch, wenn er jeden Teil der Seele die ihm zukommende Funktion erfüllen läßt: der *logos* als ordnendes, bestimmendes und entscheidendes Prinzip, der *thymos* als Helfer des Logos und schließlich die Affekte als dieser Leitung untergeordnet. Auffallend ist dabei, daß die Gerechtigkeit sich nicht primär auf äußerliche Gegebenheiten und Handlungen bezieht, sondern eine innerliche Haltung ist:

> In Wahrheit aber ist die Gerechtigkeit nicht definiert in bezug auf das äußere Wirken dessen, was einer in sich hat, sondern in bezug auf seine innere Tätigkeit, die ja doch sein wahres Selbst und wahrhaft das Seinige ist.[4]

---

[4]   Platon, Politeia 443d, Übersetzung O. Apelt, leicht modifiziert. Grundlegend zu Platons Tugendethik ist jetzt T. Irwin, Plato's Ethics, Oxford 1995. Für eine neuere deutschsprachige Darstellung verweise ich auf P. Stemmer, Der Grundriß der platonischen Ethik, in: Zeitschrift für philosophische Forschung 42 (1988), S. 529-569.

Auch bei Aristoteles kommt diese Vierzahl von Tugenden ausführlich zur Sprache. Jedoch betont er in seiner Ethik viel weniger ihre kardinale Funktion. Er beschreibt und analysiert in der *Nikomachischen Ethik* die verschiedenen Tugenden, sowohl die fundamentalen als auch die weniger wichtigen, ohne viel über ihren Zusammenhang zu reflektieren[5]. Die Lehre von den vier Haupttugenden wird aber wieder prominent in der stoischen Philosophie[6]. Cicero legt diese vier Tugenden seiner systematischen Darlegung des sittlichen Lebens in seinem Werk *De officiis* zugrunde[7], einem Traktat, das als Muster galt für Ambrosius und, durch ihn, auch auf viele mittelalterliche Autoren gewirkt hat. Die Lehre der Kardinaltugenden lebt also in der Scholastik weiter, gestützt durch eine Vielzahl von Autoritäten, sowohl aus den Reihen der *sancti* (Ambrosius, Hieronymus, Augustinus, Gregorius) als auch aus den Reihen der *philosophi* (Platon, Aristoteles, Cicero, Seneca, Macrobius). Begleitet wird ihr Fortwirken von einer reichen ikonographischen Tradition.

II. Thomas und die Kardinaltugenden

Es ist allgemein bekannt, daß Thomas seine Darlegung der besonderen Moral in *Summa theologiae* II-II nach dem Muster der theologalen Tugenden und der Kardinaltugenden strukturiert. Wie er in seinem Prolog schreibt, findet man in der Betrachtung der Tugenden ,den

---

[5] Man findet in der *Nikomachischen Ethik* II, 7 eine Einteilung der Tugenden und der ihnen entsprechenden Laster. Wie aber R. A. Gauthier und J. Y. Jolif gezeigt haben, hat Aristoteles die Prinzipien dieser Einteilung nicht von Platon übernommen. Aristoteles geht vielmehr von den gängigen Klassifikationen der Tugenden aus und versucht diese zu systematisieren. „Il faut parler *d'énumération* plutôt que de *classification* proprement dite" (L'Ethique à Nicomaque. T. II. Commentaire, Bd. 1, Leuven – Paris 1970, S. 154-155).

[6] Für einen Überblick über die stoische Tugendlehre vgl. A. Long u. D. Sedley, The Hellenistic Philosophers, Bd. 1, Cambridge 1987, S. 377-386; für die Rezeption der stoischen Lehre in der Patristik vgl. M. Colish, The Stoic Tradition from Antiquity to the Early Middle Ages, Leiden 1985. Nützlich bleibt auch J. Stelzenberger, Die Beziehungen der frühchristlichen Sittenlehre zur Ethik der Stoa, München 1933.

[7] Siehe Cicero, De officiis 1, 5, 15-17; vgl. auch De finibus 1, 13, 42-16, 53.

ganzen Gegenstand der Moral'[8]. Über die Bedeutung und den Zusammenhang der Kardinaltugenden handelt Thomas im ersten Teil (I-II), *Quaestio* 61[9]. Dieser Text wird der Ausgangspunkt meiner folgenden Darlegungen sein. Thomas untersucht nacheinander die folgenden Fragen: Sind alle sittlichen Tugenden gleichwertig? Oder sind einige wichtiger als andere? Wieviele Haupttugenden gibt es? Welche sind es, und wie unterscheiden sie sich voneinander? Es ist Thomas natürlich bekannt, daß man in der Tradition immer schon von einer Vierzahl von Tugenden gesprochen hat, und er zitiert in diesem Zusammenhang auch Ambrosius: „Wir wissen, daß es vier kardinale Tugenden gibt: Maßhaltung, Gerechtigkeit, Klugheit und Tapferkeit."[10] Thomas möchte sich aber nicht damit zufriedengeben, die Tradition lediglich zu referieren. Er versucht zu verstehen, warum gerade diese vier und keine anderen als Haupttugenden gelten.

Zuvor muß aber deutlich gemacht werden, warum Thomas, wenn er die kardinalen Tugenden zu bestimmen versucht, sich auf die *moralischen* Tugenden beschränkt. Es gibt nämlich Tugenden, die für den Menschen von höherem Wert sind als diese vier klassischen Tugenden. Welcher Christ würde abstreiten, daß Glaube, Hoffnung und Liebe, die sogenannten theologalen Tugenden, wichtiger sind als z. B. die Gerechtigkeit? Was wäre denn die Gerechtigkeit ohne die Liebe? Thomas bestreitet auch gar nicht den Vorrang dieser theologalen Tugenden. Aber, so bemerkt er, die durch Gnade geschenkten Tugenden betreffen nicht das sittliche Leben als solches, sondern die Weise, wie wir auf unser endgültiges übernatürliches Lebensziel hin ausgerichtet sind. Die kardinalen Tugenden hingegen sollten die Funktion haben, das sittliche Leben in seiner Konkretheit zu gestalten.

---

[8]   S.th. II-II, prol.: „tota materia morali ad considerationem virtutum reducta
      […]" Bibliographische Hinweise zur Tugendlehre des Thomas finden sich
      am Ende dieses Aufsatzes.

[9]   Die ganze Lehre ist schon sehr klar formuliert in Thomas' erster großer
      Arbeit, dem *Sentenzenkommentar*: In III Sent., d. 33, q. 2 „De virtutibus
      cardinalibus"; siehe auch De virt. com., a. 12 (Ed. Marietti, S. 742ff.); De
      virt. card., a. 1 (Ed. Marietti, S. 813ff.); In II Eth., lect. 8 (Ed. Leon.), S.
      102-103.

[10] „Et quidem scimus virtutes esse quatuor cardinales, temperantiam, iustiti-
      am, prudentiam, fortitudinem" (Ambrosius, Expositio Evangelii secundum
      Lucam, V, n. 62, zitiert bei Thomas in S.th. I-II, q. 61, a. 1).

Sie haben also eher mit der Art und Weise zu tun, wie wir das Endziel versuchen zu erreichen, als mit diesem Ziel selbst. Daher behalten sie immer, wie Thomas sagt, den Charakter einer Tür (*ratio ostii*). Und ebenso, wie die Tür sich nicht öffnen kann ohne die Türangeln, worin sie aufgehängt ist, in gleicher Weise entfaltet sich das ganze sittliche Leben dank dieser Kardinaltugenden, worin es gefestigt ist. Die theologalen Tugenden hingegen führen uns auf unser Endziel hin, und da es darüber hinaus nichts gibt, können sie auch nicht als Kardinaltugenden fungieren, die über sich hinausweisen[11].

Genau aus diesem Grund darf man die Kardinaltugenden auch nicht unter den intellektuellen Tugenden suchen. Die theoretische Weisheit und die verschiedenen Einsichten, die wir in den Wissenschaften erwerben, sind freilich wichtiger und bedeutender als Gerechtigkeit und Mut. Es sind ja Vollkommenheiten eines höheren Vermögens, nämlich der Vernunft, wohingegen Mut und dergleichen nur unser Handeln und Streben betreffen. Die Betrachtung der Wahrheit und die Schau der göttlichen Ordnung im Kosmos sind von größerer Wichtigkeit als die Mäßigung unserer Begierden beim Essen und Trinken oder die Gerechtigkeit beim Kaufen und Verkaufen. Darum ist das philosophische Leben im Prinzip vorzüglicher als das politische. Aber dennoch können wir diese intellektuellen Tugenden nicht zu den Kardinaltugenden rechnen, da sie keinen Beitrag leisten zum sittlichen Leben, also zu der Frage, wir wir handeln sollten. Die sittlichen Tugenden dagegen sind auf die Vervollkommnung der *vita activa* gerichtet und haben eher zu tun mit der konkreten Lebensgestaltung als mit dem endgültigen Lebenssinn[12]. Deshalb werden die Kardinaltugenden in diesem Bereich zu suchen sein.

---

[11] In III Sent., d. 33, q. 2, a. 1, qa. 4, sol. 2: „virtutes autem theologicae, cum sint circa finem ultimum, non est aliquid aliud ulterius ex parte objecti in quod tendant. Unde in virtutibus theologicis non invenitur ratio ostii, et propter hoc non possunt dici cardinales.“

[12] In III Sent., d. 33, q. 2, a. 1, qa. 4, sol. 2 (Fortsetzung des Zitates aus der vorherigen Fußnote): „Similiter nec in virtutibus intellectualibus, quia perficiunt in vita contemplativa quae non ordinatur ulterius ad alteram vitam, sed activa ad ipsam ordinatur. Unde cum virtutes morales perficiunt in vita activa et habent actus suos non circa finem ultimum, sed circa objectum, ex utraque parte manet in eis ratio ostii. Et propter hoc cardinales virtutes inveniuntur solum in genere moralium.“

Nur diejenigen Tugenden können im sittlichen Leben eine Haupt-
rolle spielen, die uns nicht nur die Befähigung geben, gut zu handeln,
sondern die auch tatsächlich bewirken, daß wir gut handeln. Das ist
nicht der Fall bei den intellektuellen Tugenden, weil sie nicht das
Streben, sondern nur die Vernunft zur Vollendung führen. Darum
impliziert der Besitz einer theoretischen Erkenntnis auch nicht notwendig, daß man sittlich richtig handelt. Ich kann eine philosophische
Einsicht erworben haben, die mich zu einem vortrefflichen Menschen
macht, weil hierin meine Vernunft ihre höchste Vollkommenheit erreicht – und doch folgt daraus nicht unbedingt, daß ich auch gut
handeln werde. Die theoretische Erkenntnis des Guten bringt mich
noch nicht dazu, das Gute auch wirklich zu tun. Oder, um Thomas
zu zitieren: „Aus der Tatsache, daß jemand Wissen hat, folgt nicht,
daß er tatsächlich dazu motiviert würde, das Wahre zu betrachten.
Er besitzt lediglich die Befähigung dazu."[13]
        Darum müssen kardinale Tugenden diejenigen Tugenden sein, die
uns nicht nur das Vermögen geben, gut zu handeln, sondern unser
Streben und unseren Willen tatsächlich auf das Gute hin ausrichten.
Solche Tugenden sind die moralischen oder Charaktertugenden, die
durch Gewöhnung und Erziehung entstehen und nicht durch Unter-
richt und wissenschaftliche Unterweisung, wie es bei den intellektuellen
Tugenden der Fall ist. Neben den Charaktertugenden gibt es gleichwohl *eine* intellektuelle Tugend, die auch zu den Kardinaltugenden
gerechnet werden muß, nämlich die Verständigkeit (*phronesis* oder
prudentia). Sie ist die Erkenntnis davon, was wir zu tun haben. Ohne
diese Tugend gibt es keine moralischen Tugenden, denn es ist nicht
möglich, ohne *ratio recta* im Bereich der Leidenschaften die rechte
Mitte zu bewahren. Ohne die *prudentia* wäre unser moralisches Leben
nicht mehr als Disziplinierung und Konditionierung. Obgleich die
prudentia eine Tugend des Verstandes ist, ist sie doch wesentlich auf
das sittliche Handeln gerichtet. Sie findet ja ihre Wahrheit nicht,
wie die theoretische Erkenntnis, in der Übereinstimmung mit der
Wirklichkeit, sondern in der Übereinstimmung mit dem richtigen
Streben (*per conformitatem ad appetitum rectum*). Dadurch also, daß

---

[13] De virt. com., a. 7 (Ed. Marietti), S. 724: „Non enim ex hoc quod homo habet
      scientiam, efficitur volens considerare verum, sed solummodo potens."

sie mit dem Willen verbunden ist, erhält sie einen wirksamen Charakter, etwas, das den rein theoretischen Tugenden fehlt[14].

Die kardinalen Tugenden gehören also dem Bereich des sittlichen Handelns an. Was begründet aber ihre maßgebende Stellung im Vergleich zu den anderen sittlichen Tugenden? Warum sind für die Ordnung des sittlichen Lebens gerade diese vier Tugenden notwendig? Warum nicht mehr und nicht weniger? Gibt es keine andere Tugend, die einen Anspruch darauf erheben könnte, in gleichem Maße grundlegend zu sein? Zu dieser Frage zitiert Thomas Gregorius, der die Demut (*humilitas*) als Grundtugend betrachtet. Ohne diese Tugend, sagt er, seien die anderen Tugenden wertlos: „Wer die anderen Tugenden sammelt ohne die Demut, trägt Spreu in den Wind."[15] Und warum sollte die Tapferkeit für eine Haupttugend gehalten werden und nicht die Milde (*mansuetudo*), die direkt auf das Zornmütige (*irascibile*) bezogen ist, oder die *magnanimitas* (Großmut), über die Aristoteles sagt, daß sie ‚in allen Tugenden etwas Großes bewirkt'?[16]

Um in dieser Frage zu einer Antwort zu gelangen, ist es notwendig zu betrachten, wie Thomas die allgemeine Einteilung der Tugenden begründet. Die Kardinaltugenden wirken ja gleichsam als die Türangel, auf die das ganze sittliche Leben gestützt ist. Man könnte, sagt Thomas, die Tugenden unterscheiden gemäß ihren jeweiligen Bereichen: z. B. unser Verhältnis zu Gott, zu den Mitmenschen, zum Staat, zu uns selbst. Einige Tugenden beziehen sich auf den Umgang mit Geld, andere auf die Ordnung der Sexualität, wieder andere auf Essen und Trinken. Wenn man aber die Tugenden nach ihren *spezifischen* Merkmalen unterscheiden will, so ist das nur gemäß *formaler* Prinzipien möglich. Die Anzahl der verschiedenen Typen von Tugenden richtet sich nach der Anzahl der zu unterscheidenden formalen Aspekte der Tugend selbst: *„Ipsa virtus multiplicabilis formaliter secundum diversas rationes."*[17]

Was aber ist das formale Prinzip, das die Tugend wesentlich konstituiert? Das kann nur das Gute sein, weil die Tugend definiert ist

---

[14] Vg. C. Steel, The effect of the will on judgement. Thomas Aquinas on faith and prudence, in: T. Pink/M. Stone (Hgg.), The Will and Human Action, London – New York 2004, S. 78-98.

[15] Gregorius, Hom. 7 in Evang., n. 4 (PL 76, 1103).

[16] Ethica Nic. IV, 7 (1123b 30).

[17] De virt. com., a. 12 (Ed. Marietti), S. 742-747. Dieser Text ist Grundlage der folgenden Auseinandersetzung.

als eine Haltung (*habitus*), die den Träger der Handlungen und seine
Handlungen gut macht. Diese Beschreibung ist freilich sehr allgemein.
Wir können sie in gleicher Weise anwenden, wenn wir von der *virtus*
eines guten Pferdes sprechen oder von einem guten Computer und
seinen Vorzügen. Hier geht es uns aber um die Tugend des Men-
schen: Was für eine Tugend macht mich zu einem guten Menschen?
Welche Tugend läßt mich die dem Menschen entsprechenden guten
Handlungen verwirklichen? Es ist klar, daß die wesenhaft menschliche
Tugend gerichtet sein muß auf das gute Leben, das charakteristisch
ist für den Menschen und ihn hervorragen läßt vor allen anderen
Geschöpfen. Die für den Menschen spezifischen Tugenden sind also
diejenigen Haltungen, die ihn auf das für den Menschen wesentliche
Gut hin ausrichten. Was aber den Menschen zum Menschen macht,
ist seine Vernunft (*ratio*): „Deshalb muß das Gut des Menschen das
Gut eines Wesens sein, das in gewisser Weise vernünftig ist" („*Cum
homo sit homo ratione oportet hominis bonum esse eius quod est aliqualiter rationalis*").

Dies ist eine Grundthese von Thomas' Ethik, und er kommt immer
wieder darauf zurück[18]. Viele werden geneigt sein, seine Position als zu
intellektualistisch abzuweisen. Sie werden wohl nicht bestreiten, daß
die Vernunft ein wesentliches Merkmal des Menschen ist, wodurch
er sich von den anderen Lebewesen unterscheidet. Aber, so werden
sie entgegnen, aus dieser Tatsache darf man nicht schließen, daß der
Mensch seine Vollkommenheit nur in der Tätigkeit der Vernunft
finde. Der Mensch ist wesentlich mehr als Rationalität, er ist auch
Streben, Sinnlichkeit usf. Demgemäß muß auch das menschliche
Gut ein integrales, umfassendes Gut sein, das alle Dimensionen des
Menschseins miteinschließt. Man kann es nicht lediglich auf das ‚Gut
der Vernunft' reduzieren.

Nun hat dieser Einwand zwar seine Berechtigung, was Thomas
betrifft, greift er aber zu kurz. Wenn Thomas das Gut des Menschen
als ein *bonum eius quod est aliqualiter rationalis* bestimmt, reduziert
er nicht alle Dimensionen des menschlichen Lebens auf die reine
Rationalität – im Gegenteil: Er situiert das Gut des Menschen in allen
den Bereichen, die in gewisser Weise (*aliqualiter*) an der Vernunft

---

[18] Vgl. E. Schockenhoff, Bonum hominis. Die anthropologischen und theologischen Grundlagen der Tugendethik des Thomas von Aquin, Mainz 1987.

teilhaben. Wie er zeigt, umfaßt das Vernünftige nicht nur die reine Erkenntnisaktivität. Die vernünftige Seele ist sowohl Erkennen als auch Streben, denn auch der Wille ist ein vernünftiges Vermögen, weil er ein Streben zu einem Objekt hin ist, das von der Vernunft in Aussicht gestellt wird. Aber noch wichtiger ist, daß auch die Sinnlichkeit, die Vielfalt der Begierden und Leidenschaften, teilhaben kann an der Ordnung der Vernunft, ferner auch der ganze Bereich der äußerlichen Handlungen und Institutionen, die vom Menschen gestiftet werden, wie die Wirtschaft und Staatsordnung.

Wenn das Gut des vernünftigen Wesens tatsächlich das Formalprinzip der menschlichen Tugend ist, dann folgt daraus, daß die spezifisch zu unterscheidenden Tugenden den Differenzierungen des Gutes der Vernunft entsprechen müssen: *„virtus hominis diversificatur secundum speciem secundum quod bonum ratione diversificatur."*

Diesem Prinzip folgend, gibt Thomas eine Begründung für die Unterscheidung der Tugenden in die drei schon genannten Klassen: theologale, intellektuelle und sittliche. Aber auch die weitere Untergliederung der kardinalen Tugenden führt er gemäß diesem Prinzip durch. Die vier kardinalen Tugenden entsprechen vier formalen Aspekten des ganzen sittlichen Lebens. Die erste Tugend betrifft das Gute der Vernunft *an sich*. Das ist die Klugheit, die die Vernunft befähigt, die angemessenen Prinzipien für das rechte Handeln bereitzustellen. Ferner gibt es diejenigen Tugenden, wodurch das Gut der Vernunft nicht in der Vernunft selbst, sondern in einem anderen Bereich eingerichtet wird, sei es in Handlungen (*actiones*) oder in Affekten (*passiones*). Betrachten wir zuerst die Affekte. Hier liegt das Gut des Menschen darin, daß er nicht von ihren Impulsen beherrscht wird, m. a. W., daß er sich nicht davon abbringen läßt, was die Vernunft ihm vorgibt.

Nun kann diese Abweichung von einem Urteil der Vernunft zwei Formen annehmen. Je nach Art des Affektes hat sie entweder die Form einer Begierde, gerichtet auf ein sinnliches Gut, oder sie bewirkt einen Widerstand gegen etwas. Im ersten Fall wird unsere Leidenschaft uns dazu verleiten, ein sinnliches Gut erreichen zu wollen, das der Vernunft entgegensteht. So wie ein Mann, der leidenschaftlich verliebt ist in eine Frau und ein Verhältnis mit ihr haben möchte – koste es, was es wolle –, obwohl er weiß, daß es der Norm der Vernunft widerspricht. Er würde seine Familie ruinieren, seinen Freund be-

trügen usf. Die Affekte des Strebevermögens verhindern das Gut der
Vernunft dadurch, daß sie uns dazu treiben, etwas zu tun oder einer
Sache nachzustreben, die wir uns vernünftigerweise versagen sollten.
Daher muß die Tugend, die mit dieser Art von Affekten zu tun hat,
eine Tugend sein, die Leidenschaften im Zaum hält. Und das trifft
auf die Tugend des Maßhaltens zu.

Im zweiten Fall ist es gerade umgekehrt. Hier wird das Gut der
Vernunft von Leidenschaften sowie Furcht oder Hoffnung verhindert,
die uns dazu verleiten, dem nicht Folge zu leisten, wozu die Vernunft
auffordert. Der Grund ist z. B. die Furcht vor einer großen Gefahr
oder vor vermeintlich unüberwindbaren Schwierigkeiten. Hier wird
die Tugend gerade darin bestehen, die Menschen dazu zu bringen, beständig zu sein in den guten Handlungen oder in dem, was vernünftig
ist, gegen die Angst. Und das ist gerade die Aufgabe der Tapferkeit,
nämlich in einer Gefahr nicht zurückzuweichen.

In diesen beiden Fällen besteht die Sittlichkeit darin, daß in dem
Menschen selbst und besonders in seinem Streben eine Ordnung
gemäß der Vernunft konstituiert wird. Aber das sittliche Leben kann
nicht auf eine Vervollkommnung des Menschen reduziert werden. Es
hat auch zu tun mit dem Stiften einer vernünftigen Ordnung in äußerlichen Bereichen wie z. B. bei Kauf und Verkauf, Arbeit und Lohn
sowie der Verteilung von Lasten und Pflichten in einer Gesellschaft.
Das ist der Bereich, auf den die Tugend der Gerechtigkeit gerichtet
ist, deren Aufgabe darin besteht, eine vernünftige Ordnung in den
nach außen gerichteten Handlungen zu etablieren. Diese Tugend hat
ihren Sitz im Willen, der dazu gebracht wird, sein eigenes Gut zu
übersteigen und dem *bonum alterius* nachzustreben.

Auf diese Weise haben wir vier Tugenden unterschieden, von de-
nen eine jede sozusagen eine Scharnierfunktion innehat im sittlichen
Leben. Diese Tugenden sind übrigens zu situieren in den vier verschie-
denen Trägern der Sittlichkeit, in der Vernunft selbst, im Willen, im
Begehrungsvermögen und im zornhaften Vermögen, der *irascibilitas*.
Aber wesentlich sind alle Tugenden durch die Vernunft geordnet.

III. Die Kardinaltugenden sind spezifische Tugenden

Aber warum sollten gerade die traditionellen vier Tugenden in den genannten vier Bereichen fundamental sein? Nehmen wir z. B. das Begehrungsvermögen (*concupiscibile*): Warum ist im Bereich des sinnlichen Begehrens die *temperantia* kardinal und nicht eine der vielen anderen Tugenden, die mit diesem Vermögen zu tun haben, wie die *mansuetudo*, die *modestia, sobrietas, castitas* oder *continentia*? Oder im Bereich des *irascibile*: Warum ist hier die *fortitudo* kardinal und nicht die *patientia* oder die schon genannte *magnanimitas*? Und bei den nach außen gerichteten Handlungen: Warum ist hier die Gerechtigkeit die Haupttugend und nicht die Freigebigkeit, die nicht nur ,jedem das Seine' gibt, sondern auch, ohne dazu verpflichtet zu sein, den Mitmenschen Geschenke macht? In welchem Sinne können also die vier genannten Tugenden als die kardinalen bezeichnet werden?

Thomas weist darauf hin, daß in der Tradition auf zwei verschiedene Weisen über die Kardinaltugenden gesprochen wird. Einige betrachten diese Tugenden im Hinblick auf ihre allgemeinen formgebenden Wesensprinzipien (*communes rationes*). Die Kardinaltugenden seien die Eigenschaften, die alle Tugenden miteinander gemeinsam haben[19]. So kann man jede Tugend, die einen Menschen standhaft gegen alle Arten von Affekten macht, als eine Form von Mut betrachten. Und jede Tugend, welche das Geschuldete und Rechte bewirkt in den Handlungen, wird demgemäß Gerechtigkeit genannt. Ferner wird jede Tugend, welche die Leidenschaften mäßigt und niederhält, Maßhaltung genannt. Schließlich kann man jede Tugend, die in gewisser Weise auf Erkenntnis gerichtet ist, Verständigkeit nennen. Und in diesem Sinne, so Thomas, sprechen viele, sowohl unter den Theologen als auch unter den Philosophen, über die Kardinaltugenden[20]. Sind sie also die *allgemeinen* Grundhaltungen, die man in

---

[19]   S.th. I-II, q. 61, a. 3: „secundum communes rationes formales"; a. 4: „quasdam generales conditiones humani animi, quae inveniuntur in omnibus virtutibus."

[20]   S.th. I-II, q. 61, a. 3: „Et sic multi loquuntur de istis virtutibus tam sacri doctores quam etiam philosophi." Thomas denkt an Cicero, Ambrosius, Augustin und Gregorius. Zu bemerken ist, daß Augustin die vier Tugenden als Formen der Liebe versteht.

allen Tugenden eines Bereiches wiederfinden kann – und darum *keine spezifischen* Tugenden?

In der Tat, wenn wir zurückgreifen auf Platons Bemerkungen in der *Politeia*, dann ist deutlich, daß die vier Tugenden, über die er spricht, keine spezifischen Handlungen andeuten, sondern Grundhaltungen, die das ganze moralische Leben stützen. Die Gerechtigkeit der Seele hat nicht primär zu tun mit Kaufen und Verkaufen und auch nicht damit, einen angemessenen Arbeitslohn zu bezahlen. Sie ist eine allgemeine Tugend, die mit der Sittlichkeit zusammenfällt. Gerecht ist der Mensch, dessen Seele sich in innerlicher Harmonie und Ordnung befindet. Daher hat Platon auch die Tapferkeit, ursprünglich eine sehr spezifische Tugend, wodurch der Krieger, konfrontiert mit lebensgefährlichen Situationen in der Schlacht, seine Pflicht erfüllt, radikal neu interpretiert, nämlich als eine allgemeine innerliche Haltung der Seele, oder genauer: als eine Form des Wissens darüber, was zu fürchten sei und was nicht – und zwar nicht notwendig in einem kriegerischen Kontext.

> Eine solche Kraft und unverbrüchliche Aufrechterhaltung der richtigen und gesetzlichen Meinung über das, was zu fürchten ist und nicht, nenne ich Tapferkeit [...][21].

Dasselbe gilt auch für die Maßhaltung, die von Platon auf eine innerliche Selbstbeherrschung zurückgeführt wird. Allgemein gesprochen sind alle Tugenden Formen der Verständigkeit oder des Wissens darüber, was gut oder schlecht sei. In diesem Sinne bilden die vier Haupttugenden für Platon eine unauflösbare Einheit, und ihre Eigenschaften sind untereinander konvertibel. Der Mut ist eine Art von Einsicht, und die Einsicht ist eine Art von Mut usf. Der gute Mensch ist darum immer zugleich verständig, mutig, gerecht und maßvoll. Wenn eine dieser Tugenden fehlt, gerät das gesamte moralische Leben aus dem Gleichgewicht. Das ist der Sinn der bekannten Lehre der *connexio virtutum*, die später durch die stoischen Philosophen ausgearbeitet und von der Scholastik übernommen wurde[22]. Obwohl die

---

[21] Politeia 430b, Übersetzung O. Apelt. Die Definition der Tapferkeit wird von Platon auch im Dialog *Laches* behandelt.

[22] Siehe O. Lottin, Psychologie et morale (wie Anm. 2), Bd. III, Teil II, 1, S. 197-252 (‚la connexion des vertus‘).

Stoiker die platonische Lehre der primären Tugenden aufnehmen, tendieren sie dazu, die Unterschiede zwischen den einzelnen Tugenden abzuschwächen. Alle Tugenden sind ja Formen des Wissens davon, was gut für den Menschen ist: Die Tapferkeit ist z. B. ein Wissen davon, was zu fürchten ist. Im Grunde gibt es nur eine einzige Tugend, fest gegründet in der vernünftigen Seele. Diese Tugend kann aber in den verschiedenen Bereichen und Situationen des menschlichen Lebens verschiedene Gestalten annehmen[23]. Die primären Tugenden weisen also auf fundamentale Haltungen der Seele hin, die in allen spezifischen Tugenden und Pflichten (*officia*) wiederzufinden sind. Sie haben aber selbst keinen spezifischen Gegenstand.

Dieser in der Tradition dominierenden Ansicht stellt Thomas eine andere Auffassung entgegen, der er den Vorzug gibt. Entscheidend ist für ihn, daß jede Kardinaltugend eine spezifische Tugend bleibt, die auf einen ganz eigenen Gegenstand geht. So ist die Maßhaltung nicht nur im allgemeinen Sinne eine Tugend, wodurch wir die Affekte zu zügeln vermögen, sondern sie ist diejenige Tugend, die solche Begierden mäßigt, die sich auf den spezifischen Genuß des Tastsinnes beziehen, z. B. Streicheln, Kitzeln, Küssen und alle anderen Formen von sexuellem Genuß – und im weiteren Sinn auch auf den Genuß, der beim Essen und Trinken entsteht. Und auch der Mut ist nicht eine allgemeine Tugend der Stärke und Beharrlichkeit, sondern diejenige Tugend, die jemanden selbst in Todesgefahr bestärkt, gut zu handeln. Er bleibt für Thomas vor allem eine ,militärische' Tugend[24]. In gleicher Weise ist auch die Gerechtigkeit nicht jede Tugend, die auf *aequalitas* (Gleichheit) zielt, sondern genau diejenige, die danach strebt, diese Gleichheit in den äußerlichen Handlungen (wie Kaufen und Lohn bezahlen) zu erreichen. Und die Verständigkeit ist nicht gleichwelche Erkenntnis der Wahrheit, sondern diejenige Vervollkommnung der

---

[23] Über die Einheit und Vielfalt der Tugenden in der stoischen Philosophie siehe M. Schofield, Ariston of Chios and the Unity of Virtue, in: Ancient Philosophy 4 (1984), S. 83-96.

[24] Siehe S.th. II-II, q. 123, a. 5. Obwohl Thomas Aristoteles ,zustimmt', versucht er doch, die Position des Philosophen in zweifacher Weise zu qualifizieren: 1. Er erweitert die Bedeutung des Begriffes ,Krieg', um darunter auch ,martyrium' fassen zu können; 2. Tapferkeit wird auch bezogen auf Todesgefahren außerhalb eines kriegerischen Kontextes.

Vernunft, die einen Menschen dazu bringt, schnell zu entscheiden (*praecipere*), wie hier und jetzt zu handeln sei[25].

IV. Vergleich zwischen Thomas und Aristoteles

Durch die Betonung des spezifischen Charakters der Kardinaltugenden schließt Thomas sich an Aristoteles an, der sich in seiner Ethik deutlich von Platons Lehre distanziert, weil letzterer die Tugenden als allgemeine innerliche Grundhaltungen der Seele auffaßt und dabei zu sehr ihren konkreten Gehalt verwässern läßt. Gegenüber dieser radikalen Umwertung der traditionellen Tugenden scheint Aristoteles in gewisser Weise zu der für das damalige griechische Denken gängigeren Auffassung zurückzukehren. Dabei werden die verschiedenen Tugenden je in ihrer konkreten Funktion charakterisiert. Einige Tugenden spielen offensichtlich eine viel größere Rolle im sittlichen und politischen Leben, so wie die Gerechtigkeit und der Mut, und bekommen darum von Aristoteles in seiner Ethik auch mehr Aufmerksamkeit. Aber nirgendwo wird betont, daß es vier Kardinaltugenden gebe. In diesem Zusammenhang ist zu beachten, daß Aristoteles die platonische Lehre von der Seelenteilung nicht als Grundlage seiner Systematik der Tugenden übernommen hat. Die Verschiedenheit der Tugenden ergibt sich vielmehr aus der Verschiedenheit der gesellschaftlichen Kontexte und Aufgabenbereiche, in denen ein Mensch handelt[26]. Thomas, wie gesagt, folgt Aristoteles, indem er diese Spezifität der Tugenden betont. Und dennoch möchte er dabei die Lehre von den Kardinaltugenden nicht aufgeben.

---

[25] In II Eth., lect. 8 (Ed. Leon.), S. 103, 84-94: „prudentia non est circa omnem cognitionem veri, sed specialiter circa actum rationis quae est praecipere, iustitia autem est non circa omnem aequalitatem actionum, sed solum in actionibus quae sunt ad alterum; similiter fortitudo est non circa quamlibet firmitatem, sed solum in timoribus periculorum mortis, temperantia autem non est circa quamlibet refrenationem, sed solum in concupiscentiis delectationis tactus."

[26] Siehe M. Wittmann, Die Ethik des Aristoteles, Regensburg 1920, S. 183ff.; ders., Die Ethik des heiligen Thomas von Aquin, München 1933, S. 293-294.

Wenn nun aber diese vier Tugenden so spezifisch bestimmt werden, wie können sie dann noch Grundtugenden sein, worauf das ganze moralische Leben beruht? Thomas hat kein Problem mit diesem Einwand. Im Gegenteil, gerade wegen ihrer Spezifität können die genannten Kardinaltugenden tatsächlich als Haupttugenden fungieren. Ohne ihre Spezifität würden sie verwässert werden zu unbestimmten allgemeinen Haltungen, die keine wirkliche Basis für das konkrete sittliche Leben bildeten.

Diese Auffassung verdient eine weitere Erklärung. Die vier Kardinaltugenden sind kardinal, weil sie in ihrer Spezifität die wichtigste Rolle spielen in ihrem eigenen Wirkungsbereich und darum den Vorrang vor anderen Tugenden aus demselben Bereich, mit denen sie verwandt sind und zusammenhängen, haben müssen. Betrachten wir z. B. die Gerechtigkeit, die auf die äußeren Handlungen geht: Jemand schuldet einem anderen etwas, wobei beide gleichberechtigt sind (*aequales*); so verhält es sich beim Kaufen und Verkaufen, Lohn und Steuern bezahlen. Nun gibt es aber viele andere Tugenden, die mit etwas Geschuldetem in äußerlichen Handlungen zu tun haben, wobei nicht notwendig Gleichheit unter den Beteiligten herrschen muß, wie z. B. Dankbarkeit, Freigebigkeit, *pietas* (Verhältnis Eltern-Kinder) und *religio* (Verhältnis des Menschen zu Gott). Diese anderen Tugenden dürfen aber nicht als Unterklassen des *genus* Gerechtigkeit betrachtet werden, wie Thomas immer wieder betont. *Iustitia* ist keine generische Tugend, sondern eine Tugend, die ebenso spezifisch ist wie Freigebigkeit und *pietas*. Diese anderen Tugenden hängen eng zusammen mit der *iustitia*, ohne aber eine *subspecies* davon zu sein. Sie sind, wie Thomas sagt, *virtutes adiunctae*, die in diesem Bereich auf sekundäre Akte oder Objekte gerichtet sind, ohne das ganze Vermögen der Haupttugend zu besitzen. Nehmen wir die Dankbarkeit: Auch diese Tugend hat mit etwas, das geschuldet wird, zu tun, aber nicht im strikt juristischen Sinn der *aequalitas*. Wir können niemals in derselben Weise das zurückgeben, was wir jemandem – im Sinne einer moralischen Schuldigkeit – schulden, wie wir Geld zurückbezahlen, das wir geliehen haben. Man kann niemals sagen: Ich habe mich dankbar gezeigt, und jetzt ist das erledigt. Oder im Falle der Freigebigkeit, z. B. beim Schenken: Wenn man von einem Kollegen eingeladen wird und etwas mitbringen will, könnte man ja leicht sagen: Mal sehen, was wir letztes Mal von ihm bekommen haben, als er bei uns eingeladen war. Aber es ist leicht einsehbar, daß diese, man könnte sagen, juristische Abwägung den Sinn der Freigebigkeit vernichten würde. Die Tugend der Freigebigkeit bezieht sich auf ‚etwas, das man schuldig ist' (*debitum*), aber nicht in der Weise, daß es unter Zwang zurückgefordert werden könnte. In anthropologischen Studien über den Austausch von Geschenken findet man schöne Beispiele dafür, daß in gewissen Kulturen das Schenken so wichtig ist, daß der eine dem anderen in der Regel viel mehr zurückgibt, als er bekommen hat; und das kann so weit gehen, daß man sich beinahe selbst ruiniert.

Auch die *pietas* bietet ein anschauliches Beispiel für eine sekundäre Tugend, die sich an die Gerechtigkeit anschließt und auf ihr aufbaut. Das Verhältnis zwischen Kindern und Eltern ist kein Verhältnis zwischen Gleichen, dennoch gibt es auch hier Rechte und Pflichten. Aber sie sind von einer ganz anderen Art als bei einem Geschäftsverhältnis oder auf politischer Ebene. Dennoch besteht auch hier die Gefahr, das Verhältnis juristisch zu formalisieren, indem man die Rechte der Kinder gegenüber den Rechten der Eltern abwägt, als sei hier eine Gleichheit erstrebenswert. Wenn wir das Modell der Gerechtigkeit im strikten Sinne, wo man, wie Thomas sagt, dem anderen das zurückgibt, was man ihm schuldig ist *secundum aequalitatem*, auf Familienverhältnisse übertragen, unterminieren wir gerade das, was eine Familie ausmacht, die ja eben nicht eine Vertragsgemeinschaft zwischen Gleichen ist.

Es ist bekannt, daß in unserer Gesellschaft versucht wird, alle möglichen menschlichen Verhältnisse anhand des Modells der Gerechtigkeit zu denken, mit allen Exzessen der *lawyer-society*. Thomas hingegen macht deutlich, daß es im äußerlichen Bereich des menschlichen Handelns eine Vielfalt von Tugenden gibt, die zwar alle mit der Gerechtigkeit zusammenhängen, nicht aber als Unterarten der Gerechtigkeit betrachtet werden können. Jede dieser Tugenden bringt auf ihre eigene Weise Ordnung in die zwischenmenschlichen Verhältnisse; jedoch ist diese Ordnung nicht auf ein *debitum inter aequales* im strikten Sinne zu reduzieren[27].

---

[27] Zum spezifischen Charakter der Gerechtigkeit im Vergleich zu den anderen mit ihr verwandten Tugenden bleibt J. Piepers Traktat ‚Über die Gerechtigkeit' (München 1953) grundlegend.

Gleichwohl ist auch für Thomas klar, daß die Gerechtigkeit in diesem Bereich eine Haupttugend ist und nicht z. B. die *pietas* (sonst riskieren wir, in eine paternalistische Gesellschaft zu verfallen), und ebensowenig die Freigebigkeit. Man könnte versuchen, einer Idee des französischen Anthropologen Marcel Mauss folgend, sich eine Gesellschaft vorzustellen, worin der Austausch von Gütern nach dem Modell einer ‚Gabe' verstanden wird und nicht nach dem Modell von Kaufen und Verkaufen[28]. Ein solches Gesellschaftsmodell könnte zu einer Kritik an der ‚Ökonomisierung' der gesellschaftlichen Verhältnisse führen. Trotzdem wird man Thomas darin zustimmen, daß im sozialen Umgang mit anderen nicht die *liberalitas*, sondern die *iustitia* eine hervorragende, ja leitende (*principalis*) Stelle einnimmt. Im gerechten Handeln erkennt man am deutlichsten die *ratio iusti et debiti*, weil dabei dem Ideal der Gleichheit in aller Konsequenz nachgestrebt wird.

Wer die Tugend der Gerechtigkeit erworben hat und ehrlich ist bei der Bezahlung von Lohn und Steuern, wer, was er geliehen hat, zurückbezahlt, nicht stiehlt oder den Besitz eines anderen für sich in Anspruch nimmt, wer das alles beherzigt, der hat im Bereich des menschlichen Zusammenlebens eine besonders fundamentale Grundhaltung erworben. Es wird ihm daher auch leicht fallen, die anderen mit dieser Grundhaltung zusammenhängenden und ihr nachgeordneten Tugenden zu erwerben. Das ist aber nicht der Fall bei demjenigen, der die Freigebigkeit als Grundhaltung besitzt. Wer gastfreundlich ist, seine Gäste prachtvoll bewirten kann und die großzügigsten Geschenke macht, ist darum noch lange nicht gerecht im Umgang mit Geld. Der Vorrang der Gerechtigkeit vor den anderen mir ihr verbundenen und ihr nachgeordneten Tugenden liegt also nicht darin, daß die Gerechtigkeit eine allgemeinere Haltung ist und die anderen spezifische Untertugenden, sondern darin, daß sie in ihrer Spezifität fundamentaler ist zur Begründung der Sittlichkeit als ihre Konsorten.

In demselben Sinne ist auch der Mut in seinem Bereich im Vergleich mit den anderen ihm nachgeordneten Tugenden wie Ehrgeiz, Beharrlichkeit und Großmut als Haupttugend zu charakterisieren. Wer

---

[28] Vgl. M. Mauss, Essai sur le don, Paris 1950. Ein Überblick über die aktuelle Diskussion findet sich in A. Vandevelde (Hg.), Gifts and Interests, Leuven 2000.

es wagt, sein Leben zu riskieren, wird auch in anderen Situationen die Affekte des *irascibile* zu zügeln wissen. Dasselbe gilt für die *temperantia*, mit der Enthaltsamkeit, Bescheidenheit, Keuschheit, Sanftmut usf. zusammenhängen. Die *temperantia* ist nicht eine allgemeine Grundhaltung des Maßhaltens, sondern eine ganz spezifische Tugend, die bezogen ist auf die Affekte der basalsten Sinne: des Tastsinnes, vor allem in der Sexualität, aber auch beim Essen und Trinken. Sie ist aber eine Grundtugend, weil sie sich im Bereich der Begierden als notwendig erweist, und zwar gerade bei denjenigen Begierden, die am schwersten kontrolliert werden können, nämlich bei den ‚Wonnen‘ des Tastsinns (*in delectationibus tactus*). Wer bei diesen das rechte Maß zu halten weiß, wird auch ohne allzuviele Schwierigkeiten in den Bereichen, die mit den anderen Sinnen zu tun haben wie Essen und Trinken, Kleidung, Komfort, Kino, Musik, das rechte Maß halten können.

Schließlich ist Verständigkeit nicht schlechterdings eine Tugend des praktischen Verstandes, denn es gibt deren viele, sondern sie ist diejenige Verständigkeit, die sich manifestiert in dem allerbeschwerlichsten Bereich, nämlich darin, *hic et nunc* die richtige Entscheidung (*imperium rationis*) zu treffen. Wer das kann, wird auch ohne allzuviel Mühe die Tugenden, die das Urteilen und Beraten betreffen, erwerben können.

Die Kardinaltugenden nehmen also eine hervorragende Position im sittlichen Leben ein, denn jede einzelne hat in ihrem Bereich mit einer spezifischen Materie zu tun, die grundlegend ist und die den Menschen am meisten zum guten Handeln herausfordert, „wo es sehr schwierig ist und von größter Wichtigkeit, sich gemäß der Tugend zu verhalten"[29]. Wenn diese Tugenden in der Tradition manchmal auch ‚allgemeine Tugenden‘ (*virtutes generales*) genannt werden, bedeutet das nicht, daß sie die allgemeinen Klassen (*genera*) darstellten, von denen die sekundären Tugenden die je spezifischen Arten wären. Sie sind ‚allgemein‘, weil sie die richtige Ordnung bringen in Dinge, die Priorität (*principalitas*) in einem bestimmten Bereich haben. Und nur im Anschluß an diese Tugenden können die sekundären Tugenden ihre Eigenart verwirklichen:

---

[29] S.th. II-II, q. 149, a. 1c: „Virtutes quae ab aliqua generali conditione virtutum nominantur illam materiam specialiter sibi vindicant in qua difficillimum et optimum est conditionem huiusmodi observare."

Darum werden diese Tugenden Haupttugenden (*principales*) genannt, nicht weil sie allgemein (*generales*) sind, sondern weil ihre Spezifität Hauptsachen (*principalia*) betrifft[30].

Gerade indem er die Spezifität jeder Tugend, also auch der kardinalen Tugenden, betont, kann Thomas ein sehr konkretes und realistisches Bild des sittlichen Lebens zeichnen. Thomas' Lehre von der Rolle der Kardinaltugenden im ethischen Leben zeugt von einer großen Sorge und Anteilnahme für das Konkrete und Besondere des sittlichen Lebens. Dieses ist nicht die Moral eines Mystikers oder eines weltfremden Philosophen ... Gib mir, sagt diese Moral, Menschen, die sich zu mäßigen wissen in den Genüssen des Fleisches (*temperantia*), die nicht um ihr Leben fürchten, als wäre es das höchste Gut (*fortitudo*), die mit Geld richtig umzugehen wissen, die nicht mehr nehmen, als was ihnen zukommt (*iustitia*), und vor allem die im richtigen Moment die richtige Entscheidung treffen können (*prudentia*): Durch diese Grundhaltungen wird das ganze sittliche Leben gehalten werden wie die Tür in den Angeln[31].

Literatur in Auswahl:

Neben der klassischen Arbeit von W. Kluxen, Philosophische Ethik bei Thomas von Aquin (Hamburg 1988³), bleibt für die Tugendlehre des Thomas noch immer lesenswert die Darstellung von M. Wittmann: Die Ethik des heiligen Thomas von Aquin, München 1933. Philosophisch anregend sind die bekannten Traktate, die Joseph Pieper ‚dem Viergespann' der Kardinaltugenden gewidmet hat: Über die Gerechtigkeit (1953), Vom Sinn der Tapferkeit (1934), Zucht und Maß (1949), Über die Klugheit (1949).

---

[30] In II Eth., lect. 8 (Ed. Leon.), S. 103, 82-84: „Et secundum hoc praedictae virtutes quatuor non dicuntur principales quia sint generales, sed quia species earum accipiuntur secundum quaedam principalia."

[31] Siehe die Konklusion von R. Bernard in seiner annotierten Übersetzung: Somme théologique. La vertu, Bd. 2, I-II, questions 61-70, Paris 1953, S. 409: „Donnez-moi d'abord, dit cette morale, des hommes qui sachent se commander à eux-mêmes, se modérer dans les plaisirs de la chair et ne pas s'affoler dans les périls de morts, reconnaître à chacun ce qui est à lui et le lui rendre: là-dessus je bâtirai mes vertus." Der Appendix II A (‚Notes doctrinales thomistes') in dieser Ausgabe ist eine vortreffliche Einleitung in Thomas' Lehre der Kardinaltugenden.

Für die Entwicklung der Tugendlehre in der Scholastik bleibt nach wie vor der Ausgangspunkt der Forschung die Arbeit von O. Lottin, Psychologie et morale aux XIIe et XIIIe siècles, insbesondere Band III, Teil II, Louvain 1949.

Ich habe selbst viel gelernt von den ausgezeichneten ‚renseignements techniques‘ (sic!) in der französischen Edition der Summa theologiae, La vertu, Bd. 1 (qq. 49-60), Bd. 2 (I-II, qq. 61-70) von R. Bernard (Paris 1933, 1953²).

Eine aktuelle Bewertung von Thomas' Ethik und Tugendlehre findet sich bei M. Stone, The Stagirite and the Angelic Doctor: Thomas Aquinas and Contemporary Aristotelian Ethics, in: Proceedings of the Aristotelian Society 101 (2001), S. 97-128, und bei S. Pope (Hg.), The Ethics of Aquinas, Georgetown 2002; siehe auch D. Bradley, Aquinas on the Twofold Human Good: Reason and Human Happiness in Aquinas's Moral Science, Washington 1997.

Die bescheidene Rolle der Demut.
Christliche und philosophische Grundhaltungen in der speziellen Tugendlehre

(S.th. II-II, q. 161)

Stephan Ernst (Würzburg)

I. Die Demut als spezifisch christliche Tugend und ihr marginaler Ort im Tugendsystem des Thomas von Aquin

Im Rahmen seiner grundsätzlichen Überlegungen zu den Gaben des Geistes führt Thomas die Demut (*humilitas*) zusammen mit der Sanftmut (*mansuetudo*) als diejenigen Tugenden auf, die den Menschen Christus gleichförmig machen. Thomas wendet sich hier gegen die Auffassung, es seien ausschließlich die Gaben des Heiligen Geistes, durch die der Mensch Christus gleichgestaltet werde. Dies scheint ihm ungenügend:

> Denn der Herr selbst lädt uns ein zur Gleichformung mit Ihm, besonders durch Demut und Sanftmut, nach Mt. 11, 29: ‚Lernt von Mir, denn Ich bin sanftmütig und demütig von Herzen‘[1].

Demut und Sanftmut haben für Thomas offensichtlich den Charakter spezifisch christlicher Tugenden. Sie scheinen zum Proprium des christlichen Ethos zu gehören, wie es letztlich durch Jesus Christus geoffenbart worden ist und wie es sich geschichtlich im Kontext der antiken Kultur etabliert hat.

---

[1] S.th. I-II, q. 68, a. 1: „Quia ipse Dominus praecipue nos inducit ad sui conformitatem secundum humilitatem et mansuetudinem, Matth. 11: ‚Discite a me, quia mitis sum et humilis corde‘.“

1.

Für die Demut (*humilitas*, ταπεινότης), um die es im weiteren gehen
soll, läßt sich dabei sagen, daß sie in der Tat in den Tugendkatalo-
gen der antiken nicht-christlichen Philosophie so nicht auftaucht. Sie
findet sich weder in den Untergliederungen der Kardinaltugenden
bei Cicero und Macrobius[2] noch bei Aristoteles, auf die Thomas
ansonsten als Quellen für seine Tugendeinteilungen immer wieder
zurückgreift[3]. Das griechische Wort ταπεινός, das dem lateinischen
humilis entspricht, bezeichnet nicht eine sittliche Tugend, sondern eine
Haltung der Unterwürfigkeit und Servilität. Es meint im pejorativen
Sinne so viel wie: niedrig, klein, unbedeutend, schwach, elend[4]. Zwar
warnt auch die antike philosophische Ethik vor der Hybris, die die
Ordnung des Kosmos stört und die letztlich zur eigenen Zerstörung
führt[5]. Aber die rechte Grundhaltung und leitende Lebenseinstellung
des Menschen wird nicht in der Demut, sondern – wie etwa Aristoteles ausführt – in der Großgesinntheit, der μεγαλοψυχία, gesehen.
Gemeint ist damit diejenige Haltung, in der man sich großer Dinge
und insbesondere der Ehre für würdig hält und es auch tatsächlich ist.
Sie bildet die rechte Mitte zwischen der Einstellung des Aufgeblasenen
(χαῦνος) einerseits, der sich größerer Dinge für würdig hält, als er es
tatsächlich ist, und der Einstellung des Kleinmütigen (μικρόψυχος)
andererseits, der sich geringer einschätzt, als er ist[6]. Zwar kennt Aristoteles auch die Haltung des Bescheidenen (σώφρων); auch sie liegt

---

[2] Vgl. dazu die Tugendlisten in J. Gründel, Die Lehre des Radulfus Ardens
von den Verstandestugenden, München – Paderborn – Wien 1976, S. 255-
258.

[3] Vgl. dazu beispielhaft für die Unterteilung der Klugheit: S.th. II-II, q. 48, a.
1.

[4] Vgl. dazu W. Grundmann, Art. ‚ταπεινός κτλ.‘, in: Theologisches Wörterbuch zum Neuen Testament, Bd. 8 (1965), S. 2-6. – Aristoteles ordnet
in der *Rhetorik* II, 6 (1384a 4) die ταπεινότης als schlechte Haltung der
μικροψυχία zu. Plutarch (*De tranquillitate animi*, 17) stellt den ταπεινόφρων
dem μεγαλόψυχος entgegen und Seneca (*De constantia sapientis* X, 2-3, hg.
v. G. Viansino, Rom 1968, S. 41) die *humilitas animi* der Seelengröße.

[5] Vgl. P. Adnès, Art. ‚humilité‘, in: Dictionnaire de spiritualité, Bd. 7, Sp.
1136-1187, hier: Sp. 1137f.

[6] Vgl. Aristoteles, Ethica Nic. IV, 7 (1123b 1-24; 1124a 12).

zwischen Aufgeblasenheit und Kleinmütigkeit und besteht darin, sich selbst im Rahmen der eigenen Fähigkeiten richtig einzuschätzen. Aber er versteht darunter die Haltung des Mittelmäßigen, der nur kleiner Dinge würdig ist und sich auch selbst so einschätzt[7]. Die Vorstellung dagegen, freiwillig auf die eigene rechtmäßige und anerkannte Stellung in der Gesellschaft zu verzichten und sich unter seinen eigenen Status zu erniedrigen und zu demütigen, ist ihm fremd und findet sich auch sonst in der antiken nicht-christlichen Philosophie so gut wie nicht[8].

In der jüdisch-christlichen Tradition ist die Demut dagegen zur fundamentalen Grundhaltung der sittlichen Lebensführung überhaupt geworden. Bereits im Alten Testament erhält die Demut eine positive Wertung. Zunächst ist es Gott, der die Erniedrigten und Geringen erwählt und sich ihnen zuwendet. Im Zuge der Erfahrung des Babylonischen Exils entsteht dann aber auch die Aufforderung zur demütigen Gesinnung des Menschen Jahwe gegenüber. Auch der endzeitliche Heilskönig und erwartete Messias wird als demütig beschrieben (vgl. *Sach.* 9, 9f.). Im Neuen Testament wird schließlich die freiwillige Niedrigkeit als Haltung des Herzens verinnerlicht. Die Demut und die Dienstbereitschaft gegenüber dem anderen, wie sie Jesus selbst vorgelebt hat, wird in der Liebe zum Nächsten begründet. Sie erwächst aus dem Bewußtsein, selbst von Gott immer schon unbedingt angenommen zu sein. Paulus entfaltet diesen Ansatz theologisch weiter: Im Philipperbrief stellt er die zentrale Bedeutung der Demut für die Gemeinde, in der einer den anderen höher als sich selbst achten soll (*Phil.* 2, 3), heraus und begründet sie mit der Selbstentäußerung und Selbsterniedrigung Christi, die er im anschließenden Christushymnus (*Phil.* 2, 6-11) vor Augen stellt.

---

[7] Vgl., ebd. (1123b 4).

[8] Während etwa nach A. Dihle, Art. ‚Demut‘, in: Reallexikon für Antike und Christentum, Bd. 3, Sp. 735-778, hier: Sp. 737, die Haltung der Demut der gesamten antiken Ethik fremd ist, sehen andere in der paganen Antike auch schon Hinweise auf eine Haltung der Demut. Vgl. etwa O. Schaffner, Christliche Demut. Des hl. Augustinus Lehre von der Humilitas, Würzburg 1959, S. 35-45; ebenso G. Guttenberger Ortwein, Status und Statusverzicht im Neuen Testament und seiner Umwelt, Freiburg (Schweiz) – Göttingen 1999, S. 87.

Die Kirchenväter greifen diese Sicht auf und entfalten sie weiter. Bei
Origenes und Johannes Chrysostomus, vor allem aber bei Augustinus,
der die *humilitas* ausdrücklich als erst durch Christus erschlossene,
also spezifisch christliche Tugend charakterisiert[9], ist die Demut, in
der Gott sich zu den Menschen herabgelassen und Christus sich zum
Diener aller gemacht hat, die Wurzel der Erlösung. Sie ist für den
Menschen Modell eines Lebenswegs, auf dem er den Stolz, der das
Wesen der Ursünde und so die Wurzel aller anderen Sünden des
Menschen ausmacht, überwinden kann. Die Demut ist das Heilmittel
gegen diese Ursünde und damit die Wurzel oder ‚Mutter aller Tugen-
den‘[10]. Zum Zentrum der sittlichen Lebensführung wird die Demut
endgültig durch das abendländische Mönchtum, grundlegend in der
Regel des hl. Benedikt[11], weitergeführt bei Bernhard von Clairvaux[12].
In der mittelalterlichen spirituellen Theologie findet das Verständnis
der Demut als Wurzel der Tugenden und als Heilmittel gegen den
Stolz etwa bei Hugo von St. Viktor seine Weiterführung. In seiner
Schrift *De fructibus carnis et spiritus* stellt er zunächst den Baum der
Sünde dar, dessen Wurzel der Stolz und dessen Äste und Zweige die
sieben Hauptlaster und ihre Unterarten sind. Ihm wird als Heilmittel
der Baum der Tugenden, der seine Wurzel in der Demut hat und
dessen Äste die Kardinaltugenden und theologischen Tugenden mit
ihren jeweiligen Unterarten bilden, gegenübergestellt[13].

---

[9] Vgl. etwa Augustinus, Enarrationes in Psalmos XXXI, II, 18 (CCSL XXXVIII,
    S. 239, 41-44): „Wo auch immer die besten Vorschriften der Sitten und der
    Lebensführung gefunden werden, wird doch diese Demut nicht gefunden. Der
    Weg dieser Demut kommt woanders her; er kommt von Christus. Dieser Weg
    stammt von ihm, der, obwohl er erhaben war, demütig kam." („Vbicumque
    etiam inueniuntur optima praecepta morum et disciplinae, humilitas tamen
    ista non inuenitur. Via humilitatis huius aliunde manat; a Christo uenit.
    Haec uia ab illo est, qui cum esset altus, humilis uenit.")

[10] Johannes Chrysostomus, Matthäus-Kommentar, 3. Homilie (PG 57, 40):
    „τὴν πάντων μητέρα τῶν ἀγαθῶν, τὴν ταπεινοφροσύνην …".

[11] Vgl. dazu die zwölf Stufen der Demut in der Regula Benedicti, c. 7.

[12] Vgl. Bernhard von Clairvaux, De gradibus humilitatis et superbiae, in: Sämt-
    liche Werke lateinisch/deutsch, hg. v. G. Winkler, Bd. III, Innsbruck 1992,
    S. 13-59.

[13] Vgl. Hugo von St. Viktor, De fructibus carnis et spiritus (PL 176, 997B-
    1006C, insbesondere cc. 11-18; PL 176, 1002C-1005B), aber auch: ders.,
    De sacramentis christianae fidei II, 13 (PL 176, 525C-527A).

Aber nicht nur in der spirituellen Theologie, sondern auch in den ersten systematischen Summen der scholastischen Theologie, wie etwa in den *Sentenzen* des Petrus Lombardus, kommt die grundlegende Bedeutung der Demut für das sittliche Leben des Christen zum Ausdruck. So behandelt Petrus Lombardus die gesamte Morallehre anhand der Kardinaltugenden im III. Buch seiner *Sentenzen* im Anschluß an die Christologie. Innerhalb der Christologie aber wird bereits auf die erlösende und für das sittliche Leben fundamentale Bedeutung der Demut in Christus hingewiesen[14]. Dieser Demut Christi entspricht dann die Demut der Gläubigen, um deren Förderung willen auch die Sakramente in erster Linie eingesetzt worden sind[15].

2.

Vor dem Hintergrund dieser Tradition ist es verständlich, daß Thomas die Demut als spezifisch christliche Tugend charakterisiert, als eine Grundhaltung, die den Menschen Christus gleichgestaltet und mit ihm vereint. Um so verwunderlicher aber ist es, daß Thomas dieser Tugend keineswegs eine zentrale oder fundamentale Stellung in seinem Tugendsystem zuweist. Im Gegenteil, sie taucht – anders als bei den Vätern oder auch in den *Sentenzen* des Lombarden – bescheiden fast an letzter Stelle auf.

Thomas baut seine spezielle Ethik in der S.th. II-II so auf, daß er zunächst die drei theologischen Tugenden Glaube, Hoffnung und Liebe[16] behandelt. Daran anschließend erörtert er – dem Schema der

---

[14] Vgl. Petrus Lombardus, Sententiae III, d. 18, c. 1, 2: „Die Demut des Leidens also war das Verdienst für die Erhöhung und die Erhöhung der Lohn der Demut." („Humilitas ergo passionis meritum fuit exaltationis, et exaltatio praemium humilitatis.") Ebenso: ders., Sententiae III, d. 18, c. 5, 2, wo von der „vollkommensten Demut" (*consummatissima humilitas*) in Christus die Rede ist, „im Vergleich zu der es keine größere geben kann" („qua maior esse non potest"). Vgl. auch ähnlich in: Wilhelm von Auxerre, Summa aurea III, tr. 7, c. 1 (Spicilegium Bonaventurianum XVIII A), S. 87, 84-87.

[15] Bereits in der Grundlegung der Sakramentenlehre heißt es deshalb in: Petrus Lombardus, Sententiae IV, d. 1, c. 5, daß die Sakramente aus drei Gründen eingesetzt wurden, „um der Demütigung, der Unterrichtung und der Übung willen" (*propter humiliationem, eruditionem, exercitationem*), wobei die Demütigung als vorrangiger Grund (*prima causa*) genannt wird.

[16] Vgl. S.th. II-II, qq. 1-46.

vier Kardinaltugenden Klugheit, Gerechtigkeit, Tapferkeit und Maßhaltung folgend – den gesamten Bereich innerweltlicher Sittlichkeit[17].
In einem dritten Abschnitt fügt er schließlich noch die Behandlung
besonderer Tugenden an, die nur einigen Menschen zukommen: etwa
den Propheten aufgrund besonderer Geistesgaben und Charismen
oder den Geistlichen und Ordensleuten aufgrund ihres besonderen
Standes[18]. In die Abhandlung der theologischen Tugenden und der
Kardinaltugenden baut Thomas weiterhin die Darstellung der einzelnen Gaben des Heiligen Geistes sowie der Gebote des Dekalogs ein,
und zwar jeweils im Anschluß an die Erörterung derjenigen Tugend,
mit der sie ihm in Zusammenhang zu stehen scheinen. Im ganzen
ist diese spezielle Ethik dann nicht mehr – wie bei Petrus Lombardus
– Teil der Christologie im III. Buch, sondern rückt als eigenständiger
Zweiter Teil vor die Christologie und wird nun direkt im Anschluß
an die Gottes- und Schöpfungslehre behandelt, die den Ersten Teil
der *Summa theologiae* bildet.

In diesem Tugendsystem des Thomas taucht die Demut erst im
Rahmen der *letzten* der Kardinaltugenden auf, nämlich der Maßhaltung, und auch hier erst im Rahmen der *letzten* mit der Maßhaltung
verbundenen Tugend, nämlich der Bescheidenheit. Zusammen mit
der Demut erörtert Thomas hier übrigens auch das entsprechende
Laster, nämlich den Stolz (*superbia*) und seine Bedeutung für die
Ursünde und die Gottesbeziehung des Menschen[19]. Thomas behandelt also den Sündenfall des Menschen nicht mehr, wie bisher in
den heilsgeschichtlich aufgebauten Summen üblich, im Kontext des
Schöpfungswerkes und der Erschaffung des Menschen und der Engel, sondern gibt diesem zentralen Thema der Theologie eine völlig
untergeordnete Stellung im Rahmen der speziellen Tugendlehre.

Damit stellt sich die Frage, wie Thomas diese marginale Stellung
der Demut, die doch sonst als das Fundament alles sittlich guten
Handelns des Christen gilt, begründet (II.). Es stellt sich weiter
die Frage, ob er die Bedeutung der Demut, die sie in der Tradition
spiritueller Theologie hat, ignoriert und ihre Radikalität entschärft

---

[17] Vgl. S.th. II-II, qq. 47-170. Siehe hierzu den Beitrag von C. Steel in diesem
    Band, S. 322-341.
[18] Vgl. S.th. II-II, qq. 171-189.
[19] Vgl. S.th. II-II, qq. 162-165.

oder ob er sie nicht doch in seine Bestimmung der Demut einbezieht
(III.). Und es stellt sich schließlich die Frage, was an all dem über
das Verhältnis der philosophischen und christlichen Tugenden bei
Thomas deutlich wird (IV.).

II. Die untergeordnete Stellung der Demut
und ihre Begründung

Wie Thomas die marginale Stellung der Demut in seinem Tugendsystem begründet, läßt sich aus seinem Traktat über die Demut[20] entnehmen, in dem er selbst das Problem der systematischen Einordnung
dieser Tugend ausführlich diskutiert. Im Verlauf der Begründung, die
er hier gibt, kommen dabei nach und nach in den einzelnen Artikeln
alle Einteilungsprinzipien seiner speziellen Tugendlehre zur Sprache,
so daß sich hier – wie in einem Brennspiegel – die gesamte Architektur
der Ethik der *Summa theologiae* gebündelt reflektiert. Nach und nach
werden all jene Prinzipien genannt, nach denen er versucht, sein im
Prolog zur S.th. II-II umrissenes Projekt zu verwirklichen, nämlich
den gesamten Stoff der speziellen Ethik möglichst vollständig (*tota
materia morali*) und möglichst differenziert (*considerare singula in
speciali*) zu erfassen.

1. Die grundlegenden Systematisierungsprinzipien
der speziellen Tugendlehre

Die grundlegendsten Prinzipien, die die Konzeption der speziellen
Tugendlehre und damit der ganzen S.th. II-II leiten, faßt Thomas im
5. Artikel mit der Überschrift: „Ist die Demut die höchste Tugend?"
in äußerst knapper Form zusammen. In der *responsio* heißt es:

> Der Wert der menschlichen Tugend besteht in der Ordnung der Ver-
> nunft, und diese Ordnung ist in erster Linie in ihrer Ausrichtung auf
> das Lebensziel zu sehen. Daher stehen die theologischen Tugenden,
> die das letzte Ziel zum Objekt haben, an erster Stelle. In zweiter Linie

---

[20] Vgl. S.th. II-II, q. 161.

sind die auf das Ziel ausgerichteten Mittel in Betracht zu ziehen. Und diese Ausrichtung kommt wesenhaft der Vernunft selbst zu, anteilweise aber auch dem durch die Vernunft in Ordnung gehaltenen Strebevermögen[21].

Welche Systematisierungsprinzipien sind in diesem Text genannt?
(i) Zunächst gibt Thomas im ersten Satz die Grundlegung seiner gesamten Ethik wieder. Ausgangspunkt für das Verständnis dieser Aussage ist die Einsicht, daß das wahrhaft Gute für den Menschen im Gut der Vernunft besteht. Das Gute für den Menschen besteht darin, gemäß der Vernunft zu sein[22]. Sein Handeln ist gut, wenn es gemäß der Ordnung der Vernunft geschieht. Die vernünftige Ordnung im Handeln zu verwirklichen, ist dann für Thomas Sache der Tugenden des Menschen. Die Tugenden nämlich sind solche Handlungsdispositionen, die den Menschen in der jeweiligen Situation zum Tun des Richtigen befähigen und die ihn zugleich zu einem guten Menschen machen. Die Tugenden sind es, die den Menschen gemäß der Vernunft sein lassen und die ihn selbst und sein Handeln in die vernunftgemäße Ordnung bringen[23].

Die Ordnung der Vernunft aber besteht ihrerseits darin, den Menschen auf das Ziel seines ganzen Lebens auszurichten. Thomas versteht – als Theologe – dieses Ziel von vornherein als ein doppeltes Ziel. Er unterscheidet eine doppelte Glückseligkeit des Menschen, eine vollkommene und eine unvollkommene. Die unvollkommene Glückseligkeit besteht im Glück dieses Lebens, das der Mensch aufgrund seiner Natur und seiner natürlichen Fähigkeiten in diesem Leben bereits erreichen kann. Dieses weltliche Glück kann freilich den Menschen nicht endgültig und für immer erfüllen. Dies vermag erst die vollkommene Glückseligkeit, die in der Gemeinschaft mit Gott besteht, die aber die Natur des Menschen übersteigt und die er

---

[21] S.th. II-II, q. 161, a. 5, c: „Respondeo dicendum quod bonum humanae virtutis in ordine rationis consistit. Qui quidem principaliter attenditur respectu finis. Unde virtutes theologicae, quae habent ultimum finem pro objecto, sunt potissimae. Secundario autem attenditur prout secundum rationem finis ordinantur ea quae sunt ad finem. Et haec quidem ordinatio essentialiter consistit in ipsa ratione ordinante: participative autem in appetitu per rationem ordinato."

[22] Vgl. auch S.th. II-II, q. 123, a. 1.

[23] Vgl. ebd.

aufgrund seiner natürlichen Fähigkeiten allein nicht erreichen kann[24]. So sehr aber dieses übernatürliche Ziel des Menschen in der vollkommenen Glückseligkeit seine natürlichen Fähigkeiten überschreitet, so sehr ist der Mensch für Thomas doch von vornherein darauf hin als sein letztes Ziel geschaffen, auch wenn dies nicht mit Hilfe der Philosophie, sondern erst im Glauben aufgrund der Offenbarung erkennbar ist[25].

Entsprechend zu diesen beiden Stufen der Glückseligkeit unterscheidet Thomas dann die vom Menschen ‚erworbenen‘ sittlichen Tugenden (*virtutes acquisitae*) und die von Gott ‚eingegossenen‘ Tugenden (*virtutes infusae*). Die erworbenen sittlichen Tugenden, die in den vier Kardinaltugenden zusammengefaßt werden, sind diejenigen Tugenden, die der Mensch selbst durch Übung seiner natürlichen Vermögen im Tun des Guten herauszubilden vermag, durch die er die Leidenschaften (*passiones*) seiner Seele ordnet und durch die er so die Glückseligkeit dieses Lebens erlangen kann[26]. Die von Gott durch Gnade und Zuwendung ‚eingegossenen‘ Tugenden sind dagegen die theologischen Tugenden Glaube, Hoffnung und Liebe, die es dem Menschen ermöglichen, die vollkommene Glückseligkeit in der Gemeinschaft mit Gott zu erreichen[27]. Darüber hinaus ist Thomas in einer für ihn charakteristischen Lehre der Auffassung, daß zusammen

---

[24]   Vgl. S.th. I-II, q. 4, a. 5 und S.th. I-II, q. 5, a. 5: „Antwort: Die unvollkommene Glückseligkeit, die man in diesem Leben besitzen kann, kann vom Menschen aufgrund seiner natürlichen Fähigkeiten erworben werden [...] Aber die vollkommene Glückseligkeit des Menschen [...] besteht in der Schau des göttlichen Wesens. Gott aber seinem Wesen nach schauen übersteigt nicht nur die Natur des Menschen, sondern alles Geschaffenen." („Respondeo dicendum quod beatitudo imperfecta quae in hac vita haberi potest, potest ab homine acquiri per sua naturalia [...] Sed beatitudo hominis perfecta [...] consistit in visione divinae essentiae. Videre autem Deum per essentiam est supra naturam non solum hominis, sed etiam omnis creaturae.")

[25]   Vgl. dazu S.th. I, q. 1, a. 1 zum Verhältnis von Philosophie und Theologie.

[26]   Zum Verständnis der *virtutes acquisitae* und der Kardinaltugenden vgl. S.th. I-II, qq. 61 und 63. Dieser Erörterung geht in der S.th. I-II zuerst die Bestimmung des Ziels der Glückseligkeit (S.th. I-II, qq. 1-5), des freien Willens und der Handlung (S.th. I-II, qq. 6-21), dann die Behandlung der *passiones* (S.th. I-II, qq. 22-48) und schließlich des *habitus* (S.th. I-II, qq. 49-54) und des Begriffs der Tugenden im allgemeinen (S.th. I-II, qq. 55-60) voraus.

[27]   Vgl. S.th. I-II, q. 62.

mit den theologischen Tugenden auch bereits die sittlichen Tugenden
eingegossen werden (*virtutes morales infusae*), so daß auf diese Weise
das ganze Tun des Menschen auch im alltäglichen sittlichen Handeln
dem letzten Ziel der Gemeinschaft mit Gott angemessen ist[28]. Auf
die Bedeutung dieser eingegossenen sittlichen Tugenden wird später
noch einzugehen sein.

(ii) Ausgehend von diesen Überlegungen zur allgemeinen Tugendlehre
in der S.th. I-II wird nun die Reihenfolge, in der Thomas die einzelnen
Tugenden in der S.th. II-II behandelt, verständlich. Sie erklärt sich
zum einen aus der Ordnung der beiden Ziele des Menschen (vollkommenes und unvollkommenes Glück), zum anderen aus der Hierarchie
der Seelenvermögen des Menschen, die durch die einzelnen Tugenden
vervollkommnet und in eine vernünftige Ordnung gebracht werden
(Vernunft, Wille als vernunftgeleitetes Strebevermögen, sinnliches
Strebevermögen).

An erster Stelle kommen nach diesen Prinzipien die theologischen
Tugenden, weil sie auf das vollkommene Ziel des Menschen hingeordnet sind. Dabei steht der Glaube an der Spitze, weil er seinen
Sitz in der Vernunft des Menschen als dem obersten Seelenvermögen
hat, durch das er Gott als Gegenstand und letztes Ziel des Menschen
überhaupt erkennt. Erst dann kommen Hoffnung und Liebe, die im
vernünftigen Strebevermögen des Menschen, also im Willen, ihren
Sitz haben[29].

Nach den theologischen Tugenden folgen aufgrund ihrer Hinordnung auf das immanente, unvollkommene Glück des Menschen die
vier Kardinaltugenden. Deren Zahl, Anordnung und Reihenfolge
übernimmt Thomas nicht einfach nur aus der Tradition, sondern
begründet sie ebenfalls aus dem Verhältnis zwischen dem *bonum rationis* und den verschiedenen Seelenvermögen des Menschen. Dabei
lassen sich zwei Begründungsgänge unterscheiden[30]:

Zum einen nämlich läßt sich die Zahl und Reihenfolge der Kardinaltugenden vom *bonum rationis* als dem *Formalprinzip* der Tugenden
selbst her begründen[31]. Dieses *bonum rationis* nämlich ist zuerst im

---

[28] Vgl. S.th. I-II, q. 63, aa. 3 und 4.
[29] Vgl. dazu S.th. I-II, q. 62, a. 3.
[30] Vgl. S.th. I-II, q. 61, a. 2.
[31] Zu diesem Argumentationstyp vgl. auch S.th. II-II, q. 123, a. 12.

eigenen Vollzug der Vernunft und dessen rechter Ordnung gegeben.
Diese rechte Ordnung der Vernunft herzustellen, ist Sache der *Klugheit*. Der ordnende Vollzug der Vernunft bezieht sich dann aber vor
allem auch auf das ihr Äußere, nämlich auf die äußeren Handlungen
des Menschen. Im Blick auf sie ist dieser ordnende Vollzug Sache
der *Gerechtigkeit*. Schließlich bezieht sich der ordnende Vollzug der
Vernunft auch auf die inneren Leidenschaften der Seele, insofern sie
den Menschen daran hindern, die rechte Ordnung der Vernunft zu
verwirklichen und zu erreichen[32]. Dabei bezieht sich die *Maßhaltung*
auf die Leidenschaften, die zu etwas hinziehen, was der Vernunftordnung entgegengesetzt ist, und die *Tapferkeit* auf die Leidenschaften,
die von der Vernunftordnung wegtreiben.

Zum anderen aber läßt sich die Vollständigkeit der Kardinaltugenden auch von den vier Seelenvermögen selbst her begründen, die
jeweils als Träger der Tugenden fungieren und die von den Tugenden
nach der Maßgabe der Vernunft vervollkommnet werden. So wird der
vernünftige Seelenteil selbst in sich von der *Klugheit* vervollkommnet.
Durch Teilhabe an der Vernunft aber wird der Wille durch die *Gerechtigkeit* vervollkommnet[33], das begehrende (*concupiscibile*) Vermögen
durch die *Maßhaltung* und das überwindende (*irascibile*) Vermögen
durch die *Tapferkeit*.

Ist mit diesen Überlegungen begründet, warum die Klugheit vor
der Gerechtigkeit, die Gerechtigkeit aber vor Maßhaltung und Tapferkeit steht, so ist jedoch noch nicht einsichtig gemacht, warum
bei den Tugenden, die das sinnliche Strebevermögen ordnen, die
Tapferkeit der Maßhaltung übergeordnet werden muß. Doch auch
dafür gibt Thomas Gründe an, etwa im Rahmen der Frage, ob die
Gerechtigkeit die herausragendste der sittlichen Tugenden ist[34]. Thomas geht hier zunächst von dem Prinzip aus, daß eine Tugend dann
schlechthin größer heißt, wenn in ihr ein größeres vernunftgemäßes
Gut aufleuchtet. Unter diesem Gesichtspunkt aber ragt zunächst die
Gerechtigkeit sowohl aufgrund ihres Trägers, dem Willen, als auch

---

[32] Vgl. dazu auch S.th. II-II, q. 123, a. 1.
[33] Daß die Gerechtigkeit ihren Sitz im vernünftigen und nicht im sinnlichen,
d. h. begehrenden oder überwindenden Strebevermögen hat, begründet Thomas ausführlicher noch in S.th. II-II, q. 58, a. 4.
[34] Vgl. dazu S.th. I-II, q. 66, a. 4.

aufgrund ihres Gegenstandes, dem Verhältnis zum Nächsten, über
alle anderen sittlichen Tugenden hinaus. Führt man dieses Prinzip
weiter, ist dann aber auch die Tapferkeit der Maßhaltung vorzuziehen. Denn während es bei der Tapferkeit um Tod und Leben
des Menschen geht, das Leben aber das größte Gut im Bereich der
menschlichen Belange ist, geht es bei der Maßhaltung lediglich um
die vernünftige Ordnung dessen, was dem Leben des Menschen als
Mittel dient, nämlich primär Ernährung und Geschlechtlichkeit.
An anderer Stelle begründet Thomas die Reihenfolge dieser beiden
Tugenden noch unter Bezug auf das Maß, in dem sie jeweils zur
Verwirklichung des Gemeinwohls beitragen[35]. Hier ergibt sich die
Nachordnung der Maßhaltung gegenüber der Tapferkeit daraus, daß
die Tapferkeit mehr als die Maßhaltung das Gemeinschaftsleben und
das Gemeinwohl betrifft, während die Maßhaltung mehr individuell
auf den einzelnen bezogen bleibt.

(iii) Mit diesen Überlegungen sind die grundlegendsten Struktur-
prinzipien der speziellen Tugendlehre in der *Summa theologiae*, die
Thomas in dem oben zitierten Text angesprochen hat, in den Blick
gekommen. Charakteristisch ist dabei, daß es Thomas nicht – wie der
spirituellen Theologie, in der die Demut an erster Stelle steht – um
die Frage geht, wie der Mensch in der Situation der Sünde auf seinem
konkreten Glaubensweg zum Tun des Guten befähigt wird und zur
Gemeinschaft mit Gott gelangen kann. Er geht nicht von der durch
die Sünde verdorbenen Natur aus, um sich dann in der Anordnung
seiner Tugendlehre von der pastoralen Frage leiten zu lassen, welche
Haltungen für eine christliche Existenz und Spiritualität grundlegend
und daher auch als erste zu erwerben sind. Thomas geht in seiner systematischen Einteilung vielmehr aus von der wesensgemäßen Entsprechung und Angemessenheit der jeweiligen Tugenden im Blick auf die
wesentlichen Ziele des Menschen. Es geht ihm um die Wesensordnung
der Tugenden aus der Natur der Sache, aus den grundlegenden Zielen
und den entsprechenden Vermögen des Menschen, so wie er geschaffen
ist. Von hier aus wird nun auch verständlich, daß er – anders etwa als
Petrus Lombardus oder auch Wilhelm von Auxerre, aber übereinstim-
mend mit Petrus von Poitiers – die Ethik *vor* der Christologie und der
Sakramentenlehre behandelt.

---

[35] Vgl. dazu S.th. II-II, q. 141, a. 8.

2. Die Demut als Teil der Maßhaltung

Mit der bisherigen Darlegung der generellen Einteilungsprinzipien der speziellen Tugendlehre ist zwar einsichtig geworden, warum die Maßhaltung die letzte der vier Kardinaltugenden ist, die ihrerseits erst nach den theologischen Tugenden stehen. Aber es ist noch nicht gezeigt, wie es Thomas begründet, daß er die Demut unter die Tugend der Maßhaltung subsumiert. Um dies einsichtig zu machen, ist es zunächst notwendig, sich darüber zu vergewissern, worin die Demut eigentlich besteht und was ihre spezifische Aufgabe ist.

(i) Um zu einer begrifflichen Bestimmung der Demut zu gelangen, geht Thomas von dem Streben des Menschen nach einem schwer zu erlangenden Gut (*bonum arduum*) aus[36]. Dies ist die Situation und der Kontext, aus dem heraus Thomas erläutert, was mit der Haltung der Demut gemeint ist. Im Streben des Menschen nach dem *bonum arduum* aber lassen sich zwei einander entgegengesetzte Tendenzen feststellen. Auf der einen Seite nämlich wirkt das schwer zu erlangende Gut aufgrund seines Gutseins anziehend auf den Menschen und bringt so das Streben und das Begehren nach diesem Gut überhaupt erst in Gang. Auf der anderen Seite aber wirkt es aufgrund seiner Unzugänglichkeit zurückstoßend, weil es den Wunsch des Menschen, es zu besitzen, immer wieder frustriert. Thomas notiert, daß auf diese Weise im Menschen ein ambivalentes Gefühl entsteht, das von Hoffnung (*spes*) und zugleich von Verzweiflung (*desperatio*) geprägt ist.

Im Blick auf diese zwiespältige Struktur des Strebens nach dem *bonum arduum* hält Thomas dann auch eine zweifache sittliche Tugend für erforderlich, um eine vernunftgemäße Ordnung in dieses Streben zu bringen. Eine erste Tugend hat die Aufgabe, das übermäßige Verlangen nach dem schwer erreichbaren Gut zu zügeln und zu bremsen, während

---

[36] S.th. II-II, q. 161, a. 1: „Antwort: [...] das schwer zu erlangende Gut besitzt etwas, wodurch es das Streben anzieht, nämlich das Wesen des Guten selbst, und es hat etwas Zurückstoßendes, nämlich die Schwierigkeit selbst es zu erlangen: Dem ersten von diesen zufolge entsteht die Gemütsbewegung der Hoffnung, und dem zweiten zufolge eine andere Gemütsbewegung, nämlich die der Verzweiflung." („Respondeo dicendum quod [...] bonum arduum habet aliquid unde attrahit appetitum, scilicet ipsam rationem boni, et habet aliquid retrahens, scilicet ipsam difficultatem adipiscendi: secundum quorum primum insurgit motus spei, et secundum aliud motus desperationis.")

eine zweite Tugend die Aufgabe hat, gegen ein vorschnelles Aufgeben und Zurückweichen das Streben des Menschen anzutreiben und zu festigen. Die erste Aufgabe fällt der Demut (*humilitas*) zu, die zweite der Großmut (*magnanimitas*). Der Ausdruck *magnanimitas* ist schwer übersetzbar, er wird zuweilen auch mit Großgesinntheit, Beherztheit oder Hochherzigkeit wiedergegeben. Was Thomas darunter versteht, ist freilich – ganz im Sinne des Aristoteles – die vernunftgemäße Ordnung im Sich-Ausstrecken des Menschen nach einem großen Gut, vor allem im Bereich dessen, was großer Ehre würdig ist[37].

Die beiden Tugenden der Demut und der Großmut ergänzen sich also gegenseitig und verhindern, daß sie jeweils in ein ihnen naheliegendes Extrem abgleiten: die Demut in Mutlosigkeit und die Großmut in Stolz und Anmaßung[38]. Von daher erklärt es sich auch, daß Thomas – ähnlich wie Aristoteles in bezug auf die Tapferkeit – eine Asymmetrie im Blick auf die von der Demut bewirkte Mitte notiert, wonach nämlich die Demut eher das Selbstvertrauen bremse, als daß sie sich ihm hingebe, weshalb sie auch eher zu einem Zuviel als einem Zuwenig im Gegensatz stehe[39]. Zugleich wird damit deutlich, daß

---

[37] Vgl. dazu S.th. II-II, q. 129, aa. 1 und 2.

[38] Dieser Gedanke begegnet so bei Bernhard von Clairvaux, Predigt zum Sonntag in der Oktav von Mariä Himmelfahrt, in: Sämtliche Werke lateinisch/deutsch, hg. v. G. Winkler, Bd. VIII, Innsbruck 1997, S. 615. Hier heißt es im Blick auf Maria: „In einem unaussprechlichen Wunderwerk verband der Geist, der über sie kam, mit einer solchen Demut eine solche Großmut (*magnanimitas*) im Innersten des jungfräulichen Herzens, daß auch diese [...] zu Sternen wurden, die im Blick aufeinander noch heller strahlen. Die große Demut mindert nämlich keinesfalls die Großmut, noch eine solche Großmut die Demut. Nein, obwohl sie in ihrer Einschätzung so demütig war, war sie dennoch im Glauben an die Verheißung großmütig. [...] Dies bewirkt eine besondere Gnade Gottes in den Herzen der Auserwählten, daß die Demut sie weder kleinmütig macht, noch die Großmut hochmütig. Vielmehr ergänzen sie einander, so daß sich durch die Großmut nicht nur keine Überheblichkeit einschleicht, sondern die Demut dadurch besonders gefördert wird: [...] Umgekehrt schleicht sich aufgrund der Demut keine Kleinmütigkeit ein, sondern je weniger sich einer im ganz Kleinen auf sich selbst zu verlassen pflegt, desto mehr vertraut er auch in allem Großen auf die Kraft Gottes."

[39] S.th. II-II, q. 161, a. 2 ad 3: „Und daher kommt es, daß sich die Tapferkeit anders zur Kühnheit verhält als die Demut zur Hoffnung. Denn die Tapferkeit bedient sich mehr der Kühnheit als daß sie sie zurückdrängt: weshalb ihr das Übermaß ähnlicher ist als der Mangel. Die Demut aber drängt die Hoffnung

für Thomas die Demut nichts mit Verzagtheit, Mutlosigkeit, Unterwürfigkeit oder Servilität zu tun hat. Sie ist nicht – wie es die Antike sah und auch heute vielfach geschieht – als Dummheit, Schwäche oder Selbstaufgabe zu interpretieren, die sich mit dem Streben nach Autonomie und Selbstverwirklichung nicht mehr in Einklang bringen läßt. Im Gegenteil führt sie zu einer angemessenen und realistischen Einschätzung der eigenen Kräfte und Schwächen und damit zu einer vernunftgeleiteten Einstellung zu sich selbst und zu anderen.

Hat es die Demut aber wesentlich damit zu tun, das begehrende Strebevermögen des Menschen zu zügeln, so liegt es, da dies gerade die genuine Aufgabe der Maßhaltung ist, nahe, auch die Demut zu dieser Haupttugend zu zählen. Gegen diese Zuordnung stellt es auch keinen Einwand dar, daß die Demut ein Erkenntnismoment beinhaltet, die Erkenntnis nämlich der eigenen Schwächen und der eigenen Unzulänglichkeiten des Menschen im Blick auf das von ihm begehrte schwer erreichbare Gut[40]. Zur Demut gehört es durchaus, seine Kräfte und Schwächen realistisch einzuschätzen und sich selbst und seine Kräfte nicht zu überschätzen. Und eine solche realistische Einschätzung ist notwendige Voraussetzung und wichtiger Bestandteil der Demut. Aber der eigentliche Vollzug dieser Tugend liegt – so betont Thomas gegen den Einwand – weniger in der richtigen Einschätzung als vielmehr in der Maßhaltung und Leitung des Strebevermögens selbst. Im eigentlichen Sinn besteht die Demut doch darin, das Streben über die eigenen Fähigkeiten und Kräfte hinaus zu zügeln und zurückzudrängen, und damit gehört sie zur Maßhaltung.

Aber auch die Möglichkeit, die Demut der Tapferkeit zuzuordnen – wie es beispielsweise bei Alanus von Lille der Fall ist[41] –, scheint nicht unplausibel. Thomas geht auf diesen Einwand ausdrücklich ein.

---

oder das Selbstvertrauen eher zurück als daß sie sich dessen bedient: weshalb ihr das Übermaß mehr entgegengesetzt ist als der Mangel." („Et inde est quod fortitudo aliter se habet ad audaciam quam humilitas ad spem. Nam fortitudo plus utitur audacia quam eam reprimat: unde superabundantia est ei similior quam defectus. Humilitas autem plus reprimit spem vel fiduciam de seipso quam ea utatur: unde magis opponitur sibi superabundantia quam defectus.")

[40] Vgl. dazu S.th. II-II, q. 161, a. 2.

[41] Vgl. Alanus von Lille, De virtutibus et de vitiis et de donis Spiritus Sancti, hg. v. O. Lottin (Psychologie et morale aux XIIe et XIIIe siècles, Bd. VI), Gembloux 1960, S. 56.

Der Grund, warum man die Demut auch der Tapferkeit unterordnen
könnte, liegt darin, daß sie, die den Stolz und die Selbstüberschät-
zung ‚überwindet', ihren Sitz weniger im begehrenden als vielmehr
– wie übrigens auch der Stolz selbst – im überwindenden, also im
irasziblen Strebevermögen zu haben scheint, in demjenigen Teil des
Strebevermögens also, in dem die Tapferkeit ihren Sitz hat[42]. Im Blick
auf die Frage, ob die Demut nicht eher im irasziblen Strebevermögen
anzusiedeln sei, antwortet Thomas, bei der Zuordnung der Teile zu
den jeweiligen Haupttugenden komme es weniger auf die Übereinstimmung im Träger oder im Objekt an. Gegenüber diesem materialen
Aspekt sei vielmehr primär der formale Aspekt entscheidend, nämlich
die *Ähnlichkeit im Verhaltensmodus* der Tugenden[43]. Denn die Form
ist – wie Thomas als Prinzip herausstellt – in allem mächtiger als die
Materie[44]. Deshalb mag es zwar sein, daß die Demut das überwindende, iraszible Strebevermögen zu ihrem Träger hat. Und doch wird
sie wegen ihrer Übereinstimmung mit der Maßhaltung in der Verhaltensweise, nämlich im Zurückdrängen und Zügeln der anstürmenden
Leidenschaften, als Teil der Maßhaltung zugeordnet[45].

(ii) Ist damit begründet, daß die Demut zur Haupttugend der Maßhaltung gezählt werden muß, bleibt nun noch die Frage, warum die
Demut innerhalb der verschiedenen Teiltugenden der Maßhaltung fast
den letzten Platz erhält. Dazu ist ein Blick auf die Prinzipien zu werfen,

---

[42] Vgl. S.th. II-II, q. 161, a. 4, Einw. 2.

[43] Vgl. S.th. II-II, q. 161, a. 4 ad 2.

[44] Vgl. S.th. II-II, q. 137, a. 2 ad 1 zum Thema der Beharrlichkeit: „Die An-
gliederung einer Begleittugend an eine Haupttugend wird nicht nur unter
dem Gesichtspunkt des Bereichs (*materia*) vorgenommen, sondern auch, und
zwar in erster Linie, unter dem Gesichtspunkt ihrer Verwirklichungsweise
(*secundum modum*); denn die Form ist in jedem Ding mächtiger als der
Bereich."

[45] In ähnlicher Weise spricht Thomas (S.th. II-II, q. 157, a. 3) auch davon, daß
Güte und Milde zwar im Blick auf die Materie nicht die Begierden betreffen,
sondern eher Zorn und Vergeltung und insofern nicht zur Haupttugend der
Maßhaltung zu gehören scheinen. Er erklärt dann aber, daß es bei der Unterordnung und Einteilung der einzelnen Tugenden eher auf die Verhaltensweise
(*modus*) als ihre bestimmende Form ankomme als auf die Materie. Dieser
Modus aber besteht bei der Tugend der Maßhaltung ebenso wie bei der Güte
und Sanftmut in einer Zügelung (*refrenatio*), bei der Güte im Nachlaß der
Strafe und bei der Sanftmut in der Dämpfung des Zorns.

nach denen Thomas die Untergliederung der Kardinaltugenden in die in der Tradition immer wieder genannten Untertugenden zu begründen versucht. Denn Thomas geht zwar von den etwa bei Aristoteles, Cicero und Macrobius vorliegenden Unterteilungen der Kardinaltugenden aus. Aber er addiert sie nicht einfach. Vielmehr fragt er, bevor er die erste der Kardinaltugenden, nämlich die Klugheit, in ihre Untertugenden auffächert, in einer eigenen *Quaestio*[46] ausdrücklich nach den Prinzipien, wie man solche Unterteilungen der Haupttugenden und auch ihre Vollständigkeit systematisch begründen könnte.

Dabei geht Thomas davon aus, daß es insgesamt drei verschiedene Weisen gibt, wie etwas überhaupt Teil von einem Ganzen sein kann: 1) im Sinne der *pars integralis* (Teil einer Ganzheit), so wie Keller, Wände und Dach Teile eines Ganzen, nämlich des Hauses, sind, 2) im Sinne der *pars subjectiva* (Teil einer übergeordneten Ganzheit), so wie verschiedene Arten eine Gattung darstellen (z. B. Rind und Löwe als Teile der Gattung Lebewesen), und 3) im Sinne der *pars potentialis* (Teil eines Gesamtvermögens), so wie das Ernährende und das Sinnenhafte Teilvermögen des gesamten Vollzugs der Seele sind, Teilvermögen also, die das Gesamtvermögen in einem speziellen Bereich verwirklichen.

Gemäß diesen drei Weisen, wie etwas Teil eines Ganzen sein kann, müßten sich – so Thomas – nun auch die Untertugenden als Teile der Haupttugenden systematisieren lassen. So wird im Sinne der *pars integralis* all das Teil einer Tugend genannt, was für den vollkommenen Akt dieser Tugend notwendig ist und zusammenkommen muß. Im Blick auf die Haupttugend der Klugheit wären dies etwa Erinnerung, Vernunft, Verstand, Belehrbarkeit und Treffsicherheit, aber auch Weitblick, Umsicht und Vorsicht. All diese Fähigkeiten muß man besitzen und ausbilden, damit einem überhaupt die Tugend der Klugheit zukommt. Diese Klugheit läßt sich dann – im Sinne der *pars subjectiva* – als Gattung unterteilen in die Arten der Klugheit, mit der man sich selbst leitet, und der Klugheit, mit der man andere leitet, nämlich die Kriegsklugheit, Hauswirtschaftsklugheit, Führungsklugheit und staatsbürgerliche Klugheit. Und schließlich lassen sich – im Sinne der *partes potentiales* – bestimmte Bereiche oder spezielle Tätigkeiten der Klugheit benennen, in denen nicht die ganze Macht der Haupttugend zum Tragen kommt, sondern nur ein

---

[46] Vgl. S.th. II-II, q. 48.

Teil. Bei der Klugheit lassen sich hier etwa die Wohlberatenheit im Bereich der Überlegung sowie die Verständigkeit und Klarsicht im Bereich des Urteils nennen.

In dieser Weise strukturiert Thomas dann – mehr oder weniger gezwungen[47] – die Untergliederungen aller vier Kardinaltugenden. Für die Demut gilt dabei, daß sie erst unter den *partes potentiales* der Maßhaltung als eine der sie begleitenden Teiltugenden auftaucht. Es handelt sich – wie Thomas zu Beginn der Bescheidenheit, von der die Demut noch einmal ein Teil ist, ausführt[48] – um solche Tugenden, in denen es zwar auch um Maßhaltung geht, aber nicht mehr um Maßhaltung im zentralen Gegenstandsbereich, in dem es besonders schwer ist, Maß zu halten. Dieser zentrale Gegenstandsbereich der Maßhaltung liegt für Thomas in der sinnlichen Berührungslust, wie sie bei Essen, Trinken und bei der Geschlechtlichkeit gegeben ist[49]. Dem entsprechen als *partes subjectivae* der Maßhaltung im engen Sinne die Tugend der Enthaltung im Blick auf ein Zuviel an Speisen und Getränken sowie die Tugend der Keuschheit und Schamhaftigkeit[50], wobei als *partes integrales* noch das Schamgefühl und die Ehrbarkeit vorausgehen[51]. Im Unterschied zu diesen zentralen Untertugenden der Maßhaltung geht es bei der Bescheidenheit[52] und auch der zu ihr gehörenden Demut – ebenso wie bei der noch vorausgehenden Selbstbeherrschung[53] und Güte[54] – um Maßhaltung in weniger zentralen und weniger wichtigen Bereichen, in denen es auch weniger schwierig ist, Maß zu halten.

---

[47] Vgl. zur kritischen Beurteilung der Einordnungsprinzipien der einzelnen Tugenden etwa: H. Meyer, Thomas von Aquin. Sein System und seine geistesgeschichtliche Stellung, Paderborn 1961², S. 514-517; L. H. Yearley, Mencius and Aquinas. Theories of Virtue and Conceptions of Courage, New York 1990, S. 29-35.

[48] Vgl. S.th. II-II, q. 160, a. 1.

[49] Daß Essen, Trinken und Sexualität als Lust des Tastsinnes den zentralen Gegenstand der Maßhaltung als solcher bilden, erläutert und begründet Thomas auch in seiner grundsätzlichen Bestimmung der Tugend der Maßhaltung in S.th. II-II, q. 141, aa. 4-7.

[50] Vgl. S.th. II-II, qq. 146-154.

[51] Vgl. S.th. II-II, qq. 144-145.

[52] Vgl. S.th. II-II, qq. 160-169.

[53] Vgl. S.th. II-II, qq. 155-156.

[54] Vgl. S.th. II-II, qq. 157-159.

Thomas begründet dann aber auch noch den Ort der Demut innerhalb der Bescheidenheit, womit dann die Einordnung der Demut vollzogen und ihr Ort im Tugendsystem vollständig begründet ist. Die Bescheidenheit wirkt – so wurde bereits deutlich – nicht dort mäßigend, wo die Zurückhaltung am schwierigsten ist, sondern dort, wo weniger Belangreiches vorliegt. Dabei aber lassen sich vier Dinge unterscheiden, die Thomas noch einmal gemäß ihrer Relevanz anordnet. Das erste ist das Streben nach Vorrang, wogegen die Demut wirkt; das zweite ist der Wissensdrang, der in Neugier ausarten kann und den der Studieneifer mäßigt; das dritte ist die Bescheidenheit im äußeren Auftreten und das vierte die Maßhaltung im äußeren Aufwand für Kleidung und ähnlichem.

III. Die herausragende Stellung der Demut innerhalb der Kardinaltugenden

Mit den bisherigen Überlegungen sind die Kriterien erschlossen, nach denen die Demut in der Logik des Tugendsystems der *Summa theologiae* lediglich eine Randposition und fast den letzten Platz innerhalb der Kardinaltugenden einnehmen muß. Damit aber stellt sich die Frage, ob Thomas auf diese Weise die spezifisch christliche Tugend der Demut nicht letztlich auf eine periphere Unterart der philosophischen Tugenden, nämlich auf eine Art bürgerlicher Bescheidenheit und Selbstgenügsamkeit des Mittelmäßigen, wie sie bei Aristoteles der Haltung des σώφρων entspricht, reduziert hat. Ist damit nicht die Radikalität, die das spezifisch Christliche der Demut kennzeichnet, domestiziert und verraten? Auf der anderen Seite ist aber zu sehen, daß Thomas durchaus versucht, die herausragende Stellung, die die christliche Tugend der Demut etwa bei Augustinus als ,Fundament aller Tugenden' überhaupt einnimmt[55], zur Geltung zu bringen. Immerhin sagt Thomas selbst im Blick auf die Güte und Sanftmut, daß Tugenden, die nicht schlechthin die höchsten sind, dennoch „in irgendeiner Hinsicht und in einer bestimmten Gattung" die höchsten sein können[56].

---

[55] Vgl. S.th. II-II, q. 161, a. 5, Einw. 2. – Vgl. dazu auch A. G. Sertillanges, La philosophie morale de Saint Thomas d'Aquin, Paris 1922, S. 504-509.

[56] S.th. I-II, q. 157, a. 4: „Antwort: Nichts spricht dagegen, daß einige Tugenden nicht schlechthin und auch nicht in bezug auf alles die vorzüglichsten sind,

1. Die Begründung der Demut als Tugend vom Gottesbezug her

Daß die Demut alle philosophische Tugend übersteigt, bringt Thomas zunächst dadurch zur Geltung, daß er die Demut als sittliche Grundhaltung wesentlich vom Gottesbezug des Menschen her begründet[57]. Die Tatsache, daß Aristoteles die Demut als Tugend nicht kennt, hat für Thomas ihren Grund darin, daß dieser lediglich die Absicht hatte, die Tugenden in ihrer Ausrichtung auf das bürgerliche Leben zu behandeln. Es geht ihm nur darum, die sittliche Ordnung im Staat zu bedenken. Im Staat aber wird die Unterordnung eines Menschen unter einen anderen nach der gesetzlichen Ordnung geregelt, sie fällt deshalb unter die Tugend der Gerechtigkeit, und zwar der Gesetzesgerechtigkeit.

Demgegenüber bezieht sich die Demut primär und ursprünglich auf das Verhältnis des Menschen zu Gott. Sie besteht vornehmlich in der Ehrfurcht, in der der Mensch sich Gott unterwirft (*reverentia qua quis subjicitur Deo*) und nicht mehr für sich beansprucht als das, was ihm gemäß dem von Gott zugeteilten Maß zusteht[58]. Dem entspricht, daß umgekehrt der Stolz des Menschen darin seine Wurzel hat, daß sich der Mensch irgendwie nicht Gott und seinem auferlegten Maßstab unterwerfen will und sich so von Gott abwendet[59]. Damit aber ist klar, daß diese Haltung für Aristoteles und sein Bemühen um die Tugenden im Staat nicht in den Blick kommen kann.

Allerdings begründet sich nun auf der Basis dieses durch die Demut gestalteten Gottesbezugs und nach dem Maß Gottes auch die Demut gegenüber anderen Menschen, in der man sich ihnen unterwirft. Aber diese Unterwerfung gegenüber dem Mitmenschen bleibt an das Maß Gottes gebunden. „Wir müssen" – so schreibt Thomas – „Gott nicht nur in sich selbst verehren, sondern das, was sein ist, auch in jedem anderen."[60] In der Erläuterung dessen, was es

---

sondern in irgendeiner Hinsicht und in einer bestimmten Gattung." („Respondeo dicendum quod nihil prohibet aliquas virtutes non esse potissimas simpliciter nec quoad omnia, sed secundum quid et in aliquo genere.")

[57] Vgl. zum Folgenden S.th. II-II, q. 161, a. 1, Einw. 5 und ad 5.

[58] Vgl. S.th. II-II, q. 161, a. 2 ad 3 und a. 3.

[59] Vgl. S.th. II-II, q. 162, aa. 5 und 6.

[60] S.th. II-II, q. 161, a. 3 ad 2: „[...] dicendum quod non solum debemus Deum revereri in seipso, sed etiam id quod est ejus debemus revereri in quolibet."

bedeutet, das, was Gottes ist, in jedem anderen demütig zu verehren, geht Thomas davon aus, daß bei jedem Menschen grundsätzlich zwei Dinge zu unterscheiden sind, das nämlich, was an ihm von Gott stammt, und das, was von ihm selbst stammt[61]. Entsprechend dieser Unterscheidung ist nun im Blick auf die Demut gegenüber dem Mitmenschen nicht verlangt, daß man sich mit dem, was man selbst als Gnadengabe von Gott erhalten hat, dem anderen in dem, was dieser als Gnadengabe von Gott empfangen hat, unterwirft. Ebensowenig verlangt die Demut, daß man sich mit seinem natürlichen Eigenen dem natürlichen Eigenen eines anderen unterwirft. Hier zeigt sich also, wie die Demut und Hochachtung des anderen durchaus mit Selbstachtung verbunden sein und in Einklang stehen kann. Das demütige Verhalten dem Mitmenschen gegenüber hat sein Maß nicht im anderen selbst, sondern letztlich in Gott.

Weiterhin gehört es dann aber auch zur Demut, im Nächsten all das Gute zu entdecken und zur Geltung zu bringen, das man selbst nicht besitzt, und auch bei sich selbst das Schlechte zu erkennen und anzunehmen, das der andere nicht an sich hat. Demut ist somit Ausdruck der Hochschätzung des anderen und beinhaltet auch Korrekturbereitschaft, ohne zugleich die eigenen Gaben und Fähigkeiten zu unterschätzen.

2. Modifizierung der systematischen Einordnung der Demut

Mit der Begründung vom Gottesbezug her gibt Thomas der Demut eine gegenüber philosophischer Tugend ausgezeichnete Bestimmung. Damit aber ist die Zuweisung des letzten Platzes auch nicht alles, was Thomas über die Stellung der Demut innerhalb der Kardinaltugenden zu sagen hat. Trotz seiner Einordnung der Demut unter die Maßhaltung versucht Thomas, der besonderen Bedeutung dieser zentralen christlichen Tugend gerecht zu werden und sie durch eine Modifizierung der systematischen Einordnung zur Geltung zu bringen. Diese Modifizierung macht er im Anschluß an jenen Text deutlich, in dem er zunächst die Wesensordnung der Tugenden beschrieben hatte (vgl. oben S. 349f.). Der vollständige Text lautet nämlich folgendermaßen:

---

[61] Vgl. dazu S.th. II-II, q. 161, a. 3, c.

Der Wert der menschlichen Tugend besteht in der Ordnung der Vernunft, und diese Ordnung ist in erster Linie in ihrer Ausrichtung auf
das Lebensziel zu sehen. Daher stehen die theologischen Tugenden, die
das letzte Ziel zum Objekt haben, an erster Stelle. In zweiter Linie sind
die auf das Ziel ausgerichteten Mittel in Betracht zu ziehen. Und diese
Ausrichtung kommt wesenhaft der Vernunft selbst zu, anteilweise aber
auch dem durch die Vernunft in Ordnung gehaltenen Strebevermögen.
Diese Ausrichtung bewirkt in ganzer Breite die Gerechtigkeit, vor allem
die Gesetzesgerechtigkeit. Der Ausrichtung gefügig macht den Menschen aber allgemein und gegenüber allem die Demut, die anderen
Tugenden tun dies auf ihrem speziellen Gebiet. Daher steht nach den
theologischen Tugenden und nach den intellektuellen, die sich auf die
Vernunft selbst beziehen, und nach der Gerechtigkeit, vor allem der
vom Gesetz verlangten, die Demut an der Spitze der übrigen[62].

Thomas will damit offenbar – in Durchbrechung der bisher begründeten Ordnung – der Demut einen Platz zuweisen, der zwar nach
den theologischen Tugenden, nach den Verstandestugenden und innerhalb der sittlichen Tugenden nach der Gerechtigkeit kommt, der
aber an der Spitze der anderen sittlichen Tugenden, also der Tapferkeit und der Maßhaltung, liegt. Der Grund dafür besteht darin, daß
die Demut den Menschen für die Vernunftausrichtung auf das Ziel
seines Lebens hin gefügig macht (*ordinationi bene subiectum*). Was
ist damit gemeint?

a) Die Demut als Hindernisbeseitigung für die eingegossenen Tugenden
Ein Zugang zur genaueren Auffassung des Thomas in dieser Frage
läßt sich aus seiner Antwort auf den bereits erwähnten Einwand
gewinnen, ob nicht mit Augustinus der Demut eine fundamentale
Bedeutung für alle Tugenden zugesprochen werden müsse. Thomas
antwortet darauf folgendes:

Die wahren Tugenden werden nun von Gott eingegossen. In der Frage
nach dem Grundlegenden bei der Aneignung der Tugenden läßt sich

---

[62] Vgl. oben, Anm. 21. Der dort noch nicht abgedruckte lateinische Text lautet:
„[…] Quam quidem ordinationem universaliter facit justitia, praesertim lega-
lis. Ordinationi autem facit hominem bene subjectum humilitas in universali
quantum ad omnia: quaelibet autem alia virtus quantum ad aliquam materiam
specialem. Et ideo post virtutes theologicas; et virtutes intellectuales, quae
respiciunt ipsam rationem; et post justitiam, praesertim legalem; potior ceteris
est humilitas.“

daher ein Zweifaches unterscheiden. *Einmal* das Moment der Hindernisbeseitigung, und so gesehen nimmt die Demut den ersten Platz ein, indem sie nämlich den Stolz vertreibt, dem Gott widersteht, und den Menschen ergeben und offen macht für die Einwirkung der göttlichen Gnade, insofern sie die Aufgeblasenheit des Stolzes zu Fall bringt. Daher heißt es Jak. 4, 6: ,Gott widersteht den Stolzen, den Demütigen aber gibt er seine Gnade.' Mit Recht also nennt man die Demut das Fundament des geistlichen Gebäudes. – *Zum anderen* ist bei den Tugenden etwas das erste in direkter Weise, nämlich das, wodurch wir unmittelbar Gott entgegenschreiten. Der erste Schritt auf Gott hin geschieht aber durch den Glauben gemäß dem Hebräerwort 11, 6: ,Wer zu Gott kommen will, muß glauben.' Und so erweist sich der Glaube als vornehmeres Fundament als die Demut[63].

Thomas spricht hier zunächst davon, daß die wahren Tugenden von Gott ,eingegossen' werden. Damit meint er offensichtlich nicht nur die theologischen, sondern auch die ,eingegossenen sittlichen Tugenden' (*virtutes morales infusae*). Denn für Thomas erfüllen erst die von Gott eingegossenen sittlichen Tugenden auf vollkommene und wahre Weise den Begriff der Tugend. Erst sie sind vollkommen und werden allein schlechthin Tugenden genannt, während die menschlichen erworbenen und unvollkommenen Tugenden nur in gewisser Hinsicht (*secundum quid*) Tugenden genannt werden[64]. Thomas erläutert den Unterschied zwischen den vollkommenen und unvollkommenen Tugenden noch dahingehend, daß die unvollkommenen Tugenden eine Neigung dazu darstellen, ein der Art nach gutes Werk (*opus de genere bonorum*) zu vollbringen, also im objektiven Sinne richtig zu handeln,

---

[63] S.th. II-II, q. 161, a. 5 ad 2: „Virtutes autem verae infunduntur a Deo. Unde primum in acquisitione virtutum potest accipi dupliciter. Uno modo, per modum removentis prohibens. Et sic humilitas primum locum tenet: inquantum scilicet expellit superbiam, cui Deus resistit, et praebet hominem subditum et semper patulum ad suscipiendum influxum divinae gratiae, inquantum evacuat inflationem superbiae; ut dicitur Jac. 4, quod ,Deus superbis resistit, humilibus autem dat gratiam.' Et secundum hoc, humilitas dicitur spiritualis aedificii fundamentum. – Alio modo est aliquid primum in virtutibus directe: per quod scilicet jam ad Deum acceditur. Primus autem accessus ad Deum est per fidem: secundum illud Heb. 11: ,Accedentem ad Deum opportet credere.' Et secundum hoc, fides ponitur fundamentum, nobiliori modo quam humilitas."

[64] Vgl. S.th. I-II, q. 65, a. 2.

während die vollkommenen Tugenden den Menschen dazu geneigt machen, ein gutes Werk auch auf gute Weise (*bene*) zu tun.

Direkt im nächsten Satz aber spricht Thomas von der ‚Aneignung' der Tugenden (*acquisitio virtutum*), womit gerade nicht mehr die von Gott eingegossenen Tugenden, sondern die vom Menschen selbst aus eigener Kraft und durch Übung erworbenen sittlichen Tugenden (*virtutes acquisitae*) im Blick sind. Offenbar hat Thomas hier ein Zusammenspiel von Gottes Gnade und eigenem Handeln des Menschen vor Augen. Um diesen Text und damit auch die Rolle der Demut aber genauer zu verstehen, ist es notwendig, noch etwas näher die Lehre des Thomas von den eingegossenen sittlichen Tugenden zu betrachten.

Die Notwendigkeit der Annahme von eingegossenen sittlichen Tugenden ergibt sich für Thomas letztlich daraus, daß der Mensch auf die übernatürliche Gemeinschaft mit Gott als sein letztes erfüllendes Ziel und seine wahre und vollkommene Glückseligkeit hingeordnet ist, die er aber aufgrund seiner Natur und deren Fähigkeiten nicht erreichen kann. Damit nämlich ist es notwendig, daß Gott selbst dem Menschen Prinzipien zu seiner Natur hinzugibt, die ihm das Erreichen seiner übernatürlichen Bestimmung ermöglichen. Diese übernatürlichen, von Gott geschenkten Prinzipien sind für Thomas zunächst die theologischen Tugenden Glaube, Hoffnung, Liebe, die dadurch charakterisiert sind, daß sie sich auf Gott als ihren Gegenstand richten, von Gott selbst eingegossen sind und allein durch die Offenbarung der Hl. Schrift überliefert sind[65]. Aus diesen theologischen Tugenden aber gehen dann auch die sittlichen Tugenden, die im Schema der Kardinaltugenden erfaßt werden, unmittelbar hervor. Sie werden mit den theologischen Tugenden zugleich dem Menschen von Gott geschenkt[66]. Denkmöglich wird dies für Thomas dadurch, daß die theologischen Tugenden an die Stelle der natürlichen Prinzipien treten, aus denen sonst durch Übung die erworbenen sittlichen Tugenden hervorgehen und diese hervorbringen[67].

---

[65] Vgl. zu dieser Bestimmung der theologischen Tugenden S.th. I-II, q. 62, a. 1.

[66] Dazu S.th. I-II, q. 65, a. 3: „Antwort: Mit der Liebe werden zugleich alle sittlichen Tugenden eingegossen." („Respondeo dicendum quod cum caritate simul infunduntur omnes virtutes morales.")

[67] Vgl. dazu S.th. I-II, q. 63, a. 3.

Doch wie verhalten sich diese eingegossenen sittlichen Tugenden zu den erworbenen? Thomas stellt dazu fest[68], daß die eingegossenen Tugenden den erworbenen Tugenden strikt entsprechen. Die aus ihnen hervorgehenden Handlungen unterscheiden sich nicht: Der erworbenen Maßhaltung etwa entspricht eine eingegossene Maßhaltung, die sich beide im maßvollen Essen und Trinken äußern usw. Beide vervollkommnen auch dasselbe Vermögen des Menschen. Der Unterschied liegt allerdings im formgebenden Grund[69], und zwar zum einen darin, daß die Richtschnur für das jeweilige Maß in den Begierden bei den erworbenen Tugenden das Gesetz der natürlichen Vernunft, bei den eingegossenen Tugenden aber das göttliche Gesetz und die vom Glauben erleuchtete Vernunft ist. So wird etwa die Maßhaltung im Essen gemäß dem Gesetz der Vernunft mit der Gesundheit begründet, während sie gemäß dem göttlichen Gesetz damit begründet wird, daß der Mensch – wie es in 1 *Kor.* 9, 27 heißt – „seinen Leib kasteie und im Zaum halte". Zum anderen aber unterscheiden sie sich auch durch den Wirklichkeitszusammenhang, auf den sie hingeordnet sind. So machen die erworbenen Tugenden den Menschen fähig, sich innerhalb der menschlichen Gemeinschaft gut zu verhalten, während die eingegossenen Tugenden den Menschen befähigen, sich als „Bürger der Heiligen und Hausknechte des Herrn" (*Eph.* 2, 19), im Reich Gottes also, gut zu verhalten. Durch diese Bestimmungen wird klar, daß es für Thomas bei den eingegossenen Tugenden nicht nur um eine zu der sonst gleichbleibenden erworbenen Tugend hinzukommende neue Zielausrichtung auf das letzte Ziel des Menschen geht[70], sondern um einen „der Art nach" bestehenden Unterschied[71].

---

[68] Vgl. zu der folgenden Argumentation S.th. I-II, q. 63, a. 4.

[69] Dazu S.th. I-II, q. 63, a. 4 ad 2: „[...] die erworbene Maßhaltung und die eingegossene Maßhaltung zügeln die Begierden aus einem jeweils anderen Grund." („[...] dicendum quod alia ratione modificat concupiscentias delectabilium tactus temperantia acquisita, et temperantia infusa.")

[70] S.th. I-II, q. 63, a. 4 ad 1: „Die eingegossene und die erworbene Tugend unterscheiden sich nicht nur gemäß der Hinordnung auf das letzte Ziel." („virtus infusa et acquisita non solum differunt secundum ordinem ad ultimum finem.")

[71] S.th. I-II, q. 63, a. 4: „Daher ist es klar, daß die eingegossene und die erworbene Maßhaltung sich der Art nach unterscheiden: und in derselben Weise verhält es sich bei den anderen Tugenden." („Unde manifestum est quod temperantia infusa et acquisita differunt specie: et eadem ratio est de aliis virtutibus.")

Doch warum vertritt Thomas eine solch komplizierte und auch problematische Konstruktion? Bedeutet dies nicht, wie vielfach kritisch geäußert wurde, eine Verdoppelung der Kardinaltugenden, so daß es neben den erworbenen sittlichen Tugenden getrennt davon noch eingegossene sittliche Tugenden gibt? Wie sollten sie und das Verhältnis zwischen ihnen begrifflich gefaßt werden? Hier bleiben die Ausführungen des Thomas unklar. Warum genügt es nicht, die theologischen Tugenden als Ermöglichung der Gemeinschaft mit Gott zu postulieren? Ist nicht die Lehre des Thomas von den *virtutes morales infusae* letztlich überflüssig?[72] Oder gibt es ein positives Anliegen, das Thomas mit seiner Theorie der eingegossenen sittlichen Tugenden zur Geltung bringen will?

So gefragt, scheint das Anliegen des Thomas darin zu bestehen, die theologischen Tugenden nicht wie ein zweites Stockwerk den natürlichen und erworbenen sittlichen Tugenden des Menschen beziehungslos und abstrakt gegenüberzustellen, beide jeweils bezogen auf ein ihnen eigenes und getrennt nebeneinander bestehendes Ziel. Die Gemeinschaft mit Gott und das sittliche Leben in dieser Welt sind zwar zwei zu unterscheidende, aber nicht zwei voneinander getrennte Bereiche. Zwar tut sich in der Sicht des Glaubens über das rein innerweltliche, für die Vernunft faßbare Glück hinaus noch ein umfassenderes Ziel menschlichen Lebens auf. Aber das innerweltliche Glück und auch die dementsprechenden natürlichen Tugenden sind nicht negiert. Das sittliche Handeln in dieser Welt wird für die Verwirklichung der Gemeinschaft mit Gott nicht überflüssig. Die natürlichen Tugenden gehören vielmehr in den Weg zur Gemeinschaft mit Gott hinein. Die Erreichung der Gemeinschaft mit Gott fordert das gesamte sittliche Handeln des Menschen in dieser Welt und die Ordnung all seiner Vermögen und Antriebe im Hinblick auf dieses letzte Ziel durchaus mit ein. Aber es reicht allein nicht aus, um dieses Ziel zu erlangen, und bedarf daher dem letzten Ziel wahrhaft entsprechender Tugenden. Aus diesen Überlegungen heraus geht Thomas davon aus, daß die theologischen Tugenden, wenn sie von Gott geschenkt werden, auch das sittliche Handeln des Menschen nicht völlig unberührt lassen, sondern auch dieses Handeln im Blick auf das Ziel

---

[72] Vgl. etwa P. de Vooght, Y-a-t-il des vertues morales infuses?, in: Ephemerides theologicae Lovanienses 10 (1939), S. 232-242.

der Gemeinschaft mit Gott durchformen und transformieren[73], indem sie eben die eingegossenen sittlichen Tugenden hervorbringen.

Ein weiterer Hinweis für ein angemessenes Verständnis der Lehre des Thomas von den eingegossenen sittlichen Tugenden ergibt sich, wenn man in Betracht zieht, daß den eingegossenen Tugenden eine wesentliche Bestimmung des aristotelischen Tugendbegriffs fehlt, nämlich die Leichtigkeit und Freudigkeit, die sich mit der Übung und dem Erwerb der Tugend bei tugendhaftem Tun einstellt. Eberhard Schockenhoff[74] hat dies so gedeutet, daß es Thomas bei der Eingießung der sittlichen Tugenden im Vorgang der Rechtfertigung nicht um die wunderbare plötzliche Konstituierung aller fertigen Tugenden und der daraus folgenden guten Handlungen ohne jede eigene Anstrengung des Menschen geht, sondern lediglich um eine grundlegende *Ermächtigung* zum guten Handeln, die dann aber noch durch Übung im Guten eingeholt werden muß. Durch die Eingießung der sittlichen Tugenden im Zusammenhang mit der Rechtfertigung etwa in der Taufe wird dem Menschen eine *Gabe* verliehen, die nun aber zugleich eine *Aufgabe* darstellt. Sie stellen einen Indikativ dar,

---

[73] A. Auer, Glaube, Hoffnung, Liebe. Die Öffnung eines traditionellen moraltheologischen Traktats in die Dimension des Gesellschaftlichen, in: Funktion und Struktur christlicher Gemeinde (FS für H. Fleckenstein), Würzburg 1971, S. 95 formuliert diesen Zusammenhang in aktualisierender Deutung folgendermaßen: „Die virtutes theologicae stellen den Menschen in den umfassenden Sinnhorizont des christlichen Lebens hinein und werden in seinem Vollzug als Motivkräfte wirksam. In diesem spezifisch christlich-religiösen Sinnhorizont integriert Thomas jene Grundtugenden, durch die allein der Gesamtbereich welthaft-gesellschaftlicher Existenz sachgerecht geordnet werden kann: Klugheit, Gerechtigkeit, Starkmut und Mäßigkeit. Das bedeutet, daß die theologischen und die sittlichen (Kardinal-)tugenden nicht je ihren eigenen und streng umgrenzten Sektor zum Gegenstand haben. Vielmehr wird durch ein Leben aus dem christlichen Sinnhorizont heraus die gesamte welthaft-gesellschaftliche Existenz des Menschen inspiriert. Unter dem Einfluß der göttlichen Tugenden, die sie durchdringen, werden die natürlichen-sittlichen Grundhaltungen des Menschen nicht abgewertet, sondern gesteigert, gefestigt und von allen Unzulänglichkeiten geheilt."

[74] Vgl. dazu die ausführliche Interpretation der Lehre von den *virtutes morales infusae* bei: E. Schockenhoff, Bonum hominis. Die anthropologischen Grundlagen der Tugendethik des Thomas von Aquin (Tübinger theologische Studien; Bd. 28), Mainz 1987, S. 286-351. Als Grundlage vgl. auch G. Bullet, Vertues morales infuses et vertues morales acquises selon s. Thomas d'Aquin (Studia Friburgensia, nouvelle série; Bd. 23), Fribourg 1958.

der zugleich einen Imperativ enthält und die Erfüllung des Imperativs
ermöglicht. Erst wenn beides zusammenkommt, ist der vollkommene
Begriff der Tugend erfüllt.

Ausgehend von dieser Interpretation der eingegossenen Tugenden,
läßt sich nun aber besser verstehen, in welchem Sinne Thomas in dem
eingangs zitierten Text der Demut eine fundamentale Rolle für die
Tugenden zuschreibt und damit die Auszeichnung der Demut durch
Augustinus einordnet. Die Demut nämlich ist für ihn nicht in dem
Sinne fundamental, daß sie alle anderen Tugenden aus sich hervorbringt, durch die der Mensch dann das letzte Ziel seines Lebens in
der Gemeinschaft mit Gott erlangen kann. Dies bewirken vielmehr
die theologischen Tugenden und dabei primär die grundlegende dieser
Tugenden, nämlich der Glaube. Die Demut ist vielmehr in dem Sinne
fundamental für das tugendhafte Leben des Menschen, daß sie – auf
der Grundlage der von Gott her bereits geschehenen Rechtfertigung
und auf der Grundlage der damit schon eingegossenen Tugenden
– nun noch alle Hindernisse auf seiten des Menschen nach und nach
beseitigt, die der Aneignung dieser Gabe der Tugenden durch die
Übung im Guten im Wege stehen. Sie schafft die Voraussetzung dafür,
daß die eingegossenen Tugenden zur Entfaltung und dann auch zur
Auswirkung im Tun des Guten und schließlich in der Gemeinschaft
mit Gott kommen können.

b) Konsequenzen für die Bewertung der Demut
Was läßt sich nun aus dieser weiteren Charakterisierung der Demut
und ihrer Aufgaben für das Verständnis dessen gewinnen, daß Thomas
in dem eingangs zitierten Text der Demut einen Platz zuweist, der
zwar nach den theologischen Tugenden, nach den Verstandestugenden und nach der Gerechtigkeit kommt, der aber an der Spitze der
Tapferkeit und Maßhaltung liegt?
(i) Zunächst wird es durch die Unterscheidungen, die Thomas eingeführt hat, einsichtig, daß die Demut, trotz ihrer fundamentalen
Bedeutung, die sie für die Tugenden im Menschen hat, nicht zu
den theologischen Tugenden gezählt werden kann, sondern ihnen
nachgeordnet ist. Thomas setzt sich mit dieser Frage ausdrücklich im
Traktat über die Demut auseinander[75]. Das Argument, warum die

---

[75] Vgl. S.th. II-II, q. 161, a. 4, Einw. 1 und ad 1.

Demut zu den theologischen Tugenden gezählt werden müßte, lautet hier folgendermaßen: Wenn die Demut in erster Linie in der Ehrfurcht besteht, in der man sich Gott unterwirft und auch gegenüber dem Mitmenschen letztlich an Gott Maß nimmt, muß sie dann nicht zu den theologischen Tugenden gehören, deren Objekt doch Gott ist? In seiner Antwort auf diesen Einwand weist Thomas diesen Schluß einfach als nicht zwingend zurück. Die theologischen Tugenden, die auf das letzte Ziel als oberstes Prinzip alles Strebens ausgerichtet sind, seien zugleich die Ursache aller anderen Tugenden (*causae omnium aliarum virtutum*), sie setzen sie in Bewegung. Wenn daher auch die Demut von der Ehrfurcht Gott gegenüber verursacht bzw. in Bewegung gesetzt werde (*causatur ex reverentia divina*), so schließe dies doch nicht aus, daß die Demut selbst Teil der Tugend der Maßhaltung ist[76].

Wirklich verständlich wird diese Antwort jedoch erst vor dem Hintergrund der gerade entfalteten Überlegungen zur Bedeutung der Demut als Hindernisbeseitigung für die Auswirkung der eingegossenen Tugenden. Hier wird nämlich deutlich, daß sich die Demut nicht – wie die theologischen Tugenden und allen voran der Glaube – unmittelbar und direkt auf Gott richtet, sondern sich nur indirekt auf Gott bezieht, so nämlich, daß sie den Stolz als Hindernis des Glaubens und der anderen Tugenden vertreibt und besiegt und so die Aneignung und Auswirkung der Tugenden ermöglicht, durch die der Mensch das Ziel der Gemeinschaft mit Gott erreichen kann.

In ähnlicher Weise begründet es Thomas übrigens auch, daß er den gesamten Komplex der *religio*[77], also der Gottesverehrung in Kult und Gebet, nicht unter den theologischen Tugenden behandelt, wie dies später in den neuscholastischen Handbüchern der Moraltheologie

---

[76] Vgl. dazu auch die Bedeutung des *timor filialis* als *principium* der Demut, in: S.th. II-II, q. 19, a. 9: „Die Furcht schließt das Prinzip des Stolzes aus: deswegen ist sie gegen den Stolz gegeben worden. Dennoch folgt nicht, daß sie mit der Tugend der Demut identisch ist, sondern daß sie deren Prinzip ist." („Timor excludit principium superbiae: propter quod datur contra superbiam. Nec tamen sequitur quod sit idem cum virtute humilitatis, sed quod sit principium ejus."); De veritate, q. 28, a. 4 ad 4 (Ed. Leon.), S. 834, 186-189: „Die Furcht bringt eine gewisse Ehrfurcht hervor, durch die der Mensch nicht wagt, sich mit der göttlichen Majestät zu vergleichen, sondern sich ihr unterwirft." („[...] quod timor importat quandam reverentiam per quam homo non audet divinae maiestati se comparare, sed ei se subjicit.")

[77] Vgl. S.th. II-II, qq. 81-100.

üblich wurde, sondern im Zusammenhang mit der Kardinaltugend der Gerechtigkeit. Im Unterschied zum Glauben an Gott nämlich, bei dem man Gott selbst berührt, Gott also Objekt und Ziel ist, berühren wir durch die Akte des Kultes und Gebetes, in denen wir Gott verehren, nicht Gott selbst[78]. In der Tugend der *religio* ist Gott nicht Materie oder Objekt der Tugend, sondern nur Ziel. Objekt dieser Tugend sind dagegen die Mittel zum Ziel.

(ii) Mit einer vergleichbaren Begründung läßt sich weiterhin einsichtig machen, daß die Demut erst nach den Verstandestugenden – inklusive der Klugheit – und auch erst nach der Gerechtigkeit kommt. Denn auch wenn die Verstandestugenden und die Gerechtigkeit sich nicht mehr wie die theologischen Tugenden unmittelbar und direkt auf das letzte Ziel des menschlichen Lebens, also auf Gott, ausrichten, so beziehen sie sich doch *unmittelbar* und *direkt* auf die Mittel, die auf dieses Ziel ausgerichtet sind.

(iii) Daß die Demut aber *vor* den beiden noch verbleibenden Kardinaltugenden Tapferkeit und Maßhaltung einzuordnen ist und an deren Spitze steht, wird dadurch begründet, daß es die spezifische Aufgabe gerade auch dieser beiden Tugenden ist, die Hindernisse, die der Vernunftordnung durch das sinnliche Strebevermögen in den Weg gestellt werden, zu beseitigen. So schreibt Thomas zu Beginn seiner Ausführungen über die Tapferkeit:

> Und darum gehört es zur menschlichen Tugend, daß sie den Menschen und sein Werk gemäß der Vernunft sein läßt. – Das aber ist auf dreifache Weise möglich: einmal, insofern die Vernunft selbst recht ausgerichtet wird, was durch die intellektuellen Tugenden geschieht; zum anderen, insofern die Rechtheit der Vernunft im menschlichen Leben errichtet wird, was Sache der Gerechtigkeit ist; drittens, insofern die Hindernisse zur Erstellung dieser Rechtheit im menschlichen Leben beseitigt werden[79].

---

[78] Vgl. S.th. II-II, q. 81, a. 5.

[79] S.th. II-II, q. 123, a. 1: „Et ideo ad virtutem humanam pertinet ut faciat hominem et opus ejus secundum rationem esse. – Quod quidem tripliciter contingit. Uno modo, secundum quod ipsa ratio rectificatur: quod fit per virtutes intellectuales. Alio modo, secundum quod ipsa rectitudo rationis in rebus humanis instituitur: quod pertinet ad justitiam: Tertio, secundum quod tolluntur impedimenta hujus rectitudinis in rebus humanis ponendae."

Im Blick auf die Hindernisse für die Verwirklichung der Rechtheit der Vernunft im Menschen sieht Thomas den menschlichen Willen auf zwei Weisen gehindert: zum einen dadurch, daß er von etwas Lustbringendem verlockt wird, zum anderen dadurch, daß er durch Schwierigkeiten von der Verwirklichung der vernünftigen Ordnung abgebracht wird. Gegen die erste Art von Hindernissen wirkt die Tugend der Maßhaltung, gegen die zweite Art dagegen die Tapferkeit.

Damit wird deutlich, daß Tapferkeit und Maßhaltung sich dadurch von den anderen Tugenden unterscheiden, daß sie nicht die Vernunftordnung direkt erstellen, sondern die Hindernisse für die Durchsetzung der Vernunft beseitigen und überwinden. Im Blick auf diese Aufgabe aber steht nun die Demut – so sehr sie auch ihren systematischen Ort innerhalb der Maßhaltung selbst hat – für Thomas an erster Stelle, weil sie diese Aufgabe in fundamentaler Weise erfüllt.

IV. Fazit: Zum Verhältnis von christlichen und philosophischen Tugenden bei Thomas

Mit den bisherigen Überlegungen wurde deutlich, wie Thomas, auch wenn er aufgrund seiner Systematisierungsprinzipien der speziellen Tugendlehre der Demut nur einen marginalen Platz zuweisen kann, sich dennoch bemüht, ihrer Bedeutung als fundamentaler christlicher Tugend gerecht zu werden. Was läßt sich nun abschließend aus dieser Analyse für die Frage entnehmen, wie Thomas das Verhältnis von christlichen und philosophischen Tugenden versteht? Ist es ihm gelungen, die Demut, die von ihm selbst ja als christusförmig machende Tugend charakterisiert wird, auch als christliche Grundhaltung gegenüber den philosophischen Tugenden zur Geltung zu bringen, oder reduziert er sie letztlich auf das Maß antiker philosophischer, nämlich aristotelischer Ethik?

(i) Im Blick auf diese Frage ist zunächst auf den durchgängig theologischen Charakter der *Summa theologiae* hinzuweisen, der im Rahmen der neueren Forschung immer wieder hervorgehoben und betont wurde[80]. Thomas konzipiert den Gesamtentwurf der *Summa* von vornherein ausgehend von der Bezogenheit des Menschen auf die

---

[80] Vgl. dazu grundlegend vor allem W. Kluxen, Philosophische Ethik bei Thomas von Aquin, Hamburg 1988[3], bes. S. XXVI-XXXIV.

vollkommene Glückseligkeit in der Schau Gottes, die sich erst durch die Offenbarung und im Glauben erschließt und die der Mensch aufgrund seiner geschaffenen Natur allein nicht erkennen und nicht erreichen kann. In diese umfassende Bezogenheit des Menschen auf sein übernatürliches Ziel ist für Thomas die natürliche Existenz des Menschen mit dem ihr eigenen Ziel innerweltlicher Glückseligkeit selbstverständlich einbezogen. Von daher hat Thomas durchaus in seinem theologischen Gesamtentwurf Ergebnisse philosophischen Nachdenkens aufgegriffen und integriert. Die eigenständige, autonome Vernunfterkenntnis des Menschen ist nicht negiert oder ersetzt, sondern umfassend erweitert und vollendet. Aber damit erhalten im Rahmen der theologischen Synthese auch die philosophischen Aussagen primär einen theologischen Stellenwert. Sie lassen sich nicht ohne weiteres aus dem theologischen Kontext der *Summa theologiae* isolieren und zu einer Philosophie des Thomas zusammenstellen.

Ausgehend von dieser hermeneutischen Grundlage der *Summa theologiae*, läßt sich dann aber sagen, daß Thomas die Behandlung der christlichen und philosophischen Tugenden nicht so strikt trennt, daß die christlichen Grundhaltungen im Rahmen der theologischen Tugenden, die philosophischen Grundhaltungen aber im Rahmen der Kardinaltugenden abgehandelt würden. Zwar ist es richtig, daß allein die drei theologischen Tugenden die Gemeinschaft mit Gott direkt vermitteln. Aber das philosophisch-anthropologisch begründete Strukturschema der vier Kardinaltugenden, die letztlich auch – wie die Lehre von den *virtutes morales infusae* zeigt – auf das letzte Ziel der vollkommenen Glückseligkeit bezogen sind, ist durchaus geeignet, über die traditionell im Rahmen der Philosophie genannten Tugenden hinaus und anknüpfend an sie auch solche Tugenden neu aufzunehmen, die einem spezifisch christlichen Ethos entstammen, und auf diese Weise den philosophischen Tugendkanon zu erweitern. In diesem Sinne läßt es sich verstehen, daß Thomas in den Rahmen der Kardinaltugenden nicht nur die jeweiligen Gebote des Naturgesetzes, die die einzelnen Tugenden betreffen, einbaut, sondern auch jeder der Tugenden die entsprechende Gabe des Heiligen Geistes zuordnet. In diesem Sinne ist es dann aber auch möglich, die Demut über die bloße Bescheidenheit der aristotelischen Tugendlehre hinaus als christliche Tugend zu verstehen, auch wenn sie nach dem anthropologischen Grundschema der Einteilung nur eine Randposition bekommt.

(ii) Auf der anderen Seite ist allerdings auch die Gefahr zu sehen, daß die Demut durch ihre Randstellung innerhalb der Maßhaltung sowie durch ihre Zuordnung zur Großmut als ergänzender Komplementärtugend leicht die kritische Kraft des Evangeliums für die christliche Lebensführung verlieren kann. Sicher gelingt es Thomas durch die Zuordnung zur *magnanimitas*, die Demut gegenüber der Gefahr der Servilität und der Förderung der Schlechtigkeit der anderen zu bewahren. Und sicher stellt Thomas auch die Besonderheit der Demut gegenüber der Tapferkeit und Maßhaltung und ihre fundamentale Bedeutung für die eingegossenen Tugenden heraus. Aber im Zuge des radikalen Aristotelismus besteht – darauf hat Pierre Adnès hingewiesen[81] – die Tendenz, daß aufgrund der von Thomas vorgenommenen Einordnung die Demut an Bedeutung einbüßt gegenüber der philosophischen Tugend der Großmut, die nun – wie in der *Nikomachischen Ethik* – wieder zur eigentlich leitenden Haltung wird. So schreibt etwa Siger von Brabant in der ersten seiner fünf die Ethik betreffenden Quästionen:

> Zu dem, was weiterhin eingewendet wird, muß man sagen, daß die Demut eine Tugend ist wie auch die Großmut, daß aber die Großmut eine vollkommenere Tugend ist als die Demut beziehungsweise die Bescheidenheit hinsichtlich der Ehre. So bezeichnet sie nämlich auch Aristoteles im IV. Buch der Ethik, im Kapitel über die Großmut. Dennoch eignet die Demut nicht den Unvollkommenen, auch wenn sie nicht in dem Maße den Vollkommenen eignet wie die Großmut[82].

Im Blick auf eine solche Gefahr der philosophischen Nivellierung der Demut durch den Aristotelismus seiner Zeit ist es zu verstehen, daß etwa Bonaventura wieder die radikale Bedeutung dieser Tugend gemäß dem Evangelium hervorheben möchte. Für ihn besteht die

---

[81] Vgl. P. Adnès, Art. ‚humilité‘, in: Dictionnaire de Spiritualité, Bd. 7, Sp. 1136-1187, hier: Sp. 1168f.

[82] F. Stegmüller, Neugefundene Quaestionen des Siger von Brabant, in: Recherches de théologie ancienne et médiévale 3 (1931), S. 158-182, hier: S. 173: „Quod arguitur ulterius, dicendum, quod humilitas est uirtus et etiam magnanimitas, sed perfectior uirtus est magnanimitas quam humilitas siue temperantia circa honorem. Sic enim notat eam aristoteles in IV° ethicorum, capitulo de magnanimitate. Non tamen est humilitas imperfectorum, licet non sit tam perfectorum sicut magnanimitas.“

Summe der ganzen christlichen Vollkommenheit in der Demut, die er ihrerseits als äußeren und inneren Akt der Selbsterniedrigung (*vilificatio sui*) versteht. Sie ist die Summe christlicher Vollkommenheit, weil sie die Tür zur Weisheit, die Grundlage der Gerechtigkeit und die Wohnstätte der Gnade ist[83]. Der Akt der Demut entstammt nicht – wie die sittlichen Tugenden – einer Vorschrift der Natur, sondern ist begründet im Glauben an Jesus Christus. Er ist ein Akt, der die Vernunft und die Grenzen der Natur übersteigt. Dennoch betont Bonaventura, daß die Demut – auch wenn sie der Natur zu widersprechen scheint – in Wahrheit doch der Natur durchaus entspricht und sie bewahrt und fördert[84].

Literatur in Auswahl:

Aubert, J.-M., La spécificité de la morale chrétienne selon saint Thomas, in: Vie spirituelle – Supplément 23 (1970), S. 55-73.

Groner, J., Kommentar zur Deutschen Thomasausgabe, Bd. 22 (II-II, qq. 151-170: Maßhaltung, 2. Teil), Graz – Wien – Köln 1993, S. 467-476.

Kluxen, W., Philosophische Ethik bei Thomas von Aquin, Hamburg 1988[3].

Pieper, J., Das Viergespann: Klugheit – Gerechtigkeit – Tapferkeit – Maß, München 1964.

Schockenhoff, E., Bonum hominis. Die anthropologischen Grundlagen der Tugendethik des Thomas von Aquin (Tübinger theologische Studien; Bd. 28), Mainz 1987.

Ders., Glück und Leidenschaft. Das Gefüge menschlicher Antriebe in der Tugendethik des Thomas von Aquin, in: M. Thurner (Hg.), Beiträge zur Anthropologie des Mittelalters (FS für R. Heinzmann), Stuttgart – Berlin – Köln 1998, S. 99-123.

---

[83] Vgl. Bonaventura, De perfectione evangelica, q. 1, in: Opera omnia, Bd. 5, Quaracchi 1891, S. 120-122.

[84] Vgl. ebd., S. 122f.

Metaphysische Themen in der Christologie

(S.th. III, qq. 1-59)

Michael Gorman (Washington)

I. Einleitung

Der dritte Teil der *Summa theologiae* beginnt mit der Christologie, d. h. mit der theologischen Lehre von Jesus Christus. Im Prolog zum dritten Teil erklärt Thomas, daß die gesamte *Summa* ihre Vollendung in der Diskussion der Person Christi und der von ihm gewährten Wohltaten findet:

> Eine vollständige Darstellung der ganzen Theologie verlangt daher, daß wir nach der Behandlung unseres letzten Zieles sowie der Tugenden und Laster unseren Blick nunmehr auf den Welterlöser selbst und auf seine dem Menschengeschlecht erwiesenen Wohltaten richten[1].

Es wäre sicherlich ein Fehler, alles vor dem dritten Teil der *Summa theologiae* als bloße Vorbereitung der Christologie deuten zu wollen. Dennoch gilt, daß die Christologie keine nachträgliche Hinzufügung, sondern vielmehr ein wesentlicher Bestandteil dieses Werkes ist.

Der christologische Teil der *Summa* umfaßt neunundfünfzig Quästionen und über dreihundert Artikel. Es ist demnach unmöglich, an dieser Stelle alles oder auch nur alle wichtigen Punkte, zu denen Thomas Stellung nimmt, zu kommentieren. Der vorliegende Beitrag konzentriert sich daher nur auf Fragen der ersten sechsundzwanzig Quästionen und hierbei nur auf Themen, die sowohl Philosophen als auch Theologen interessieren dürften. Weiterhin soll der Schwerpunkt auf den umgreifenden Themen liegen. Dem Leser bleibt überlassen,

---

[1]   S.th. III, prol.: „necesse est ut ad consummationem totium theologici negotii, post considerationem ultimi finis humanae vitae et virtutum ac vitiorum, de ipso omnium Salvatore ac beneficiis eius humano generi praestitis nostra consideratio subsequatur."

die Einzelheiten selbst zu erforschen. Schließlich werden Themen vermieden, die sehr technisch sind oder die ein ausführliches Studium thomasischer Texte außerhalb der *Summa theologiae* erfordern.

Ich beginne mit zwei Themengebieten, die für eine gewinnbringende Auseinandersetzung mit der thomasischen Christologie unerläßlich sind: mit dem theologischen Hintergrund und mit der Methode der Theologie. Nach einem Überblick über den Aufbau des christologischen Teils der *Summa theologiae* werde ich sodann die metaphysischen Werkzeuge beschreiben, derer sich Thomas in seiner Christologie bedient, und aufzuzeigen versuchen, auf welche Weise er diese Werkzeuge gebraucht.

II. Der theologische Hintergrund

Ein angemessenes Verständnis der christologischen Theorien des Thomas von Aquin setzt die Vertrautheit mit einigen allgemeinen Fragen der Christologie voraus. Nach christlichem Verständnis will Gott die Erlösung der Menschheit von der Sünde. Der Heilsplan, um diese Erlösung zu erreichen, beinhaltet, daß die zweite Person der Trinität Mensch wird und ein wahrhaft menschliches Leben bis an sein Ende lebt, welches in seinem Sühnetod und in der anschließenden Auferstehung vom Tode gipfelt. Somit ist Jesus Christus eine göttliche Person, die zweite Person der Trinität und das ewige Wort des Vaters, das um der Erlösung des Menschen willen Fleisch, d. h. Mensch, geworden ist. Nach einer langen und leidenschaftlichen Debatte, die sich über Jahrhunderte erstreckte, wurde diese Überzeugung, daß Christus als eine Person anzusehen ist, die in zwei Naturen, Gottheit und Menschheit, existiert, im Jahre 451 n. Chr. auf dem Konzil von Chalcedon als Lehre formuliert. – Da in diesen Debatten der Begriff *hypostasis* und der Begriff ‚Person‘ gleichermaßen verwendet werden können, wird diese Einheit der Naturen oft als ‚hypostatische Union‘ bezeichnet.

Allerdings wurde durch die Definition des Konzils der Streit nicht beendet; es folgten vielmehr weitere Debatten und Definitionen. In der Frühscholastik findet sich eine Vielzahl von Lehrmeinungen in Hinblick auf das rechte Verständnis der Person und der Naturen Christi. Diese unterschiedlichen Ansichten stellte Petrus Lombardus in der sechsten *distinctio* des dritten Buches der *Sentenzen* als ‚drei Meinungen' vor. Gemäß der ersten Meinung ist die zweite Person der Trinität eine andere als der Mensch Jesus, und beide wurden zu einer Person zusammengefügt. Nach der dritten Meinung waren die menschliche Seele und der Körper Christi nicht miteinander verbunden, sondern beide wurden auf äußerliche und akzidentelle Weise zum Wort hinzugefügt. Thomas folgte dem theologischen Konsens seiner Zeit, indem er beide Ansichten für unzureichend hielt. Die erste Ansicht nimmt tatsächlich zweierlei in Christus an: eine göttliche Person und einen Menschen. Daß Christus eine Person ist, erscheint daher als eine bloß sprachliche Anerkennung. Die dritte Meinung unterstreicht die Einheit Christi, vermag aber nicht der Wahrheit seiner Menschheit gerecht zu werden. Nur die zweite Ansicht wurde von Thomas und seinen Zeitgenossen als orthodoxe christliche Theologie angesehen. Dieser Lehrmeinung zufolge wurde dieselbe Person, die vor der Inkarnation göttlich und nicht menschlich war, nach der Inkarnation beides zugleich: göttlich und menschlich[2].

Thomas sieht daher die Aufgabe des Theologen mit Bezug auf die Christologie in der Erläuterung der kirchlichen Lehre über Christus, einer Lehre, die auf der Einheit der Person Christi und auf der Integrität beider Naturen besteht. Jedoch ist es nicht eben einfach, die Einheit Christi und zugleich die Integrität seiner beiden Naturen zu begreifen. Wenn wir z. B., wie auch Thomas selbst, mit der Vorstellung beginnen, daß Christus eine göttliche Person ist, und wenn wir auch sagen, daß er menschlich sei, scheint sich ein Dilemma aufzutun. Entweder nämlich ist Christi Menschheit eine vollkommene Menschheit oder aber eine unvollkommene Menschheit. Ist sie vollkommen, dann scheint dies unweigerlich zur Annahme einer menschlichen Person zu führen, so daß es in Christus zwei Personen gäbe: nicht nur eine göttliche sondern auch eine menschliche. Wenn die Menschheit in Christus unvollkommen ist, wird die Spaltung Christi in zwei Personen vermieden, aber um den Preis, daß Christus nicht wahrhaft und nicht vollkommen menschlich sei. Im ersten Fall, der die Integrität der Menschlichkeit Christi respektiert, würde die Einheit seiner Person untergraben, im zweiten Fall dagegen, der die Einheit der Person respektiert, würde die Integrität der Menschlichkeit

---

[2] Siehe S.th. III, q. 2, a. 6, c.

unterhöhlt. Wollen wir also den Versuch verstehen, was Thomas zur Christologie sagt, so ist es hilfreich, sich daran zu erinnern, daß er sehr oft versucht, die Spannung zwischen der Einheit der Person und der Vollständigkeit der Natur zu überwinden.

III. Christologie als theologische Disziplin

Eine andere Voraussetzung für das Verständnis der thomasischen Christologie besteht in einer besonderen Aufmerksamkeit für die methodischen Fragen eines im eigentlichen Sinne theologischen Kontextes, den die Christologie zweifellos darstellt. Theologie ist für Thomas eine Reflexion über die göttliche Offenbarung, wie sie durch Schrift und kirchliche Lehre weitergegeben worden ist. Autoritätsbeweise erhalten deshalb nicht den Status der schwächsten, sondern vielmehr der stärksten Argumente:

> Mag auch der Autoritätsbeweis, der sich auf menschliche Autorität stützt, zu den schwächsten Beweisen zählen, der Autoritätsbeweis, der sich auf die göttliche Offenbarung stützt, ist von allen der durchschlagendste[3].

Diese Aussage kann jedoch falsch verstanden werden. Die Berufung auf die Autorität der Offenbarung begründet, daß etwas der Fall ist, aber sie liefert nicht das Verständnis dafür, wie es ist. Deshalb bedarf sie der Vernunft:

> Eine Erörterung kann auf ein doppeltes Ziel hingeordnet werden. Die eine Erörterung ist darauf aus, den Zweifel zu beseitigen, ob etwas ist. In einer derartigen theologischen Erörterung müssen vorzüglich Autoritätsargumente gebraucht werden. [...] Die andere Erörterung aber ist lehrmäßig und findet in den Schulen statt, nicht um den Irrtum zu beseitigen, sondern um die Zuhörer zu unterrichten, damit sie zur Erkenntnis der intendierten Wahrheit gelangen. Hierbei muß man sich auf Argumente stützen, welche zur Wurzel der Wahrheit führen und bewirken, daß man weiß, auf welche Weise wahr ist, was gesagt wird[4].

---

3 S.th. I, q. 1, a. 8 ad 2: „nam licet locus ab auctoritate quae fundatur super ratione humana, sit infirmissimus, locus tamen ab auctoritate quae fundatur super revelatione divina, est efficacissimus."

4 Quodl. IV, q. 9, a. 3, c (Ed. Leon.), S. 339f., 21-43: „Disputatio autem ad

Die Theologie beginnt also mit autoritativer Lehre und reflektiert diese auf vernünftige Art und Weise in der Hoffnung, soviel Verständnis wie möglich zu erreichen. Es ist aber wichtig zu erkennen – dies gilt für Thomas wie für andere christliche Theologen gleichermaßen –, daß der Mensch in diesem Leben nicht hoffen sollte, ein vollkommenes rationales Verständnis der theologischen Mysterien wie der Inkarnation zu erlangen[5]. Thomas versucht diese Geheimnisse so weit wie möglich klarzulegen. Hierzu vergleicht er diese oftmals mit vertrauteren Gegenständen, aber er kehrt immer wieder zu der Ansicht zurück, daß es ernstzunehmende Grenzen hinsichtlich der Aussagemöglichkeiten gibt. Sicherlich sind einige Philosophen der Meinung, daß nichts geglaubt werden sollte, was nicht vollständig verstanden werden kann. Was auch immer die Verdienste einer solchen Annäherung sein mögen, sie würden kein Licht in dasjenige bringen, was Thomas unternimmt.

IV. Die Struktur des christologischen Teils der *Summa theologiae*

Der dritte Teil der *Summa* sollte dem ursprünglichen Plan zufolge drei große Teile umfassen: Christus, die Sakramente und das ewige Leben. Der Teil zur Christologie wurde von Thomas tatsächlich noch vor seinem Tod fertiggestellt und ist in zwei Hauptteile aufgeteilt: Die Quästionen 1-26 handeln von der Inkarnation, die Quästionen 27-59 behandeln die Taten und das Leiden Christi. Ich werde im folgenden die ersten sechsundzwanzig Quästionen erörtern, da sie nicht nur der Sache nach wichtig sind, sondern auch den theoretischen Rahmen der darauffolgenden Erörterung des Lebens Christi bilden. In anderen Worten: Die im hohen Maße metaphysischen Betrachtungen, die

---

duplicem finem potest ordinari. Quaedam enim disputatio ordinatur ad removendum dubitationem an ita sit, et in tali disputatione theologica maxime utendum est auctoritatibus. [...] Quaedam uero disputatio est magistralis in scolis non ad removendum errorem, set ad instruendum auditores ut inducantur ad intellectum ueritatis quam credunt, et tunc oportet rationibus inniti inuestigantibus ueritatis radicem, et facientibus scire quo modo sit uerum quod dicitur."

[5]　Vgl. S.th. I, q. 12, a. 12, c; q. 12, a. 13 ad 1 und ad 3; S.th. II-II, q. 8, a. 2.

Thomas in S.th. III, qq.1-26 unternimmt, sind keine Alternative zu
einer Reflexion über die Erzählung der Schrift, sondern eher eine
Hilfestellung für diese Reflexion[6].

Der Teil über die Inkarnation umfaßt wiederum drei Hauptteile: Der
erste (q. 1) beschäftigt sich mit der Angemessenheit der Inkarnation,
der zweite (qq. 2-15) mit der Frage, was für eine Art der Einheit die
hypostatische Union ist, der dritte Teil (qq. 16-26) schließlich befaßt
sich mit den Folgen dieser Einheit. Der zweite und dritte Hauptteil
haben ihrerseits viele Teile und Unterteilungen. Ich habe im folgenden
die Absicht, mich auf bestimmte Kernpunkte der Abhandlung des
Thomas über die Art der hypostatischen Union zu konzentrieren,
obgleich ich auch etwas über deren Folgen sagen werde.

V. Die metaphysischen Werkzeuge

Thomas verwendet in seinem Versuch, die hypostatische Union zu
erklären, eine Vielzahl metaphysischer Werkzeuge. Einige sind nicht
spezifisch christologisch, sondern finden in seinem gesamten Denken
Verwendung, wohingegen andere hauptsächlich in der Christologie
gebraucht werden. Es ist wichtig, sorgfältig darauf zu achten, wie
Thomas diese Werkzeuge versteht, weil in bestimmten Fällen – nehmen wir beispielsweise die Begriffe ‚Person' oder ‚Natur' – die modernen Begriffe, die mit den Begriffen des Thomas zu korrespondieren
scheinen, sich in wesentlichen Punkten von diesen unterscheiden. Ich
werde nun sechs derartige Werkzeuge, derer sich Thomas bedient,
erörtern.

1.

Bei dem ersten Werkzeug handelt es sich um den Begriff der ‚Person'.
Thomas greift auf die boethianische Vorstellung von ‚Person' als eine
individuelle Substanz zurück, die eine Vernunftnatur besitzt. Andere
Worte für ‚individuelle Substanz' sind *suppositum* oder *hypostasis*; hier

---

[6]   Siehe hierzu Scg IV, c. 39. Siehe auch: J. Boyle, The Twofold Division of
      St. Thomas's Christology in the *Tertia pars*, in: The Thomist 60 (1996), S.
      439-447.

werde ich das Wort ‚Substanz' benutzen[7]. Das Lieblingsbeispiel ist
Sokrates. Als Substanz muß er nicht etwas anderem innewohnen.
Dadurch unterscheidet er sich von seinen Akzidenzien – zum Beispiel von seiner Farbe oder seiner Kenntnis des Griechischen. Seine
Akzidenzien existieren nur ‚in' ihm, aber er ‚subsistiert', das heißt, er
existiert aus sich selbst. Und da es seine Natur ist, vernünftig zu sein,
ist er nicht eine gewöhnliche Substanz, sondern eine Person.

2.

Das zweite Werkzeug ist der Begriff der ‚Natur'. Thomas bezeichnet
die Natur einer Sache als dasjenige, was mit seiner Definition übereinstimmt[8]. Ein Dreieck ist beispielsweise als geschlossene, flächige
Figur mit drei Seiten definiert, weil es die Natur des Dreiecks ist, eine
solche Figur zu sein. In Hinblick auf die Christologie ist es jedoch notwendig, zweierlei über das Verständnis von Natur anzumerken. Zum
einen ist die Natur einer Substanz das, aufgrund dessen die Substanz
zu ihrer Spezies gehört. So ist zum Beispiel Sokrates ein Mensch und
gehört der menschlichen Spezies aufgrund seiner menschlichen Natur
an. Zum anderen ist die Natur einer Substanz das, aufgrund dessen
die Substanz als Substanz existiert. Sokrates hat zum Beispiel seine
Existenz als eine Substanz aufgrund seiner Menschheit. Wenn er nicht

---

[7] Vgl. S.th. I, q. 29, aa. 1-2; S.th. III, q. 2, aa. 2-3; S.th. III, q. 16, a. 12 ad 3.
Siehe auch: De potentia, q. 9, aa. 1-2 (Ed. Marietti), S. 225-229; De unione
Verbi incarnati, aa. 1-2 (Ed. Marietti), S. 421-429; In III Sent., d. 5, q. 1,
a. 3; In III Sent. d. 6, q. 1, a. 1, qa. 1, c. Lafont betont die Tatsache, daß
Thomas die göttlichen Personen als subsistierende Relationen beschreibt (z. B.
S.th. I, q. 28, a. 2), und er denkt, daß der boethianische Personenbegriff
als rationale Substanz nicht immer für christologische Zwecke angemessen
ist. Die einzelnen Probleme, mit denen sich Lafont beschäftigt, stehen hier
nicht zur Debatte; also wird dieser Punkt nicht weiter verfolgt. Siehe Gh.
Lafont, Peut-on-connaître Dieu en Jésus Christ?, Paris 1969, S. 101-157.
Mit Bezug auf weitere Schwierigkeiten siehe die Erörterungen von J. Wippel,
The Metaphysical Thought of Thomas Aquinas, Washington, D.C., 2000,
S. 228-237.

[8] Vgl. S.th. III, q. 2, a. 1. Siehe auch De potentia Dei, q. 9, a. 1, c (Ed. Marietti), S. 226; De unione Verbi incarnati, a. 1 (Ed. Marietti), S. 421ff.; In
III Sent., d. 5, q. 1, a. 2; Scg IV, c. 35. Einige Synonyme für ‚Natur' finden
sich in: De ente et essentia, c. 1 (Ed. Leon.), S. 369f.

menschlich wäre, würde er überhaupt nicht existieren. Wir werden sehen, daß für die Christologie die Frage bedeutsam wird, ob substantielle Naturen immer Prinzipien der zweiten Art sein müssen.

Es ist wichtig zu erwähnen, daß das, was Thomas mit ‚Natur‘ meint, enger gefaßt ist als das, was zeitgenössische Philosophen gemeinhin unter ‚Wesen‘ oder ‚Essenz‘ verstehen. Die wesentlichen Merkmale einer Substanz sind für Thomas nicht diejenigen Merkmale, ohne die die jeweilige Substanz nicht existieren kann. Vielmehr nimmt Thomas an, daß einige der notwendigen Merkmale der Substanz trotzdem in einem akzidentellen Verhältnis zu ihr stehen.

3.

Das dritte Werkzeug ist der Begriff der ‚Einheit der Person nach‘ (*unio in persona*)[9]. Thomas begreift zwei Dinge als der Person nach vereint, wenn die entstandene Einheit *eine* Person ist. Man mag sagen, daß eine Union zwischen zwei Freunden besteht, aber sie sind nicht der Person nach vereint, weil sie nicht gemeinsam eine Person konstituieren, sondern vielmehr zwei verschiedene Personen bleiben. Im Gegensatz dazu ist die Einheit der Körperteile des Sokrates so beschaffen, daß sie nur eine Person zum Ergebnis hat. Genauso würde, wenn Sokrates durch eine Operation oder auf eine andere Weise eine neue Hand erhielte, eine Einheit zwischen Sokrates und der Hand bestehen, die in einer Person und nicht in zwei Personen bestünde.

An dieser Stelle müssen wir erneut sorgsam einen Anachronismus vermeiden. Für Thomas sind zwei Dinge der Person nach vereint, wenn sie eine Substanz bilden und wenn die fragliche Substanz eine Person, das heißt eine Substanz einer vernünftigen Natur ist. Mehr ist nicht erforderlich. Dennoch neigen zeitgenössische Leser gemeinhin dazu anzunehmen, daß eine ‚Personeneinheit‘ zwischen zwei Dingen nur bestehen kann, wenn eine geistige oder psychologische Einheit zwischen beiden besteht. Bei Thomas ist dies schlechterdings nicht der Fall. Er meint daher beispielsweise nicht, daß der menschliche Geist Christi wissen muß, was im göttlichen Geist vorgeht, damit beide zusammen eine Person bilden können. Die Frage, was Chri-

---

[9]   Vgl. S.th. III, q. 2, aa. 1, 2, 6. Siehe auch Scg IV, c. 41; De unione Verbi incarnati, a. 1; In III Sent., d. 5, q. 1, a. 3.

stus gemäß seinem menschlichen Geist weiß, muß auf andere Weise entschieden werden.

4.

Das vierte Werkzeug ist der Begriff der ‚Einheit der Natur nach' (*unio in natura*)[10]. Zwei Dinge sind der Natur nach vereint, wenn beide zu einer Natur gehören. Sokrates' Körper und seine Seele gehören beispielsweise zu seiner menschlichen Natur. Demnach können wir sagen, sie sind der Natur nach vereint. Im Gegensatz dazu gehören Sokrates' Seele und seine Hautfarbe nicht zu einer Natur, obwohl sie der Person nach vereint sind. Deshalb ist es für zwei Dinge möglich, der Person nach vereint zu sein, ohne der Natur nach vereint zu sein. Hingegen ist es für zwei Dinge nicht möglich, der Natur nach vereint zu sein, ohne der Person nach vereint zu sein, weil die Natur von etwas eines ihrer intrinsischen Bestandteile ist. Wenn zwei Dinge so vereint sind, daß sie eine Natur bilden, gehören sie beide zur selben Person, nämlich zu der Person, deren Natur sie bilden, mit dem Ergebnis, daß beide Dinge der Person nach vereint sind.

5.

Die Idee der ‚gemischten Relation' bildet das fünfte Werkzeug. Eine Substanz ist für Thomas auf etwas bezogen, wenn sie ein Akzidens besitzt, das sie auf etwas anderes bezieht. Die Substanz wird in diesem Fall ‚Subjekt' (Zugrundeliegendes, *subiectum*) genannt und die Sache, auf die sie bezogen ist, ‚Terminus' (*terminus*). Benedikt ist zum Beispiel Michaels Sohn, das heißt, bei Benedikt (dem Subjekt) besteht eine Relation (die Sohnheit) zu Michael (dem Terminus). Gleichzeitig besteht bei Michael (dem Subjekt) eine korrespondierende Relation (die Vaterschaft) zu Benedikt (dem Terminus). In bestimmten Fällen kann man aber sagen, daß etwas auf etwas anderes bezogen ist, selbst wenn es nicht das Subjekt eines relationalen Akzidens ist. Nehmen wir beispielsweise an, daß Michael an Benedikt denkt. In diesem Fall ist bei Michael eine Relation (denken an) vorhanden, die Benedikt

---

[10]   Vgl. S.th. III, q. 2, a. 1. Siehe auch De unione Verbi incarnati, a. 1; Scg IV, c. 41.

zum Terminus hat, aber es gibt kein korrespondierendes Verhältnis auf seiten Benedikts. ‚Seiner gedacht zu werden‘ ist keine Realität auf seiten Benedikts, obwohl man zu Recht über ihn sagt, daß an ihn gedacht wird. Diese Art der Relation, in welcher ein relationales Akzidens bei einem der beiden in Beziehung stehenden Dinge vorliegt, aber nicht bei dem anderen, wird manchmal eine gemischte Relation genannt.

Thomas verwendet diese Idee, wenn er die Beziehung zwischen Gott und den Geschöpfen erörtert. Aus offensichtlichen Gründen will er daran festhalten, daß Gott und die Geschöpfe in Beziehung zueinander stehen. Zugleich will er aber auch vermeiden zu sagen, daß Gott ein relationales Akzidens mit der Schöpfung als Terminus zukommt, weil er die Aussage zu vermeiden trachtet, daß es in Gott überhaupt Akzidenzien gibt. Deshalb sagt Thomas, daß der Schöpfung ein relationales Akzidens mit Gott als Terminus zukommt, daß es aber keine korrespondierende, beiläufige Beziehung auf seiten Gottes gibt. Anders ausgedrückt, ist die Relation zwischen Gott und den Geschöpfen eine gemischte Relation. Zu sagen, daß das Geschöpf eine Beziehung zu Gott hat, aber daß Gott keine Beziehung zum Geschöpf hat, wäre demnach wahr aber möglicherweise auch irreführend, insofern eine Beziehung zwischen Gott und den Geschöpfen bestritten zu werden scheint. Es ist gerade Thomas' Absicht, diese nicht zu verneinen, sondern zu bejahen und gleichzeitig die Annahme zu umgehen, daß es in Gott ein relationales Akzidens gibt[11].

6.

Das sechste Werkzeug besteht in dem Prinzip, daß Tätigkeiten von Substanzen aufgrund ihrer Natur vollzogen werden. Für Thomas sind es die Personen (oder Substanzen), nicht die Naturen, die handeln, obwohl die Personen natürlich im Einklang mit ihrer Natur handeln. So sagt Thomas beispielsweise:

---

[11] Die Theorie der gemischten Relationen ist dargelegt in: S.th. I, q. 13, a. 7. Einige Problemstellungen diskutiert: M. Henninger, Relations: Medieval Theories 1250-1325, Oxford 1989, S. 31-39; siehe aber auch: M. Gorman, Christ as Composite According to Aquinas, in: Traditio 55 (2000), S. 143-157.

Handlungen gehören zu den Substanzen und zu den Ganzheiten und nicht, im eigentlichen Sinne, zu den Teilen und Formen oder den Vermögen. Denn man sagt nicht eigentlich, daß die Hand schlägt, sondern der Mensch durch die Hand; und man sagt auch nicht eigentlich, daß die Wärme erwärmt, sondern das Feuer durch die Wärme[12].

Es gibt auch noch eine allgemeinere Version dieses Prinzips, daß nämlich Merkmale nicht zu den Naturen gehören, sondern zu den Substanzen aufgrund ihrer Naturen. Es ist zum Beispiel nicht die Menschheit des Sokrates, die vernünftig ist, vielmehr ist Sokrates vernünftig, weil er ein Mensch ist. Thomas behauptet, daß es Eigenschaften gibt, die den Naturen zugehören. Wir sagen beispielsweise, daß die menschliche Natur Christi angenommen wurde, aber nicht, daß irgendeine Person angenommen wurde[13]. Das allgemeine Prinzip gilt also nicht ausnahmslos. Nichtsdestoweniger sind die in Hinblick auf die Christologie wichtigen und umstrittenen Attribute oft Merkmale von Substanzen. Dies bedeutet für Thomas, daß dieses Prinzip für seine Christologie besonders wichtig wird.

VI. Die metaphysischen Werkzeuge in ihrer Anwendung

Lassen Sie uns nun betrachten, wie Thomas diese metaphysischen Werkzeuge benutzt, um eine Christologie aufzubauen. Er sagt zunächst, daß die Einheit zwischen dem Wort und der von dem Wort angenommenen menschlichen Natur eine Einheit der Person nach und nicht eine Einheit der Natur nach ist. Die Aussage, daß es eine Einheit der Person nach ist, wahrt die Idee, daß Christus nur eine Person ist. Die Aussage, daß es keine Einheit der Natur nach ist, schützt wiederum die Idee, daß die beiden Naturen Christi in ihrer Integrität bewahrt werden. Die Menschheit Christi ist keine von der Person des Wortes Gottes unterschiedene Person, als ob die Inkarnation eine Beziehung wäre, gemäß der eine Person, das Wort Gottes,

---

[12] S.th. II-II, q. 58, a. 2, c: „Actiones autem sunt suppositorum et totorum, non autem, proprie loquendo, partium et formarum, seu potentiarum: non enim proprie dicitur quod manus percutiat, sed homo per manum; neque proprie dicitur quod calor calefaciat, sed ignis per calorem."
[13] Vgl. S.th. III, q. 16, a. 4 ad 3; siehe auch S.th. III, q. 16, a. 10 ad 1.

eine andere Person, Jesus, geheiligt hat. Vielmehr ist die Menschheit
Christi wie ein Bestandteil der göttlichen Person, die Christus ist.
Gleichzeitig ist diese Menschheit mit Christus nicht auf eine Weise
verbunden, die eine Minderung oder Verwässerung der Menschheit
oder Gottheit zur Folge hat. Christus gelangt nicht vom göttlichen
Sein zu einem teilweise menschlichen und teilweise göttlichen Sein.
Beide Naturen bleiben distinkt[14].

Was impliziert der Anspruch, daß das Wort eine menschliche Natur
annimmt? Selbstverständlich nimmt das Wort eine normale, menschliche Seele und einen normalen, menschlichen Körper an (S.th. III,
q. 5), aber was waren deren Hauptmerkmale? Zeitgenössische Leser
mögen Thomas' Ansichten überraschend finden. Man ist versucht anzunehmen, daß niemand ohne jede Verfehlung wirklich Mensch sein
kann. Mit anderen Worten: Man ist versucht anzunehmen, daß, falls
Christus nicht ein unvollkommener Mensch war, er kein wirklicher
Mensch war. Thomas sieht dies jedenfalls nicht so. Es ist möglich,
ein vollkommener Mensch zu sein und dabei immer noch Mensch zu
sein. Tatsächlich steht es sogar in größerem Einklang mit der Integrität
der menschlichen Natur, ein vollkommener als ein unvollkommener
Mensch zu sein. Adam besaß vor dem Sündenfall viele Vollkommenheiten der Seele (S.th. I, qq. 94-95) und des Körpers (S.th. I,
q. 97). Menschen im Himmel besitzen viele Vollkommenheiten des
Geistes (S.th. I-II, q. 3, a. 8; III, suppl., q. 92), und nach der Wiederauferstehung von den Toten werden sie viele Vollkommenheiten des
Körpers besitzen (S.th. III, suppl., qq. 82-85). Man muß natürlich
beachten, daß das Sprechen über menschliche Vollkommenheiten
nicht die Unterscheidung zwischen den Geschöpfen und Gott auf-
hebt. Zu sagen, daß ein Mensch beispielsweise die Vollkommenheit
seines Verstandes erreicht hat, bedeutet nicht, daß er alles weiß, was
gewußt werden kann, sondern nur, daß er alles weiß, was von einem
Menschen gewußt werden kann.

Um die Integrität der menschlichen Natur Christi zu verteidigen,
sieht sich Thomas daher nicht genötigt, die Meinung zu vertreten,
daß die menschliche Natur Christi fehlerhaft sei. Es ist für die menschliche Natur Christi möglich, alle Vollkommenheiten der menschlichen

---

[14] Vgl. S.th. III, q. 2, aa. 1-3. Siehe auch De unione Verbi incarnati, aa. 1-2
     (Ed. Marietti), S. 421-429; Scg IV, c. 41.

Natur zu besitzen. Im Falle des Wissens spricht Thomas Christus eine solche Vollkommenheit zu. Das menschliche Wissen Christi war so weitreichend, wie menschliches Wissen überhaupt sein kann: Er war im Besitz der glückseligen Schau (*visio beatifica*; S.th. III, q. 10), des vollkommenen eingegossenen Wissens (S.th. III, q. 11) und des vollkommenen erworbenen Wissens (S.th. III, q. 12). Dennoch hatte Christus seelische Mängel, die aber nicht sein Wissen betrafen, und auch körperliche Mängel.

Betrachten wir zuerst die körperlichen Mängel, von denen Thomas in der *quaestio* 14 der *Tertia pars* spricht. Körperliche Mängel sind eine Strafe für Sünde. Da aber Christus frei von Sünde ist, hätte er einen menschlichen Körper ohne Mängel annehmen können, einen Körper wie den Adams vor dem Fall. Er akzeptierte aber freiwillig die körperlichen Mängel als Teil seiner erlösenden Mission (S.th. III, q. 14, aa. 3-4). Insbesondere, so Thomas, nahm Christus aus drei Gründen körperliche Mängel an (q. 14, a. 1). Erstens war es sein Ziel, für unsere Sünden zu büßen, indem er unsere Strafe auf sich nahm. Zweitens hätten die Menschen an der Wirklichkeit seiner menschlichen Natur zweifeln können, wäre sie nicht mangelhaft gewesen, und somit hätte der Glaube gefehlt. Drittens konnte Christus, indem er körperliche Mängel ertrug, uns ein Beispiel an Tugend geben.

Zusätzlich zu diesen körperlichen Mängeln hatte Christus seelische Mängel. Seine Seele unterlag nicht der Sünde (q. 15, aa. 1-2), aber sie unterlag Mängeln wie physischem Schmerz (a. 5) und Trauer (a. 6). Thomas bemerkt mit aller Vorsicht, daß die Art und Weise, wie Christus an solchen Mängeln litt, sich davon unterschied, wie wir an derartigen Mängeln leiden. In unserem Fall stören seelische Mängel – anders als bei Christus – oftmals den Gebrauch der Vernunft und führen zur Sünde (a. 4)[15].

Vieles läßt sich ferner über Thomas' Verständnis der Inkarnation sagen. Ich möchte mich hier auf drei schwierige Fragen konzentrieren und zeigen, wie Thomas diese mit Hilfe der vorhin beschriebenen Werkzeuge löst. Die erste Frage lautet: Wenn Gott unveränderlich und leidensunfähig ist, wie kann dann jemand, der Gott ist, Mensch

---

15 Mehr zur menschlichen Natur Christi findet sich bei M. McCord Adams, What Sort of Human Nature? Medieval Philosophy and the Systematics of Christology, Milwaukee 1999, S. 49-68.

werden? Die zweite Frage ist: Wenn die Menschheit Christi reale und volle Menschheit ist, wie kann es dann sein, daß diese ihn nicht als eine menschliche Person konstituiert? Die dritte Frage schließlich lautet: Wenn Gott unveränderlich und allwissend ist, wie kann dann jemand, der Gott ist, menschlich handeln und denken?

Beginnen wir mit der ersten Frage. Thomas vertritt die Meinung, daß Gott gleichermaßen unveränderlich und leidensunfähig ist[16]. Das heißt, daß er sich nicht verändert und daß er nicht von irgend etwas anderem beeinflußt werden kann. Es lohnt sich, diese Punkte einzeln zu erwähnen, da die Vorstellung der Leidensunfähigkeit nicht notwendigerweise die Vorstellung des Wandels in sich birgt. Wenn (*per impossibile*) Gott zum Beispiel stets ein Akzidens besäße, dann träte der Fall ein, daß Gott leidensfähig ist (denn das Akzidens würde ihn dergestalt beeinflussen, daß es Gott eine bestimmte Seinsweise besitzen ließe), ohne daß je ein Wandel in Gott auftreten würde. Leidensunfähigkeit und Unveränderlichkeit bilden gleichermaßen Schwierigkeiten für das Verständnis der Inkarnation. Die Leidensunfähigkeit stellt eine Schwierigkeit dar, da der Anspruch der Menschheit Christi zu implizieren scheint, daß eine göttliche Person, das Wort, von seiner menschlichen Natur in dem Sinne beeinflußt wird, daß diese Natur Ursache für das Wort wird, eine bestimmte Seinsform zu besitzen: das Menschsein. Die Unveränderlichkeit bildet ihrerseits eine Schwierigkeit, da der Anspruch der Menschwerdung des Wortes zu implizieren scheint, daß das Wort zu einem Zeitpunkt nicht menschlich war und sich später zum menschlichen Sein wandelte.

Bei der Lösung dieser Schwierigkeiten greift Thomas auf die Vorstellung der gemischten Relation zurück. Die Relation zwischen dem göttlichen Wort und der angenommenen Menschlichkeit ist für ihn eine gemischte Relation: Es gibt keine Relation im Wort, welches die angenommene Natur als Terminus hat, aber es gibt eine wirkliche Relation in der angenommenen Menschheit, die das Wort als ihren Terminus hat. Gleichwie die gemischte Relation ausreicht, um eine Beziehung zwischen Gott und den Geschöpfen zu etablieren, so genügt auch eine gemischte Relation, um die Tatsache zu etablieren, daß das Wort und seine Menschheit in Beziehung zueinander stehen.

---

[16] Zur Leidensunfähigkeit siehe Scg I, c. 16; S.th. I, q. 3; zur Unveränderlichkeit siehe S.th. I, q. 9.

Und ebenso, wie die Lehre der gemischten Relation uns erlaubt, die
Aussage zu vermeiden, daß die Beziehung zwischen Schöpfer und
Geschöpf göttliche Leidensfähigkeit in sich birgt, so erlaubt uns dieselbe Lehre auch, die Aussage zu vermeiden, daß die hypostatische
Union göttliche Leidensfähigkeit impliziert. Auf parallele Weise wird
bei der Frage der Unveränderlichkeit argumentiert. Wenn das Wort
Mensch wird, findet eine Veränderung in der Schöpfung statt: Jetzt
gibt es eine geschaffene Natur mit einer Relation zum Wort. Dennoch
geschieht keine Veränderung im Wort selbst. Die Weise, wie die Dinge
zwischen dem Wort und der Schöpfung stehen, ist anders, als sie war,
aber es fand keine Veränderung im Wort selbst statt[17].

Es gibt also im Denken des Thomas eine wichtige Parallele zwischen der Gott-Geschöpf-Relation und der Wort-Menschheits-Rela-
tion. Aber diese Parallele muß begrenzt werden. Andernfalls wären
entweder alle Geschöpfe auf die Art und Weise mit Gott verbunden
wie die Menschheit Christi, oder die Menschheit Christi wäre ihrerseits mit Christus nur auf die Weise verbunden, auf welche die
Geschöpfe mit ihrem Schöpfer verbunden sind. Im ersten Falle gäbe
es keine geschaffenen Substanzen, nur einen Gott, mit dem viele
geschaffene Naturen hypostatisch verbunden wären. Wenn es aber
keine geschaffenen Substanzen gäbe, könnten wir nicht von Erlösung sprechen (siehe S.th. III, q. 4, a. 5). Im zweiten Fall wäre die
Inkarnation nichts Neues; sie wäre nur das Zur-Existenz-Kommen
einer neuen menschlichen Natur, einer menschlichen Natur, die in
derselben Beziehung zu Gott stand, wie dies auch für alle anderen
Geschöpfe gilt. Die Lösung des Thomas lautet dagegen, daß, obwohl
die Relationen der hypostatischen Union und der Geschöpf-Schöpfer-
Beziehung beide gemischte Relationen sind, nur die hypostatische
Union eine Einheit der Person nach ist. Die Beziehung zwischen
Gott und der Schöpfung ist im Gegensatz dazu eine Einheit zwischen
verschiedenen Dingen.

Die nächste Frage, die es aufzugreifen gilt, beinhaltet auch die
Schwierigkeit, die Integrität der Naturen Christi zu bewahren. Aller-

---

[17]   Vgl. S.th. III, q. 2, a. 7, c; q. 16, a. 6 ad 2. Siehe auch In III Sent., d. 1, q.
      1, a. 1 ad 1; In III Sent., d. 7, q. 2, a. 1 ad 1-3. Eine nützliche Diskussion
      findet sich bei Th. Weinandy, Aquinas and the Incarnation as Act: ‚Become‘
      as a Mixed Relation, in: Doctor Communis 32 (1979), S. 15-31.

dings ist diesmal die menschliche Natur in Gefahr. Wir haben bereits gesehen, daß die Menschheit des Sokrates ein Prinzip ist, aufgrund dessen er, Sokrates, existiert. Ist die Menschheit Christi auch etwas, kraft dessen eine Person existiert? Wenn dies so ist, was ist dann die Person, die aufgrund dieser Natur existiert? Sicherlich nicht die göttliche Person, und dies aus wenigstens zwei Gründen: Erstens existierte die göttliche Person, bevor sie die Menschheit annahm, und zweitens kann eine menschliche Natur nicht die Ursache einer göttlichen Person, sondern nur einer menschlichen Person sein. Wenn also die menschliche Natur Christi ein Prinzip ist, kraft dessen eine Person existiert, so ist sie ein Prinzip, aufgrund dessen eine menschliche Person existiert. Dies würde aber heißen, daß es in Christus nicht nur die göttliche Person gab, sondern auch eine zweite, menschliche Person. Dies ist ein direkter Verstoß gegen das Prinzip, daß Christus nur eine Person ist. Es erscheint daher notwendig zu sagen, daß die menschliche Natur Christi *nicht* etwas ist, kraft dessen irgendeine Person existiert (siehe q. 16, a. 12). Aber dies scheint wiederum zu implizieren, daß die menschliche Natur Christi weniger vermag als die des Sokrates. Dies scheint die menschliche Natur Christi irgendwie mangelhaft oder unzulänglich zu machen.

Thomas stellt das Problem nicht genau in dieser Weise dar. Dennoch können wir aufgrund seiner Aussagen herausfinden, was seine Lösung wäre. Es wurde oben erwähnt, daß die menschliche Natur des Sokrates nicht nur ein Prinzip ist, kraft dessen er existiert, sondern auch ein Prinzip, aufgrund dessen er der menschlichen Spezies zugehört. Daß er die menschliche Natur besitzt, sichert ihm gleichermaßen die Zugehörigkeit zur menschlichen Spezies und daß er ein subsistierendes Seiendes ist. Die menschliche Natur Christi erscheint in der Konzeption des Thomas als Prinzip in einer der beiden Weisen, aber nicht in der anderen:

> Die menschliche Natur begründet die göttliche Person nicht schlecthin. Sie bildet nur den Grund dafür, daß diese göttliche Person nach einer solchen Natur benannt wird. Denn der Sohn Gottes hat von der menschlichen Natur nicht das Sein überhaupt (weil er von Ewigkeit her ist), sondern nur das Mensch-Sein[18].

---

[18] S. th. III, q. 3, a. 1 ad 3: „Natura humana non constituit personam divinam simpliciter, sed constituit eam secundum quod denominatur a tali natura.

Die menschliche Natur Christi ist kein Prinzip, kraft dessen irgend eine Person in einem absoluten Sinne existiert. Dennoch ist sie ein Prinzip, aufgrund dessen Christus zu der substantiellen Spezies ‚Menschheit‘ gehört.

Um diesen Punkt zu verstehen, ist es sinnvoll zu sehen, wie Thomas die Menschheit Christi mit einem Akzidens wie Farbe vergleicht. Die Hautfarbe des Sokrates ist kein Prinzip, kraft dessen Sokrates als Substanz existiert, noch ist sie ein Prinzip, aufgrund dessen Sokrates zu seiner Spezies gehört[19]. Vielmehr ist sie ein eher oberflächliches Prinzip, das weder Sokrates’ Existenz noch seine Zugehörigkeit zu einer Spezies betrifft. Die menschliche Natur Christi ist auf die eine Weise ebenso, aber nicht auf die andere Weise:

> Man muß sagen, daß die menschliche Natur in Christus eine gewisse Ähnlichkeit mit einem Akzidens hat. Daher sagten die Alten, daß sie sich zum Akzidens neigt. Und einige fügten deshalb hinzu, daß sie zum Akzidens abfällt. [...] <Demgegenüber> ist zu sagen, daß, obgleich sie nach dem vollkommenen Sein hinzukommt, sie dennoch nicht auf akzidentelle Weise hinzukommt[20].

Wie ein Akzidens gehört die Menschheit Christi zu einem Ganzen, das bereits ein ‚vollkommenes Sein‘ besaß, d.h. diese Natur verbindet sich mit einer bereits zuvor existierenden Substanz. Trotzdem ist sie kein Akzidens, weil sie ein grundlegenderes metaphysisches Prinzip als ein Akzidens ist, insofern sie ein Prinzip ist, kraft dessen Christus der menschlichen Spezies gehört. Deshalb macht die menschliche Natur Christi einiges, aber nicht alles dessen aus, was die menschliche Natur normalerweise ausmacht.

Non enim ex natura humana habet Filius Dei quod sit simpliciter, cum fuerit ab aeterno, sed solum quod sit homo.“ – Für andere Textstellen, die die Vorstellung unterstützen, daß die Menschheit Christi ein Prinzip auf die eine Weise, aber nicht auf die andere ist, siehe im folgenden: S.th. III, q. 16, a. 6 ad 1; q. 16, a. 12, c und ad 1; In III Sent., d. 6, q. 1, a. 1, qa. 4 ad 1; In III Sent., d. 10, q. 1, a. 2, qa. 1 ad 1-2; In III Sent., d. 12, q. 1, a. 1 ad 2.

19 Vgl. De ente et essentia, c. 6 (Ed. Leon.), S. 379ff.

20 In III Sent., d. 6, q. 3, a. 2 ad 1: „[...] dicendum quod natura humana in Christo habet aliquam similitudinem cum accidente [...] Unde antiqui dixerunt quod vergit in accidens. Et quidam propter hoc addiderunt quod degenerat in accidens: quod tamen non ita proprie dicitur. [...] dicendum quod quamvis adveniat post esse completum, non tamen est accidentaliter adveniens.“

Diese Lösung bewahrt auf klare Weise die Idee, daß Christus eine
Person ist, aber es mag scheinen, als ob sie darin fehlt, die Vorstellung
zu wahren, daß die menschliche Natur Christi eine vollkommene
menschliche Natur ist. Wie wir bereits gesehen haben, besteht der
Vorwurf, daß die menschliche Natur Christi weniger vermag als die des
Sokrates. Aber für Thomas ist die erste und fundamentalste Funktion
einer substantiellen Natur nicht, etwas in seiner Existenz, sondern in
seiner Spezies zu begründen. An einer Stelle, wenn er erklärt, warum
das Wort nicht eine Person annahm, sagt Thomas:

> Daß der angenommenen Natur der Rang einer eigenen Person fehlt,
> ist nicht die Folge eines Mangels, der die menschliche Natur in ihrer
> Vollkommenheit beeinträchtigte. Der Grund hierfür ist vielmehr et-
> was Zusätzliches, das über die menschliche Natur weit hinausgeht: die
> Vereinigung mit der göttlichen Person[21].

Diese Aussage scheint zu suggerieren, daß, obwohl eine Natur normalerweise dazu beiträgt, jemanden zu einer Person zu machen, falls
in einem bestimmten Fall eine Natur dies nicht vermag, dies nicht
bedeutet, daß sie unzulänglich oder unvollkommen ist[22].

Das dritte oben bereits erwähnte Problem lautete, wie Christus
göttlich sein, aber auch ein vollständig menschliches Leben führen
kann, das menschliche Handlungen und menschliches Wissen einschließt. Zwei Gedankengänge kommen hier zusammen und führen
zu einer Schwierigkeit. Einerseits muß Christus über alle wesentlichen
göttlichen und alle wesentlichen menschlichen Eigenschaften verfügen. Die göttliche Unveränderlichkeit stellt sicher, daß Christus nicht
eine seiner göttlichen Eigenschaften im Prozeß der Menschwerdung
verliert, und die Integrität der menschlichen Natur Christi sichert
Christus den Besitz aller erforderlichen menschlichen Eigenschaften.

---

[21]   S.th. III, q. 4, a. 2 ad 2: „dicendum quod naturae assumptae non deest propria
personalitas propter defectum alicuius quod ad perfectionem humanae naturae
pertineat; sed propter additionem alicuius quod est supra humanam naturam,
quod est unio ad divinam personam." – Thomas sagt auch: „[N]ec Petrus,
inquantum homo, est persona, sed inquantum iste homo" (In III Sent., d.
10, q. 1, a. 2, qa. 1 ad 2); siehe auch In III Sent., d. 10, q. 1, a. 2, qa. 2 ad
1; S.th. III, q. 2, a. 2 ad 2.

[22]   Eine Diskussion über die Frage, warum die menschliche Natur Christi keine
Person ist, findet sich bei O. Schweizer, Person und Hypostatische Union bei
Thomas von Aquin, Freiburg 1957.

Thomas macht deutlich, daß Christus menschliches Wissen, menschlichen Willen, menschliche Handlungen usw. besitzt; andernfalls wäre seine menschliche Natur unvollkommen. So vertritt er beispielsweise in S.th. III, q. 9, a. 1, c die Meinung, daß Christus nicht nur göttliches Wissen, sondern auch menschliches Wissen haben muß:

> Der Sohn Gottes hat eine vollständige menschliche Natur angenommen, d.h. nicht nur den Körper, sondern auch die Seele; nicht nur eine Sinnen-, sondern auch eine Vernunftseele. Deshalb mußte er auch ein geschaffenes Wissen haben[23].

Thomas führt vergleichbare Argumente für den menschlichen Willen Christi (S.th. III, q. 18, a. 1) und seine menschlichen Handlungen (q. 19, a. 1) an. Christus lebt und existiert also menschlich und göttlich.

Andererseits scheint es unmöglich zu sein, göttliche und menschliche Eigenschaften gleichzeitig zu besitzen. Diese Schwierigkeit kann in bezug auf das Wissen und in bezug auf die Handlungen verdeutlicht werden. Eine göttliche Person ist allwissend, aber jemand, der lediglich menschliches Wissen besitzt – sogar wenn dieses menschliche Wissen vollkommen ist –, scheint eher weniger als vollkommen allwissend zu sein. Eine göttliche Person ist unveränderlich, aber jemand, der als Mensch handelt, muß sich anscheinend verändern können. Wie also könnte Christus z.B. auf den Straßen von Jerusalem umherlaufern, ohne sich zu verändern? (Es sei bemerkt, daß die hier behandelte Problematik der Unveränderlichkeit verschieden ist von den zuvor diskutierten Problemen. Die vorherige Problematik lautete, ob die göttliche Unveränderlichkeit die Inkarnation verhinderte. Das hier gestellte Problem ist, ob die göttliche Unveränderlichkeit Christus davon abhält, ein menschliches Leben zu führen, nachdem die Inkarnation stattgefunden hat.)

Ein möglicher Ansatz könnte darin bestehen, daß die menschliche Natur Christi seine menschlichen Handlungen vollzieht, während seine göttliche Natur seine göttlichen Handlungen vollzieht[24]. Aber

---

[23] S.th. III, q. 9, a. 1, c: „Filius Dei humanam naturam integram assumpsit, idest non solum corpus, sed etiam animam; non solum sensitivam, sed etiam rationalem. Et ideo oportuit quod haberet scientiam creatam […]."

[24] Siehe Chr. Hughes, On a Complex Theory of a Simple God, Ithaca, NY 1989, S. 253-264.

dies könnte niemals die Lösung des Thomas sein. Er würde diesen Ansatz grundsätzlich als Rückfall in die nestorianische Häresie zurückweisen. Soweit es nicht um eine einfache Verletzung des Prinzips geht, daß die Substanz und nicht die Natur handelt, läuft es doch auf die Behauptung hinaus, daß die Menschheit Christi ein von seiner Göttlichkeit unterschiedenes Tätigkeitsprinzip ist. Das aber impliziert, daß Christus nicht eine Person ist, sondern eine Verbindung zweier unterschiedlicher Personen (siehe S.th. III, q. 16, a. 4).

Der Grund, warum es für den einen Christus möglich ist, menschliche und göttliche Eigenschaften, Handlungen und Wissen zu besitzen, besteht für Thomas darin, daß Christus eine zusammengesetzte Person, eine Person mit zwei Naturen, ist. Er besitzt kraft seiner göttlichen Natur göttliche Eigenschaften und kraft seiner menschlichen Natur menschliche Eigenschaften. Diese unterschiedlichen Naturen dienen als unterschiedliche Grundlage für die unterschiedlichen Eigenschaften.

Insgesamt gesehen, bedient sich Thomas in seiner Annäherung an diese Frage ausgiebig des allgemein geltenden Prinzips, daß Substanzen mittels ihrer Natur handeln, und des erweiterten Prinzips, daß Eigenschaften zu den Substanzen aufgrund ihrer Natur gehören. So sagt Thomas zum Beispiel mit Bezug auf Handlungen:

> Das Tätigsein gehört zu der für sich bestehenden (subsistierenden) Hypostase, jedoch gemäß der Form und der Natur, von der die Tätigkeit ihre Artnatur erhält[25].

Und allgemeiner gefaßt:

> Man muß jedoch wissen, daß in einem Satz, in dem etwas von einem anderen ausgesagt wird, nicht nur darauf zu achten ist, was das sei, von dem etwas ausgesagt wird, sondern auch in bezug worauf etwas von ihm ausgesagt wird. Obgleich man demnach keinen Unterschied hinsichtlich der Dinge macht, die von Christus [als Gott oder Mensch] ausgesagt werden, macht man doch einen Unterschied bezüglich dessen, in bezug worauf beides von ihm ausgesagt wird. Denn was der göttlichen Natur eignet, wird von Christus aufgrund seiner göttlichen Natur ausgesagt; dagegen wird das, was der menschlichen Natur eignet, von ihm aufgrund seiner menschlichen Natur ausgesagt[26].

---

[25] S.th. III, q. 19, a. 1 ad 3: „Dicendum est quod operari est hypostasis subsistentis, sed secundum formam et naturam, a qua operatio speciem recipit."

[26] S.th. III, q. 16, a. 4, c: „Sciendum tamen quod in propositione in qua aliquid

Die Naturen sind nicht Subjekte von verschiedenen Eigenschaften und Handlungen. Sie sind vielmehr Gründe, aufgrund der Eigenschaften und Handlungen zu dem Subjekt gehören. Das Subjekt ist Christus selbst als Person und Substanz.

Dieser Punkt ist von großer Bedeutung. Daß beide Gruppen von Eigenschaften in einer Substanz ko-existieren können, macht es für Christus möglich, als eine göttliche und menschliche Person zu handeln, deren Menschheit ihre eigenen Kräfte behält, während sie der Göttlichkeit als Instrument dient[27]. Für Thomas ist es der eine Christus, der in einem Akt einen Leprakranken aufgrund seiner menschlichen Kraft berührt und ihn aufgrund seiner göttlichen Kraft heilt (S.th. III, q. 19, a. 1 ad 5). Dies zeigt etwas, das bereits gesagt wurde, nämlich daß Thomas seine metaphysischen Analysen der Inkarnation nicht als abstraktes Gedankenspiel, sondern vielmehr als einen Weg begreift, Licht auf die Lehre der Schrift und der Kirche zu werfen[28].

VII. Eine weitere Frage

In S.th. III, q. 17, a. 2 fragt Thomas, ob es in Christus einen einzigen Akt der Existenz – ein *esse* – oder deren zwei gibt. Seine Antwort lautet, daß es nur einen gibt. Es scheint, als gäbe er dieselbe Antwort auch an anderen Stellen: III Sent., d. 6, q. 2, a. 2; *Compendium theologiae* I, c. 212; und *Quaestiones quodlibetales* IX, q. 2, a. 2. In der *Quaestio*

---

de aliquo praedicatur, non solum attenditur quid sit illud de quo praedicatur praedicatum, sed etiam secundum quid de illo praedicatur. Quamvis igitur non distinguantur ea quae predicantur de Christo, distinguuntur tamen quantum ad id secundum quod utrumque praedicatur. Nam ea quae sunt divinae naturae, praedicantur de Christo secundum divinam naturam; ea autem quae sunt humanae naturae, praedicantur de eo secundum humanam naturam."

[27] Siehe S.th. III, q. 18, a. 1, ad 2; ferner auch q. 19, a. 1.

[28] Die Kommentatoren sind sich über die logische Struktur der christologischen Prädikation nach Thomas nicht einig. A. Bäck, Aquinas on the Incarnation, in: New Scholasticism 56 (1982), S. 127-145, vertritt die Meinung, daß der Ansatz von Thomas zum Widerspruch führt, wohingegen G. Klima, Libellus pro sapiente: A Response to Allan Bäck's Argument against St Thomas Aquinas' Doctrine of the Incarnation, in: New Scholasticism 58 (1984), S. 207-219, Thomas verteidigt.

disputata de unione Verbi incarnati, a. 4, hingegen sagt Thomas, daß
es in Christus ein zweites *esse* gibt. Zumindest auf den ersten Blick
ist die Behauptung Thomas' in der *Quaestio disputata* nicht in Übereinstimmung mit dem, was er in anderen Werken sagt.

Man hat diesem Problem in der Literatur über Thomas' Christologie viel Aufmerksamkeit geschenkt[29]. Einige Forscher haben die
Ansicht des einen *esse* als den wirklichen Standpunkt des Thomas
verteidigt, andere hingegen die Meinung vertreten, daß die Lehre
von den zwei *esse* die tatsächliche Anschauung des Thomas war. Die
Frage, welche von beiden die ‚wirkliche' Ansicht des Thomas war, wird
durch die Tatsache verkompliziert, daß die *Quaestio disputata* weniger
als ein Jahr vor dem relevanten Teil des dritten Buches der *Summa
theologiae* geschrieben wurde. Dies würde bedeuten, daß Thomas während des Großteils seiner Laufbahn die Ansicht des einen *esse* vertrat,
dann für ein paar Monate zur Annahme von zwei *esse* wechselte und
schließlich wieder zur Ansicht des einen *esse* zurückkehrte. Dies ist
nicht unmöglich, aber es scheint sehr untypisch für einen Denker
wie Thomas zu sein.

Die Auflösung dieser Problematik der Interpretation geht über
den vorliegenden Beitrag hinaus. Es mag dennoch hilfreich sein,
darauf hinzuweisen, daß nicht vollends deutlich ist, welche Frage
Thomas stellt. Der Grund hierfür liegt darin, daß *esse* zwei Bedeutungen hat:

> Das Sein aber gehört zur Hypostase und zur Natur, und zwar zur Hypo-
> stase als zu dem, was das Sein hat, zur Natur aber als zu dem, wodurch
> etwas das Sein hat. Denn Natur hat die Bedeutung von Form, die ein
> Seiendes genannt wird, weil durch sie etwas ist. So ist durch die Weiße
> etwas weiß und durch die Menschheit einer ein Mensch[30].

---

[29]　Für eine Auswahl an Beiträgen zu diesem Thema siehe J.-P. Torrell, Le
　　　thomisme dans le débat christologique contemporain, in: Saint Thomas au
　　　XXième siècle, Paris 1994, S. 379-393.

[30]　S.th. III, q. 17, a. 2, c: „Esse autem pertinet ad hypostasim et ad naturam:
　　　ad hypostasim quidem sicut ad id quod habet esse; ad naturam autem sicut
　　　ad id quo aliquid habet esse; natura enim significatur per modum formae,
　　　quae dicitur ens ex eo quod ea aliquid est, sicut albedine est aliquid album,
　　　et humanitate est aliquis homo." – Siehe auch De unione Verbi incarnati, a.
　　　4, c (Ed. Marietti), S. 432.

So gibt es zum Beispiel eine Bedeutung von *esse*, nach der Sokrates *esse* besitzt, insofern er ein existierender Mensch ist, und es gibt eine andere Bedeutung von *esse*, nach der die menschliche Natur Sokrates' *esse* besitzt, insofern sie das ist, wodurch Sokrates existiert.

Im Lichte dieser Zweideutigkeit scheint die Frage selbst, wieviele *esse* in Christus sind, zweideutig. Es könnte sich um eine Frage über das *esse* handeln, das zu einer Substanz bzw. Person gehört. In diesem Falle würde sie lauten: „Hat Christus, der eine Person ist, ein *esse* oder mehr als ein *esse*?" Auf vergleichbare Weise könnte nach dem *esse*, das zu einer Natur gehört, gefragt werden. In diesem Falle würde die Frage lauten: „Hat die göttliche Natur Christi ein *esse* und seine menschliche Natur ein anderes *esse*, oder ist vielmehr ein *esse* – vermutlich das göttliche – für beide Naturen hinreichend?"

Der zuvor zitierte Abschnitt, in dem sich die Unterscheidung zwischen den zwei Bedeutungen von *esse* findet, stammt aus genau dem gleichen Artikel der *Summa theologiae*, in dem Thomas die Anzahl der *esse* in Christus diskutiert. Man würde also von Thomas erwarten, zwischen diesen beiden Bedeutungen der Frage zu unterscheiden und uns mitzuteilen, welche von beiden er beantworten will. Überraschenderweise macht er dies nicht. Eine zukünftige Arbeit über das Verständnis des *esse* Christi sollte daher diese Frage näher behandeln[31].

VIII. Schluß

Obwohl Thomas in erster Linie Theologe war, so war er doch auch gleichermaßen Philosoph. Vielleicht war er vor allem ein Theologe, der große philosophische Fähigkeiten besaß und sich bemühte, philosophische Werkzeuge und Einsichten in seinem theologischen Werk zu benutzen. In dieser Hinsicht können wir sagen, daß die christologischen Schriften ihn bei der Arbeit zeigen, die ihm am meisten eigentümlich war und die den größten Einblick in seine Leistung gibt.

---

[31] Diese Frage wurde diskutiert, aber es gibt noch viel mehr darüber zu sagen. Siehe A. Hastings, Christ's Act of Existence, in: Downside Review 73 (1955), S. 139-159; siehe auch R. Cross, Aquinas on Nature, Hypostasis and the Metaphysics of Incarnation, in: The Thomist 60 (1996), S. 171-202.

Literatur in Auswahl:

Boyle, J., The Twofold Division of St. Thomas's Christology in the Tertia pars, in: The Thomist 60 (1996), S. 439-447.

Cross, R., The Metaphysics of the Incarnation, Oxford 2002.

Gorman, M., Christ as Composite According to Aquinas, in: Traditio 55 (2000), S. 143-157.

McCord Adams, M., What Sort of Human Nature? Medieval Philosophy and the Systematics of Christology, Milwaukee 1999.

Schoot, H. J. M., Christ the ,Name' of God: Thomas Aquinas on Naming Christ, Leuven 1993.

Schweizer, O., Person und Hypostatische Union bei Thomas von Aquin, Freiburg 1957.

Weinandy, T., Aquinas and the Incarnation as Act: ,Become' as a Mixed Relation, in: Doctor Communis 32 (1979), S. 15-31.

Efficiunt quod figurant.
Die Sakramente im Kontext von Natur, Zeichen und Heil

(S.th. III, qq. 60-65 und q. 75)

KLAUS HEDWIG (Kerkrade)

Den bekannten Vortrag über die ‚Vision der Kirche bei Thomas von Aquin' beginnt Yves Congar mit einer Feststellung, die ebenso lapidar wie provokativ ist: „Des trois mille et quelques articles de la *Somme*, pas un ne porte l'Église comme titre."[1] Und man kann noch hinzufügen, daß Thomas, der *Doctor ecclesiae*, keinen Traktat *De ecclesia* geschrieben hat. Die Darstellung der Kirche als eigenes Thema fehlt – allerdings nicht ganz.

In nur einem einzigen, aber systematisch wichtigen Satz wird die Kirche *zwischen* der Christologie und der Sakramentenlehre eingeführt: „Nach der Untersuchung über die Geheimnisse des Wortes sind die Sakramente der Kirche (*sacramenta Ecclesiae*) zu behandeln, die vom inkarnierten Wort selbst ihre Wirksamkeit haben" (S.th. III, q. 60, prol.). Die Kirche – wie Congar weiter ausführt – erschließt sich in ihren Eigenverständnis ‚auf zwei Ebenen' (‚sur deux plans'): als die sichtbare, institutionell verfaßte und historisch wandelbare Gemeinschaft und als *Corpus Christi mysticum*, dessen Haupt (*caput*) Christus und dessen Seele (und *complementum ultimum*) der Heilige Geist ist. Die vielen ‚Metaphern', die Thomas aus der Tradition übernimmt, etwa *civitas, domus, populus* oder *congregatio fidelium*, wiederholen diese doppelte ekklesiale Sicht, die in keinen Dualismus auseinander fällt, aber auch nicht auf die Identität eines ‚Est'[2] verkürzt

---

[1] Y. Congar, Vision de l'Église chez Thomas d'Aquin, in: RScPhTh 62 (1978), S. 523-542, hier: S. 523, und Congar, HDG III, 3 a, hier: S. 151f.; vgl. zum biographischen Hintergrund der Schriften: E. Fouillaux (Hg.), Yves Congar. Journal d'un théologien (1946-1956), Paris 2001, S. 400ff. („Et Lazarus similiter mala [...]").

[2] Congar, Vision de l'Église (wie Anm. 1), S. 540: „Dans sa perspective, Thomas

werden darf. Die Vermittlung beider Seiten ist, wie stets bei Thomas, vorsichtig: Die institutionellen und juridischen Ordnungsprinzipien sind geschichtlich legitim und unverzichtbar, doch ‚sekundär‘ (*quasi secundaria*), weil das, was die sichtbare Kirche als Eigenes zu besitzen scheint, sich ‚primär‘ (*principaliter*) als *lex nova* des Geistes dem inkarnierten Wort Gottes verdankt (S.th. I-II, q. 106, a. 1, c). Es ist daher korrekt, von einer ‚indirekten Ekklesiologie‘[3] zu sprechen, der zufolge die institutionell verfaßte Kirche in Lehre, Gesetz und Liturgie verpflichtende Ansprüche erhebt (*facere quod Ecclesia facit*), aber nur deswegen, weil sie vorweg als Gemeinschaft mit Gott schon immer im *Verbum incarnatum* gegründet ist. Und mehr noch: In ihrer christologischen Grundlegung reicht die Kirche für Thomas in gewisser Weise noch vor den eigenen historischen Beginn zurück, nicht nur bis in die Zeit des Alten Bundes, sondern als *Ecclesia a tempore Abel*[4] bis zum Anfang des Menschengeschlechtes, da Christus das ‚Haupt‘ (*caput*) aller ist (S. th. III, q. 8).

Diese doppelte Fundierung ist auch für die Sakramente kennzeichnend, die von der Kirche als *sacramenta Ecclesiae* gespendet werden, aber ihre Heilswirksamkeit vom inkarnierten Wort empfangen (*ab ipso Verbo incarnato efficaciam habent*), vom ‚Erlöser‘ selbst, ‚dessen‘ (*eius*) Sakramente sie eigentlich sind (S. th. III, prol.). „Sakramente sind nur insofern Selbstvollzug der Kirche, als sie auch Nachvollzug des Handelns Jesu Christi sind."[5] Thomas interpretiert dieses Verhältnis mit Begriffen, die weitgehend, aber nicht ausschließlich auf aristotelische

---

    ne dirait pas sans plus que le Corps mystique du Christ ‚Est‘ l'Église romaine d'ici-bas; mais il peut dire en toute vérité que l'Église d'ici-bas est (fait partie de) le Corps mystique du Christ, de fait il le dit souvent (In IV Sent., d. 18, q. 1, a. 3 ad 1)."

3   O. H. Pesch, Thomas von Aquin, Mainz 1988, S. 375: „Er hat nur eine indirekte Ekklesiologie – die von Fall zu Fall direkt wird. Trotzdem hat er ein klar erkennbares Kirchenverständnis"; vgl. auch S. Sabra, Thomas Aquinas' Vision of the Church, Mainz 1987, S. 19ff. (‚The Absent De Ecclesia‘).

4   Coll. Symb. Apost., a. 9, n. 984 (Ed. Marietti), S. 212: „quia haec Ecclesia incipit a tempore Abel, et durabit usque ad finem saeculi. Matth. 28, 20: ‚Ecce ego vobiscum sum omnibus diebus usque ad consummationem saeculi‘. Sed post consummationem saeculi remanebit in caelo"; vgl. Y. Congar, Ecclesia ab Abel, in: M. Reding (Hg.), Abhandlungen über Theologie und Kirche, FS für Karl Adam, Düsseldorf 1952, S. 79-108, hier: S. 91-93.

5   Th. Söding, Zwei Gesten und zwei Worte, in: Herder-Korrespondenz 57,6 (2003), S. 285-291, hier: S. 287.

Vorgaben zurückgehen und in den griechisch-lateinisch-arabischen Rezeptionen überliefert und kommentiert worden sind: *causa, effectus, instrumentum, forma, materia, substantia, accidens, habitus* und – als Rahmenbegriff – *signum.*

I. *‚Signum rei sacrae inquantum est sanctificans homines‘* (q. 60)

In der einleitenden *Quaestio*[6] führt Thomas verschiedene philosophische und theologische Belege an, die deutlich machen, daß der Terminus *sacramentum* eine überraschend breite Semantik aufweist: *sacer, sacrare, sacrum, sacrum secretum* wurden traditionell verwendet, um Mysterien zu bezeichnen, auch Riten, Opferhandlungen und ebenso die eidlichen Verpflichtungen, die Soldaten zu leisten hatten. Heute ist die Begriffsgeschichte nicht prinzipiell, nur in den Nuancierungen der Übertragung von *mystérion*[7] weitergekommen. Im *Sed-contra*-Argument, das die Lösungsperspektive des Problems anzeigt, wird Augustinus zitiert, der das Sakrament als ein ‚heiliges Zeichen‘ versteht. Und genau dies – *signum sacrum* – ist für Thomas zu wenig.

Der neue, auch gegenüber dem Sentenzenkommentar geänderte Ansatz der Sakramentenlehre in der *Summa theologiae*[8] ist in der Fachliteratur spät bemerkt, aber dann konsequent ausgearbeitet worden. Alle Argumentationslinien werden von Thomas einem einzigen, genu-

---

[6] Die von M. Turrini vorgeschlagenen Textkorrekturen (S.th. III, qq. 60-65) berühren die Lehre nicht essentiell, aber geben Aufschluß über den Arbeitsstil des Aquinaten; vgl. ders., L'anthropologie sacramentelle de s. Thomas d'Aquin dans Summa theol. III, qq. 60-65, Lille 1998, hier: S. 53, und ders.: Etablissement critique du texte du ‚De sacramentis in communi‘ de Thomas d'Aquin: ‚Tertia pars‘, qq. 60-65, in: Studi Medievali, Serie Terza, vol. 39 (1998), S. 911-952.

[7] Vgl. Ch. Mohrmann, Sacramentum dans les plus anciens textes chrétiens, in: Études sur le latin des chrétiens, Bd. I, Rom 1961, S. 233-244.

[8] Nach den Vorarbeiten von A.-M. Rouguet (Somme théologique: Les sacrements, qq. 60-65, Paris 1945, S. 278ff.) hat zuerst H.-F. Dondaine (La définition des sacrements dans la Somme théologique, in: RScPhTh 31 [1947], S. 213-228) gegenüber der neuscholastischen Kausalmechanik der Sakramente die Bedeutung der ‚Zeichen‘ hervorgehoben. Diesem semiotischen Weg sind E. Schillebeeckx (De sacramentele heilseconomie. Theologische bezinning op S. Thomas' sacramentenleer in het licht van de traditie en van de hedendaagse sacramentenproblematiek, Antwerpen 1952) und J. F. Gallagher (Significando

in philosophischen Kriterium unterstellt: der *pròs-hén*-Struktur[9], die auf Aristoteles (*Metaph.* IV, 2) zurückgeht. Danach kann alles, was in einem bestimmten Verhältnis auf-Eines-hin (*ad unum*) steht, von ihm her benannt werden. Es ist die ‚Heiligkeit‘ (*sanctitas*) oder, wie Thomas konkreter sagt, die ‚heilige Sache‘ (*res sacra*) selbst, die in den Sakramenten in sich (*in se*) oder unter verschiedenen Hinsichten als Ursache, als Zeichen oder in einer anderen Hinordnung thematisch wird *(vel causae, signi, vel secundum quamcumque aliam habitudinem).* Diese äußerst flexible, weil ‚analoge‘[10] Interpretation erlaubt es Thomas, zahlreiche Riten des Alten Testaments als Sakramente *ante Christi adventum* zu interpretieren, ebenso einen sakramentalen Empfang *de voto*[11] zuzulassen und die Souveränität zu unterstreichen, mit der Christus die Gnade auch ohne ein äußeres Sakrament mitteilen kann (S.th. III, q. 64, a. 3, c). In der vorliegenden Untersuchung – *nunc* – wird dagegen die Analyse der Sakramente auf das *Zeichen* zentriert *(in genere signi)* und mit einer *Kausalität* verbunden, die den Menschen heiligt (*sanctificans*; S.th. III, q. 60, a. 2). Diese drei verschiedenen, aber aufeinander bezogenen Elemente – Zeichen, Kausalität und Heiligung der Menschen – gehen in die Definition des Sakramentes ein: ‚Zeichen einer heiligen Sache, insofern sie die Menschen heiligt‘ (*signum rei sacrae inquantum est sanctificans homines*; S.th. III, q. 60, a.

Causant. A Study of Sacramental Efficiency, Freiburg/Schweiz 1965) gefolgt, während J.-H. Nicolas (La causalité des sacrements, in: RTh 62 [1962], S. 517-570) als Korrektiv wiederum mehr die ‚Kausalität‘ hervorhob. In den gegenwärtigen Untersuchungen – mit Ausnahme von M. Turrini, der eine philologisch orientierte Gesamtdarstellung vorlegt (vgl. Anm. 6) – sind vor allem Detailfragen leitend.

[9]   Nach Aristoteles sind die *pròs-hén*-Verhältnisse im Sinn einer ‚mannigfachen Bedeutung‘ (*pollachós*) auszusagen, während die ‚Analogie‘ der viergliedrigen Proportionalität folgt. Im Mittelalter werden die Aussagen *ad unum* als ‚analog‘ verstanden. Der historischen Rezeption ist A. de Libera nachgegangen: Les sources gréco-arabes de la théorie médiévale de l'analogie de l'être, in: Les Études philosophiques 38 (1989), S. 319-345.

[10] S.th. III, q.60,1 ad 3: 2, c: „analogice, scilicet secundum diversam habitudinem ad aliquid unum, quod est res sacra".

[11] S.th. III, 68, 2, c. Vgl. zur Problematik auch J.-H. Nicolas, La grâce sacramentelle, in: RTh 61 (1961), S. 521-538, hier: S. 533f. (‚juste du dehors‘). – In einer modern verschärften und psychologisch äußerst komplexen Form kehrt das Problem bei Simone Weil zurück: Attente de Dieu, Paris 1966, S. 27.

2, c). Allerdings ist diese begriffliche Bestimmung weniger eindeutig, als es zunächst scheinen mag.

Nicht das ‚Zeichen‘ (*signum*) als solches ist wirksam, wie gelegentlich in der Scholastik und später wiederholt angenommen wurde[12]. Andererseits aber wäre es ebenso verfehlt, die lebensweltliche Bedeutung und die aufschließend entbergende Funktion der Zeichen aus dem sakramentalen Kausalgeschehen herauszunehmen. Die häufig diskutierte Alternative von Kausalität *oder* Zeichen geht an der Eigenart der thomasischen Konzeption vorbei. Es ist die ‚heilige Sache‘ (*res sacra*) selbst, die als Erstursache in den Sakramenten wirkt: der leidende, sterbende und erhöhte Christus, der in seiner ‚Menschheit‘ als ‚wirkende Ursache‘ (*efficiens*) erlöst, der als ‚Formursache‘ (*forma*) die Gnade, gewisse Tugenden und Gaben gewährt und auf das ‚Ziel‘ (*finis*) des ewigen Lebens hinführt (S.th. III, q. 60, a. 3, c). Aber gerade diese Kausalaspekte sind sakramental im Kontext der ‚Zeichen‘ wirksam und nur in diesen signitiven Vermittlungen erfahrbar: „Darum ist das Sakrament sowohl ein erinnerndes Zeichen (*signum rememorativum*) dessen, was vorhergegangen ist, nämlich des Leidens Christi; als auch ein hinweisendes Zeichen (*demonstrativum*) dessen, was uns durch das Leiden Christi gewirkt wird, nämlich der Gnade, wie auch ein vorausdeutendes Zeichen (*prognosticum*), das die künftige Herrlichkeit ankündigt“ (S.th. III, q. 60, a. 3, c). Die verschiedenen Zeichenbezüge erweisen sich in ihrer Referenz als ‚sicher‘ (*certum*), da sie in Christus konvergieren. „Die Sakramente sind die Form, in der das Christusereignis, die Zeiten übergreifend, Dauer gewinnt und je jetzt dem einzelnen Menschen gegenwärtig werden kann.“[13] Im sakramentalen Geschehen ist daher der geschichtliche Abstand oder – um mit Lessing zu sprechen – der ‚garstige Graben‘ zwischen dem vergangenen Geschehen, dem heute Glaubenden und der zukünftigen Vollendung überbrückt und auf einen einzigen ‚Schnittpunkt‘ zurückgenommmen, der im ‚Jetzt‘[14] erfahren wird.

---

[12] Vgl. Nicolas, La causalité des sacrements (wie Anm.8), S. 539ff.

[13] Pesch, Thomas von Aquin (wie Anm. 3), S. 370.

[14] Vgl. M. Seckler, Das Heil in der Geschichte, München 1954, S. 236: „Damit sind drei sachliche Bestimmungen gegeben, die zugleich zeitliche Bestimmungen sind: eine historische Persönlichkeit der *Vergangenheit*; die universale Bedeutung dieser historischen Individualität für die ganze Zeit, die sie eröffnet hat, und mithin für jedes Jetzt der Jetztzeit, für jede *Gegenwart*;

Allerdings sind hier gewisse Rückfragen nötig, die sich auf die Einführung und die spezifisch operative Funktion der Zeichen beziehen. Wenn Sakramente – wie Thomas annimmt – aus sinnfälligen, handlungsbezogenen Inhalten und Worten, aus ‚Materie' und ‚Form' bestehen, dann läßt sich die *significatio* der Worte leichter rechtfertigen als die Zeichenbedeutung der materiellen Substrate (S.th. III, q. 60, aa. 6-8). Das Wasser, das der Taufe dient, ist als naturales Element eine Substanz, aber kein *signum* – ähnliches gilt von der Materie aller anderen Sakramente (S.th. III, q. 60, a. 5 ad 2). Die semiotischen Transformationen des Materiellen oder der Natur müssen daher ausdrücklich legitimiert werden. Diese Rechtfertigung erfolgt unter einer theologischen Perspektive, was dem modernen Verständnis von ‚Zeichen' nicht ohne weiteres entgegenkommt. Aber die Kriterien der Semiose werden von Thomas nicht nivelliert, wohl aber auf eine andere Ebene verlagert: Es ist Christus selbst, der gewisse, dem geistigen Leben angemessene Dinge und Akte ‚vor anderen auswählt' (*praeelegit* [...] *res aliis*) und als Zeichen des Heils ‚einsetzt' (S.th. III, q. 64, a. 2 ad 2). Man kann diese ‚Einsetzung' (*institutio*), auch wenn sie theologisch erfolgt, problemlos als ‚thetische' Einführung rekonstruieren. Eine ‚Thesis'[15] liegt dann vor, wenn der Interpret aus einem Repertoire ein Element auswählt, das als Medium ein anderes Objekt anzeigt. Den sakramentalen Akten ist genau diese verweisende Funktion eigen, aber ebenso, daß sie das, was sie *bezeichnen*, auch *bewirken*. Wir finden hier einen Zeichentypus, der in der Art des Verweisens operativ ist. Die semiotischen Prozesse und Gebilde, die wir heute unter dem Titel der ‚indexikalischen Zeichen' oder der ‚Performanz' diskutieren, waren der Sache nach Thomas keineswegs fremd[16].

---

die Art und Weise dieser Bedeutung als Weg in die transhistorische *Zukunft* [...] Das christliche ‚Jetzt' steht damit gleichsam im Schnittpunkt zweier gegenläufiger Bewegungen."

[15] Vgl. E. Walther, Allgemeine Zeichenlehre, Stuttgart 1974, S. 117f. – Thomas versteht die Struktur des Zeichens nicht triadisch (Interpret, Medium, Referent), sondern dual: *res significans* und *res significata*. Der Interpret wird nicht ausdrücklich thematisiert, sondern in der Position des Verstandes (*ratio*) vorausgesetzt.

[16] Vgl. R. Lauer, St. Thomas and Modern Semiotic, in: The Thomist 19 [1956], S. 75-99), und K. Buersmeyer, Aquinas on the Modi significandi, in: The Modern Schoolman 64 [1986-87], S. 73-95). Das Thema würde eine eigene Darstellung verdienen.

Nur nebenbei sei bemerkt, daß Thomas in diesem Zusammenhang eine differenzierte, bisher wenig beachtete Sprachphilosophie des Sakralen[17] entwickelt. Die Analysen befassen sich mit den strukturalen Ausdrucksformen der religiösen Sprache – vokative, deprekative und intentionale Akte, deiktische Referenzen (*hoc est ...*), Aussagen *ex persona loquentis* oder auch performative Sprechakte (*per modum exercentis actum*; S.th. III, q. 60, aa. 6-8; q. 78, aa. 1-6). In ihrer rituell-liturgischen Form besitzt die Sakralsprache, anders als die Aussagen in der theoretischen Einstellung, eine gewisse ,herstellende Kraft‘ (*locutio habet vim factivam*), die über deskriptive oder konstatierende Bezeichnungen hinausgeht und darauf zielt, das Aktgeschehen selbst hervorzubringen. Diese Charakteristik nähert Thomas der Eigenart der ,praktischen Vernunft‘ an, die ihren Gegenstand nicht voraussetzt, sondern in gewisser Weise produziert: „Wie nämlich der Begriff der praktischen Vernunft die begriffene Sache nicht voraussetzt, sondern sie macht, ähnlich setzt die Wahrheit dieser Rede die bezeichnete Sache (*res significata*) nicht voraus, sondern macht sie (*sed facit eam*)“ (S.th. III, q. 78, a. 5). Die Begriffssprache der sakralen Handlungen ist daher wesentlich hervorbringend oder – wie wir heute sagen – performativ.

II. Über die Heilsnotwendigkeit der Sakramente (q. 61)

Die Detailanalysen[18] setzen unter einer modalen Perspektive ein – es wird nach der ,Notwendigkeit‘ (*necessitas*) der Sakramente gefragt. Die Antwort ist einigermaßen überraschend. Denn daß Sakramente notwendig sind, wird keineswegs – wie man vermuten könnte – aus der ,Natur‘ des Menschen abgeleitet, die *ante et post peccatum* ,dieselbe‘ (*eadem*) ist.

---

[17] Vgl. die ausgezeichnete Arbeit von I. Rosier, Signes et sacrements. Thomas d'Aquin et la grammaire spéculative, in: RScPhTh 74 (1990), S. 392-436, hier: S. 410ff. (,L'expression de l'acte‘).

[18] Thomas folgt den in der Scholastik üblichen Standardthemen: Einsetzung, Spender, Empfänger, Heilswirkung, Ritus und gewisse Zusätze, die liturgische und kirchenrechtliche Vorschriften behandeln.

Dagegen fordert der besondere ‚Status‘ des gefallenen Menschen
gewisse ‚Heilmittel gegen die Sünde‘ und eine Hilfe *ad perfectionem
animae* (S.th. III, q. 61, a. 2 ad 2). Es ist konsequent, wenn Thomas
annimmt, daß im Paradies (*in statu innocentiae*) die Sakramente – außer der Ehe (S.th. III, q. 61, a. 2 ad 3) – nicht erforderlich waren,
ebenso wie sie *in statu gloriae* entfallen werden. Die sakramentale
Heilsnotwendigkeit bleibt daher auf die Zeit *ante et post Christum*
beschränkt, wobei die Inkarnation einen radikalen Einschnitt markiert, der beide Epochen trennt. Dabei werden die Sakramente des
Alten Gesetzes – Opfergaben, Osterlamm, Mosaisches Gesetz – als
sacramenta fidei verstanden, die den ‚Glauben‘[19] an den erwarteten
Messias beinhalten, ohne aber die Gnade real zu vermitteln. Auch
die Sakramente des Neuen Gesetzes – *nostra sacramenta* (S.th. III,
q. 61, a. 4 ad 2) – bezeugen diesen ‚Glauben‘ an den Erlöser, der
aber in Christus ‚wirklich‘ gekommen ist und uns die Gnade ‚jetzt‘
(*nunc*) schenkt.

Die besondere Art der Notwendigkeit, die für die Sakramente
kennzeichnend ist, wird von Thomas im Rahmen einer theologischen
Anthropologie diskutiert. Es sind mehrere Bedürfnisse, aus denen sich
diese Notwendigkeit herleitet: zunächst aus der natürlichen ‚Verfassung der menschlichen Natur‘ (*ex conditione humane naturae*), die des
Körperlichen bedarf, um zum Geistigen zu gelangen, dann theologisch aus dem gefallenen ‚Status des Menschen‘ (*ex statu hominis*) und
– schließlich – aus dem ‚Hang‘ des menschlichen Handelns (*ex studio
actionis humanae*), dem Sinnlichen zu folgen, ihm leicht zu verfallen.
In einer beiläufigen, aber subtilen Bemerkung weist Thomas darauf
hin, daß die Sakramente zwar den Menschen ‚seiner Natur entsprechend‘ erziehen, ihn aber auch ‚demütigen‘, weil er das Körperliche
braucht, um sich aus der Verfallenheit an das Körperliche zu lösen und
dem Geistigen zu öffnen. Da aber die *spiritualia*, wenn sie ‚hüllenlos‘
(*nuda*) erfahren würden, die menschlichen Fähigkeiten bei weitem
übersteigen, bediente sich Gott gewisser ‚körperlicher Zeichen‘, die
als Hilfe und zugleich als Heilmittel notwendig sind (S.th. III, q.
61, a. 1, c).

---

[19]   Vgl. S.th. III, q. 61, a. 3, c. – Dagegen bleibt das magische Zeichen ‚leer‘
(*signum supervacuum*; S. th. II-II, q. 96, a. 1, c), da es kein Objekt hat.

Die Struktur dieser Notwendigkeit lässt sich exakt bestimmen. Es ist hinreichend bekannt, daß Thomas die Modalanalysen in logisch-ontologischer Korrelation am Leitfaden der ‚Ursachen‘[20] (*causae*) entwickelt, die ein Ding zu dem machen, was es ist. Das, was der ‚Materie‘, der ‚Form‘ oder zusammen dem ‚Wesen‘ einer Sache intrinsek zugehört und daher von allen äußerlichen Hinsichten ‚abgelöst‘ ist, gilt als ‚absolut‘ (*absolute*) notwendig. Diese wesentliche, in gewissem Sinn ‚harte‘ Form der Notwendigkeit – das *impossibile aliter se habere* – trifft auf die Sakramente nicht zu. Die Heilsnotwendigkeit der Sakramente ist keine absolute Notwendigkeit – nicht vergleichbar mit den axiomatischen Gesetzen, die das Denken, das Handeln oder auch das Wesen des Menschen apriori festlegen. Aber daneben nimmt Thomas eine weitere, extern abgeleitete Art der Notwendigkeit[21] an, eine *necessitas secundum quid*, die alles umfaßt, was durch die Zielursache oder Wirkursache (*vel fine vel agente*) eines Dinges oder einer Handlung gefordert wird – etwa die Mittel zum Zweck, die in einen Prozeß eingehen und den Verlauf effizient und final steuern. Diese relative, letztlich vom Ziel her begründete Notwendigkeit wird von Thomas auf die Sakramente übertragen, die daher *respectu finis* (S.th. III, q. 65, a. 4) notwendig sind. Thomas differenziert diese finale Notwendigkeit weiter, wenn er ausführt, daß für den Einzelnen die Taufe und Buße *simpliciter* notwendig sind, ebenso für die Kirche die Priesterweihe, während die anderen sakramentalen Handlungen in einer unterstützend helfenden Weise dazu beitragen, das Ziel *convenienter* zu erreichen. Der Begriff der *necessitas* ist also ontologisch durch die Finalität und logisch durch eine Relativität gekennzeichnet. Auf den ersten Blick könnte diese ‚weiche‘ Fassung der Notwendigkeit verwundern, aber sie ist der konsequente Ausdruck eines Ordnungsgefüges, das vorausliegt.

Die Notwendigkeit der sakramentalen Handlungen und Vermittlungen wird bei Thomas von einem ‚Ziel‘ gerechtfertigt, das wir ersehnen, aber aus eigener Kraft nicht erreichen – dem ‚Heil‘. Nüchtern besagt dies, daß Anspruch und Erlangung des Heils natural

---

[20] Vgl. Aristoteles, Physica 200a 15-20 und dazu Thomas: In II Phys., lect. 15, n. 270ff. (Ed. Marietti), S. 133f.; vgl. auch In I Anal. Post., lect. 42 (Ed. Leon.), S. 158, 46-67.

[21] Vgl. S. th. I, q. 82, a. 1, c; I, q. 19, a. 3, c; vgl. auch In V Met., lect. 6, n. 833 (Ed. Marietti), S. 126.

nicht einzulösen sind: Es ist die Gnade, die den gefallenen Menschen heiligt. Die Ordnungen der ‚Natur‘ und der ‚Gnade‘ sind doch in Konvenienz aufeinander bezogen.

III. Wirkung, Instrument und Ursache der Sakramente (qq. 62-64)

Die strukturellen Explikationen der Sakramente sind ‚analytisch‘ angelegt. Die Interpretationen setzen bei den Wirkungen an und von ihnen auf die erste Ursache – Christus – zurück. In allen Sakramenten ist es Christus selbst, der ursächlich die Gnade[22] schenkt, die in die Seele ‚einfließt‘, ihr für gewisse Akte ein ‚Mal‘[23] (*character*; S.th. III, q. 63, a. 1 ad 1) einprägt und dem Menschen hilft, die Handlungen auszuüben, ‚die das christliche Leben erfordert‘ (S.th. III, q. 62, a. 2, c).

Um die Nähe und Intimität dieser ‚göttlichen Hilfe‘ begrifflich zu klären, gebraucht Thomas den platonischen Begriff der ‚Teilnahme‘ (*participatio*). Die sakramentale Gnade ist eine ‚teilgenommene Ähnlichkeit an der göttlichen Natur‘ (*quaedam participata similitudo divinae naturae*), die den Menschen ‚vervollkommnet‘, ihn Christus ‚einverleibt‘ (*Christo incorporatur*) und zum ‚Glied Christi‘ werden läßt (S.th. III, q. 62, a. 1, c). Im ‚Ritus der christlichen Religion‘[24] wird diese ‚Teilnahme‘ an Christus liturgisch nachvollzogen. Dagegen werden die kausalen Aspekte, die sich auf die Wirksamkeit der

---

[22] Die ‚sakramentale Gnade‘ verhält sich zur allgemeinen Gnade wie die Art zur Gattung, also ‚spezifizierend‘ (S.th. III, q. 62, a. 2, c), während ihr kategorialer Status ein *modus perfectionis* ist.

[23] Vgl. S.th. III, q. 63, aa. 1-6. Das ‚Mal‘ (*character*) als ein ‚geistiges Zeichen‘, das ‚unaustilgbar‘ ist, bleibt auf Taufe, Priesterweihe und Firmung beschränkt (S.th. III, q. 63, a. 6, c). In kategorialer Hinsicht gehört das ‚Mal‘ zu einer Unterart der *qualitas*, die den Menschen *ad cultum christianum* disponiert (S.th. III, q. 63, a. 2, c), während theologisch eine *participatio sacerdotii Christi in fidelibus* vorliegt (S.th. III, q. 62, aa. 3 u. 5).

[24] Vgl. S.th. III, q. 63, a. 3, c; vgl. auch J. Lécuyer, Réflexions sur la théologie du culte selon s.Thomas, in: RTh 55 (1955), S. 339-362, hier: S. 359: „tous les chrétiens […] prolongent dans le culte chrétien les gestes du Seigneur qui a racheté le monde.“

Sakramente beziehen, vorwiegend auf der Linie der aristotelischen Tradition interpretiert. Der Wechsel, ebenso wie die Verschränkung beider Argumentationsformen[25] ist bei Thomas unproblematisch. In der Partizipation lassen sich – wie Thomas annimmt – kausal interpretierbare Komponenten abheben, die es erlauben, beide Ansätze aufeinander zu beziehen.

Für den Stil der thomasischen Konzeption ist die vor allem im Spätwerk vehement verteidigte These der ‚instrumentalen Kausalität'[26] kennzeichnend. Im Zentrum der Argumentation steht die Einsicht, dass die Sakramente eine zwar *abgeleitete*, aber doch *eigene* Kausalität und Signifikation besitzen. Wenn man demgegenüber annähme, dass Gott direkt, also ohne eine kreatürliche Vermittlung, in den Sakramenten handelt, dann wären die sakramentalen Akte nichts anderes als nur ‚Gefäße' (*vasa*), die die Gnade zwar enthalten und bezeichnen, aber nicht verursachen (S.th. III, q. 62, a. 1, c) – ähnlich wie etwa Stab und Ring äußerlich eine Amtseinsetzung anzeigen, doch nicht bewirken[27]. Dagegen besteht Thomas ausdrücklich darauf, daß die Sakramente die Gnade nicht nur ‚bezeichnen', sondern auch ‚verursachen': *non solum significant, sed causant gratiam* (S.th. III, q. 62, a. 1, c). In den sakramentalen Akten selbst liegt daher eine ‚geistige Kraft' (*virtus spiritualis*), die zwar nur ein ‚fließendes und unvollkommenes Sein' hat, doch über eine eigene Ursächlichkeit verfügt, die Thomas – und dies ist entscheidend – als *causa instrumentalis* versteht (S.th. III, q. 62, a. 1, c). Die Differenzierung zwischen Haupt- und Instrumentalursache erlaubt es, die Anteile der göttlichen und kreatürlichen Kausalität

---

[25] Im Boethius-Kommentar (In De hebdom., lect. 2 [Ed. Leon., S. 271ff. 24]) analysiert Thomas die *participatio* in ihren logischen, kategorialen und kausalen Strukturen. Die Partizipation läßt eine kausale Interpretation zu: „Et similiter etiam effectus dicitur participare suam causam, et precipue quando non adequat uirtutem sue cause" (ebd., S. 271, 80-83).

[26] Die philosophischen und theologischen Quellen sind überschaubar: die Schule des Petrus Lombardus, patristische Vorlagen (Athanasius, Damascenus) und die Kommentierung der intermediären Ursachen im Rahmen der Finalität (Aristoteles, Metaphysica V).

[27] Vgl. S.th. III, q. 62, a. 1, c und q. 62, a. 4, c. – Die Kritik richtet sich gegen Alexander von Hales, Wilhelm von Auvergne, Bonaventura, weniger gegen Albertus Magnus.

im sakramentalen Geschehen[28] zu differenzieren und aufeinander zu beziehen[29].

Die von Thomas vorgelegte Lösung ist für die späteren dogmengeschichtlichen Entwicklungen maßgebend geblieben. Das Erklärungsmodell greift auf eine Vermittlung zurück, die nicht ohne Grund anthropologisch ausgelegt ist: Ein Handelnder kann die Hand als ein eigenes, ihm verbundenes Werkzeug gebrauchen, um das fremde, getrennte Werkzeug des Stabes zu bewegen und damit ein Ziel zu erreichen (S.th. III, q. 62, a. 5, c). Diese *doppelte* Instrumentalität (*duplex instrumentum*) überträgt Thomas auf die Sakramente: Gott – als Hauptursache – gewährt durch die ‚Menschheit Christi‘ als dem eigenen, ihm ‚verbundenen Werkzeug‘ (*instrumentum coniunctum*) die Gnade, die in den Sakramenten als ‚getrennten Werkzeugen‘ (*instrumenta separata*; S.th. III, q. 62, a. 5, c) wirksam ist und auf die ‚Heiligung‘ des Menschen zielt. In einer subtil integrierenden Zusammenschau der Traditionen lagert Thomas die philosophische These der doppelten instrumentalen Kausalität in die alte patristische Tradition ein, nach der die Sakramente – *ut Sancti dicunt* – „aus der Seite des gekreuzigten Christus hervorfließen und durch die (*quibus*) die Kirche konstituiert wird"[30]. Aus der *passio Christi* empfangen die

---

[28] Thomas unterscheidet traditionell zwischen *sacramentum tantum* (Materie), *res et sacramentum* (Wirkung der Gnade) und *res tantum* (Ziel der Gnade); vgl. S. th. III, q. 66, a. 1, c; q. 73, a. 1 ad 3. Als transiente Handlungen terminieren die Sakramente im Empfänger, den sie ‚heiligen‘, wenn er kein *obstaculum* setzt. Die Eucharistie nimmt in Hinblick auf *res et sacramentum* eine Sonderstellung ein (S. th. III, q. 73, a. 1 ad 3).

[29] Vgl. E. Hugon, La causalité instrumentale dans l'ordre surnaturel, Paris 1924, S. 118ff.

[30] S.th. III, q. 62, a. 5. – Die Allegorie hat eine ekklesiale Dimension, denn aus der Seite des toten oder, wie es auch heißt, ‚schlafenden‘ Christus fließen die Sakramente hervor, durch die die Kirche ‚eingesetzt‘ wird. In ihrer Grundverfassung ist die Kirche daher – woran heute zu erinnern wäre – nicht institutionell oder juridisch angelegt, sondern sakramental (S.th. I, q. 92, a. 3, c; III, q. 64, a. 2 ad 3 u. ö.); vgl. dazu J.-P. Torrell, La ‚Somme‘ de s. Thomas, Paris 1998, S. 86: „La mention de l'Église dans ce contexte n'est pas fortuite […] De nombreux textes répètent qu'elle est ‚fondée‘, ‚bâtie‘, ‚constituée‘, ‚fabriquée‘ même par la foi et les sacrements de la foi. On reconnaît derrière ces expressions le thème patristique si riche de la naissance de l'Église à la croix: l'eau et le sang jaillis du côté du Christ transpercé sont interprétés par la Tradition, tant en Orient qu'en Occident, comme le symbole du baptême

Sakramente ihre heilende Kraft, die sie dem gewähren, der „glaubt‘[31]. Christus – in seiner *humanitas* – ist die personale, mit Gott selbst verbundene Ursache der Erlösung und Gnade, die den Sakramenten eine eigene Wirksamkeit verleiht, die sie im Kontext der Zeichen ausüben. An dieser Stelle wird die *Verschränkung* der kausalen und zeichenhaften Komponenten deutlich: insofern die Sakramente auf die Hauptursache – Christus – hinweisen, sind sie als „Zeichen‘ zu interpretieren, aber zugleich auch als sekundäre „Ursachen‘, die aus der Effizienz der Hauptursache instrumental wirken. Diese Doppelstruktur läßt sich als *signum efficax*[32] oder – moderner – als „Symbolaktivität‘ (Schillebeeckx[33]) verstehen. „Demnach sind die Sakramente des Neuen Gesetzes zugleich Ursachen und Zeichen, und daher kommt, daß man gemeinhin sagt: ‚Sie bewirken, was sie bezeichnen‘ (*efficiunt quod figurant*; S.th. III, q. 62, a. 1, c)“[34]. In einer Wendung, die Thomas

---

et de l'eucharistie. Or, si le baptême est ce qui réalise l'appartenance au corps du Christ qu'est l'Église, Thomas insiste beaucoup sur le fruit ultime de l'eucharistie, qui n'est pas seulement une grâce d'intimité avec le Christ, mais bien l'unité du corps ecclésial.“

[31] Vgl. H. Kindlimann, Das Verhältnis zwischen dem Glauben und dem Sakrament als Gnadenmittel bei Thomas von Aquin, Rom 1996, S. 223f.

[32] Thomas kennt den Terminus (S.th. II-II, q. 172, a. 5, obi. 3), aber zieht die Begriffe *causa*, *effectus* und *signum* vor.

[33] Vgl. Schillebeeckx, De sacramentele heilseconomie (wie Anm. 8), S. 179. Später hat Schillebeeckx die sakramentale Symbolik auf die „Ritualisierung religiöser Momente im alltäglichen Leben‘ ausgeweitet: Hin zu einer Wiederentdeckung der christlichen Sakramente, in: A. Holdregger/J.-P. Wils (Hgg.), Interdisziplinäre Ethik. FS für Dietmar Mieth, Freiburg 2002, S. 309-339. – Vgl. die kritischen Anfragen bei J. Ambaum, Glaubenszeichen: Schillebeeckx' Auffassung von den Sakramenten, Regensburg 1980, S. 38ff. („Signifikation und Kausalität‘) und S. 211ff. („Universalität und das gesuchte Humanum‘).

[34] Vgl. Pesch, Thomas von Aquin (wie Anm. 3), S. 370: „So interpretiert Thomas die schon seit der Frühscholastik klassische Formel *efficiunt quod figurant*, ‚bewirken, was sie bezeichnen‘. Wohlgemerkt: nicht umgekehrt! Die Sakramente bezeichnen nicht etwa zusätzlich, was sie sozusagen zunächst einmal bewirken. Vielmehr ist es ihre Grundfunktion zu bezeichnen, also sinnbildlich darzustellen, und es ist das Auszeichnende der *christlichen* Sakramente, daß sie sozusagen ‚zusätzlich‘ auch noch bewirken, was sie versinnbildlichen [...] Es geht im Grunde gar nicht mehr darum, *ob* die Sakramente ‚wirken‘, sondern nur noch darum, *wie* ihre Wirkweise korrekt zu verstehen ist“; vgl.

häufig gebraucht, kann man daher sagen, daß die Sakramente das, was sie bezeichnen, aus der Kraft der Hauptursache instrumental verursachen: *significando causant*[35].

Die überragende Bedeutung der *causa instrumentalis* setzt allerdings voraus, daß die geschaffenen Dinge einen *Eigenwert* besitzen, den sie auch dann nicht verlieren, wenn sie als Werkzeuge der Gnade und des Heils gebraucht werden. Dem Werkzeug ist es eigen, daß sich in ihm ,zwei Tätigkeiten' (*duas actiones*; S.th. III, q. 62, a. 1 ad 2) überschneiden: einerseits die führende Tätigkeit der Hauptursache, die auf ein Ziel gerichtet ist, aber zugleich auch die eigene Tätigkeit, die der eigenen Beschaffenheit entspricht – ähnlich wie ein Beil[36], auch wenn es der Hand des Arbeiters folgt, doch durch die *eigene Schärfe* das Holz spaltet. Wenn man dieses Modell auf die Sakramente überträgt, was Thomas tut, dann wird deutlich, daß die sakramentalen Handlungen in das leib-seelische Leben des Menschen nur eingreifen können, insofern sie ihre ,eigene Tätigkeit' (*propriam actionem*) ausüben. Nur wenn die Sakramente in ihrem eigenen, sinnlich-körperlichen Vollzug den Körper des Menschen berühren, vollziehen sie instrumental an der Seele eine Wirkung, die sich der Kraft Gottes verdankt – „ähnlich wie das Taufwasser dadurch, daß es aus eigener Kraft den Körper wäscht, als Instrument der göttlichen Kraft auch die Seele reinigt" (S.th. III, q. 62, a. 1 ad 2). Die Hauptursache erreicht ihr Ziel nur dann, wenn die Instrumentalursache ihre ,eigene Tätigkeit' entfaltet und damit die Lebensbereiche integriert, die Menschen ,konvenient' sind (S.th. III, q. 62, a. 4, c). Daher gehen die sakramentalen Symbole und Handlungen an den Bedürfnissen des menschlichen Lebens nicht vorbei – die Gnade ist kein esoterisches Geschehen, das von der anthropologischen und mundanen Konstitution des Menschen abstrahieren dürfte.

---

zum historischen Gebrauch der Formel: D. van den Eynde, *Les définitions des sacrements pendant la première période de la théologie scolastique* (1050-1240), Louvain 1950, S. 61ff.

[35] De veritate, q. 27, a. 5 ad 13 (Ed. Leon.), S. 807, 476-481; In IV Sent., d. 27, q. 1, a. 2, sol. 3 (Ed. Vivès), S. 84: „causae sacramentales significando efficiunt, unde hoc ⟨om. Parm.⟩ efficiunt quod significant"; In IV Sent., d. 6, q. 2, a. 3, arg. 1: ,efficiat quod significat'. – Die Belege lassen sich leicht vermehren; vgl. J. F. Gallagher, *Significando Causant. A Study of Sacramental Efficiency*, Freiburg/Schw. 1965 (grundlegend).

[36] Vgl. zu den ,Beispielen' (S.th. III, q. 19, a. 1, c und III, q. 62, a. 1, c) die Hinweise bei Pesch, Thomas von Aquin (wie Anm. 3), S. 328 und 345.

Die Differenz zwischen Haupt- und Instrumentalursache wird nochmals bedeutsam, wenn Thomas – nunmehr in einem ‚synthetischen‘ Verfahren – die Sakramente auf ‚Herkunft‘, ‚Einsetzung‘ und ‚Verfügung‘ reflektiert (S.th. III, q. 64, aa. 1-10). Unter dieser Perspektive werden dann auch die sakramentalen Vollzüge thematisch, die sich auf Spender, Empfänger und Ritus[37] beziehen und strikt christologischen Kriterien unterstehen (S.th. III, q. 63, a. 3, c).

In diesem Zusammenhang erweist sich eine Verhältnisbestimmung als bedeutsam, die asymmetrisch angelegt ist. Es ist zu beachten, dass die kultischen Handlungen zwar dem Menschen zugehören, der sich zu Gott verhält (*per comparationem ad Deum*), daß aber die im Kult geschenkte Heiligung in die Macht Gottes fällt (*pertinet ad Deum per comparationen ad hominen*) und daß daher auch die „Dinge“ (*res*) festgelegt sind, in denen das Heil liturgisch gewährt wird (S.th. III, q. 60, a. 5, c). Die Anteile in den Kulthandlungen, die in die Verfügung des Menschen fallen oder unverfügbar sind, weil sie Gott unterstehen, werden genau unterschieden. Allerdings ist in diesen Abgrenzungen immer auch zu berücksichtigen, daß die anthropologische und mundane Implikation der Liturgie[38] oder – wie wir heute sagen – die ‚Liturgiefähigkeit‘ des Menschen gerade durch die ‚Menschheit‘ (*humanitas*) Christi vorgezeichnet und ermöglicht wird. In allen Akten des *cultus Dei* bleibt die theologische Grundvoraussetzung stets dieselbe: Nur Christus allein, als *origo totius sacerdotii*, bringt in den sakramentalen Handlungen die innere, heiligende Wirkung hervor, die Gnade. „Die eigentliche Wirkung des Sakramentes wird nicht durch das Gebet der Kirche oder des Spenders erlangt, sondern aus dem Verdienst des Leidens Christi, dessen Kraft in den Sakramenten wirkt“ (S.th. III, q. 64, a. 1, c). In den Riten ist daher das Wesentliche festzuhalten, das von Christus als *Sacerdos* ‚eingesetzt‘ ist und zum Sakrament ‚notwendig‘ gehört, während das Konventionelle eher einer ‚gewissen Feierlichkeit‘ dient und daher wandelbar ist (S.th. III, q. 64, a. 2, c).

Die theologischen Analysen, die sich mit der Legitimation der sakramentalen Ursache befassen, unterstreichen, daß Christus allein

---

[37] Vgl. Turrini (wie Anm. 6), S. 443ff.

[38] S.th. III, q. 63, a. 6 ad 2: „homo sanctificatur […] sicut etiam res inanimatae sanctificari dicuntur inquantum divino cultui deputantur.“

die Gnade wirkt – als „Gott und als Mensch, doch auf verschiedene Weise" (S.th. III, q. 64, a. 3, c). Die Differenz[39] ergibt sich daraus, dass Christus als Gott der eigentliche ‚Urheber der Gnade' ist, dagegen als Mensch das personale, mit Gott verbundene Werkzeug, das in Leiden, Tod und Auferstehung unsere Rechtfertigung ‚verdient'. Als das personale, mit Gott verbundene Werkzeug besitzt Christus die ‚Macht des Hauptspenders' (*potestas ministerii principalis*), während die Priester – ‚auch wenn sie unwürdig sind'[40] – als äußerliche Werkzeuge handeln (S.th. III, q. 64, a. 3, c). Daher kann Thomas theologisch korrekt sagen: *Christus est qui principaliter baptizat* (S.th. III, q. 67, a. 4, c). Nicht die ‚Macht des Urhebers' wird den *ministri Ecclesiae* verliehen, sondern nur eine gewisse ‚Macht des Vorzugs', aber auch sie nicht in ‚Fülle', sondern in engen Grenzen, damit die Gläubigen ihre Hoffnung ‚nicht auf Menschen' setzen, daß nicht ‚Spaltung' entstehe und die Kirche nicht viele ‚Häupter' habe, sondern nur eines – Christus.

Diese theologisch nüchterne Einschätzung des Abgeleiteten, der zeremoniellen Handlungen und auch der Sakramentalien – *vel aliorum huiusmodi* (S.th. I-II, q. 108, a. 2 ad 2) – dürfte auch für Thomas persönlich kennzeichnend sein. Die Reserve gegenüber dem ekklesial Äußerlichen resultiert daraus, daß die Kirche aus Christus lebt und ‚nichts Eigenes'[41] besitzt.

IV. Über die Ordnung der Sakramente (q. 65)

Die Sakramente und die Riten sind auf den Menschen hin angelegt und greifen in die Ursituationen des menschlichen Daseins ein – Geburt und Tod, Krankheit und Heilung, Schuld und Vergebung, die Erhaltung und Weitergabe des individuellen und sozialen Lebens. Diese Perspektive ist leitend. Die sakramentalen Handlungen zielen darauf, durch gewisse geistliche Güter den ‚Menschen' zu heiligen

---

[39] Vgl. dazu. S.th. III, q. 19, a. 1, c.

[40] Vgl. die Diskussionen über *dignitas* (S.th. III, q. 64, a. 5), *peccatum* (q. 64, a. 6), *intentio* (q. 64, aa. 8 u. 10) und *fides* (q. 64, a. 9).

[41] Seckler, Das Heil in der Geschichte (wie Anm. 14), S. 249: „ [...] man stößt auf nichts ‚Eigenes' der Kirche."

(*bona quibus homo sanctificatur*). Andere, auch exegetische Gesichtspunkte entfallen zwar nicht, aber treten doch zurück.

Die Ordnung der Sakramente – auch die Siebenzahl (S.th. III, q. 65, a. 1, c) – wird unter dem Gesichtspunkt der ‚Übereinstimmung'[42] (*convenientia*) zwischen Geistigem und Körperlichem, der Natur und Gnade diskutiert. ‚Das Körperliche hat eine gewisse Ähnlichkeit (*similitudinem*) mit dem Geistigen'. Aus den natürlichen und sozialen Implikationen des menschlichen Daseins lassen sich daher die Ordnungsbezüge und in gewisser Weise auch die Inhalte der Sakramente ableiten – die Gnade zerstört nicht die Natur, sondern setzt sie voraus und vollendet sie. Der Ausgangspunkt ist für Thomas der Mensch selbst, der im Verhältnis zu sich (*ad personam propriam*), aber auch in seinen sozialen Bedürfnissen und Pflichten gesehen wird (*ad totam communitatem societatis*). In diese Verhältnisse greifen die Sakramente ein, um den Menschen auf ein ‚geistliches Leben' (*ad vitam spiritualem*) auszurichten, ihn gegen die ‚Defekte der Sünde' zu schützen und ‚im christlichen Kult' zu vollenden. Dabei ist theologisch immer vorausgesetzt, daß die natürlichen Güter nicht aus sich selbst das Heil verleihen (*non ex aliqua virtute sibi naturaliter indita*[43]), sondern nur insofern sie von Christus ‚ausgewählt', als Zeichen ‚eingesetzt' und als ‚Instrumente' der Gnade gebraucht werden.

Der Leitfaden für die Ableitung der Ordnung der Sakramente ist im ‚Leben' festgemacht. In sich selbst, als Individuum, erfährt der Mensch eine erste, nicht weiter hinterfragbare Perfektion in der Geburt darin, daß er existiert, sich entwickeln und erhalten kann. Auf diese ersten, individuellen Güter greifen in einer gewissen Analogie[44] die initiierenden Sakramente zurück: die *Taufe* als geistige Wiedergeburt, die *Firmung* als Wachsen in der Stärke des Heiligen Geistes, aber auch die *Eucharistie* als eine Nahrung, in der das ‚Fleisch und Blut des Menschensohnes' empfangen wird. Es ist aufschlußreich, daß nach Thomas diese drei Sakramente genügen würden, wenn der Mensch ein Leben führen könnte, das von Mängeln frei

---

42 Vgl. auch De art. fidei (Ed. Leon.), S. 252ff.
43 Vgl. die Unterscheidungen zwischen Natur und Sakrament: S.th. III, q. 60, a. 5 ad 2 und q. 60, a. 4 ad 2.
44 Torrell, La ‚Somme' de s.Thomas (wie Anm. 30), S. 87: „ […] une féconde analogie entre vie corporelle et vie sacramentelle."

ist. Aber da niemand ohne Defekt, ohne Sünde lebt, sind gewisse ‚Heilmittel' (*remedia*) nötig: die *Buße* und die letzte *Ölung*, die beide, wenngleich in verschiedener Weise, die Schuld der Sünden wegnehmen. Dagegen liegt die erste soziale Verpflichtung des Menschen darin, das gemeinsame Leben in der Gesellschaft zu ordnen und zu erhalten. Diesen Aufgaben entspricht – *in vita spirituali* – die *Weihe*, während die *Ehe* das Sakrament ist, das theologisch das ‚Mysterium Christi und der Kirche' (*Eph.* 5, 32) abbildet, doch zugleich auch im ‚Dienst der Natur' steht, um den Einzelnen vor der ‚Begierde' und die Gemeinschaft vor dem Aussterben durch den ‚Tod' (*per mortem)* zu bewahren (S.th. III, q. 65, a. 1, c). Nur nebenbei, aber keineswegs als Nebensache sei bemerkt, daß Thomas in der Bewertung der ehelichen Liebe auf weiten Strecken den Auffassungen des Augustinus[45] folgt, der in der ‚Begierde' (*concupiscentia*) die Ursünde tradiert sah. Die Ehe bedarf daher gewisser ‚Güter' (*bona*), die den geschlechtlichen Akt ‚entschuldigen', ihn ‚ehrbar' machen. Die von Thomas eingeführten Korrekturen gehen weit, heben aber gegenüber der Sexualität nicht den zentralen, auf die Erbsünde zurückgehenden Vorbehalt auf: daß nämlich die sexuelle Lust in ihrer Intensität nicht gebändigt werden könne. Die ‚Strafe' der Erbsünde zeigt sich im konstant aufbrechenden, nicht zu lösenden Widerstreit (*repugnantia*) von Geist und Sinnlichkeit – die Vernunft hat ihre ‚Herrschaft' (*imperium*) über das Sinnliche verloren. Es gibt eine *rebellio carnis ad spiritum* (S.th. II-II, q. 164, a. 2 ad 8), in der nicht nur die Natur, sondern auch die Person ‚verdorben' (S.th. III, q. 65, a. 1 ad 5), ihr Vernunftgebrauch ‚absorbiert' wird (S.th. III, q. 53, a. 6, c) und der Mensch in Gefahr gerät, sich von Christus und der Kirche zu trennen (Scg IV, c. 78). In der Hierarchie der Sakramente nimmt daher die Ehe, selbst wenn sie in der ‚Freundschaft' zwischen Mann und Frau gipfelt (Scg,III, c.123), den ‚letzten Platz' ein, da sie ‚am wenigsten am geistigen Leben teilhat' (S.th. III, q. 65, a. 2, c). Auch die Stellung der ‚Frau' (als *mulier*, weniger als *uxor*) ist davon betroffen. Die sexualpessimistischen Auffassungen der theologischen Tradition hat Thomas zwar entschärft, doch nicht überwunden.

---

[45] Vgl. J. Fuchs, Die Sexualethik des hl. Thomas von Aquin, Köln 1949, S. 36ff.

Aber dennoch bleibt in allen Ableitungen der Sakramente, die
Thomas vorlegt oder referiert (Alexander von Hales, Albertus Magnus,
Bonaventura), der Gedanke der ‚Übereinstimmung' der sakramentalen Gnade mit den menschlichen Lebensvollzügen leitend, auch mit
den Handlungen, die sich in den ‚Tugenden' manifestieren (S.th. III,
q. 65, a. 1, c). „All human life is, to that extent, proto-sacramental."[46]
Den lebensweltlichen Vorgaben entspricht die bemerkenswerte Fle-
xibilität, mit der Thomas gewisse Umkehrungen in der Abfolge der
Sakramente vornimmt (S.th. III, q. 65, a. 2, c), verschiedene Grade
ihrer Wichtigkeit unterscheidet (S.th. III, q. 65, a. 3, c) und eine
relative, vom Ziel des menschlichen Lebens her abgeleitete Heilsnotwendigkeit annimmt (S.th. III, q. 65, a. 4, c). Alle diese Unterscheidungen machen deutlich, daß das ‚Heil' keine Abstraktion ist,
sondern in die Grundsituationen des menschlichen Lebens eingreift
und ihnen ‚konvenient' ist.

V. *Proprio nomine potest dici ‚transsubstantiatio'*
(q. 75)

Aber doch werden die sakramentalen Akte in ihrer wechselseitigen
Unterschiedenheit von einer anderen, theologisch fundamentaleren
‚Differenz' unterlaufen (S.th. III, q. 73, a. 1 ad 3), die sich auf ihre
gestufte Würde (*dignius*) bezieht. In der Hierarchie der Sakramente
ist die Eucharistie *potentissimum inter alia* (S.th. III, q. 65, a. 3, c)
oder, wie der frühe Thomas sagt, die *perfectio omnium perfectionum*
(In IV Sent., d. 8, q. 1, a. 1 ad 1). Der Vorrang wird mit Begriffen
erklärt, die auf Aristoteles zurückgehen, aber die Leistungsfähigkeit
der aristotelischen Philosophie letztlich übersteigen.

Wie Thomas wiederholt ausführt, kann das Heilige in einem
Sakrament ‚auf zweifache Weise' (*dupliciter*) enthalten sein: Es kann
einmal eine gewisse ‚Teilnahme' bezeichnen, der entsprechend ‚etwas
Heiliges auf etwas anderes' (*aliquid sacrum in ordine ad aliud*) bezogen

---

[46] L. G. Walsh, The Divine and the Human in St. Thomas' Theology of Sacraments, in: C.-J. Pinto de Oliveira (Hg.), Ordo sapientie et amoris. FS für J.
P. Torrell (Studia Friburgensia, NS 78), Freiburg/Schweiz 1993, S. 321-353,
hier: S. 351.

wird, wie etwa die Taufe an Christi Tod und Auferstehung teilhat und auf die Wiedergeburt des Menschen hingeordnet ist. Aber ein Sakrament kann auch ‚etwas Heiliges schlechthin' (*aliquid sacrum absolute*) enthalten: *scilicet ipsum Christum*. „Dies ist die Differenz (*differentia*) zwischen der Eucharistie und den anderen Sakramenten, die eine sinnfällige Materie haben" (S.th. III, q. 73, a. 1 ad 3). Die Differenz weist auf ein ‚Mehr' hin (*aliquid plus*), das in der Eucharistie gegeben ist.

Nahezu alle begrifflichen Differenzierungen der Sakramentenlehre laufen hier zusammen. In der Eucharistie ist die *passio Christi* ‚nicht nur wie in einem Zeichen oder Bild' enthalten (*non solum in significatione vel figura*), ‚sondern auch in der Wahrheit der Sache'[47] (*sed etiam in rei veritate*, S.th. III, q. 75, a. 1, c). Es ist keineswegs unwichtig, in diesem Zusammenhang darauf hinzuweisen, daß die Bedeutung des ‚Mehr' (*plus*) von Thomas nicht primär philosophisch erschlossen wird, sondern in den Glauben fällt. Selten, aber doch an zentralen Stellen findet man beim Aquinaten die Wendung *sola fide*. Daß in der Eucharistie der ‚wahre Leib und das wahre Blut Christi' enthalten sind, wird ‚durch den Glauben allein' erfaßt: *sola fide quae auctoritati divinae innititur* (S.th. III, q. 75, a. 1, c). Nicht die Philosophie macht den ersten Schritt in die Dimension der Heilsgeheimnisse, sondern der Glaube, der – wie Thomas ausführt – auf die Autorität biblischer Aussagen zurückgreift, auf Konvenienzgründe und auf elementare Erfahrungen wie ‚wirklich', ‚gegenwärtig', ‚sichtbar' und ‚unsichtbar', die unhinterfragbar sind. Die philosophisch ausgearbeiteten Konzepte gehen dem Glaubensgeheimnis nicht voraus, sondern folgen ihm nach.

Die Analysen setzen in der Klärung systematischer Fragen kritisch[48] an. Die Thesen Berengars, die Lehren der Impanation (Lombardus,

---

[47] Die adversative Formulierung – *non solum, sed etiam* – lässt eine figurative Interpretation durchaus zu, gerade weil die ontologische Explikation grundlegend bleibt. Die Enzyklika *Mysterium Fidei* (03.09.1965) argumentiert nicht prinzipiell anders (n. 36). Daher sagt H. Jorissen zu Recht, daß die relationalen Erklärungen (Zeichen, Symbol, Finalisation) für eine ‚ontologische Deutung offen' sind. Vgl. den Artikel ‚Transsubstantiation' in: LThK 10 (3., völlig neu bearb. Auflage 2001), Sp. 177-182, hier: Sp. 181.

[48] Vgl. S.th. III, q. 75, aa. 2-3. – Vgl. zum Textstatus P.-M. Gy, Le texte original de la Tertia Pars de la Somme théologique: Le cas de l'eucharistie, in: RScPhTh 65 (1981), S. 608-616.

Alger, später übrigens auch Wicliff) und Annihilation (Wilhelm von
Auvergne, Roland Bandinelli) werden im Detail referiert, geprüft und
zurückgewiesen[49]. Die eigenen Interpretationen verwenden die Leitbe-
griffe der aristotelischen Physik und Metaphysik: *substantia, accidens,
materia, forma, locus, instans*. Dabei entgeht es Thomas nicht, daß
das ‚Brot' ein *quiddam artificiale* ist (S.th. III, q. 75, a. 6 ad 1) und
in der Rechtfertigung der substantiellen Form gewisse kategoriale
Schwierigkeiten mit sich führt.

Es ist für den Philosophen nicht uninteressant, daß Thomas in
der begrifflichen Interpretation der eucharistischen Wandlung gezwungen ist, auf den ‚unendlichen Seinsakt' Gottes (*actus infinitus*[50])
zurückzugehen und die kategorialen Strukturen in gewisser Weise zu
modalisieren. Die Metaphysik und Ontologie scheinen hier an ihre
Grenzen zu gelangen. In dieser gespannten, wenn nicht sogar extremen
Problemlage wiederholt Thomas eine begriffliche Differenzierung, die
er bereits früh eingeführt hatte. Die ‚Definition' der Substanz liegt
nicht, wie man annehmen könnte, im *ens per se sine subiecto*, ebenso
wie das Akzidens nicht als *ens in subiecto* zu definieren ist. Die exakte
definitorische Bestimmung muß vielmehr modal erweitert werden,
da es Substanz ‚zukommt', nicht in einem Subjekt zu sein (*competit
habere esse non in subiecto*), während es dem Akzidens ‚zukommt', das
Sein in einem Subjekt zu haben (*competit habere esse in subiecto*)[51]. Der
Zusatz *competit* zeigt an, dass die Dinge in ihrer kategorialen Struktur eine gewisse ‚Geeignetheit' aufweisen, einen *modus essendi*, den
der frühe Thomas durch den Begriff *debetur*[52] gekennzeichnet hatte.

---

[49] Vgl. M. Laarmann, Transsubstantiation. Begriffsgeschichtliche Materialien
und bibliographische Notizen, in: AfB 41 (1999), S. 119-150, hier: S.
119ff. und M. Gerwing, Theologie im Mittelalter, Paderborn 2000, S. 47-
55, 148.

[50] Thomas zitiert ausdrücklich S.th. I, q. 7, a. 1, c und S.th. I, q. 25, a. 2, c.

[51] S.th. III, q. 77, a. 1 ad 2; I, q.3, a. 3 ad 1. – Den modalen Aspekt der Geeignetheit hatte Thomas bereits zuvor in der Diskussion der ‚Substanz' bei
Avicenna unterstrichen (In IV Sent., d. 12, q. 1, a. 1 ad 1).

[52] In IV Sent., d.12, q.1, a.1 ad 2: „Sed definitio vel quasi definitio substantiae
est res habens quidditatem, cui acquiritur esse vel debetur non in alio. Et
similiter esse in subiecto non est definitio accidentis, sed e contrario res cui
debetur esse in alio [...] Potest esse quod illud quod debetur alicui secundum
rationem suae quidditatis, ei virtute divina agente non conveniat. Et sic patet
quod facere accidens esse sine substantia, non est separare definitionem a de-

Hier liegt der Schlüssel, der es erlaubt, die kategorialen Verhältnisse zu öffnen und anders zu disponieren. Der göttliche Akt kann daher in die Subsistenz- und Inhärenzverhältnisse der Dinge eingreifen und sie ohne Widerspruch neu ausfüllen.

Im Rekurs auf den *actus infinitus* Gottes, der als Erstursache durch die kategorialen Vorgaben hindurchgeht (S.th. I, q. 25, a. 2, c), ist es dann legitim, eine ‚übernatürliche Umwandlung' (*conversio* [...] *omnino supernaturalis*) anzunehmen, die sich ‚auf die ganze Natur des Seienden' erstreckt (*se extendit ad totam naturam entis*). Während in den natürlichen Veränderungen nur die substantialen Formen wechseln und die *materia prima* bestehen bleiben, zielt die eucharistische Verwandlung darauf, ‚daß die ganze Substanz von diesem verwandelt wird in die ganze Substanz von jenem' (*ut tota substantia huius convertatur in totam substantiam illius*; S.th. III, q. 75, a. 4, c). Auch wenn man annimmt, dass diese Verwandlung in ihrem zeitlosen Jetzt[53] (*in instanti*; S.th. III, q. 75, a. 7, c) rekonstruierbar bleibt, schwieriger in ihren räumlichen Implikationen (S.th. III, q. 76, a. 5, c), verlassen doch alle weiteren Annahmen – auch die *accidentia sine subiecto*[54] – die Vorgaben der natürlichen Prozesse und gehen sogar über den Vergleich mit dem Schöpfungsakt weit hinaus (S.th. III, q. 75, a. 8, c). Andererseits bemerkt Thomas zurecht, daß die Lehre in ihren philosophischen Implikaten keinen Widerspruch enthält. Und doch läßt sich die intellektuelle Betroffenheit des Aquinaten auch daran ablesen, daß diese Umwandlung, die keiner natürlichen Veränderung in den Dingen ‚ähnlich' ist, alles Vergleichbare überschreitet und daher mit einem ‚eigenen Namen' bezeichnet wird: *proprio nomine potest dici ‚transsubstantiatio'* (S.th. III, q. 75, a. 4, c). Die begrifflichen Unterscheidungen und Präzisierungen, die bis ins Detail durchge-

---

finito"; vgl. E. Gilson, Quasi definitio substantiae, in: A. Maurer u. a. (Hgg.), S. Thomas Aquinas: Commemorative Studies 1274-1974, Bd. 1, Toronto 1974, S. 111-129, hier: S. 121ff. (‚transsubstantiation and accident').

[53] Vgl. K. Hedwig, Über das ‚Jetzt' (*nunc*) bei Thomas v. Aquin, in: PhJ 109 (2002), S. 114-129, hier: S. 127.

[54] Vgl. S.th. III, q. 77, aa. 1-8 und R. Imbach, Le traité de l'eucharistie de Thomas d'Aquin et les Averroistes, in: RScPhTh 77 (1993), S. 175-194, hier: S. 181: „En définissant l'accident par l'aptitude à l'inhérence Thomas d'Aquin évite cette contradiction: l'existence de l'accident sans le sujet est donc de l'orde du *possible*, c'est-à-dire de l'ordre de ce qui n'est pas contradictoire et tombe par conséquent sous la *puissance divine*."

führt werden, entspringen einer extremen sprachlogischen Vorsicht (S.th. III, q. 78, aa. 1-6), die in den ohnehin exakten Schriften des Aquinaten geradezu einzigartig ist.

Das, was in der ‚Differenz‘ deutlich wird, ist genau dies: Wenn die Sakramente, wie Thomas sagt, in die ‚Gattung der Zeichen‘ gehören, dann findet das ‚Zeichen‘ (*signum*) in der Eucharistie ein unüberbietbares Ende als Vollendung darin, daß die Sache, die es bezeichnet und bewirkt, in ihm selbst ‚enthalten‘ (*contentum*) ist (S.th. III, q. 78, a. 5, c): Es ist Christus selbst, der unter den ‚Zeichen‘ (oder ‚Gestalten‘) von Brot und Wein *realiter* gegenwärtig ist. In der philosophischen Sprache der Sakramententheologie ist Christus daher die ‚bezeichnete und enthaltene Sache‘ (*res significata et contenta*), während die ‚bezeichnete und nicht enthaltene Sache‘ (*res significata et non contenta*) der mystische Leib Christi ist, der in der Gemeinschaft der Heiligen, der Kirche, weiterlebt. Wer auch immer – *quicumque* – das Sakrament der Eucharistie empfängt, zeigt damit an, daß er mit Christus ‚vereint‘ und dem mystischen Leib Christi ‚eingegliedert‘ ist: *significat se esse Christo unitum, et membris eius incorporatum* (S.th. III, q. 80, a. 4, c). Auf verschiedenen Wegen führen die Sakramente auf dieses eine Ziel[55] hin.

VI. Das unvollendete Ende

Die *Summa theologiae* endet im Traktat über die Buße abrupt (S.th. III, q. 90, a. 4). Der Abbruch hängt mit den Geschehnissen des 6. Dezember 1273 zusammen, die in ihren biographischen und theologischen Auswirkungen nur schwer zu beurteilen sind. Es kommt hinzu, daß wir nicht wissen, welche Folgen die Verletzung hatte, die sich Thomas im Januar oder Februar 1274 auf dem Weg zum Konzil von Lyon zuzog. Ein gewisser Konsens besteht heute in der Annahme, daß die Lasten und Überlastungen an Arbeit für den Zusammenbruch mitverantwortlich waren[56].

---

[55] Vgl. Anm. 30.

[56] Vgl. das vorsichtige Urteil bei J.-P. Torrell, Magister Thomas. Leben und Werk des Thomas von Aquin, Freiburg i. Br. – Basel – Wien 1995, S. 302ff. (‚Die letzte Krankheit und der Tod‘).

Die persönlichen und theologischen Konsequenzen der letzten
Ereignisse erschienen bereits den Zeitgenossen befremdlich. Wie
Bartholomäus von Capua berichtet, der sich selbst wiederum auf
Reginald beruft, legte Thomas die Schreibinstrumente (*organa scrip-
tionis*) beiseite und verstummte. „Ich kann nicht mehr. Alles, was
ich geschrieben habe, kommt mir vor wie Stroh im Vergleich zu
dem, was ich gesehen habe und mir offenbart worden ist." Über die
Tragweite dieser Aussage – sogar über den Sinn von ‚Stroh' (*palee*)
– ist viel gerätselt worden. Andererseits aber bleibt festzuhalten, daß
Thomas die Teilnahme am Konzil keineswegs absagte und sogar
noch während der Reise, auf Bitten des Abtes von Montecassino,
einige Erläuterungen zum Verhältnis von göttlicher Vorsehung und
menschlicher Freiheit diktierte, die in ihrer Klarheit und Präzision
beeindrucken[57]. Nur das Faktum des Abbruchs ist eindeutig, nicht
ohne weiteres das Warum. Wir müssen diese Grenze hinnehmen. Das
heißt, daß alle Untersuchungen über werkimmanente Entwicklungen,
begriffliche Verschiebungen und thematische Querverbindungen hier
definitiv enden. Aber weit schwerer wiegt, daß die theologische Zielbestimmung des Gesamtwerkes nicht mehr ausgeführt worden ist.
Im Prolog der *Tertia Pars* (S.th. III, prol.) hatte Thomas die Abfolge
der Themen skizziert: Es sei zu handeln vom Erlöser (*de Salvatore*),
von seinen Sakramenten (*de sacramentis eius*) und vom Ziel des unsterblichen Lebens (*de fine immortalis vitae*), das wir durch Christus
in der Auferstehung erlangen (*per Ipsum resurgendo pervenimus*). Aber
gerade die Ausarbeitung dieses ‚Ziels' fehlt. An das Ende der *Summa
theologiae* hat Reginald von Piperno, falls er der Redaktor ist, einen
Text über die Verdammten gestellt: *De misericordia et iustitia Dei
respectu damnatorum* (*Suppl.*, q. 99). Es ist fraglich, ob dies das letzte
Wort des Aquinaten gewesen wäre.

Nichts deutet darauf hin, daß wir auf diese Fragen eine befriedi-
gende Antwort haben oder finden werden. Man hat immer wieder
versucht, das fragmentarische Ende zu überspringen – durch die
Einfügung werkgeschichtlich früher Texte oder durch mystifizierende
Überhöhungen im Sinn einer *theologia negativa*, die vor dem Mysteri-

---

[57] Vgl. A. Dondaine, La lettre de s. Thomas à l'Abbé du Montcassin, in: Commemorative Studies (wie Anm. 52), Bd. I, S. 89-108, hier: S. 102ff. Die Kommentierung des Hohen Liedes in Fossanova ist nicht sicher zu belegen.

um schweigt. Aber diese Reinterpretationen sind hermeneutisch kaum haltbar. Es ist ehrlicher, wenn wir den Schluß der *Summa theologiae* in seinem fragmentarischen Charakter so belassen, wie er ist – offen. Und gerade diese Offenheit könnte heute dazu einladen, die Gedanken des Aquinaten in der Suche nach der Wahrheit[58] nachzudenken.

Literatur in Auswahl:

Dondaine, H.-F., La définition des sacrements dans la Somme théologique, in: RScPhTh 31 (1947), S. 213-228.

Gallagher, J. F., Significando Causant. A Study of Sacramental Efficiency, Freiburg/Schw. 1965.

Hugon, E., La causalité instrumentale dans l'ordre surnaturel, Paris 1924.

Kindlimann, H., Das Verhältnis zwischen dem Glauben und dem Sakrament als Gnadenmittel bei Thomas von Aquin, Rom 1996.

Laarmann, M., Transsubstantiation. Begriffsgeschichtliche Materialien und bibliographische Notizen, in: AfB 41 (1999), S. 119-150.

Nicolas, J.-H., La causalité des sacrements, in: RTh 62 (1962), S. 517-570.

Schillebeeckx, H. E., De sacramentele heilseconomie. Theologische bezinning op S. Thomas' sacramentenleer in het licht van de traditie en van de hedendaagse sacramentenproblematiek, Antwerpen 1952.

Turrini, M., L'anthropologie sacramentelle de s. Thomas d'Aquin dans Summa theol. III, qq. 60-65, Lille 1998.

Walsh, L. G., The Divine and the Human in St. Thomas' Theology of Sacraments, in: Ordo sapientiae et amoris. FS für J.-P. Torrell, Studia Friburgensia, NS 78, Freiburg/Schw. 1993, S. 321-353.

---

[58] Vgl. Torrell, La ,Somme' de s. Thomas (wie Anm. 30), S. 89: „Thomas [...] laisse à son lecteur et à son disciple l'exemple de sa quête incessante dans la recherche de la vérité."

Bibliographie

A. Ausgaben und Übersetzungen

1. Ausgaben

S. Thomae de Aquino, Opera omnia iussu Leonis XIII edita cura et studio Fratrum Praedicatorum, Rom 1882ff., vol. IV-XII („Editio Leonina').

Auf dem Text der maßgeblichen Thomas-Edition basieren auch die folgenden Textausgaben:

S. Thomae Aquinatis Doctoris Angelici Summa theologiae. Cura et studio Petri Caramello. Cum textu ex recensione Leonina, 3 Bde., Turin – Rom 1952-1956 („Marietti-Ausgabe').

S. Thomae Aquinatis Doctoris Angelici Ordinis Praedicatorum Summa theologiae. Cura fratrum eiusdem ordinis. 3a editio (Bibliotheca de Auctores Cristianos 77, 80, 81, 83, 87), 5 Bde., Madrid 1961-1965.

S. Thomae de Aquino Summa Theologiae. Cura piae societatis a s. Paulo Apostolo, Alba – Rom 1962 („Editio Paolina').

2. Deutsche Übersetzungen (in chronologischer Folge)

Schneider, C. M., Die katholische Wahrheit oder die theologische Summe des heiligen Thomas von Aquin, 12 Bde., Regensburg 1886-1892, Nachdruck Stuttgart 2003.

Thomas von Aquin, Die Deutsche Thomas-Ausgabe. Vollständige, ungekürzte dt.-lat. Ausgabe der Summa theologica, übers. v. Dominikanern u. Benediktinern Deutschlands u. Österreichs, hg. v. Katholischen Akademikerverband, Salzburg – Leipzig (Graz – Wien – Köln) 1934ff.

Thomas von Aquin, Lehre des Heils. Eine Auswahl aus seinen Werken, übertragen u. zusammengefügt v. Eduard Stakemeier, Heidelberg 1948.

Thomas von Aquin, Gott und seine Schöpfung. Texte übers. v. P. Engelhardt u. D. Eikkelschulte, mit einer Einleitung v. M. Müller, Freiburg – Basel – Wien 1963.

Die Philosophie des Thomas von Aquin. In Auszügen aus seinen Schriften, hg. v. E. Rolfes, eingel. v. K. Bormann, Hamburg 1977[2].

Thomas von Aquin, Die Gottesbeweise in der Summe gegen die Heiden und der Summe der Theologie. Text mit Übers., Einl. u. Komm. versehen, hg. v. H. Seidl, Hamburg 1982.

Thomas von Aquin, Summe der Theologie, zusammengefaßt, eingel. u. erläut. v. J. Bernhart (Kröners Taschenausgabe; Bd. 105), 3 Bde., Stuttgart 1985[3].

Thomas von Aquin, Fünf Fragen über die intellektuelle Erkenntnis, Quaestio 84-88 des 1. Teils der Summa de theologia. Übers. u. erläut. v. E. Rolfes, mit Einl. u. Literaturverz. versehen v. K. Bormann, Hamburg 1986[2].

Thomas von Aquin, Über den Lehrer (De magistro, lat.-dt.). Quaestiones disputatae de veritate. Quaestio XI. Summa theologica I, q. 117, art. 1. Hg., übers. u. komm. v. G. Jüssen, G. Krieger u. J. H. J. Schneider, eingel. v. H. Pauli, Hamburg 1988.

Thomas von Aquin, Die Hoffnung. Theologische Summe II-II, q. 17-22. Übers. v. J. F. Groner, mit Anm. versehen u. komm. v. A. F. Utz, u. Mitarb. v. B. Gräfin von Galen, Freiburg – Basel – Wien 1988.

Thomas von Aquin, Religion – Opfer – Gebet – Gelübde. Übers. v. J. Groner, hg., komm. u. mit Anm. versehen v. A. F. Utz, Paderborn 1998.

Thomas von Aquin, Über die Sittlichkeit der Handlung (S.th. I-II, q. 18-21). Hg., übers. u. komm. v. R. Schönberger, eingel. v. R. Spaemann, Ditzingen 2001.

B. Hilfsmittel beim Studium der Werke des Thomas von Aquin

1. Bibliographien:

Bulletin thomiste I (Paris 1924)-XII (Paris 1965), fortgesetzt als Rassegna di letteratura tomistica I (Napoli 1969ff.) (= Bulletin thomiste XIIIff.).

Alarcón, E./Twetten, D. B./Berger, D., Bibliographia Thomistica (Corpus Thomisticum), Pamplona 2002.

Ingardia, R., Thomas Aquinas. International Bibliography 1977-1990 (Bibliographies of Famous Philosophers), Ohio 1993.

Totok, W., Handbuch der Geschichte der Philosophie. Bd. 2, Frankfurt a. M. 1973, S. 374-455.

Torrell, J.-P., Magister Thomas. Leben und Werk des Thomas von Aquin, Freiburg – Basel – Wien 1995, S. 375-402.

Weisheipl, J., Thomas von Aquin, aus dem Engl. übers. v. G. Kirstein, Graz – Wien – Köln 1980, S. 321-352.

2. Indices und Lexika:

Deferrari, R. J./Barry, I., A complete Index of the Summa theologica of St. Thomas Aquinas, Washington, D. C. 1956.

Index Thomisticus, Sancti Thomae Aquinatis Operum Omnium Indices et Concordantiae, hg. v. R. Busa, Stuttgart 1974ff. Inzwischen verfügbar auf CD-ROM: Thomae Aquinatis Opera Omnia cum hypertextibus in CD-ROM, secunda editio auctore R. Busa, Stuttgart 1997.

Petrus de Bergamo, In opera S. Thomae Aquinitatis Index seu Tabula Aurea. Nachdruck Alba, Rom 1960.

Schütz, L., Thomas-Lexikon, Paderborn 1895², Nachdr. Stuttgart 1958.

3. Aufsatzsammlungen:

Atti del Congresso Internazionale (Roma – Napoli 17-24 aprile 1974). Tommaso d'Aquino nel suo settimo centenario, 9 Bde., Napoli 1975-1978.

Studi Tomistici, hg. von der Pontificia Accademia di S. Tommaso, Città del Vaticano 1974ff.

Bernath, K. (Hg.), Thomas von Aquin. Bd. I: Chronologie und Werkanalyse, Darmstadt 1978. Bd. II: Philosophische Fragen. Darmstadt 1981.

Eckert, W.-P. (Hg.), Thomas von Aquino. Interpretation und Rezeption (Studien und Texte; Bd. 5), Mainz 1974.

Kenny, A. (Hg.), Aquinas. A Collection of Critical Essays, London 1970.

Kluxen, W. (Hg.), Thomas von Aquin im philosophischen Gespräch, Freiburg – München 1975.

Kretzmann, N./Stump, E. (Hgg.), The Cambridge Companion to Aquinas, Cambridge 1993.

Maurer, A. A. (Hg.), St. Thomas Aquinas 1274-1974, Commemorative Studies, Pontifical Institute of Mediaeval Studies, Toronto 1974.

McEvoy, J./Dunne, M. (Hgg.), Thomas Aquinas. Approaches to Truth, Dublin 2002.

Oeing-Hanhoff, L. (Hg.), Thomas von Aquin 1274/1974, München 1974.

Zimmermann, A. (Hg.), Thomas von Aquin. Werk und Wirkung im Licht neuerer Forschungen (Miscellanea Mediaevalia; Bd. 19), Berlin – New York 1988.

C. Literatur

Das folgende Verzeichnis bietet eine Auswahl von grundlegenden Arbeiten über philosophische Lehren des Thomas im allgemeinen sowie über die *Summa theologiae* im besonderen. Im übrigen sei auf die bibliographischen Hilfsmittel zur Thomasforschung verwiesen.

Aertsen, J. A., Nature and Creature. Thomas Aquinas's Way of Thought (STGMA; Bd. 21), Leiden – New York – Kopenhagen – Köln 1988.

– Medieval Philosophy and the Transcendentals. The Case of Thomas Aquinas (STGMA; Bd. 52), Leiden – New York – Köln 1996.

Berger, D., Einführung in die ‚Summa theologiae' des hl. Thomas von Aquin, Darmstadt 2004.

Boyle, L., Facing History: A Different Thomas Aquinas (Textes et Études du Moyen Âge; Bd. 13), Louvain-la-Neuve 2000.

Chenu, M.-D., Das Werk des hl. Thomas von Aquin. Übers. v. O. H. Pesch (Dt. Thomas-Ausgabe, Erg.-Bd. 2), Heidelberg – Graz 1960.

– Thomas von Aquin in Selbstzeugnissen und Bilddokumenten, Hamburg 1960.

Chesterton, G. K., Der hl. Thomas von Aquin, Freiburg i. Br. 1960[2].

Farrell, W., A Companion to the Summa, 4 Bde., New York 1941.

Gilson, E., Le thomisme. Introduction à la philosophie de Saint Thomas d'Aquin, 6. Aufl., Paris 1972. – Eine Übers. ins Engl. ist erschienen unter dem Titel: The Christian Philosophy of St. Thomas Aquinas, New York 1956.

Grabmann, M., Die Werke des hl. Thomas von Aquin. Eine literarhistorische Untersuchung und Einführung (Beiträge zur Geschichte der Philosophie und Theologie des Mittelalters; Bd. 22), Münster 1949[3].

– Thomas von Aquin, Persönlichkeit und Gedanken. Eine Einführung, 8. Aufl., München 1949.

Heinzmann, R., Thomas von Aquin, in: O. Höffe (Hg.), Klassiker der Philosophie, Bd. 1, München 1981, S. 198-219.

–   Thomas von Aquin. Eine Einführung in sein Denken, mit ausgew. lat.-dt. Texten, Stuttgart – Berlin – Köln 1994.

Kenny, A., Thomas von Aquin. Aus d. Engl. v. B. Schellenberger (Herder Spektrum Meisterdenker; Bd. 4744), Freiburg – Basel – Wien 1999.

Kretzmann, N./Stump, E. (Hgg.), The Cambridge Companion to Aquinas, Cambridge 1993.

Manser, G. M., Das Wesen des Thomismus, Fribourg 1949³.

Mensching, G., Thomas von Aquin (Campus Einführungen; Bd. 1087), Frankfurt – New York 1995.

Metz, W., Die Architektonik der Summa Theologiae des Thomas von Aquin. Zur Gesamtsicht des thomasischen Gedankens (Paradeigmata; Bd. 18), Hamburg 1998.

Meyer, H., Thomas von Aquin. Sein System und seine geistesgeschichtliche Stellung, Paderborn 1960².

Pesch, O.-H., Thomas von Aquin. Grenze und Größe mittelalterlicher Theologie, Mainz 1988.

Pieper, J., Hinführung zu Thomas von Aquin, München 1963²; als Taschenbuch: Thomas von Aquin. Leben und Werk, München 1986³.

Schönberger, R., Thomas von Aquin zur Einführung (Iunius Einführung; Bd. 178), Hamburg 1998.

Sertillanges, A. G., Der hl. Thomas von Aquin, Köln – Olten 1954².

Torrell, J.-P., Initiation à saint Thomas d'Aquin. Sa personne et son œuvre (Vestigia; Bd. 13), Fribourg 1993.

–   Dt. Ausg.: Magister Thomas. Leben und Werk des Thomas von Aquin, Freiburg i. Br. 1995.

–   Saint Thomas d'Aquin, maître spirituel. Initiation 2 (Vestigia; Bd. 19), Fribourg 1996.

Van Steenberghen, F., Die Philosophie im 13. Jahrhundert, hg. v. M. A. Roesle, München – Paderborn – Wien 1977 (nach der 1. Aufl. von 1966). – Frz. Ausg.: La philosophie au XIIIe siècle, 2ème éd. mis à jour (Philosophes Médiévaux; Bd. 28), Louvain – Paris 1991.

Weisheipl, J. A., Thomas von Aquin. Sein Leben und seine Theologie. Übers. v. G. Kirstein, Graz – Wien – Köln 1980. – Engl. Ausg.: Friar Thomas d'Aquino. His Life, Thought and Work, Oxford 1995².

Wippel, J., The Metaphysical Thought of Thomas Aquinas, Washington, D. C. 2000.

Zimmermann, A., Thomas lesen (legenda 2), Stuttgart-Bad Cannstatt 2000.

D. Seiten im Internet

http://www.corpusthomisticum.org
– Auf dieser Seite von Enrique Alarcón/Universität Navarra sind die Opera Omnia
online einsehbar; zudem wird eine umfangreiche Bibliographie zur Verfügung gestellt,
die allerdings vor allem auf spanische Veröffentlichungen verweist.

http://www.gmu.edu/departments/fld/CLASSICS/aquinas.summa.html
– verfügt nur über die Pars Ia der Summe.

http://www.aristoteles-heute.de/SeinAlsGanzesUnbewegtDt/Theologie/summa/
InhaltD/summa.html
– Text der Deutschen Thomas-Ausgabe in einer html-Fassung von Lothar Seidel,
Frankfurt 1998.

Abkürzungsverzeichnis

a) zu Thomas von Aquin

S.th.: Summa theologiae (zu den Ausgaben siehe Literaturverzeichnis: *1. Ausgaben*)
S.th. I: Summa theologiae, *Prima pars*
S.th. I-II: Summa theologiae, *Prima secundae*
S.th. II-II: Summa theologiae, *Secunda secundae*
S.th. III: Summa theologiae, *Tertia pars*

Scg: Summa contra gentiles. Opera omnia iussu Leonis XIII edita cura et studio Fratrum Praedicatorum, vol. XIII-XV, Rom 1918-1930 (‚Editio Leonina‘).
Der Text der Leonina liegt auch der von C. Pera und P. Caramello besorgten dreibändigen Ausgabe zugrunde, Turin – Rom 1961 (‚Marietti-Ausgabe‘).
Eine deutsche Übersetzung liegt vor hrsg. von Karl Albert, Paulus Engelhardt u.a.: Thomas von Aquin, Summe gegen die Heiden (Texte zur Forschung, Bd. 15-19), Darmstadt 1974-1996 (Nachdruck 2001).

Coll. Symb. Apost.: Collationes Symbolum Apostolorum. Opuscula theologica II (Ed. Marietti), Turin – Rom 1954, S. 193-217.

Compendium theol.: Compendium theologiae seu breuis compilatio theologiae ad fratrem Raynaldum. Opera omnia XLII (Ed. Leonina), Rom 1979, S. 75-205.

De art. fidei: De articulis fide et ecclesiae sacramentis ad archiepiscopum Panormitanum. Opera omnia XLII (Ed. Leonina), Rom 1979, S. 243-257.

De caritate: Quaestio disputata De caritate, in: Quaestiones disputatae II (Ed. Marietti), Turin – Rom 1965, S. 753-791.

De ente et essentia: De ente et essentia. Opera omnia XLIII (Ed. Leonina), Rom 1976, S. 367-381.

De malo: Quaestiones disputatae De malo. Opera omnia XXIII (Ed. Leonina), Rom 1982.

De motu cordis: De motu cordis ad mysterium Philippum de Castro Caeli, Opera omnia XLIII (Ed. Leonina), Rom 1976, S. 125-130.

De potentia: Quaestiones disputatae De potentia, in: Quaestiones disputatae II (Ed. Marietti), Turin – Rom 1965, S. 7-276.

De unione Verbi incarnati: Quaestio disputata De unione Verbi incarnati, in: Quaestiones disputatae II (Ed. Marietti), Turin – Rom 1965, S. 421-435.

De veritate: Quaestiones disputatae De veritate. Opera omnia XXII, 1-3 (Ed. Leonina), Rom 1970-1976.

De virt. card.: Quaestio disputata De virtutibus cardinalibus, in: Quaestiones disputatae II (Ed. Marietti), Turin – Rom 1965, S. 813-828.

De virt. com.: Quaestio disputata De virtutibus in communi, in: Quaestiones disputatae II (Ed. Marietti), Turin – Rom 1965, S. 707-751.

In Anal. Post.: Expositio libri Posteriorum. Opera omnia I*, 2 (Ed. Leonina), Rom 1989.

In De div. nom.: In librum Beati Dionysii De divinis nominibus expositio (Ed. Marietti), Turin – Rom 1950.

In De hebdom.: Expositio libri Boetii De ebdomadibus. Opera omnia L (Ed. Leonina), Rom 1992.

In Eth.: Sentencia libri Ethicorum. Opera omnia XLVII (Ed. Leonina), Rom 1969.

In Metaph.: In XII libros Metaphysicorum Aristotelis expositio (Ed. Marietti), Turin – Rom 1950.

In Phys.: In Aristotelis libros Physicorum expositio. Opera omnia II (Ed. Leonina), Rom 1884 (Ed. Marietti), Turin – Rom 1965).

In Sent.: S. Thomae Aquinatis Scriptum super Libros Sententiarum Magistri Petri Lombardi I – IV (ed. P. Mandonnet/M. F. Moos), Paris 1926-1947 (Buch IV endet mit der *distinctio* 22).
Für die *distinctiones* 23-50 des vierten Buches (*In IV Sent.*) siehe die Vivès-Ausgabe: D. Ang. Divi Thomae Aquinatis Opera omnia, ed. S. E. Fretté, Paris 1874.

Quodl.: Quaestiones de quolibet VII-XI, Opera omnia XXV,1 (Ed. Leonina), Rom 1996.
Quaestiones de quolibet I-VI; XII, Opera omnia XXV,2 (Ed. Leonina), Rom 1996.

Super Boet. De trin.: Super Boetium De Trinitate. Opera omnia L (Ed. Leonina), Rom 1992.

Super Ioannem: Lectura super Ioannem (Ed. Marietti), Turin – Rom 1952.

b) zu Aristoteles

Categoriae: „Kategorienschrift". Ed. L. Minio-Paluello, Oxford 1949.
De anima: „Von der Seele". Ed. W. D. Ross, Oxford 1956.
De caelo: „Vom Himmel". Ed. D. J. Allan, Oxford 1961.
Ethica Nic.: „Nikomachische Ethik" (Ethica Nicomachea). Ed. J. Burnett, Oxford 1900.
Metaphysica: „Metaphysik". Ed. W. Jaeger, Oxford 1957.
Physica: „Physik". Ed. W. D. Ross, Oxford 1936.
Rhetorica: „Rhetorik". Ed. W. D. Ross, Oxford 1959.

Namenregister